한국목간학회 연구총서 03

주보돈교수 정년기념논총

문자와 고대 한국 |1|

기록과 지배

한국목간학회 편

주류성

한국목간학회 연구총서 03

주보돈교수 정년기념논총

문자와 고대 한국 |1|

기록과 지배

한국목간학회 편

목차

간행사 · 008

프롤로그
나의 역사 연구와 문자 문화 | 주보돈 · 011

1부
문자가 들어오다   38

1-01 한자문화의 전파와 수용 | 李成市 · · · · · · · · · · · · · · · · · · · 041

   칼럼 복수의 국제질서, 그리고 조공책봉 체제 | 김병준 · · · · · · · · 057

1-02 낙랑군 시기 한자문화 | 김병준 · 065

1-03 고분벽화로 본 고구려의 문자문화 | 고광의 · · · · · · · · · · · · · 075

1-04 고대의 변격(變格) 한문 | 최연식 · 097

1-05 이두(吏讀) | 백두현 · 125

1-06 구결이란 무엇인가 | 김영욱 · 153

1-07 향가 해독 이야기 | 김영욱 · 189

1-08 합자(合字)와 국자(國字) | 권인한 · · · · · · · · · · · · · · · · · · · 215

1-09 측천문자(則天文字)의 발명과 전파 | 植田喜兵成智 · · · · · · · · · 253

1-10 한국 고대 서예의 수용과 변용 | 정현숙 · · · · · · · · · · · · · · · · 285

   칼럼 서예의 탄생 | 정현숙 · 328

2부
문자로 다스리다 332

2-01 광개토왕비 다시 읽기 ı 임기환 · 335

2-02 무덤 속 문자에 담긴 고구려인의 정체성 ı 여호규 · · · · · · · · · · · · · 353

2-03 백제의 지방행정과 목간 ı 김영심 · 385

칼럼 신라의 행정 문서 ı 이재환 · 409

2-04 백제 '좌관대식기'와 이식(利殖) ı 정동준 · · · · · · · · · · · · · · · · · 417

2-05 진흥왕과 순수비 ı 전덕재 · 443

칼럼 진시황의 순수와 각석 ı 전덕재 · 470

2-06 6세기 신라의 법과 율령 ı 김창석 · 477

2-07 「남산신성비」와 역역동원체제 ı 이수훈 · · · · · · · · · · · · · · · · · · 495

2-08 영천 청제비와 대구 무술오작비 ı 김재홍 · · · · · · · · · · · · · · · · · 509

2-09 「신라촌락문서」의 세계 ı 윤선태 · 537

2-10 문무왕의 하교(下教)와 유조(遺詔) ı 홍승우 · · · · · · · · · · · · · · · 555

2-11 성덕대왕신종이 들려주는 소리 ı 김수태 · · · · · · · · · · · · · · · · · 583

2-12 '시각목간(視覺木簡)'의 정치성 ı 橋本繁 · · · · · · · · · · · · · · · · · 607

칼럼 '시각 석비', 석비의 시각적 의미 ı 김병준 · · · · · · · · · · · · · 633

3부
문자로 주고받다   8

3-01 낙랑군과 삼한 지역의 교역 | 김병준 · 011

　칼럼 고대 동아시아의 기록문화와 계수간(計數簡) | 윤재석 · · · · · · · · · · · · · · · · 020

3-02 고대의 대내·외 교역과 문자 | 김창석 · 029

3-03 고구려에 온 신라 사신 | 김현숙 · 055

3-04 백제 개로왕의 국서와 풍태후 | 서영교 · 079

　칼럼 백제의 편지 | 이재환 · 099

　칼럼 중국 고대의 편지 | 김병준 · 103

3-05 신라·백제 목간과 일본 목간 | 이성시 · 111

3-06 신라의 집사성첩과 일본 | 전덕재 · 135

3-07 발해의 대일 외교활동과 중대성첩 | 권은주 · · · · · · · · · · · · · · · · · · 159

3-08 고대 탐라와 일본 | 小宮秀陵 · 183

3-09 고대(古代)의 역인(譯人) | 정승혜 · 197

4부

문자와 함께 살다 214

4-01 목간에 기록된 신라 왕경 생활 ㅣ 이용현 ⋯⋯⋯⋯⋯⋯ 217

4-02 신라 왕도(王都)와 문자자료 ㅣ 박성현 ⋯⋯⋯⋯⋯⋯⋯ 229

4-03 한국 고대 의약 관련 출토자료 ㅣ 윤선태 ⋯⋯⋯⋯⋯⋯ 257

    칼럼 고대 중국의 의학 목간 ㅣ 김병준 ⋯⋯⋯⋯⋯⋯⋯ 280

4-04 한국 고대의학과 『대동유취방』 ㅣ 박준형 ⋯⋯⋯⋯⋯ 285

4-05 고대의 경계제사와 주술 ㅣ 이재환 ⋯⋯⋯⋯⋯⋯⋯⋯ 311

    칼럼 중국 고대의 길 제사, 조도(祖道) ㅣ 김병준 ⋯⋯⋯⋯ 335

4-06 무령왕과 왕비의 장례식 ㅣ 이재환 ⋯⋯⋯⋯⋯⋯⋯⋯ 341

4-07 당으로 이주한 백제 유민들의 묘지명 ㅣ 김영관 ⋯⋯⋯ 365

4-08 『무구정광대다라니경』의 유행 ㅣ 주경미 ⋯⋯⋯⋯⋯⋯ 385

    칼럼 석가탑 출토 『무구정광대다라니경』의 국적과 연대 ㅣ 이재환 ⋯⋯⋯⋯ 410

4-09 신라의 석경 ㅣ 조미영 ⋯⋯⋯⋯⋯⋯⋯⋯⋯⋯⋯⋯⋯ 417

4-10 신라 '성전사원' 연구와 문자자료 ㅣ 이영호 ⋯⋯⋯⋯ 453

4-11 고대의 문자기와 ㅣ 이병호 ⋯⋯⋯⋯⋯⋯⋯⋯⋯⋯⋯ 485

4-12 습서와 낙서, 그리고 부호 ㅣ 권인한 ⋯⋯⋯⋯⋯⋯⋯ 515

에필로그

5-01 문자를 보존하는 과학 ㅣ 양석진 ⋯⋯⋯⋯⋯⋯⋯⋯⋯ 555

5-02 문자연구와 현대과학 ㅣ 여인욱 ⋯⋯⋯⋯⋯⋯⋯⋯⋯ 581

간행사

　주보돈(朱甫暾) 선생님은 한국목간학회(韓國木簡學會)의 살아있는 역사다. 학회 창립을 준비한 이래 일기(一紀)를 넘게 회장의 중임을 맡아, 학회를 반석 위에 올려놓으셨다. 역사학뿐만 아니라, 고고학, 국어학, 서예학, 보존과학 등 학제간 융합을 실천하는 미래지향적인 학회를 만들어낸 것이나, 목간을 비롯한 신출토 문자자료들이 발굴기관과 학회의 원활한 협조체제 속에서 체계적으로 정리, 보고, 연구되고 있는 현재의 학문적 환경들은 모두 학회에 기울인 그의 헌신과 노력이 일구어낸 아름다운 세계이다.

　당신의 교수정년을 기념하는 논총을 한사코 거절하셔서, 학회의 큰 고민을 불쑥 내밀지 않을 수 없었다. 어느 학문 분야나 마찬가지지만, 후진들이 점점 줄어들고 있다. 우리들처럼 문자자료들을 가지고 날밤을 새어도 즐거움으로 충만한 그런 후학들이 계속 이어질까? 결국 학회의 미래를 위해 현재 회원들이 무엇을 가지고 학문적으로 씨름하고 있는지, 대학생들이 읽을 수 있는 한국 고대의 문자문화사를 기획하고 집필해보자는 제안에 동의해주셨다. 이 책의 목적과 체제는 2016년 뜨거운 여름날 익산미륵사지전시관에서 발표되었다. 출토문자자료들에 대한 연구 성과들을 쉽게 소개하면서도 한국 고대의 역사적 흐름을 이해할 수 있도록 맥락을 잡아보자는 책의 취지에 공감하고 회원들이 적극적으로 필자로 참여해주셨다.

　책은 크게 4부로 구성되어 있다. 책의 서두에는 주보돈 선생님이 직접 문자자료에 기초했던 당신의 학문인생을 정리해주셨다. 1부는 '문자가 들어오다'는 제하(題下)에 한자문화의 전파와 수용의 역사를 다루었다. 이두, 구결, 향찰, 국자(國字)에 이르기까지 한국 고대인들의 창의적인 문자수용과 변용의 역사를 소개하였다. 2부 '문자로 다스리다'는 문자가 갖는 정치성을 소개하였다. 기념비와 호적, 그리고 시각목간(視覺木簡)에 이르기까지 문자의 원초적 속성의 하나로 '기록과 지배'에 주목하였다. 3부 '문자로 주고받다'는 고대사회의 교역과 외교에 관한 문서들을 비롯해 일상의 편지 등 의사전달과 소통의 매개물로 사용된 문자를 검토하였다. 4부 '문자와 함께 살다'는 고대인의 삶과 죽음이라는 일상을 문자자료로 조망해보았다. 왕경과 왕궁의 생활, 의약, 주술에 매달렸던 생의 염원, 글자 연습과 낙서에 이르기까지 생활 전반을 관통했던 문자의 힘을 직시하였다. 각 부에는 한국 고대의 문자자료를 보다 객관적으로 심층적으로 이해하기 위해 고대 중국의 관련 자료들과 심화된 연구 성과들을 칼럼 형식으로 소개하여 보완하였다. 끝으로 미래 문자연구의 발전을 기대하면서 문자를 보존하고, 문자를 보다 정확히 읽어낼 수 있는 현대과학의 방법론을 2편의 글로 정리하였다.

주보돈 선생님의 정년을 축하하고, 선생님과의 인연을 소중하게 여기는 마음을 담아, 정성스러운 원고를 보내주신 필자 분들의 성원에 큰 감사를 드린다. 또 이 책의 출간 과정에서 노고를 아끼지 않고, 책을 훌륭하게 꾸며주신 주류성 출판사의 최병식 사장님과 이준 이사님을 비롯한 편집진 여러분들께도 미안함과 고마움을 전하고 싶다.

근대 한국의 고대사 연구는 지난 100년 동안 출토문자자료의 풍요 속에서 괄목할만한 성과를 거두었다. 금석문과 목간 등 새로운 문자자료들은 문헌으로는 도저히 상상할 수 없었던 고대 세계의 진면모를 더욱 입체적이면서도 다채로운 색으로 물들여주었다. 주보돈 선생님은 그러한 연구의 초석을 다지며 늘 앞에서 우리를 이끌어주셨다. 이 논총이 그의 노고에 대한 우리의 마음을 담은 헌사임을 조금이나마 알아주시면 좋겠다. 선생님의 학문이 앞으로 더욱 깊고 두터워지길 기원 드리며, 늘 건강하시고 평안하시길 바랍니다.

2019년 10월, 간행위원회

편집간사 윤선태

나의 역사 연구와 문자 문화

주보돈

경북대학교

1

역사학은 문자 기록을 근거로 흘러간 인간의 삶을 오늘날의 입장에서 재해석해내는 학문 분야이다. 역사 연구의 정상적 방법을 통해 정제(整齊)의 과정을 거친 사실을 흔히 역사라 일컫는다. 그런 의미에서 역사는 곧 기록과 등치될 수 있다. 거꾸로 기록으로 남지 않은 대상은 역사로서 뿌리내리기 어렵다고 하겠다.

물론 그렇다고 기록된 것 모두가 다 동등한 무게와 가치를 지니는 것은 아니다. 기록 속에는 알맹이가 전혀 없는 쭉정이뿐인 것도 적지 않다. 허구와 과장이 적지 않게 스며들어 실제 벌어진 일과는 거리가 먼 경우도 있다. 이들이 갖는 중요도를 낱낱이 점검해 무게를 매기는 작업을 총칭해서 사료비판이라 일컫는다. 역사학은 그처럼 각종 사료의 무게를 재고 성격을 가늠하는 이른바 사료학을 기초적 방법론으로 삼고 있는 학문이다. 후대에 이르러 남겨진 기록은 적지 않은 문제를 안고 있으므로 가능한 한 역사를 복원하는 데에는 당대 기록을 기본사료, 일차사료라고 명명해서 각별히 다루게 마련이다.

당대의 일차 사료로서는 흔히 고문서, 금석문, 목간, 법령 등이 손꼽힌다. 현재 한국고대사를 복원하는 데에는 『삼국사기』와 『삼국유사』를 기본 사료로 삼고 있으나 대상 시기로부터 매우 멀리 떨어진 뒷날에 정리·편집된 탓으로 역시 후대적인 요소가 적지 않게 스며들어가 문제점을 내재하고 있다. 그런 점들은 새로이 출현한 당대 사료들에 의해 뚜렷하게 입증되고 있다. 역사를 복원하는 데에 금석문이나 목간 등과 같은 문자 사료에 각별한 비중을 둘 수밖에 없는 이유는 바로 이런 데에 있는 것이다.

2

한국고대사에 대한 연구 흐름의 전반을 훑어보면 1970년대는 패러다임이 크게 바뀌어져 간 시기로 가름할 수 있다. 1945년 이후 1960년대까지가 한국고대사 가운데 일제가 식민지배를 역사적으로 정당화시키기 위한 목적 아래 왜곡·윤색해서 구축한 역사 연구인 이른바 식민주의사학의 잔재를 깨끗이 씻어내는 데에 혼신의 힘을 쏟은 기간이었다면 1970년대 이후는 나름의 시각과 입장으로 새로운 체계화를 도모한 시기였다고 평가할 수 있다. 그런 까닭에 한국고대사의 새로운 체계화 방안이 탐색되면서 백가쟁명의 양상을 띨 수밖에 없었다. 한국사에서 고대국가의 형성이 본격적으로 논의되고 그를 위한 기초 사료라 할 『삼국사기』의 기본 성격이나 초기기록의 문제가 여러 각도에서 점검되었다. 그런 과정에서 서구의 다양한 역사 이론, 나아가 인접학문인 인류학 이론 등속까지 매우 활발히 수용되는 분위기가 팽배하였다.

그와 같은 바탕에 당시 독재 권력을 강화하고 영속화시켜 나가려는 정치적 목적 아래 한국적 민주주의나 단군신화에 시원을 둔 편협하고 편향된 민족주의(국수주의)가 크게 고양되어갔다. 그런 현실 상황과 맞물려 한국사 교과서의 국정화 사업, 대학 교양 강좌의 한국사 필수화 등등이 추진되었다. 이로 말미암아 한국사 연구자의 수도 덩달아 급증해 역설적이게도 한국사 수준이 전반적으로 크게 향상되는 계기가 되기도 하였다. 이러한 상황 속에서 정치적 목적을 벗어나 순수 학문성을 지닌 연구가 꾸준히 추진되었음은 물론이다. 한국고대사 분야의 연구는 그야말로 새로운 국면을 맞아가고 있었다.

내가 개인적인 우여곡절을 겪으면서 마침내 한국고대사 연구를 평생의 과업으로 삼으려는 마음을 굳힌 1970년대는 바로 그런 분위기가 널리 퍼져가던 시기였다. 처음에는 가야사에 관심을 가졌다가 기본 사료가 너무도 빈약함을 절실하게 느껴 대학원에 진학하면서는 일단 사료가 상대적으로 풍부한 신라사 쪽으로 방향을 틀었다. 석사학위 청구논문의 주제를 이리저리 탐색하다가 마침내 신라의 촌락 문제를 본격적으로 다루어보기로 결론을 내렸다.

3

신라의 촌락과 관련한 여러 문제에 관심을 기울여보기로 작정한 것은 나 자신이 그때까지 오로지 지방에서만 근거를 두면서 살아왔고 또 어쩌면 앞으로도 영원히 그러할 것임을 예감한 데서 나온 나름의 현실적 판단에서였다. 당시 중앙정부의 지배에 대해 지방사회는 어떻게 대응해야 하는가라는 당면의 현실 문제로부터 촉발된 관심사였다. 지방도 마냥 중앙의 일방적 지시와 압력에 순응하기만 한 것이 아니었으리라는 가정 아래 자치의 측면에다 중점을 두고서 살펴보려는 생각에서였다. 그래서 지방도 무조건 순종한 존재가 아니며 밀고 당기는 이른바 길항관계(拮抗關係)가 그 기조(基調)를 이루었으리라 가정하고 신라로부터 출발해 이후 그것이 어떻게 전개되어갔는가를 추적하려는 심산이었다. 돌이켜보면 무식하면 용감하다고 만용이나 다름없는 생각이었다.

원래 촌락 연구의 첫발을 일본 동대사(東大寺) 정창원(正倉院) 소장 「신라촌락문서(新羅帳籍)」의 분석에 두어서 이를 기준점으로 잡아 전후를 모색해 나가려는 계획을 세웠다. 아마 학부 시절 한국사회사 시간을 통해 관련 자료를 접해본 경험이 바닥에 작용하였을 터이다. 그러나 「신라촌락문서」를 다루면서 공연(孔烟)이나 계연(計烟) 등 수치 계산을 치밀하게 진행하지 않으면 진전이 불가능한 장벽을 만났다.

그에 대한 기초적 이해는 이미 하타다 다카시(旗田巍) 선생의 뛰어난 선구적 업적이 나와 있었다. 그래서 본격적으로 「신라촌락문서」를 다루게 된다면 그를 훨씬 뛰어넘는 수준으로 나아가지 않으면 곤란하다고 느꼈다. 고심을 거듭하던 끝에 일단 통일기 촌락의 시원 문제로서 먼저 그 이전을 더듬어보는 것이 순서이겠다는 데에 생각이 미쳤다. 그래서 주된 대상을 중고기의 촌락으로 옮겨 이를 시발점으로 해서 아래로 훑어보려고 작정하였다. 그럴 때 저절로 관심의 대상으로 부상한 것이 「남산신성비(南山新城碑)」였다.

두루 아는 바처럼 남산신성비는 591년 신라의 왕경에 위치한 남산신성을 축조하기 위하여 전국적 차원에서 지방민을 역역 동원한 실태의 단면을 기록한 것이다. 거기에는 비록 중앙정부의 필요성에서 정리된 것이기는 하나 당시 지방촌락 사회의 존재 양상이 미미하나마 드러나 있었다. 이를 지방 촌락 중심의 시각으로 뒤집어서 재구성해 보려한 것이 출발 당시 가졌던 기본 발상이었다. 그러나 자료 자체가 중앙의 입장에서 내려다본 것이므로 부득이 지방통치체제나 조직의 실태를 먼저 살펴보지 않을수가 없었다. 이를 위해 『삼국사기』를 철저히 점검하지 않으면 안 되었다.

『삼국사기』 초기기사를 다루면서 애초부터 의문을 품고 출발하는 사람은 거의 없을 터이다. 나도 처음에는 왜 초기기사를 믿지 않으려는지 무척 의아하게 생각하였다. 지방 문제와 관련한 내용을 하나씩 정리하면서 여러모로 사실성에서 근본적인 문제가 적지 않게 내재되어 있음을 인지하기에 이르렀다. 일반적 상식에 어긋나는 불합리한 요소가 너무 많을 뿐더러 또 뒷날의 것을 부회하였음이 명백한 기사도 적지 않음을 발견하였다. 나로서는 그런 과정이 곧 유관 사료가 빈약할수록 오히려 더욱 철저히 분석하고 비판하지 않으면 안 될 뿐 아니라 당대 사료가 절실함을 깨달아간 시간이었다.

「남산신성비」에서 지방 촌락 실태에 앞서 기재된 도사(道使)와 나두(邏頭)는 기존 문헌 기록상에서는 전혀 확인되지 않는 지방관명이었다. 바로 뒤이어서 촌주가 등장하거니와 이들 각각의 위상이나 상호 통속관계를 비롯한 지배 구조는 무엇보다도 먼저 풀어내어야 할 주요 과제였다. 말하자면 지방의 통치조직과 함께 촌주를 최고 지위로 한 촌락의 존재 양상 두 가지가 중점적인 구명의 대상으로 떠올랐다.

촌락의 실태 규명에 앞서 먼저 풀어야 과제는 지방통치의 체계였다. 문헌상에서는 오직 주(州)를 단위로 파견된 지방관인 군주(軍主)만 확인될 따름이어서 큰 난관에 봉착하였다. 그를 풀어내기 위해 고심하던 중 포착된 것이 이미 널리 알려져 있던 561년의 「진흥왕창녕비」에 보이는 '大等與軍主幢主道使與外村主'란 기사였다. 이것이 당시 신라의 지방통치조직의 골간을 나타낸 것이라 짐작해 접근하였다. 당시 고구려 계통의 직명인 당주를 흔히 군관으로만 이해하려 하였는데 그에 앞서 초기의 지방관은 군사적 성격을 강하게 지녔을 것이라는 근거로 삼게 되었다. 특히 그 점을 입증해내는 데에 주요 실마리가 된 자료가 550년 무렵의 「단양신라적성비(丹陽新羅赤城碑)」였다.

「적성비」의 출현은 나에게 마치 타는 목마름의 한가운데에 내린 단비와 같았다. 당주와 도사의 문제에 고심하던 중인 1978년 1월 초 처음 신문지상을 통해 새 비의 출현 소식을 접하였다. 당시 나는 대가야의 순장(殉葬) 고분으로서 유명세를 크게 타고 있던 경북 고령(高靈)의 지산동 44·45분의 발굴단 일원으로 참여하고 있었다. 현장의 책임을 맡고 있었던 까닭에 「적성비」를 직접 찾아볼 엄두를 내기 어려운 형편이었다. 오로지 매일 저녁 짬이 나면 신문에 실린 사진과 판독문을 놓고서 이리저리 궁리해볼 따름이었다. 비문 전반을 본격적으로 검토하기보다는 거기에 보이는 군주와 당주의 관계를 밝히려는 데에 골몰한 시간이었다. 「적성비」에는 당주도 추문촌(鄒文村)이나 물사벌성(勿思伐城)과 같은 성(城)이나 촌(村)이라는 지방행정 단위에 파견된 군사적 성격을 강하게 지닌 지방관이었음이 확인된 것이었다. 만일 때맞추어 「적성비」가 출현하지 않았더라면 나의 석사학위 청구논문은 전혀 엉뚱한 방향으로 흘러갔을지도 모를 일이었다.

당시 작성한 논문의 초고(草稿) 속에는 촌주를 정점으로 한 중고기의 촌락 구조와 관련한 내용도 상당 부분 들어 있었다. 분량이 상대적으로 많았을 뿐만 아니라 내용이 그리 썩 탐탁찮게 여겨지는 곳도 적지 않아

떼내어서 뒷날을 기약하였다. 사실 이때 중고기의 촌은 모두 같은 성격은 아니며 행정(성)촌과 자연촌으로 나뉘어야 한다는 가설을 설정해 두었다. 이에 대해서는 뒤에서 다시 언급하기로 하겠다.

4

「적성비」가 발견된 바로 그 해 봄 단국대학의 주관 아래 이를 본격적으로 다룬 학술회의가 유관 분야의 이렇다 할 연구자들이 참여한 가운데 열렸다. 그 결과가 곧바로 단국대 사학과 간행의 『사학지(史學志)』12호 특집에 실렸다. 발표장이나 현장을 직접 가볼 형편이 되지 못하던 나로서는 그를 복사해서 읽는 것만으로 만족할 수밖에 없었다.

「적성비」는 비록 윗부분이 산산 조각나 떨어져 나가버린 상태였지만 대강의 내용과 함께 율령제나 관등제를 비롯한 6세기 전반 신라사를 새롭게 읽어내는 데에 적지 않은 참신한 정보가 담겨져 있었다. 과거 일본 연구자들이 신라 중고기를 늦추고 낮추어 평가해온 역사상(歷史像)을 일거에 깨트릴 만한 근거들이었다. 종합 토론의 내용까지 샅샅이 살피니 건비 연대를 비롯한 여러 가지 사항에 대해 상당한 견해 차이가 드러나 있었다. 그 가운데 문제가 된 주요 대상의 하나는 고두림(高頭林)이었다. 당시에는 거의 모두 고구려 출신의 인명으로 이해함이 대세였다.

그런데 이듬해 동경대학의 다케다 유키오(武田幸男) 교수의 글을 읽고서 깜짝 놀랐다. 이 논문이 나에게 던진 충격은 실로 엄청났다. 이후 금석문을 대하는 자세와 안목에 적지 않은 영향을 받았다. 그는 비문을 매개로 신라의 적성 경영 전반을 치밀하게 다루었지만 특히 고두림을 인명이 아니라 지명으로 풀이한 사실이 눈에 확 들어왔다. 그렇게 파악한 근거는

「적성비」가 발견된 지점의 주변 일대를 대상으로 행한 발굴에서 출토된 비편이었다. 2행 2자씩 이루어진 한 점의 비편에서 '城在, 阿干'이란 4개의 글자가 확인되었다.

다케다 교수는 내용상으로 원 비문에서 이 비편이 들어갈 만한 자리로서 4행과 5행의 첫머리를 손꼽았다. 그렇다면 고두림이 3행의 말미에 있으므로 '고두림성'이 된다. 고두림은 인명이 아닌 성명(城名)이라는 주장이었다. 이는 그 다음 행을 고려하면 정확한 지적이었다. 평소 치밀하게 사료를 취급하려는 자세가 몸에 밴 데서 거둔 성과로 느껴졌다.

우리 학계에서는 비편을 먼저 접하였을 터이지만 아무도 치밀하게 점검을 시도해보지 않고 무심히 지나치고만 것이다. 당시 나로서는 이런 현황이 바로 우리 학계의 수준이라 절감하면서 앞으로는 그런 일이 두 번다시 일어나지 않도록 해야겠다고 거듭 다짐하였다. 그러고는 「적성비」의 실상에 한 걸음 더 다가가는 도전을 해보려는 마음을 먹었다. 새로이 알려질 비문을 사료로서 활용하려면 무엇보다도 먼저 전반적 내용이나 성격을 검토한 뒤에 진행해야 함이 올바른 접근 자세라는 생각을 갖기에 이르렀다.

이후 근 2년 가까운 기간 동안 「적성비문」과 비편을 놓고서 이리저리 궁리하는 작업을 꾸준히 진행하였다. 비문 전체 내용과 구조를 나름대로 면밀하게 관찰·분석해 보고 비편을 어디에 배치함이 적절한지를 상상하였다. 그 결과는 어떻든 이 일은 마치 새로운 사실을 깨달아가는 수련의 과정처럼 느껴졌다. 나로서는 금석문을 소중하게 꼼꼼이 다루어야할 뿐아니라 사료로 이용하기에 앞서 전체 내용과 성격 파악이 먼저 이루어져야 한다는 사실을 절감한 계기였다. 우리는 지난날 질량 두 면에서 너무나 풍부한 내용이 담긴 「광개토왕비」를 오래도록 전체 구조와 내용은 거들떠보지 않은 채 오직 극히 일부에 지나지 않는 신묘년조(辛卯年條)에만 집착함으로써 어떤 잘못을 저지른 것인지를 잘 알고 있다. 그럼에도 아직 유사한 잘못을 계속해서 되풀이하는 듯하다. 연구의 진전을 위해 필히 반성하고 교훈으로 삼아야할 대목이다.

어떻든 매우 긴 시간을 투여해 「적성비문」 전반을 꼼꼼하게 관찰하면서 무척 많은 점을 느꼈다. 내가 금석문에 대해 지닌 기본적 자세는 이때부터 알게 모르게 갖추어지지 않았을까 싶다. 이후부터는 「적성비」를 다루는 연장선상에서 새로이 알려진 것은 말할 것도 없고 기왕의 것까지를 포함해 전반적으로 검토하는 작업을 시작하였다. 뒷날 『금석문과 신라사』(지식산업사, 2002)라는 단행본을 간행할 수 있게 된 것은 순전히 그 결과라 하겠다.

사실 비편을 다루면서 지금껏 후회(참회)하고 있는 것이 「적성비」의 비편을 오래도록 실견하지 못한 일이었다. 차일피일 미루다가 「적성비」를 다룬 글을 완성해 발표할 때까지 끝내 확인하지 못하고 말았다. 이는 그야말로 연구자로서 결코 있어서는 안 될 게으르고 안이함의 극치라 자괴(自愧)하고 있다. 그로부터 한참 세월이 흐른 뒤 청주박물관에서 「적성비」의 비편을 전시할 때 비로소 실견할 기회를 가졌다.

그에 앞서 언젠가 한국목간학회 주관의 학술회의 자리에서 그 점을 돌이키면서 누군가 지금이라도 아무도 돌아보지 않는 「적성비」의 비편을 면밀히 조사해보는 게 어떻겠느냐고 제기한 적이 있다. 그때에 함께 자리한 동국대 윤선태 교수가 단국대 박물관을 찾아가 비편을 조사하여 '撰' 자를 새롭게 읽어내는 개가를 올려 한국목간학회 하계세미나에서 소개한 적이 있다. 사실 뒷날 한국고대사연구회(한국고대사학회로 학회 명칭을 바꾸었음)가 출범한 뒤 거의 방치되다시피 한 금석문 자료의 현장을 직접 찾아서 공동 조사를 실시하고 판독하는 작업을 진행한 것은 바로 그런 실상에 대한 반성적 차원에서 이루어진 일이었다.

석사학위 논문을 작성하면서 얻은 수확은 6세기 금석문 전반에 대해 일별해볼 기회를 갖게 된 사실이다. 촌락의 실태와 관련해 혹여 단편적이나마 중요한 내용이 들어가 있을지도 모른다는 판단에서였다. 하나하나씩 훑어나가면서 몇몇 금석문에 대해서는 약간의 의문을 품게 되었다. 그래서 가장 먼저 관심의 대상으로 떠올린 것은 당시 「남산신성비」의 하나(당시 7비)라고 당연시 하고 있던 이른바 「안압지출토비(雁鴨池出土碑)」였다.

위쪽의 상당 부분이 떨어져나간 비편에 불과하였지만 남은 글자는 그리 어렵지 않게 읽어낼 수 있었다. 지상에 노출된 기간이 별로 길지 않았음을 유추하도록 하였다. 대충만 읽고 넘어간다면 「남산신성비」 가운데 하나로서 간주할 여지가 없지는 않았지만 세밀히 들여다보면 그동안 알려진 다른 비에 견주어 구조나 표기 방식, 용어 등이 뚜렷하게 차이난다는 사실을 쉽게 간취해낼 수 있었다. 특히 모든 「남산신성비」에서 공통적으로 확인되는 서사(誓事)가 들어갈 공간이 거의 없는 점, 간(干)을 간지(干支)로 표기한 점, 공척(工尺)이나 장척(匠尺)을 대공척(大工尺)이라 일컬은 점, 일벌도(一伐徒)라 하여 특이한 방식으로 기재를 한 점 등등에 착목하였다.

이와 같은 정황을 종합해서 판단할 때 「안압지출토비」를 「남산신성비」의 하나로 보기 어려우며 건비의 시점도 그보다 훨씬 올라간다는 결론을 내리게 되었다. 『안압지발굴보고서』를 찾아서 처음부터 끝까지 샅샅이 뒤졌다. 그러나 비에 대해서는 오로지 말미의 도판에다 달랑 한 장의 사진만 실어둔 채 아무런 이어지는 설명이 없었다. 당시의 발굴 수준과 문자 자료에 대한 인식을 여실히 보여주는 장면이었다.

그런데 부록으로 게재된 안압지의 호안석(湖岸石)을 다룬 지질학 관계 논문을 읽어보니 석질은 명활산성의 돌과 같아서 그곳으로부터 채석해 왔을 것으로 내려진 결론이 눈에 들어왔다. 이를 주된 근거로 삼아 『삼국사기』 신라본기를 거슬러서 찾다가 드디어 진흥왕 15년(554)조에 명활산성을 수축한 기사를 만났다. 이로써 내용상으로는 물론 채석의 장소로 미루어 「안압지출토비」는 바로 그 무렵에 세워졌으리라고 잠정적인 결론을 내리게 되었다.

이와 같은 내용의 대강을 1984년 안동대에서 개최된 대구사학회의 월례회에서 발표하였다. 당시 영남대학에 재직 중이며 「남산신성비」를 깊이 다루어본 경험으로 그 중의 하나라 굳게 믿고 있던 이종욱 교수가 토론의 과정에서 「명활산성비」임을 입증해내려면 그와 똑같은 내용의 새로운 비를 찾아내라고 주문하였다. 나도 오기가 발동해 즉석에서 그렇게 하리라고 답변하였다.

정말로 얼마 뒤 틈이 나면 혼자서 여러 차례에 걸쳐 비를 찾으러 명활산성 답사에 나섰다. 그러나 산성의 성벽이 완전히 무너져 내려 돌무더기가 워낙 두텁게 쌓인 상태여서 석비를 찾아낸다는 것은 마치 모래사장에서 바늘 찾기나 다름없어 혹여 천운이라도 뒤따르면 모를까 거의 불가능하다는 결론을 내리고 언젠가 그럴 때가 있을 것으로 바라면서 현장을 떠났다.

그런데 1988년 8월 말 무렵 경주 일대에 폭우가 내려 명활산성 북편 성문의 입구로 추정되는 포도밭둑의 일각이 무너져 내렸다. 마치 지성이면 감천이라는 듯이 그때 물에 휩쓸려서 아래까지 내려온 수많은 돌들 가운데 비면을 위쪽으로 한 상태의 새로운 석비가 발견되었다. 이 비는 얼마 뒤 정식 보고를 거쳐 「명활산성작성비」로 명명되었다.

당시 서울에서 대구로 내려가던 도중 비의 발견 소식을 듣자마자 바로 이튿날 곧장 경주박물관으로 내달아서 박방룡 선생의 배려로 실견하고 직접 꼼꼼하게 판독해보는 기회까지 가졌다. 이미 예측해 두었던 것처럼 비문의 구조나 내용상으로 「안압지출토비」가 곧 「명활산성작성비」의 하나임이 뚜렷하게 판명되는 순간이었다(이로써 전자는 잘 사용하지 않는 용어가 되었다). 이는 여러 모로 보아 정말 천운이 뒤따랐기 때문에 가능한 일이었다. 나로서는 마치 미래를 점친 점괘가 꼭 그대로 들어맞은 듯해 금석문 자료에 깊은 관심을 가진 뒤 만난 첫 기쁨이었다. 이 일은 이후 문자 자료에 대한 관심을 버리지 않고 이어가는 데에 큰 힘으로 작용하였다.

그동안 면밀한 조사와 검토를 반드시 시도해 보아야겠다는 마음을 먹었으면서도 여러 가지 사정으로 미루어 온 것이 578년의 「대구무술오작비(大邱戊戌烏作碑)」였다. 발견과 분실, 재발견의 등의 우여곡절을 거친 끝에 1958년 정식 소개되었지만 이후 연구자들에 의해 극히 부분적으로만 이따금 활용될 뿐 별로 크게 관심을 끌지 못하고 있었다. 나는 중고기 촌락의 존재 양상을 검토하면서 자연스레 「오작비」에 대해서도 관심을 갖게 되었다. 재직하던 경북대 박물관에서 소장하고 있었으므로 얼마간의 여유라도 생기면 곧장 달려가 직접 관찰해 보곤 하였다. 그 결과 기왕에 소개된 판독문에는 문제가 많다는 사실을 인지하게 되었다. 혼자의 힘만으로 완벽한 판독 결과를 기대하기란 무척 힘들다 여겨 1987년 출범한 한국고대사연구회의 금석문 공동 조사와 판독을 기획할 때 처음 실시해보는 대상으로 선정하였다. 앞으로 공동 조사를 본격적으로 추진해 나가기 위한 일종의 예비 작업이기도 한 셈이었다.

「무술오작비」에 관심을 가졌던 것은 다른 무엇보다도 거기에 촌명이 많이 나온다는 점 때문이었다. 기왕에 여기의 촌도 「남산신성비」와 같은 성격의 행정(성)촌이라 단정해 왔다. 말하자면 그 밑바탕에는 중고기라는 동일한 시기에 존재한 촌의 성격은 꼭 모두 같아야 한다는 인식이 짙게 깔려 있었다. 그러나 양자를 대조해 보면서 몇 가지 측면에서 아무래도 이상하다는 느낌을 갖게 되었다. 왕경이 아닌 지방 변두리인 대구에 소재한 저수지를 만드는데 너무나 많은 행정(성)촌이 동원된 점, 그럼에도 성(城)은 전혀 보이지 않는 점, 역역 동원 관리자들의 외위가 너무도 낮은 점, 저수지가 있는 영동리촌(另冬里村)의 외위 소지자는 정작 1인 뿐인 점, 그나마 소지한 외위가 겨우 일벌에 지나지 않는다는 점 등등은 촌의 성격에 대한 의문을 갖기에 충분한 요소들이었다.

이미 석사학위 논문을 작성하면서부터 의문을 품기 시작하였지만 일단 사정상 미루어둘 수밖에 없었다. 그 뒤 공동 조사 작업이 끝난 뒤 이때의 판독을 토대로 해서 「오작비」의 촌은 「남산신성비」의 그것과 성격을 달리하는 자연촌(自然村)이라는 결론을 1987년의 한국고대사연구회 월례회에서 제기하였다. 이를 매개로 과감하게 중고기에서 군사(郡司)와 촌사(村司)의 존재를 상정하기도 하였다.

이후 지방 통치나 촌락의 문제를 다룬 모든 연구자들로부터 강한 반론이 뒤따랐다. 나의 주장이 쉽사리 수용되지는 않으리란 예상은 하고 있었다. 중고기의 촌은 모두 같은 성격이어야 한다는 데에 초점이 강하게 맞추어져 있었기 때문이다.

그러나 「광개토왕비」에서 확인되듯이 촌은 원래 자연촌으로서 수용되었고, 그 가운데 일부 중심촌에는 지방관이 파견됨으로써 행정(성)촌으로 취급되었다는 것이 핵심이었다. 통일 이후에는 행정(성)촌이 다시 현(縣)으로 바뀜으로써 모든 촌은 저절로 자연촌으로 편제되었으나 고려 왕조에서는 그 가운데 몇 개의 자연촌을 묶은 이른바 지역촌(地域村)이 생겨난다는 것이다. 따라서 촌이라 칭하였다고 해서 시대를 불문하고 무조건 동일시해버리는 것은 비역사적이며 너무 안이한 접근이라는 것이 나의 반론이었다.

이 논란이 해결될 실마리는 1994년 발견된 「남산신성비」 제9비에서 보였다. 이 비의 급벌군은 오늘날 경북 영주 일대이거니와 그 가운데 이동성(伊同城)의 주민을 축성에 역역 동원한 사실을 보여 준다. 비문의 구성을 기왕의 통설에 따라 분석하면 거기에 보이는 이동촌(伊同村)을 비롯한 몇몇 촌은 자연촌으로 봄이 온당하다. 나는 이로써 중고기의 촌을 둘러싼 논란은 이제 완전히 끝난 것이라 간주하였다.

그러나 예기치 않게 거기에는 여타 「남산신성비」와는 달리 지방관이 보이지 않는다는 사실을 근거로 내세워 다시 자연촌임을 부정하는 반론이 제기되었다. 한번 설정된 시각을 끝내 고수하는 데에 혼신의 힘을 기울이면서 각종 기발한 발상이 동원되기도 하였다. 사실 이에 대한 오랜 논란은 그 뒤 경남 함안에서 「성산산성목간(城山山城木簡)」이 출토됨으로써 완전히 종지부를 찍게 되었다. 거기에는 행정(성)촌 아래에 의심의 여지없이 자연촌이 존재함이 명백하게 보였기 때문이다.

실제로 관심의 대상으로 삼아야 할 것은 중고기의 자연촌 유무가 아니라 촌락 자체의 구조를 명확하게 밝혀내는 일이다. 이를 둘러싼 논란이 마치 자연촌의 유무에 한정된 것처럼 비쳐졌는데 원래 문제를 제기한 목적은 거기에 있는 것이 아니었다. 당시 촌락의 존재 양상을 비롯한 구조적인 문제의 규명이었다. 이 점에서 중고기 촌락의 존재 양상은 여전히 밝혀져야 할 큰 과제로 남아 있는 상태이다.

되돌아보면 1970년대에 비추어 현재 중고기 촌락 관련 자료는 엄청나게 증가하였다. 그럼에도 이 방면 연구가 별로 크게 진전을 본 것 같지 않다. 그런 측면에서 그동안 별로 생산성 없는 공론(空論)만 거듭해온 듯한 느낌이 들어 적지 않은 반성이 뒤따른다.

5

한국고대사에서 금석문의 중요성이 크게 부각되어 세인의 관심을 끌기 시작한 것으로는 아무래도 524년의 「울진봉평비신라비(蔚珍鳳坪新羅碑)」를 손꼽지 않을 수 없다. 발견되자마자 신라 최고(最古)의 비라는 명성을 얻은 「봉평비」는 서로 형제 사이인 법흥왕과 입종갈문왕(立宗葛文王)이 각각 탁부와 사탁부를 칭하면서 여타 12인의 신료들과 함께 공동으로 국가의 중대 사안을 논의해 결정하고 교(教)를 발령해 실행한다는 내용이다. 주요 핵심 사항은 별교령(別教令)의 형태로서 제시되어 있다. 이 비를 통해 법흥왕대에 율령이 반포된 사실, 그 가운데 하나의 편목으로서 노인법(奴人法)과 함께 장형(杖刑)을 집행한 사실 등등이 보여 주목을 끌었다. 법흥왕 7년(520) 반포한 율령의 성격을 규명할 명백한 근거였기 때문이다.

법흥왕대 초반은 국왕조차 아직 소속 부명인 탁부를 관칭(冠稱)해야 할 정도로 중앙집권적 지배체제가 제대로 정립되지 못하였으며, 자립적 기반을 강하게 지닌 부가 기능할 발휘하던 이른바 부체제 단계였음을 보여주었다. 이런 새로운 정보를 배경으로 신라사 연구는 한 단계 진전될 수 있었다.

「봉평비」는 한국고대사연구회가 출범한지 꼭 1년 뒤에 발견되고 이를 주제로 삼은 심포지엄이 열림으로써 학회를 전국에 널리 알리는 주요 계기가 되었다. 그 이듬해에는 다시 503년에 세워진 것으로 추정된 「포항냉수리신라비(浦項冷水里新羅碑)」가 출현해 최고의 자리를 갱신하였다. 진이마촌(珍而麻村)의 재지 유력자들이 오랜 기간 특정한 재산을 놓고서 벌인 분쟁의 해결 문제를 다룬 이 비에는 지증왕이 즉위하기 이전 사탁부 출신으로서 갈문왕을 역임한 사실, 500년에 즉위한 것으로 기록된 기존 사서와는 다르게 아직 즉위하기 이전이었다는 사실 등 전혀 예기치 못한 엄청난 정보가 확인되었다.

이들 두 비가 연이어 발견됨으로써 5세기부터 6세기 초까지의 부제체, 율령제, 관등제, 지방제 등 지배체제 전반을 비롯한 지방 촌락의 양상 등 여러 부면에 걸쳐서 내용을 매우 부성(富盛)하도록 만들었다. 이로써 신라사 연구는 새로운 단계로 진입하게 되었다고 평가하여도 그리 지나치지 않을 듯 싶다.

사실 앞서 언급하였듯이 학회가 출범한 바로 그 해부터 기왕에 알려진 금석문에 대한 공동 조사와 판독을 막 시작한 상태였다. 마치 머지않아 두 비의 출현을 미리 예견이라도 하고서 사전 준비를 한 셈이 되었다. 여러 사람의 눈으로 함께 판독함으로써 자칫 범하게 될지도 모르는 실수를 가능하면 줄여보자는 뜻이었다.

한편 그동안 발굴을 통해 확보된 토기, 기와, 도검(刀劍) 등 고고자료에 새겨진 명문이 적지 않았으나 사장(死藏)된 사례가 적지 않음을 알고 이 방면에도 눈을 돌렸다. 이들을 재발굴해 소개함으로써 연구자들과 공유할 수 있도록 해보려는 배려에서였다. 궁극적으로는 명문 자료를 매개로 한국고대사와 고고학 분야가 서로 긴밀하게 학제적 협력과 대화를 도모함으로써 함께 발전해나갈 수 있으리라는 기대를 갖고 있었다. 그런 기획을 추진해나가던 도중에 두 비가 새로 출현하였으므로 하늘로부터 우연히 떨어진 것만은 아니었다는 느낌이다. 이후 고고학으로부터 우리 역사학도들에게는 다소 생소하게 여겨지는 많은 새로운 정보가 제공되기 시작하였다. 뒷날 목간학회의 출범도 이런 배경과 전혀 무관한 일이 아니었다.

　사실 바로 그 무렵 경주박물관의 배려로 공식 휴관일인 어느 월요일 진열 중인 「남산신성비」는 물론이고 수장고에 보관 중인 것까지를 모두 꺼내어 면밀히 조사할 기회를 가졌다. 그 가운데 매우 궁금하게 여겨져 집중한 대상은 기존 판독에서 알기 힘든 것으로 처리된 글자들이었다. 언뜻 사진으로만 보아도 제법 선명하게 확인되나 이 글자 전부를 모두 잘 알지 못하는 것으로 처리해 두고 있었다.

　그런 몇몇 글자를 중심에 두고 공동 조사를 진행한 결과 의외의 사실을 알아내었다. 현재 우리가 사용하는 자전(字典)에 실려 있지 않은 대부분의 글자는 모두 모르는 것으로 처리해버린 것이었다. 실물을 직접 살펴본 우리로서는 놀라움을 금할 수 없었다. 왜냐하면 여러 다른 금석문에서 '탁(喙)'처럼 신라인이 만든 조자(造字)를 비롯하여 '사(徙)'의 약자(略字), 일벌(一伐)이나 일척(一尺), 나마(奈麻) 대사(大舍), 소사(小舍)와 같은 합자(合字), '사(斯?)'와 같은 이체자(異體字) 등도 적지 않게 발견된 바 있었다. 그러므로 현재 수준에서는 읽어내기가 어렵더라도 장차를 대비해서 보이는 모습 그대로를 그려두는 편이 바람직하다고 여겼다. 그리하여 판독한 결과는 1987년부터 발간하기 시작한 「한국고대사연구회 회보」 2호에서부터 싣기 시작하였다.

　「남산신성비」에서 특히 주목된 것은 제2비에 답대지촌도사(答大支村道使)의 출신지를 '□喙'이라 하여 모르는 글자로 처리한 사실이었다. '牟'에서 가로로 그은 '一'의 획을 빠트린 글자가 확실하였다. 따라서 이는 모탁(牟喙)으로 읽을 수밖에 없었다. 당시까지 알려진 「남산신성비」에서는 공교롭게도 도사 등 지방관이 이 사례를 제외하고는 모두 사탁부(沙喙部)

출신자뿐인 데서 비롯한 강한 선입견 때문에 그처럼 잘 모르는 글자로 판단해 버렸다. 자칫 잘못 제공된 기본 자료가 어떤 결말로 이어질지는 가늠할 수 없는 일이므로 모름지기 있는 그대로 제공해줌이 철저히 지켜야 할 기본적 자세라는 사실을 거듭 확인하였다. 이런 공동 조사 과정을 거친 결과는 대부분 얼마 뒤 1992년 한국고대사회연구소에서 편찬한 『역주 한국고대금석문 제2권(신라1 가야편)』의 기초 자료로서 활용되었다.

바로 그 무렵 합천 매안리(梅岸里)에서 고비에 대한 조사가 이루어졌다. 당시 경주 동국대에 재직 중이던 김상현(현재 故人이 됨) 교수의 제보에 의한 것이었는데 당신의 고향 마을 어귀에 서있는 고비를 한국고대사학회에서 공동으로 조사해 보라는 요청이었다. 여러 사람이 참여해 두 차례에 걸쳐 현장에서 판독 작업을 실시하였다.

'村'이나 '干支' 등의 글자가 보였지만 워낙 마모가 심해 겨우 앞의 2행에서 몇몇 글자를 확인할 수 있을 따름이었다. 그래서 통일 이전으로 거슬러 올라감은 분명하나 구체적 내용이나 성격 등은 판별하기가 매우 힘들었다. 그럼에도 발견된 위치 때문에 어느 틈엔가 가야비로 결정되어 널리 소개되었다. 아마 가야 관련해서 알려진 비문이 없는 데서 나온 염원이 빚어낸 해프닝인지는 모르겠으나 여러모로 신라비로 봄이 옳다는 생각이다.

조그마한 금석문의 경우 각별하게 관심을 기울이지 않는다면 자칫 지나쳐 놓치기 십상이다. 사실 적지 않은 자료가 고고발굴을 통해서 확보되었음에도 그대로 방치해버리는 사례가 많음은 그를 입증해준다. 이를테면 창녕의 계성(桂城) 지역 고분군에서 '大干'을 비롯한 명문이 있는 토기가 출토된 바 있다. 그렇지만 이들은 오래도록 사장된 채 거의 소개되지 않았으나 아무도 관심을 갖지 않았다. 1990년대에 들어와서 비로소 바로 인근 지역에서 역시 비슷한 토기명문이 알려지게 되면서 기왕의 것도 새롭게 주목을 끌자 유물 수장고가 다시 발굴되기도 하였다. 경위야 어떻든 한국고대사연구회의 활동은 작은 금석문이라도 관심을 가져야 한다는 분위기를 크게 고양시키는 기능을 한 셈이었다.

바로 그런 분위기 속에서 나는 1970년대에 발굴되었으나 주목을 별로 끌지 못한 서울 사당동(舍堂洞) 소재의 신라 도요지 출토 토기를 소개할 기회를 가졌다. 신라 고고학을 전공한 이희준 교수가 제공해준 정보 덕분이었다. 거기에는 신라 계통의 장경호 조각에 매우 유려한 해서체의 필체로 '...縣器村何支爲...'라고 쓰여져 있었다. 이밖에 글자가 있는 명문이 적지 않았지만 서울대박물관에 거의 방치되다시피 한 상태였다. 이를 서울대의 송기호 교수에게 알려서 조사해보도록 요청하였다.

나는 그런 작은 명문 단편들을 모아 이미 1996년 부산 동래복천동 박물관에서 전시회를 개최할 때 정리해 자료집에다 소개하는 글을 쓴 바 있었다. 이후 고고학계에서도 아무리 작고 소박한 명문이라도 소홀히 다루지 않으려는 것은 무척이나 다행스런 일로 여겨진다. 최근 과거 일제 때 금관총에서 출토된 칼에서 '이사지왕(尒斯智王)'을 비롯한 명문이 확인된 것도 그런 사정과 결코 무관하지가 않다는 느낌이다.

6

금석문을 비롯한 명문 자료의 중요성이 점점 널리 퍼져가던 무렵인 1990년대 초에 역시 이희준 교수로부터 하남시 춘궁리에 있는 이성산성(二聖山城)을 발굴한 보고서가 간행되었는데 거기에 목간이 들어있다는 정보를 얻게 되었다. 즉시 보고서를 찾아 읽어보았다. 한양대가 1990년 실시한 이성산성 3차 발굴 조사에서 전체 12점이 출토되었으나 묵흔이 제대로 확인된 것은 겨우 4점에 불과하였다. 그 가운데 사료로서 활용할 만한 대상은 3면의 문서목간 단 1점뿐이었다. 그나마 무척 다행스럽게 여겨진 것은 '戊辰年正月十二日'이라는 제작 연원일이 명시된 사실이었다. 연대 결정의 주요 실마리가 될 터였다.

보고서를 읽어보고서 깜짝 놀란 것은 목간에 사용된 서체가 660년 무렵 쓰인 『한원(翰苑)』과 닮아 이를 연대 판별 기준의 하나로 삼은 사실이었다. 현재 일본에 남아서 전하는 유일본인 『한원』(권30만 남아 있음)은 9세기 이후에 필사된 것이므로 편찬 당시와는 아무런 상관이 없다. 이는 당시 우리의 목간에 대한 관심이나 이해의 수준이 어떠하였는지를 여실히 보여주는 사례였다.

나의 일차적 관심사는 「이성산성 목간」에서 확인되는 도사와 촌주였지만 여하튼 목간 분야에 첫 발을 들여놓는 뜻 깊은 계기였다. 다만, 이때 측면 '須城道使村主前南漢城...'의 '前'을 뒤로 붙여서 전직(前職)의 의미로 이해한 점이다. 이는 뒷날 이성시 교수가 지적한 것처럼 '앞'의 뜻으로 풀이함이 온당함에도 이를 제대로 간파해내지 못하였다. 이 분야에 첫발을 내디디면서 범한 잘못으로서 생채기를 남겼다. 비슷한 착각은 얼마 뒤에 또 다시 일어났다. 목간과 같은 파편적·단편적인 자료를 다루는 데 폭넓은 시야와 경험이 얼마나 소중한지를 깊이 깨달았다.

사실 1970년대 후반 발굴된 안압지 목간에 대해서는 오로지 글로서만 접하였다. 또 「이성산성 목간」을 직접 다룬 글을 썼지만 그것은 어디까지나 내용에 대해 초점을 맞춘 것이었을 따름이다. 부끄럽게도 당시까지 한 차례도 목간을 직접 만져볼 기회조차 갖지를 못하였다. 목간의 모양, 크기, 형식, 재질 등 가장 기본적 사항에 대해 전혀 관심을 두지 않고 있었다. 국내에서는 목간이 겨우 몇 점 알려졌을 뿐이어서 별반 관심을 끌고 있지 못한 것도 요인이었다.

그런데 1991년부터 2016년까지 17차에 걸쳐 진행된 함안 성산산성의 발굴로 목간이 상당수 출토됨으로써 사정은 현저히 달라지기 시작하였다. 현재까지 묵흔이 뚜렷이 확인되는 것만 245점으로 헤아려졌다. 이들이 모두 한꺼번에 알려졌다면 일회적 관심사로 끝나고 말았을 터이지만 잊힐 만하면 다시 새로운 목간이 출현함으로써 오랜 기간 꾸준히 관심이 이어지도록 하였다는 점에서 상당한 의의를 갖는다. 그와 함께 정확한 판독을 첨단과학과 접목시킨 것은 「성산산성 목간」과 관련하여 특필해도 좋을 만한 사항이다. 그런 점만이 아니라 여러모로 「성산산성 목간」은 한국 목간학의 발전과 정립에도 기여한 바가 작지 않았다.

내가 「성산산성 목간」을 처음 접한 것은 1992년 2차 발굴이 진행 중일 때였다. 당시 동문지 부근의 뻘 층에서 여러 가지 목제품 및 과실의 씨앗 등과 함께 목간이 몇 점 출토된 소식을 듣고서 현장에 갔다. 그 뒤 한두 차례 더 현장을 방문한 기억이 떠오르지만 역시 목간은 별로 크게 주목을 끌지 못하였다. 그러다가 1998년 말쯤 창원문화제연구소(현재 가야문화재연구소로 개명)의 신창수 소장으로부터 「성산산성 목간」을 대상으로 해서 국제학술회의를 열어 주면 좋겠다는 요청을 받았다. 목간과의 본격적인 인연을 맺게 된 계기였다. 나는 기꺼이 그러겠다고 답변하고 일정을 잡아 조직을 꾸려나갔다. 바로 얼마 뒤 한국고대사학회의 회장직을 맡게 됨으로써 회의를 본격적으로 추진할 있었다. 애초에 국제학술회의 개최를 의뢰해온 데에는 초보적이나마 「이성산성 목간」을 다룬 경험이 크게 작용한 것 같았다. 그만큼 목간에 대한 관심이 희소하던 시절의 일이다.

1999년 말 국제학술회의에 어울리게 나름의 기획을 해서 이 방면의

권위자들을 초청하였다. 중국 사회과학원 사계화(謝桂華) 선생, 일본 동경
역사민속박물관의 히라카와 미나미(平川南) 교수, 와세다대학의 이성시
교수 등을 초빙하고 「안압지 목간」을 최초로 다룬 동국대 이기동 교수를
좌장으로 모시고서 국립김해박물관에서 회의를 열었다. 목간을 주제로
삼은 국내 최초의 학술대회라는 점에서 나름의 의의가 있었다. 특히 나에
게는 이때의 발표가 이후 두 가지 측면에서 크게 영향을 미쳤다.

　　나는 실무적 일을 맡아 회의 준비를 해나가면서 동시에 「성산산성 목
간」의 기초적 성격을 다룬 주제 발표까지 맡았다. 나는 회의를 최종 마무
리 짓는 인사말에서 이 자리를 계기로 앞으로 목간이 많이 출토되리라 예
견되므로 그에 대비해서 한국목간학회를 만들겠다는 다짐의 말을 하였
다. 매우 긴장한 가운데 처음 연 국제학술회의를 무사히 마쳤다는 안도감
과 함께 이틀간 회의를 진행하면서 목간에 대한 인식을 크게 드높이기 위
해 학회의 필요성이 절실하다고 느낀 데서 비롯한 일이었다.

　　이후 목간학회 결성에 대한 일은 내 머리를 언제나 떠나지 않고 맴돌
았다. 많은 사람이 참석한 공개석상에서, 그것도 국제학술회의석상에서
일견 약간 무모하게 비쳤을지도 모를 말에 대한 책임 의식 때문이었다.
어쩌면 그렇게 함으로써 스스로 족쇄를 채워 추진해보려는 의도도 작용
하였던 것 같다. 드디어 2006년 연초 결단을 내려 목간에 관심을 두고 있
는 연구자들과 함께 공동으로 실물 견학과 현장 조사 등 학회 결성을 위
한 예비 작업을 1년쯤 거쳐 이듬해 2007년 1월 초 국제학술회의를 개최
하면서 정식 출범을 선언하였다. 전후의 사정에 대한 자초지종은 다른 지
면에서 이미 소개한 바 있으므로 거기에 할애한다.

　　사실 「성산산성 목간」과는 특이하게 깊은 인연을 맺으면서 마침내 한
국목간학회까지 출범시킨 마당이었으나 이후 그 자체를 직접 다루어볼

엄두는 내지 못하였다. 그것은 나로서는 국제학술회의에서 처음 알려진 24점을 다룬 때의 실수가 일종의 트라우마로 작지 않게 작용한 까닭이었다. 거기에 실린 '稗一'이나 '稗'를 외위 11등 가운데 10등인 피일(彼日)의 이표기로 풀이해 인명을 표기한 목간 전부를 역역 동원을 위한 명적(名籍)의 용도라고 이해한 것이었다. 얼마 지나지 않아 '稗一石'이 관등의 자리에 쓰인 목간의 출토로 잘못이었음이 명백히 밝혀진 것이었다. 그런 형식의 목간은 대부분 하찰용(荷札用)이었다. 당시로서는 관련 자료가 드문 데서 나온 부득이한 측면도 없지는 않았으나 안목과 식견이 모자란 치명적 실수였음은 굳이 변명할 필요가 없는 일이겠다. 「이성산성 목간」을 다루면서 생겨난 생채기는 한층 더 깊어졌다.

2000년 이후에도 「성산산성 목간」 자료가 계속 출토됨으로써 그 수치는 점점 늘어났다. 대부분 연구자들이 기왕에 알려진 목간에 근거한 해석을 거듭해서 수정하지 않으면 안 되는 특이한 상황이 뒤따랐다. 기존 자료를 다시 새롭게 읽지 않으면 안 될 목간이 추가되었기 때문이다. 나는 꼭 하고 싶은, 또 해야만 할 내용이 있었음에도 「성산산성 목간」에 대해서는 침묵으로 일관하였다. 이제는 쉽사리 새로운 자료에 현혹되어 서둘러서 의사를 표명해 더 이상의 실수를 되풀이해서는 안 된다는 강박관념에서였다.

한편 그러면서 목간의 판독을 정확하게 하고 자료를 착실히 정리해 제공함으로써 믿을 만한 텍스트가 되도록 하는 데 힘쓰는 것이 주어진 책무라고 여겼다. 그래서 당시까지 알려진 목간 자료 일체를 한번 정리해봄이 어떠냐는 제안을 하였다. 이를 받아들인 가야문화재연구소가 끈기 있게 일을 추진해 나갔다. 그 결과로 2004년 『한국의 고대목간』이란 책자가 발간되었다. 이 책의 간행이 널리 알려짐으로써 앞서 언급하였듯이 나로서는 더욱 책임감을 갖게 되어 목간학회 결성에 박차를 가하지 않을 수 없게 되었다.

이후 한국목간학회에서는 시대나 국가를 불문하고 문자를 다루는 분야라면 자리를 함께 하는 분위기를 만들어나갔다. 그 결과 한국사의 여러 분야는 물론 국어학, 서예학 등의 방면에서도 크게 관심을 갖고 참여하고 있다. 한편 내외국인을 포함한 중국사나 일본사 연구자들도 동아시아사적인 시각과 입장에서 적극 동참함으로써 그 외연은 매우 늘어났다. 이제 한국목간학회는 그야말로 학제간 긴밀하게 소통하는 열린 공간으로서 자리를 굳혀 가고 있다.

한편 문자 자료가 거의 대부분 발굴에서 출토된 고고자료임에도 정작 고고학도들은 목간을 그처럼 인식하지 못하고 있다는 느낌이 강하게 들어 안타깝기 그지없다. 고고자료에서는 다른 무엇보다도 유구와 유물의 절대연대를 판별하는 작업이 기본적이며 일차적이다. 절대연대가 제대로 확정되지 않는다면 역사 복원의 기능이 반감될 수밖에 없는 성질을 지니고 있다. 목간이 고고자료라는 인식을 갖지 못하는 한 한국 역사고고학의 발전은 더디게 진행될 수밖에 없을 터이다. 다행스럽게도 최근 젊은 고고학도들은 입장과 자세를 바꾸어나가고 있으므로 크게 기대되는 바다.

7

돌이켜보면 나의 한국고대사 연구는 금석문이나 목간 등 당대의 문자 자료와 함께 해왔다고 자평할 수 있다. 연구자로서 첫 걸음마를 시작할 무렵 한국고대사 분야에서는 기본 사료와 관련하여 크게 두 가지 새로운 경향성이 움트고 있었다. 양자는 한국고대사 분야에 강하게 영향을 미쳤던 일제 식민주의사학의 잔재를 말끔히 씻어내고 나름의 체계화를 도모하려는 일환에서 나온 일이었다.

하나는 『삼국사기』 초기기사를 어떻게 이해해야 할 것인가 하는 사료학의 근본적 문제였다. 사실 초기기사에 대해 그 이전에는 일인 연구자의 완전 부정론이 일반적이었다면 해방 이후에는 한국 연구자의 일부 보완된 수정론이 말없는 가운데 그를 대체해가고 있었다. 당시 수정론이라고 하더라도 믿을 수 있는 대상 시기를 약간 올려보는 정도의 수준이었다. 이후 독재 권력에 편승해 한국적 민주주의, 민족주의가 크게 고양되면서 초기기사를 무조건 기록 그대로 믿어야 한다는 완전 긍정론이 제기되기 시작하였다. 후자는 수정론을 식민주의 잔재나 그 아류라고 비난하면서 논쟁을 부채질하고 있었다.

초기기사에 대한 완전 부정론은 물론 그 반동으로서 나온 완전 긍정론도 순수 학문적이기보다는 강한 정치성을 내재하였다는 점에서 문제를 안고 있었다. 근대역사학의 측면에서 아무런 감정의 이입 없이 진단하면 전자가 훨씬 설득력이 있지만 식민지배의 정당화를 앞세워 기사를 낱낱이 점검하지 않고 애초부터 무조건 난도질을 하려한 까닭에 근본적인 문제점을 지닌 것이었다. 완전 긍정론도 마찬가지로 감정을 앞세워 사료학의 기본을 무시함으로써 과학성을 전혀 결여한 접근이었다.

한국사, 한국고대사를 체계화하려는 마당에 초기기사의 문제는 반드시 짚고 넘어야 할 산으로서 본격적인 논의의 대상으로 삼는 분위기가 점점 무르익어 갔다. 이후 학계의 공식 논의는 여러모로 수정론이 대세를 이루어갔음은 다 아는 바와 같다. 그를 측면에서 지원해준 것이 곧 고고자료나 금석문과 같은 당대 자료들이었다.

그와 함께 역사학의 보조 학문으로서 당시 사료상의 한계를 보완하기 위해 수용된 인류학이 널리 퍼져가던 분위기였다. 마치 유행병이 일시에 널리 번지는 듯한 양상이었다. 사회인류학은 초기의 가계 분화 양상을 규명하기 위해 도입된 것이었다. 아마도 그 밑바탕에는 일제 때 인류학적 접근을 한 화랑 연구와 같은 성과를 극복해보려는 의도가 깔린 것으로 보인다. 특히 이기동 교수가 리니지(lineage)론을 빌려 나물왕계의 분화에 따른 혈연의식을 추적해 골품제 연구의 경지를 새롭게 연 것도 큰 영향을 미쳤다. 그를 이어받은 서울 중심의 초보 연구자들은 너도나도 신라사의 구명에 인류학적 방법론을 적용해보려는 수렁 속으로 깊숙이 빠져들었다.

그와 동시에 당시 크게 논란된 쟁점은 초기국가의 형성과 성격 문제였다. 한국사의 첫 관문이라 할 초기국가 형성은 당연히 해명되어야 할 과제였다. 문헌 중심의 논란이 한창 진행되던 가운데 정치인류학의 이른바 취프덤(chiefdom)론까지 수용되었다. 이처럼 다소 생소하게 느껴지는 사회인류학과 정치인류학 이론은 한국고대사를 규명하는 데에 마치 절대적인 잣대라도 되는 듯 하였다. 그에 대한 이해가 부족하면 곧 시대에 뒤떨어진 연구자인 듯이 비쳐지던 시절이 있었다.

한바탕 위세 당당하던 새로운 이론들이 강풍처럼 휘몰아쳤다가 어느 틈엔가 사라지고 말았다. 그를 통해 일부 성과를 거두었던 것도 부정할 수 없는 사실이지만 외침이 우렁찼던 실정에 견주면 빈약하기 이를 데 없는 결과였다. 결국 다른 학문 분야의 이론은 무조건 한국고대사에 적용시키기보다는 사료의 밑바닥에 숨겨진 진실의 알맹이를 찾아내고 읽어내는 수단으로서 활용함이 온당하다는 교훈을 남겼다.

그런 유행이 번져나가던 즈음 나는 첨단(?)의 이론을 접해보기 어려운 변방에서 자칫 기존 아날로그 방식의 낡아빠진 것인 듯이 비쳐진 문헌, 특히 금석문에 집착하였다. 결론론이지만 선진의 첨단 분야에 눈을 돌리지 않은 것이 오히려 천만다행이었다. 만약 거기에 매몰되었더라면 나 역시 헤어날 길을 아직껏 찾지 못하고 끝없이 방황하였을지 모를 일이다. 결국 역사학은 문헌에 철저를 기해야 함을 다시 일깨워 주었다.

역사학에서 언제나 변함없는 사실은 사료에 토대하지 않으면 마침내 사상누각에 지나지 않게 되리란 점이다. 그런 의미에서 금석문과 목간의 중요성은 아무리 강조하더라도 지나치지 않음을 믿어 의심치 않는다. 역사란 문자로 시작해서 문자로 끝맺음한다는 사실을 가슴 깊이 새겨야 마땅하다.

한국목간학회 연구총서 03
주보돈교수 정년기념논총

문자와 고대 한국

|1| 기록과 지배

1부 문자가
들어오다

한자문화의 전파와 수용

李成市

早稲田大学校

어째서 일정 지역의 여러 민족들에게 한자가 전파되고 수용되었던 것일까? 이 문제를 학술적으로 해명하고자 한 시도가 니시지마 사다오(西嶋定生)의 동아시아세계론이다. 한자를 매개로 중국에서 기원한 유교·한역(漢譯) 불교, 율령을 수용한 지역을 동아시아 문화권이라고 이름하고, 그것을 형성시킨 역사적 요인을 체계적으로 추구한 것이다. 게다가 니시지마의 동아시아세계론은 단순히 중국 문명의 전파와 수용을 해명한다는 일면에 그친 것이 아니라, 전근대 이천 년에 걸친 동아시아 지역의 역사를 세계사 속에 위치시키고자 한 장대한 이론이기도 하다.

이론적 틀로서 자각하고 있든 그렇지 않든 간에, 전후(戰後) 일본의 역사학계에는 '동아시아'라는 단어를 사용해서 국가의 영역을 넘는 지역을 설정하여 일본의 역사를 파악하려는 사고의 틀이 지금까지도 계승되고 있다. 그런데 근년 동아시아세계론에 지역적 편중이 있으며, 니시지마가 유의했던 동쪽 방면(중국의 동북지방, 한반도, 일본열도)보다도 중국사의 전개를 보면 오히려 중앙아시아 여러 민족과의 관계가 주요한 역할을 수행하였다는 비판이 제기되었다. 그러한 비판은 최근 '동부유라시아'라는 새로운 지역 설정으로 수렴되는 듯한 움직임이 있다. 하지만 이론에 대한 비판은 개별 실증 수준에서는 무효하다. 이론은 무엇을 명확히 하는가에 요점이 있으며, 그 이론을 사용하여 파악하는 대상에 의해 규정된다. 동아시아세계론이 일본인 연구자에 의해 일본사를 세계사 속에 위치지우고자 하는 동시대 고유의 문제의식에서 제기된 구조인 만큼, 애초에 만능의 이론일 수 없으며, 비판받은 바와 같이 이론적 구속성과 한계가 있음은 인정하지 않을 수 없다. 이론을 넘어서기 위해서는 오히려 그러한 문제의식에 입각하여 검증하고 평가해야 한다.

군이 동아시아세계론의 문제의식과 대상 범위를 다시 확인해 본다면, 동아시아세계론은 일본열도의 역사를 열도 안으로 고립시키지 않고, 일본열도의 역사가 전근대에도 끊임 없이 중국대륙·한반도의 동향(즉 동아시아의 동향)에 관계하면서 전개되었음을 해명하는 것이었다. 어디까지나 전후 일본인의 지적 관심에서 발생한 이론적 구조였다. 이것을 전제로 하지 않고 그대로 불변의 법칙인 것처럼 파악해서는 안 된다. 이론을 요청했던 시대의 지적 구속을 받아들이고 있기 때문이다.

이와 같이 이해한다면 동아시아세계론에 있어서 시급한 과제는, 지금까지 실증 수준에서는 다양한 반증이 있었음에도, 그것을 대체할 이론이 아직 제기되지 않고 있다는 점이다. 이론은 이른바 개별 실증을 초월한 수준의 문제로서, 앞에서 서술한 바와 같이 개별 실증 수준의 비판을 거듭해도 그것을 대체할 이론을 제기하지 않는 한 그 이론은 무효화되지 않는다.

　이 글의 주제 또한 동아시아세계론으로는 해결되지 않는 현상으로서, 한자의 전파와 수용이라는 문제를 서사(書寫) 재료인 죽간·목간을 아울러서 논하는 것이다. 니시지마의 가설을 비판하는 형식을 취하지만, 니시지마의 가설을 비판하는 것만을 목적으로 하는 것은 아니다. 앞서 서술한 것처럼 동아시아세계론은 웅장한 가설이며, 현재 일본의 역사학계는 '동아시아'라는 지역 설정(동아시아 문화권에 속하는 현재의 국가는 중국·일본·한국·북한·타이완·베트남을 포함하는 지역임)을 동아시아세계론의 전제로 하고 있다. 오늘날 역사학이나 국제 정치·경제에 있어서도 논자에 따라 '동아시아'로 지시하는 지역은 일정하지 않다. 대부분 자의적으로 설정하고 있어 좁게는 중국·한국·일본을, 넓게는 ASEAN +3(일본·한국·중국)을 함의하기도 한다. 동아시아세계론의 동아시아 지역 설정에는 미국의 개입에 의한 동아시아 여러 나라들의 분단 상황에 대한 극복이라는 1950년대에서 1960년대에 이르는 시기 일본 지식인의 위기 의식이 반영되어, 그와 같은 지역 설정 발상의 전제가 된 것이다.

　지금 일본·한국·중국의 역사학계에 있어서 동아시아세계론 이외에 동아시아를 역사적으로 명료하게 규정하는 이론이 없다면, 동아시아세계론을 따르지 않는 한, 우리는 논자마다 자의적 지역 개념에 의거하지 않으면 안 될 것이다. 그러한 현상을 더 빨리 극복하기 위해서도 니시지마의 이론적 문제에 대한 생산적인 비판적 검토와, 그것을 대체할 지역 설정의 이론적 구조 창출이 급무이다. 이 글의 주제는 한국 출토 목간이지만, 이러한 이론적 틀과 관련하여 목간학 연구를 다루고자 한다.

신라의 석비·목간 연구에서 본
동아시아세계론

동아시아 문화권의 형성이 중국 왕조와의 책봉 관계에 의해 규정된다는 가설은 6세기~8세기 동쪽 방면 여러 나라들(중국 동북지방·한반도·일본열도)이라는 특정 시대와 지역에 한해서 검증 가능하지만, 그 이외의 지역과 시대에서는 실증하기가 지극히 곤란하다고 나는 지적해 왔다. 예를 들어 1970년대 이후부터 현재에 이르기까지 6세기 전반 신라의 석비(石碑)나 목간이 발견됨에 따라 신라가 중국의 책봉을 받기 이전부터 한자를 수용하고 있었음이 분명해졌다. 동아시아세계론에 의거하여 외부와의 통교(동아시아세계론의 요점은 단순한 교류가 아니라 책봉이라는 정치 관계를 수반한다는 데 있음) 이후에 문자가 내부화한다(한자문화의 정착)는 논리 구조를 따를 경우, 6세기 전반 신라 석비나 목간의 존재는 설명이 되지 않는다. 신라에서는 왕경 이외의 지방 사회에서 지배자 집단에 의한 정치적 조정을 비석을 세움으로써 고시(告示)하거나, 지방에서 생산된 곡물 등을 다른 지역으로 수송할 때 각 지역에서 하찰이 작성되는 등 6세기 전반 시점에는 문자가 사회 내부에서 유통(내부화)되어 있었는데, 이는 신라가 중국 왕조로부터 책봉을 받기 이전의 일이기 때문이다.

다음으로 주목할 것은, 비문에 기록된 문자가 순수한 한문(정격한문)이 아니라, 이른바 '변체한문(變體漢文)'이라고 부르는 신라적 양식이라는 점이다. 정격한문과 변체한문은 겉보기에는 비슷하지만, 문장으로서의 성격은 전혀 다르다. 6세기 후반에 이르면 신라에서 <진흥왕순수비>(568년)처럼 정격한문으로 작성된 것들이 나타나는데, 이것은 신라식으로 읽히는 경우가 있다 해도, 한문으로 통용되는 것을 전제로 한 문체이다.

그러나 변체한문은 한문으로 통용되는 것은 애초에 염두에 두지 않았다. 정격한문과는 원리적으로 달라, 외국어로서 한문의 회로를 가지지 않고 자신들의 말 속에 한자를 사용하려는 시도로서 전혀 다른 한자문화라 할 수 있다. 이러한 변체한문이 점차 외국어로서의 한문에 가까워지는 과정에 위치지워지는 것은 아니다. 변체한문 자체가 문자의 내부화·성숙화·사회화로 파악될 성격을 갖추고 있다. 그와 같은 비문이 6세가 초에 존재한다는 사실은, 이 당시 신라의 한자문화가 이미 신라 사회에 깊이 침투해 있었음을 보여준다고 하지 않을 수 없다.

니시지마의 동아시아세계론 입장에서는, 6세기 초에 보이는 신라의 한자 문화는 바로 중국과의 책봉 관계를 전제로 삼아야 할 현상이다. 그러나 신라의 대(對) 중국 관계를 보면, 377·382년 전진(前秦)에 대한 조공이 사료 상 확인되는데, 이는 고구려의 인도에 따른 것으로 생각되며, 책봉이 수반된 것은 아니었다. 또한 521년에는 백제를 따라 양(梁)에 조공한 일이 있었으나, 이 때도 책봉 관계는 맺어지지 않았다. 신라가 책봉을 받은 것은 564년 북제(北齊)에 조공한 이듬해의 일이다. 요컨대 신라는 565년에 이르기까지 중국 왕조와 책봉 관계가 없었으므로, 니시지마의 가설대로라면 그 이전까지는 신라 측에는 한자를 비롯하여 유교나 율령, 불교 등을 수용할 주체적 계기가 없었던 것이 된다.

그런데 신라에서는 한자 문화 이외에 율령에 대해서도 책봉 이전에 고유법이 제정되었고, 위법자에 대한 형벌의 집행이 있었음이 <울진 봉평 신라비>(524년)를 통해 확인된다. 그러므로 『삼국사기(三國史記)』 신라본기(新羅本紀) 법흥왕(法興王) 7년(520년)의 '율령을 반포했다(頒示律令)'는 기록을, 행정법과 형벌법을 갖춘 일정한 법 체계가 아니라고 굳이 부정할 필요는 없겠다. 불교 역시 5세기 단계에 고구려를 경유하여 신라의 정치권에 통합된 지역에 수용되어 있었음은 대부분의 연구자가 인정하는 바이다. 이와 같은 단계를 전제로 하여, 6세기 전반(530년대) 불교가 국가적으로 공인되었다고 보고 있다.

또한, 유교에 관해서는 신라 승려 원광(圓光)이 원래 명유(名儒)가 되기 위해서 유교를 배우려는 뜻을 품고 589년에 진(陳)으로 갔다가, 진의 수도 금릉(金陵)에서 불교에 귀의하여 불도를 닦고 600년에 수(隋)로부터 귀국하였음이 전해진다(『삼국유사(三國遺事)』 원광서학(圓光西學), 『삼국사기』 신라본기). 원래 유교를 배우고자 했던 원광이 진나라, 수나라에서 불교에 눈을 뜨고, 해동의 고승으로 활약하게 되었음이 특필되고 있는 것처럼, 이미 유학 전에 유교에 통달해 있었다는 사실은, 6세기 신라의 유교 수용과 그 수준을 아는 데 있어서 가벼이 볼 수 없다. 더욱이 원광의 사적으로서 귀국 직후 신라의 화랑들에게 내려준 '세속오계(『삼국사기』 귀산(貴山)전)'는 지금까지 신라 불교의 특징으로 생각되어 왔으나, 그 내용은 유교의 충이나 효 사상 등 유학의 오상(五常) 사상과 관계가 인정되며, 구체적으로 『예기(禮記)』에 나오는 증자(曾參)의 말과 대응 관계가 지적되어 있다. 이러한 사실들은 원광이 유학 이전부터 유교적 소양을 가지고 있었음을 뒷받침하는 것으로서 주목된다. 신라의 유교 수용 역시 중국 왕조로부터의 책봉 이전으로 상정하지 않을 수 없다.

요컨대 한자의 수용뿐 아니라, 신라에서는 중국 왕조와의 책봉 관계 이전부터 동아시아 문화권의 지표인 한자·유교·율령·한역 불교 등의 수용이 확인고 있어, 동아시아 문화권의 형성 자체에 대한 재검토할 필요가 있다. 신라의 한자 문화나 율령의 수용에는 고구려와 같은 인접한 지역과의 관계가 중요한 역할을 했으므로, 중국 왕조와의 책봉 관계만으로 그러한 전파와 수용의 요인을 찾아내는 것은 적어도 실증 수준에서는 곤란하다.

동아시아 세계에 있어서
한국 출토 목간과 일본 목간

현재 33만 5천 점이 출토되었다는 일본의 목간은, 그 원류인 중국 간독(簡牘)과의 관계가 해명되어야 할 과제임에도, 그 전래 과정 등에 대해서는 최근까지도 구체적으로는 거의 검토되지 못했다. 그 이유 중 하나로서, 중국에서 간독이 왕성하게 사용되던 시기(진한(秦漢)대부터 4세기 무렵까지)와 일본에서 목간이 사용되기 시작한 시기(7세기 중반 무렵) 사이에 큰 격차가 있어, 양자의 관계를 구체적으로 찾아내기 어려운 상황이었음을 들 수 있다. 그러므로 일본의 목간이 한간(漢簡)을 수용한 것이 아니라 위진(魏晉) 이후 목간을 수용한 것은 아닐까 하는 막연한 견해가 나왔었다.

이제까지 7세기 이후에 본격적으로 사용되는 일본 목간이 어떠한 경위로, 어디로부터 일본에 수용된 것인지 구체적으로 논의된 경우는 거의 없었다. 이른바 중국과 일본의 중간지대라고 할 한반도의 목간 출토 사례가 적기 때문에, 그 실태가 오랫동안 파악되기 어려웠던 점도 이유 중 하나였다.

한반도 여러 나라와 일본열도의 목간 간의 관계가 전혀 명확하지 못했던 연구 단계에는, 예컨대 "중국 목간과의 관계를 보아도, 일반적으로 일본 고대 목간이, 전래 경로는 별개로 치더라도, 중국에 원류가 있었음은 거의 틀림없다."든가, "고선(考選) 업무에 사용된 목간은, 중국에서 직접 수용된 것인지 아닌지 여부는 제외하더라도, 이 무렵 수(隋)·당(唐)의 제도·절차와 함께 도입되었다고 생각해도 크게 어긋나지 않을 것이다." 라거나 하는 신중한 말투로 논하는 방법 밖에 없었다고 해도 좋다.

그러나 다른 한편으로, 1996년 단계에 100점 정도의 한국 출토 목간을 일본 목간학회에 보고하였을 때, 한국 목간과 일본 목간의 사이에는 공통성이 거의 확인되지 않는다는 견해조차 있었다. 상기 인용문에도 보이듯이 종래 일본 목간의 원류를 논할 때 한반도를 고려하는 시각은 전혀 없었던 듯한데, 중국 황제와 주변 여러 민족의 군장(君長)이라는 양자 간 관계로 파악하고자 하는 동아시아세계론의 틀이 영향을 준 것은 아니었을까?

하지만 그동안 한국에서 목간이 출토되고 그에 대한 연구가 진전됨에 따라, 일본 목간의 원류를 중국에서 찾기보다 한국 목간과 관계지우는 시도가 이루어지게 되었다. 지금도 한국의 목간은 천 점에 미치지 못하지만, 지난 20년간 출토 수의 증가와 연구의 진전에 수반하여 다양한 목간이 확인되어, 하찰(荷札)·부찰(付札)·전표(傳票)·장부(帳簿)·문서목간을 비롯해서 『논어(論語)』를 서사한 목간, 주부(呪符)목간, 습서(習書)목간, 제첨축(題簽軸), 봉함(封緘)목간, 삭설(削屑), 양물(陽物)목간, 구구단목간 등 일본 열도에서 출토되고 있는 다양한 종류의 목간 중 대부분이 확인되었고, 각각의 대응 관계도 구체적인 논의의 대상이 되고 있다.

예를 들어 6세기 후반 함안 성산산성에서 출토된 하찰은, '지명 + 인명 + 관등 + 물품명 + 수량'이라는 서식을 갖추고 있는데, 기본적으로 7세기 이후 일본의 하찰목간에 보이는 것이다. 또, 7세기 초 신라 문서목간(경주 월성해자 목간·하남 이성산성 목간)의 서식은 일본 고대 목간에 보이는 이른바 '전백(前白)목간'에 상응함이 분명해졌다. 나아가, 8세기 중반 무렵으로 추정되는 안압지(신라 동궁과 월지) 목간 중에 일본의 병위(兵衛)목간과 동일한 표기법이 보이는 것이 있으며, 약물의 명칭과 분량을 열거하고 합점을 부기한 목간도 일본에 출토 사례가 있다. 한편 백제의 수도였던 부여 쌍북리에서 출토된 목간은, 일본의 출거(出擧)목간과 서식이나 용어가 부합함이 확인된다. 나주 복암리 백제 목간은 일본의 지방 목간이나 헤이죠쿄(平城京) 출토 목간과의 유사성에 대한 지적이 이루어지고 있다.

이들은 많은 사례 중 일부이지만, 최근에는 신라 목간이나 백제 목간이 출토될 경우 일본 목간과의 유사성이 구체적인 사례로 언급되고 있다. 문제는 한국 목간과 일본 목간의 관계에 보이는 이러한 유연 관계를 낳은 요인이다.

앞에서 지적했던 것처럼 신라의 한자 문화나 율령에 관해서는 고구려와의 정치적 관계를 경시할 수 없다. 그 구체적 관계를 조금 깊이 살펴 보면, 고구려왕과 제족(諸族) 수장(首長)의 '속민(屬民)'·'조공' 관계나, 고구려의 '동이(東夷)'로 자리매김된 신라왕의 고구려왕에 대한 종속관계가 <광개토왕릉비문> 등에서 엿보인다. 즉, 중국 황제와 주변 여러 민족 군장 간 관계의 파생 형태라고 할 만한 양자의 정치적 관계가 문화의 전파 및 수용을 가져온 것이라고 이해할 수도 있다.

그런데 고구려와 신라의 사이에 확인할 수 있는 것과 같은 관계를 신라와 일본, 백제와 일본 사이에서는 확인하기 어렵다. 한국 출토 목간은 6세기 전반까지 소급될 가능성이 있다는 점 또한 경시할 수 없다. 원래 외부와의 통교를 계기로 하는 문자의 사용은, 당초에는 외부적으로만 의미를 가진다. 문자의 내부화는 자연 성장적으로 문자가 서서히 침투하는 것이 아니라, 정치 기술로서의 문자라는 측면이 주목된다. 정치 기술로서의 문자라는 관점에서 고대 일본에서 기구(機構)가 문자의 기능에 의해 운영되고, 국가가 문자의 네트워크로 커버되는 상황을 어떤 시점에서 찾을 것인가에 대해서, "기본적으로는 기요미하라료(淨御原令)(689년), 후지와라쿄(藤原京)(694년), 다이호류료(大寶律令)(701년) 등을 기준으로 하여 7세기 말로 제한하는 것은, 자료 상황(특히 목간)과 더불어 흔들리지 않는다."고

고노시 다카미츠(神野志隆光)는 지적했다.

이와 같은 연대관에 대한 평가는 제외하고, 율령국가가 문자의 교류와 함께 성립하였으며, 구체적으로는 호적(戶籍)과 목간이라는 자료가 그것을 뒷받침한다는 고노시의 주장은 신라의 6세기 중반 상황을 볼 때 경시할 수 없다. 후술할 것처럼, 호적을 전제로 하는 공납(貢納)을 하찰(함안 성산산성 목간)의 실재를 통해 상정할 수 있기 때문이다. 이와 같은 의미에서 고대 일본의 율령국가에서 문자의 내부화를 논할 때, 목간이 중요한 지표로 고찰의 대상이 되고 있음이 주목된다.

동아시아에서 한자문자의 전파와 수용을 논하는 데 있어서도 이제부터는 목간이 중요한 단서가 될 것이다. 목간은 서사재료이지만, 그에 그치지 않고 서사 재료로서 목간의 형태가 적혀지는 내용도 규정하기 때문이다. 이미 김경호가 지적한 바와 같이, 서사재료로서 목간에 주목하면 한자문화의 전파와 수용 문제에 관하여 지금까지 없던 분석 시각을 얻을 수 있게 될 것이다. 서사재료인 목간의 형태 및 서사 내용의 분석을 통해 더 객관적인 비교 분석의 길이 열릴 것으로 기대된다.

한국 출토 목간과 동아시아

종래 고대 동아시아에서 중국 문화의 전파와 수용 문제는 일본과 중국 간에 논해지는 경우가 많았으며, 목간 문화의 전파와 수용 또한 예외가 아니었다. 니시지마 사다오의 동아시아세계론에 기반한 동아시아 문화권 형성의 이론적 틀에 대한 검증은 그런 단순화된 논의를 논리적으로 바로잡는 계기가 될 수 있을 것이다.

동아시아세계론은 이 지역에서 중국 문화의 전파·수용이나 동아시아 문화권의 형성을 정합적으로 설명한 체계적 이론이지만, 구체적인 역사적 현상을 설명하는 것은 쉽지 않다는 점을 지금까지 신라의 사례를 중심으로 지적해 보았다. 중국 황제와 주변 제민족 혹은 제국(諸國) 군장 간의 책봉 관계만으로는 문화의 전파와 수용이나 문화권의 형성을 설명할 수 없으며, 여러 인접 지역 간 상호 교류의 중요성을 무시해서는 안 된다. 한자 문화의 전파와 수용도 중국 황제와의 정치적 관계가 모든 것을 규정하는 것이 아니라, 인접하는 로컬 지역 간의 상호 관계 속에서 이루어지고 있다. 중국의 문화가 그대로 전파되는 것이 아니라, 일단 선택적으로 수용된 문화에 수용자에 의해 새로운 변용이 더해지며, 그것이 인접 지역의 집단에게 선택적으로 수용되고, 다시 새로운 변용이 더해지는 패턴을 확인할 수 있다.

　　이러한 동아시아에서 한자문화의 전파와 수용 문제에는 죽간이나 목간이 갖추고 있는 서사 재료로서의 형태에 주목하는 것이 유효한 단서가 될 수 있음도 살펴 보았다. 특히 한반도 출토 목간은 동아시아 문화권의 형성을 탐구하는 데 있어서 이른바 미싱 링크의 역할을 할 것으로 보인다. 일찍이 나는 목간의 전파 과정을 다음과 같이 도식화한 바 있다.

　　중국대륙(A) -> 한반도(A' -> B) -> 일본열도(B' -> C)

　　A'나 B'는 수용자의 선택적 수용을 보여주며, 그것을 수용한 집단에 의해 새로운 변용이 더해져 B나 C라는 새로운 형태를 낳는다는 문화 수용·변용의 모델이다. 목간에 대입해 볼 때, 한반도의 (A' -> B) 부분이 불명했기 때문에, 중국대륙(A)과 일본열도(B' -> C)의 관계를 설정하는 것이 쉽

지 않았음이 이 모델에 의해 쉽게 시각화된다.

근래에 들어 『논어』 죽간이 1990년에 평양에서 발견되었음이 확인되었지만, 이제까지 그것 이외의 죽간(편철간)은 한국이나 일본열도에서는 발견되지 않았다. 원래 한반도는 겨울이 매우 춥기 때문에, 서울 이북은 대나무가 자라기에 적합하지 않다. 최근 바다 밑에서 고려시대의 대나무제 부찰(대나무로 만든 단독간, 죽찰(竹札))이 발견되었기 때문에 향후 발견되지 않을 것이라고 말하기는 어렵지만, 죽간이 현재까지 발견되지 않았던 것은 고구려 지역의 자연 조건에 의한 선택이라고 생각하지 않을 수 없다.

초원(初元) 4년(기원전 45) 낙랑군 현별 호구부가 평양 정백동 364호분에서 발견됨으로써 기원전 108년 한사군(漢四郡)의 설치와 함께 문서 행정이 한반도에도 도입되고 문자의 교류 속에 휘말려 가던 모습을 구체적으로 눈 앞에 그릴 수 있게 되었지만, 그것들이 어떠한 과정을 거쳐 신라나 백제 등 광의의 한자 문화권으로서 정착해 나갔는가 하는 제반 문제는 금후의 과제로 남아 있다.

특히 신라나 백제의 목간이 발굴되고 연구가 심화되면서 주목받고 있는 점은, A(중국목간)의 변용(A')에서 B(한국목간)의 생성과 전파·변용 과정을 도식화하는 데 있어서 한국목간(B)이라는 단순화된 모델로 환원할 수 없을 만큼 한반도 내부에서의 차이가 현저하다는 사실이다. 즉, 편의적으로 세 지역을 모델화해서 중국대륙·한반도·일본열도 출토 목간을 "A->B->C"로 도식화하였지만, 한반도의 백제와 신라 목간 사이에 형태나 서식 등의 차이가 있으며, 그러한 차이에는 전파와 수용의 경로 등 다양한 변수가 관련된 것으로 추측된다. 이 글에서 강조했듯이 중국 문명의 전파와 수용에서 중국의 책봉보다는 인접하는 여러 지역들 간의 관계가 중요했다면, 백제·신라의 목간뿐 아니라 문자문화도 각각의 교류에 구속되었을 것이다. 또한, 백제·신라가 수용한 중국목간(A)의 경우도 결코 한 덩어리였을 리 없다. 그 지역 차이가 한반도에 비할 바가 아니었을 것임은 새삼 말할 필요도 없다. 전파와 수용의 경로를 복합적 관계 속에서 파악하여 바로잡는 연구 단계에 이르렀다고 하겠다.

번역 : 이재환(중앙대)

참고문헌

김경호, 2008, 「21世紀 東아시아 出土文字資料 硏究 現況과 '資料學'의 가능성 - 古
　　　代 東아시아史의 理解를 中心으로」, 『사림』31.

안경숙, 2012, 「국립중앙박물관 소장 석암리 194호 출토 죽간 고찰」, 『고고학지』,
　　　18.

尹龍九, 2009, 「平壤出土 「樂浪郡初元四年縣別戸口簿」 硏究」, 『木簡과 文字』3.

角谷常子 編, 2012, 『東アジアの簡牘と社会—東アジア簡牘学の検討』, 中国法政大
　　　学法律戸籍整理研究所·奈良大学簡牘研究会·中国法律史学古代法律文献
　　　専業委員会.

工藤元男·李成市 編, 2009, 『東アジア古代出土文字資料の研究』, 雄山閣.

廣瀬憲雄, 2010, 「倭国·日本史と東部—六~一三世紀における政治的連関再考」,
　　　『歴史学研究』2010年10月.

今泉孝雄, 1998, 『古代木簡の研究』, 吉川弘文館.

渡辺晃宏, 2010, 『平城京1300年「全検証」—奈良の都を木簡からよみ解く』, 柏書房.

東野治之, 1977, 『正倉院文書と木簡の研究』, 塙書房.

冨谷至, 2010, 『文書行政の漢帝国—木簡·竹簡の時代』, 名古屋大学出版会.

山内晋一, 2011, 「東アジア史再考—日本古代史研究の立場から」, 『歴史評論』733.

西嶋定生, 2000, 『古代東アジア世界と日本』, 岩波書店.

市大樹, 2010, 「慶州月城垓字出土の四面墨書木簡」, 『飛鳥藤原木簡の研究』, 塙書
　　　房.

神野志隆光, 1997, 「文字と言葉「日本語」として書くこと」, 『万葉集研究』21.

李成市, 1997, 「韓国出土の木簡について」, 『木簡研究』19.

李成市, 2000, 『東アジア文化圏の形成』, 山川出版社.

李成市, 2002, 「古代朝鮮の文字文化と日本」, 『国文学』47-4.

李成市, 2002, 「新羅の国家形成と加耶」, 『日本の時代史 2』, 鈴木靖民 編, 吉川弘文館.

李成市, 2005, 「古代朝鮮の文字文化—見えてきた文字の架け橋」, 『古代日本 文字の来た道』, 平川南 編, 大修館書店.

李成市, 2005, 「朝鮮の文書行政—六世紀の新羅」, 『文字と古代日本Ⅱ 文字による交流』, 平川南 編, 吉川弘文館

李成市, 2008, 「古代東アジア世界論再考—地域文化圏の形成を中心に」, 『歴史評論』696.

李成市, 2009, 「東アジアにおける高句麗の文明史的位置」, 『史林』34.

李成市, 2009, 「초창기 한국목간연구에 관한 覺書」, 『木簡과 文字』4.

李成市·尹龍九·金慶浩, 2009, 「平壤 貞柏洞364號墳출토 竹簡 『論語』에 대하여」, 『木簡과 文字』4.

李成市, 2010, 「王興寺の建立と百済仏教—高句麗·新羅仏教との関係を中心に」, 『古代東アジアの仏教と王権—王興寺から飛鳥寺へ』, 鈴木靖民 編, 勉誠出版.

李成市, 2010, 「東アジアの木簡文化」, 『木簡から古代がみえる』, 木簡学界 編, 岩波書店.

李成市, 2011, 「浦項中城里新羅碑の基礎的研究」, 『上代文学』106.

李成市, 2012, 「일본 역사학계의 동아시아세계론에 대한 재검토 –한국학계와의 대화로부터-」, 『歷史學報』216

李成市, 2012, 「羅州伏岩里百済木簡の基礎的研究」, 『日本古代の王権と東アジア』, 鈴木靖民 篇, 吉川弘文館.

李成市, 2015, 「平壤楽浪地区出土『論語』竹簡の歴史的性格」, 『国立歴史民俗博物館研究報告』194.

早稲田大学朝鮮文化研究所·大韓民国国立加耶文化財研究所 編, 2009, 『日韓共同
　　　研究資料集咸安城山山城木簡』, 雄山閣.

早稲田大学アジア地域文化エンハンシング研究センター 編, 2006, 『アジア地域
　　　文化学の構築』, 雄山閣.

早稲田大学アジア地域文化エンハンシング研究センター 編, 2006, 『アジア地域
　　　文化学の発展』, 雄山閣.

中島志郎, 1991, 「円光「世俗五戒」と「孝」思想」, 『印度学仏教学研究』40-1.

복수의 국제질서, 그리고 조공책봉 체제

김병준(서울대학교)

조공책봉 체제는 동아시아 세계의 국제질서를 설명하는 중요한 개념으로 제시된 이래 그 타당성 여부가 그동안 줄곧 논의되어 왔다. 어떤 제도나 체제이든지 상이한 역사적 상황 속에서 다양한 형태를 띠기 마련이다. 조공책봉 체제도 여기에 참여하는 주체가 누구였는지, 그 당시 주체 사이의 역학 관계는 어떻게 작동하고 있었는지에 따라 여러 가지 모습이 드러날 수밖에 없다. 이렇게 변폭이 큰 사실들을 귀납적으로 해석해야 하기 때문에, 조공책봉 체제를 하나의 개념으로 확정하는 것은 결코 쉬운 일이 아니다. 그렇다면 조공책봉 체제를 4세기 이후 10세기까지 동아시아 세계를 설명해 줄 수 있는 특수한 체제라는 생각 자체에 대한 검토가 필요한 것은 아닐까.

조공책봉의 보편성

먼저 조공책봉 체제라는 것은 아주 오랜 시기부터 어느 지역에서나 발생할 수 있다. 춘추전국 시기 이래 3세기 이전까지 보이는 조공책봉은 自國의 왕이 천하의 중심에 위치하며 그 권위가 대내외적으로 널리 미치고 있음을 드러내 보이기 위해 외국으로부터 가능한 많은 사절이 공물을 바치고 입조하도록 하여 그 상하관계를 대내외에 인식시키려고 하는 보편적 정치 행위였다.

대표적인 사례가 한 무제 이후 서역의 여러 나라와 맺는 외교 관계이다. 서역에서 한으로 들어온 외교 사절의 상당수가 상인들이었으며 조공책봉의 외교관계가 형식적 절차라는 사실은 이미 한의 조정 대신들이 정확히 간파하고 있었던 사실이다. 전한 말기 郭舜의 다음과 같은 상소문을 보면, 이 점이 잘 드러난다.

> 강거는 교만하고 간사해서 끝내 한나라 사신을 받들려고 하지 않습니다. 한나라 관리 都護가 그 나라에 도착해도, 오손과 여러 나라 사신들보다 더 아랫자리에 앉히고, 왕과 귀족들이 먼저 먹고 마시기를 다한 뒤에야 도호에게 먹고 마시도록 합니다 ... 그럼에도 불구하고 강거에서 인질을 보내 入侍하는 까닭은 무엇일까요? 그것은 그들이 교역을 원해서 그럴싸한 말로 속이는 것일 뿐입니다. (『한서』서역전)

그럼에도 불구하고 스스로 이들을 외국의 외교 사절로 극진히 대우했던 것은 이들이 한 황제의 권위를 흠모하여 조공을 하러 왔다는 사실을 드러내기 위함이었다.

그런가 하면 한 이외의 지역에서도 얼마든지 조공책봉과 다를 바 없는 별개의 국제질서가 작동하고 있었다. 위 인용문에서도 보듯이 한에 외교 사절을 보내어 조공을 하고 있었던 강거에 오손을 비롯한 주변의 여러 나라에서 사신을 보내어 조공을 하고 있었다. 주지하듯이 4세기 이후 고구려를 중심으로 별도의 소중화 세계가 존재했으며, 백제와 신라 역시 소천하 의식을 갖고 있었고, 베트남 역시 10세기 이후 칭제의 전통을 지키며 전형적인 소천하 세계를 형성했다. 하지만 이러한 외교관계는 그보다 훨씬 이전까지 소급된다.

기원전 2세기 운남성과 귀주성 근처에 분포되어 있었던 서남이의 예를 들어보자. 한의 사신이 滇國에 이르자 滇王은 한의 사신에게 "한나라와 우리 중에 어느 쪽이 더 큰가"라고 물었다. 똑같은 상황은 인근의 夜郎國에서도 똑같이 벌어졌다. 자신보다 광대한 주변을 알지 못하고 위세를 부린다는 뜻의 '夜郎之大'라는 고사성어가 여기서 생겨났던 것이지만, 이 고사를 뒤집어 보면 전국과 야랑국이 각각 자신을 중심으로 하는 천하질서를 갖고 있다는 것을 의미하는 것이기도 하다. 전국은 한에 비교하면 매우 작은 규모에 불과하지만, 인근의 여러 세력을 아우르고 있었다. 문헌 기록에 등장하는 전의 동북쪽에 있는 勞深과 靡莫이 모두 전국의 동맹세력으로 간주되지만, 이 지역에서 발견된 고고자료도 전국을 중심으로 한 국제질서에 대해 귀중한 정보를 제공한다. 운남성 晉寧 石寨山에서 발견된 무덤에서는 2개의 청동 貯貝器가 발견되었는데, 여기에는 전왕에게 조공을 바치는 여러 부족의 인물들이 세밀하게 표현되어 있다. 동고 위에 표현된 인물과 공납품은 모두 7개의 조합으로 구성되어 있고, 각 조합은 공납을 하러 온 각 종족의 대표작 혹은 사신 및 수행원으로 구성되어 있다. 아케메네스 왕조의 페르세폴리스 궁전에 새겨진 부조에는 이와 동일한 조공 행렬도가 있다. 주변의 여러 나라 사신들이 가져온 선물을 봉헌하는 장면을 연출함으로써, 자신을 중심으로 한 국제질서를 확인하고 이를 뽐내려 했던 형식이 동서양을 초월해 나타나고 있었던 것이다.

동아시아 국제질서의 중층적 구조

이처럼 조공책봉이란 시공간을 초월해 확인되는 보편적 현상으로서 자국의 정치적 역량 및 경제적 조건에 따라 임의적으로 변동하며 따라서 관련 기록도 매우 자의적일 수밖에 없다는 사실을 기억할 필요가 있다.

그럼에도 불구하고 동아시아 세계를 규정하는 조공책봉 체제라는 도식이 오랫동안 학자들의 관심을 독차지하였던 데에는 동아시아 세계가 중국을 중심으로 하는 하나의 국제질서 속에 묶여 있다는 생각에서 벗어나지 못했기 때문이다. 따라서 한반도가 속해 있었던 동아시아 세계질서도 중국 중심의 단일한 국제질서가 아니라 다수의 지역 국제질서가 중층적으로 존재하고 있었다는 사실을 상정해야 할 것이다. 각 지역 질서는 지리적으로 인접한 국가를 주요 구성원으로 하며, 그 지역의

전국 출토 청동저패기(조공)

자연 생태적 환경 및 정치, 경제 등 특수한 문제를 중심으로 전개되었다. 물론 넓은 영역을 차지하면서 동시에 지리적으로 가운데에 위치하고 있었던 중국을 매개로 다수의 지역질서가 연결되었을 가능성은 크다.

적어도 기원전 2세기말 한 무제에 의한 본격적인 팽창과 그에 이어서 군현이 설치되기 이전의 시기에서 중국 중심의 단일한 국제질서를 상정하는 것은 역사적 사실에서 크게 벗어난다. 이 때까지 한반도는 중국 중원의 정치질서에 포함되어 있지 않았다. 한반도 주변의 여러 세력이 중국과 적극적인 관계를 맺게 된 것은 한사군이 설치되면서부터이다.

한 무제가 고조선과의 전쟁을 일으킨 시점이 무제 元封 2년(기원전 109)이라는 점에 주목해 볼 필요가 있다. 한 무제는 元封 원년(기원전 110) 겨울에 남월과 동월이 모두 평정이 되자, 그 해 여름 태산에 올라 봉선 제사를 행하고 연호를 元封으로 바꾸었다. 그가 태산에 세운 각석에는 '四守之內, 莫不爲郡縣, 四夷八蠻, 咸來貢職'이라는 글귀가 쓰였다. 천하가 이미 모두 복속했다는 자신감이 봉선 제사에 드러난 것이다. 그런가 하면 고조선에 대한 침략은 원봉 2년(기원전 109) 봄에 시작되었는데, 그 시점은 흉노와 남월, 동월에 대한 모든 공략이 마무리되고 이를 기념하기 위한 봉선 제사가 치러진 이후에 해당된다. 바꾸어 말하자면 한 무제가 완성했다고 자부한 천하의 세계에 고조선은 포함되어 있지 않았다는 것이다. 결국 고조선은 그때까지 중국과는 별도의 지역 국제질서에 속해 있었다는 뜻이다.

물론 전국시대부터 燕과 齊와 경제적 교역을 시작했고, 연과 제의 정치적 대립 과정 중 연을 배후에서 견제할 정치세력으로 인식되었을 가능성도 크다. 한초 이래 요동군과 '외신'의 약속을 맺기도 했다고 한다. 그러나 일단 요동이라는 변경 지역과의 관계에 지나지 않을 뿐 아니라, 외신의 의무라는 것도 한 측의 일방적 기록이며 주변 지역을 침략하는 명분과 당위성을 확보하려는 노력일 뿐이다. 오히려 한 무제 고조선 침략의 명분으로 고조선이 그 주변의 진번, 임둔과 새외 만이를 재물과 병사로서 규합했으며 이들이 한에 조공하는 것을 방해했다는 점을 들었던 것은, 곧 고조선과 진번·임둔 등을 아우르는 국제질서가 따로 존재했다는 것을 말한다. 또 『한서』 위현전에 의하면 한 측에서 고조선을 흉노의 왼팔이라고 간주하는 것이라든가, 고조선을 흉노와 동일한 胡라고 통칭하고 있다는 것, 그리고 한반도 서북부에서 각종 북방문물의 요소가 발견되었다는 것 등은 모두 이들이 하나의 세계를 이루고 있다는 것을 뒷받침한다.

고조선과의 전쟁이 시작되면서 한은 본격적으로 고조선을 자신의 국제질서 안으로 편입시키려고 했다. 전쟁의 명분으로서 고조선 주변의 여러 만이 군장들이 천자를 입견하지 못하도록 한 것을 들었다는 것은 곧 조공책봉을 통해 황제의 권위와 덕을 대내외에 드러내 보이려는 한의 보편적 국제질서 구축방식이었다. 이 때 비로소 한이 본격적으로 한반도 주변에 자신을 중심으로 한 국제질서를 적용하기 시작했던 것이라고 할 수 있다.

참고문헌

김병준, 2008, 「漢이 구성한 고조선 멸망 과정-『사기』 조선열전의 재검토」, 『한국고대사연구』 50.

김병준, 2010, 「3세기 이전 동아시아 국제질서와 한중관계」, 『동아시아 세계론과 한중관계사상의 책봉조공과 실재』, 동북아역사재단.

이성규, 2003, 「고대 중국인이 본 한민족의 원류」, 『한국사 시민강좌』 32.

낙랑군 시기 한자문화

김병준
서울대학교

기원전 108년 漢은 고조선을 멸망시키고 낙랑군 등 4개의 郡을 설치했다. 그 뒤 한자가 본격적으로 한반도에 유입되어, 적어도 기원후 313년 고구려에 의해 소멸될 때까지 군현지배를 가능케 했던 기제로서 널리 사용되었다. 낙랑군의 문자생활이 한의 내군과 유사한 수준에 육박했을 것임은 별 이견이 없다. 그럼에도 불구하고 낙랑군의 문자생활은 물론 이후 고구려를 비롯한 주변 토착세력에 대해 미친 영향에 대해서는 의외로 별 관심이 없다. 하지만 낙랑군 내부에서 수 세기에 걸쳐 문서행정을 담당했던 '낙랑 유민'이 낙랑군 소멸 이후 그곳을 점령한 고구려에 지대한 영향을 미쳤을 것임에 틀림없으며, 후한말 한반도 남부로 유입되었다면 백제와 일본의 초기 문자 생활에도 상당한 영향을 미쳤다고 보아도 좋다. 이러한 경향은 일차적으로 한반도에서 출토된 관련 문자 자료가 거의 발견되지 않기 때문이다. 하지만 그밖에도 낙랑군에서의 한자의 사용을 지나치게 '漢人'으로 국한시켰기 때문이기도 하다. 소위 '非漢人'도 군현민으로서 호적에 등록되어 동일한 율령 지배하에 편입되어야 했던 존재였다. 그들이 문자문화에서 배제되어야 할 이유는 없었다. 뿐만 아니라 낙랑군 시기 문자가 필요로 했던 당시 '사회구조'를 고려하면, 소위 '非漢人'이 한자 문화와 대단히 긴밀하게 연계되었다는 사실을 어렵지 않게 알 수 있다.

한대 문서행정과 낙랑군

한대 군현지배의 핵심은 문서행정이었다. 중앙에서 결정된 황제의 조서는 물론 모든 명령과 보고는 반드시 문서로 작성되고 또 보관되어야 했다. 내군에서의 일상적인 행정 지배는 물론이거니와, 변경에서의 군사 업무도 문서를 통해 이루어졌다. 아니 변군 지역에서는 내군보다 문서행정에 대한 의존도가 더 컸다. 이러한 '구조'는 문서를 처리하기 위한 많은 인원을 필요로 했다. '사람'의 종족적 구분은 크게 중요하지 않았다. 변경 지역에서 다수를 차지하고 있는 '비한인'도 문서 행정 시스템에 포섭되었다. 한자는 일상생활에서도 널리 쓰였다. 가령 세금을 수납할 때나 재산을 양도할 때, 또 물건의 매매 계약을 맺을 때마다 문서가 작성되어 관부에 제출되어야 했다. 사후 발생할지 모르는 분쟁의 법적 근거로 삼기 위해서였다. 여행을 하게 될 때에도 반드시 자신의 신분과 지참한 물품 세목을 적은 통행증이 발급되었다. 그 외에도 일반민이 문자와 접촉하고 사용하게 되는 기회는 상당히 많았다.

낙랑군도 결코 예외가 아니었다. 낙랑군이 설치된 초기에는 문서행정의 빠른 실시를 위해 가까이 있던 요동군의 관리가 파견되었고 이들을 통해 한자 문화가 급속히 파급되었지만, 곧 현지의 토착민이 이를 대체하기 시작했다. 이들의 한자 학습은 낙랑군에 설치된 지방 학관에서 이루어졌고, 이들은 다시 직접 실무를 담당하면서 한자 문화 속에 포섭되어 갔다.

낙랑군에서의 한자 수용

이렇게 400여년의 한자 문화를 경험했다면, 낙랑군이 폐지된 이후 고구려를 비롯해 그 주변 지역에 대해서도 중대한 영향을 미쳤을 것임은 자연스러운 일이다. 不耐의 예를 들어보자. 낙랑군 동부도위에는 옥저 등 영동 7현이 소속되어 있었고, 그 치소는 불내이었다. 불내는 후한 중기 이후 낙랑군의 범위에서 벗어난 뒤에도 여전히 功曹와 主簿 등 諸曹를 두었고 濊民이 이를 담당했다고 한다. 낙랑군 시기에 진행되었던 문서 행정 기구가 낙랑군이 소멸된 이후에도 그 지역에 남았다는 것은 곧 이전의 한자 문화가 그대로 이어졌다는 것을 말한다. 그렇다면 낙랑군을 축출했던 고구려의 경우도 이와 다르지 않았을 것이다. 이미 현토군과의 접촉을 통해 초기부터 문서행정 시스템을 경험했던 고구려가 낙랑군이 물러난 지역을 지배할 때 기존의 문서행정 기구를 포기했을 리 없다. 낙랑군의 한자 문화가 상당부분 거의 그대로 고구려에 전해졌을 가능성이 매우 크다. 國初부터 문자를 사용했다는 『삼국사기』의 기록도 이런 각도에서 이해할 수도 있을 것이다. 또 낙랑군의 지역은 아니지만 후한 말기 많은 낙랑군민이 韓으로 도망했다는 기록이 있다면, 이러한 유민이 한자 문화를 한반도 남부에 전달했을 가능성도 크다.

이렇게 한반도 낙랑지역 및 주변지역으로의 영향을 감안하면, 이후 한반도에서 확인되는 한자의 각종 변용 형태도 낙랑군에서의 경험을 거쳐서 이루어졌을 것이라고 보아도 좋다. 이두와 같이 한자가 변용된 까닭에 대해서 그동안 학계에서는 본래 한자의 언어적 구조가 한반도 현지의 언어습관과 맞지 않기 때문에 생겨났다고 이해해 왔다. 그런데 낙랑군의 문자생활이 결코 漢人만에 의해 전유된 것이 아니라 낙랑군에 편호되었던 현지 토착민에 의해 공유된 것이라면, 그리고 이들의 언어 습관과 이후 고구려의 언어습관이 다르지 않을 것이라면, 한자와의 차이에 대한 인식은 이미 낙랑군 시기부터 시작되었다고 보아도 좋다.

하지만 주의할 점은 이러한 차이를 인지하고 그 때문에 불편을 느꼈을지라도 이를 곧바로 임의로 바꾸는 것은 불가능한 일이다. 그 외래 문자는 오랫동안의 문화적 전통 속에서 체계화된 것이기 때문에, 이를 빌려 쓰는 측에서 단순한 불편함 때문에 이를 적당하게 바꿀 수는 없다. 스스로 문자를 갖고 있지 않아서 영어를 빌려 쓰는 사람들이 언어 습관이 다르다고 해서 영어 문법을 마음대로 바꾸어 자신의 언어습관에 맞추지 못하는 것과 같다. 결국 언어 습관의 차이와 불편함을 갖고 있으면서도 일단은 외래 한자 문화를 그대로 사용할 수밖에 없는데, 오랜 기간 동안 이를 사용하는 과정에서 아주 점진적으로 약간의 변용을 시도할 만한 실마리를 찾게 되는 것이라고 보아야 한다는 것이다.

필자는 그 실마리가 바로 본래의 한자에서 자신의 언어 습관과 유사한 것을 찾아내는 것이라고 생각한다. 이렇게 한자에서 유사성을 찾아낸다면 자연히 이러한 용법을 훨씬 자주 사용하게 될 터이고, 결국은 이러한 용법이 하나의 특수한 변용 형태로 자리 잡게 되었을 것이다.

수용과 변용의 사이 : '中' · '節' · '之'의 용법

　　그동안 한반도의 한자 문화 수용과 관련해서 주목을 받았던 것은 처격에 대응하는 '中'자, 종결어미에 대응하는 '之'자, 그리고 '~을 한 때'를 의미하는 '節'이다. 중국의 정격 한문에는 보이지 않는 것들로서 한반도에서 생겨난 변격 한문으로서 이두의 초기 형태로 이해해 왔다. 그러나 필자는 이러한 이해가 중국에서 발생한 한자 문화를 충분히 검토하지 못한 결과라고 생각한다.

　　먼저 처격에 해당하는 '中'자의 사례를 중국 문헌 및 목간 자료에서 어렵지 않게 찾을 수 있다. 문헌 자료의 경우, 『史記』高祖本紀 "十一月中, 項羽果率諸侯兵西", "十二月中, 遂至戲", 『史記』呂后本紀의 "三月中, 呂后祓, 還過軹道, 見物如蒼犬", "七月中, 高后病甚", 『史記』武帝本紀의 "其夏六月中, 汾陰巫錦爲民祠魏脽后土營旁", "四月中, 至奉高脩封焉", 『史記』年表의 "四月中, 孝文太后崩" "十月中 , 淮南王安、衡山王賜謀反 , 皆自殺 , 國除" 등에서는 '某月中'이라는 표현이 보인다. 그런데 중요한 것은 이 표현과 '中'이 생략된 '某月'이 동일한 의미로 구별 없이 사용된다는 점이다. 『雲夢睡虎地秦簡』에서도 마찬가지다. "甲故士伍 居某里 迺四月中盜牛"에서처럼 '某月中'라고 하기도 하지만, "卅七年, 攻長平. 十一月, 敢産."에서처럼 '某月'으로 기록하기도 한다. 즉 이미 '中'자는 더 이상 '그 달의 어느 하루'라는 의미가 아니라 '某月에'라는 의미로 쓰였다. '中'이라는 특정한 의미를 갖지 않는 허사로서 사용되었다는 것이다.

　　시간 외에 장소를 지칭하는 어간 뒤에 '中'이 붙는 경우도 '~ 안에서'라는 의미를 잃고, 단지 '~에서'라는 의미, 즉 장소를 의미하는 처격 조사로서 사용되고 있었다. 가령 『史記』陳涉世家에 "戰譙門中"이라는 표기는 '譙門 안에서'가 아니라 '譙門에서'라고 해석된다. "匈奴中" "羌中"은 각각 '흉노 지역에서', '羌 지역에서'라는 의미이다. 하천의 이름에 中이 붙으면 '그 하천 주변 지역에서'라는 뜻이 된다. '漢中'은 한수 지역, '沅中'은 원수 지역, '潕中'은 潕水 지역이라는 의미다.

'之'의 경우도 결코 한반도에서 변용된 특수한 용법이라고 할 수 없다. 확실히 문헌 자료에서는 그 용법을 잘 찾아볼 수 없다. 그러나 진한시대 목간 자료 속에서는 종결형 어미의 형태처럼 보이는 사례들이 대단히 많다.

　㉠ 而令、丞弗明知, 甚不便. 今且令人案行之, 擧劾不從令者, 致以律. (雲夢睡虎地秦簡 語書)

　㉡ 爲都官及縣效律 : 其有贏、不備, 物値之, 以其價多者罪之. (雲夢睡虎地秦簡 秦律十八種)

　㉢ 諸侯人來攻盜, 不堅守而棄去之若降之, 及謀反者, 皆要斬 (張家山漢簡·二年律令 賊律 1-2)

　㉣ 駕傳馬, 一食禾, 其顧來又一食禾, 皆八馬共. 其數駕, 毋過日一食. 駕縣馬勞, 又益壹禾之. (雲夢睡虎地秦簡 秦律十八種)

이들 사례에서 보이는 '之'자는 더 이상 지시대명사가 아니라 아무런 의미를 갖고 있지 않는 허사로 사용되었다. 이렇게 문장의 끝에서 종결형 어미처럼 사용되는 사례가 가장 많이 드러나는 사례는 秦簡이나 漢簡에서 상투적 용법으로 자주 등장하는 '敢言之' '白之'와 같은 경우다. 특히 진한시대 목간에서는 '之'가 문장의 맨 마지막에서 이 글자를 특별히 크게 씀으로써 다음 글자와의 거리를 확보하거나 之의 맨 아래획을 두껍게 씀으로써 종결의 의미를 두드러지게 한다. 또 공문서에서 '敢言之'가 늘 문서의 맨 마지막에 위치함으로써 아래쪽에 많은 공백이 남겨져 있는 경우가 많다. 이와 같은 시각적 이미지는 이를 읽는 사람이 '之'자를 문장의 종결형 어미로 받아들이는데 큰 역할을 했을 것이다.

'節'자의 경우 정격 한문에서 사용되는 의미와 다소 다른 의미로 사용되었다고 해서 이를 초기 이두의 형태라고 보고 있지만, 진한시대 목간 자료에서 등장하는 '節'자를 살펴보면 '卽'자 및 '節'자의 통가자로서 사용되고 있다는 점을 주목해야 한다.

① 芻槀節(卽)貴于律, 以入芻槀時平買入錢. (二年律令 田律 242)
② 實官佐、史被免、徙, 官嗇夫必與去者效代者. 節(卽)官嗇夫免而效, 不備, 代者與居吏坐之. (雲夢睡虎地秦簡 秦律十八種·效律 162)
③ 軍吏緣邊縣道, 得和爲毒, 毒矢謹臧, 節(卽)追外蠻夷盜, 以假之, 事已輒收臧. 匿及弗歸, 盈五日, 以律論. (二年律令 賊律 19)

중원고구려비에서 사용되었던 '節'자의 윗부분이 艸로 보이는 것과 일치하며, 그 의미도 '卽'과 다르지 않다. '卽'자에는 고구려에서 확인되는 뜻인 '지금' 즉 '이 때에'라는 의미가 포함되어 있다.

이상 한반도의 대표적 이두식 표현이라고 지목되어 온 '中' '之' '節'의 용법에 대해서 살펴보았다. 그 결과 한반도의 이두식 표현이라고 한 것들이 결코 한반도에서만 고립적으로 확인되는 것이 아니라 이미 진한시대 이래 공문서 등 여러 자료에서 어렵지 않게 확인되는 것들이었다. 물론 이것들은 이른바 '純漢文'에 속하는 것은 아니다. 그러나 그렇다고 결코 예외적인 사례도 아니다. 한반도에서 자주 쓰이게 되었던 이들 글자의 용법이 중국 대륙에서도 소위 정격 한문과 함께 공존했다는 것이다. 사실 진한제국의 문서행정 범위는 매우 광범위했다. 漢代 『方言』이라는 책에서도 알 수 있듯이 제국 안에는 다양한 언어 전통을 모두 포함하고 있었다. 이런 상황 속에서 여러 용법이 사용되었을 것이라는 것은 어렵지 않게 확인할 수 있다.

특히 서적류와 같은 문헌이 아니라 문서행정에 쓰인 목간에서 그 용법이 확인되는 것이 흥미롭다. 낙랑군에서 문서행정을 담당했던 토착민들이 바로 이러한 다양한 용법에 접촉하고 있었기 때문이다. 낙랑군에서 한반도의 언어 전통을 지닌 채 문서행정에 참여했던 자들은 이런 여러 용법을 사용하면서 자연스럽게 비교적 자신의 언어 전통에 가까운 쪽을 선택해서 쓰는 경향이 많았을 것이다. 그리고 수백 년이 지나가면서 두드러진 전통으로 자리잡아갔던 것으로 생각한다.

참고문헌

이성규, 2003, 「한국고대 국가의 형성과 한자 수용」, 『한국고대사연구』 32.

김병준, 2011, 「樂浪郡의 漢字使用과 變容」, 『古代 東아시아의 文字交流와 疏通』, 東北亞歷史財團.

김병준, 2006, 「중국고대 簡牘자료를 통해 본 낙랑군의 군현지배」, 『역사학보』 189.

김병준, 2008, 「樂浪郡 初期의 編戶過程과 '胡漢稍別'」, 『목간과 문자』 창간호.

고분벽화로 본
고구려의 문자문화

고광의

동북아역사재단

    고구려는 『삼국사기』 등 기록을 통해 보면 초기부터 사서를 편찬하고 국서를 작성하는 등 다양한 방면에서 문자가 사용되었다. 이를 기반으로 고구려 중기 이후에는 율령이 반포되고 태학과 경당이 설립되어 국가 차원에서 체계적인 교육이 시행되는 등 문자문화의 저변이 확대되었다.

    현재 고구려 문자문화를 살펴볼 수 있는 실물 자료는 석비, 금속기, 토기·와·전 등에 새겨진 명문과 묵서들이 있다. 이들 문자 자료는 사료의 공백을 메꾸어줄 뿐만 아니라 당시의 고구려의 서체 발전이나 다양한 글씨의 풍격들을 보여 준다.

    이와 함께 당시 문자문화를 전해주는 중요한 자료로서 고구려 고분벽화가 있다. 특히 벽화에 보이는 붓, 벼루, 간독 등의 형태는 이미 출토된 유물들과 비교해 봄으로서 고구려 사사용구의 실체를 확인할 수 있고, 생생하게 묘사된 서사 장면은 고구려 문자생활의 일면을 여실히 보여주고 있다.

고구려의 서사용구

① 붓

붓은 일반적으로 秦代의 蒙恬이 발명했다고 전하지만, 고대의 문헌과 유물을 통해서 확인해 보면 그 이전에 이미 다양한 이름과 형태로 사용되었음을 알 수 있다. 일부 학자들은 붓의 역사를 선사 시대까지 소급하여 보기도 하는데, 중국 河南省 仰韶와 西安 半坡 등지의 신석기 유적지에서 발견된 彩陶의 문양에 나타난 다양한 필선에는 동물의 털을 이용한 붓질의 효과가 나타나고 있어 이러한 견해를 뒷받침하고 있다. 商代의 甲骨文과 金文에는 손으로 붓을 쥐고 있는 모습을 상형한 '聿'자가 보이고, 일부의 갑골이나 玉片·陶片에는 붓으로 서사된 문자가 남아 있어서, 당시에는 이미 붓이 직접적인 서사용구로 사용되었음을 알 수 있다. 현재 가장 오래된 붓은 중국 湖南省 長沙 左家公山 戰國 말기 무덤에서 발견된 것이다. 이후 秦·漢代의 붓이 여러 지역에서 출토되고 있다. 이들 붓의 형태는 기본적으로 붓대와 筆毛로 구성되어 있으며, 붓이 상하지 않게 보관하기 위하여 筆筒을 따로 만들기도 했다.

우리나라에서 붓은 경남 창원 다호리1호분에서 나무로 된 붓대에 漆을 바른 붓 5자루가 발견되었다. 그 가운데 비교적 완전한 것은 길이가 23.4㎝로 대략 漢나라 붓의 길이와 비슷하다. 특이하게도 붓대 양쪽 끝에 모두 붓털이 있고, 붓대 중간에 작은 구멍을 뚫어 실을 묶어 걸 수 있도록

하여 지금까지 중국 등지에서 발견된 다른 붓과는 그 형태가 다르다. 또한 樂浪 시대의 王光墓에서도 筆毛가 한 점 발견되었다. 길이는 2.9㎝, 직경이 0.4㎝로 그 끝이 비단실로 묶여 있다. 이들 붓과 필모의 출토를 통해 적어도 기원전 1세기 후반 이후에는 이미 한반도 전역에 다양한 형태의 붓이 사용되었음을 알 수 있다.

고구려 시대에 붓은 더욱 발전하였을 것으로 생각된다. 고분 벽화의 유행과 함께 붓은 더욱 개량되고 종류도 다양해졌을 것으로 보인다. 벽화에서 확인할 수 있듯이 매우 섬세하면서도 다양한 필선이나 각종 묵서의 활달한 필치는 이를 말해주고 있다. 아직까지 고구려 시대 실물 붓은 발견되지 않아 자세한 모습을 알 수 없지만 벽화에 묘사된 붓을 통해 그 형태를 대략적으로나마 짐작해 볼 수 있다.

安岳3號墳 서측실 서벽 墓主政事圖(그림 1)를 보면 오른쪽에 서 있는 "記室"은 오른손에 붓을 들고 무엇인가를 쓰려고 하는 자세이다. 화면에서 붓의 전체 길이는 인물의 손에 비해 상대적으로 작아 보인다. 붓대와 필모의 길이 비율은 약 5.5:1이다. 필모는 붓대와 접촉되는 부분이 가장 굵고 중간 부분에서 급격히 가늘어졌다. 그리고 붓대는 굵기가 일정하지 않고 필모의 반대편으로 갈수록 가늘어지고 있어 한나라 붓의 형태와 비슷한 모습을 하고 있다(그림 2).

이러한 형태는 舞踊塚 벽화에 묘사된 붓에서도 나타나고 있다. 무용총 안칸 동측 천장 제3층 고임에 있는 벽화에서 커다란 나무 한 그루를 사이에 두고 각각 평상에 앉아 있는 두 사람 가운데, 오른쪽 평상에 걸터 앉아 있는 사람은 오른손에 붓을 들고 무엇인가를 적고 있다. 이 붓의 붓대는 전체적인 길이에 비해 그 직경이 상대적으로 굵고, 필모 반대쪽의 부분에서 갑자기 좁아져 뾰족한 형태를 하고 있다. 이 장면의 화법이 안

그림 1. 안악3호분 정사도(모사선화)

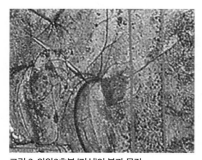

그림 2. 안악3호분 '기실'의 붓과 목간

악3호분보다 섬세한 면이 다소 떨어진다는 점을 감안해 본다면, 아마 화가가 원래 의도한 붓의 형태는 안악3호분 기실의 것과 대략 비슷한 형태였을 것으로 생각된다.

德興里壁畵古墳의 안칸 서벽의 馬射戲 장면에서 "射戲注記人"이란 묵서가 있는 사람은 오른손에 붓을 들고 경기 상황을 기록하고 있다(그림 3). 붓이 손에 비하여 상대적으로 작게 표현되었다. 필두가 붓대보다 대략 두 배 정도 굵고, 필두와 붓대의 길이 비율은 대략 3:1로 필두가 상대적으로 길다. 붓대의 끝에는 고리인 듯한 것이 보이고 있어 어딘가 걸어둘 수 있도록 한 것 같다. 또한 덕흥리벽화고분의 앞칸 남벽 서측 상단 幕府官吏圖에서 우측의 머리에 건을 두르고, 갈색 저고리에 검은 바지를 입은 사람의 오른손에도 붓이 보인다. 이 장면은 훼손이 심하여 붓의 전체적인 형태를 자세히 알 수는 없지만, 바로 앞에 있는 사람이 전달하는 무슨 내용을 받아 적고 있는 모습이다.

그림 3. 덕흥리 고분벽화 '사희주기인'

通溝四神塚의 안칸 서쪽 천장 고임 벽화에는 머리를 풀어 헤친 사람이 오른손에 붓을 들고 무언가에 글씨를 쓰고 있는 모습이 보인다(그림 8 참조). 붓의 형태는 붓대가 필두에 비해 짧고 가늘며, 길이의 비율은 약 3:1 정도이다. 필두는 붓대보다 약 3배 정도 두툼한 형태이다. 전체적인 형태가 덕흥리벽화고분의 사희주기인의 붓과 비슷하다. 또한 通溝12號墓의 안길 좌측 감실 후벽의 그림 그리는 사람의 오른손에도 붓이 보이고 있다고 한다.

고구려 고분벽화에는 필기구로서 붓 이외에도 끝이 뾰족한 막대 등 鐵筆을 사용하고 있는 모습이 나타난다. 五盔墳4號墓의 안칸 북벽 모서리에는 연꽃 대좌에 앉아 점을 치는 사람이 보인다. 이 사람은 왼손에 길다란 막대를 들고 바닥에 八卦를 그리고 있다. 또 평정리 1호분 벽화에서는 실제로 회벽이 마르기 전에 끝이 날카로운 철필로 刻字된 명문이 발견된 바 있어, 고구려 시대에는 서사용구로서 붓 이외의 다른 도구를 이용하고 있음을 알 수 있다.

② 먹

넓은 의미의 먹은 붓이 발명되기 이전에 사용되었을 가능성이 크고, 붓의 발명과 함께 먹의 제조 기술이 발전하였을 것이다. 글쓰기에 직접 먹이 사용된 사례는 商代의 甲骨이나 玉片 또는 陶片에 남아 있는 墨書를 통해서 알 수 있다. 고대에 제작된 먹으로 가장 오래 된 것은 중국 湖北省 雲夢縣 睡虎地 秦나라 무덤에서 발견된 원주형 먹이 전한다. 또한 湖北省 江陵 鳳凰山 168호 西漢 초기 무덤에서는 벼루와 함께 길이 1.5㎝, 가장 넓은 부분의 폭이 1.1㎝인 해바라기씨 형태로 된 먹이 발견되기도 하였다.

우리나라에서 먹은 청동기 시대의 벼루가 출토된 것으로 보아 제작 가능성이 충분하지만 당시 직접 먹이 사용된 유물은 아직 발견되지 않았다. 후대이긴 하지만 먹이 서사에 사용된 예로는 樂浪과 삼국시대 유물에서 찾아볼 수 있고, 고구려 고분벽화의 다양한 墨線이나 墨書들은 아직까지도 색깔이 선명하다.

일반적으로 붓으로 글씨를 쓰면 머금은 먹물이 마르면서 붓이 갈라지는 渴筆 현상이 나타난다. 특히 벽면에 글씨를 쓸 때는 먹물이 흘러내리기 마련인데, 일부 묵서를 제외하면 그러한 흔적이 거의 보이지 않는다 (그림 4). 이는 먹물의 점성을 강화하기 위한 들깨 기름과 같은 건성유지를 사용하였기 때문으로 추정된다. 고구려에서는 질 좋은 油煙墨과 松烟墨이 모두 사용되었으며, 송연묵은 麋鹿膠로 만들었기 때문에 품질이 우수하여 唐과 日本에까지 수출되었다고 한다.

또한 고구려에서는 글쓰기에 먹 이외의 특수한 안료를 사용하였다. 안악3호분에는 묵서 冬壽 묘지 이외에도 각 장면의 설명문이나 인물의 관직 또는 이름이 朱書로 서사되었다. 전실에서 서측실 입구로 향하여 남쪽 벽면에 그려진 武官의 머리 뒤쪽에 "帳下督"이란 글자가 보인다. 전실

그림 4. 모두루묘지 묵서 　　　　　　　　　　　　　그림 5. 안악3호분 행렬도 '성상번' 주서

남벽 서쪽 상단에는 胡角을 부는 인물의 하반신 뒤쪽으로 "□"자형, 이
人物의 앞쪽에는 "□吏"자가 보인다. 전실 남벽 동쪽 상단 儀仗旗手圖에
서 두 번째와 세 번째 기수 사이에는 "戰吏"라는 글자가 있다. 旗手圖 하
단에도 벽화의 흔적이 있고 그 상부에도 글자가 있다고 한다. 서측실 서
벽의 墓主政事圖에는 묘주의 좌우에 두 사람씩 모두 4명의 侍者가 있으
며, 각 인물의 후면에는 "記室", "小史", "省事", "門下拜"라는 글자들이
보인다. 동측실 서벽 입구 북쪽에는 방앗간의 풍경에서 앉아 있는 여자의
앞쪽에 "碓"자가 있다. 동측실 북벽의 우물에는 "井"자, 물긷는 아낙 머리
위쪽에는 "阿光"이란 글자가 있다. 동측실 동벽에는 주방, 육고, 차고가
그려져 있다. 주방에는 두 명의 여자가 있으며 그 중 솥에서 국자로 음식
물을 담아내고 있는 여자의 뒷부분에 "阿婢"자가 있다. 또한 솥 위 부분
에도 글자가 있는 듯하다. 육고와 차고에는 각각 "京屋", "犢車"라는 글자
가 있다고 한다. 회랑의 墓主行列圖에서는 묘주가 타고 있는 차량의 앞쪽
에 있는 깃발에 "聖上幡"이라고 쓰여 있다(그림 5).

　長川1號墳 현실의 4벽과 천장에는 연꽃무늬를 가득 채우고 마지막 덮

개석에는 해·달·별 등을 그렸는데, 그 중앙에 "北斗七靑"이란 주서가 비스듬하게 쓰여져 있다. 龕神冢·山城下332號墳·長川2號墓·米倉溝將軍墓에는 묘주가 생전에 사용하던 帳幕을 묘사한 '王'자 구름 무늬 비단 도안이 나타나고 있다. 이들 王자는 진한 갈색, 노란색과 검정색, 붉은색과 녹색, 검정색과 갈색 및 붉은색이 혼합되어 화려했던 휘장을 표현하는 등 서사에 먹 이외에 다양한 색깔의 안료가 사용되었음을 알 수 있다.

③ 벼루

벼루는 먹을 비롯한 각종 채색 안료의 사용과 더불어 신석기 시대에 이미 사용되었다. 中國 安陽 殷墟 婦好墓와 洛陽의 西周시기 무덤에서는 여러 가지 색깔의 안료를 배합하는데 사용된 것으로 보이는 유물이 출토되었다. 또 원주형 먹이 발견되었던 湖北省 雲夢縣 睡虎地 秦나라 무덤에서는 벼루와 함께 硯石이 발견되어, 戰國 시대 말기에는 이미 먹을 가는 전용 벼루가 사용되고 있음을 알 수 있다.

우리나라에서 발견된 가장 오래된 벼루는 황해북도 봉산군 지탑리 청동기 시대 층 유적에서 板岩으로 된 2점이 출토되었다. 그 가운데 중간 부분이 오목하게 패인 벼루는 직경이 약 20cm, 두께는 약1.4cm, 오목한 부분의 직경은 약 10cm, 오목한 부분에서 가장 깊은 곳은 약 1cm로 안료를 가는데 이용되었던 것으로 보인다.

철기 시대의 유적인 남포시 강서구역 태성리 4호분에서도 크고 작은 2장의 板石으로 된 벼루가 발견되었다. 이 판석은 장방형과 정방형 각 1매가 겹쳐진 상태에서 출토되었다. 장방형의 석판은 전체 길이 12.4cm, 넓이 6.3cm, 두께 0.6cm의 경도가 높은 粘板岩으로 한 면을 제외한 나머지 면과 네 측면을 광택이 나도록 물갈이를 하였다. 출토 당시 이미 두 부분으로 깨어져 있었으며, 이 석판 위에 정방형의 작은 석판 즉, 硯石이 놓여져 있었다. 이 연석은 한 변의 길이가 3.7㎝, 다른 한 변이 3.5㎝, 두께는 0.3㎝이다. 이것도 역시 粘板岩으로 큰 것과 같이 동일한 방식으로 제작되어, 한 면은 물갈이하여 광택이 나고 다른 면은 거칠다. 이러한 연석을 갖춘 벼루는 먹이나 화장품 등을 비롯한 각종 채색 안료를 갈기 위한 것으로, 중원의 秦漢시기에 주로 사용되던 양식이다.

그러나 삼국 시대에 오면 먹 제조 기술의 발전으로 직접 벼루면에 먹을 갈아 사용하게 됨으로서, 연석이 필요 없는 형태로 발전하게 되었다. 이것은 현재 발견되는 고구려나 백제 및 신라의 초기 형태의 벼루를 통해서 알 수 있다.

지금까지 발견된 삼국시대 벼루는 백제의 것이 가장 많이 알려져 있다. 백제의 벼루는 풍납토성에서 발견된 2점의 토제 벼루편을 비롯하여, 몽촌토성과 하남 미사동, 공주 공산성, 부여 지역의 금성산·정암리·쌍북리·능사·관북리 등지에서 완형 혹은 파편들이 발견되었다. 이들 백제의 벼루는 각 시기별로 뚜렷한 양상을 보인다. 한성 시대에는 주로 다리가 없는 접시 모양의 판형 벼루가 발견되었고, 웅진와 사비시대에는 가장 자리에 둥근 고리 모양의 硯池를 갖춘 원형 벼루가 많이 출토되었다. 이러한 원형 벼루는 말발굽 모양의 굽다리로 장식한 것들이 주를 이루고 있는데, 이는 중원의 녹유·청자·백자 벼루 등과 비슷하여, 그 영향을 받은 것으로 추정된다.

고구려 지역에서도 굽다리 원형 벼루가 발견되고 있다. 평양의 안학궁 유적에서 나온 벼루는 3~4개의 짧은 다리가 붙어있고, 윗면에 먹물을 담을 수 있는 구멍이 있다. 평양시 삼석구역에서 발견된 원형 벼루는 3개의 굽다리가 달려 있으며, 조각 기법이 매우 뛰어나다. 또한 중국 길림성 집안 교외의 기상대 부근에서도 원형 벼루가 발견되었다. 집안시박물관 소장번호 315호인 이 벼루는 상변의 길이가 13.7~14.3cm, 하변의 길이 14.0~14.5cm, 높이 10cm이다. 네 변의 변곽의 폭은 1.1cm이며, 먹물이 밖으로 흘러나가지 못하게 하였다. 벼루의 한쪽에는 직경 3.6cm, 깊이 2.7cm의 원형으로 된 먹물을 저장할 수 있는 못을 만들었다. 네 모서리에는 높이 1.5cm의 다리가 달려 있는데, 그 가운데 하나가 파손되었다. 이 벼루는 청회색 현무암으로 재질이 거칠고 세부적인 제작이 비록 정교하지는 못하지만, 전체적인 형태는 중원 계통의 굽다리 원형 벼루와 비슷하다.

이 외에도 고구려 지역에서 중원 계통의 굽다리 원형 벼루와는 구별되는 원통형 벼루가 발견되고 있어 주목된다. 집안시박물관 소장번호 484호 泥質 黃陶硯은 집안 교외 東台子 유적에서 심하게 파손된 상태로 발견되었다. 벼루의 전체 높이는 4.0cm이고 위아래의 직경이 13.5cm로 균일한 원통형이다. 먹을 가는 부분에는 가장자리를 따라 깊이 1.0cm, 폭 1.2cm의 둥근 고리 모양의 못을 갖추고 있다. 또한 집안시박물관 소장번호 1025호 泥質 黃陶硯은 通溝十隊에서 출토되었다. 벼루는 높이 4.8cm, 상부 직경 11cm, 하부 직경 9cm로 아래로 내려가면서 폭이 좁아지는 원통형이다. 벼루의 윗면에는 둥근 고리 모양의 못이 있으며, 못의 한 쪽에는 구

그림 6. 集安 通溝十隊 출토 벼루   그림 7. 정릉사지 출토 벼루

멍이 하나 뚫려 있는 듯하다(그림 6). 그리고 이러한 것들과는 약간의 차이를 보이지만, 평양 정릉사지에서도 비슷한 벼루가 발견되었다. 이 벼루는 직경 15.2㎝의 원통형으로 덮개가 달려 있다. 윗면에는 둥근 고리 모양의 못을 만들었고, 몸통 하부를 투각시켜 마치 3개의 다리가 있는 것과 같은 효과를 내고 있다(그림 7). 이 陶製 원통형 벼루는 당시 중원과 백제 또는 고구려 지역에서 유행한 굽다리 원형 벼루와는 양식상 뚜렷한 차이를 보여 고구려의 독특한 벼루 양식으로 생각된다.

그리고 이러한 원통형 벼루는 고구려 당시의 서사 장면이 묘사된 고분벽화에도 보이고 있다. 通溝四神塚의 안칸 서쪽 천장 고임의 벽화에는 글씨를 쓰고 있는 사람은 앞쪽에 굽다리 걸상 같은 것을 놓고, 그 위에 검정색 벼루를 올려놓았다(그림 8 참조). 이 벽화 속의 벼루는 분명하지는 않지만, 그 형태가 대략 둥근 모습을 하고 있어, 집안과 평양 지역에서 출토된 원통형 벼루와 비슷한 것일 가능성이 있다.

④ 簡牘

簡牘은 竹簡이나 木簡 또는 木牘 등을 통칭하는 명칭으로 비단이나 종이와 같은 서사재료에 비하여 훨씬 오랜 전부터 사용되었다. 『尙書·多士』의 "惟殷先人, 有冊有典, 殷革夏命."이라는 기사를 통해 알 수 있듯이 상나라 초기에 이미 '冊'과 '典'이 있었다. 그리고 甲骨文이나 金文에도 '冊'자와 '典'자가 사용되고 있다. '冊'자는 죽간이나 목간을 몇 개 늘어놓고 끈으로 엮어 연결시킨 형상이고, '典'자는 그것을 두 손으로 받쳐 든 모습을 상형한 것이다. 이러한 글자가 존재하였다는 것은 이들 글자가 생겨날 당시 이미 간독이 폭넓게 사용되었다는 것을 말해주는 것이다. 이후 간독은 東漢 시대까지도 보편적 서사재료로 사용되다가 종이가 발달함에 따라 점차 그 사용이 줄어들었다.

　우리나라에서도 일찍부터 간독이 서사에 사용되었을 것으로 보인다. 이와 관련하여 고조선 주변의 소국들까지도 文書로서 天子를 배알하려고 했다는 기록은 시사하는 바가 크다. 여기서 사용된 문서 또한 당시 서사재료의 발전 정도에 비추어 보면, 역시 간독에 서사되었을 가능성이 크다. 그리고 이러한 추측을 뒷받침하는 유물로는 창원 다호리 1호분에서 붓과 함께 발견된 削刀를 들 수 있다. 삭도는 간독을 제작하거나 혹은 글씨를 쓸 때 잘못 쓴 글씨를 지우는데 사용된 서사용구로 붓과 함께 고대 문서행정의 표지가 된다.

　고대 문서행정에서 간독의 사용은 印章의 사용을 동반한다. 인장의 용도 가운데 가장 중요한 것이 바로 간독 문서를 밀봉하기 위한 封泥에 날인하는 것이기 때문이다. 따라서 평양을 중심으로 한 낙랑시기 유적을 비롯하여 경북지역에서 발견된 印章과 다량의 封泥는 4세기 무렵까지도 한반도에서 간독이 주요한 서사용구로서 사용되었음을 말해 주는 것이다. 실제로 낙랑 시기 무덤인 평양의 彩篋冢에서는 길이 23.7㎝, 넓이 7.2㎝, 두께 0.6㎝의 木牘이 출토되었고, 정백동 364호에서는 '樂浪郡初元四年縣別戶口多少□(簿)'라는 표제가 있는 木牘과 함께 『論語』 竹簡이 출토되기도 하였다.

　삼국 시대에도 간독은 여전히 중요한 서사재료로 사용되었다. 백제의 간독은 부여 지역을 중심으로 발견되고 있다. 이들 간독의 형태는 좁고 긴 전형적인 판상형을 비롯하여 원통형·사각 막대형·목판형 등이 있다. 비교적 완전한 형태를 하고 있는 목간의 길이는 짧은 것이 7.8㎝, 긴 것은 44㎝ 이상인 것도 있다. 폭은 좁은 것이 1.9㎝, 가장 넓은 것이 4.4㎝, 두께는 0.2㎝로 매우 얇은 것부터 2.5㎝인 것까지 다양하다. 그리고 보관 방법도 일부는 한쪽 끝에 양쪽에 V자형 홈을 파거나, 구멍을 뚫어 끈으로 묶어 걸어 둘 수 있도록 한 것이 있는가 하면, 하단을 날카롭게 깎아 어딘가에 꽂아 고정시킬 수 있도록 고안된 것도 있다. 그리고 궁남지에서는 묵서의 흔적은 보이지 않지만, 목간과 유사한 형태의 목제품 유물들이 삭도와 함께 발견되었다. 일부 목간에서는 원래 있던 묵서를 칼로 깎아내고 다시 묵서한 흔적이 남아 있어 목간의 제작과 또는 글씨의 수정 등 간독 서사의 일면을 엿볼 수 있게 한다.

신라 목간은 통일 이전과 이후의 것이 모두 발견되고 있다. 통일 이전의 것은 경기도 하남시 이성산성과 경남 함안 성산산성에서 출토되었다. 그 중 1990년 이성산성 3차 발굴에서 모두 12점의 신라 목간이 출토되었다. 목간의 길이가 2.1cm에서 33.4cm에 이르기까지 다양하며, 모양도 장방형·삼각형·타원형 등 여러 종류가 있다. 그 가운데 한 면에 "戊辰年正月 十二日朋南漢城道使…"이라는 묵서 간지가 판독되는 목간이 있다. 이 목간은 하단부가 훼손되었고, 단면의 형태는 직사각형이며, 현재 남아 있는 부분의 길이가 15cm, 폭 1~4.6cm, 두께는 0.5~2.9cm이다. 목간의 년대는 무진년을 언제로 볼 것인가가 관건인데, 경기도 광주 지역이 신라의 영토로 편입되는 시기가 6세기 중반이라는 점과 '道使'라는 직명이 보이는 것으로 보아 그 범위를 608년 혹은 668년 중에 하나로 추측할 수 있다.

성산산성에서 발견된 목간은 지금까지 모두 300여 점에 이른다. 묵서 내용 중에는 지명·인명·신라의 관등명·곡물명·신분명 등이 기재되어 있다. 목간의 하단에 V자형의 홈이 있는 목간이 다수 보이고 있어 荷札 혹은 付札 등으로 사용되었음을 알 수 있다. 또한 비단이나 종이로 된 두루마리 문서에 꽂는 목편으로 오늘날의 Index 혹은 책갈피와 같은 용도로 사용되었던 題籤軸이 발견되었다. 이것은 종이와 나무가 병용되고 있었던 6세기 중후반대 문서의 보관 및 관리 등 문서행정의 일단을 살필 수 있는 귀중한 자료가 된다.

통일신라시대의 것은 1975년 경주 안압지에서 모두 51점이 발견되었다. 이 목간 중에는 그 사용 년대가 8세기 중반 전후인 것들도 보이고 있어, 이 때까지도 신라에서는 여전히 간독이 서사재료로 사용되고 있음을 알 수 있다.

반면에 백제나 신라에 비하여 고구려의 실물 목간은 아직 발견되지 않고 있다. 하지만 고구려 시대의 간독 서사의 모습은 고분벽화에도 묘사되어 있어 당시 중요한 서사재료였음을 말해주고 있다.

안악3호분의 묘주인 정사도에는 주인공을 중심으로 좌우에 각각 두 사람의 신하가 그려져 있다. 주인공 좌측에 "省事"라고 朱書된 인물은 무릎을 꿇고 두 손으로 문서를 받쳐 든 채 주인공에게 보고하고 있는 모습이다(그림 10). 성사의 손에 든 문서의 전체적인 형태는 옆으로 긴 장방형이고, 그 안에 폭이 불규칙하게 모두 13개의 세로 선과 이 보다 굵은 붉은색 계통으로 보이는 2줄의 가로 선을 그렸다. 이는 마치 12개의 목간을 두 가닥의 끈 즉, 書繩으로 묶어 연결한 모습을 표현하려고 한 것처럼 보인다. 중간 부분의 것은 양쪽에 비하여 폭이 넓고 또 어떤 것은 가운데 세로 선이 보이고 있어서 글자를 쓴 것처럼 보인다. 문서를 잡고 있는 엄지

그림 8. 통구사신총 글씨 쓰는 사람

와 식지 사이에는 물체의 두께를 표시하기 위한 것인지, 아니면 일종의 문서의 받침대를 나타낸 것인지 애매한 공간이 보인다. 문서의 위아래 부분에도 입체감이 표현

되고 있다. 성사 앞쪽 바닥에도 문서가 있는데 약 7~8개의 간독을 2~3 줄의 끈으로 연결한 모습처럼 보인다. 전체적인 형태는 손에 들려있는 것과 같으나, 여기서는 횡선이 종선에 비하여 진하게 나타나고 있다. 문서의 밝은 색 부분 좌우로 짙은 색을 칠한 부분이 있어, 마치 문서를 올려놓은 받침대를 표현하고 있는 것 같다. 이상으로 보아 성사의 문서는 고대 목간으로 된 冊같은 형태였을 것으로 생각된다.

통구사신총의 안칸 서쪽 천장 고임의 벽화의 글씨 쓰는 사람은 오른손에 붓을 들고 왼손에 있는 밝은 색의 장방형 물체에 글씨를 쓰고 있는 모습이다. 인물의 앞쪽에는 4개의 말발굽 다리를 한 책상이 있고, 그 위에는 목간으로 보이는 11개의 길다란 물체가 정연하게 놓여있다.(그림 8) 목간으로 보이는 이 물체의 위쪽과 아래 끝 부분은 불규칙한 굴곡이 보이고 있는데, 이것은 목간마다 길이가 약간씩 차이가 있었다는 것을 의미하며, 특히 아래쪽에는 입체감이 나타나고 있는 것 같다. 일반적으로 목간은 문서가 완성되면 뒤섞이지 않도록 곧 바로 書繩이라는 끈으로 묶어 冊을 매는데, 여기서는 안악3호분 성사의 문서에 나타난 것과 같은 서승이 보이지 않고 있어 문서를 작성하고 있는 상황을 묘사한 것으로 보인다.

무용총에서도 목간으로 보이는 물체에 서사하고 있는 장면이 묘사되었다. 안칸 동측 천장 제3층 고임 벽화 우측의 각각 평상에 앉아 있는 두 사람 중에서 오른쪽 평상에 걸터앉아 있는 사람은 오른손에 붓을 들고 왼손에는 한 개의 목간을 들고 무엇인가를 쓰고 있는 모습이다.

고구려에서는 이러한 목간과 함께 서사에 木牘이 함께 사용되고 있음을 알 수 있다. 덕흥리벽화고분의 안칸 서벽 馬射戲 장면에서 "射戲注記人"이란 묵서가 있는 사람은 왼손에 목독으로 보이는 장방형 물체에 붓으로 두 사람의 경기 상황을 기록하고 있다. 이 목독은 사회주기인의 손바닥 보다 거의 두 배 가량 넓게 묘사되어 있으며, 가운데에 종선을 그어 두 부분으로 나누고 있다. 그 양쪽에는 경기의 성적을 T자형 같은 부호로 표시하고 있다(그림 3 참조).

또한 덕흥리벽화고분 앞칸 남벽 서측 상단의 幕府官吏圖에서 우측에 있는 머리에 건을 두르고 갈색 저고리에 검은 바지를 입은 사람은 오른손에 붓을 들고 왼손에 목독 같은 것을 들고 앞 사람으로부터 무슨 말인가를 전달받아 적고 있는 모습이다. 이 목독은 가운데 종선이 그어져 있어 그 형태가 射戲注記人의 것과 거의 비슷하다.

마침 최근 서울 아차산성 집수지에서 묵서가 있는 목간이 발견되었다는 소식이 전하고 있어 머지않아 고구려의 실물 목간이 발견될 것으로 기대해 본다.

고구려 사람들의 글씨 쓰기

고구려 고분 벽화에서는 당시의 서사용구와 함께 이를 운용하는 방법도 살필 수 있다. 여기서는 벽화에 묘사된 서사장면을 통해 붓을 잡는 방법과 글씨 쓰는 자세 등 고구려 시대의 서사와 관련된 몇 가지 습관을 살펴보기로 하겠다.

① 붓 잡는 방법

안악3호분 정사도의 記室은 서있는 상태에서 붓과 홀(혹은 목간)을 들고 왕의 하명 또는 회의 상황을 적고 있는 모습이다. 기실의 執筆法을 관찰해 보면 오른손 엄지의 제1관절 부분으로 붓대의 안쪽을 감싸며, 식지의 끝 부분으로는 붓대를 누르고, 중지는 엄지와 식지로부터 붓대에 받는 힘을 떠받치고 있다. 나머지 약지와 소지는 가볍게 손바닥으로 향해 감싸 쥐고 있다. 전체적으로 보아 대지와 식지가 주요한 역할을 하고 있어 單鉤法으로 볼 수 있다. 또 붓을 들고 있는 오른 팔은 몸쪽으로 붙여진 상태이며, 손목이 약간 들려있다. 왼손에는 엄지와 식지를 이용하여 홀(혹은 목간)을 잡고 있으며, 붓과의 각도는 약 90도이다(그림 2 참조).

무용총의 안칸 동측 천장 제3층 고임 벽화에 묘사된 글씨를 쓰는 사람은 평상에 걸터앉아 오른 손에 붓을 쥐고 왼손의 목간에 글씨를 쓰고 있는 모습이다. 집필법을 보면 오른손 엄지의 제1관절 부분으로 붓대의 좌측면을 누르고, 식지와 중지는 붓대의 앞쪽을 누르고 있다. 붓대의 뒷면은 엄지 아래 부분으로 받쳐진 상태이다. 식지와 중지를 모두 사용하고 있어, 이러한 모습은 일종의 雙鉤法으로 볼 수 있다. 왼손에는 엄지와 식지로 간독을 잡고 있으며, 붓과의 각도는 약 90도이다.

덕흥리벽화고분 안칸 서벽 馬射戲 장면에서 射戲注記人은 오른손에 붓을 들고 약간 앞으로 구부려 선 상태로 왼손의 木牘에 경기의 상황을 적고 있다. 붓과 목독의 각도는 약 90도를 이루고 있다(그림 3 참조). 또 앞칸 남벽 서측 상단 幕府官吏圖에서 우측의 머리에 건을 두른 사람의 붓과 목독의 각도는 약 90도를 유지하고 있어 전체적인 서사 자세는 대체로 사희주기인과 비슷하다.

통구사신총의 안칸 서쪽 천장 고임 벽화의 인물은 오른발은 무릎을 꿇고 왼발은 세운 채, 오른손에 붓을 들고 왼손에는 식지로 목간의 바닥면을 받쳐 손바닥으로 감싸 쥐고 무엇인가를 쓰고 있는 모습이다. 집필법은 엄지의 제 1관절이 붓대의 좌측 부분을 지나며, 식지로 붓대의 앞면을 누르고 있다. 나머지 손가락의 작용은 분명하지 않지만 전체적인 모습은 안악3호분의 기실의 집필법과 비슷한 단구법의 형태로 보인다. 팔은 관절을 많이 굽혀 옆구리에 붙이고 있으며, 손목이 비교적 많이 들려 있다. 붓과 목간의 각도는 약 100도 이다(그림 8 참조).

우리가 실제로 1~2cm 정도의 폭이 좁은 간독에 글씨를 쓸 때, 일반적으로 붓대의 직경이 0.5cm 정도 되는 細筆을 사용하게 된다. 그리고 집필법은 당연히 좁은 공간에서 붓을 민감하게 움직일 수 있도록 단구법 혹은 쌍구법를 취하는 것이 좋다. 두 팔은 인체 구조상 옆구리에 밀착되는 자세를 취하게 되며, 붓과 간독의 각도는 약 90도를 유지하게 된다. 그러므로 벽화에 나타난 서사 장면들은 작은 붓으로 공간이 협소한 간독에 글씨를 쓰고 있는 사람의 모습들을 비교적 정확하게 묘사하였다고 볼 수 있다.

② 글씨 쓰는 자세

또한 이들 벽화에 나타난 서사 장면에서 글씨를 쓰는 자세를 보면, 주로 서서 쓰거나 특수한 자세로 앉아서 쓰는 방법들이 보이고 있다. 이 가운데 주목되는 것은 통구사신총에서 나타난 무릎을 구부리고 앉아서 쓰는 방법이다(그림 8 참조). 언뜻 보면 이러한 자세는 글씨를 쓰는데 불편하게 보이지만 실제 간독 서사에서는 이 방법이 유용하다는 것을 알게 된다. 폭이 좁은 간독을 손에 쥐고 오랫동안 많은 양의 문서를 작성하다 보면 왼손이 피곤함을 느낀다. 그러므로 벽화에서처럼 왼 무릎을 세우고 오른 무릎은 구부린 채 자연스럽게 앉아서, 간독을 쥔 왼 손 팔목을 왼 무릎 위에 가볍게 받치면 편안하게 글씨를 쓸 수 있다. 또한 무용총의 글씨 쓰는 사람은 평상에 걸터앉아 오른쪽 다리를 왼쪽 다리에 올려놓고 있다. 만약 이러한 상태에서 허리를 세우고 간독에 글씨를 쓰는 자세를 취한다

그림 9. 안악3호분 '성사'

그림 10. 漢代의 서사관리

면 쉽게 피곤함을 느끼게 된다. 그러므로 이 상태에서는 간독을 잡은 왼손의 팔목을 자연스럽게 오른쪽 무릎 위에 올려놓게 되면 비교적 편안한 상태에서 글씨를 쓸 수 있다. 따라서 통구사신총과 무용총 벽화를 그린 화가는 당시 일상에서 흔히 볼 수 있었던 간독 서사 자세를 비교적 정확하게 묘사하였다고 볼 수 있다

또한 고구려 벽화에는 당시 서사 관리들의 붓 사용과 관련된 특수한 습관이 반영되어 있다고 생각된다. 특히 안악3호분과 무용총에 보이는 붓은 붓대가 점차 가늘어지는 특징이 있다. 이처럼 붓대의 끝 부분이 가늘어 지는 형태는 고대 중국의 붓에서도 찾아볼 수 있는데, 이는 고대의 서사 관료들의 독특한 습관과 관련이 있다. 漢代 서사 관리들은 관모를 쓴 머리에 붓을 꽂는 습관이 있었다. 한대의 畫像石에는 선 채로 손을 모아 누군가로부터 명령을 받고 있는 듯한 관리의 모습이 그려져 있는데, 書記인 듯한 그 관리의 머리에는 가는 붓이 비녀처럼 꽂혀 있다(그림 10). 당시의 서사 관리들은 이처럼 붓을 머리에 꽂고 뭔가를 적을 필요가 있을

때에는 곧바로 붓을 사용할 수 있도록 하였던 것이다. 이러한 고대 서사 관리들의 습관을 고려해 보면 안악3호분과 무용총에 보이는 붓대의 형태도 이러한 습관이 반영된 것으로 추정해 볼 수 있다.

이상 고구려 고분벽화를 통해 고구려 당시 사람들의 문자생활의 일면을 들여다보았다. 벽화 속에는 고구려 사람들이 사용하던 붓, 먹, 벼루, 간독을 비롯하여 執筆法과 글씨 쓰는 자세 및 독특한 습관 등을 살펴보거나 유추해볼 수 있었다. 또한 국정 중대사의 보고와 기록, 물품의 관리와 출납, 군사 훈련이나 경기 결과의 기록 등 생활 전반에 걸쳐 문자가 활용되고 있어 고구려에서 문자문화가 폭넓게 향유되었음을 알 수 있다.

※ 본 내용은 고광의, 「高句麗 古墳壁畵에 나타난 書寫 관련 내용 검토」『한국고대사연구』34, 한국고대사학회의 내용을 일부 수정한 것이다.

참고문헌

錢存訓, 1975, 『中國古代書史』, 中文大學.

吉林省文物志編委會, 1984, 『集安縣文物志』.

朝鮮畵報社出版部, 1986, 『高句麗古墳壁畵』, 朝鮮畵報社

조선유적유물도감편찬위원회, 1990, 『조선유적유물도감5 고구려편(3)』, 외국문종
　　　합출판사

조선유적유물도감편찬위원회, 1990, 『조선유적유물도감6 고구려편(4)』, 외국문종
　　　합출판사

주재걸, 1996, 「중세 문방구에 대한 몇 가지 고찰」, 『조선고고연구』1996-4.

阿辻哲次, 金彦鍾·朴在陽 옮김, 1994, 『漢字의 역사』, 학민사.

高光儀, 1999, 「4~7世紀 高句麗 壁畵古墳 墨書의 書藝史的 意義」, 『高句麗硏究』7,
　　　高句麗硏究會.

宋基豪, 2002, 「고대의 문자 생활-비교와 시기구분」, 『강좌한국고대사』5, 가락국사
　　　적개발연구원.

고광의, 2004, 「高句麗 古墳壁畵에 나타난 書寫 관련 내용 검토」, 『한국고대사연
　　　구』34, 한국고대사학회.

고대의 변격(變格) 한문

최연식

동국대학교

정격(正格) 한문과 변격(變格) 한문

영어가 세계의 공용어가 되어 어느 나라나 10대 초반부터 영어를 수년 씩 공부하는 세상이지만 비영어권 사람들이 원어민처럼 문법에 맞는 정확한 영어를 사용하기는 쉽지 않다. 한국에 콩글리시가 있는 것처럼 일본에는 징글리시(자파니즈-잉글리쉬)가 있고, 중국에는 칭글리시(차이니즈-잉글리쉬)가 있으며, 심지어 같은 인도-유러피언 어족에 속한다고 하는 인도에는 힝글리시(힌디-잉글리쉬)가 있다. 아마도 영국과 그 후손들이 주류가 되어 정착한 신대륙 지역을 제외한 다른 지역에는 대부분 자기들의 언어에 기초한 변형된 영어를 사용하고 있을 것이다.

변형된 영어는 각 민족의 고유 언어와 영어의 성격이 뒤섞인 것이므로 해당 민족의 사람들에게는 이해될 수 있겠지만 해당 민족의 언어를 알지 못하는 영어 원어민이나 외국인들에게는 오해를 불러일으키거나 아예 이해할 수 없는 내용으로 받아들여질 수 있다. 오래된 일이기는 하지만 한 외국인 친구로부터 자신이 방문했던 사찰 안내문에 만해 한용운을 소개하면서 그가 리프레쉬 무브먼트(refresh movement)를 주도했다고 하였는데, 리프레쉬는 휴식을 통한 재충전을 의미하는 단어여서 대단히 이상했다고 하면서 그 경우에는 리포메이션(reformation)을 사용하여야 했다고 지적하는 이야기를 들은 적이 있다. 아마도 영어 안내문을 작성한 사람은 한용운이 주장한 '유신(維新)'이라는 말을 '다시 새롭게(新) 한다'로 해석하고 영어의 '새롭게'에 해당하는 프레쉬(fresh)를 적용하여 번역하였을 것이다. 영어를 알기는 알았지만 정확하게 알지 못한 가운데 영어를 모국어로 하는 사람이 보았을 때에는 매우 낯설고 이상한 한국식 영어를 만들어낸 것이다. 최근 대통령도 지적한 것처럼 문화재 안내문에는 이러한 한국식 영어 표현이 적지 않아서, 아마도 대부분 이러한 한국식 영어 표현을 종종 접한 경험이 있을 것이다. 점차 개선되고는 있지만 교수나 박사들이 자기 논문의 뒤에 첨부하는 영어 요약문에서도 이러한 콩글리시 표현을 접하는 것은 그리 드문 일이 아니다.

콩글리시와 마찬가지로 과거에 우리 조상들이 사용한 한문 문장에도 본래 중국의 한문 문법에 맞지 않아서 중국인들이 보면 쉽게 이해되지 않는 표현들이 보이고 있는데, 이러한 한국식의 변형된 한문을 한국식 변격(變格) 한문(업노멀 차이니즈, abnomal Chinese)이라고 할 수 있다. 변격은 본래의 한문 문법에 맞는 정격(正格) 한문(노멀 차이니즈, normal Chinese)과 구별한 표현이다. 변격 한문은 고대부터 조선시대까지 전 시기에 걸쳐 나타나는데, 모국어가 아닌 외국어를 사용하는 한 이러한 변격 한문의 사용은 소수의 뛰어난 어학적 능력을 갖춘 사람들을 제외하면 당연한 것이었다고 할 수 있다.

변격 한문에는 문법적으로 이상한 것만이 아니라 중국에는 없는 한국식 한자나 중국과 의미가 달리 사용되는 한자들도 포함된다. 논을 의미하는 답(畓)이나 일꾼을 의미하는 부(鳧), 용량 단위인 섬을 의미하는 석(刀/口) 등은 본래 중국에서는 사용되지 않던 글자이고, 창고를 의미하는 경(椋)과 자물쇠를 뜻하는 일(鎰)은 본래 각기 물푸레나무와 20냥 혹은 24냥의 중량을 나타내는 단위를 의미를 달리하여 사용된 글자이다. 이는 마치 현재의 우리들이 본래 영어에 없는 세이프티 벨트(safety-belt)와 핸드폰(hand-phone)이라는 단어로 영어 본래의 시트 벨트(seat-belt)와 모바일폰(mobile-phone)을 가리키고, 마담(madam)이나 빌라(villa) 등의 단어를 본래의 의미와 달리 사용하는 것과 유사한 현상이라고 할 수 있다. 물론 촌수(寸數)나 사돈(査頓)과 같이 중국에는 없고 한국에만 있는 한자 단어들도 변격한문에 포함된다고 할 수 있다.

고구려와 백제의 변격한문

전하는 기록 자료가 많지 않은 고구려와 백제의 경우 변격한문 자료도 쉽게 발견되지 않는다. 고구려 <광개토왕비> 중에 일부 어색한 한문 문장이 보이고 있지만 이들은 구어체의 한문으로는 가능한 표현으로서 변격의 한문이라고 보기는 힘들다고 생각된다. <중원고구려비>의 경우 일부 어색한 한문 표현들이 있을 뿐 아니라 '~을 한 때'를 의미하는 '節'과 문장 종결사로 사용된 '之'와 같이 신라의 변격한문 및 이두문에 사용되는 표현들이 보이고 있어 주목된다. 실제로 이 '節'과 '之'가 신라의 변격한문이나 이두문에서와 같은 의미로 사용되었다면 고구려에서 사용된 변격한문의 요소가 신라에 계승된 것으로 이해될 수 있을 것이다. 하지만 비문의 판독과 해석이 명확하지 않은 상황이므로 곧바로 변격한문이라고 단정하기는 어렵다고 생각된다.

백제의 경우 현재까지 발견된 문자 기록들은 대부분 세련된 정격한문이고, 문법적으로 이상한 변격한문의 모습은 찾아보기 힘들다. 다만 부여 능산리사지에서 발견된 목간 중에 변격한문이 아닌가 생각되는 내용이 보이고 있다.

> 宿世結業 同生一處 是非相問 上拜白來(事?)
> (전생에 업을 맺어 같은 곳에 함께 태어났습니다. 옳고 그름을 묻고자 합니다.(꼭 인사드리고 싶습니다.) 올라가 절하고 아뢰려 왔습니다.(일을 아뢰겠습니다).

길이 12.7cm의 목간에 두 줄로 쓰인 내용인데, 이 중 밑줄 그은 부분의 내용이 정격한문으로 보기 힘들다는 의견이 제시되었다. 먼저 세 번째 구절의 '是非相問'의 경우 '옳고 그름을 묻고자 한다'고 해석하면 목적어인 是非가 동사구인 相問의 앞에 오는 것은 동사가 목적어 앞에 오는 한문의 어순과 다르므로 한국식 변격한문으로 볼 수 있다는 것이다. 그런데 한문에서도 짧은 목적어의 경우는 동사의 앞에 올 수 있으므로 '是非相問'이라는 표현은 굳이 변격한문으로 볼 필요는 없다고 생각된다. 다만 여기에 나오는 是非를 옳고 그름이 아니라 일본어의 '是非(ぜひ, 꼭)'와 같은 의미로 해석할 수 있다는 견해가 제기되었는데, 내용상 그러한 이해도

가능하다고 생각된다. 만일 이 구절의 是非가 그러한 의미로 사용되었다면 변격한문으로 볼 수 있을 것이다. 다음으로 네 번째 구절의 경우, 마지막 글자를 來로 판독하게 되면 동사 넷이 연이어 붙어 있는 표현이 되는데, 이는 정격한문에서는 보기 힘들고 동사를 연이어 사용하는 한국식 표현으로 볼 수 있다. 이 글자에 대해서는 事로 판독해야 한다는 견해도 있는데, 來가 아닌 事로 보면 '白事'가 동사-목적어의 구조가 되어 문법적으로 큰 문제가 없게 된다. 이 목간은 반대편에 정확한 판독은 되지 않지만 사람 이름으로 보이는 내용이 적혀 있다. 아마도 이 목간의 발신자나 수취자의 이름을 적은 것으로 생각된다. 발견된 장소가 능산리사지였던 것을 고려하면 능산리 사찰에 거주하는 승려를 만나러 온 다른 사찰의 승려가 해당 승려에게 만나보기를 요청하면서 보낸 명함 목간으로 생각된다.

위의 목간을 제외하면 문법적으로 변격한문으로 볼 수 있는 자료는 아직 확인되지 않고 있다. 다만 단어나 글자의 차원에서는 중국의 한문에서는 볼 수 없는 백제만의 고유한 것들이 일부 보이고 있다. 먼저 능산리 절터에서 출토된 사리감의 명문 중에 보이는 '妹兄公主'라는 용어는 중국의 한문에서는 볼 수 없는 표현이다. 여기에 보이는 '妹兄'은 누이, 즉 여성의 형제를 나타내는 '妹'와 손위 형제를 가리키는 '兄'을 결합시킨 것으로서, 누나의 의미로 이해된다. 중국의 경우 손위의 남자 형제와 여자 형제, 손아래의 남자 형제와 여자 형제가 각기 兄, 姉, 弟, 妹로 명확히 구별되었던데 반하여 백제를 비롯한 한반도 지역에서는 형제를 가리킬 때에 남자 형제와 여자 형제를 먼저 구별하고(오라비-누이) 다시 손위와 손아래(누나-아우)로 구별하는 2중적 용어를 사용하였기 때문에 그러한 현지의 호칭습관을 반영한 '妹兄'이라는 중국에서는 사용되지 않는 독특한 용어가 사용된 것이 아닌가 생각된다. 그렇다면 이 '妹兄公主'라는 표현은 백제에서만 사용된 변격한문의 사례로 볼 수 있을 것이다.

신라 최초기 금석문에 보이는 변격한문

고구려나 백제와 달리 신라의 문자자료, 특히 5세기말부터 6세기에 걸쳐 만들어진 중고기의 금석문에는 전형적인 한문 문장과는 구별되는 생경한 변격 한문의 문장들이 다수 보이고 있다. 아직 한문의 문법과 형식에 익숙하지 않은 상태에서 한자와 한문을 이용하여 문장을 지었지만 자연스러운 한문으로는 보기 힘든 어색한 문장들이다. 그런데 이 단계는 다시 두 가지로 구분된다. 첫 번째는 원칙적으로 정격한문의 형식에 맞춰 짓되, 접속사와 전치사, 어조사 등 한문 문장에 필요한 요소들이 제대로 활용되지 않아 문장이 자연스럽지 못한 단계이다. 이 단계에는 아직 한문 문장에 우리말의 영향은 보이지 않고, 다만 일부 한자의 의미와 기능이 정격한문과 다르게 나타나고 있다. 외국어로서의 한문을 이용하여 문장을 짓되 자연스럽지 못한 단계라고 할 수 있다. 두 번째는 우리말의 어순과 표현법이 반영되어 정격한문으로는 이해하기 어려운 이상한 형태의 문장들이 사용되는 단계로 전형적인 신라식 변격한문이 출현한 단계라고 할 수 있다. 한자의 사용이 확대되고 한자에 대한 이해가 심화되면서 한자 활용층이 확대된 결과라고 할 수 있다.

첫 번째 단계의 모습은 5세기말에서 6세기초에 제작된 <중성리비>, <냉수리비>, <봉평비> 등에 나타나고 있다. 먼저 5세기에 건립된 <중성리비>를 살펴보도록 하자.(단락 구분은 필자에 의함)

(가) 亲巳□□□中折盧□(결락) 喙部智智阿干支 沙喙斯德智阿干支 敎

(나) 沙喙尒抽智奈麻 喙部夲智奈麻 夲牟子 喙沙利 夷斯利 白

(다) ①爭人 喙評公斯弥 沙喙夷須 牟旦伐喙 斯利壹伐 皮末智 夲波喙柴干
支 弗乃壹伐 金評□干支 祭智壹伐 使人 奈蘇毒只道使 喙念牟智 沙喙
鄒須智世 令

②于居伐壹斯利 蘇豆古利村 仇鄒列支干支 沸竹休壹金知 那音支村 卜
岳干支 走斤壹金知 珍伐壹▨(판독미상) 云

③豆智沙干支宮 日夫智宮奪尒 今更還牟旦伐喙作民

④沙干支使人果西牟利 白口

⑤若後世更噵人者 与重罪

(라) 典書 与牟豆 故記 沙喙心刀哩之

　　위의 문장에서는 각기 敎, 白, 令, 云, 白口 등의 행위의 주체들에 대한
기록이 내용의 대부분을 차지하고 있는데, 그러한 행위의 관계가 명확하
게 서술되지 않아서 내용을 이해하는데 어려움이 있다. 한자로 표현하기
는 하였지만 접속사와 전치사, 어조사 등이 거의 없는 자연스럽지 못하고
문장들을 개별적으로 나열한 낯선 형식이다. 우리말의 특징은 반영되지
않았지만 정격한문에서는 볼 수 없는 몇 가지 예외적 모습이 있다. 먼저
(다)-④의 白口는 중국의 한문에서는 볼 수 없는 표현이다. 윗사람에게 아
뢴다는 의미의 白에 口를 더하여 구두로 아뢰었다는 의미를 더 강하게 표
현한 것이 아닌가 생각된다. 그리고 (다)-③에 보이는 '尒(爾)' 역시 중국의
한문에서는 보이지 않는 독특한 표현이다. 이 부분은 '豆智沙干支宮과 日
夫智宮이 빼앗았으니(혹은 빼앗았다고 하니) 지금 다시 牟旦伐喙에 돌려주
어 作民한다'고 해석되는데, 이때 尒는 앞의 '豆智沙干支宮 日夫智宮奪'

과 뒤의 '今更還牟旦伐喙作民'를 연결하는 접속사로서 기능하고 있다. <냉수리비>와 <봉평리비>에도 이와 비슷하게 尒가 문장을 연결하는 접속사로 사용되고 있는데, 6세기를 전후한 시기의 신라 한문에서 尒는 접속사로서 사용되었던 것으로 보인다. 정격한문에서 尒(爾)가 접속사로 사용되고 있지 않다는 점에서 이는 신라 한문에서의 독특한 용법이라고 할 수 있다. 이러한 尒(爾)의 접속사적 용법은 일본의 『古事記』와 『播磨國風土記』 등의 고대 문헌자료에도 보이고 있다. 지금까지는 일본만의 특별한 용법으로 생각되어왔는데, 신라의 금석문에 사용되었던 변격한문의 용법에 영향 받은 것일 가능성이 있다.

503년에 건립된 <냉수리비>는 접속사(若)와 전치사(用), 어조사(耳)가 사용되고 있어 <중성리비>에 비하면 읽기 편한 문장이고, 해석에도 큰 어려움은 없다.(단락 구분은 필자에 의함)

(가) ①斯羅喙夫智王 乃智王 此二王教 ②用珍而麻村節居利爲證 尒 令其得
　　　財 教耳

(나) ①癸未年九月廿五日 沙喙至都盧葛文王 德智阿干支 子宿智居伐干支
　　　喙尒夫智壹干支 只心智居伐干支 本彼頭腹智干支 斯彼暮智干支 此七
　　　王等共論教 ②用前世二王教爲證 尒取財物盡令節居利得之 教耳

(다) 別教 節居利 若先死後 令其弟兒斯奴得此財 教耳

(라) 別教 末鄒 斯申支 此二人 後莫更導此財 若更導者 教其重罪耳

(마) 典事人 沙喙壹夫智奈麻 到盧弗須仇休 喙耽須道使心訾公 喙沙夫那斯
　　　利 沙喙蘇那支 此七人 跟踪所白了事 煞牛拔誥 故記

(바) 村主臾支干支 須支壹今智 此二人世中了事 故記

다만 (가)-②와 (나)-②, (다)의 마지막 부분의 敎는 정격한문이라면 필요 없는 단어로서 변격한문의 표현이라고 할 수 있다. 앞에서 이미 敎 혹은 令이라는 표현을 썼으므로 이 부분은 그러한 敎 혹은 令의 내용만 서술되면 되는데 불필요하게 敎를 반복하고 있는 것이다. 한편 (가)-②와 (나)-②에 사용되고 있는 尒는 앞의 <중성리비>와 마찬가지로 중국의 한문에서는 볼 수 없는 변격한문의 사례이다. 두 부분의 내용은 각기 '珍而麻村의 節居利(의 말)를 증거로 하여 그로 하여금 재물을 얻도록 敎한다.'((가)-②), '前世의 두 王의 敎를 증거로 삼아 재물을 모두 節居利로 하여금 얻도록 敎한다.'((나)-②)로 해석된다. 중성리비에서와 마찬가지로 尒는 앞의 문장과 뒤의 문장을 연결하는 접속사의 기능을 하고 있다.

524년에 제작된 <봉평리비>는 앞의 두 비에 비해 분량이 많지만 대부분은 관련된 사람들의 이름이고, 문법을 갖춘 문장은 비를 건립하게 된 상황을 서술한 (나) 부분에 주로 나온다.(단락 구분은 필자에 의함)

(가) 甲辰年正月十五日 喙部牟即智寐錦王 沙喙部徙夫智葛文王 本波部▨
　　 夫智干支 岑喙部昕智干支 沙喙部而粘智太阿干支 吉先智阿干支 一毒
　　 夫智一吉干支 喙勿力智一吉干支 愼宍智居伐干支 一夫智太奈麻 一小
　　 智太奈麻 牟心智奈麻 沙喙部十斯智奈麻 悉尒智奈麻等 所敎事

(나) 別敎 令[今?]居伐牟羅男弥只本是奴人 雖是奴人 前時王大敎法 道俠阼
　　 隘 尒 所界城失火遶城▨▨大軍起 若▨者一行▨之 又▨土▨王大奴村負
　　 [員?]共値▨ 其餘事種種奴人法

(다) ①新羅六部 煞斑牛▨▨沐 ②▨事大人 喙部內沙智奈麻 沙喙部一登智奈
　　 麻 具次邪足智 喙部比須婁邪足智 居伐牟羅道使卒洗小舍帝智 悉支道
　　 使烏婁次小舍帝智 居伐牟羅尼牟利一伐 弥宜智波旦 ▨只斯利一▨智

阿大兮村使人奈尒利杖六十 葛尸条村使人奈木利▨▨尺 男弥只村使人

翼▨▨杖百 於即斤利杖百 悉支軍主喙部尒夫智奈麻 ③ 節 書人 牟珍斯利

公吉之智 沙喙部若文吉之智 新人 喙部述刀小烏帝智 沙喙部牟利智小

烏帝智 立石碑人 喙部博士

(라) 于時教之 若此者獲罪於天

(마) 居伐牟羅異知巴下干支 辛日智一尺 世中

(바) 字三百九十八

그런데 (나) 부분은 가장 훼손이 심하여 정확한 판독과 해석에 많은 어려움이 있는데, 판독되는 부분의 내용으로 보건대 우리말의 특성이 반영된 표현은 없고 원칙적으로 정격한문으로 표현되었을 것으로 생각된다. 다만 (나)의 중간 부분에 보이는 '尒'는 앞의 두 비의 '尒(爾)'와 마찬가지로 앞의 문장과 뒤의 문장을 이어주는 접속사로서 기능하였을 가능성이 있다. 내용을 정확하게 알 수는 없지만 尒 앞뒤에 서로 다른 사실(道俠阼臨, 所界城失火)이 서술되고 있기 때문이다. 그리고 (다)-③의 '節'은 '당시, 이 때'의 의미를 표현한 글자로 후대의 이두의 '節'과 같은 용법이다. 이러한 '節'자의 용법은 중국의 한문에서는 보이지 않는 것으로 신라식 한문의 표현이라고 할 수 있다.

우리말의 특징이 반영된 신라식 변격한문의 출현

신라 변격한문의 두 번째 단계의 모습은 <봉평비> 다음 해에 기록된

<천전리서석>에서 처음 볼 수 있다.

(가) ①乙巳年 沙喙部葛文王 覓遊來 始得見谷之 ②古▨(來?)无名谷 善石
得造▨(書?)記(?)以下爲名書石谷字作▨(之?) ③并遊友妹聖德光妙於
史鄒女郞王之

(나) ①過去乙巳年六月十八日昧 沙喙部徙夫知葛文王 妹於史鄒女郞王 共
遊來 ②以後▨▨十八▨▨過▨妹王考妹王過人 丁巳年王過去 ③其王
妃只没尸兮妃 愛自思 己未年七月三日其王与妹共見書石叱見來谷 ④
此時 共王來 另即知太王妃夫乞?支妃 徙夫知王子郞深▨夫知 共來

(가)와 (나)는 각기 525년과 539년에 기록된 <천전리서석>의 내용 중
수행원들의 명단을 제외한 본문의 내용이다.(단락 구분은 필자에 의함) (가)
와 (나)의 문장에는 '始得見谷'과 같이 정격한문의 어순으로 표현한 부분
도 있지만 대부분의 문장은 우리말에 한자를 순서대로 대응시켜 표현하
고 있다. (가)-①의 '覓遊來'는 '찾아 놀러 왔다'고 해석되는데, 동사 셋을
연달아 적은 정격한문에서는 볼 수 없는 표현이다. 마지막의 來는 우리말
의 '왔다'를 표현하기 위해 적은 것인데, 정격한문에서는 불필요한 글자
이다. 정격한문이라면 '覓而遊之' 정도로 표현했을 것이다. '善石得造▨
(書?)記(?)'는 '좋은 돌을 얻어 (그곳으로) 가서 글을 적었다'는 의미로 해석
되는데, '善石得'의 어순이 바뀌었을 뿐 아니라 동사가 접속사 없이 연이
어 오는 변격한문이다. 정격한문이라면 '得善石, 造而書記(之)' 정도로 표
현했어야 할 것이다. (나)-③의 '愛自思'와 '其王与妹共見書石叱見來谷'은
각기 '사모하여 스스로 (갈문왕을) 생각하였다'와 '그 왕과 누이가 함께 본
서석(書石)을 보려고 골짜기에 왔다'는 의미로 생각되지만, 전자는 목적어

가 나타나지 않고, 후자는 목적어가 동사 앞에 온 변격한문이다. 각기 '自愛思之'와 '欲見書石而來谷' 등으로 표현되어야 할 것이다. 후자에 보이는 叱은 목적격 조사로 볼 수 있는데, 정격한문에서는 나타날 수 없는 표현이다. 다만 이두가 아닌 변격한문에서 조사의 사용은 확인되지 않는 것으로 판독과 해석에 있어 다른 가능성을 고려할 필요가 있다. 한편 (가)의 ①과 ③은 명사 뒤에 之를 붙여 문장을 마치고 있는데, 이는 정격한문에서는 보기 힘든 표현이다. 동사 다음에 之를 붙여 문장을 종결하는 한문의 용법을 발전시켜 동사가 아닌 명사 뒤에도 之를 붙여 문장의 종결사로 사용한 것으로, 우리말의 종결사 '~다'에 대응시킨 것으로 생각된다. (나)-②의 '過人'과 '過去'는 내용상 모두 죽었다는 의미로 사용된 것 같은데, 후자의 경우 중국의 기록에서도 종종 사용되고 있지만 전자는 중국의 기록에서는 보이지 않는다. '죽은 사람'이 되었다는 의미로 사용한 변격한문으로 생각된다.

6세기 중엽에 건립된 것으로 추정되는 <적성비>에도 <천전리서석>과 마찬가지로 우리말의 특징들이 반영된 변격한문의 문장들이 다수 보이고 있다. <적성비>는 윗부분이 결락되어 비문의 전체 내용과 단락 구성 등을 확인할 수 없지만 남아 있는 부분은 명확하게 판독되며, 전체적인 내용도 어렵지 않게 이해된다.(단락 구분은 필자에 의함)

(가) ▨▨年▨月中王教事

(나) ①大衆等 喙部伊史夫智伊干支 沙喙部豆弥智干支 喙部西夫叱智大阿干支 ▨▨夫智大阿干支 內禮夫智大阿干支 ②高頭林城在軍主等 喙部比次夫智阿干支 沙喙部武力智阿干支 文村幢主沙喙部導設智及干支 勿思伐城幢主喙部助黑夫智及干支

(다) 節 教事 赤城也尔次(결락)中 作善懷懃力使死人 是以後其妻三(결락)許
利之 四年小女師文(결락)公兄村巴下干支(결락)前者更赤城烟去使之
後者公兄(결락)異葉耶 國法中分與 雖然伊(결락)子刀只小女烏禮兮撰
干支(결락)使法赤城佃舍法爲之 別官賜(결락)弗兮女道豆只女悅利巴小
子刀羅兮(결락)合五人之

(라) 別教 自此後 國中如也尒次(결락)懷懃力使人事 若其生子女子年少(결
락)兄弟耶 如此白者 大人耶 小人耶(결락)

(마) ①(결락)道使本彼部棄弗耽郝失利大舍 鄒文村幢主使人(결락) 勿思伐
城幢主使人那利村▨第次(결락)人勿支次阿尺 ②書人 喙部(결락)人 石
書立人 非今皆里村(결락)智大烏之

　　(다)의 '作善懷懃力使死人'은 '착한 일을 하려는 마음을 품고 힘써 심
부름하다 죽은 사람'이라는 내용을 우리말 어순대로 적은 문장으로 보인
다. 정격한문의 문법에 의하면 懷懃과 力使의 두 동사구가 곧바로 나열되
고 있어 어색하다. 중간에 '而'나 '以'와 같은 접속사가 필요하다. '力使'라
는 용어도 정격한문에서는 보기 힘든 표현이다. 力事나 力仕로 표현하는
것이 일반적이다. '更赤城烟去使之' 역시 '다시 적성의 烟을 떠나게 시켰
다'는 내용을 우리말 어순대로 표현한 것이다. 동사 去의 뒤에 사역의 의
미를 갖는 使가 사용되고 있는데, 정격한문에서는 볼 수 없는 표현이다.
정격한문이라면 사역동사인 使의 뒤에 동사 去가 와야 하는데(更使赤城烟
去), 우리말 어순을 따라서 '~하게 시키다'는 의미의 使가 뒤에 온 것이다.
'合五人之'의 之는 앞의 <천전리서석>에서와 마찬가지로 명사에 之를 붙
여 문장의 종결사로 사용한 용법이다. (마)의 '大烏之'의 之도 같은 용법으
로 생각된다. (라)의 '耶'는 내용상 '~나/~(이)든'의 의미를 갖는 조사의 기

능을 한 것으로 보이는데, 정격한문의 耶에는 없는 용법이다. '是耶非耶(맞느냐 틀리느냐)' 此耶彼耶(이것이냐 저것이냐)'와 같이 선택의문의 어조사로서 사용되는 耶의 기능을 발전시켜서 우리말의 '~나'에 대응시킨 것으로 생각된다. (마)의 '石書立人'도 '돌에 쓰고 세운 사람'을 우리말 어순대로 표현한 변격한문이다. 정격한문이라면 '書石立人' 혹은 '刻石立人'으로 표현하여야 한다.

<천전리서석>이나 <적성비>와 같이 우리말 어순과 표현의 특징이 반영된 변격한문의 사례는 6세기 중엽 이후의 금석문들에 다수 나타나고 있다. <명활산성비>의 '此記者 古他門中西南回 行其作 石立記'와 '衆人至 十一月十五日作始 十二月廿日了'는 각기 '古他門에서 西南쪽으로 돌아가며 그 작업을 수행하고 돌을 세워 기록한다'와 '여러 사람들이 이르러 11월 15일에 짓기 시작하여 12월 20일에 마쳤다'로 해석되는데, 우리말에 한자를 순서대로 대응시켜 문장을 표현하였다. <무술오작비>의 '另冬里村高(?)▨塢作記之'과 '此成在人者', '此作起數者' 역시 '另冬里村의 高(?)▨塢를 짓고 기록하다', '이것을 이룬 사람', '이것을 지음에 동원한 (사람의) 숫자는' 등의 우리말에 한자를 차례대로 대응하여 나열한 것이다. 이 중 '此成在人者'의 '在'는 우리말의 과거시제를 나타내는 '잇[었]'이나 존경법의 '겨[계신]'에 대응시켜 기록한 것으로 생각된다. 같은 비문의 '了作事之'와 '文作人' 역시 '마쳐 지은 것이다'와 '글을 지은 사람'이라는 우리말 순서대로 표현한 것이다. <남산신성비>의 '南山新城作 節 如法以作 後三年崩破者罪 敎事爲聞 敎令誓事之'는 '남산의 신성을 지을 때에 법대로 짓고, 이후 3년 (안에) 무너지면 罪주라고 敎할 것을 보고하니[聞] 敎하여 맹세하게 하였다'고 해석된다. '如法以作' '事爲聞' '令誓事之' 등의 정격한문에서 볼 수 있는 표현들이 사용되고 있지만, 전체적인 어순은 우

리말 어순을 따르고 있다. 이처럼 한자로 문장을 지으면서도 한문의 문법에 크게 구애되지 않고 그냥 우리말 단어에 대응되는 한자를 찾아 나열한 것은 신라의 지식인들이 한문에 대한 거리감을 줄이면서 자신들의 일상 언어에 기초한 한문 작성을 본격적으로 시작하였음을 보여주는 것이다. 이러한 한자를 이용한 한국식 변격한문의 가장 전형적인 모습은 <임신서기석>에서 볼 수 있다.

(가) 壬申年六月十六日二人幷誓記 天前誓 今自三年忠道執持過失无誓 若此事失 天大罪淂誓 若國不安大乱 世可行誓之

(나) 又別先辛未年七月廿二日大誓 詩尙書禮傳倫淂誓三年

위의 문장에서는 誓, 無, 失, 得, 行 등의 동사가 목적어의 뒤에 오고, 誓記·无誓·淂誓·行誓·倫淂誓와 같이 복수의 동사가 접속사 없이 잇달아 사용되는 등 거의 대부분 우리말의 어순과 표현 양식에 따라 서술되어 있다. 전형적인 한국식 한문으로서, 한문을 조금 아는 한국어 사용자라면 쉽게 그 의미를 이해할 수 있는 문장이다. 이 <임신서기석>의 제작시기에 대해서는 통일이전으로 보는 견해와 통일이후로 보는 견해가 대립되고 있는데, 최근에는 <적성비>와의 한자 서체 비교를 통해 6세기 중엽에 제작된 것으로 볼 수 있다는 견해가 유력하게 제시되고 있다. 이 견해가 타당하다면 이미 이 시기에 한자를 이용하여 우리말을 표현하는 신라식 변격한문이 일정한 수준에 도달하였다고 할 수 있을 것이다. 주목되는 것은 이처럼 신라식 변격한문이 일정한 수준에 도달한 바로 그 시기에 <창녕척경비>와 <진흥왕순수비> 등의 완전한 정격한문의 기록들이 나타나고 있다는 사실이다. 한문과 한자에 대한 지식의 심화를 배경으로 보다

공식적이고 권위를 가진 정격한문과 일상생활과 직접 관련되는 변격한
문이 동시에 발전, 활용되고 있었던 것이다.

신라식 변격한문은 7세기 이후에도 나타나고는 있지만 그 자료는 그
다지 풍부하지 않다. 정격한문의 사용자와 향유자가 늘어나면서 금석문
에 새기는 공식적인 기록은 대부분 정격한문으로 기록되었을 뿐 아니라
이두가 출현한 이후에는 일상생활과 관련된 문장 작성에 있어서도 이두
에 밀려 그 활용 범위가 축소되었기 때문이다. 통일기 이후의 기록들은
대부분 정격한문이나 이두 문장이고 변격한문의 사례는 드물다. 변격한
문이 이두로 변해가는 모습은 7세기말에 작성된 <신라촌락문서>에서 볼
수 있다.

<신라촌락문서>에는 다양한 변격한문의 모습이 보이고 있다. 먼저
연(烟)과 공(孔), 혹은 양자를 결합한 공연(孔烟)이 호(戶)의 의미로 사용되
고 있는데, 이는 중국의 문헌에는 보이지 않는 신라의 독특한 한자 사용
사례이다. 또한 중국에는 없는 신라 고유의 한자인 답(畓)이 나타나고 있
다. 개별 글자만이 아닌 문장 서술에서도 우리말의 특징이 나타나고 있다.

列廻去(개별적으로 돌아(=떠나) 간)

列收內(개별적으로 받아들인)

烟受有畓(연(烟)이 받아서 가진 논)

收坐內烟(받아들여 자리 잡은 연(烟))

无去因白(없어지고 떠나감으로 인하여 아룀)

前內視令節植內之(전의 내시령 때에 심은 (것)이다)

前內視令節植內是而死白(전의 내시령 때에 심었는데 죽었다고 아룀)

(內)省中及白□□□追以出去因白(내성에 이르러 아뢰고 … 좇아서 떠나감

으로 인하여 아뢴)

烟見賜節公等前及白他郡中妻追移去(烟(연)을 보실 때에 공(公) 등의 앞에
이르러 아뢰고 다른 군의 처를 따라 옮겨 간)

위의 구절들은 우리말의 순서에 따라 대응되는 한자를 연결한 변격
한문의 모습을 잘 보여주고 있다. 그런데 위의 구절들 중에 內, 賜, 是, 以
와 같은 한자들이 본래의 한자의 의미와는 무관하게 우리말 어미의 발음
을 나타내기 위하여 사용되고 있는 점이 주목된다. 변격한문으로 우리말
을 표현하는 것에서 나아가 우리말의 어미까지도 한자의 발음을 빌려 나
타내고 있는 것이다. 이러한 모습은 변격한문이 이두로 변해가는 과도적
단계이자 초기 이두라고 할 수 있다. 변격한문의 사용이 확대되면서 일부
에서는 변격한문에 다시 한자의 발음을 빌려 우리말의 어미나 조사를 표
현하기 시작하였고, 그것이 발전되어 8세기중엽에는 <화엄경사경발원문
>에 사용되는 체계적인 이두가 출현하게 되었던 것이다. 하지만 이두가
출현하였다고 하여서 변격한문이 사라진 것은 아니었다. 이두가 활발하
게 사용되고 나서도 어미와 조사를 사용하지 않고, 한자의 뜻만을 이용하
되 우리말 어순대로 서술하는 변격한문은 줄곧 사용되었다. 통일신라 후
기는 물론 고려와 조선시대에 이르기까지 변격한문은 지속적으로 나타
나고 있다. 이는 아마도 한문이 이두보다 품격이 있는 언어이고, 우리나
라 뿐 아니라 중국을 비롯한 넓은 지역에서 공통적으로 사용되는 보편적
언어라는 의식을 가지고 있었기 때문이라고 생각된다. 이두가 국내의 사
람들을 가상의 독자로 설정한 것과 달리 비록 변격이라고 하더라도 한문
으로 문장을 짓는 사람들은 국내만이 아닌 동아시아 지역의 지식인들을
잠재적 독자로 생각하였던 것이 아닌가 한다. 비록 자신이 작성한 문장이

중국인들이 사용하는 정격의 한문에서 볼 때는 이상한 문장이 되고 말았지만.

의상의 강의록『화엄경문답』에 보이는 변격한문

　금석문이나 문서 이외에 일반 서적들에도 변격한문이 사용되었을 것으로 생각되지만 남아 있는 문헌들이 많지 않아 그 구체적 사례를 확인하기는 어렵다. 신라의 문헌으로 남아 있는 것들은 대부분 고승들이 찬술한 불교 경전의 주석서들인데, 이들은 모두 정격한문으로 되어 있다. 문헌을 찬술한 고승들은 중국에 유학하였거나 유학하지 않았어도 당시의 중국에서 번역되거나 찬술된 불교 문헌들을 폭넓게 공부하였던 당대 최고의 지식인들이므로 중국에서 사용되는 정격한문에 익숙하였을 것이다. 일본의 경우『일본서기』와『고사기』,『일본영이기』등 불경 주석서 이외에 세속과 관련된 문헌들이 많이 남아 있고, 여기에는 많은 일본식 변격한문의 모습이 보이고 있다. 한국의 경우도 세속의 문헌들에는 변격한문이 사용되었을 가능성이 있다고 생각된다.

　이런 가운데 근래에 의상의 문도가 스승 의상의 강의를 기록한 것으로 확인된『화엄경문답』에는 다수의 변격한문 문장들이 보이고 있어 주목된다. 이 책은 의상의 동문 후배인 중국 승려 법장의 저술로 알려져 왔는데, 그 문장에 변격한문이 많이 사용되어 신라 혹은 일본에서 찬술되었을 가능성이 오래전부터 제기되어 왔다. 실제로 일부 연구를 통하여『화엄경문답』의 내용 중 일부가 후대의 문헌에 인용되고 있는 의상의 제자

지통(智通)이 스승의 강의 내용을 정리한 『추동기(錐洞記)』(혹은 『지통기』)의 내용과 일치한다는 사실이 밝혀졌고, 이후 전체적인 비교를 통하여 두 책이 동일한 성격의 문헌임이 확인되었다. 실제로 고려 중기에 의천이 편찬한 『신편제종교장총록』을 보면 7세기말에 의상이 태백산 부석사에서 행한 『화엄경』 강의의 내용을 기록한 문도들의 강의 기록이 당시까지도 전해지고 있었음을 알 수 있는데, 의천은 이들 강의 기록에 대해 '문장이 거칠고 우리 말[方言]이 섞여 있어서 나중에 윤색할 필요가 있다(當時集者, 未善文體. 遂致章句鄙野, 雜以方言. 或是大教濫觴, 務在隨機耳. 將來君子, 宜加潤色.)'고 이야기하고 있다. 정격한문에 익숙했던 의천의 입장에서는 변격한문으로 된 『화엄경문답』을 비롯한 의상의 강의 기록들은 공식적으로 유통하기에는 미흡한 책으로 여겨졌던 것이다.

『화엄경문답』에 보이는 변격한문을 몇 가지 유형으로 구분하여 살펴보면 다음과 같다. 첫째로 한문의 어순이 아닌 우리말 어순에 따라 동사가 목적어 뒤에 오는 사례가 다수 보이고 있다.

(가) 一切法是一法故, 一法言者 即一切盡. 一法即一切法, 是故一法言不可盡. (일체의 존재[法]가 하나의 존재이므로, 하나의 존재를 이야기하면 곧 일체의 존재를 다 (이야기)할 수 있다. 하나의 존재가 일체의 존재이므로 하나의 존재를 이야기하는 것을 다 할 수 없다.)

(나) 問, 何等深理聞乎. 答, 一切言皆同, 乃至一切法皆無住無我之言聞. (문: 어떤 깊은 이치를 들었는가? 답: 이체의 말이 모두 같다는 것을 비롯하여 일체의 존재[法]가 모두 고정되지 않고[無住] 본질이 없다[無我]는 말을 들었다.)

(다) 若正觀中, 五尺義理, 無礙義事, 亦得. 此反亦得. (옳바르게 보는 입장에

서는 각각의 존재의 뜻을 이치[理]라 하고 (그것들이) 막힘이 없는 것을 현상[事]라고 해도 되고, 이와 반대라고 해도 된다.)

(라) 如是三乘一乘教等, 皆此經內在者, 皆十佛說耶, 三身佛說耶. (이와 같은 삼승과 일승의 가르침들이 모두 이 경 안에 있다는 것은 모두 십불(十佛)의 말씀인가, 삼신불(三身佛)의 말씀인가?)

(가)의 '一法言'은 하나의 존재[法]에 대하여 이야기한다는 것으로, 정격한문이라면 동사-목적어 어순으로 '言一法'이 되어야 하지만 목적어가 앞에 오는 우리말 어순을 따라 '一法言'이 되었다. (나)의 '何等深理聞'과 '一切法皆無住無我之言聞'도 동사인 聞이 목적어인 '何等深理'와 '一切法皆無住無我之言' 뒤에 오는 변격한문이 되었다. (다)의 '此反'과 (라)의 '此經內在'도 각기 '이와 반대로'와 '이 경 안에 있다'는 뜻으로 정격한문이라면 '反此'와 '在此經內'가 되어야 한다. 한편 이와 비슷한 사례로서 전치사가 명사 뒤에 오는 사례도 있다.

(마) 今所說之諸地, 地每各各, 有所作之障, 所行之行, 所得之果等不同. (지금 이야기한 여러 단계[地]들은 단계마다 각각 만나게 되는 장애와 실천해야 하는 행위와 얻게 되는 과보 등이 같지 않다.)

(마)의 地每는 '단계[地]마다'라는 뜻으로 정격한문이라면 전치사 每가 명사 앞에 와서 '每地'가 되어야 하는데, 우리말 어순대로 하다가 순서가 바뀌었다.

두 번째로는 '~이다'는 의미의 서술조사 '是(=영어의 be동사에 해당)'가 보어의 뒤에 오는 사례들도 다수 보인다.

(바) 佛全覺人, 眾生全惑. 若佛與眾生一者, 俱惑是耳, 何有能化佛. 以眾生與佛一者, 俱全覺人是耳, 何有所化乎.(부처는 완전히 깨달은 사람이고 중생은 완전히 미혹된 존재다. 만일 부처가 중생과 동일하다면 둘 다 미혹된 존재이다. 어떻게 중생을 교화하는 부처가 있을 수 있는가. 중생이 부처와 동일하다면 둘 다 완전히 깨달은 사람이다. 어디에 교화되는 중생이 있을 수 있는가?)

(사) 問, 若爾, 惡即善是義, 生天, 非善即惡是義, 生天耶. 答, 爾亦得然. 爾義不難, 而善即惡義故, 惡以生天, 亦得. (문: 그렇다면 악이 곧 선이라는 이치로 하늘에 태어나는 것이고, 선이 악이라는 뜻으로 하늘에 태어나는 것은 아니지 않은가? 답: 그렇게 생각하는 것도 또한 가능하다. 그러한 뜻은 어렵지 않다. 그러나 선이 곧 악이라는 뜻에서 악으로 하늘에 태어나는 것도 또한 가능하다.)

(바)의 '俱惑是耳'와 '俱全覺人是耳'는 우리말 어순을 따라 '~이다'는 서술조사 是를 보어인 惑과 覺의 뒤에 쓴 것으로, 정격한문이라면 是가 惑과 覺의 앞에 와서 '俱是惑耳'와 '俱是全覺人耳'로 표현되었어야 한다. (사)의 '惡即善是'와 '善即惡是'도 내용상 정격한문이라면 '惡即是善' '善即是惡'이 되어야 한다. (사)의 '惡以生天'은 '악으로/악 때문에'라는 뜻인데, 정격한문이라면 전치사 以가 惡의 앞에 와서 '以惡生天'이 되어야 한다.

세 번째로는 한문에서는 표현되지 않는 우리말의 '~하다'라는 표현에 대응하는 한자 '爲'를 불필요하게 첨가한 사례들이 보인다.

(아) 不知緣合之人中, 即言爲緣集有言. 不知緣散之人中, 即言爲緣散. (인연

이 합하는 것을 알지 못하는 사람에게는 곧 인연이 모임이 있다는 말
을 말하고, 인연이 흩어지는 것을 알지 못하는 사람에게는 곧 인연이
흩어진다고 말한다.)

(아)의 '言爲'는 내용상 '말한다/말해준다'는 뜻인데, 이때 爲는 정격
한문에서는 필요 없는 글자이다. 우리말의 '하다'는 뜻에 대응되는 한자
爲를 집어넣은 것으로 생각된다.

네 번째로는 비슷한 의미의 한자를 혼동하여 잘못 사용한 사례들이
적지 않게 보이고 있다. 가장 많이 보이는 것은 다음과 같은 有와 在의 혼
동이다.

㈜ 若他者不得化, 所以者何. 自以外有故, 非自所化也. (만일 다른 사람이
   라면 교화할 수 없다는 것은 그 이유가 무엇인가. 자신의 바깥에 있어
   서 스스로 교화할 수 없는 것이 다.)

㈜ 問, 若爾者, 人天等, 何故 但有初三地乎. 答, 約實, 皆諸地中有, 何處中
   非有乎. (문: 그렇다면 인간 세계와 천상세계는 어째서 다만 앞의 세 단
   계에만 존재하는가. 답: 실제로는 모든 단계마다에 존재한다. 어느 곳
   에 존재하지 않겠는가.)

(자)의 '自以外有'는 '자신의 바깥에 있다'는 뜻이므로 정격한문이라
면 '在自以外'가 되어야 한다. 우리말 어순에 따라 서술어가 문장의 뒤에
왔을 뿐 아니라 존재한다는 의미의 '在'를 써야할 곳에 '有'를 적었다. 우
리말에서 在와 有가 다 같이 '있다'이기 때문에 혼동하였을 것이다. (차)
의 '但有初三地'와 '皆諸地中有' 역시 정격한문이라면 '但在初三地'와 '諸

地中皆在'가 되어야 한다. 有와 在가 혼동되었을 뿐 아니라 어순도 우리 말 어순을 따르고 있다. 그 밖에도 遺와 殘, 亦와 及 등과 같이 우리말로 비슷하게 표현되는 단어들이 혼동되어 사용되고 있다.

㈎ 是故一法言不可盡, 雖不可盡, 而一言無殘. 雖無殘而全不盡. (그러므로 하나의 존재를 이야기하려 해도 다 할 수 없다. 비록 다 할 수 없지만 한 마디 말도 남지 않는다. 비록 남지 않지만 모두 다 할 수 없다.)

㈏ 即住於其見聞處故, 不得思修慧, 及障出世無分別智故, 名爲樂世有. (보고 듣는 곳에 머무르기 때문에 사혜(思慧)와 수혜(修慧)를 얻지 못하고 또한 출세간의 무분별지를 방해하기 때문에 세간에 있는 것을 즐기는 존재라고 이름한다.)

㈎의 '無殘'은 내용상 남김 없다는 뜻인데, 정격한문이라면 '無餘'가 되어야 한다. 우리말에서 殘과 餘가 다 같이 '남다'는 뜻이어서 혼동되었 다. ㈏의 '及障' 역시 '또한 방해한다'는 뜻이어서 '亦障'이 되어야 한다. 及과 亦 둘 다 '또'로 해석되어 혼동한 것으로 생각된다.

다섯 번째로는 우리말 표현에 영향 받아 부사어의 위치를 착오하거나 한자를 불필요하게 중복하여 사용한 사례들이 있다.

㈐ 彼佛不化者, 今吾身不得作佛故. 彼佛化, 方吾能修行成彼佛. (저 부처님 이 교화해주지 않는다면 지금의 나는 부처가 될 수 없다. 그러므로 저 부처님이 교화하여 비로소 내가 수행하여 저 부처님이 될 수 있다.)

㈑ 隨所聞法門, 無量劫中修行以得. 豈不修有得果之義乎. (들은 법문을 따라 한량없는 겁의 시간 동안 수행하여 (부처가) 될 수 있다. 어찌 수행

하지 않고서 과보를 얻는 이치가 있겠는가.

(거) 汎諸佛, 爲衆生說佛德意, 爲欲令衆生自亦得彼果故, 令修行. (무릇 여러 부처님들이 중생을 위하여 부처님의 덕을 말씀하신 의도는, 중생들로 하여금 스스로 또한 그 (부처님의) 과보를 얻게 하고자 하여 수행하게 한 것이다.)

(너) 是故, 以佛者, 一切法, 皆無非佛也. (그러므로 부처님의 입장에서 보면 일체의 존재가 모두 부처가 아님이 없다.)

(파)의 '方吾(비로소 내가)'는 정격한문에서는 주어가 부사어 앞에 와서 '吾方'이 되어야 한다. 우리말과 중국어의 주어와 부사어의 차이를 인식하지 못한 표현이다. (하)의 '豈不修有得果之義乎'는 '어찌 수행하지 않고서 과보를 얻는 이치가 있는가'라는 뜻인데, 정격한문이라면 문장 전체의 동사인 '有'가 앞에 와서 '豈有不修而得果之義乎'로 표현되어야 한다. (거)의 '欲令衆生自亦得彼果故, 令修行'는 부처가 '중생들로 하여금 중생 스스로 부처의 과보를 얻게 하려고 중생들에게 수행하게 하였다'는 뜻인데 사역동사인 '令'을 반복하여 사용한 것은 정격한문에서는 나올 수 없는 표현이다. 우리말의 '~하게 하려고 ~하게 했다'는 표현에 따라 令을 중복하여 표현한 것이다. 정격한문이라면 '欲衆生自亦得彼果故, 令修行'과 같이 令을 한 번만 사용해야 한다. (너)의 '皆無非'는 皆와 無非가 모두 전부를 나타내는 것으로서, 정격한문이라면 두 가지 표현을 중복하여 사용하는 것은 있을 수 없다. 우리말의 '모두 ~아닌 것이 없다'는 표현에 한자를 대응시킨 것이다.

이밖에도 『화엄경문답』에는 두 개의 절을 연결하는 접속사가 생략되거나 처격 및 여격의 조사로서 '中'자를 빈번하게 사용하는 등 정격한문에서는 볼 수 없는 변격한문의 모습이 다수 보이고 있다. 이 책에 이와 같이 변격한문의 표현이 많이 사용된 것은 우리말로 행해진 의상의 강의를 제자인 지통이 한문을 이용하여 기록하였기 때문으로 생각된다. 우리말을 들으면서 곧바로 그 내용을 외국어인 한문으로 기록하는 과정에서 자연히 우리말의 특성이 반영되었던 것이다. 이와 같이 우리말로 행해진 강의를 기록할 때 우리말의 특성이 반영되는 사례는 고려초기에 활동한 균여의 강의록에 관한 기록에서도 보이고 있다.

> 천기(天其) 스님이 병술년(1226) 봄에 계룡산 갑사에 머물면서 옛 장서를 뒤져 이 책을 찾았는데, 수좌(=균여)의 제자인 담림(曇林) 스님이 직접 기록한 것이었다. 천기 스님이 큰 도가 행해짐이 어려움을 안타까워하고 반쪽 구슬이라도 없어지지 않은 것을 다행으로 여겨 직접 방언(方言)을 제거하고 착오를 교정한 후 ⋯ 후학에게 베푸셨다.

균여의 저술 중 하나인 『십구장원통기』의 간행 과정에 대한 이 기록에 의하면 10세기 중반에 균여가 행한 강의는 문도에 의해 방언(方言), 즉 우리말의 특성이 담긴 변격한문으로 기록되었다가 13세기에 천기 스님에 의해 방언, 즉 변격한문으로 된 부분을 정격한문으로 윤색한 후 목판본으로 간행된 것을 알 수 있다. 실제로 고려전기에 편찬된 『법계도기총수록』에 인용되어 있는 윤색되기 전의 『십구장원통기』의 문장은 현재의 『십구장원통기』와 다른 변격한문의 모습을 보여주고 있다. 다만 아주 짧은 분량이고 변격한문의 모습도 매우 제한되어 있다. 『화엄경문답』은 우리말로 행해진 강의를 변격한문으로 기록한 현존하는 유일한 문헌으로서, 신라시대의 불교사상 뿐 아니라 신라시대의 우리말의 특성을 알 수 있는 중요한 자료라고 할 수 있다.

참고문헌

김상현, 1996, 「『추동기』와 그 이본 『화엄경문답』」, 『한국학보』84, 일지사.

김영욱, 2004, 「한자·한문의 한국적 수용」, 『구결연구』13, 구결학회.

박성종, 2018, 「고대 한국어 표기에서의 변체한문과 이두」, 『한국어사연구』4, 국어
　　　사연구회.

최연식, 2015, 「『화엄경문답』의 변격한문에 대한 검토」, 『구결연구』35, 구결학회.

최연식, 2016, 「신라의 변격한문」, 『목간과 문자』17, 한국목간학회.

이두(吏讀)

백두현

경북대학교

한국인은 문자를 다루는 데 특별한 재능을 가졌다. 한자의 음과 훈을 빌려 갖가지 차자법(借字法)을 고안하여 써오다가 조선 세종대에 이르러 중국 성운학과 문자학의 방법론을 창의적으로 변용하고 인접한 여러 문자를 참고하여 훈민정음이란 걸출한 문자를 창안했다. 훈민정음 창제는 돌발적인 것이 아니라 "언어, 문자에 대한 우리 민족의 타고난 재능과 아득한 옛날부터 쌓아온 창의성의 바탕 위에서 이루어진 것"(이기문, 2005)이다.

문자와 언어를 다루면서 형성된 한국인의 문화 유전자는 현대 한국인의 어문생활에도 여전히 작동하고 있다. 컴퓨터와 휴대전화기, 인터넷 등 매체 환경의 변화와 함께 문자 활동에 참여하는 사람이 크게 늘었다. 웹 기반 매체 환경의 혁신적 변화는 한국인의 문자 활동을 더욱 자극하고 있

다. 외국어와 외국 문자를 한국어와 융합한 갖가지 표기 방법도 고안해
내고 있다. 인턴 모집 광고에 '人turn'이란 기발한 표기를 만들어 '인생 전
환'의 기회가 된다는 점을 드러내기도 한다. '人turn'은 이두식 차용 표기
법의 현대적 진화라 할 수 있다. 국립국어원은 대중이 만들어낸 다양한
신조어를 조사 정리하는 사업을 해오고 있다. 이런 일을 국가사업으로 해
마다 진행하는 나라는 아마도 한국이 유일하지 않을까 싶다. 이런 사실들
은 한국인이 신조어를 만들거나 언어와 문자를 다루는 데 특별한 재주를
갖고 있음을 보여준다.

　이 글은 '이두'라는 용어의 역사와 그 뜻 그리고 차자법의 기본 원리
와 분류 체계에 대해 먼저 설명한 뒤, 글의 중심 내용이 되는 이두의 탄생
과 발달에 대해 다룬다. 이두의 탄생과 발달에서는 훈독법의 생성, 이두
어휘 표기, 이두 문법형태의 표기를 자세히 설명한다. 이두는 고대로부터
조선조 말기까지 지속적으로 사용되었지만, 이 책 전체의 시대적 범위가
고대에 초점이 두어진 점을 고려하여 삼국시대 및 통일신라 시대 이두 자
료에 국한하여 다룬다.

'이두'의 뜻

　훈민정음이 나오기 이전에 한자를 빌려 우리말을 적은 방법 일체를
묶어서 우리는 '차자표기법'(줄여서 '차자법')이라 부른다. 고유 문자를 갖
지 못했던 한반도 사람들이 한자를 이용하여 우리말을 표기한 방법이 차
자법이다. '이두'라는 용어는 좁은 의미로 관문서, 조성기 등의 실용문서
에서 속한문에 우리말 요소를 섞어 쓴 것을 가리킨다. 넓게는 향찰, 구결,

고유명사표기 등을 포괄하여, 한자의 음과 훈으로 우리말을 표기한 차자법을 가리키는 용어로 오랫동안 쓰여 왔고, 오늘날도 이렇게 사용하는 경우가 적지 않다.

그런데 고대부터 '이두'라는 용어가 존재한 것은 아니었다. 고려시대의 이승휴(1224~1300년)는 『제왕운기(帝王韻紀)』에서 "설총(薛聰)이 이서(吏書)를 지었다"고 했다. 고려시대의 이두 명칭이 '이서(吏書)'였던 것이다. 명나라 법령을 조선 초기에 번역한 『대명률직해(大明律直解)』에서 "설총이 지은 방언문자(方言文字)를 이도(吏道)라 한다"고 하여 '이도(吏道)'라는 용어를 썼다. 세종과 최만리(1398~1445년)가 훈민정음 창제를 둘러싸고 설전을 벌인 대화(1444년) 속에 설총이 지은 문자를 '이두(吏讀)'라고 불렀다. 그러나 신라와 고려 시대 자료에서 '이두(吏讀)'라는 용어는 찾을 수 없다. 혁련정(赫連挺)이 1075에 지은 『균여전(均如傳)』에 최행귀가 균여 향가를 한시로 번역하고 번역 취지를 밝힌 글이 실려 있다. 최행귀는 이 글에서 '당문(唐文)', 즉 한문에 대한 우리말 표기를 '향찰(鄕札)'이라 불렀다. 여기에 쓰인 '향찰'은 광의의 '이두'와 같은 뜻이며, 『대명률직해』에서 말한 '방언문자'와 그 뜻이 같다. 『균여전』의 '향찰', 『대명률직해』의 '방언문자', 최만리 상소문의 '이두'는 모두 광의의 이두를 가리킨 말이다.

'이두'는 한자를 빌려 우리말을 적는 차자법 전반을 가리키는 용어로 쓰이다가 고려와 조선을 거치면서 그 뜻이 특수화되어 점차 관청에서 '이(吏)'가 작성하는 문체를 가리키게 되었다. 『대명률직해』를 이두로 번역한 것은 이두가 관청의 문서 작성 문자임을 잘 보여준다. '이서(吏書)', '이서도(吏書道)', '이두(吏讀)'에 '이(吏)'자가 들어간 것은 한자의 음훈으로 우리말을 일부 표기하여 문서로 작성하는 관리를 '이(吏)'라고 불렀기 때문이다. 문서 작성 실무자인 '이(吏)'의 사용 문자로 고착되면서 '이서(吏書)'

나 '이두(吏讀)'와 같은 용어에 '이(吏)'자가 들어간 것이다. 신라시대의 이
두문에는 문서작성 실무자를 '이(吏)'라고 부른 예가 없다. 신라 때까지만
해도 이두문을 고려시대의 직명인 '이(吏)'가 관장한 것은 아니었다. 고려
시대에 '이서(吏書)'가 보이고, 조선 초기에 '이도(吏道)'와 '이두(吏讀)'라는
용어가 출현한다. 따라서 하급관리 '이(吏)'가 쓰는 문자로서의 '이서(吏
書)'는 고려 때 성립된 것으로 보인다.

차자법을 이용하여 작성된 언어 텍스트는 그것의 목적에 따라 이두,
향찰, 구결로 나누는 것이 편리하다. 이두는 각종 실용문에 사용된 것이
고, 향찰은 향가라는 시문 작성에 사용된 것이다. 구결은 한문에 우리말
토씨를 삽입하여 번역하는 문장에 사용된 것으로서 한문 학습을 위한 보
조 표기 수단으로 사용되었다. 향찰 및 이두와 달리, 구결은 한자의 획을
과감하게 줄인 약체자를 그 특징으로 한다.

한자를 빌려 우리말을 적어낸 원리

고대 한반도의 언어는 중국의 한어(漢語)와 달랐다. 한자는 한어를 표
기하기 위한 문자이지 한반도의 언어를 표기하기 위한 것이 아니다. 한자
라는 문자밖에 없었던 고대의 상황에서 어쩔 수 없이 한자를 이용하여 고
유의 지명이나 인명을 표기하였다. 한자는 각 글자마다 글자꼴(形)과 소
리(音)와 뜻(義)을 갖고 있다. 고대의 우리 조상들은 한자의 글자꼴이 지닌
소리와 뜻을 빌려 우리말을 적는 방법을 고안해 냈다.

한자의 음을 이용한 음독자와 음가자를 묶어서 '음차자'라 부르고, 그
방법을 '음차'라 부르고, 이 방법 자체를 지시하는 용어로 '음차(音借)'를

쓴다. 마찬가지로 훈독자와 훈가자를 묶어서 '훈차자(訓借字)'로 부르고, 이 방법 자체를 지시하는 용어로 '훈차(訓借)'를 쓴다. 즉 음차(音借)는 음(音)을 독(讀)과 가(假)의 방법으로 사용하는 것을 묶어서 지시하며, 이 방법에 의해 사용된 문자가 음차자(音借字)이다. 훈차(訓借)는 훈(訓)을 독(讀)과 가(假)의 방법으로 사용하는 것을 묶어서 지시하고, 이 방법에 의해 사용된 문자가 훈차자(訓借字)이다. 차자 종류 네 가지에 속한 각각의 예를 보이면 다음과 같다.

음독자	七支刀	新羅	善化公主	法興王	大師
	칠지도	신라	선화공주	법흥왕	대사
음가자	居伐牟羅	節居利	異次頓	斯麻	加羅
	거벌모라	절거리	이차돈	사마~시마	가라
훈독자	大舍~韓舍	成在之	齒理	文尺	折叱可
	한사	일겨-	닛금	글장이	것가
훈가자	是	如	在	白	賜
	-이(조사)	-다(어미)	-겨-	-습-	-시-

　　음독법과 음가법은 중국의 한자 운용법에 이미 존재했던 것이지만 훈독법과 훈가법은 중국 한문에 없는 것이다. 훈독법과 훈가법은 차자법의 발달 과정에서 일어난 새로운 혁신이어서 차자법의 역사를 논할 때 중요한 의미를 가진다. 특히 훈독법은 음독법의 틀을 벗어난 커다란 비약이다. 훈가법(訓假法)은 한자의 원의를 버리고 음만 빌려 쓰는 음가법을 훈(訓)에 적용한 것이다. 이두자의 표기에 위 네 가지 방법은 모두 이용되었다. 한자 차용의 초기 단계에서는 한자의 음을 이용한 음가법과 음독법(묶어서 음차법)이 주로 사용되었다. 여기서 더 발전하여 한자의 뜻을 빌려 우리말을 표기하는 훈독법과 훈가법(묶어서 훈차법)이 생성되었다. 이두

문법형태의 표기에는 음가자와 훈가자가 쓰였다. 음가법은 한자의 육서 법에 존재하는 가차법과 그 원리가 같다. 그러나 훈독법과 훈가법은 한국 인이 만들어낸 독창적 한자 이용법이다.

훈독법은 고대인의 인명 표기에서 먼저 나타났다. 누구나 잘 알고 있 는 박혁거세 왕 이름에 들어간 '혁거세'(赫居世)에도 훈독법이 들어가 있 다. 혁거세의 이름은 '광명으로 세상을 다스린다'(光明理世)라는 뜻이어서 '赫居世'라고 표기했다고 한다. '赫'은 우리말 '밝-'을 나타낸 훈독자이다. '世'는 음독자로 읽으면 '세'가 되지만 훈독자로 읽으면 '누리'가 된다. '赫 居世'의 '居'는 우리말 '밝은'에서 나오는 소리 '근'을 표기하기 위한 음가 자이다. 이런 설명을 쉽게 이해하도록 표로 정리하면 다음과 같다.

赫	居	世	
밝	거	세	누리
훈독	음가	음독	훈독

처용가의 한 구절 "夜入伊遊行如可"는 "밤 드리 노니다가"로 읽는다. '夜'는 뜻을 빌려 '밤'으로 읽는다. '入伊'에서 '入'은 뜻을 빌려 우리말 동 사 '들-'을 표기한 것이고, '伊'는 음을 빌려 '들이'의 끝소리 '이'를 표기 한다. '遊行如可'에서 '遊'는 동사 '놀-', '行'은 동사 '니-'를 나타내기 위 해 뜻을 빌린 것이다. '如可'는 동사에 붙은 어미 '-다가'를 나타낸다. '如' 는 음이 '여'이지만 뜻으로는 고대의 표기에서 '다-'(같다)를 나타낸 훈독 자다. '如'는 원 뜻을 버리고 훈의 음만 취한 것이라서 훈가자(訓假字)가 된 다. '如可'의 '可'는 우리말 어미의 '-가'를 나타내고 원래 이 한자가 가진 뜻과 무관하다. 한자가 가진 원래의 뜻을 버리고 음만 이용하는 한자는 음가자(音假字)라 부른다. 음가자는 한자 육서법 중의 가차(假借)와 같은

것이다. 우리말 "밤 드리 노니다가"를 한자의 음과 뜻으로 적어내기 위해 고심한 결과가 "夜入伊遊行如可"라는 표기로 나타난 것이다. 이 예를 표로 보이면 더 쉽게 알 수 있다.

夜	入	伊	遊	行	如	可
밤	들	이	놀	니	다	가
훈독	훈독	음가	훈독	훈독	훈가	음가

이두의 탄생

고대의 촌락 단위들이 국가 규모로 성장하고 발달하면서 문서 행정이 필요하게 되었고, 여기에 부응하여 한자를 이용한 이두자가 창안되었다. 문서 작성에서 가장 긴요한 기록 항목은 인명, 관명, 지명이었다. 5세기의 광개토왕릉 비문이나 6세기의 신라 금석문의 본문은 대부분 여기에 해당하는 어휘 표기로 가득 차 있다. 이두 발달의 초기 단계에서 우리말 지명, 인명, 관명 등의 표기에는 주로 음가법이 이용되었다.

삼국시대 자료 중 음가법을 보여주는 가장 오래된 자료는 광개토왕릉 비문이다. 이 비문에는 인명 '鄒牟王·儒留王·大朱留王', 국명 '百殘·新羅·任那加羅', 산천과 지역 이름 '奄利大水·沸流谷·忽本·加太羅谷', 성(城) 이름 '臼模盧城·各模盧城·碑利城·也利城·男居城' 등이 있다. 이 비문에는 많은 고유명사 어휘 표기가 음가법으로 표기되었지만 훈독법이 적용된 예는 찾을 수 없다. 6세기 고구려의 평양성 각자성석(刻字城石) 중 제1석(569년)에 '若牟利', 제2석(589년)에 '俳湏', 제3석(569년)에 '介丈', 제4석(566년)에 '文達' 등의 인명 표기가 보인다. '文達'은 경주남산신성비의 인명 '文知'와 같은 뜻(글 아는 이)의 음독자 표기로 짐작된다. 포항중성리비,

영일냉수리비, 경주남산신성비 등에는 음가자로 표기된 인명, 관명, 지명의 예들이 다수 보인다. 또한 삼국사기 지리지에는 고유어 지명을 한자어 지명과 대응시킨 예들이 다수 실려 있다. 지명의 한자어화는 통일 이후 더욱 커진 행정 문서 기록의 편의를 위해 시행된 것이다. 이두는 이와 같은 실용 문서 기록의 필요에 의해 탄생한 것이다.

우리말 문법형태 표기의 태동과 탄생

한국어 문장은 중국 한어(漢語)에 없는 조사와 어미 등의 문법형태를 가지고 있다. 문법형태를 표기하는 차자의 생성은 이두 발달사에서 중요한 의미를 갖는다. 이두 연구에서 우리말 문법형태를 표기한 차자는 가장 많은 주목을 받아 왔던바, 가장 먼저 주목받은 차자는 종결어미에 대응하는 '之'자와 처격에 대응하는 '中'자였다. 광개토왕릉비문 "其有違令, 賣者刑之, 買人制令守墓之"의 '之'는 우리말의 문장종결어미 '-다'와 관련된 것이고, 「중원고구려비」의 "五月中", 「평양성 각자석」(刻字石)(제4석)의 "丙戌十二月中", 「서봉총출토은합우명문」(451년?)의 "延壽元年太歲在卯三月中"의 '中'은 처격조사와 관련된 것으로 간주되었다.

그러나 '之'와 '中'(節 포함)자의 이러한 용법은 중국 진한대(秦漢代) 목간의 행정 문서에 다수 존재하는 것이고, 고구려에서 변용된 것이 아님이 밝혀졌다(김병준, 2011). 한(漢)의 지배를 약 400년 동안 받은 낙랑군에서 한(漢)의 문서 행정이 실시되었고, 평양 정백동 364호묘에서 '樂浪郡初元四年' 기록이 있는 낙랑 목간이 출토됨으로써 이 사실이 확인되었다. 이런 물증으로 인해 고구려 금석문에 쓰인 '之', '中', '節'의 용법을 고구려 고유의 것이라 말할 수 없게 되었다. 낙랑군 소멸 이후 한반도의 한자 사용에서 일어난 각종 변용은 중국 한문에서 통용된 "다양한 한자 사용 형태 중에서 한반도의 언어 습관에 가장 가까운 것을 선택한 결과"라는 김병준의 해석은 설득력이 높다.

고구려를 비롯한 신라 금석문 등에 쓰인 '之', '中', '節'이 비록 한반도에서 이루어진 독창적 변용은 아니지만, 이 글자들이 이두문 성격이 뚜렷한 1차 자료에 여러 번 쓰인 사실을 고려하면, 이 글자들은 이두 자료에 범주에 포함시킬 수 있다. '之'가 중국 한문, 특히 한대(漢代) 문서에서 문장종결 기능을 표현한 용례가 있고, '之'의 이런 기능을 활용하여 한국어의 문장종결어미를 나타내는 '之'가 이용되어 왔기 때문이다. 금석문에서 주어 뒤에 놓인 '者'도 '之'나 '中'과 같은 관점에서 이해할 수 있다. 남산신성비(591년)의 '崩破者', 감산사 아미타불상 조성기(720년)의 '追愛人者' 등에 쓰인 '者'는 문맥상 주제격 조사의 자리에 놓여 있다. 이 '者'를 조사 '-은/는' 표기자로 보기도 하지만 순수한 이두 문법형태로 인정하는 데 부족한 점이 있다. '者'는 앞에 오는 명사를 주어로 만드는데 이런 기능은 중국의 고대 한문에서 이미 존재하였기 때문이다. 그러나 한문에 쓰인 '者'자의 이러한 기능을 우리말 문장 표기에 끌어와서 주제를 나타내는 문법형태를 표시하는 데 이용했음은 분명하다. 한자의 음을 빌린 음차, 훈을 빌린 훈자와 함께 한자의 기능을 빌린 이 글자들을 기능차(機能借)로 부를 수 있다.

삼국시대 금석문에 쓰인 '之', '中', '者'는 각 한자가 지닌 원의 혹은 의미 기능을 유지하면서 한국어의 문법형태를 나타내는 데에 이용되었다고 볼 수 있다. 한문에 사용된 '之'의 문장종결 기능을 이용하여 '之'를 문장 끝에 배치함으로써 국어의 문장종결어미 '-다'를 표현하였다. '中'의

'위치적' 의미 기능을 이용하여 그 앞에 놓인 한자의 시간적 혹은 공간적 위치를 나타냈다. '中'이란 한자가 지닌 원의, 즉 '위치'를 가리키는 의미를 빌려 국어 문장의 처소격 자리에 배치함으로써 '中'이 처소격 조사의 기능을 갖게 된 것이다. '者'도 이와 동일한 맥락에서 해석할 수 있다. 한문에서 '者'가 체언 뒤에 결합하여 문장 주어를 표현한다. 이 기능을 빌려와서 한국어의 주제 보조사를 표현하는 데 '者'를 이용한 것이다.

'之', '中', '者'의 이러한 쓰임은 한자를 이용하여 우리말 문법형태를 표기하려는 노력의 과정에서 일어난 초기(=태동기) 현상으로 해석된다. 한자를 이용하여 우리말 문법형태를 표기하려는 노력은 긴 세월 동안 진행되었고, 고대 금석문 등 여러 자료에 쓰인 '之', '中', '者' 등은 이두 발달사의 초기 양상을 보여 주는 것이다.

한문에 쓰인 '之', '中', '者'의 의미 기능을 이용하여 우리말 문법형태를 표기하려는 이두 발달 초기의 노력은 문법형태 표기 이두자를 창안해 냄으로써 결실을 맺는다. 우리말의 도구격조사를 표기한 '以'(-로)가 여기에 해당한다. '以'가 체언 뒤에서 조사 '-로'의 기능을 표현한 최초의 예는 남산신성비(591년)의 "南山新城作節 如法以 作後 三年"이다. 남산신성비 문이 지닌 뚜렷한 이두문 성격으로 보아 '如法以'의 '以'는 도구격조사 '-로'에 대응하는 가장 이른 예로 간주한다. 갈항사석탑조성기(758년)의 "娚 姉妹 三人業以 成在之"에 쓰인 '以'도 '-로'를 표기한 것이다. 앞에서 분류한 차자법으로 보면 훈가자에 해당한다. 이 예들의 '以'는 '之'나 '中'자처럼 한자 고유의 의미 기능을 일부 지니고 있으면서 국어 문법형태를 표현한 초기 예에 속한다. 문법형태를 표기한 차자는 뒤에서 다시 설명할 것이다.

훈독법 생성을 증명하는 1차 자료

훈독법과 훈가법은 삼국시대에 만들어진 고유의 한자 이용법이었다. 차자법의 발달은 음가법에서 시작하여 훈독법과 훈가법의 순서로 진행되었다. 훈독법과 훈가법은 이두의 생성과 발달에서 중요한 것이어서 이것이 언제, 어떤 자료에서 시작되었는지 파악해 볼 필요가 있다. 어휘 표기는 물론 문법형태 표기에 훈독법이 중요한 역할을 하기 때문이다.

한자 전래와 수용의 측면에서 고구려가 앞선 것이 분명하므로 훈독법이라는 새로운 변용도 고구려에서 먼저 생성되었을 것이다. 남풍현(2006: 17)에서 언급되었듯이 '연개소문'의 이름을 표기한 일본서기의 기록에서 고구려에 존재하였던 훈독법의 증거를 찾을 수 있다.『일본서기(日本書紀)』(권24)에서 연개소문(淵蓋蘇文)을 '伊梨柯須彌'(iri kasumi)라고 적었다. 당시의 고구려 사람들이 '淵蓋蘇文'을 [iri kasumi]에 가까운 발음으로 말했기 때문에 고대 일본인이 이 발음을 듣고 '伊梨柯須彌'로 가차 표기한 것이다.

백제의 금석문 자료에서 훈독법의 존재를 말해주는 예는 찾기 어렵다. 백제 무령왕지석(百濟武寧王誌石, 525)에 '사마왕(斯麻王)'이란 왕명이 나오지만 훈독의 예는 아니다.『일본서기』에는 백제의 역사서『백제신찬(百濟新撰)』을 인용하여 '사마(斯麻)'란 이름이 붙게 된 연유를 기록해 놓았다. 섬에서 사마를 낳았기에 그 이름을 '사마(斯麻)'라 하고 '도군(嶋君)' 혹은 '도왕(嶋王)'으로 칭하였다(이장희 2001: 179, 이한상 2004: 152-154를 참고함). '斯麻'(sima)는 '섬'의 음역자이고, '嶋君'의 '섬'의 훈역자이다. 훈역은 훈독과 표리 관계이므로 6세기 초기경의 백제에 훈독법이 존재했음을 암시한다.

신라의 1차 자료에서는 훈독법의 증거를 찾을 수 있다. 신라 중앙의 17등급 관등(官等) 중 12번째에 해당하는 '대사(大舍)'가 '韓舍'로도 표기된 것은 훈독법의 존재를 명확히 보여준다. '大舍'가 쓰인 가장 빠른 1차 자료는 울주 천전리 서석원명(525년)이다. 이어서 황복사석탑 금동사리함명(706년)에 '韓舍'만 3회, '韓奈麻'가 1회 쓰였다. '大舍'와 '大奈麻'를 각각 '韓舍'와 '韓奈麻'로 표기한 것은 '大'가 '한'으로 훈독된 증거이다. 화엄경 사경조성기(755)에는 '大舍'와 '韓舍'가 공존한다. 이 조성기의 '韓奈麻'는 17등급 중 10번째 관등 '대나마(大奈麻)'와 같은 것으로, 창녕 진흥왕 척경비에는 '大奈末'로 표기되었는데, 둘 다 '한나마'로 읽을 수 있다. 이두문 성격이 뚜렷한 무술명오작비(경북대 박물관)의 '文作人'은 '글 지은 사람'으로 훈독되었을 듯하다. 남산신성비의 '文尺'은 '글자ㅎ'(글장이)로 훈독되었을 듯하다.

6세기 후기 자료로 보는 신출토 월성해자목간(2번)의 "敬呼白遣"은 '白'과 '遣' 사이를 어떻게 분절하는가에 따라 '遣'의 문법적 신분이 크게 달라진다. '白遣'의 '白'이 15세기 국어의 겸양법 선어말어미 '-습-'과 같은 것이라고 말하기는 어렵다. 그러나 '白遣'의 '白'이 동사 '숣-'으로 훈독되었을 것으로 본다. 이 목간의 연대는 586년 직후로 보고 있다. 훈독법의 존재를 암시하는 1차 자료이다.

7세기 후기로 추정된 경주 월성해자목간 149호의 문서 기록은 이두 발달사에서 중요한 가치를 가진다. 이 목간의 "大鳥知郎足下万行白之"에 쓰인 '白'은 '숣-'으로 훈독되었을 것으로 본다. 이 목간 말미의 "牒垂賜教在之 後事者命盡 使內"에 쓰인 '垂賜'(내려 주시-/내리시-) '在之'(겨다), '使內'(브리안/브린?) 역시 이두 훈독자로 간주된다.

훈독법의 존재를 가장 다양하게 보여주는 1차 자료는 「화엄경 사경조성기」(755)인데, '入內如(넣ᄂ다), 爲內弥(ᄒᄂ며), 寫在如(쓰겨다), 成內之(일ᄂ다), 用弥(쓰며), 散㫆(쓰리며)' 등의 예가 있다. 여기에 쓰인 '入', '爲', '寫', '成', '用', '散' 등은 우리말의 동사 어간으로 훈독되었음은 이론의 여지가 없다.

대표적 이두자의 기능과 발달

우리말을 표기한 이두의 초기 예를 통해 이두의 발달 과정을 알아보자. 이두의 생성 과정에서 이두적 특성을 가장 잘 보여주는 차자를 꼽으라고 한다면 '在'와 '白'을 들 수 있다. '在'와 '白'은 한자가 가진 원의를 이용하여 우리말을 표기한 것이다. 두 글자는 모두 동사 어간을 표기한 이두자로 쓰이다가 문법형태로 발달한 공통성을 가진다. 신라 이두문의 '在'와 '白'은 고려 석독구결에서 문법형태로 발달했던 것이다. 15세기 한글 문헌의 '-아 잇-'은 '在'의 후대형이고, 겸양법 '-ᄉᆞᆸ-'은 '白'의 문법화 형태임이 분명하다. 신라시대의 1차 자료에서 '在'와 '白'이 쓰인 예를 일목요연하게 도표로 정리하여 제시한 후 논의를 진행한다.

① 在

'在'는 동사 어간 '겨-' 혹은 이것이 문법화한 선어말어미 '-겨-'를 표기한 이두자이다. '在'가 이두자로 쓰인 예는 6세기 초기 1차 자료에서 발견되지 않는다. 6세기 후기 자료인 대구무술오작비와 신출토 월성해자목간에서 동사 뒤에 결합한 '在'의 예가 나타나기 시작했다. 1차 자료에 나타난 '在'의 용례를 도표로 보이면 다음과 같다.

번호	연대	자료명	용례문	출현 환경
1	578	무술오작비	此成在人者	동사+在
2	586년이전	신출토 월성해자목간 2번	此二□ 官言在	동사+在
3	586년이전	상동 3번	急陜爲在之	동사+在
4	586년이전	상동 4번	公取□開在之	동사+在
5	7세기초	월성해자목간 149번	牒垂賜教在之	동사+在
6	720	甘山寺 阿彌陀佛像 造成記	後代追愛人者 此善助在哉	'助在'의 의미가 불분명한 점이 있음.
7	745	无盡寺 鐘銘	時願助在衆僧村宅方 一切檀越	'助在'는 위와 같으나 문맥 상 의미 차이가 있음.
8	745	无盡寺 鐘銘	教受成在節唯乃秋長幢主	동사+在
9	755	華嚴經 寫經造成記	作作處中進在之. 坐中昇經寫在如.	동사+在
10	766	永泰二年銘 蠟石製壺	內物是在之	계사어간+在
11	785-798	葛項寺 石塔造成記	二塔天寶十七年戊戌中 立在之 娚姉妹三人業以 成在之 娚者 零妙寺 言寂法師 在旀 姉者 照文皇太后君妳 在旀 妹者 敬信太王妳 在也	동사+在 在+어미
12	804	禪林院 鐘銘	十方旦越 勸爲成內在之 鍾成在伯士 當寺覺智師	동사+在
13	통일신라	안압지 출토목간 186호	隅宮北門迓 才者在此下在. 東門迓三毛在 開義門迓 小乞在.	동사 '在.'를 '左'로 읽기도 함.
14	통일신라	상동 9번	生軏十□(仇)(利) 金在	동사
15	통일신라	慶州 仁容寺址 出土木簡	大龍王中白主民渙次心阿多乎去亦在. 是二人者 歲□□亦在如㗉与	동사(?)

<표 1> 1차 자료에 나타난 '在'의 용례와 출현 환경

1번과 8번에 쓰인 '成在'는 전형적 이두 구성인바 '일겨-ㄴ'(이루어 있는, 이루신)으로 읽을 수 있다. 2번의 '言在'는 동사 言(말하-) 뒤에 결합한 '在'이다. 3,4,5의 '爲在之', '開在之', '敎在之'는 '동사-在-문장종결사 之'의 구성을 가진 것으로 '在'의 이두적 특성을 잘 보여준다. 이 점은 9의 '進在之', 10의 '是在之', 11의 '立在之', '成在之', 12의 '成內在之'에서도 동일하다.

　　3, 4, 5번 월성해자목간의 '在'는 이두 발달사에서 특별히 중요한 가치를 가진다. 149호 목간의 '敎在之'에서 '敎'가 왕명을 뜻하는 명사인지, 동사 '가르치다'를 뜻하는 것인지가 문제였다. 김영욱(2014)은 '敎在之'의 '敎'를 동사로 보고, '在'를 선어말어미로 간주하여 이 구절을 'ㄱ르치겨다'로 읽었다. 그러나 '敎'가 왕명 혹은 상급자가 내린 명령을 뜻하는 용어로 쓰인 예를 중시하여 '敎在之'는 '敎가 있었다'로 해석하는 견해도 있다. 이런 논란 속에서 신출토 월성해자목간(위 표의 3,4)의 '爲在之'와 '開在之'는 판단의 잣대를 제공하였다. '爲在之'와 '開在之'처럼 '敎在之'도 동사에 '在'가 결합한 것으로 간주할 수 있다. '在之' 앞에 온 동사 한자어를 훈독하여 '爲在之'는 'ㅎ겨다~ㅎ아겨다', '開在之'는 '열겨다~열어겨다'로 읽을 수 있다. '在之'와 이에 선행하는 동사 한자어를 훈독하는 독법은 '進在之'(화엄경 사경조성기), 갈항사석탑기의 '立在之' 및 '成在之' 등의 지원을 받아 더 보강될 수 있다. 이러한 맥락에서 보면 149호 목간의 '敎在之'를 'ㄱ르치겨다'로 읽는 것이 더 자연스럽다.

　　'在'는 6세기의 1차 자료(금석문, 목간문) 이래 이두문 특유의 용법과 의미기능을 가진 차자로 줄기차게 쓰여 왔다. '在'가 쓰인 모든 이두 자료를 망라하고, 이것의 형태 설정 및 문법적 기능에 대한 종합적 연구가 필요하다. 국어사적 측면의 연구뿐 아니라 '在'에는 여러 가지 이야기가 담겨 있다. 예컨대 월성은 왕이 머무는 곳이라 하여 '在城'(재성)이라고 부르기도 했다. '在城'을 우리말로 훈독하면 '겨잣' 정도로 잡을 수 있다. 왕이 '겨신'(在) '잣'(城)이란 뜻이다. 여러 자료에서 '在'는 존경의 의미가 함축된 문맥에 쓰였다. 이와 같은 맥락으로 보면 15세기 낱말 '겨집'은 '在家'(재가)에 대응한다. '겨집'은 여성이 주인이었던 모계사회를 반영한 화석어일지 모른다. '在'에 대한 다양한 접근과 폭넓은 통찰이 필요하다.

② 白

번호	연대	자료명	용례문	비고
1	414	廣開土大王碑	新羅遣使白王云	순한문 텍스트 내의 白
2	501	포항중성리비	喙沙利夷斯利白	
3	501	포항중성리비	使人 果西牟利白口	'白口'는 '사뢰다'와 '말하다'의 합성동사
4	503	영일냉수리신라비	所白了事	
5	540	단양신라적성비	如此白者 大人耶小人耶	
6	6세기중반	咸安城山山城出土木簡 221번	不行遣之 白	
7	6세기	扶餘陵山里 寺址木簡 11	宿世結業 同生一處 是非相問 上拜白來	4언 한시구(?)
8	586년 직후	신출토월성해자목간 2번(백견목간)	ⓐ□小舍前 敬呼白遣 居生小烏之 ⓑ□小舍前 敬呼白 遣居生小烏之	ⓐ와 ⓑ는 '白遣'의 분절을 두 가지로 하는 방안
9	586년 이전	신출토월성해자목간 3번(주공지목간)	阿尺山□舟□至□愼白□□	
10	586년 이전	신출토월성해자목간 4번	宋(宗(?))公前別白作(?)	
11	7세기초	월성해자목간 149번	大烏知郎 足下 万拜白之	白+종결사 之
12	7세기초	월성해자목간 148번	大舍卄等敬白□□利先	
13	758	신라촌락문서(정창원)	乙未年 烟見賜節公前及 白 他郡中妻追移	
14	통일신라	안압지출토목간 1호	洗宅白之	白+종결사 之

<표 2> 1차 자료에 나타난 '白'의 용례와 출현 환경

1번은 순한문 텍스트 내의 '白'이어서 이두자로 볼 수 없다. 2번 이하 (7번 제외)는 변체한문(=속한문) 및 이두문 성격이 강한 텍스트에 쓰인 '白'이므로 이두자로 간주한다. '白'(사뢰다)에는 하급자가 상급자에게 아뢰다는 뜻이 있다. [표 4]에서 보듯이 원의를 이용한 '白'의 용법이 신라의 목간문과 금석문에 적지 않게 쓰였다. 하급자가 웃전에 보고하는 동사어로 '白'이 쓰인 전형적 예가 위 표 8번의 '敬呼白'과 9번(주공지목간)의 '愼白', 12번의 '敬白'이다. 이 세 예는 '白'자 앞에 '敬'(존경하다), '愼'(삼가다)라는 경어 한자가 결합되어 있다. '敬呼白'은 '공경히 불러 사뢰오니', '愼白'은 '삼가 아뢰옵니다'로 번역할 수 있다. '白'이 가진 경어적 의미를 더욱 강하게 표현한 것이다. 11번의 '万拜白之'는 '敬'자 대신에 '만배'라는 한자어를 둠으로써 존경의 뜻을 더 강하게 표현한 것이다. 그런데 '白'이 겸양법 선어말어미 '-습-'을 표기한 예는 신라의 이두문 자료에서 찾을 수 없다.

위 표 3번의 '白口'는 매우 특이한 이두 동사이다. 동사 '白口'가 쓰인 전후 문맥을 보면 이 동사의 주체는 사인(使人) '果西牟利'이다. 과서모리가 그의 상급자에게 분쟁이 된 사건이 처리된 경위를 먼저 '사뢴'(白, 보고한) 후에, "若後世 更導人者 与重罪"(만약 후세에 다시 말썽을 일으키는 자가 있으면 중죄를 준다)라는 서약을 여러 사람들 앞에서 입으로 말한 사실을 '口'라고 표현한 것으로 해석된다. '白口'는 '사뢰고 말하다'라는 합성동사인 셈이다. 501년 전후에 한문 작성에 미숙한 당시 문서 작성자의 수준을 암시하는 예이다.

위 자료에서 보듯이 '白'은 한자의 원의가 살아 있다. '白'의 이러한 용법은 끈질기게 유지되어 "主人 白"과 같은 문구가 집 대문에 붙어 있었던 시절이 불과 얼마 전의 일이었다.

조사를 표기한 이두자

주제보조사 '者'는 "善花公主主隱"(선화공주님-은, 서동요)에서 보듯이 향가 표기에서 '隱'으로 교체된다. '者>隱'의 변화는 한문에서도 쓰이던 '者'의 주제어 표현 기능을 버리고, 우리말 문법형태 표기를 위한 음가자 '隱'을 고안했음을 보여준다. 이 변화는 문법형태 표기의 발달사에서 중요한 비약이다. '者>隱'과 같은 비약적 발달이 전개되던 무렵에 관형사형 어미를 표기한 '隱'(-ㄴ)과 '尸'(-ㄹ), 주격조사를 표기한 '是'(-이), 목적격조사를 표기한 '乙'(-ㄹ) 등이 함께 생성되었을 가능성이 높다.

처격을 표현하는 '中'은 이두 연구에서 가장 관심을 많이 받아온 글자의 하나이다. '中'의 용례 중 우리말 처격조사 표기라고 단언할 수 있는 것은 화엄경 사경조성기(755년)의 예들이다. 월성해자목간 49호와 신라촌락문서에 쓰인 '中'도 처격조사로 간주된다. 8세기 중엽의 화엄경 사경조성기는 이런 글자들이 우리말 문법형태를 표기한 차자로 확실하게 굳어 졌음을 보여준다. 처격 표기의 '中'은 향가에서도 일부 흔적을 남기고, 석독구결 자료에서 약체자 '+'자로 바뀌었다. 그러나 향가에서 처격을 표기한 '矣'(此矣彼矣/이에 뎌에, 제망매가)는 현재까지 알려진 금석문과 목간 등의 1차 자료에서 확인되지 않는다.

구격조사 '-로'의 표기에는 '以'가 쓰였다. '以'가 체언 뒤에서 조사 '-로'의 기능을 보인 최초의 예는 남산신성비(591년)(제1,3,4,7비)의 "南山新城作節 如法以 作後 三年"이다. 남산신성비문이 지닌 뚜렷한 이두문 성격으로 보아 '如法以'의 '以'는 구격조사 '-로'에 대응하는 가장 이른 예로 간주한다. 갈항사석탑조성기(758년)의 "娚姉妹三人業以 成在之"에 쓰인 '以'도 '-로'를 표기한 것이다. 이 예들의 '以'는 '之'나 '中'자와 함께 한자 고유의 의미 기능으로 국어 문법형태를 표현한 초기 예에 속한다.

구격조사 '-로'를 표기한 '以'는 한자 원의가 유지된 것이어서 훈독자로 볼 수 있다. 이 점은 주제보조사 자리에 쓰인 '者'가 원의를 유지한 점과 상통한다. 이 점은 또한 중국 한문에 존재했던 '之'의 용법을 빌려와 우리말 종결어미를 나타낸 것과 서로 비슷한 성격을 띤다. '以'(-로), '之'(-다), '中'(-긔)는 한자의 원의를 살려서 우리말 문법형태를 표기한 초기적 예라는 점에서 뚜렷한 공통성을 보여 준다.

화엄경 사경조성기(755년)에는 주격조사 '-이', 목적격조사 '-을', 속격조사 '-의'에 대응하는 차자가 전혀 나타나지 않는다. 이는 8세기 중엽에는 아직 주격조사 '-이', 목적격조사 '-을', 속격조사 '-의'의 표기법이 발달하지 못했음을 의미한다. 주격조사 표기자 '是'(이)는 향가에 가서야 비로소 나타난다. '是'의 훈 '이'로 주격조사 '-이'를 표기한 것은 '如'(-다)와 함께 훈가자가 문법형태 표기자로 전용(轉用)된 것이다. 지금까지 발견된 금석문과 목간 자료에서 주격조사 표기자 '是'가 검증되지 않았다.

'中'과 '者'는 5~6세기의 금석문에서 한문의 의미 기능을 이용하여 처소 및 주제어 표시를 해 오던 것이었다. 이런 역사적 전력(前歷)을 가진 '中'과 '者'는 화엄경 사경조성기에서 처격조사 표기자로 확립되었다. 그러나 이런 역사적 선대형(先代形)을 갖지 못한 주격·목적격·속격조사는 8세기 중엽까지 나타나지 않았다. 화엄경 사경조성기에는 접속조사를 표기한 '那'(-나)가 새로 등장하였고, 구격조사 '以'(-로)가 동명사형 뒤에 쓰였다. 조사와 어미 표기에 있어서 화엄경 사경조성기는 향가 수준의 문법형태 표기로 진행되어 가는 과도기적 양상을 보여준다. 화엄경 사경조성기가 작성된 8세기 중기는 문법형태 표기가 이전보다 확실히 진전된 모습을 보여준다.

주제보조사 기능을 한 '者'를 뛰어넘어 온전한 문법형태를 표기한 주격조사 음가자 '是'(-이)가 등장한 것은 이두 문법형태 표기의 발달에서 커다란 비약이다. 기능 차자 '者'와 음가자 '是'(-이) 사이에는 상당한 격차가 존재하기 때문이다. 이 격차를 뛰어넘은 것은 이두 차자법의 발달에서 중요한 의미를 가진다. 이 격차를 언제, 누가, 어떻게 뛰어 넘었을까? 이 질문을 던지는 맥락에서 우리는 설총이라는 인물을 떠올리게 된다. 설총이 우리말로 구경(九經)을 읽었다는 사서의 기록은 이두 발달사에서 그가 중요한 역할을 했음을 증언한다. 그러나 설총 사후에 작성된 화엄경 사경조성기(755)에도 향가 표기에 나타나는 주격, 목적격, 속격 등의 문법형태 표기는 물론 말음첨기자가 나타나지 않았다. 화엄경 사경조성기가 비록 문법형태 표기의 몇 가지 발달 단계를 보여주지만 향가의 문법형태(=조사와 활용어미) 표기에 비해 그 수준이 현저히 뒤떨어진다. 그 이유는 이두문과 달리 향가는 구송된 노랫말을 적은 것이기 때문이다. 구송 노랫말인 향가는 문법형태가 정확히 표기되지 않으면 가사 문장을 이룰 수 없다. 이두문 눈으로 읽어서 뜻을 파악하는 문서(視讀文書)이고, 향가는 입으로 노래 부르는 구송가사(口誦歌詞)이다(백두현, 2018). 이두문과 향가 간에 나타난 문법형태 표기의 차이는 여기에서 비롯된 것이다.

어미를 표기한 이두자

① 선어말어미

'賜'는 주체존대 선어말어미 '-시-'를 표기한 차자이다. '賜'가 경어법 선어말어미 '-시-'를 표기하였음이 확실한 최초의 예는 감산사 아미타불

상 조성기(720년)의 '長逝爲賜之'(장서ᄒ시다)이고, 이어서 화엄경 사경조
성기(755년)의 '爲內賜'(ᄒᄂ시-), '爲賜以'(ᄒ시-ㅁ으로), '成賜乎'(이루시온)가
있다. '爲內賜'와 '爲賜以'는 '賜' 뒤에 와야 할 어미가 표기되지 않은 것이
다. '賜'(-시-)는 신라 금석문, 향가, 고려대의 정도사형지기(1031년), 석독구
결 자료 일부(화엄경, 12세기 중엽)까지만 쓰이고 그 이후 자료에는 '示(示)'
로 바뀌었다. 이 변화는 '賜'(ᅟ)의 독음이 '시'(中古音)에서 'ᄉ'(近古音)로
변화함에 따라 '賜'가 '-시-'를 표기하기에 부적절하게 되어 결국 '示(示,
시)'로 교체된 것이다.

'內'는 이두 연구자를 가장 괴롭혀 온 차자이다. 화엄경 사경조성기의
'入內如', '爲內弥'처럼 동사 어간과 어미(-다. -며) 사이에 놓인 '內'는 선어
말어미로 볼 수 있다. 고려시대 석독구결자에서 선어말어미 '-ᄂ-'는 'ᄐ'
로 표기되는데 이것은 '飛'의 약체자이다. 규홍사종명(856년)의 '成內飛
也'에 쓰인 '-內飛-'는 '-內-'의 기능이 퇴화되면서 '-飛-'로 교체되는 과도
기적 표기형일 수 있다.

② 어말어미

1차 자료에 어말어미로 쓰인 이두자는 연결어미 '哉'와 '弥'가 있다.
신출토 월성해자목간(2번)에 나타난 '敬呼白遣'(경호백견)에서 분절을 어
디에 두는가에 따라 '遣'(견)의 기능 파악이 크게 달라진다. 삼국유사 향가
와 정도사형지기에 쓰인 연결어미 '遣'(-견)이 586년 직후 자료인 신출토
월성해자목간에 나온다고 보는 것은 무리가 있다. 9세기 이전의 1차 자료
에는 향가에 자주 쓰인 연결어미 '古'가 나타나지 않는다. 그러나 6-8세
기 고대국어에 연결어미 '-고'가 존재하지 않았다고 말하기는 어렵다. '-
고'를 표기하는 차자를 창안해 내지 못했거나 남아 있는 자료의 제약에

기인한 결과로 봄이 옳다.

③ 종결어미

종결어미로 쓰인 대표적인 이두자는 '之'와 '如'자이다. '之'는 한문에서 之가 쓰이던 기능을 받아들여 우리말 문장종결어미 표기에 전용(轉用)한 것으로 본다. 한문에 쓰인 '之'의 의미를 우리말 문법기능에 전용했다는 점에서 기능차의 하나로 볼 수 있다. '如'(-다)는 '之'가 가진 우리말 표기의 미진한 점을 해소시킨 차자이다. 우리말 종결어미 '-다'를 명료하게 표기하기 위해 훈가자 '如'가 등장한 것이다. '如'(-다)의 출현을 가장 확실히 보여준 1차 자료는 화엄경 사경조성기(755년)의 '入內如'(넣ᄂ다)와 '寫在如'(쓰겨다)에 쓰인 '如'이다. 영태이년명 납석제호 비로자나불 조상기(766년)의 '在內如'에도 종결어미 '如'(-다)가 확인된다. 여기에 쓰인 '如'는 정상적 한문 구조에서 있을 수 없는 용법이다.

훈가자를 이용하여 우리말 문법형태를 표기한 차자의 등장은 중요한 의미를 가진다. '入內如', '寫在如' 등의 '如'는 국어의 종결어미를 표기한 새로운 차자가 창안되었음을 보여 준다. 종결어미 '-다'를 '如'로 표기한 것은 문법형태 표기가 새로운 차원으로 나아가는 문지방을 넘어섰음을 상징한다. 1차 자료에 보이는 종결어미 '如'의 용례를 기준으로 하면 문법형태를 표기한 훈가자의 출현은 8세기 중엽이 된다. 따라서 8세기 중엽 이전에 우리말 종결어미 '-다'를 표기한 차자 '如'(-다)가 생성되었다고 말할 수 있다. 750년대를 분기점으로 하여 우리말 문법형태를 표기한 다양한 차자들이 등장했을 것으로 추정된다.

진성여왕 2년(888)에 각간 위홍(魏洪)과 대구화상(大矩和尙)이 구송(口誦)되던 향가를 수집하여 문장화하고 이를 『삼대목(三代目)』으로 편찬하였다. 이 사업을 계기로 우리말의 문법형태 표기법이 한층 더 수준 높은 단계로 발달했을 것이다. 일연이 편찬한 삼국유사 소재 향가들은 대구화상이 채록하여 문장화한 『삼대목』의 가사가 전승된 결과일 것이다.

이두 어휘

이두 자료에 가장 풍부하게 기록되어 있는 것이 이두 어휘이다. 차자로 표기된 고유명사와 물명 어휘들은 대부분 이두어로 간주할 수 있다. '赫居世'를 비롯한 신라의 왕호, '强首'와 '牛頭', '元曉'와 '始旦' 등의 인명 표기는 모두 이두 어휘의 하나이다. 이 짧은 글에서 수많은 이두어를 언급할 여유가 없다. 문서 작성자를 뜻하는 무술오작비의 '文作人'과 남산신성비의 '文尺' 및 '書尺'의 예를 들어 이두어의 특이성을 설명하는 데 그치고자 한다.

'文作人'은 '글 지은 사람'을 한자어로 번역한 이두어이다. '文尺'과 '書尺'은 전문가(=匠人)를 뜻하는 접미사 '-尺'이 붙은 이두어이다. 이들은 모두 '글자ㅎ'으로 훈독되었을 듯하다. '글자ㅎ'는 현대국어 '글장이'에 대응한다. 같은 직명이 울진봉평비(524년), 울주천전리 원명(525년), 창녕진흥왕척경비(561년)에는 '서인(書人)'으로 표기되어 있고, 명활산성작성비(551년)에는 '서사인(書寫人)'으로 달라져 있다. 신출토 월성해자목간(6세기 후기) 중에는 '문인 주공지(文人 周公智)'가 적힌 것이 있다. 이 목간에 처음 나타난 '文人'은 오늘날 흔히 쓰는 '문인'의 가장 오래된 기록이라 할 수 있다. 무술오작비에는 전문 기능인을 뜻하는 '大工尺'과 '道尺'도 나온다. 접미사 '-尺'을 전문기능인의 직명에 붙이고, 비석에 그들의 직명과 이름을 새겨 넣은 사실을 통해 전문 기능인을 존중한 신라 사회를 엿볼 수 있다.

『삼국사기』 권32 「악조(樂條)」에 고기(古記)를 인용하여 정명왕(政明王 九年)에 설행된 주악(奏樂)의 악공 구성원을 기술해 놓았다. 여기에 가척(笳尺), 무척(舞尺), 금척(琴尺), 가척(歌尺) 등의 직명이 등장하고, 이 기록 말미에 "신라 때 악공을 모두 '척(尺)'이라고 불렀다(羅時樂工皆謂之尺)"고 해 놓았다. 악공의 직명에 '척(尺)'을 쓴 것이다. 그런데 바로 이어서 기술된 고구려와 백제 음악의 주악 구성원 직명에는 '척(尺(尺)'이 사용되어 있지 않다. 전문 직명 표기의 '척(尺)'은 신라 특유의 것임을 알 수 있다. 이두 차자법에는 신라 특유의 것이 적지 않다. 신라가 특유의 차자법을 발전시킨 사실은 주목할 만한 것이고, 이에 대한 역사적 해석이 필요하다.

한자를 빌려 우리말을 표기하는 방법이 고구려와 백제가 신라보다 앞섰을 것으로 보는 것은 자연스럽다. 두 나라는 사서 편찬, 교육기관 설치, 불교의 수용 등 한문을 이용한 여러 제도와 활동에서 신라보다 앞섰기 때문에 한자의 활용 수준도 더 빨리 발달했을 것이다. 그러나 우리말 표기를 위한 차자법의 획기적 발달은 신라에서 이루어졌다. 고구려 자료인 평양성 석각문은 신라의 남산신성비에 비해 이두적 성격이 훨씬 미미하다. 백제 무녕왕릉 묘지석 명문은 거의 완벽한 한문이다. 지금까지 발견된 백제 목간 자료 중 부여 능산리사지목간 25번의 '者'가 문법형태 표기자로 고려될 수 있지만 이 글자는 한문에서 주제어를 표현하는 기능을 가졌던 것이다.

신라의 이두 발달 과정에서 강수, 원효, 설총으로 이어지는 학자들의 활동이 중요한 기여를 했을 것이다. 특히 설총(7세기 말~8세기 초)이 그러하다. 『삼국사기』 권46, 열전6 강수 최치원 설총조에 설총의 업적을 "방언으로 아홉 경서를 읽어 후생을 훈도하였으니, 지금까지 학자들이 그를 종주로 여긴다(以方言讀九經 訓導後生 至今學者宗之)"고 했고, 『삼국유사』 권4, 원효불기(元曉不羈)조에 설총에 대해 서술하면서 "방음(方音)으로 화이(華夷)의 방속(方俗)과 명물(名物)을 두루 깨우쳐 육경(六經)을 '훈해(訓解)'하였다(以方音通會華夷方俗物名 訓解六經文學)"고 했다. '방언(方言)'(당시의 신라말)으로 아홉 경서를 읽었다는 말은 경서의 한문을 우리말로 풀이했음을 의미한다. 경서를 '독(讀)'하고 '훈해(訓解)'하는 행위는 한문의 어휘를 훈독하고, 한문 문법을 신라어 문법으로 바꾸어 풀이했다는 뜻이다. 설총이 행한 '훈해'의 과정에는 한자의 훈독과 한문 문법을 우리말 문법으로 바꾸는 작업이 필수적이다. 한문 문법을 우리말 문법으로 바꾸기 위해서는 구두[입말]로든 문자[글말]로든 우리말 문법형태의 표현 방법을 안출해 내야 한다. 설총이 아홉 개 경서를 방언 문자로 풀이했다는 것은 한자를 이용해 우리말을 표기하는 방식이 크게 진전되었음을 시사한다.

위홍과 대구화상이 진성여왕의 명을 받아 향가를 모두 정리하여 문자로 기록하고, 이를 『삼대목』으로 편찬한 국가적 사업은 차자법의 표기 수준을 한층 더 발전시키는 데 기여했을 것이다. 향가 표기에서 이루어진 이런 발달은 조성기 등의 이두문과 달리 향가가 기반한 언어 자료가 구송가사(口誦歌詞)라는 점이 크게 작용했을 것이다. 조성기나 보고용 행정문서는 수신자가 문서 내용을 '눈으로 읽고'(視讀), 그 뜻만 파악하면 문서의 효용성은 완성된다. 그러나 향가 가사는 우리말 문법형태까지 충분히 표기하지 않으면 노래의 내용을 전달할 수 없다. 이러한 차이가 금석과 목간의 이두문 표기와 향가 표기의 차이를 만들어낸 중요한 요인이다.

삼국시대에 탄생한 이두는 고려와 조선을 거치면서 차자들의 기능 변화는 물론 새로운 이두어와 문법형태 표기가 생성되는 등 많은 변화를 겪게 된다. 1894년의 공문서 규식을 정한 칙령에서 국가의 공용문자가 '국문'으로 바뀌기 전까지 이두는 대략 1,500년이란 긴 세월에 걸쳐 사용되었다. 이두가 이렇게 끈질긴 생명력을 유지한 까닭은 과연 무언인가? 이두는 왜 사라지지 않고 조선조 말기까지 사용되었을까? 쉽고 편리한 훈민정음을 왜 관아 문서 작성에 이용하지 않았을까? 문어(文語)는 오로지 한문으로 써야 한다고 생각했을까? 언문을 경시한 양반 지배층의 사고방식이나 서리층의 폐쇄적 기득권 유지에 그 원인이 있을까? 이두가 완전히 사라진 오늘날, 이런 질문을 던지고 이에 대한 학문적 해명이 필요한 시점이 되었다.

참고문헌

권인한, 2010, 「금석문·목간 자료를 활용한 국어학계의 연구동향과 과제」, 『한국고대사연구』 57, 한국고대사학회.

김영욱, 2011, 「삼국시대 이두에 대한 기초적 논의」, 『구결연구』 27.

남풍현, 2000, 『이두연구』, 태학사.

남풍현, 2004, 「시상의 조동사 '在/ㅓ/겨~'의 발달」 『국어국문학』 138, 국어국문학회.

박성종, 1996, 「조선초기 이두 자료와 그 국어학적 연구」, 서울대 박사학위논문.

백두현, 2006, 『석독구결의 문자 체계와 기능 ~고려시대 한국어 연구~』, 한국문화사.

백두현, 2018, 「월성 해자 목간의 이두 자료」, 『목간과 문자』 20, 한국목간학회.

서종학, 1995, 『이두의 역사적 연구』, 영남대학교출판부.

손환일, 편저2011, 『한국목간자전』, 국립가야문화재연구소.

여호규, 2009, 「고구려 문자자료의 해독원리와 실제」, 목간학회, 제2기 문자학특강 2강, 성균관대학교.

윤선태, 2016, 「한국 고대목간의 연구현황과 과제」, 『신라사학보』 38, 신라사학회.

이기문, 2005, 「우리나라 문자사의 흐름」, 『구결연구』14집, 구결학회.

이승재, 2013, 「신라목간과 백제목간의 표기법」, 『진단학보』117, 진단학회.

이용현, 2007, 「문자자료로 본 삼국시대 언어문자의 전개」, 『구결연구』 19, 구결학회.

이장희, 2001, 「신라시대 한자음 성모체계의 통시적 연구」, 경북대학교 대학원 박사학위논문.

이한상, 2004, 「지석에 새겨진 무령왕 부부의 삶과 죽음」, 『고대로부터의 통신』, 푸른역사.

정재영, 2000, 「신라 화엄경 사경조성기 연구」, 『문헌과 해석』통권 12호.

주보돈, 2012, 「포항 중성리신라비의 구조와 내용」, 『한국고대사연구』65, 한국고대사학회.

홍기문, 1957, 『리두연구』, 과학원출판사.

구결이란 무엇인가

김영욱
서울시립대학교

구결(口訣)은 '토'를 가리킨다. 토라 함은 조사나 어미처럼 문법형태들을 말하는데, 이것들이 단어들을 연결시켜서 우리말 문장이 이루어진다. 토는 말본(문법, 文法)의 뼈라 할 정도로 중요하지만, 일반 사람들의 인식은 다른 듯하다. 가령, '토 달지마' 하는 표현이 있다. 말을 하는데 누군가가 계속 내 말에 딴지를 거는 듯한 인상을 지울 수 없을 때, 다소 예민하게 반응하는 말이다. 내용도 없는 것을 가지고 부연 설명하면서, 말의 흐름을 방해하는 듯해서 못마땅하다. 애써 쓴 글을 평가할 때에도 내용보다 문법을 따지고 맞춤법, 발음 등등을 가지고 꼬집는 이들이 밉다.

이건 월운 스님으로부터 들은 이야기이지만, 만약 이 글에 잘못이 있다면 그것은 모두 내 탓이다. 스님은 28년생으로 장단에서 태어났다. 49년에 운허 스님을 은사로, 깨달음을 얻었으며 65년부터 역경 위원을 지

1-06 구결이란 무엇인가   **153**

냈는데, 93년에는 역경원장이 되었다. 83년부터 봉선사에 불경서당을 열어 능엄학림의 학승들을 가르쳤다. 2006년 2월 성신여대 강당에서 구결(口訣)과 관련한 강설이 있었는데, 말씀이 어찌나 구수하고 자재(自在)하시던지 스님의 말속으로 흠뻑 빨려서, 멍하니 듣고만 있다가 나중에 정신을 차려서 생각나는 대로 말씀을 수습하였다.

내가 들은 스님의 이야기는 이와 같다. 우리말이나 일본어, 만주어는 토가 있어야 하는데 한문(漢文)을 읽을 때에 토에 따라서 뜻이 달라지니 이것이 토의 조화라 하겠다. 토란 것은 끊어 읽는 것과 끊어진 한문에 문법형태들을 덧붙여서 글의 해석을 돕는다. '아버지가 방에 들어간다'와 '아버지 가방에 들어간다'가 뜻이 달라지듯 우리말에도 끊어읽기가 중요한데 한문도 어디서 끊어야 하며 여기에 어떤 토를 다느냐가 중요함은 물론이다.

토를 보면 해석 방법을 알 수 있고, 토에 따라 해석이 달라지니 같은 경전이라도 여러 번 번역된다. 가령, '점등명래(點燈明來)'라는 구절이 있는데 이것은 두 가지로 해석이 된다. '불을 밝히는 목적'이 '밝음'이냐 '어둠을 쫓기 위함'이냐로 갈라진다. 서술의 초점이 어디에 놓이느냐에 따라 그 뜻이 달라진다. '불을 밝히니 밝음이 온다'고 해석되거나 '불을 밝힘은 밝음을 오게 함이다'로도 가능하다. 이것은 토로써 구별된다.

　　點燈하니明來라.
　　點燈은明來라.

토를 단다는 것은 경전의 해석을 굳혀 놓는다는 것을 뜻한다. 경전에 토를 달 때, 신중해야 하는 이유다. 글을 잘 읽는 학인(學人)에게는 토가 흠집일 수도 있다. 깨끗한 책에 점을 꽉꽉 찍어서 책을 버려놓기도 한다. '파리똥學人'이라는 말이 있다. 점(·)도 토인데 '라(羅＞羅＞灬＞灬＞·)'로 읽는다. 사미승(정식 승려가 되기 전의 어린 스님)이 한여름에 강원(講院)서 공부하다가 졸음에 겨워 꾸벅꾸벅 조는 사이 파리가 날아들었다. 파리는 갈아 놓은 먹을 어찌나 먹었던지 똥도 먹처럼 까맸는데 하필이면 '如'와 '來' 사이에 점을 찍었다. 졸던 사미는 문득 깨어나 다시 경을 읽는데, '如來'에 이르러서는 '여라래'라 읽었으니, 승(蠅, 파리 승)이 승(僧)을 가르친 것이라 하여 '파리똥學人'이 유래했다.

꽤 유명한 한시에 '야래풍우성 화락지다소(夜來風雨聲花落知多少)'라는 구절이 있는데, 토가 무엇이냐에 따라 그 뜻이 달라진다. '夜來風雨聲하니 花落知多少라' 하고 토를 달면, '밤에 비바람 소리가 들리니 꽃이 다소 떨어짐을 알 수가 있겠구나'로 해석된다. '夜來風雨聲을 花落으로 知多少라' 하면 '꽃이 떨어짐으로 밤에 비바람이 있었다는 것을 다소 알 수가 있겠구나'이다. 이처럼 토를 어떻게 다느냐에 따라 사건의 인과 관계가 달라지고 문장에 대한 느낌도 확연히 달라진다.

월남인(越南人)은 한자를 쓰지 않는다. 불란서(佛蘭西) 신부가 만든 알파벳을 쓰다 보니 소리는 전승되었지만 어원을 알 길이 없고 어원에 녹아 있던 그들의 전통도 단절되었다. 구결(口訣)은 한문을 우리말로 번역하고 해석하는 전통이 이어짐을 의미한다. 전통이 단절된 곳에서는 고유하고 유서 깊은 인문학의 전통이 유지되기 어려운 법이니, 구결이란 인문학의 파수꾼이 아니고 무엇이겠는가.

어떤 부자가 일흔에 아들을 보고서는 이내 세상을 떠났다. 세상을 뜨기 전, 유서를 남겼는데 다음과 같더란다.

"칠십생남비오자 전지가장진부서타인불범

七十生男非吾子田地家藏盡付壻他人不犯"

사위가 재산에 탐을 내어 유언을 이렇게 해석하였다. "七十에 生男하니 非吾子라 田地家藏은 盡付壻하니 他人은 不犯이라" 칠십에 생남을 하니 나의 자식이 아니다. 밭, 대지, 집과 거기에 있는 것들은 모두 사위에게 주니 타인은 범하지 말라. 그리하여 과부와 어린 아들은 돈 한 푼 받지 못했다. 그녀는 억울한 사정을 과객(過客)에게 말하였다. 그는 유서를 읽고서 사위의 해석이 잘못되었음을 알려주었다. 유서에 있는 어른의 뜻은 아들에게 있지 사위에게 있는 것이 아니라는 것이다.

과객은 다음과 같이 토를 달았다. "七十에 生男한들 非吾子이랴? 田地家藏을 盡付하되, 壻는 他人이니 不犯이라(현대역: 칠십에 아들을 낳았다 한들 어찌 나의 아들이 아니랴? 전지가장을 모두 물려주되 사위는 남이니 (재산을) 범하지 말라.)" 과객은 토로써 과부의 한을 풀었다. 스님의 이야기는 에피소드에 불외하다. 하지만 거기서 구결의 향기가 느껴진다. 구결의 역사는 실로 오래다. 우리 민족이 가장 오랜 동안 사용해 온 우리 글자는 구결이었다.

설총과 구결

『삼국사기(三國史記)』는 1145년에 편찬된 역사책인데, 거기에는 신라(新羅)의 설총(薛聰)에 관한 설명이 있다. '이방언독구경(以方言讀九經)' 설총이 방언으로 구경을 읽었다. 이때의 방언(方言)이란 우리나라 말을 가리킨다. 말하자면, 한문 경전들을 우리말로 풀어서 읽었다는 뜻이다. 방언이 지금의 뜻으로는 '지역어, 지방 사투리'쯤으로 이해되겠지만, 조선 초기까지만 하더라도 방언을 '우리말, 혹은 국어(國語)'라는 뜻으로 사용했었다.

월인석보(月印釋譜) 서문(序文)에 다음과 같은 구결문(口訣文, 구결이 달린 문장)이 있다. "觀者ㅣ 猶難於讀誦커니와 方言이 騰布ㅎ면 聞者ㅣ 悉得以景仰ㅎ리니" 이 구절은 15세기 중세국어로 언해(諺解, 우리나라 말로 번역)되었다. "봃 사ㄹ미 오히려 讀誦을 어려비 너기거니와 우리나랏말로 옮겨 써 펴면 드를 사ㄹ미 다 시러 키 울월리니" 이것을 현대국어로 번역하면 다음과 같다. "볼 사람이 오히려 독송을 어렵게 여기거니와 우리나라 말로 옮겨 써서 펴면, 들을 사람이 다 능히 크게 우러를 것이니" 여기에서 방언(方言)이 '우리나랏말'로 언해되었음을 본다. 이미 언급한바, 경전을 읽을 때는 한문의 구절을 끊어서 토를 달았다. 한문은 끊어 읽기가 중요하다. 어떻게 끊느냐에 따라 해석이 달라진다. 보다 정확하게 읽고 해석하기 위해서 우리 조상들은 구결(口訣)이 필요했다.

전통은 오늘날에도 이어진다. 구결은 그 형태가 한자(漢字), 한자 약체자(略體字)자, 한글 등으로 시대에 따라 달라졌지만, 시작으로부터 지금까지 천 년을 훌쩍 넘겼으니 한국 문자사에서 구결을 빼놓을 수 없다. 해동 유학의 할아버지로 설총을 받드는데, 선생은 한문 경전에 대해 우리말로 토를 달아서 해석을 해 내고, 그것들을 후학들에게 가르쳐, 오늘날까지 유학의 전통이 이어지도록 만들었다.

『삼국사기(三國史記)』의 '이방언독구경(以方言讀九經)'이란 실상엔 설총이 우리말로 토를 달아서 구경(九經)을 읽었다는 뜻이다. 넓은 의미로 이두를 정의할 때에 구결도 그 속에 포함되므로 설총이 이두를 지었다는 해석이 완전히 틀렸다고는 할 수 없겠지만, 구결과 이두를 대비하여 설명이 필요한 상황에서는, 즉 협의의 이두에서는, 설총이 이두를 지었다는 설(說)의 근거를 '이방언독구경(以方言讀九經)'에서 찾아볼 수는 없다.

신라인의 구결

현재까지 발견된 자료 중에서 가장 오래된 것은 화엄문의요결(華嚴文義要訣)에 보이는 신라 구결이다. 신라인들의 구결이 점(點)과 선(線) 혹은 여러 가지 부호 형태로 기록되어 있다. 이것은 9세기 자료인데 이후로도 오늘에 이르기까지 구결의 전통이 이어지고 있으니 그 역사는 천년이 넘는다. 장구(長久)한 세월만큼이나 구결의 종류도 다양하다. 조선시대의 음독구결(音讀口訣)을 비롯하여 고려 중기의 석독구결(釋讀口訣), 고려초기의 각필구결(角筆口訣) 등이 있으며 최근에는 무어라고 정의하기도 쉽지 않은 신라시대의 각필 자료들이 새롭게 발견되어 학계의 주목을 받고 있다.

고바야시(小林芳規) 선생의 도다이지(東大寺) 자료 조사에 따르면 혜원(惠苑)의 화엄경간정기(華嚴經刊定記)에 신라 각필(新羅角筆)의 흔적이 있으며 오타니(大谷) 대학에 보관 중인 원효(元曉) 대사의 판비량론(判比量論)에서도 각필을 발견했다는 보고가 있다. 여기에서, 독자들에게는 다소 생소해 보이는 각필(角筆)이 도대체 무엇이고, 그것이 신라인의 구결과 어떠한 관련을 맺고 있는지에 대해서 잠깐 설명을 해 두고 이야기를 이어나가기로 하겠다.

각필은 사라진 옛날의 필기도구다. 상아(象牙)나 나무 혹은 연철(鉛鐵)이나 대나무 따위를 재료로 삼아 그것을 연필처럼 길쭉하게 다듬고 그 끝을 뾰족하게 깎아 만든 것이다. 그 뾰족한 끝을 종이 위에 눌러서 글을 쓰거나 그림을 그릴 수 있다. 각필로 쓰인 글자는 지면에 오목한(凹) 흔적을 남기지만 붓(毛筆)과는 달리, 묵서(墨書)나 주서(朱書), 백서(白書)처럼 색이 묻어나지 않아 육안으로는 글씨가 쉽사리 확인되지 않는다. 각필은 모필(毛筆, 붓)을 사용하기 시작한 이후에도 한참동안 사용되었다. 각필로 쓰면 글씨가 쉽게 드러나지 않아서 사용자 간의 비밀을 유지할 수 있다는 점과, 벼루나 먹과 같은 부대도구 없이도 펜 하나만으로 언제 어디에서든 쉽게 기록할 수 있다는 장점이 있었기 때문이다.

한국에서는 2000년에 각필 문헌이 발견되었다. 이것은 고바야시 교수가 고안한 각필 스코프 덕분이다. 스코프는 고서(古書)에 손상이 가지 않도록 자외선이 덜 발광되는 전구와 그것을 둘러싸고 있는 반사 렌즈, 그것의 전면에 자외선을 이중으로 차단하는 특수 유리를 부착한 것이다. 스코프의 빛을 고서(古書)의 상단(上端)에서 40~50센티미터 정도 떨어지게 하여 서책(書冊)에 비스듬히 비추면 각필이 새겨진 지면(紙面)의 오목한(凹) 부분에 희미한 그림자가 생긴다. 그 부분을 관찰하거나 볼록렌즈로 확대해서 보거나 카메라로 근접촬영(近接撮影)하면 각필 문자를 확인할 수 있다. 각필로 새겨진 부호나 문자에는 한문 경전을 해독하기 위한

각필(角筆)
일본에서는 1960년대에 처음으로 발견된 이래, 현재까지 3,200여점이 확인되었다. 중국에서는 2천여 년 전의 한나라 목간에서 오목하게(凹) 패인 각필이 확인된 바 있고, 종이에 새겨진 것으로는 돈황문서(敦煌文書)에서 확인된 바 있다. 한국에서는 나무에 칼로 문자를 새긴 백제시대 목간이 있고 종이에 새겨진 것으로는 가장 오래된 책이 성암고서박물관(誠庵古書博物館) 소장(所藏)의 금강반야바라밀경(金剛般若波羅蜜經)인데 여기서 교정부호에 해당하는 각필 부호가 발견되었다. 이 책은 간행 시기가 7세기경으로 추정된다. 필자는 성암 선생의 후의로 도서관에서 보았지만 그 후로 지금까지 다시 한 번 확인할 길이 막연하다.

훈독, 성조, 구두, 토, 해석 순서 표시, 사경의 교정부호, 후시아카세(節博士, 불경 낭송을 위한 범패의 악보) 등이 있다.

한국의 각필 자료는 백제시대부터 조선 후기까지 확인된 바가 있다. 각필에 관한 기록으로는 대각국사 의천의 신편제종교장총록(新編諸宗教藏總錄)에서 의상대사의 전교 과정(傳教過程)을 기술한 내용에 각필과 관련된 것으로 보이는 구절이 있다. 실물의 확인이 쉽지 않은데 제주도에 있는 태고종 계열의 사찰에서 사슴뿔로 만든 것으로 짐작되는 각필이 제주도에 전하고 있다는 보고가 있었다.

한편, 각필학의 대가인 고바야시 교수는 2002년 6월에, 각필에 관한 놀라운 발표를 하였다. 오타니(大谷) 대학장본(大學藏本)의 판비량론(判比量論)에 성조부(聲調符), 합부(合符), 절박사(節博士), 문자(文字) 등이 각필로 새겨져 있다는 것이다. 이것은 8세기의 것이며 여기에 새겨진 문자는 신라어임이 분명하다는 주장이다.

보이지 않는 문자

헤이안 시대(平安時代, 794~1185년)에 살았던 한 남자가 이복 동생에게 연심을 품었다. 이 사실이 아버지에게 알려지면 몹시 곤란했다. 그래서 편지를 보내되 붓으로는 학생 신분에 맞게, 학문적인 글을 썼지만, 이면에는 각필(角筆)로 사랑의 글을 썼다. 붓에 찍힌 글씨는 선명히 보이므로, 남들 눈에는 남매간에 공부를 열심히 하는 것으로 보였겠지만, 각필로 눌러 쓴 연서(戀書)는 종이에 눌러진 자국들을 자세히 들여다보아야 알 수 있었기에, 둘만의 비밀한 사랑 이야기를 각필로 나눌 수 있었다. 비밀한 내용을 전하는 기능이 있어서 각필은 묵필(墨筆)이 쓰이기 시작한 이후에도 사용되었다. 일전에 수덕사에 있는 조선시대 법화경을 조사한 적이 있었다. 거기서 각필의 흔적을 발견한 적이 있다. 고려시대의 점토구결(點吐口訣, 각필로 점, 선을 그려서 표현한 구결) 이후에도 조선 시대에 각필이 이어졌음을 알았다.

모르는 사람은 각필을 읽어낼 수 없다. 그래서 각필문자를 '보이지 않는 문자'라 부르기도 한다. 억울하게 감옥살이를 하는 사람이 있었다. 아무리 기다려도 석방 소식이 없었다. 그래서 바깥 친척들에게 편지로 호소했다. 감옥편지는 검열을 받는다. 붓으로 자신의 잘못을 반성하며 내가 감옥에 갇혀 죗값을 치르는 것은 당연하다고 썼다. 하지만 그 뒷면에는 각필로 진심을 털어놓았다. '나는 너무 억울하다. 아무 잘못이 없다. 감옥에서 빼내어 다오' 하면서 절규했던 것이다.

일전에 스톡홀름을 방문한 적이 있었다. 그때가 노벨상 100주년 기념 때여서, 그곳에서는 임시 기념관을 열었다. 노벨상 수상자들 중, 유명 수상자들을 선별하여 특별 기념관을 만든 것이다. 그중, 김대중 대통령 특별 전시관도 있었다. 관련 물품들이 여러 가지 전시되었는데, 민주화 투쟁으로 투옥되었을 때의 유품들도 보였다. 거기에는 대통령이 부인에게 보내는 편지가 있어서 필자의 눈길을 사로잡았다. 볼펜의 잉크가 다 떨어졌던지, 편지지가 볼펜 끝으로 꾹꾹 눌러진 채 자국으로 남아있었다. 편지를 보는 순간, 소름이 돋았다. 저게 바로 현대판 각필이구나. 볼펜 잉크가 없어서 저렇게 남들이 볼 수 없도록 꾹꾹 눌러 쓴 흔적은 아닐 게다. 70년대가 아무리 암흑시대라지만, 양심수에게 볼펜조차 제대로 주지 못할 정도는 아니었을 것이다. 대통령은 아내에게 보내는 편지를 검열당하고 싶지 않았다. 보이지 않는 문자로 둘만의 이야기를 나누고 싶었을 따름이다.

2000년 여름, 성암 고서박물관에서 각필 문자가 한국 최초로 발견되었다. 초조대장경 유가사지론 권8에서 발견되었다. 각필은 여간 주의해서 보지 않으면 발견이 어렵기에 대장경에 새겨진 후, 천 년을 기다려 이제야 그 모습을 드러낸 것이다. 발견 이후, 고대 한일 문자 교류에 대한 실증적 연구가 본격적으로 시작되었다. 그 즈음 일본의 총리였던 모리가 아세안 회의 때에 김대중 대통령을 만나서 담소를 나누다가, 한국에서 고대 문자가 새롭게 발견된 사실을 아느냐 물어보았다고 한다. 박학다식하기로 유명한 김대중 대통령도 각필문자의 존재는 몰랐다. 모리 총리에게 그 말을 전해 듣고서 귀국한 후, 성암고서박물관으로 전화를 걸었다. 당시에 필자와 구결학회 관계자들은 성암 선생과 함께 박물관에서 조사에 몰두하고 있었다. 성암 할아버지께서 빙그레 웃으면서 대통령의 전화 이야기를 전해주셨다. 일본 총리와 한국 대통령이 고대 문자 이야기로 즐거운 담화를 나누었다는 사실은 멋진 일이다. 역사 문제로 갈등이 있음도 현실이지만, 함께한 역사도 적지 않은 이웃이다.

구결과 토

구결은 그 형태들도 다양할 뿐 아니라 기능도 시대에 따라 차이를 보인다. 한글토(吐)에서부터 한자토(漢字吐), 뿐만 아니라 점토(點吐)와 선토(線吐), 게다가 역독점(逆讀點), 지시선(指示線), 교정부호(校正符號), 합부선(合附線) 등등이 있다. 이에 따라 구결을 설명하기 위한 용어들도 복잡다단할 뿐만아니라 구결을 한마디로 정의하기도 어려운 상황에 놓였다. 최근의 구결 연구에 대한 상황을 한마디로 말하자면 '새로운 도전에 직면'해 있다고 할 것이다. 새로운 자료들이 대량으로 발견되기 전까지만 하여도 구결의 기능을 정의하기란 그다지 어렵지 않았다. 가령, 김수온이 쓴 능엄경언해(楞嚴經諺解)의 발문(跋文)에는 "친가구결 정기구두(親加口訣 正其句讀)"란 구절이 있다. 세조(世祖)가 직접 구결을 달아서 구두(句讀)를 바로잡았다는 뜻인데 이에 따라 구결은 '구두(句讀)' 즉, 끊어 읽기의 역할을 하였음을 알 수가 있다. 또한 구결이라는 말이 '입겿'으로도 언해(諺解)되었다. 제법 잘 알려진 용례를 들자면 "재(哉)는 입겨체 쓰ᄂᆞᆫ 자(字) ㅣ라(월인석보 서문 9장)"인데 이것을 통하여 우리는 '입겿'이 한문의 허사에 대응됨을 안다.

세종 실록에는 "석태종 명권근 착오경토(昔太宗 命勸近 著五經吐)"라는 구절이 있다(1428년 세종10년). 태종 임금이 권근이라는 신하에게 명령하여서 오경의 토를 붙이라고 한 것이다. 또한 '토(吐)'를 풀이하기를 "범독서 이언어 절구두자 속위지토(凡讀書 以諺語 節句讀者 俗謂之吐)"라 하였다. '절구두(節句讀)'는 '정기구두(正其句讀)'와 그 의미가 상통하므로 구결이 토와 유의어 관계에 있었음을 알 수 있게 한다.

이러한 용례들을 근거로 구결의 뜻을 풀이하자면, 구결이란 '입겿'이라고도 할 수 있고 '토'라고도 할 수 있겠다. 말하자면, 구결은 한문의 구두 기능과 허사의 기능에 대응하는 우리말의 조사나 어미로서 한문을 우리말로 이해하기 위한 표기수단이다. 구결과 비슷하게 쓰인 토라는 말은 현대국어에서 문법 용어로 정착이 되어 조사나 어미를 아우르는 말로 사용하고 있거니와 '입겿'이라는 말도 구결과 거의 동의어 수준으로 사용하는 경향이 있다. 이에 나아가 구결의 어원을 '입겿'으로 간주하기에 이르렀는데 구결은 순우리말인 '입겿'을 한자로부터 차자하여 표기한 것에 지나지 않는다는 뜻이다. 여기에는 그만한 이유가 있기도 하겠지만 고민해야 할 대목도 없지 않다. 사실 구결이란 말 자체를 입겿의 한자어라고만 보기는 어렵다. 구결이라는 말을 중국에서도 사용했었기 때문이다.

구결과 구수비결

선종의 육조(六祖)인 혜능(慧能) 조사(祖師)가 구결을 지었다는 기록이 있다. 금강반야바라밀경 오가해 서설(金剛般若波羅密經 五家解 序說)에는 다음과 같은 구절이 있다. "의의실재 전시자 구결 부재 소중 부득 단이초소 이위강야(義意悉在 傳示者 口訣不在 疏中不得 但以銷疏 而爲講也)" 의의(義意)은 다 있으나 전(傳)하여 보이는 것은 구결(口訣)이 없으므로 소(疏) 중(中)에서 얻지 못하니 소(疏)를 녹임으로써 강(講)으로 삼으니라' 정도로 풀이할 수 있다. 이때의 '口訣'은 차자(借字)가 아님이 명백하다. 차자로서의 구결이라는 말이 중국에 있을 리도 만무하려니와 이 글의 마지막 부분에는 쌍림전대사(雙林傳大士)가 본문을 짓고 육조대감 선사는 구결을 지었다는 후기(後記)가 있기 때문이다.

이때의 구결은 한자어(漢字語)임에 틀림이 없다. 그렇다면 혜능(慧能, 육조대감선사)이 지었다는 구결의 실체가 무엇이었는지가 궁금하지 않을 수 없다. '傳示者 口訣不在'라고 했으니 그 실체를 직접 알기는 어렵고 다만 문맥으로 그 뜻을 풀이하자면 이것은 '법문을 이해하기 위한 구수비결(口授秘訣)의 일종이었을 것으로 짐작된다. 재미있는 사실은 우리나라도 초기의 구결일수록 '법문(法文)'을 요해(了解)하기 위한 비결(秘訣)'의 경향이 있었다.

우리 조상들은 한문의 허사에 대응하는 국어의 조사나 어미들을 점이나 선 등을 이용하여 국어로 풀이하였고 한문의 어순을 국어의 그것으로 변환하는 장치를 창안하였다. 가령, 신라시대나 고려시대 구결 자료들을 보면 자간(字間)이나 획간(劃間)에 기입된 점이나 선들은 우리말의 토에 대응하고 역독점(逆讀點, 원문에서 거꾸로 올라가서 읽으라는 지시 부호)이나 역독선(逆讀線) 등은 한문의 어순을 우리말에 맞게 바꾸는 구실을 하였다.

구결의 전승 방식도 '비전(秘傳)에서 현전(顯傳)'으로 서서히 바뀌었다. 한문을 국어로 해석해 내기 위한 초창기(신라~고려초기)의 표기 방식에는 점이나 선들이 쓰였다. 이러한 방식은 경전의 종류나 시기, 지역에 따라서 달랐으며 그 해석에 있어서도 상당한 차이가 있었다. 후대로 내려가면서 묵서(墨書)로 기입된 석독구결 자료들이 나타나는데, 이때부터 구결(口訣)의 표준화가 시작된 것으로 보인다.

구결의 표준화

각필로 새겨진 토는 육안으로 잘 보이지 않을뿐더러 같은 형태일지라도 각입(刻入)된 위치에 따라 그 기능이 다르다. 이에 비해서 붓「毛筆」의 그것은 글자가 같으면 대체로 동일한 음(音)으로 읽혔고 그 기능 또한 비슷했다. 물론, 석독구결(釋讀口訣)만 하더라도 이른바 좌토(左吐), 우토(右吐)라 하여 토의 위치에 따라 읽는 순서가 다르기는 했지만 각필구결에 비해서 표기 방식이 명시적이었다. 한글이 창제된 이후에는 구결을 한글로도 표기할 수 있게 되어서 '구결의 표준화'는 가속화 될 수밖에 없었다.

이 시기에는 아예 인쇄토(손글씨로 한문 구절 중간에 가필한 것이 아니라, 아예 목판(木版) 인쇄를 할 때에 처음부터나무에 토를 새겨 놓은 것을 말한다) 도 등장한다. 구결의 특징을 네 가지로 정리하면 아래와 같다.

첫째, 전승의 방식이 '비전(秘傳)에서 현전(顯傳)'으로 점변(漸變)하였다.

둘째, 표기의 수단으로 '각필(角筆), 모필(毛筆), 인쇄(印刷)' 등이 있었다.

셋째, 표기 하는 문자로는, 한자나, 한자 생획자, 약체자, 한자 초서체의 변용(草書를 더욱 간략하게 한 것이니, 예를 들면 '하'라는 국어의 발음을 표시하기 위하여 '丷(爲, 할 위의 초서약체자)로 적는 것), 구결문자(넓은 의미에서 이두 문자에 포함), 한글 등이 있었다.

넷째, 구결의 기능에는 '구두(句讀), 말음첨기(末音添記, 이것은 앞에서 예시한바 봄을 春音이라 표기할 때 音을 말음첨기자라고도 한다. 봄의 ㅁ자를 확인해 주는 표기이기 때문이다), 접사(接辭), 조사(助詞), 어미(語尾), 어순재배치(語順再配置)' 등이 있었다

구결은 한문을 국어로 해석해 내기 위한 것이라는 면에서 향찰 및 협의의 이두와 구별된다. 鄕札이나 吏讀(협의의 이두)는 구결과 비슷한 점도 있지만 이것들은 국어를 표현(表現)하기 위한 표기수단이라는 면에서, 이해를 위한 구결과는 다르다고 할 수 있겠다. 이미 언급한바, 구결은 문자 이외에도 점이나 선, 지시부호 등을 사용하여 한문을 우리말로 해석하고 번역할 수 있도록 고안된 고유의 '언어학적 장치'이다. 언어문화사적인 관점으로 말하자면, 구결은 '한문의 국어화' 과정에서, 우리 조상들이 중

국어와 한국어의 차이를 인식하고 이것을 극복하기 위한 '대조언어학적인 인식의 소산'이었다고 평가한다.

고려 시대의 구결

신라인들이 고안한 구결이 고려시대에도 이어진다. 고려의 석독구결(釋讀口訣) 자료가 그것이다. 여기에서는 신라인들의 받침표기나 모음표기가 더욱 발달된다. 다음은 12~13세기경, 고려시대의 석독 구결 자료이다.

過失乙/과실을(乙은 '새 을자'로 우리말 목적격 조사 '을'을 표시하는 구결로 쓰임)

皆叱/모닷 (개(皆)는 다 개 자로 석독하여 '모다'로 읽으며, 叱은 질(叱)의 한자 약체자로 우리말 자음 시옷ㅅ을 표기하는 구결, 일종의 음소문자/

淸淨ᄼᆞㄱ入灬/청정ᄒ안ᄃ로(ᄼ는 'ᄒ'로 읽으며 위(爲)의 초서 약체자에서 유래한 구결. 음절문자, ᆞ는 '아'로 읽으며 양(良)의 초서에서 유래, ㄱ은 '은 또는 ㄴ이며 은(隱)에서, 入은 'ᄃ', 灬는 '로')

是故灬/시고로

二地乙/이지를

說尸/닐올(尸은 우리말 자음 'ㄹ'를 표시하는 음소 문자인 구결)

名下/일하(下는 '하'로 읽힘, '일하'는 '잃+아'로 형태소 분석이 되며, '이름하여'로 번역할 수 있다. 고려시대 국어에서는 '이름하다 혹은 이름 부르다'에 해당하는 동사어간으로 '잃-'이 있었다.)

無垢地ᅩノ牙ᄒ/무구지여 호리며(ᅩ는 역(亦)에서 ノ는 호(乎), 牙는 리

(利), ⺌는 미(彌)에서 유래하였다)(금광명경6장21행)

여기에 보이는 문자들은 신라인들의 문자를 더욱 세련되고도 간결하게 발전시켰다. 고려 시대에 사용되었던 소리글자들인데, 대부분 음절문자이지만, 자음과 모음을 표기하는 음소 문자들도 신라에 비해서 훨씬 발전하게 된다.

음절문자의 예를 들자면, 이(以)의 초서(草書)에서 비롯된 ⺀는 /로/로 읽혔다. 위의 예문에서 우리말 조사 '-로'를 표기하고 있음을 본다. 한나라 시대의 후치적 이(以)가 기원전 1~2세기경 한반도에 유입되어, 수백여 년의 진화를 거듭한 끝에 고려시대에 이르러 우리말 도구격 조사 '-로'를 표시하는 한국의 고유의 문자로 재탄생했음을 위의 문자사 자료가 증언한다.

음소 문자들의 예를 들자면, ㄱ(ㄴ), ㆍ(ㄹ), ㆍ(아) 등이 있다. ㄱ은 隱자의 초서체에서 비롯했는데 우리말 /ㄴ/을 표기한다. 한글 '니은'에 비추어도 그 간결함이 손색없다. 비록 그 모습은 한글과 다르지만, 한글이 발명되기 수백 년 전부터 이 땅에는 자음과 모음을 표시하는 문자들이 존재했던 것이다. ㆍ는 /ㄹ/을 표기할 때에 사용되었고, ㆍ은 良의 초서체에 발달한 구결인데 모음인 /아/를 나타내었다.

고려 후기로 오게 되면, 석독(釋讀) 구결에 이어 음독(音讀)구결이 발달하게 된다. 석독 구결이란 말 그대로, 한문을 우리말로 새겨서 읽는 구결이란 뜻인데, 앞에서 언급한바, '名ㆍ'를 한자 발음대로 '명하'라고 읽지 않는다. '이름을 부르다'에 해당하는 고려시대 국어의 동사는 '잃다'이다. 그래서 잃다의 어간인 '잃-'에 연결어미 '-아'가 붙으면 '일하'가 되는데, 이것을 '名ㆍ'로 표기하되 명(名)을 음독(音讀)하지 않고 석독(釋讀)하여 '잃/名'로 새겼던 것이다.

그러나 14세기 이후부터는 이러한 새김들이 점차 사라지고 한자(漢字)를 음(音)으로만 읽는 경향이 나타났다. 구결의 한자를 음으로 읽는 구결을 음독구결이라 한다. 14세기 음독구결 자료로 대표적인 것에는 범망경보살계(梵網經 菩薩戒)라는 책이 있다. 거기에 음독 구결이 있다. 한 구절을 인용하면 아래와 같다.

聽佛ㅔ 誦一切佛ヒ 大乘戒ㅅㄴㅈㄱㅅㅆㅗㅅ(범망경 8면)

여기에 보이는 ㅔ은 /이/로 읽고, ヒ는 /ㅅ/, ㅅㄴㅈㄱㅅㅆㅗㅅ는 'ㅎ시논들 ㅎㄷ라'이다. 이것은 제법 긴데, 하나의 동사에 붙는 단일한 어미가 아니라, 여러 개의 어미가 연결된 '어미복합체'이다. 14세기 음독구결에는 어미복합체들이 많은데, 그것은 한문의 구조가 복잡한 것에 기인한다.

가령 '聽佛誦一切佛大乘戒'에서 동사는 하나가 아니다. 청(聽), 송(誦)이 모두 동사이니 여기에 어미가 붙는다. 그런데 음독구결에서는 어미가 문장의 마지막 위치에 나타난다. 그래서 문장의 끝에는 여러 가지 어미가 동사 수만큼이나 다닥다닥 붙는 것이다.

게다가 복합문인 경우, 내포문(內包文, 문장 속에 포함된 문장)과 상위문(上位文, 내포문을 포함한 문장) 간의 문법적인 관계를 표시하기 위한 문법형태들도 나타나게 된다.

'聽佛ㅔ 誦一切佛ヒ 大乘戒ㅅㄴㅈㄱㅅㅆㅗㅅ'를 간략하게 구문 분석을 하면 다음과 같다.

[聽[佛 刂 [誦[一切佛 𠃌 大乘戒] 丷 二 乙 丁] 入] 丷 ホ 厶]

가장 안쪽의 묶음을 보면, [一切佛 𠃌 大乘戒]는 '일체불, 즉 모든 부처의(𠃌) 대승 계(를)'이다. 대승 계 뒤에 붙어있는 ᄒᆞ시논/丷 二 乙 丁은 일체불 앞에 있는 동사 송(誦)에 걸리는 어미다. 동사 誦의 주어는 '佛 刂'이다.

여기까지를 정리하면, '佛 刂 [誦[一切佛 𠃌 大乘戒] 丷 二 乙 丁'은 '부처가 일체불의 대승계(를) 誦하시는'으로 해석할 수 있다.

'丷 二 乙 丁' 뒤에 붙어있는 ᄃᆞᆯ/入은 내포문과 상위문과의 문법적 관계를 표시하는 형태다. 따라서, [佛 刂 [誦[一切佛 𠃌 大乘戒] 丷 二 乙 丁] 入]는 '부처가/佛 刂 일체불의 대승계(를) 송하시는 것을'로 해석된다. ᄃᆞᆯ/入은 앞의 [佛 刂 [誦[一切佛 𠃌 大乘戒] 丷 二 乙 丁]은 상위문에서 목적어에 해당하는 성분임을 표시한다.

상위문(내포문을 포함한 문장)의 동사는 聽이며, 여기에 붙는 토가 ᄒᆞᄃᆞ라/丷 ホ 厶이다. 聽의 주어는 여기에 보이지 않는데, 문맥상으로 '십육 대왕'이다.

이상을 정리하면, [聽[佛 刂 [誦[一切佛 𠃌 大乘戒] 丷 二 乙 丁] 入] 丷 ホ 厶]는 '부처가 일체불의 대승계(를) 암송하는 것을 (십육 대왕이) 듣더라'로 해석된다.

다소 복잡해 보이지만, 고려시대의 승려들은 이러한 복합어미체를 이용해서, 불교 경전의 원문을 우리말로 정확하게 옮겼다.

그 외에도 붓을 사용하지 않고 각필을 이용하여, 종이에 점 또는 선을 그려서 구결을 표시한 경우도 있다. 이러한 것들을 점토구결이라고도 하는데, 11세기 고려시대에 간행되었던 초조대장경(현재의 팔만대장경은 13세기경 두 번째 만든 것인데, 이보다 앞선 11세기 무렵 한국에서 처음 간행한 대장경을 가리킨다)에서 점토 구결이 다수 발견되었다.

예를 들어, 초조대장경유가사지론 제3권에는 글자 안과 밖에 여러 가지 점(點)이 찍혀있는데, 그것은 구결을 표시한 것이었다. 설명의 편의상, 한자(漢字)를 네모라 표시하고 한자에 찍힌 점들을 좌표로서 표시해 보면 아래와 같다.

유가사지론 권3 점토의 위치표시도(해독표)

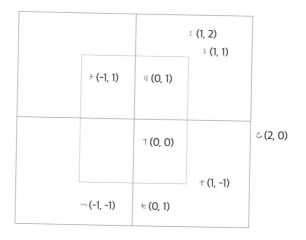

물론, 위의 해독표는 실제 존재하는 것이 아니다. 필자가 점토구결이 보이는 자료들을 검토한 결과, 귀납적으로 만든 해독표이다. 위의 점 표시 중에서 8개는 각필자를 이용하여 확인한 것이다. 유가사지론 권3에는 점에 대응하는 구결자(口訣字)를 표시해 놓은 경우가 있어서 이것을 바탕으로 해독표의 정확을 기할 수 있었다. 이러한 점토구결은 신라시대에도 있었으며, 이것을 고려가 계승한 것이다. 유사가사지론 계통이나 화엄경,

법화경 등에서 점토 구결들이 발견되었다.

조선 시대의 구결

고려시대의 구결은 신라의 전통을 이어받아, 음절문자의 수준으로 체계화 하였다. 이것이 조선 시대에 와서는 한글의 발명과 이어지면서 새로운 한글 문체를 발전시키는 산파(産婆)가 되었다. 조선은 유교 국가인 만큼, 관리(官吏)로 출세하려면 수많은 유서(儒書)들을 읽어야만 했다. 그래서 조선에서 태어난 아이들은 철이 들자마자 어려운 한문 책을 끼고 살았다. 한문은 끊어읽기가 힘들고, 어렵게 끊어 읽었다 하더라도 문장 속에서 끊어진 구절이 앞뒤 문맥에서 어떠한 문법적 역할을 하는지에 대한 인지능력이 없으면 해석이 빗나가기 일쑤였다.

이러한 어려움의 구원자가 바로 구결(口訣)이었다. 구결문은 한문과 달리, 끊어읽기가 되어있고, 끊어진 구절들이 문맥상황에서 어떠한 역할을 하는지는 토(吐, 조사와 어미)가 달려있어서 그것을 보고 원문의 완벽한 해석에 도달하였다. 그래서, 조선의 선비들은 어릴 때에 구결을 철저히 배웠다. 가령, 당시의 아동들이 필수적으로 읽어야 할 책 중에서 동몽선습(童蒙先習)이라는 게 있었다. 동(童)은 아이라는 뜻이고 몽(蒙)이란 여기서 '어리다(어리석다)'라는 새김인데, 글자를 깨우치지 못한 아이들을 가리키니, 동몽선습이란 제목 그대로 '아이들이 먼저 익혀야 할' 책이다. 여기서 일절을 인용해 보면 다음과 같다.

天地之間萬物之中厓 唯人伊 最貴爲尼 所貴乎人者隱 以其五倫也羅

아이들이 이렇게 복잡한 글부터 읽어야 한다는 것이 슬프지만 당시의 공용어가 한문이었기 때문에 어쩔 수 없었다. 그나마 구결이 있어서 다행이다. 만일 구결이 없고 한문만 있었더라면, 불쌍한 아이들은 해석을 하기 위해서 끊어읽기부터 했어야 했다. "天地之間萬物之中唯人最貴所貴乎人者以其五倫也" 다닥다닥 붙어있는 한자들을 보면서 아이들은 숨부터 턱턱 막혔을 것이다. 그나마 구결이 있어서 끊어읽기의 어려움이 해소되었고 끊어진 구절이 문맥 상황에서 어떠한 역할을 하는지 알게 되었다.

천지지간 만물지중애(天地之間萬物之中厓)에서 애(厓)는 언덕이라는 뜻이 아니다. 구결로 사용되었는데 처소격 조사 '-에'에 해당한다. '하늘과 땅 사이의 만물 중에'라는 뜻이다. 유인이 최귀ᄒ니(唯人伊 最貴爲尼)에서 이(伊)는 주격 조사 '-이'이다. 爲尼는 'ᄒ니'로 읽는다. '오직 사람이 가장 귀하니'라는 뜻이다. 소귀호인자는(所貴乎人者隱)에서 隱은 '숨는다'는 뜻으로 쓰인 것이 아니다. '-은/는'을 표시하는 구결이다. '-은(隱)'의 이러한 쓰임은 이미 신라시대부터 있어왔으니, 구결의 전통이 얼마나 뿌리 깊은지 알겠다. '사람이 귀한 바는'이라는 뜻이다. 이기오륜야라(以其五倫也羅)에서 라(羅)도 구결이다. '오륜이 있기 때문이다'라는 뜻이다. 조선의 아이들은 철들자마자 오륜부터 배웠다. 인간이란 무엇인지에 대한 이해가 선행되지 않으면, 어떠한 실용적 지식도 악용될 소지가 있겠기 때문이었다. 이런 점에서 조선 시대 교육의 보편성이 인정되지만, 문제는 한문이 너무 어렵다는 데에 있었다. 문자와 문법을 익히는 데에 평생을 보낼 운명이었다. 그나마 구결이 있어서 한문보다는 끊어읽기나 해석의 문제가 쉬워지기는 했지만, 여전히 길은 멀었다.

구결에서 한글로

세종 대왕이 1443년에 한글을 발명한 후, 3년이 지나서 1446년 10월 9일에 한글을 온 국민들에게 공표했다. 공표한 방법은 '훈민정음(訓民正音)'이라는 책을 만들어서 그 책을 사람들에게 나누어 준 것이다. 그러니까 한국의 국경일인 '한글날'은 한글을 발명한 날을 기념한 것이 아니라, '훈민정음'이라는 책을 만들어서 사람들에게 나누어 준 날을 기념한 것이다. 여기에 대해서 사람들은 의구심을 가질 수 있다. 한글날이란 으레 한글을 만든 것을 기념해야 하는 게 옳지 않겠느냐는 생각이다. 아무리 좋은 것이라도 발명은 개인에 머문다. 그것을 일반 사람들에게 널리 알려서, 누구나 편리하게, 그것도 완전 무료로, 영원히, 차별 없이, 평등하게 쓸 수 있음을 선언한 날이 민족적으로 더 큰 의미가 있지 않겠는가.

또 다른 의심이란 '훈민정음(訓民正音)'이라는 책에 있다. 알다시피 훈민정음이란 한글이 어떤 원리에 의해서 만들어졌고, 한글 자모에 이러이러한 것들이 있어서 자음과 모음을 어떻게 활용하면 잘 쓸 수 있는지를 설명한 책이다. 그렇다면 당연히 이것은 한글로 쓴 책이어야 할 것이다. 하지만, 훈민정음은 한문(漢文)으로 씌어졌다. 이게 어찌된 일인가? 한문의 어려움을 극복하기 위해 한글을 만들었는데, 그 한글을 처음으로 설명하는 자랑스러운 책이 한문으로 씌어졌다니?

문제는 '처음으로'에 있다. 한글 책이 배포되기 전까지 일반 사람들은 한글이 무엇인지 몰랐다. 당시의 공용문자가 한자이었음은 당연하다. 한글을 모르니 한글을 한문으로 설명할 도리 외에는 없었다. 그리하여 세종은 훈민정음을 한문으로 쓴다. 2권으로 이루어진 것인데, 제1권은 세종이 직접 쓴 것이고 제2권은 세종과 집현전 학자들이 함께 연구했던 '한글 사용법'을 정인지가 대표 집필하였다. 세종은 한문으로 쓰더라도 독자들이 가장 잘 읽을 수 있도록 최대한 쉽게 썼다. 물론 현대인들 입장에서는, 세종이 아무리 쉽게 썼다 할지라도, 원문이 한문(漢文)으로 되어있고, 문자와 언어에 관한 심오한 원리들을 설명한 책이라 마냥 쉽지만은 않다.

그리하여, 한문으로 된 원문을 구결로 풀었다. 이미 언급한바 있듯이 한문보다는 구결문이 훨씬 쉽다. 그 다음으로는 구결문을 바탕으로 이것을 언해(諺解, 우리말로 풀이함)하였다. 여기서 첫문장을 인용해 보면 다음과 같다.

國之語音異乎中國與文字不相流通

이것을 처음 본 독자는 숨이 탁 막힐 것이다. 말로만 듣던 훈민정음이 첫 문장부터가 이렇게 어렵다니? 하지만 이것을 구결로 풀어놓으면 좀 쉬워진다.

國之語音이 異乎中國ᄒ야 與文字로 不相流通ᄒᆯ씨

앞에서 구결은 伊(이), 隱(은)처럼 한자를 이용한 것으로 알고 있었는데, 여기서는 한글로 되어있다. 결론부터 말하자면, 어떤 문자로 표현되더라도 토(吐, 조사와 어미)로 쓰이면 구결이다. 한자 구결이든 한글 구결이든 모두 구결이다. 그러니까 한자로 씌어져도 우리말 조사나 어미를 표시하면 구결이다. 가령 隱(은)이 한자 약체자인 ㄱ(은)으로 되어도 구결이요, 이것을 한글인 '-은'으로 표현해도 구결이다.

왜 그런가? 구결 문자는 소리글자이기 때문이다. 뜻에서 해방된 소리

글자는 형태보다 기능이 중요하다. 라(羅)로 쓰든, 'ㆍ'로 쓴든, 소리값이 /라/로 동일하다면 같은 소리글자다. 은(隱)으로 쓰든, ㅣ으로 하든, 'ㄴ'으로 하든, 발음이 /n/으로 약속되어 있으면 모두 같다. 그러니 소리글자인 구결이 한자이든, 한자약체자이든, 한글이든 편리한 대로 적어서 쓰면 그만이다. 구결은 문자보다 문법 기능이 요체다. 세종은 재치 있게 한자 구결을 한글 구결로 바꾸었다. '伊'로 쓰든 '이'로 하든 '주격 조사'를 표시하는 그 기능은 같다. 복잡한 伊보다는 '이'가 편리한 것이다. 구결문(구결이 달린 문장)이 한문보다는 쉽지만, 이것을 언해문(우리말로 번역된 문장)으로 바꾸면 그 느낌이 사뭇 다르다.

나랏말ㅆ미 듕귁에 달아 문쫑와로 서르 ㅅ맛디 아니홀ㅆㅣ

이것은 15세기 국어라 현대인 보기에 까다로운 면이 있지만 '國之語音이異乎中國ᄒ야與文字로不相流通홀ㅆㅣ'보다는 훨씬 쉽다. 끊어읽기와 토가 달려있다 할지라도 여전히 한문에 대한 지식이 없으면 불가해 하기 때문이다. 한글로 된 문장은 500여 년 전이라, 현대국어와 다르긴 해도, '나랏말ㅆ미'는 '나라의 말씀', 즉 '우리나라 말'을 뜻하는 것이구나 하는 추리가 가능하다. 듕귁은 좀 이상한 발음이긴 해도 '중국'을 옛사람들은 저렇게 발음했구나 정도로 이해할 수 있고, 문쫑는 문자다. 'ㅅ맛디'는 사라진 옛말이라, 여기에 대해서는 국어사 공부가 필요하다. 오늘날, '사무치다'라는 말에 어느 정도 그 의미가 남아있기는 해도, 이것으로 'ㅅ맛디'의 뜻을 추론하기는 쉽지 않다. 이것은 '통하다'라는 뜻이다.

이에 따라 '나랏말ㅆ미 듕귁에 달아 문쫑와로 서르 ㅅ맛디 아니홀ㅆㅣ'는 '우리나라 말이 중국과 달라서 문자가 서로 통하지 아니하므로' 정도로 해석해 낼 수 있다. 그러니 구결문인 '國之語音이異乎中國ᄒ야與文字로不相流通ᄒᆯᄊᆡ'보다 한글이 얼마나 쉬운가. 이것을 한문인 '國之語音異乎中國與文字不相流通'와 비교할 때에 한글이 얼마나 혁명적으로 쉬운지를 느낀다.

세종은 이처럼 한글을 단계적으로 설명했다. 처음에는 한문으로 적고 이것을 다시 구결문으로 바꾸고 최종적으로는 한글에 도달했다. 이런 까닭에 15세기 당시의 한글 문체는 구결문의 영향을 받게 되었다. 구결문은 신라 구결을 거쳐서, 고려시대의 석독 구결에 이르러서는 한문이 거의 우리말로 번역된 모습이었다. 문자가 비록, 한자 혹은 한자 약체자, 초서(草書), 한국에서 만들어진 한자, 구결자 등등으로 다양했지만, 그러한 구결로 만들어진 구결문은 우리말을 표현하는, 일종의 번역문이었다. 이러한 번역의 전통이 한글의 발명으로 인하여, 언해문에까지 이어져, 15세기 중세국어의 새로운 한글 문체로 재탄생하게 되었다. 그러니 구결문이란 한문 해석을 위한 보조적 도구에 머물고 만 것이 아니었다. 구결문에 이어진 언해문의 전통은, 훗날 19세기말 개화기 때에 언문일치(言文一致) 운동이 일어날 당시에, 새로운 한글 문체를 모색하던 유길준에 의해서 '서유견문(西遊見聞)'이라는 책에서 부활한다. 유길준은 서유견문(西遊見聞)을 쓰면서 새로운 국한문 혼용체를 실험하였는데, 그 책의 서문에서 이것은 전혀 새로운 것이 아니고 언해문의 전통을 이은 것이라 했다. 신라에서 비롯한 구결이 석독 구결을 거쳐서, 한글 구결문이 언해문의 바탕이 되고, 이것이 또한 개화기 한글 운동 시기에서 새로운 한글문체로 계승이 되었으니, 한국의 문자사에서 구결의 전통이란 참으로 길었다.

한글 구결과 언해문

유교 국가였던 조선에서는 사서(四書), 즉 논어, 맹자, 대학, 중용 등의 한글 번역을 소망하였다. 하지만 이것이 쉬운 일은 아니었다. 논어(論語)가 한국에 소개된 것은 아주 오래 전이다. 기원전 1세기 무렵, 낙랑 시대에 논어의 구절이 적혀있는 죽간(竹簡, 대나무를 가공하여 그 표면 위에 글을 쓸 수 있도록 만든 것)이 평양 정백동 364호 고분에서 출토되었다. 삼국시대의 것으로는 인천 계양 산성에서 출토된 논어 목간이 있으며, 김해 봉황동에서도 논어를 쓴 목간이 발견되었다.

논어는 알다시피 공자의 어록으로 한문 학습을 위해 널리 사용되었던 교재다. 삼국 시대의 유학은 충, 효 등 윤리 규범을 장려할 목적이었으며, 백제는 오경 박사를 두고 유교 경전을 연구하였으며, 신라는 신문왕 때에 유교 교육기관인 국학을 설립하여 논어를 가르쳤다. 천년 이상의 역사가 있었지만 논어 20권 전부가 우리말로 완역된 것은 기원전 1세기로부터 1600여 년이 지난 1590년에야 가능했다. 만력 16년 7월이라는 내사기(內賜記, 왕이 하사한 책이라는 기록)가 적혀 있는 논어언해는 임진왜란도 견디고, 6.25 동란도 피해서, 보존이 되었다.

퇴계 이황 선생의 학맥을 이어가는 도산 서원에서 보물처럼 간직한 이 논어언해는 4책이 완전히 보관되었다. 이미 언급한바 있듯이 태종 때에 권근에게 명하여 오경에 구결을 달라고 했고, 세종 때에도 그러한 시도가 있었지만 선조에 이르러서야 구결이 완성되고, 이에 따라 언해문이 완성되었다. 논어에 전면적으로 구결을 단다는 것은 쉬운 일이 아니었다. 구결이 달라면, 달린 구결에 따라서 경전이 해석된다. 그런 까닭에 구결이 다르면 경전의 해석이 달라진다. 그래서 실록의 기록을 보면, 왕이 신하와 함께 공부를 하다가, 구결이 다른 신하들을 서로 토론케 하여 이긴 편에 술상을 하사했다는 이야기도 전한다. 보다 정확한 구결을 달았다는 것은 그만큼 경전의 해석을 정확하게 했다는 뜻이니, 왕의 술잔을 받을 자격이 주어졌다. 또한 경전이 과거시험 과목이었으므로 스승이 가르쳐 준 구결이 과거시험에서 유불리 문제에 휩싸일 수 있다. 달리 말하자면, 경전의 구결을 정하는 것이 학파(學派)의 운명을 건 한판 승부이기도 했다.

16세기는 조선 유학이 무르익을 때였다. 대표적으로 율곡학파와 퇴계학파가 있었다. 율곡은 서인(西人)으로 분류되고 퇴계는 동인(東人) 계열이다. 동서(東西) 간 경쟁이 치열했던 만큼 후학들은 스승의 구결을 논어의 기준으로 정하고 싶었다. 구결 책임자를 임명하는 것은 왕의 권한이다. 선조는 미암 유희춘을 총애했다. 미암 일기로 유명한 그는 실록 사초가 임진왜란으로 망실되었을 때, 역사를 복원하는데에도 많은 도움이 되었던 유명한 일기다. 선조는 미암을 책임자로 삼았지만, 그당시 미암은 사서 번역이라는 중차대한 일을 직접 추진하기에는 너무 노쇠했다. 그는 왕에게 율곡을 천거했다.

율곡은 신동으로 네 살 때에 이미 역사서 사략(史略)을 배우기 시작했는데 스승보다도 토를 더 잘 달았다는 이야기가 전해질 정도로 영특했다. 임진왜란을 예언하고 십만 양병설로도 유명하지만 시호가 문성(文成)일 정도로 대단한 학자였다. 왕명을 받들어 죽을 때까지 경전의 언해에 몰두했지만, 결실을 보지 못했다. 한편, 정계의 중심이 서인에서 동인으로 넘어가게 됨에 따라 퇴계의 문하생이었던 이산해가 책임을 맡게 된다. 사육신 중의 한 명인 이개의 후손으로 영의정까지 지낸 동인(東人)의 수뇌부였다. 퇴계 이황은 이산해의 스승 중, 한 사람이었는데 이산해는 율곡이 퇴계의 이기이원론에 비판적인 태도를 보고 못 마땅히 여겼다. 그런 까닭에 이산해는 율곡의 구결을 계승하기보다, 이황의 해석을 중시했을 것으로 보인다.

1590년에 사서언해가 완성되고 선조가 그 책들을 전국으로 배포하자, 그 이후로는 이산해의 책임 하에 완성된 구결이 경전 해독의 표준이 된다. 논어언해는 구결문이 있고 그 다음에 언해문이 따른다. 논어언해의 한 문장을 인용하면 아래와 같다.

有유朋붕이 自ᄌ遠원方방來리면 不불亦역樂락乎호아

한자가 나오고 그에 대한 한글 발음이 적혀있다. 그래서 한글만 알면 누구나 논어를 읽을 수 있도록 배려하였다. 거기에다가 한글 구결을 달았다. 끊어읽기와 해석의 편의를 위함이다. 구결문 다음에는 언해문이 이어졌다.

버디 遠원方방으로브터 오면 ᄯᅩ혼 즐겁디 아니ᄒᆞ랴

그러니까 구결문에 따라서 언해문이 결정되었다. 이른바, 관본(官本, 관청에서 발행하였으므로 국가의 기준이 되는 책) 논어는 1590년 선조 임금 이후로, 이산해가 책임자로 됨에 따라 동인(東人) 계열의 해석이 조선의 주류로 되었다.

처음에는 서인(西人)의 정신적 지도자였던 율곡 선생의 학맥이 이어지나 싶었는데, 단명한 탓으로 필사본만 남기고 출판을 못했으니 문하생들은 이를 얼마나 안타까워했겠는가. 그런 까닭인지 율곡의 논어언해는 오랫동안이나 잊히지 않았다. 율곡의 제자였으며 예학의 대가였던 사계 김장생이 율곡의 언해로 제자들을 양성하여 율곡의 구결은 끊이지 않고 서인(西人) 계통의 학맥으로 이어졌다. 교정청(선조 17년, 1584년에 설치한 경서교정청(經書校正廳))에서 논어언해가 나온지, 165년이 지난 1749년에 이르러서야, 서인의 계보를 이은 노론(老論)의 홍계희가 율곡의 필사본을 입수하여 교서관(校書館)에서 논어언해를 간행하였다.

율곡은 죽기 전에 사서의 구결을 모두 달고, 언해를 마쳤음에도 불구하고, 이것이 왜 교정청에서 출판되지 않았을까? 이것은 아직도 역사의 미제 사건으로 남아있다. 동인 서인이라는 학풍의 차이뿐 아니라 당시 서인의 거두였던 정철과 동인의 중심이었던 류성룡과 이산해의 정치적 역학 관계도 작용했으리라 짐작된다. 물론, 류성룡은 정철이나 서인에 대해 다소 유화적이었지만, 이산해는 달랐다.

그가 언해서를 발행하는 책임자가 됨에 따라 율곡의 유고가 빛을 발하지 못했을 가능성을 배제할 수는 없을 것이다. 그리고 언해의 태도에 있어서도 차이가 있었다. 가령, '有유朋붕이'를 동인 계열에서는 '벗이'라 해서 有를 번역하지 않았다. 하지만 율곡은 '벗이 있어서'로 해서 가능한 한, 원문의 글자를 빼놓지 않고, 원문에 충실하려는 태도를 보였다. '벗이'와 '벗이 있어'를 미세한 차이로 보고서 이렇게 하나 저렇게 하나 해석의 결과는 마찬가지라고 할 수도 있겠지만, 해석하기에 따라 그 함의가 다를 수 있다.

有를 번역하지 않고 '벗이'라고 하면, 말 그대로 누구든지 뜻을 같이한다면, 곧 친구요, 그 친구가 멀리서 찾아오면 반갑게 맞이하고 학문을 논할 수 있다는 태도로 해석되지만, '벗이 있어서' 하면, 멀리서 찾아오는 친구는 이미 알고 있는 친구라는 뜻으로 제한될 수 있다. 말하자면 붕당(朋

黨)의 뉘앙스가 짙게 깔린다.

그리고 율곡은 독특한 구결을 달기도 했다. 가령, 격물(格物)을 대개 '물(物)을 격(格)'이라 하여 물(物)이란 목적어, 즉 연구의 대상으로 해석된다. 하지만 율곡은 '물(物)이 격(格)'이라 하여 사물이 보여주는 바를 잘 관찰해야한다는 식의, 말하자면 물(物)이 스스로 주체가 되는 것이다. 앎을 추구하는 사람들이, 물을 직접 관찰하고 분석하기보다, 연구하는 주체에서 멀어지는 듯한, 자연 그대로를 강조한 듯한 느낌을 주는 것이다.

율곡은 젊은 시절 절간에 들어가 승려 생활을 하다가 환속(還俗)하였으며, 서모(庶母)의 괴롭힘을 참지 못하여 가출(家出)까지 한, 젊은 시절의 방황이 있었다. 이러한 이력들이 동인의 정치적 공세에 빌미를 제공하고 그들에게서 인간적 신뢰를 받지 못하는 계기가 되었을 것이다. 아무튼 논어 언해를 둘러싸고, 구결을 정하는 것이 수백년 동안의 당쟁 혹은, 학파의 흐름과 연관되었음을 볼 때, 선비들이 경서에 구결을 단다는 것을 얼마나 중요하게 여겼는지를, 독자 여러분들은 충분히 느꼈을 것이다.

16세기 도산서원본 논어언해를 읽어보면 구결의 세밀함에 감탄하지 않을 수 없다. 한국어는, '~하여야 한다'는 식의 '당위(當爲)', '~일 지도 모르겠다'는 '추론(推論)' 등의 양태 표현(modality)들이 다양하게 발달한 언어이다.

한문도 어조사가 있기는 해도, 한국어처럼, 화자(話者)의 심리적 태도를 언어 표현에 세밀하게 담기는 어렵다.

조선의 선비들은 논어에서 공자님께서 말씀을 하실 때, 그 심리적 태도가 무엇이었을까 하는 점이 궁금했던 모양이다. 그러한 것은 논어언해에 달려있는 구결을 자세히 들여다보면 알게 된다.

논어언해는 이미 언급한바, 구결문이 있고 이어서 언해문이 나온다.

'有유朋붕이 自ㅈ遠원方방來릭면 不불亦역樂락乎호아'라는 구결문이 있고 이어서, '버디 遠원方방으로브터 오면 쏘ᄒᆞᆫ 즐겁디 아니ᄒᆞ랴' 하는 언해문이 나오는 방식이다.

여기에서 문장의 끝에 보이는 어미를 보면 어떤 때에는 '~이니라'가 있고, 어떤 때에는 '~인뎌', 어떤 때에는 '~호리라', '~홀띠니라' 등으로 구별되어서 토가 달려있다.

이것은 임의로 달린 것이 아니다. 공자님의 말씀을 철저히 분석하고 해석해 낸 다음에, 이 말은 마땅히 행해야 하고 중요한 것이라는 결론에 도달하면, 그 내용에 합당한 토를 달았던 것이다. 물론, 중국의 사서대전(四書大全) 집주(集註)를 참고했겠지만, 한문으로는 표현불가능한 영역까지도 한국어의 세밀한 토를 이용해서, 한국의 선비들은 공자의 마음을 바라보았다.

가령, '교언영색선의인(巧言令色鮮矣人)'을 살펴보자. 원문에는 공자의 심리적 태도를 반영하는 문법형태가 없다. 하지만 한국의 선비들은 이 문장을 원칙적인 사실에 해당하는 것으로 파악했다. 그리하여 '巧교言언令령色쉭이鮮션矣의人신이니라'와 같이 '~니라'라는 토를 달았다. 이것은 화자가 '원칙적 사실'을 강조할 때 사용하는 양태 표현(modality)이다.

현대국어에서도 일상 대화에서는 잘 사용하지 않는 어미이지만 아주 없는 것은 아니다. 가령, '학생이 담배를 피우면 못 쓰느니라'에서 '~니라'는 학생이 담배 피우는 것을 원칙적으로 금지한다는 사실을 강조하려는 화자의 의지를 표시한다.

구결문에서 원칙을 강조한 것을, 언해문에서 더욱 강조한 경우도 있다. 조선은 농업국가였기 때문에 농민들의 부역에 대해서 선비들이 매우 민감해 했다. 가령, 사민이시(使民以時)라는 논어의 구절에 대해서, '使ᄉ

民민以이時시니라' 해서 民(농민)을 부릴 때에 때를 가려야 함이 원칙이라는 뜻을 강조했다. 즉, 농번기 때에 백성에게 부역을 시키면 안 된다는 점을 공자님께서도 원칙으로 생각하셨을 것으로 보았다.

이것은 농업국인 조선에 있어서 절대적 지침이다. 왕이 아무리 백성을 부려서 궁궐도 증축하고, 장마에 무너진 성을 복구하고 싶어도, 농사철에는 안 된다는 것이다. 왕의 명령에 항의할 때에 선비들을 틀림없이 공자님의 말씀을 인용하였을 것이다. 공자님의 말씀이 유교국가의 경전이니, 공자님이 하신 말씀이라면 국왕도 어쩔 수 없었던 것이다.

논어언해에 참여했던 선비들은 이 부분을 강조하고 싶어했다. 그래서 구결문에 이은 언해문에서는 이것을 더욱 강하게 표현하였다. '民을 브료딕 時로뻐 홀띠니라'에서 '홀띠니라'는 '당위(當爲)'의 양태(modality)를 표현한 것이다.

당위라는 것은 이것이 원칙에 머물고 마는 것이 아니라, 행동을 함에 있어서 마땅히 이와 같이 시행해야 한다는 뜻이다. 다시 말해서 왕이 사역을 시키고자 할 때에는 농민들의 곡진한 사정들을 충분히 살펴서 피해를 최소화 해야 한다는 조선 선비들의 강한 의지를 담은 해석이다.

구결(口訣)을 한문(漢文)의 이해를 돕기 위한 보조적 장치로만 생각하는 경향이 없지는 않지만, 이러한 사례들을 살펴보게 되면, '구결이 번역의 징검다리'였음을 안다. 논어언해를 비롯한 사서삼경(四書三經)이 중국에 머물지 않은 것은, 오롯이 구결(口訣) 덕분이다.

구결도 넓게 보면, 한자를 수용하고 이것을 변용하여 한국어의 문법형태를 표기하는 문자 체계의 일종이었다. 그렇다면, 이것을 한자의 변이로 볼 것인가? 아니면 한국 고유의 문자 시스템으로 보아야 할 것인지가 문제다.

구결에서 제기되는 이러한 문자분류학적 문제는 이두에도 해당된다. 이두를 범박하게 정의하자면, 한자를 수용한 후, 이것을 변형하여 한국어 표기에 이용한 것이다.

그렇다면 이두, 구결을 중국 한자의 변이체라고 부를 것인가? 아니면 한국 고유의 문자 체계인가? 대개 그리스 문자란 페니키아 문자에서 비롯되었다. 그리스문자의 상당부분이 페니키아의 그것과 일치를 보이고 있다. 하지만, 그리스 문자는 그리스 문자다. 그것으로 그리스어를 표현하고 그리스인 나름대로 문자를 변형하고 발전시켰기 때문이다.

이런 상황에 비추어서 이두와 구결도 한국의 문자라 부름이 마땅하다. 한자를 수용했지만, 한번 수입한 이후로는 줄곧 한국인의 문자생활에 활용했으며 그 과정에서 한국인 나름대로 수입했던 문자들을 변형시키고 발전시켜서 한국어를 표현하는 데에 사용하였기 때문이다. 게다가, 이것들은 중국인과 한국인 사이의 의사소통 도구라기보다 한국인끼리의 의사소통을 하는 수단으로 줄곧 이용되었기 때문이다.

이렇게 보면 한국의 문자사란, '한자(漢字), 이두(吏讀, 구결과 향찰을 포함한, 넓은 의미의 이두), 한글'의 변화 과정을 살펴보는 과목이라 할 수 있겠다. 다시 말해서, 한국 문자사는 조상들의 말글살이가 한자에서 한글로 이동하는 역사를 살피는 학문이다.

한자에서 한글로 바뀌는 과도기에 존재했던 것이 이두와 구결이다. 이들을 탐구하면, 한자가 어떤 과정을 거쳐서 토착화되었는지가 보인다. 이어서, 이두와 구결에는 어떤 불편함이 있었기에 한글로 이어졌는지를 분석해 보면, 한국문자사의 큰 흐름이 읽힌다.

참고문헌

犬飼隆, 2005,『木簡による日本語書記史』, 笠間書院.

高永根, 1981,『中世國語의 時相과 敍法』, 塔出版社.

國史編纂委員會, 1987,『中國正史朝鮮傳』, 국사편찬위원회.

國立慶州博物館, 2002,『文字로 본 新羅』, 학연문화사.

國立慶州博物館, 2011,『문자, 그 이후』, 통천문화사.

國立扶餘博物館, 2002,『百濟의 文字』, 國立扶餘博物館.

口訣學會 編, 2005,『漢文讀法과 아시아의 文字』, 太學社.

國立歷史民俗博物館 編, 2002,『古代日本 文字のある風景』, 朝日新聞社.

國立中央博物館 編, 2001,『낙랑』, 國立中央博物館.

國立昌原文化財研究所, 2006,『韓國의 古代木簡(改訂版)』, 藝脈出版社.

金永旭, 2007,『한글』, 루덴스.

김영황, 2006,『민족문화와 언어』, 과학백과사전출판사.

김완진 외, 1985,『국어연구의 발자취(1)』, 서울대학교 출판부.

남권희, 2002,『高麗時代 記錄文化 研究』, 淸州 古印刷 博物館.

南豊鉉, 2000,『吏讀研究』, 太學社.

도수희, 2005,『백제어 연구』, 제이엔시.

동북아역사재단 편, 2009,『古代 文字資料로 본 東亞細亞 文化 交流와 疏通』.

리득춘, 1992,『한조언어문자관계사』, 동북조선민족교육출판사.

木簡學會 編, 1990,『日本古代木簡選』, 岩波書店.

박진석, 1996,『고구려 호태왕비 연구』, 아세아문화사.

배대온, 2002,『吏讀文法素의 通時的 研究』, 경상대학교 출판부.

小林芳規, 1998,『日本の漢字』, 大修館書店.

小倉進平, 1929/1974, 『鄕歌及び吏讀の硏究』, 京城帝國大學法文學部/亞細亞文化
　　社影印.

오희복, 1999, 『리두』, 김일성종합대학출판사.

尹善泰, 2000, 「新羅 統一期 王室의 村落支配--新羅古文書와 木簡의 分析을 中心
　　으로-」, 서울대학교 박사학위 논문.

李基文, 1970, 『開化期의 國文硏究』, 一潮閣.

李基文, 1998, 『新訂版 國語史槪說』, 태학사.

이은규, 2006, 『고대 한국어 차자표기 용자 사전』, 제이엔시.

李浚碩, 1998, 「國語 借字表記法의 起源 硏究」, 高麗大學校 博士學位 論文.

정상균 외, 2001, 『국어교육이란 무엇인가』, 혜안.

퇴계학연구소, 1997, 『논어언해 색인』, 태학사.

향가 해독 이야기

김영욱

서울시립대학교

'이두(吏讀)'란 한국식 한자다. 단어의 순서를 한국어의 문장 구조에 맞게 배열하고, 명사 뒤에 붙는 조사(助詞)나 동사에 붙는 어미(語尾)들은 한자를 한국식으로 변용하여 표기한 것이다. 이두를 글자 그대로 풀이하자면, 이(吏)는 관리를 뜻하고 두(讀)는, 문자 두, 관리가 사용하는 문자다. 행정에 필요한 문서를 작성할 때에 이러한 표기가 주로 사용되었으므로, 이두라는 명칭이 붙었겠지만, 광의(廣義)로 쓰일 때에는, 향찰, 구결뿐 아니라, 석독법(釋讀法), 고유명사 표기법(固有名詞 表記法) 등을 통칭하기도 한다.

이두와 유사한 것으로 향찰(鄕札)이란 말이 있다. 글자 그대로, 시골 향(鄕), 나무 찰(札)인데 여기서 향(鄕)이란, 당향(唐鄕)의 대비적 의미가 있다. 당(唐)은 중국이고 향(鄕)은 한국이다. 찰(札)은 나무 중에서도 넓적하게 다

들어 글쓰기 좋은 것을 가리키지만 문자라는 뜻도 있다. 따라서 향찰이란 말 그대로 '한국의 문자'라는 뜻이다.

이두든 향찰이든 한자를 우리말로 새겨서 읽기도 한다. 이것을 '석독(釋讀)'이라 하는데, 가령 '春'을 춘이라 읽지만 봄이라 읽을 수도 있다. '春'을 우리말로 풀어서 '봄'이라 읽는 것이 석독이다. 석독은 훈독과 혼동할 여지가 있다. 훈독 외에도 석독이라는 말이 필요한 까닭은 다음과 같다. '같을 여(如)'는 훈(訓)이 '같다'이고 음(音)은 '여'이다. 如를 '여'라 읽으면 음독이요, '같다'로 읽으면 훈독이다.

하지만 如를 '다'로도 읽는다. 이것은 훈독이라 할 수도 없고 음독이라 할 수도 없다. '다'란 '답(다)'에서 받침인 ㅂ을 탈락시켜서 얻어졌다. '답다'도 '같다'는 뜻이긴 하다. '사람답다'고 했을 때 그 뜻은 '사람과 같다'이다. 이렇게 보면 답다의 '다'도 같다와 의미상 무관하다고 할 수는 없겠지만, '다'를 두고 훈독이라 할 수는 없다. 이처럼 한자는 음을 제외하고서도 여러 가지로 읽혔는데 그 각각을 '석독(釋讀)'이라 부른다.

훈(訓)도 석(釋) 중의 하나이다. 그렇지만 훈은 좀 특별한 석이다. 가령, 천자문을 읽을 때에 하늘 천(天), 따 지(地)처럼 한자에 딱 정해진 새김「釋」이 있다. 이를 두고 훈(訓)이라 부른다. 요컨대, 훈(訓)은 표준지석(標準之釋)이다.

고유명사 표기법은 인명이나 지명을 한국식으로 표기한 것이다. 삼국유사 권1에 신라시조인 혁거세(赫居世)를 '弗矩內(불구내)'로 읽었다는 기록이 있다. 한자로는 '赫居世'라 했지만, 신라인들은 이를 '弗矩內'로 읽었던 것이다. '*불구내'는 '붉다, 밝다'의 '불구'와 '세상'를 뜻하는 '내'가 합쳐진 이름이다. 혁거세란 '세상을 밝게 만든다'는 뜻으로, 신라어로 '*불구내'라 불렀다.

정리하자면, 한자를 이용하여 한국어를 표현한 표기법으로는 '고유명사 표기, 석독, 이두, 향찰, 구결' 등이 있었다. 이것들을 모두 아울러서, 한자와 한글과 비교될 만한 하나의 부류로 묶는다면, 이러한 차자표기(借字表記, 한자를 빌어서 우리말을 표기한 것)들을 대표할 만한 용어가 필요하다. 새롭게 용어를 창안하기보다 기존의 용어 중에서 전체를 대표할 만한 용어를 선택해서 모두 아우르는 용어로 사용하는 것도 방법이다. 한자를 빌어서 사용했던 우리말표기법을 아울러서 말할 때 '이두(吏讀)'라 부르는 것이 편리하다.

말하자면, 이두에는 협의(狹義)의 이두(좁은 의미의 이두란, 우리말 표현을 위한 이두, 한문의 이해를 위한 구결과 대립항을 이룰 때의 이두를 가리킨다)와, 광의(廣義)의 이두(넓은 의미의 이두란, 이미 언급한바 한자를 활용한 우리말 표기를 모두 아우른다)가 있다.

향가를 표기한 향찰은 이두와 근본적으로 다르지 않다. 이것 역시 한자를 변용하여 우리말을 표현한 문자에 불외하다. 다만 관습적으로 향가의 문학성을 중시하여 향찰이라는 독특함을 부여했을 따름이다. 이미 언급한 바, 향찰은 어원적으로 '한국의 문자'라는 뜻이다. 이두와 마찬가지로 석독(釋讀)도 있으며 한자를 변형하거나 변용하여 우리말 토씨를 표기할 수도 있다. 따라서 문체론적인 면에서는 향찰, 이두의 구분이 필요할 수도 있겠으나, 문자사적 관점에서, 즉 문자의 운용방식이나 한자의 변형 정도, 우리말 표기방식 등의 관점에서는 동일한 수준의 문자 체계들을 상황에 따라 명칭을 달리한 것에 지나지 않는다.

또 한 가지 짚고 넘어가야 할 사안은 향가 자료의 진실성에 관한 것이다. 향가는 삼국유사에 14수가 전해지는데, 거기에 기록된 향가가 과연 신라 시대 당대의 언어를 제대로 반영하고 있는가에 대한 의구심이 있었다. 국어학계의 보수적인 견해로는 신라 이두가 8세기 무렵에 완성된 것으로 보는데, 예를 들어 서동요는 진평왕 때의 노래이니, 여기에는 200여 년의 시간차가 있다. 다행히 최근에 월성해자에서 출토된 목간에서 이두가 발견되어, 6세기 무렵에도 신라인들은 한자를 이용하여 신라어를 표기할 수 있었다는 사실을 알게 되었다.

목간에 보이는 이두의 표기에 비해 향가의 표현들이 매우 다채롭다는 점이 문제이긴 하다. 차이에 대한 해명이 본격적으로 탐구된 바도 없다. 이를 차후의 과제로 남기고, 이 글에서는 월성 목간에 보이는 이두를 근거로 삼아 6세기에도 신라인들이 향가를 기록하기에 전혀 불가능한 것은 아니었다고 하고서는, 향가에 관한 몇 가지 이야기를 전개하기로 하겠다.

일본인들이 신라 향가를 최초로 연구한 이유는 무엇일까

삼국유사에 신라 향가 14수가 전해지고 균여전(均如傳)에도 11수가 실려 있다. 예종이 1120년에 개국공신 신숭겸, 김락 장군을 추모하여 지었다는 도이장가(悼二將歌)를 마지막으로 향가는 더 이상 후세에 전하지 않는다. 이처럼 향가는 수십 수에 불과하지만 이것을 기록한 향찰 표기는 신라인의 문자 생활을 이해하는 데에 중요하다.

한편, 불교 사상에 뿌리를 두고 괴력난신(怪力亂神), 신이(神異)로운 이야기를 담았던 삼국유사는 곧 한국의 주류 사회와 멀어졌다. 괴력난신은 말하지 않는다는, 공자의 말씀에 뿌리를 둔 유학자들이 유사를 이단시하였던 것이다.

훗날에 일본인들이 삼국유사를 재조명했다. 일본에는 8세기에 성립된 고전시가집인 만엽집(萬葉集)이 있었다. 여기에 실려 있는 언어 자료들이 일본 고유의 언어를 반영하고 있는 것으로 보았다. 그런데 만엽집의 화가(和歌, 일본 노래)와 삼국유사의 향가(鄕歌, 신라 노래)는 비교가능한 수준의 유사성이 있었다. 인도의 산스크리트 어가 유럽 언어의 기원을 밝힘에 있어서 중요했듯이, 향가를 일본어의 계통을 규명하는 중요자료로 인식했다.

그리하여 1904년 동경제국대학에서는 삼국유사를 근대적인 활자본으로 출판한다. 이에 아유가이 후사노신(鮎貝房之進), 가나자와 쇼자부로(金澤庄三郞), 오구라 신뻬이(小倉進平) 등, 당시의 쟁쟁한 학자들이 향가 해독을 통해 신라어 연구에 착수했다.

이러한 학풍은 당시 세계적으로 유행했던 제국주의 언어학의 한 특징이기도 했다. 18세기말 동인도 회사에 고용된 한 법률가가 인도의 현인들(pundits)과 교유하면서 산스크리트어를 배우게 되고, 신성한 언어로 여겨졌던 범어(梵語)가 고전어인 희랍어와 라틴어 그리고 이것이 영어에까지 이어진다는 가설을 세웠다. 당시에 영국은 군사적으로 강대국이었지만 섬나라로서 고립된, 나름의 열등감을 지닌, 말하자면 고대문명과는 거리가 먼 야만에서 출발한 것으로만 생각했던 그 시절에, 윌리엄 존스라는 소장 학자가 주장한 인도유럽어 가설은 제국주의 영국 당국의 관심을 끌기에 충분했다.

그는 따분한 법률 공부보다 영국인이 고대부터 문명권에 속해 있었음을 입증하는, 말하자면 영국의 인도 식민지화를 정당화하는 지적 모험을, 인도 총독의 후원도 받고 값싸게 부릴 수 있는 인도의 고급학자들을 활용하여, 마음껏 누렸던 것이다.

인도유럽어 가설은 무엇보다도 독일인들을 열광시켰다. 늘 로망스어 (이탈리아어, 프랑스어, 스페인어, 포르투갈어 등등) 계열의 국가들에 대해, 로마 문명권 밖이었다는, 바바리안의 열등감이 있었던 그들은, 신성한 민족이었던 아리안족과 스와스티카로 상징되는 산스크리트어가, 자신의 조상이며 조상 언어이었다는 가설에 빠졌던 것이다. 그리하여 인도유럽어 연구는 영국인들이 시작했지만, 제국주의 독일에서 가장 활발히, 그리고 가장 정교히 연구되었다. 독일은 19세기부터 20세기 초반까지는, 언어학이 가장 발달한 나라, 언어학 연구의 메카였다.

로제타 돌과 신성문자 해독의 열쇠

언어학이 세계적으로 유행하던 시기에 또 하나의 인문학적 과제는 미지의 문자에 대한 해독이었다. 그 중심에는 '로제타 돌'이 있었다. 나폴레옹이 이집트 원정 당시에 그의 군대가 로제타라는 마을에서 이집트 신성문자가 새겨진 비석을 발견한다. 화강암 석판인 그것은 750kg, 높이 114cm, 폭 28cm 정도의 조그마한 돌이었다. 하지만 이것의 해독이 '고대 이집트학'의 출발점이 되었다.

석판의 비문이 세 가지 언어로 되어있었기 때문이 해독에 도전할 만했다. 상형문자가 맨 위에 있고, 그 아래에 데모틱이라는, 말하자면 초서체가 씌어있고, 다음으로 고대 그리스 문자가 새겨져 있었다. 그것은 비문이 새겨질 당시의 이집트 지배자가 알렉산더 휘하의 장군 후손인 그리스계통의 마케도니아인이었기 때문이다. 그리스어가 먼저 해석이 되자 상형문자에 적힌 내용이 무엇인지를 짐작할 수 있게 되었고 이것을 해독의 출발점으로 삼았다.

미지의 문자에 대한 해독이란, 이것과 대응되는 자료가 존재해야 하고, 대응 자료는 현대인이 충분히 이해할 수 있도록 해석 가능한 문자이어야 했다.

향가의 해독 방법도 근본적으로는 이와 다르지 않다. 향가에 대응하는 자료를 찾아내고, 그 대응 자료는 현대국어로 번역 가능한 것이어야 했다.

알다시피 유사에 기록된 향가는 6~9세기의 향찰 문자이어서, 20세기 학자들이 이것을 직접 해독하는 것이 당시로서는 불가능했다. 해독의 열쇠는 향가의 대응 자료들을 찾는 데에 있었다.

한편, 로제타 비문의 해석은 그리스어에 대한 해독으로 거기에 적힌 이집트 상형문자의 내용은 알고 있었지만, 그것으로도 충분하지는 않았다.

가령, 월명사의 도솔가에는 한역시가 전한다. 한시는 오늘날에도 해석이 가능하므로 도솔가의 내용이 무엇인지는 알고 있다. 뒤에 상술하겠지만, 그것만으로 향가 해독을 정밀히 해내기는 어려웠다.

내용을 대략 알 수 있다는 것이 해독에 큰 도움을 주지만, 그것보다는 더욱 확실하고 분명한 단서가 필요했다. 이집트 상형문자 해독의 결정적인 열쇠는 비문에서 여러 개의 상형 문자를 감싸고 있는 타원형의 외곽선에 있었다.

로제타 돌을 처음 발견한 프랑스 군인들은 그 형태가 탄창을 닮았다하여 '카르투시(cartouches)'라 불렀다. 토마스 영(1773~1829)이라는 영국학자는 비문의 내용에 대한 이해를 바탕으로, 비문에는 반드시 '프톨레마이오스'라는 이름이 들어가야 한다는 가설을 세웠다.

그는 한자의 외래어 표기 방식에서 해독의 힌트를 얻었다. 한자도 상형문자이지만 외국인 이름을 적을 때에는 발음대로 철자화 할 수밖에 없다는 점에 착목했다. 비문은 프톨레마이오스 시대의 기록이다. 따라서 비문 속에는 프톨레마이오스라는 단어가 반드시 존재한다고 확신하고서, 프톨레마이오스라는 이름이 알파벳 방식으로 철자화 했을 것이라 가정했다.

그의 이름이 카르투시 속에 새겨져 있음에 분명하다는 것이다. 이러한 가설이 이집트 문자의 해독에 결정적인 영향력을 발휘했다. 비문 외에도, 수많은 오벨리스크, 신전 벽에 새겨진 카르투시들을 비교하게 된다. 프톨레마이오스를 비롯하여, 클레오파트라, 카이저 등 문자에 새겨질 만한 고유 명사들을 가정하고서 여러 자료들을 비교해 가면서 신성문자에 새겨진 이집트 알파벳들을 탐색하기 시작했다.

토마스 영에서 시작된 해독의 성과는 프랑스 학자인 장 프랑수아 상폴리옹(1790~1832)에 의해 완성되었다. 19세기 초엽 영국과 프랑스라는 두 제국이 국가의 자존심을 걸고서 문자 해독 전쟁을 벌였는데 결과는 프랑스로 돌아갔다. 하지만 나폴레옹에 의해 알렉드리아로 옮겨놓은 로제타 돌은 영국인들이 훔쳐가서 이제는 대영박물관에 전시되었다. 이집트관의 한 모퉁이에 전시되어 있었던 그 돌은 필자가 방문했을 당시에는 진품으로 기억된다. 화강석이라 했지만 검은색이었고, 돌이 생각보다 크지 않아서 놀랐으며, 비문의 상태도 생각보다 훨씬 선명하여 놀란 기억이 있다.

향가의 해독

향가도 연구 초기에는 그 해독이 쉽지 않았다. 문자를 해독하기 위해서는 다음과 같은 조건을 갖춘 비교 자료가 필수적이었다. 첫째, 해독 대상 자료와 동일한 내용의 글이 다른 문자로 기록이 되어 있어야 한다. 둘째, 비교 자료는 현대어로 완전하게 해석할 수 있어야 한다.

신라 향가 14수 중에서 위의 두 가지 조건을 만족하는 것은 처용가(處容歌)였다. 한글로 기록된 고려가요 처용가가 전해지기 때문이다.

이에 가나자와 선생이 1918년, 처용가에 대해서 처음으로 해독을 시도하였다. 처용가의 경우는, 도솔가와 달라서 향가의 구절 일부가 중세국어로 적힌 고려가요와 1:1로 대응하는 양상을 띠기 때문이었다.

말할 것도 없이 중세국어는 현대국어로 해석이 가능하며, 그 중세 국어 구절이 향가의 구절과 직접적으로, 일대일로 대응하는 구절이 있으니, 이것은 카르투시의 경우보다도 훨씬 더 직접적이고 정밀한 대응 자료였다. 이에 비해 향가와 한시의 대비는 내용상 일치는 있으나, 직접적이지 않아서 더 확실한 보충자료들이 필요했던 것이다.

그 이후 향가는, 오구라 선생에 의해서 전면적으로 해독이 되었고, 양주동, 김완진 선생에 의해서 거의 완성의 단계에 이르렀다고 생각될 정도로, 학계의 관심 속에서 해독의 방법은 날로 진보했다. 게다가 보충자료들이 후대에 연이어 발견되었다.

대표적인 것이 석독 구결(釋讀口訣) 자료이다. 이것은 11세기부터 13세기까지의 문헌에 보이는 고려시대 언어 자료다. 첫 발견이 1973년에 있은 뒤로 1990년대 이후에는 그것들이 대량으로 발견되고 이에 따라 연구물들이 쏟아졌다. 고려시대 석독구결 자료에는 향가와 비슷하거나 동일한 문법형태, 어휘, 문장 구조를 지닌 것들이 많다. 자료의 양도 현전하는 향가를 모두 합친 것보다 수십 배가 넘는다.

더욱이 2000년 이후에는 고대 한국인들이 직접 기록한 각필 자료, 금석문 자료, 목간 자료들도 새롭게 발견되었다. 비교 자료들이 많아짐에 따라 향가의 해독은 더욱 정밀해지게 되었고 이에 따라 기존의 연구자들이 밝혀내지 못했던 난해어구들까지도 해독해 낼 수 있게 되었다. 종전에 비교 자료의 부족으로 자의적 해석에 그쳤던 사례들도 비교어형들을 찾아내어서 문제를 해결할 수 있었던 것이다.

삼국유사에 실려 있는 향가는 6세기부터 9세기에 걸쳐 신라인에 의해 창작된 민족 고유의 시가다. 그런 만큼 한국어로 향가가 창작되었음은 당연하겠지만 유사에 기록된 향가들을 보게 되면, 비교 자료 없이는 해독이 힘들다는 현실에 직면한다. <처용가>를 살펴보기로 하자.

東京明期月良(동경명기월량)

夜入伊遊行如可(야입이유행여가)

入良沙寢矣見昆 (입량사침의견곤)

脚烏伊四是良羅 (각오이사시량라)

二肹隱五下於叱古(이힐은오하어질고)

二肹隱誰支下焉古(이힐은수지하언고)

本矣吾下是如馬於隱(본의오하시여마어은)

奪叱良乙何如爲理古(탈질량을하여위리고)

이것은 얼핏 보기에 한자로 적혀 있어서 한문인 것도 같지만, 문맥을 따져서 살펴보면, 이것이 정통 한문과 거리가 멀다는 사실을 알게 된다.

한문의 문법에 맞지 않을뿐더러 한자의 뜻으로 분석해 나가면 그 전체 의미를 파악하기 어렵다.

처용가의 첫 구절인 동경(東京)부터가 해석하기 쉽지 않다. 보통 우리가 '동경(東京)'이라고 할 때에는 동쪽에 있는 수도를 뜻한다. 다시 말해서 수도의 동쪽에 있는 큰 도시를 가리킬 때에 동경이다. 그렇다면, 신라의 수도가 경주이니, 경주의 동쪽에 있는 또 다른 도시가 동경(東京)이어야 마땅하다.

하지만 경주가 한반도의 동남쪽 해안 근처에 있어서 동경이라고 할 만한 곳이 어디일지를 상상하기 어렵다. 서울을 한자로는 대개 경도(京都) 또는 경성(京城) 등으로 불리는 게 적절하지만, 신라의 수도를 동경(東京) 이라고 부르는 것은 어색하다. 이런 까닭에 '처용가'는 진짜로 신라의 가요가 아니라 고려시대 때에 만들어진 게 아닌가 하는 의심도 있었다.

고려의 수도가 개경이니 경주가 비록 개경의 남쪽이라 하더라도 동쪽으로 좀 치우쳐 있으니 고려인들의 입장에서 경주를 동경(東京)이라 불러도 어느 정도 이해가 갈 만한 것이다.

그런데 최근에 발견된 목간 자료와 같은, 신라인이 쓴 1차 자료의 어형들이 향가에 보이는 어형들과 일치하는 사례가 있어서, 아무래도 향가는 신라인 표기일 가능성이 높아지긴 했으나 동경이란 표현 자체에는 문제가 있었다. 신라인 스스로가 수도를 경도(京都)나 경성(京城)이 아닌, 동경(東京)이라 부른 까닭을 이해하기 어려웠기 때문이다.

그런데 신라 땅에서 발견되고 신라 시대의 비석으로 보이는 유물에서 동경(東京)이라는 표현이 발견되었다. 이 동경이 경주를 가리키는 것인지 아닌지는 불분명하지만, 신라 시대에도 쓰였던 단어임은 분명하다.

처용가의 내용이 신라 시대의 그것이고, 표기법도 목간 자료 등과의 비교를 통해, 신라인의 그것과 같은 것으로 보이며, 동경이라는 말이 신라 비석에도 발견된 점에 근거하여 일단, 동경을 경주라 해석하기로 하자. 신라인들이 아마도 자신들은 중국 문화권에 포함된 것으로 생각하여 중국의 수도인 장안(長安)을 기준으로 보면 경주가 동쪽에 있으므로 동경(東京)이라 하지 않았을까 상상해 본다. 이러한 추리 외에는 달리 신라인들이 스스로 자신의 수도를 '동쪽의 서울'이라고 불렀을 이유를 생각하기 어렵기 때문이다. 더 나은 해석이 있다면 널리, 독자들의 의견을 구할 따름이다.

이처럼 처용가의 첫 단어부터 그 해석이 쉽지 않은데, 그 다음 단어는 더욱 어렵다. 넘을수록 태산인 게 향가다. '명기월량(明期月良)'을 어쩌란 말인가?

明은 '밝다'이고, 月은 '달'이므로, '경주의 밝은 달' 정도는 추리할 수 있다. 하지만 '-期'와 '-良'이 무슨 뜻인지, 한자의 뜻으로는 도무지 알 길이 막연하다.

다음에 이어지는 구절도 마찬가지다. '야입이유행여가(夜入伊遊行如可)'에서 夜가 '밤'이요, 遊는 '놀다', 行은 '가다'이지만, 入, 伊, 如, 可는 불가해하다. 이것들을 한문으로 보게 되면 해석불가능이다.

그런데 한편으로는, 한자(漢字)들이 나열되어 있는데, 이것들을 한문이 아니라고 한다면, 도대체 이것들을 무엇이라고 불러야 한단 말인가?

문제 해결의 단서는 아래의 책에서 찾을 수 있다. 혁련정이 지은 균여전(均如傳)의 제 8장인 역가현덕분(譯歌現德分)에 '향찰(鄕札)'이라는 말이 나온다. 여기에는 균여 대사가 지은 고려 향가 11수를 한문으로 번역한 최행귀의 서문이 있다. 서문에 따르면 향(鄕)은 당(唐)에 대비되고, 찰(札)은 문(文)에 대비되는 것이므로 당문은 중국의 문자요 향찰은 '한국의 문자'

다. 그는 향가를 당문으로 번역하는 이유를 밝히면서, 한국인들은 한시를 이해하지만, 중국인들은 향가를 알지 못한다는 점을 지적했다.

시(詩)는 어느 한쪽이 우월하다고 할 수 없겠지만, 향찰은 중국인들이 잘 알지 못하므로, 이에 이것들을 당문(唐文, 한문의 다른 이름임)으로 번역한다고 했다. 이러한 최행귀 선생의 번역 정신은 오늘날에도 새길 만하다.

향가 해독의 열쇠

이미 언급한바, 미해독 문자를 해독하기 위해서는 비교자료가 있어야 한다. 논의의 편의상, 해독의 대상이 되는 <향가>를 α라 하고 비교자료를 β라 부르자. 이때의 β는 현대국어로도 완전히 해석해 낼 수 있는 것이어야 한다. α를 β로 번역하는 데에 성공했다고 할지라도, β를 현대인들이 이해할 수 없다면, α는 여전히 수수께끼로 남는다.

처용가에는 두 종류가 있다. 하나는 향가인 처용가요, 또 하나는 고려가요인 처용가다. 후자는 신라 향가에 비해 노래가 길고, 내용도 풍부하며 주술성이 강하고, 거기에 등장하는 처용도 향가에 비해 위력적으로 묘사되어 있다.

두 개의 처용가를 비교해 보면 그 내용의 일부가 겹친다. 이 부분이 α를 위한 β다. 고려가요 β는 중세국어이지만 한글로 표기되어서 현대국어로 번역이 가능하다. 겹치는 부분을 대비하면 아래와 같다.

α: 東京明期月良   β: 東京불군두래
α: 夜入伊遊行如可   β: 새도록노니다가

α: 入良沙寢矣見昆　　β: 드러내자리룰보니

α: 脚烏伊四是良羅　　β: 가룰리네히로새라

악학궤범(樂學軌範)에 실린 β는 15세기 한글로 표기되었기 때문에 현재의 한글과 차이를 보인다. 따라서 α에 대응하는 β를 현대국어로 번역해야 한다. 이러한 비교 자료가 있다는 것은 문자 해독자의 입장에서는 행운이 아닐 수 없다. 직접 대응하는 구절이 4개나 있기 때문이다.

신성문자의 경우, 세 언어로 설명이 되었지만, 그래서 내용을 알 수 있었지만, 이처럼 1:1로 대응되는 것은 아니었다. 다만 카르투시 속의 고유명사들의 발음을 짐작할 수 있었고, 토마스 영이라는 석학의 놀라운 가설, 당시로서는 놀라운 일이 아닐 수 없는데, 고대 이집트 문자에도 '소리글자'의 기능이 있었다는 가설, 이것은 동양의 고대 문자인 한자에도 외래어를 표기할 때에 가차(假借)의 원리가 적용됨에 착안하여, 뜻글자도 소리글자로 활용될 수 있다는 놀라운 발상의 전환점에서, 토마스 영은 이집트 신성문자 해독의 길을 바라보았다.

향가 해독의 길은, 1:1 비교 자료를 찾는 순간, 이것이 해독의 출발점이라는 점을 안, 이미 향가 해독에 성공한 것이나 다름없을 정도로 확신에 찬, 가나자와 선생은 향가 해독의 길을 새롭게 바라보았을 것이다. 그리하여 향가 해독이라는 최초의 명예는 한국인이 아닌, 일본인이 가져가게 되었다. 한 학자의 창의적 발상도 중요하겠지만, 그 바탕에는 이것을 뒷받침해 주는, 당시의 제국주의 일본에서는 문자 해독의 방법이나 언어학의 세계적 흐름에 대한 정보가 있었다는, 그런 까닭에 향가 해독을 한국인보다 더 빨리 가능하게 만든 것이 아니었을까.

논의의 편의상 β에 있는 자음, 모음들이 현대국어와 그 발음이 동일한 것으로 가정한다. 그리고 'ㆍ'는 사라진 옛 한글 문자인데 그것의 음가는 대략 /ɔ/이다. 말하자면 /아/와 /오/의 중간음이다. 동경(東京)은 지명이므로 한자어 그대로 읽어도 좋다. 그러나 여기에 이어지는 '明期'는 현대인들이 한자를 읽는 방식과 완전히 다른 모습을 보여준다.

한국인들은 한자를 배울 때에 한국말과 중국식 발음을 동시에 외운다. 예를 들어, 명(明)은 '밝을 명'하고 읽는다. 明을 한국식으로 풀이하면 형용사인 '밝다'이고 중국에서 유래한 한국한자음으로는 '명'이라 읽는다. 현대 한국인들은 한자를 음(音)으로만 읽지, '밝을'처럼 순우리말로 풀어서 읽지는 않는다.

하지만 이러한 현대인의 읽기 방식이 신라인에게는 소급되지 않는다. 신라인들은 '明'의 '붉'으로 읽었을 뿐만 아니라 月을 '둘'로 入을 '들' 따위로도 읽었던 것이다. 이러한 읽기 방식을 앞에서 언급한바, '석독(釋讀, 풀어읽기)'이라 부른다.

뿐만이 아니다. '소리읽기' 즉, 음독의 전통도 현대인들과 신라인 사이에 차이가 있음을 깨닫게 된다. 예를 들어 '如可 : 다가'를 비교해 보면, 가(可)가 음독되었음을 알 수 있다. 이때의 可는 '-다가'라는 활용어미를 일부를 표기하는 소리글자로 사용되었을 뿐 可의 본래 뜻과는 아무런 상관이 없다.

음독(音讀)에 대한 새로운 인식은 석독(釋讀)의 발견과 더불어, 향가 해독의 또 다른 열쇠가 되었다.

현대인들이 '가(可)하다'라는 말을 쓸 때에 可를 음독한 것이지만 처용가의 '如可'에서 신라인이 可를 음독한 것과는 차이가 있다. 현대인들은 음독을 하더라도 한자 본래의 뜻을 유지한 채 사용하기 때문이다.

신라인들이 음독을 할 때에는 동경(東京)처럼 뜻과 발음의 유연성이 있는 경우도 있지만, 다가(如可)의 可처럼 아예 뜻글자와는 결별을 한, 소리글자로 사용하기도 했던 것이다. 한자의 가차(假借)와 동일한 방식이며 카르투시의 알파벳과도 같다. 프톨레마이오스라는 고유명사를 표기할 때에는 이집트의 상형문자도 이러한 소리글자로 사용되었다.

석독은 향가 해독의 열쇠다. 신라인들이 현대인들과 달리, 석독(釋讀)을 했다는 사실을 알게 되자, 연구자들 사이에는 인식의 전환이 일어났다. 음독(音讀)에 대한 이해도 신라인의 눈높이에 맞추기 시작했다.

해독의 또 다른 열쇠는 배경설화다. 『삼국유사』 제2권에는 '처용랑 망해사'라는 글이 있다. 거기에 처용가의 유래가 실려 있다. 기록에 전하는 내용을 현대국어로 요약하면 아래와 같다.

신라의 49대 임금인 헌강왕 시절 서울에서 지방에 이르기까지 좋은 집들이 연이어 있었다. 연주와 노래가 길거리에서 끊이지 않을 정도로 평화로웠으며 날씨도 무척 좋았다.

이때 왕이 개운포(지금의 울산시)에 놀러갔다가 동해의 용왕을 만난다.

용왕은 아들 일곱 명을 데리고 나와 왕의 덕을 찬양하며 춤을 추었다.

왕은 용왕의 아들 중, 처용을 경주로 데리고 왔다. 벼슬을 주고 미녀와 결혼을 시키고 왕은 처용이 오래 머물기를 원했다.

한편, 처용의 아내는 너무 아름다워서 마왕(疫神, 역신, 전염병을 퍼뜨리는 귀신)이 그녀를 몰래 사랑하였다.

어느 날 밤, 처용이 나간 사이에 마왕은 사람으로 변신하여 처용의 집으로 들어간다. 처용의 아내를 유혹한 마왕은 그녀와 동침을 하게 된다.

한편, 처용은 서울 구경을 하고서 밤늦게야 집으로 돌아온다. 방문을 열어 보니 아내는 마왕과 함께 있었다.

이 광경을 목격한 처용은 분노 대신에, 자신의 심정을 노래로 표현했다.

노래를 들은 마왕은 본래의 모습으로 돌아온 다음, 처용의 앞에서 무릎을 꿇고는 다음과 같이 말하였다.

"그대의 아내를 사랑하여 잘못을 저질렀지만, 그대는 화를 내지 아니하니, 나는 그대의 인격에 감화되었습니다. 앞으로는 그대의 모습을 그린 것만 보아도 가까이 가지 않겠습니다."

이로 인하여 사람들은 마왕을 물리치기 위해 처용의 얼굴 형상을 그린 그림들을 대문에 붙이는 풍습이 생겼고 처용가는 후세까지 입에서 입으로 전해지게 되었다.

이상의 이야기가 삼국유사에 실려 있는 처용설화다. 내용에 대한 이해도 해독에 도움을 준다. 로제타 돌에서 그리스어가 해석이 되자, 상형 문자가 어떤 내용으로 되어 있다는 사실을 알게 되고 이것은 토마스 영이 해독 가설을 세우는 데에 기여했다.

처용가는 고려에도 이어지고 한글이 발명된 이후에는 악학궤범에 한글로 실리게 되었다. 그런 까닭에 20세기의 향가 연구자들은 한글로 된 β를 찾을 수 있게 되었다. 한글 β를 통해 석독과 신라방식의 음독이 향가에 쓰였음을 확신할 수 있게 되었고, 이러한 지식들과 이두(吏讀), 중세 한글 자료 등, 비교 자료들을 통해 나머지 향가들을 하나씩 해독할 수 있게 된다.

다음은 처용가 전문을 중세국어 및 현대국어로 해독한 것이다.

東京明期月良 동경·긔·라 /동경 밝은 달에

夜入伊遊行如可 밤드리노니다가 /밤이 새도록 노니다가

入良沙寢矣見昆 드러사자리보곤 /들어와 자리 보니

脚烏伊四是良羅 가로리네이어라 /가랑이 넷이어라

二肹隱吾下於叱古 두흘은나하엇고 /둘은 내 것이었고

二肹隱誰支下焉古 두흘은누기하언고 /둘은 누구 것인고

本矣吾下是如馬於隱 미틔나하이다마어은 /본래 내 것이었지만

奪叱良乙何如爲理古 아사늘엇더ᄒ리고 /빼앗긴 것을 어찌 하리오

신라인의 발음을 15세기 한글로 재구성한 다음, 현대국어로 번역했다. '月良'에서, 月은 석독하여 /들/이며 良의 음가는 /아/이다. 四是良羅(네 이어라)에서는 良을 /어/로 읽었다. 고대국어에 모음조화가 있었다는 전제다. 月良을 /들아/로 해독하지 않고 /ᄃ라/로 한 것은 고대국어에 연음(連音)을 가정했다.

향찰은 한 글자가 한 음절에 대응하는 음절 문자이지만, 叱처럼 받침 으로도 사용했다는 것은, 향찰이 알파벳이나 한글과 마찬가지로 하나의 자음을 표시하는 소리글자로도 쓰일 수 있었음을 뜻한다. 그러니까 奪叱 은 /앗, as/으로, 동사의 어간을 표기한 것인데 이때의 叱은 /ㅅ/으로, 자음을 표기한 향찰이다.

또 다른 해독의 열쇠들

『삼국유사』 제 5권에는 월명사가 지은 도솔가(兜率歌)가 있다. 기록에 따르면, 신라 경덕왕 19년 4월 1일에 해가 둘이 나타나서 열흘 동안 사라 지지 않았다. 이에 왕은 일관(日官, 천문과 일기를 예언하는 관리)에게 그 방

법을 물었다.

일관은 왕에게 제단을 만들고 훌륭한 승려를 청하여 꽃을 뿌리고 정성을 다하라 했다. 왕은 청양루에서 승려를 기다렸다. 이때 월명사가 남쪽의 길로 지나갔다. 왕은 그에게 기도문을 짓게 하였다. 이에 월명사가 도솔가를 지었다. 도솔가를 한시(漢詩)로 번역한 것이 유사에 전한다. 한시는 현대어로 번역 가능하므로 이것은 β 자료다.

α: 今日此矣散花唱良 β: 龍樓此日散花歌
α: 巴寶白乎隱花良汝隱 β: 挑送靑雲一片花
α: 直等隱心音矣命叱使以惡只 β: 殷重直心之所使
α: 彌勒座主陪立羅良 β: 遠邀兜率大遷家

금일(今日)은 차일(此日)에 대응한다. β의 가(歌, 노래 부르다)에 대응하는 것은 唱良이다. 처용가의 αβ 비교를 통해 알 수 있었던 것처럼 석독과 음독을 이용하면 해독이 가능하다.

唱은 석독으로 '부르다'에 대응하는데 이것이 중세국어에서는 '브르다'이다. 良은 /아/이다. 따라서 唱良은 /블러/로 재구성할 수 있다. 이처럼 기존의 열쇠들을 이용하고 한시를 대조해 보면 도솔가를 다음과 같이 해독할 수 있다.

今日此矣散花唱良/ 今日 이의 散花 브러/오늘 이에 산화 불러
巴寶白乎隱花良汝隱/ 보보솔보은 고자 너은/솟아나게 한 꽃아 너는
直等隱心音矣命叱使以惡只/ 고든 마ᅀᆞᄆᆡ 命ㅅ브리악/
　　　　곧은 마ᄆᆞ의 명(命)의 부림으로

彌勒座主陪立羅良/ 彌勒座主 뫼셔 버라/미륵좌주를 모시어 펼쳐라

금일(今日), 산화(散花), 명(命), 미륵좌주(彌勒座主) 등은 한자어이므로 음독해도 좋다. 此는 /이/로 석독하고 矣는 음독하되 모음조화에 따라 / 의/로 재구성 한다.

巴寶白乎隱은 난해어구인데, 해독의 단서는 이에 대응하는 β로 '挑' 이다. 문맥에 따라 해석하자면 '솟아나다'이다. 김완진 선생은 이것을 '보 보숣-'으로 재구성 했다.

花는 /곶/, 汝는 /너/로 석독하며, 隱은 음독하여 /은/이다. 直等隱心 音은 직심(直心)에 대응한다. 따라서 直等隱은 /고든/으로 읽고 心音은 / 마슴/이다. 音은 /ㅁ/을 표시하는 받침이다.

命叱의 叱은 받침이라기보다 토씨다. 고대국어의 관형격 조사에는 / ㅅ/이 있었다.

使以惡只의 β는 所使다. 使를 석독하고 以를 음독하여 /브리/로 읽고, 나머지 惡과 只는 음독하여 /악/이다. 향가에서는 어휘형태들은 석독하 는 경향이 있고 문법형태들은 음독을 하는 경향이 있다.

미륵좌주(彌勒座主)는 한자어다. 陪立를 /뫼셔/로 읽고 羅良를 /버라/ 로 읽은 것도 어휘형태를 석독하고 문법형태는 음독하는 향찰의 표기 원 칙에 따랐다.

자음과 모음 표기법

고유 문자가 없었던 신라인들은 완전히 새로운 문자를 창안하기보다

는 한반도에 전래되었던 한자를 이용하여 신라어를 표기하였다. 그 표기법의 특징은 앞에서 살펴본바, 석독, 음독, 받침 등에 관한 것으로 중국의 한자·한문 용법과는 다른, 한국인 특유의 표기법을 신라인들은 점진적으로 다듬어 나아갔다.

처용가의 한 구절인 '入良沙寢矣見昆/드러ᅀᅡ자리보곤'은 향가의 석독을 잘 보여주고 있다. '入良沙'는 현대 한자음으로는 /입량사/로 읽히지만 그렇게 해서는 문맥이 통하지 않았다. 신라인의 표기 방식에 따라 해석을 해야 그 뜻이 통한다. 이 단어를 분석하면 '入+良沙'이다. 이때의 '入-'은 어간이고 '-良沙'는 어미에 해당한다.

어간(語幹)은 어휘적 의미를 지니고 있으며, 어미(語尾)는 그 단어가 문장 속에서 다른 성분들과 어떠한 문법적, 논리적 관계에 있는지를 표시한다. 향가에서는 한 단어를 어간과 어미로 분석했을 때에 어휘적 어미를 담당하는 어간은 석독하는 경향이 있고 어미는 음독이 된다. 入은 석독하여 /들-/, 良沙는 음독으로 /-어사/이다. 침의(寢矣)도 어근인 寢-과 접사인 -矣로 분석되는데, 寢은 /잘-/이고 矣는 /-이/다. 견곤(見昆)도 같은 원리에 의해, 어간이 /보-/, 어미는 /-곤/이다.

신라인들이 받침 표기를 사용했다는 사실은 문자사적인 의미가 있다. 도솔가의 한 구절인 '直等隱心音矣命叱使以惡只/고든 마ᅀᆞᆷ 몃 브리악'에서 받침이 확인된다. 심음(心音)은 /마ᅀᆞᆷ/으로 읽히는데 이때의 한글 자음 /ㅁ/에 해당하는 향찰 문자는 音이다. 다시 말해서, 音은 /ㅁ/을 표시하는 글자였다. 직등은(直等隱)은 /고든/으로 읽히는데, 이때 /ㄴ/에 해당하는 글자는 隱이다.

알다시피 한자(漢字)는 한 글자가 한 음절에 대응한다. 다시 말해서 소리의 관점에서는 한자도 음절문자다. 하지만 향찰의 隱은 음절이 아니라 자음인 'ㄴ'을 표기했다. 이것은 향찰에 음소문자의 기능도 있었음을 뜻한다.

신라인의 표기법과 한글의 관련성

신라 사람들이 비록 체계적이지는 않지만, 앞의 향찰 자료의 검토를 통해서 본바, '한자의 신라화' 과정에서 신라어의 자음이나 모음을 표기할 수 있었음을 알 수 있었다. '마음'이라는 우리말을, 신라인들은 心音으로 표기하였는데 이때의 音은 자음인 'ㅁ'을 표시한 것이다. '使以惡只/브리악'의 只는 국어 자음 'ㄱ'을 표시하며 처용가의 '脚烏伊四是良羅/가로리네이어라'에서는 모음인 /i/를 표기하기 위해 是가, /ə/를 위해 良이 쓰였다.

이처럼 세종이 자음과 모음을 체계적으로 인식하기 이전에도, 신라인들은 자음과 모음을 표기할 줄을 알았던 것인데 세종대왕께서 신라인들의 표기법 중, 어떤 점을 구체적으로 참고했는지에 대한 직접적 기록은 없다. 그러나 실록에 따르면, 신하들에게 한글 창제의 정당성을 설득하는 대목에서, 신라의 이두를 정립한 설총에 대해서 언급을 하고, 설총의 이두도 백성들을 편안하게 하기 위함이라는 기록이 있음에 비추어 보면, 대왕께서 한글을 만들 때에 이두를 참고했다는 점은, 의문의 여지가 없겠다.

또한 당시의 법률은 명나라의 것을 바탕으로 하였는데, 태종 때에 이것을 이두(吏讀)로 번역하였다. 그 책 이름이 대명률직해(大明律直解)인데, 오늘날에도 전해지고 있으며 세종 또한 대명률직해의 이두를 열심히 검토하였을 것이다. 이두가 어려워서 백성들이 법률을 제대로 읽지도 쓰지도 못해 억울한 일을 당했다는 점을 안타까이 여겼다는 실록의 기록으로도 이 사실을 넉넉히 짐작할 수 있겠다.

대명률직해는 여말선초(麗末鮮初)의 이두이다. 이러한 이두의 기원을 찾아가면 신라까지도 올라간다. 이러한 정황에 미루어 짐작컨대 세종은 한글을 발명할 때에 두 가지 면을 참고했을 것이다. 첫째는 당시의 동아시아 여러 문자들의 운용체계이다. 한자나 범어 문자, 티베트 문자, 파스파 문자, 서하, 여진, 일본 등등. 둘째는 한국의 전통적인 표기법이다. 첫째와 관련해서는 연구 업적들이 제법 축적되어 있지만 둘째에 대해서는 상대적으로 학계의 주목을 덜 받았다. 그러나 둘째도 첫째 못지않게 중요한 것이 아닌가 한다.

음절 삼분법에 대한 인식도 이두와 향찰에서 엿보인다. 가령, 이두에서는 '돌'이라는 말을 乭로 표기한다. 乭의 을(乙)은 받침소리인 /ㄹ/을 표기한 것이다. 이것은 마△·ㅁ[心音]처럼, 이것은 '돌+ㄹ'이겠지만, '올'에서 '오'와 'ㄹ'을 분리할 수 있다는 인식을 전제로 한다.

받침은 음운의 차원에서는 자음의 표기를 의미하지만, 음절의 차원에서는 그 존재가 중성과 종성의 분리를 뜻한다.

세종이 전통적인 표기 방식에 얼마만큼 영향을 받았는지 구체적으로 입증하는 것은 앞으로의 과제이겠지만, 신라인들의 표기법이 고려시대의 이두, 석독 구결, 음독 구결 등을 거쳐, 조선시대 이두에 이어졌으며, 이것이 한글에도 직간접적으로 영향을 미쳤으리라는 데에까지 우리의 생각이 미치면, 출토된 신라 목간에 보이는 이두, 삼국유사에 적힌 향찰 등의 신라 문자 자료들이 우리의 민족 문화사에서 얼마나 소중한지를 새삼 느끼게 된다.

참고문헌

犬飼隆, 2005, 『木簡による日本語書記史』, 笠間書院.

高句麗硏究會 編, 1999, 『廣開土好太王碑 硏究 100年』, 학연문화사.

高句麗硏究會 編, 2000, 『中原高句麗碑 硏究』, 학연문화사.

高永根, 1981, 『中世國語의 時相과 叙法』, 塔出版社.

口訣學會 編, 2005, 『漢文讀法과 아시아의 文字』, 太學社.

國史編纂委員會 編, 1987, 『中國正史 朝鮮傳 譯註 一』.

國立慶州博物館, 2002, 『文字로 본 新羅』, 학연문화사.

國立慶州博物館, 2011, 『문자, 그 이후』, 통천문화사.

國立扶餘博物館, 2002, 『百濟의 文字』, 國立扶餘博物館.

國立歷史民俗博物館 編, 2002, 『古代日本 文字のある風景』, 朝日新聞社.

國立中央博物館 編, 2001, 『낙랑』, 國立中央博物館.

國立昌原文化財硏究所, 2004, 『韓國의 古代木簡』, 藝脈出版社.

國立昌原文化財硏究所, 2006, 『韓國의 古代木簡(改訂版)』, 藝脈出版社.

金東華, 1987, 『三國時代의 佛教思想』, 民族文化社.

동북아역사재단 편, 2009, 『古代 文字資料로 본 東亞細亞 文化 交流와 疏通』.

金永旭, 2007, 『한글』, 루덴스.

김영황, 2006, 『민족문화와 언어』, 과학백과사전출판사.

김완진 외, 1985, 『국어연구의 발자취(1)』, 서울대학교 출판부.

남권희, 2002, 『高麗時代 記錄文化 硏究』, 淸州 古印刷 博物館.

南豊鉉, 2000, 『吏讀硏究』, 太學社.

도수희, 2005, 『백제어 연구』, 제이엔시.

리득춘, 1992, 『한조언어문자관계사』, 동북조선민족교육출판사.

木簡學會 編, 1990, 『日本古代木簡選』, 岩波書店.

박진석, 1996, 『고구려 호태왕비 연구』, 아세아문화사.

伏見冲敬 編/車相轅 訓譯, 1976, 『書道大字典』, 凡中堂.

小林芳規, 1998, 『日本の漢字』, 大修館書店.

小倉進平, 1929/1974, 『鄕歌及び吏讀の硏究』, 京城帝國大學法文學部/亞細亞文化
　　　社影印.

오희복, 1999, 『리두』, 김일성종합대학출판사.

尹善泰, 2000, 「新羅 統一期 王室의 村落支配--新羅古文書와 木簡의 分析을 中心
　　　으로-」, 서울대학교 박사학위 논문.

李基文, 1998, 『新訂版 國語史槪說』, 태학사.

이은규, 2006, 『고대 한국어 차자표기 용자 사전』, 제이엔시.

李浚碩, 1998, 「國語 借字表記法의 起源 硏究」, 高麗大學校 博士學位 論文.

鄭喆柱, 1988, 「新羅時代 吏讀의 硏究」, 啓明大學校 博士學位論文.

韓國學文獻硏究所 編, 1975, 『吏讀資料選集』, 亞細亞文化社.

韓國學硏究院 影印, 1987, 『三國史記 (國語國文學叢林37)』, 大提閣.

합자(合字)와 국자(國字)

권인한

성균관대학교

이 글은 합자와 국자의 사례를 중심으로 고대한국의 문자문화에 대한 일반의 이해를 증진시킴에 1차 목표를 둔다. 양자의 정의와 분류, 형성과 전파, 문자문화사적 의의 등에 대한 논의를 통하여 최근에까지도 발굴이 계속되고 있는 고대한국의 출토 문자자료 연구에 뜻을 둔 학문 후속 세대들의 기초 능력 함양에도 이바지하고자 한다.

합자의 정의와 종류

합자란 "복사(卜辭)·명문(銘文)·비문 등의 텍스트 안에서 연속된 둘 또는 그 이상의 한자를 수직이나 수평 방향으로 한 글자처럼 합쳐쓴 것"으로 정의할 수 있다. 여기서 "한 글자로" 대신에 "한 글자처럼"으로 정의한 것은 합자의 기준으로 글자의 크기가 유동적임을 고려한 것이다. 논자에 따라서는 '합문(合文), 연자(連字), 합체(문)자' 등의 용어를 쓰기도 하나, 여기에서는 국내외에 널리 쓰이는 전통적인 용어를 따른 것이다.

"招財進寶"

"黃金萬兩"

합자를 정의함에 있어서 고려해야 할 한 가지 문제는 왼편 그림에서 보는 특수 사례들도 이 부류에 포함시킬 수 있는가 하는 점이다. 인터넷 상에서 이러한 예들도 합자에 포함시켜 소개하기도 함이 문제이나, 이들은 한 글자처럼 되어 있어도 한자음이 없을뿐더러 그 의미 또한 한자어구나 문장의 수준으로까지 확대되어 있음으로써 전통적인 음훈의 개념을 크게 벗어나고 있으므로 이들을 합자로 보기 어렵다는 것이 현재 필자의 판단이다. 이들의 주기능이 부적에 가깝다는 점에서도 더욱 그러하다.

합자는 그 결합 방향·방식·자수에 따라 다음과 같이 나누어볼 수 있다.

①결합 방향: ▪ 수직형 (✦<상하>, ✦<하상> "一月")

▪ 수평형 (✦<좌우>, ✦<우좌> "祖丁")

▪ 혼합형 (✦<상하+좌우> "三祖丁"),

✦<하상+우좌> "十三月")

▪ 내포형 (✦"報丁", ✦"亞戲")

②결합 방식: ▪ 자형 보존/생략형 ("之日"/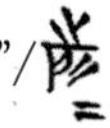"之所"; 「止」자의 하단 가로획과 「所」자의 상단 가로획이 하나로 합치면서 한 획이 생략됨)

▪ 부호 표시/생략형 (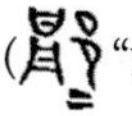"邯邢"/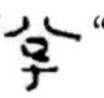"公子"; 합문호 '=' 생략)

▪ 자음 유지/변화형 (大+豆→㐲[대두]/ 太[태], 水+田→畓[답], 十+十→廿[입])

③결합 자수: ▪ 2자형, ▪ 3자형 (위의 예시 참조)

고대 중국의 합자문화

은·주대(殷(=商)·周代)

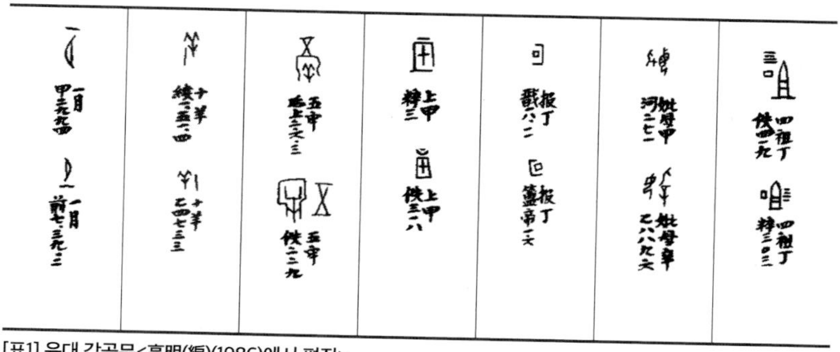

[표1] 은대 갑골문<高明(編)(1986)에서 편집>

[표1]에서 보듯이 갑골문에는 거의 모든 종류의 합자례가 나타난다. 앞서 보인 합자의 종류 중에서 부호 표시형과 자음 변화형을 제외한 모든

사례들이 망라되고 있을 뿐만 아니라, 그 용례에 있어서도 수량사, 인명류, 기후·간지어(氣候·干支語) 등 풍부한 사례를 볼 수 있다. 이는 합자문화가 갑골문에서 시작되었음을 말해주고 있다.

(1)갑골문 용례

①수량: 一月, 正月, 二月, 三月, 四月, 五月, 六月, 七月, 八月, 九月, 十月, 十一月, 十二月, 十三月/ 一告, 二告, 三告, 四告/ 三祀/ 三旬, 四旬, 六旬/ 二示, 三示, 六示, 九示/ 一牢, 二牢, 三牢, 四牢, 五牢, 六牢, 十牢/ 一牛, 二牛, 三牛, 四牛, 五牛, 六牛, 九牛, 十牛, 卄牛, 卅牛/ 一羊, 二羊, 四羊, 十羊/ 一豕, 二豕, 三豕, 四豕/ 二犬/ 一牝, 二牝, 三牝, 四牝, 六牝, 牝牝/ 一羌, 二羌, 三羌, 十羌, 卅羌/ 一人, 二人, 三人, 四人, 五人, 六人, 十人, 卅人, 七十人/ 二南, 三南/ 二伐, 十五伐/ 二朋, 十朋/ 十三, 十五, 五十, 六十 등

②인명: 祖甲, 祖乙, 祖丙, 祖丁, 祖戊, 祖壬, 祖辛, 祖亥, 三祖丁, 四祖丁, 三祖庚/ 外丙, 外壬/ 雍己/ 戔甲/ 南庚/ 般庚/ 小乙, 小辛/ 武乙, 武丁, 康丁/ 父甲, 父乙, 父丁, 父戊, 父己, 父庚, 父辛, 父黃, 小父, 父武丁/ 兄丙, 兄丁, 兄戊, 兄己, 兄庚, 兄辛, 兄壬, 兄癸/ 子丁, 子庚, 子癸, 大子, 中子, 小子 등

③기후: 小風, 亡凡(=風)/ 小雨, 久雨, 玆雨, 其雨, 征雨, 凡(=風)雨, 亡雨, 不雨

④간지: 乙丑, 丙寅, 乙亥, 壬午, 庚寅, 辛卯, 乙未, 庚子, 乙巳, 戊申, 庚戌, 甲寅, 乙卯 등.

⑤기타: 生月, 今日, 翌日, 今夕/ 上下, 下上/ 小采/ 不用/ 不疾

한편, 은·주대 금문에서도 이와 유사한 사례들이 발견된다.

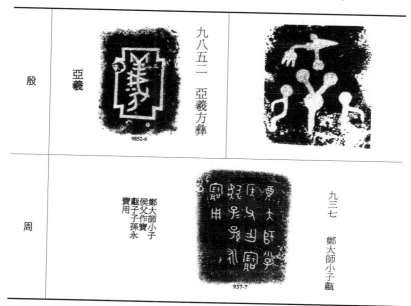

殷	亞義		九八五二　亞義方彝
周	寶彝 用子 孫永	侯鄭 父大 作師 小 子寶	九三七　鄭大師小子彝

[표2] 은·주대 금문
[中國社會科學院考古研究所(編)(2001)에서 편집]

　[표2]에서 보듯이 은대 금문의 합자 사례는 결합 방향이나 자수 및 방식에서 갑골문과의 차이가 크지 않은 듯하다. 다만, '亞+X'型의 합자(9852번)이 증가한 점, '北單戈'와 같은 예가 새롭게 등장한 점은 차이라 할 만하다.

　다만, 주대의 금문에 이르러 약간의 변화가 나타남이 주목된다. 우선 결합 방식에서 수직형 상하 합자가, 결합 자수에서 2자형 합자가 주종을 이룸이 그것이다(937번 1행 제4자 "小子"참조). 다음으로 중문호(=)가 새롭게 등장하였음도 특기할 만한 변화이다. 937번 3행에서의 "子=孫←子子孫"의 사례처럼 주대에 비로소 동일자 반복을 피하기 위한 중문호(重文號)가 발달되기 시작하였기 때문이다. 이는 금속이라는 서사 재료와 제한된 서사 공간에서 비롯된 것으로 판단된다.

[표3] 전국시대 합자
<何琳儀(1998)에서 편집>

전국시대

[표3]에서 보듯이 전국시대 합자 사례는 결합 방향이나 자수에서 상하 합자 및 2자 합자가 우세한 주대 금문의 특징들을 계승하는 가운데 몇 가지 변화도 나타난다. 우선 주대 금문에서의 중문호가 합자임을 표시하는 부호(=합문호)로도 이용되면서 합자호 표시형이 대폭 증가한 점을 첫 번째의 특징으로 꼽을 수 있다. 다음으로 (2)의 합자 용례에서 보듯이 지명·인명·관명 및 이들에서 유래된 복성례(複姓例)들이 새롭게 등장하였을 뿐만 아니라, '又+X', '之+X', '中+X', '小+X', '玉+X', '私+X'의 상용 어구를 비롯하여 'X+車', 'X+鼎', 'X+牛', 'X+馬', 'X+

犬' 등의 일상 어휘들도 새롭게 등장하였음을 두 번째의 특징으로 꼽을
수 있다.

(2)전국시대 용례

①수량: 一十, 十一, 十二, 十三, 十四, 十五, 十六, 十七, 十八, 十九,
二十, 廿一, 廿二, 廿三, 廿四, 廿五, 廿六, 廿七, 廿八, 廿九,
三十, 卅一, 卅二, 卅三, 卅四, 卅五, 卅六, 卅七, 卅八, 卅九,
四十, 卌一, 卌三, 卌四, 卌五, 卌七, 卌八, 五十, 五一, 五二,
五三, 五十五, 五十八, 五十九, 六十, 六十一, 六十四, 六十五,
七十, 八十, 一百, 八百, 二千, 二万, 六万, 七万, 八万, 百萬/ 一
夫, 一耳, 一月, 一刀, 一車, 一觕/ 二日/ 三耳, 厽(=三)相, 厽勻
(=旬), 厽分/ 四人, 四分, 五日, 五月 등

②지명: 北平, 中易(=陽), 高安, 句丘, 句瀆, 盧氏, 夫疌, 白羊(=象), 行易
(=陽), 上各(=洛) 등

③인명: 寶刀, 高上, 蕒茸, 車右, 睪(=釋)之, 馬重(=童), 向子, 相女(=如),
宅人, 山武, 鬼月, 豸襄(=韋), 內明, 君子

④관명: 司工(=空), 司寇, 公乘, 工帀(=師), 豕子, 大夫

⑤복성: 开母, 司徒, 北宮, 乘馬, 匍叔, 柔多, 少曲, 公孫, 空侗, 東谷, 下
沱, 者余(=諸禦) 등

⑥기타: 又(=有)日, 又二, 又五, 又六/ 之首, 之色, 之所, 之日, 之月, 之
歲, 之市, 之豕(=重)/ 中月, 中昌/ 小人, 小大, 小魚, 小具/ 玉琥,
玉環/ 厶(=私)官, 厶庫, 厶介(=璽)// 乘車, 軽(=廣)車, 卑車, 外
車, 韋車/ 容鼎, 縈鼎, 飧(=飯)鼎// 㢤牛, 直(=牼)牛/ 馬囂馬, 驪
馬, 匹馬, 馴馬/ 白犬/ 大狐 // 寡人, 公子, 大父, 子孫, 司(=嗣)

子, 臤(=賢)子, 孝孫, 匋攻(=陶工), 窮身, 余子, 女曷 등

위의 용례들를 통하여 볼 수 있는 전국시대의 또다른 특징으로는 "重(=童), 女(=如), 工(=空), 是(=氏), 又(=有), 豕(=重), 厶(=私), 飤(=飯), 直(=𦰩), 司(=嗣), 臤(=賢)" 등의 이문(異文=異表記)의 발달을 꼽아도 좋을 것이다.

진·한대(秦·漢代)진

진대	大夫	之志	此嶲	裘衣
	事吏	旅衣	貨貝	婺女	牽牛
한대	居延圖192 6·15 十七 大夫	居延圖59 334·36 卅六 之志	居延圖574 128·71 五十 此嶲	居延圖156 57·23 七十 裘衣
	居延圖108 395·14 正月 事吏	居延圖574 128·64 三月 旅衣	居延圖573 128·60 壬午 貨貝	居延圖100 15·8 令史 婺女	銀雀山 240 大夫

[표4] 진·한대 간독 합자<張守中(撰)(1994), 袁仲一·劉鈺(編)(2009) 참조>

[표4]에서 보듯이 진·한대에 이르면 합자가 급격히 감소하는 추세를 보인다. 상하 합자가 주류를 이루고 있고, 용례에 있어서도 새로운 유형

이 보이지 않을 뿐만 아니라, 한대 자료에서는 합자호의 소멸 경향마저 나타나고 있다. 실제 합자 사례는 한대 이후 '卄[人執切→십>입], 卅[悉盍切→삽], 卌[先立切→십]' 등의 자음 변화형을 제외하고는 예를 찾기 어려운 듯하다.

고대 한 · 일의 합자문화

고대 한국

수량				
十一 명활_1·7 551	十一 무술오_1 578	十一 보림사北_1·3 870	十二 무술오_8 578	卄 냉수리_前3 503
卄 명활8 551	卄 임신_4 552?	卄 무술오_7 578	卄 남산1_1 591	卄 남산2_2 591
卄 남산3_1·3 591	卄 남산7_1 591	卄 남산9_1 591	卅? 병진명_3 536	卅 명활_8 551
卅 창녕비_4 561	卅 정원명_7 798	一尺 관문1_3 722?	二人 임신_1 552?	三寸 명활_6 551
五尺 명활_4 551				

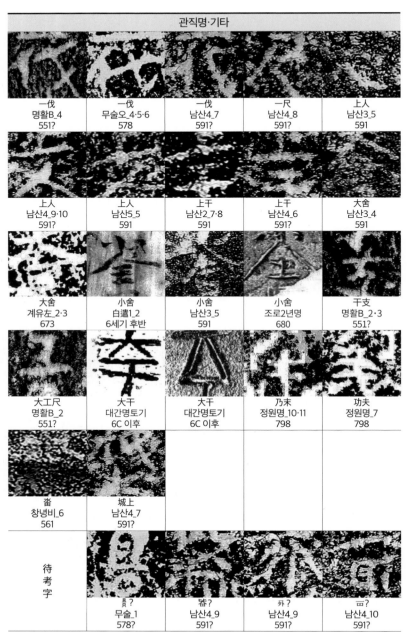

관직명·기타				
一伐 명활B_4 551?	一伐 무술오_4·5·6 578	一伐 남산4_7 591?	一尺 남산4_8 591?	上人 남산3_5 591
上人 남산4_9·10 591?	上人 남산5_5 591	上干 남산2_7·8 591	上干 남산4_6 591?	大舍 남산3_4 591
大舍 계유左_2·3 673	小舍 白遺1_2 6세기 후반	小舍 남산3_5 591	小舍 조로2년명 680	干支 명활B_2·3 551?
大工尺 명활B_2 551?	大干 대간명토기 6C 이후	大干 대간명토기 6C 이후	乃末 정원명_10·11 798	功夫 정원명_7 798
畓 창녕비_6 561	城上 남산4_7 591?			
待 考 字	貝? 무술_1 578?	畜? 남산4_9 591?	尒? 남산4_9 591?	冚? 남산4_10 591?

[표5-1] 신라 금석문<성균관대 박물관(편)(2008), 국립경주박물관(편)(2002) 편집>

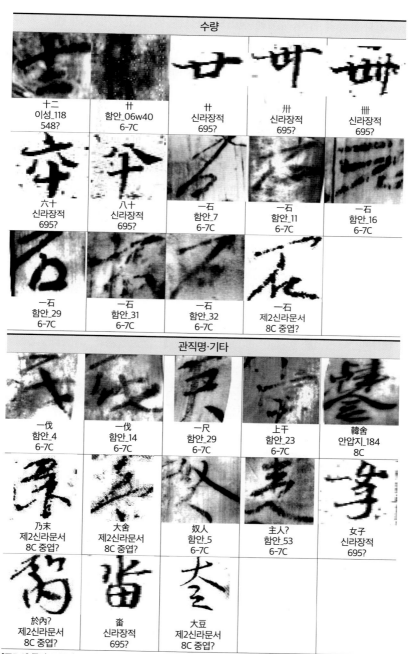

수량				
十二 이성_118 548?	⿱ 함안_06w40 6-7C	⿱ 신라장적 695?	卅 신라장적 695?	卌 신라장적 695?
六十 신라장적 695?	八十 신라장적 695?	一石 함안_7 6-7C	一石 함안_11 6-7C	一石 함안_16 6-7C
一石 함안_29 6-7C	一石 함안_31 6-7C	一石 함안_32 6-7C	一石 제2신라문서 8C 중엽?	

관직명·기타				
一伐 함안_4 6-7C	一伐 함안_14 6-7C	一尺 함안_29 6-7C	上干 함안_23 6-7C	韓舍 안압지_184 8C
乃末 제2신라문서 8C 중엽?	大舍 제2신라문서 8C 중엽?	奴人 함안_5 6-7C	主人? 함안_53 6-7C	女子 신라장적 695?
於內? 제2신라문서 8C 중엽?	畓 신라장적 695?	大묘 제2신라문서 8C 중엽?		

[표5-2] 목간·고문서<국립경주박물관(편)(2002), 국립창원문화재연구소(편)(2006)>

고대한국의 합자 사례는 신라의 금석문·목간·고문서 등의 출토 자료들에서 산견된다. [표5-1·2]에서 보듯이 수사 '卄, 卅, 卌'을 제하면, 2자 상하 합자가 절대 다수를 차지하고 있고, 합자호의 흔적은 전혀 찾지지 않는 특징을 보이고 있다. 또한 '大舍, 小舍' 등 자형 상의 공통 요소를 지니는 글자들끼리의 합자 사례도 보인다. 합자 용례로는 수량사, 관직명류가 주류를 이루는데, '畚, 奴人, 主人(麦?), 女子, 大豆' 등의 일상 어휘들도 추가되어 있다.

고대 일본

수량				
十一 平城宮 1-404	十二 平城宮 2-2328	五十 城34-14 上	六十 城34-14 上	八十 城34-14 上
二合 平城宮3- 4617	三人 平城宮2- 2757	藤京00982 卄	藤京01305 卄	平宮00478 卄
平宮00461 卅	平宮00469 卅	平宮00198 卌	平宮06864 卌	

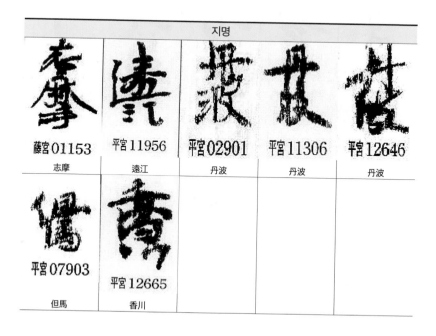

연호 / 간지

平京 00185	平宮 02892	平京 04537	平宮 02819	藤宮 00184
和銅	養老	天平	景雲	乙未
藤京 00193	藤宮 00183			
丁丑	己亥			

지명

藤宮 01153	平宮 11956	平宮 02901	平宮 11306	平宮 12646
志摩	遠江	丹波	丹波	丹波
平宮 07903	平宮 12665			
但馬	香川			

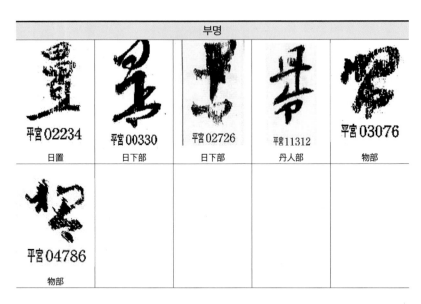

부명				
平宮02234	平宮00330	平宮02726	平宮11312	平宮03076
日置	日下部	日下部	丹人部	物部
平宮04786				
物部				

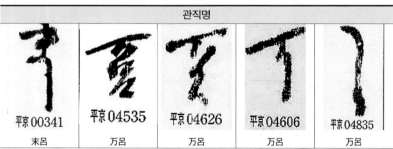

관직명				
平京00341	平京04535	平京04626	平京04606	平京04835
末呂	万呂	万呂	万呂	万呂

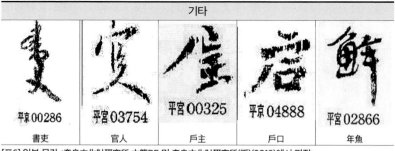

기타				
平京00286	平宮03754	平宮00325	平京04888	平宮02866
書吏	官人	戸主	戸口	年魚

[표6] 일본 목간<奈良文化財研究所 木簡DB 및 奈良文化財研究所(編)(2013)에서 편집>

일본의 합자 사례는 목간 자료 중심으로 수집한 것이라 한계는 있을 것이나, [표6]에서 보듯이 신라의 예들과 크게 다르지 않은 특징을 찾을 수 있다. 수사 '卄, 卅, 卌'을 제외하면, 2자 상하 합자가 절대 다수를 차지하고 있으면서 합자호의 흔적은 역시 전혀 찾아지지 않음이 공통적이다. 다만, 연호의 용례가 새롭게 등장한 것이 큰 차이점이라 할 수 있을 것이다.

고대 동아시아 합자문화의 의의

첫째, 한자문화의 전파에 대한 설명 기제로서의 "선택적 수용과 변용"을 실증한다는 점이다. 아래에서 보듯이 이는 중국의 내·외부 모두 적용될 수 있음이 특징적이다.

ⓐ은⇒주: 은대의 합자 유형들 중에서 주로 상하 2자 합자형을 계승하되<선택적 수용>, 중문호를 새롭게 도입<변용>

ⓑ주⇒전국: 주대의 특징들을 대부분 계승하되<수용>, 중문호를 합자호로도 사용하였을 뿐만 아니라 용례 면에서 일상어가 증가<변용>

ⓒ전국⇒진·한: 전국시대의 특징들을 대부분 계승하되<수용>, 합자호 생략형이 등장하였을 뿐만 아니라 용례 면에서 급격한 감소<변용>

ⓓ중국⇒한국: 중국 역대(특히 진·한대)의 다양한 합자 유형 중에서 주로 상하 2~3자 합자형을 계승하되<선택적 수용>,

합자호 생략형으로 통일시켰으며, 자음 변화(또는 훈
독)형이 새롭게 등장<변용>
ⓔ중·한⇒일본: 중·한의 다양한 합자 유형 중에서 주로 상하 2자 합
자형을 계승하되<선택적 수용>, 용례 면에서 연호
가 새롭게 등장<변용>

둘째, 주로 상하 2~3자 합자형을 선택적으로 수용한 경험은 한·일에
서 각기 고유한 한자인 국자들(한국: 畓, 太, 垈 등, 일본: 鷹, 畠 등)을 만들어
낼 수 있었던 기반의 하나로 작용하였을 가능성을 말할 수 있을 듯하다.

셋째, 갑골문에서의 "凡(=風)", 전국시대 자료들에서의 "重(=童), 女(=
如), 工(=空), 是(=氏), 又(=有), 豕(=重), 厶(=私), 飤(=飯), 直(=植), 司(=嗣), 臤
(=賢)" 등의 이문례들은 한어 상고음 연구의 새로운 자료원으로서의 가치
를 말할 수 있다는 점이다. 예를 들어, "凡(=風)"의 사례는 「風」자의 상고
음 운미를 -m으로 재구함에 가장 직접적인 방증이 될 수 있고, "女녀(=如
ᄼᅥ)"의 사례는 장병린(章炳麟)의 "古音娘日二紐歸泥說"(상고음의 娘母와 日
母는 泥母로 귀납된다는 설)을 뒷받침하는 증거가 되며, "又(=有)"의 사례는
『논어』 학이편에서의 "有子曰 信近於義 言可復也 ……" 구절을 "又 子曰
信近於義 言可復也"로 새롭게 해석하려는 논의에 보탬이 될 것이기 때문
이다.

이상의 논의를 바탕으로 할 때, 신라 "夫"명고배(상주 청리고분군 출토)
에서의 명문 "夫"를 "大夫"로 해석할 수 있는 가능성을 보여준다는 점도
또다른 의의가 될 것이다.

　　그림에서 보듯이 신라의 "夫"명고배는 지방 수장급의 묘역에서 출토
된 유물이라는 점에서 그리고 앞서 살펴본 진·한대의 합자들에서 "大夫=
夫="의 사례가 존재할 뿐만 아니라 이러한 합자의 전통을 수용한 신라에
서는 합자호(=)를 생략하는 변용을 보였다는 점에서 보면 "夫=大夫"의 가
능성이 충분하다고 할 수 있기 때문이다. 이것은 진흥왕의 휘(諱)인 "彡麥
宗 或作深麥夫" 등의 예에서 볼 수 있는 '-夫=-宗'의 대응관계를 설명할
수 있는 단서가 될 것인바, "夫" 즉 "大夫"도 초기 신라사회에서 매우 종
요(宗要)로운 위치를 차지하고 있었던 계층으로 판단되기 때문이다. 더 나
아가 접미사 '-宗'은 '므ᄅ'로 훈독되었을 것으로 추정되거니와, 이 '므ᄅ'
는 고대일본의 '麻呂~万呂~末呂[maro]'와도 어원적 상관성(또는 차용관
계)까지도 보이고 있다는 점에서 고대 한·일 간 한자문화의 교류에서 특
기할 만한 사례가 될 수 있을 것이다.

국자의 정의와 분류

국자에 대한 정의는 쉬운 듯하면서도 정확을 기하기가 어려운 듯하다. 우선 국립국어원에서 제공하고 있는 『표준국어대사전』의 뜻풀이를 보이면 다음과 같다.

> 국자3(國字)「명사」
>
> ① =우리글. 우리 국자의 우수성으로는 과학성과 독창성을 꼽을 수 있다.
>
> ②『언어』한 나라의 국어를 표기하는 전통적인 공용 문자. ≒나라 글자.

위의 첫 번째의 뜻풀이는 흔히 우리글자를 '한글'이라고 지칭한 데서 생겨난 것으로 우리가 생각하고 있는 국자와는 전혀 다른 개념이다. 두 번째의 뜻풀이는 그런대로 쓸 만한 것이기는 하나 문제점도 없지는 않은데, '전통적인 공용 문자'의 범위가 규정되어 있지 않기 때문이다. 따라서 여기에서는 이 방면의 국어학적 선행 연구들을 참조하여 국자에 대한 정의를 시도하고자 한다.

①김종훈(1983): (한국)고유한자란 … 한자 차용 표기에서 형성된 것이지만, 중국이나 일본에서는 전혀 사용되지 않는, 오직 우리나라에서만 사용하는 한자로서 고유한 우리의 인명·지명·관직명·고유한자어의 표기에 사용된 것이다.

1)국자(조자): 乺(소) 垈(대) 亇(마) 巪(걱) 㐎·乶(뿐) 乭(돌) 㖰(얌) 鍤(삽) 㕲(솟) 㪳(둥) 串(곶) 苫(섬) 桒·枩(말) 㐻(고) 䢿(선) 등

2)국음자: 乀(뼘) 喬(궉) 釗(쇠) 只(기) 卜(짐) 上(차) 召(조) 旀(며) 喩(디)

印(㕧) 這(갓) 岾(탈) 등

3)국의자: 㯖(땅이름 덕) 遷(벼루) 浿(강이름 패) 評(郡) 등

②남풍현(1989): 한국의 고유한자라고 하면 이 3요소(※자형, 자음, 자의) 가운데 어느 하나 이상이 중국의 그것과 차이가 있는 것을 가리킨다.

1)합성자: 畓(<水田, 논 답) 太(<大豆, 콩 태) 㚁(<○夫, 주비 의) 乶(<乃末) 㖓(<功夫) 卄(<菩薩) 등<상하, ※원 자료에는 기원 글자들이 세로쓰기로 되어 있음>// 岾(고개 점) 洑(갯벌 벌) 猠(염소 전) 魟(망둥이 망) 獤(돈피 돈) 欌(옷장 장) 鰺(삼치 삼)<좌우>

2)생획자: 亠·ㅎ(<音) 吅(<嚴) 屯(<頓) 豆(<頭) 加(<迦)<후부>// 寸(<尊) 胃(<謂) 失(<実) 里(<理) 吉(<結)<전부>// 枋(<榜) 氵火·汏(<滅) 등<중부>// 罒(<羅) 众(<衆) 才(<等) 등<기타>

3)구결자: ㅋ(<衣) ナ(<在) ㄹ(<飛) 矢(<知) ㅎ(<音) 二(<示)// ㅁ(<古) 八(<只) ㅏ(<臥)// リ(<是) ソ(<爲) 尓(<彌) 十(<中) 등

③박성종(2005): 우리 나라에서 사용되는 한자 중에 석과 음 중의 어느 하나가 없거나 무의미한 것들이 있는데, 이들이 곧 일명 '국자'에 해당된다. 그러나, 국자의 개념도 다소 불분명하고, 한국한자를 지나치게 좁게 해석할 경우 놓치게 되는 부분들도 있다. 따라서, 한국한자에 대하여 국조자, 국의자, 국변자의 세 유형으로 나누어 설정해 보았다.

1)국조자: 旀(며) 尓(금) 亇·丫(마) 乬(굴) 乭(돌) 乻(올) 㐑·乶(뿐) 㖛(곶) 㐎(돗) 唜·㖙(똥) 㐛(둥) 巪(걱) 乧(둑) 䎖(산) 등<표음>// 乶·㐊(乃末) 洑(뻘) 㑋(다디-) 魟(망둥이) 魰(가물치) 椵(피나무) 등<표의>

2)국의자: 畓(논 답) 太(콩 태) 등<동음>// ㇏(뻠) 岾(재) 岾(탈) 등<이음>

3)국변자: ß(<隱>) 등 口訣字+匕(<匙)<생획자>// 厶(<合) 등 樂譜符號+點吐口訣의 점과 선*<부호자>, 仅(=儒) 仹(=擊)<속자> 등

*점토구결에 사용된 점과 선 및 각종 부호들도 이 부류에 속한다고 할 수 있으나, 성격이 다른 면도 적잖아 숙고할 필요가 있다. (p.72)

④이승재(2017): 한자의 기본구조인 형·음·의의 삼원구조로 기술할 수 없으면서 동시에 한국에서 독자적인 독법으로 사용한 글자를 한국자라고 정의할 수 있다. … 한제자/한반자와 한점자를 포함하는 넓은 의미의 문자 명칭이 필요하다. 이것을 우리는 한국자라고 부른다.

1)한훈자: 毛{*털} 新{*새/사} 亽{*열} 如{*다/더} 一{*ᄒᆞᆸ} … 등<수사>// 石/石{*셤} 斗{*말} …辻/這{*긋} 件{*불} 形{*골}<단위명사>// 太{*콩} 助{*맛} … 畓{*논} 畠{*밭} 扞{*털가족} 椋(??) 㓞(??) … 등<보통명사>// … 中/ + {*긔} … ㅣ/之/如/也{*-다}<문법형태>

2)한음자: 伽[*가] 第[*뎨] 邑(邑)[*읍/ㅂ] … 刀[*도/다] … 日[*닐] 二.[*니] … 등<수사>// 亇[*미] 丿[*량] … 등<단위명사>// ++(菩)[*보] … 亇[*마]… 등<보통명사>// … 旀[*며]… 등<문법형태>

3)한제자: 太{*콩} 畠{*밭} 畓{*논} 椋(??) ↑ 吏(??) 助{*맛} 扞{*털가족} 瓺(??) 㓞(??) 媤 乭 廘 등

4)한반자: 邑[*읍/ㅂ] ㅣ{*다, *깃} 彡(*서릭, *털, *삼) 刂[*리] {*셤} 亇{*마/맣, *미} 辻/這{*긋} 丿[*량/*아] 尸[*ᄋᆞᆳ/ᄋᆞᆲ] +{*긔] 소[*사] 卩[*部]+ 구결자 전체

5)한점자: 부점구결에 사용되는 '·, :, ··, ―, ㅣ, /, ＼' 등

이상에서 보듯이 최근에 와서 국자론이 다시 활발히 전개되고 있다.

이두·구결자는 물론이러니와 최근에 발굴된 목간의 자형들까지 논의에 포함되고 있음이 그 한 징표라고 할 것이다. 기존의 네 논의에서 정의에 있어서는 대동소이하거니와, 대체로 한국에서 독특한 독법으로 쓰이는 글자여야 한다는 점과 한자 3요소 중 어느 하나 이상이 한자문화권 국가들과 차이를 보여야 함을 국자 정의의 필수 조건으로 정리해도 좋을 것이다.

국자의 정의 문제에서 새로운 과제로 등장한 것은 이승재(2017)에서 말한 '한점(韓點字)'를 국자에 포함시킬지 여부이다. 박성종(2005)에서 이미 이 문제에 대하여 다소 유보적인 견해를 피력한 바 있거니와, 필자도 견해를 같이하고 싶다. '한점자'로 분류된 것들은 최근에 발견된 각필점들인데, 이들은 문자체계상으로는 음절문자에 해당되지만 한자에서 파생된 것이 아니라 한자 주변의 일정한 위치를 차지하는 점, 선 등의 부호들 ('·, :, ·· , ─, |, /, \' 등)에 불과하여 이들을 국자에 포함시키기에 문제가 있다고 판단되기 때문이다. 덧붙여 박성종(2005)에서 국변자의 예로 든 국악 약자보에서의 부호자들도 아래에서 보듯 일부 자획의 일부로 보이는 예도 없지 않으나, 한자와의 체계적 관련성이 파악되지 않으므로 이들 역시 국자의 범주에서 제외하는 편이 나을 것이다.

음이름	黃	大	太	夾	姑	仲	蕤	林	夷	南	無	應	潢	汱	汰	浹
공척보	合	四		一		上	勾	尺	工		凡		六	五		
약자보	ㅿ	ㄱ		ㄱ		ㅿ	ㄴ	ㄱ			ㄲ		ㄲ	少		

다음으로 국자의 범위와 분류 문제에 있어서는 '한훈자', '한음자' 등의 실례들에 대한 인정 여부가 새로운 쟁점으로 부상한 바 있다.

이 문제와 관련하여 이승재(2017)에 제시된 '한훈자', '한음자'의 상당 부분에 대해서는 재검토의 여지가 있는 것으로 보인다. 위에 소개된 예시에서 밑줄친 예들은 한자 본래의 석[새김]이나 음과 큰 차이가 없는 글자들이거나(─) 판독이나 해석에 이견이 있는 글자들(∼)이기 때문이다. 예를 들어, 한훈자 중 '毛, 新, 今, 一, 石, 斗, 形' 등은 한자 본래의 석과 근본적인 차이를 보이지 않으므로, 그리고 한음자 중 '伽, 第, 刀, 日, 二, ㇏(=良)' 등도 한자 본래의 음과 근본적인 차이를 보이지 않으므로, 다시 말하여 자석·자음에서 한국적인 변용(한국에서의 시대적인 음상의 차이 포함)은 있을지언정 중국과의 근본적인 차이를 보이지 않으므로 이들을 그대로 국의자나 국음자에 인정하기는 어려울 것이라는 것이 필자의 판단인 셈이다. 만약 한국적 변용까지를 포함한다면 한자 중에 국의자·국음자가 아닌 글자가 없을 정도로 그 범위가 지나치게 넓어진다는 점을 고려해야 할 것이기 때문이다.

또한 이승재(2017)에서의 한음자 '艹'(菩)[*보], 한훈자 'ㅣ=之/也{*-다/종결어미}', 남풍현(1989)에서의 합성자 '卅'(<菩薩) 등은 중국에서의 용법을 그대로 수입한 예에 해당하므로, 그리고 이승재(2017)의 예시 중 필자가 물결무늬로 밑줄을 친 '辻(/缶?), ↑ 吏(/小吏?), 助(/助?), 㔾(邑(/包?)[*읍/ㅂ(/보?)], 亇(/个?)' 등은 판독이나 독법에서 이견이 있는 글자들이므로 이들도 국음·국의자의 후보에서 제외하거나('艹', '卅') 유보하는('辻' 등) 편이 나을 것이다. 이 밖에 남풍현(1989)에서 소개된 생획자의 대다수(<기타>류를 제외한 <전부·중부·후부> 생획자 대부분)은 특정 시기의 스님들 사이에 통용된 사례들을 보인 것이어서 충분히 사회적 통용을 보인 예들이라 보기 어려우므로 이들도 국음자의 후보에서 일단 유보하는 편이 나을 것으로 판단된다.

이상을 종합해볼 때, 국자란 한국에서 독자적인 독법으로 사용되는 한자(또는 한자계 문자)로서 한자의 3요소 중 어느 하나 이상이 중국이나 일본 등 한자문화권 국가들과 차이를 보이는 글자들로 정의할 수 있을 것이다. 여기에 ①자음·자의에 있어서 중국과의 근본적인 차이를 보이지 않는 예들, ②중국에서의 쓰임을 그대로 수입한 예들, ③한국 고유의 글자라도 판독/독법에 이견이 있는 글자들, ④부호 또는 그에 가까운 예들, ⑤특정 시기의 특정 집단에서만 유행된 글자들은 국자에서 제외하거나 유보해야 한다는 부가 조건을 달아야 할 것이다.

국자의 분류에 대해서는 기존의 논의들에서 제시된 방안들 중에서 어느 하나를 택하여도 무방할 것으로 생각된다. 개인적으로는 김종훈(1983), 박성종(2005)에서 제시된 방안을 종합하여 국조자, 국음자, 국의자, 국변자로 4분하는 체계가 어떨까 한다. 이에 대한 구체적인 논의는 앞으로를 기약한다.

국자의 형성과 전개

이제 앞서 논의된 국자의 개념에 유의하면서 최근에 출토된 문자 자료들을 중심으로 고대한국에서 국자가 언제, 어떻게 생겨나고, 또 그것들이 이웃 국가들에 전파되었는지에 대하여 구체적으로 살펴보도록 하겠다.

#1 '椋'

고대한국의 문자 자료에 나타나는 국자의 첫 사례로는 「椋」(창고 경/단, '京'의 실제 자형은 '京')자를 들 수 있다. 이 글자는 고대 삼국과 일본 자료에 공통적으로 등장하고 있을 뿐만 아니라, 중국과는 의미상에 큰 차이

椋 **說文·木部**

《説文》："椋, 即來也。从木, 京聲。"

liáng 《廣韻》呂張切, 平陽來。陽部。

木名, 即 "楝"。《爾雅·釋木》："椋, 即來。"《説文·木部》："椋, 即來也。" 段玉裁注："《釋木》曰: '椋, 即楝。'《釋文》曰: '楝, 《埤蒼》、《字林》作來。' 本《説文》也。絫誶曰即來, 單誶曰來, 《唐本艸》謂之椋子木。"

『漢語大字典』(單卷本), p.1236

를 보이고 있다는 점에서 국자의 형성과 전파 과정을 고찰할 수 있는 호조건의 사례로 주목을 받고 있다.

위에서 보는 바와 같이 「椋」자는 중국에서는 『이아(爾雅)』·『설문해자』 이래로 느릅나뭇과의 활엽 교목인 '푸조나무 량'(=楝)자로만 쓰임에 비하여 고구려·백제·신라 및 일본에서는 '창고'(이에 해당되는 고대국어 어형은 미상)의 의미로 쓰인다는 점에서 앞서 말한 국자의 조건에 부합되는 사례에 해당된다.

이 글자가 등장하는 최초 자료는 고구려의 「덕흥리 고분벽화 묵서 묘지명」(408)인바, 제13~14행에 보이는 "…旦食鹽鼓(/豉?)食一椋記/"(아침에 먹을 소금과 배를 두드리며 먹을 만한 음식이 한 창고 분임을 기록한다.)에서의 '一椋'이 그것이다. 이 무덤의 주인공 유주자사 진(鎭)의 국적에 관하여 논란이 없지 않으나, 묘지명에 등장하는 '영락'이라는 연호, '국소대형'이라는 관직명 등에 비추어 중국인 망명객이면서 고구려 국왕과 밀접한 연관을 지닌 인물일 것이라는 점에서 이 글자를 고구려 국자로 인정함에 이견은 없다.

여기에 더하여 「椋」자가 고구려의 '부경(桴京)'과 밀접한 관련성을 지니면서 조자된 것임에 대해서도 이견은 없는 듯하다. 잘 알려진 바와 같이 고구려에는 큰 창고는 없는 대신 집집마다 작은 다락창고인 '부경'이 있었음이 기록으로 전하고 있거니와(『삼국지』·동이전·고구려조), 본래 곡물을 보관하던 창고를 의미하던 「京」자가 도읍 또는 수도를 의미하는 글자로 변하게 되면서 창고를 의미하는 문맥에 「京」자를 쓰기 곤란해지자 고구려인들이 자국의 '부경'을 표기할 차별성 있는 글자로 「京」자에 「桴」자의 '木'변을 합쳐 마침내 「椋」자를 형성시킨 것으로 보고 있는 것이다(李成市 2005: 42-44, 이병호 2017: 222).

더욱이 아래에서 보듯이 최근에 발굴된 문자자료들을 통하여 이 글자가 고구려에서만 쓰이지 않고 백제와 통일신라를 거쳐 고대일본에까지 그 쓰임이 확산되었음을 확인할 수 있다는 점에서도 주목할 만하다.

① 부여 능산리 300호 목간_6세기 중반

② 부여 쌍북리_280-5 목간_7세기 초반?

③ 경주 황남동_281호 목간_8세기

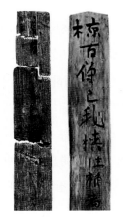

④ 경주 안압지 출토 '椋司'銘 벼루_8~9세기

⑤ 일본 西河原森ノ內 2호 목간_7세기 후반

①三月 仲椋 □上刃(3월 가운데 창고[仲椋]에 올린 탈곡하지 않은 쌀(=뉘))

②外椋 卩 鐵(外椋部의 鐵)

③五月廿六日 椋食□肉之 下椋囿……/仲椋有食卅二石(5월 26일 椋食(창고에 보관된 양식)을 □하다. 下椋에 ……이 있고, 仲椋에는 食 32석이 있다.)

④椋司(창고의 有司)

⑤椋直(?)傳之 我持往稻者……(椋直(창고지기?)가 전한다. 내가 가지고 간 벼는 ……)

위의 자료들을 통하여 5세기대의 고구려의 국자 「椋」은 6~7세기대의 백제 목간, 8~9세기대의 신라 목간/벼루, 7세기대의 일본 목간 등에서 공통적으로 '창고'의 의미로 쓰였음을 확인할 수 있다. 이는 고대 문자문화

에서의 고구려의 위상을 잘 보여줄 뿐만 아니라, '고구려→백제(→신라)→
일본'으로 이어지는 문자문화의 전파 경로까지도 추적할 수 있게 해준다
는 점에서 그 중요성은 아무리 강조해도 지나침이 없을 것이다.

#2 '畓'·'畠'

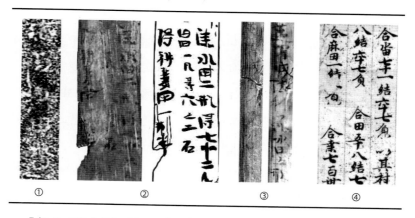

①　　②　　③　　④

「畓」(논 답)과 「畠」(밭 전)자는 '水田'[논]과 '白田'[밭]에서 상하 합자로
형성된 초기 국자들이다. 두 글자도 위와 비슷한 문자문화상의 전파 경로
를 보여주는 가운데, 국자의 정착 과정에서 국가들 사이에 일정한 차이를
드러내고 있음에서 흥미로운 사례가 된다.

①창녕신라진흥왕척경비(561) 6행 19~23자

　"海州白田畓"

②나주복암리 목간 5호(610?) 2면 상단

　　"水田(1행 2~3자) 畠(2행 1자) 麥田(3행 3~4자)"

③부여궁남지 295호 목간(7세기 2/4분기) 1면 2행 하단

　　"水田(畓?)(2행 15~16자)"

④신라장적(제1문서, 695?) C_8~10행

"畓(8행 2자) 田(9행 7자) 麻田(10행 2~3자)".

위의 자료들에서 보면, 신라와 백제 사이에 「畓」·「畠」 두 글자의 서사 양상이 정반대로 나타남이 우선 주목된다.

먼저 '水田'의 경우, 신라에서는 6세기 후반의 이른 시기에서부터 「畓」자로 고정 서사되어 있는 반면(①, ④), 백제에서는 7세기 초·중반에 이르기까지 여전히 '水田'으로 표기되어 있음이 그것이다(②, ③).

다음으로 '白田'의 경우, 신라에서는 초기에 '白田'으로 표기되다가 (①) 후대에 이르면 「田」만 나타나는 반면(④), 백제에서는 「畠」으로 표기 됨(②)이 그것이다.

한편, 일본의 경우는 나가야왕長屋王(684~729) 저택 유적에서 출토된 목간에서 인명 '畠田子首'의 예를 통하여(좌측 그림 참조) 8세기 초부터 「畠」자가 사용되었음을 알 수 있는 반면, 「畓」의 쓰임을 확인할 수 있는 자료는 찾기 어려운 듯하다. 대신 『속일본기』 천평 2년(730) 6월 경신일조

의 "緣旱令檢校四畿內水田陸田"의 기사를 통하여 8세기 초반에도 '水田'이 쓰이고 있었음을 확인할 수 있다. 이는 「畓」·「畠」자의 쓰임에 있어서는 일본이 백제와 같거나 비슷한 상황에 있었음을 말해주고 있다.

이상의 자료들을 통하여 우리의 국자 「畓」자는 6세기 후반부터 신라에서, 「畠」자는 7세기 초반부터 백제에서 쓰였

음을 확인할 수 있을 뿐만 아니라, 일본 국자로 여겨졌던 「畠」자는 백제를 통하여 전파된 결과였을 가능성이 높음도 확인할 수 있다.

#3 '太'

「太」자는 한국에서 독특하게 콩을 의미하는 국자로 쓰임은 잘 알려진 사실의 하나다. '백태, 흑태, 청태, 서리태, 서목태(쥐눈이콩)' 등 오늘날의 콩의 이름에 등장하는 '~태'의 쓰임이 바로 그것이다. 콩의 한자어는 '大豆'인 바, 문제의 「太」자의 발달도 바로 이 '大豆'에서 연유된 것임을 알려주는 문서 자료가 통일신라~고려시대에 걸쳐 보임은 주목할 만하다.

먼저 일본의 정창원에 전해오는 제2 신라문서(8세기 중반, =佐波理加盤文書)에서 보면, 5행에서는 '大豆'의 두 글자로 정서되어 있는 반면, 6행에서는 아래의 「豆」자를 흘려쓰면서 마치 한 글자처럼 상하

제2 신라문서_表
5행

제2 신라문서_表
6행

합자로 나타남을 볼 수 있다. 이는 「太」자가 '大豆'를 상하 합자로 쓴 서사 방식에서 유래되었을 가능성을 알려주고 있다.

이와 같이 8세기 중반 자료에서부터 시작된 '大豆'의 상하 합자는 11~12세기에 이르러 마침내 「太」자로 변모하는 과정을 잘 보여주는 자료는 「불국사 무구정광탑중수기(佛國寺 无垢淨光塔重修記)」(1024)이다.

아래의 사진들에서 보는 바와 같이 11세기 초의 이 문서는 '大豆'가 상하 합자로 단순화되어 마침내 「太」자로도 나타남을 일목요연하게 보여준다는 점에서 귀중한 자료적 가치를 지니고 있다. 그 동안 막연하게 추측해온 국자의 형성 과정을 실증하고 있다는 점에서 그러하다. 여기에 더하

불국사무구정광탑	불국사무구정광탑
중수기_68, 66	중수기_75, 66

불국사무구정광탑	불국사무구정광탑
중수기_55, 54	중수기_74, 58

여 『계림유사』(1103)에 "豆日 太" 항목이 등장함은 '大豆→荳→太'로의 변
모가 늦어도 12세기 극초에는 완성되었음을 알려준다.

한편, 「불국사 무구정광탑중수기」에는 '小豆'[팥]의 상하 합자도 여러
번 등장하고 있으나(荳 荳_68, 荳_58 등), 이들은 후대로 이어지지 못하
고 있으므로 고려시대의 합속자 정도로 이해해야 할 것이다.

#4 '木'

국자의 생성은 고려시대에 이어서 조선시대에까지 이어진다. 사실 오

늘날 국자로 알려진 글자의 대부분은 조선조의 관문서들을 통하여 생성되었을 가능성이 높거니와(『신자전』조선속자부 참조) 그러한 예의 하나로 '목화(木花)'에서 볼 수 있는 국의자 '木'[무명]의 생성 및 발전 과정을 살펴보도록 하겠다(권인한 1993 참조).

'목화'가 등장하는 최초 기록은 『중종실록』이다.

光輔 [……] 又目成希顔曰: "曩者韓訓, 以汝爲名儒也。今何以與子光同事耶? 無乃受子光所賂木花【卽綿花.】而然耶?"(趙光輔가 또 성희안을 지목하면서 말하기를, "지난날 韓訓이 너를 名儒라고 할 일이 있었다. 그런데 지금 어찌하여 유자광과 함께 일을 하는가? 자광이 뇌물로 준 목화【곧 면화(綿花).】를 받고서 그러는 것이 아닌가?")

<『중종실록』 2년 윤정월 기사일조>

위의 기사에서는 '목화'가 곧 '면화(綿花)'임을 협주를 달고 있는데, 이는 1507년 당시에는 일반화되지 못한 조광보의 개인어 차원에 머물렀을 가능성을 암시한다고 할 수 있다. 왜냐하면 '목화'의 등장 이전에는 1)'목면' 통일기(태조~단종), 2)'면화' 우세기(세조~성종), 3)'목면, 면화, 면포, 면자' 분화기(연산군조)를 거쳐, 중종 초 국문(鞫問) 과정에서 우연히 발설된 단어일 뿐더러 중종조의 다른 기사에서는 여전히 '목면' 또는 '면화'가 계속해서 등장하기 때문이다.

'목화'라는 단어는 『명종실록』 이후 출현 빈도가 높아지는데, 특히 『선조실록』 26년 8월 정미일조에는 '솜' 또는 '면포'의 의미로 4번이나 등장함이 주목된다. 흔히 '목화'를 '목면화(木綿花)'의 준말로 이해하기 쉽지만, 이 기사에서 드러나는 사실은 '종의 총칭' 또는 '익은 목화다래'를 의미하는 '목면화'보다는 '목화'의 의미 영역이 넓으므로 '목화'를 '목면화'의 준말로 이해하기 곤란함을 말해주기 때문이다. 따라서 '목화'는 '목면'의 '木'과 '면화'의 '花'가 혼효되어 생성된 것으로 보아야 할 것이다.

'목화'의 등장 이후 국의자 「木」에 관한 최초 기록으로는 『중종실록』 37년 7월 을축일조 기사에서 '관목면'이 '관목(官木)'으로 나타난 것을 들 수 있다. 『명종실록』 이후 이러한 「木」자의 용례가 일반화되고 있는데, 이러한 종류의 단어로는 '무명'을 조세로 바치던 경제 제도와 관련되는 '대동(작)목, 공목(貢木), 전세(작)목, 전목(錢木)', '무명'의 종류를 나타내는 '백목(전), 세목, 관목, 영목, 호조목, 관서목, 사군목', 한·일 간의 공무역에 관련된 '공(무)목' 등으로 확대되다가 이후 조세 제도의 기본 단위가 화폐로 바뀌면서 이러한 단어들이 점차 사라지면서 오늘날에는 '목화' 정도에만 그 명맥이 유지되고 있는 실정이다.

이상 조선왕조실록 자료를 중심으로 국의자 「木」의 생성·성장·사멸의 전과정에 대하여 간략히 소개하였거니와, 이 밖에 조선조에는 국자의 생성이 계속되고 있음도 유의할 일이다. 임꺽정(?~1562)의 이름자에 쓰이는 「[illegible]」(걱)자를 비롯하여 '[illegible](각), [illegible](둑), [illegible](억), [illegible](작)/ [illegible](둔)/ [illegible](놈), [illegible](밤)/ (엇)/ [illegible](둥)' 등 개음절 한자음자의 받침에 한글 자모를 덧붙인 글자들이 이 사실을 잘 말해주고 있다. 이들은 한글의 쓰임이 본격화된 후에 생성된 국자들임이 분명하기 때문이다. 덧붙여 '乫(갈), 乬(걸)', '[illegible](갓), [illegible](갯)' 등 역시 주로 개음절 한자음자의 받침 위치에 이두(또는 구결)의 음차자 '乙(ㄹ), 叱(ㅅ)'을결합시킨 글자들도 주로 조선조에 이르러 생성된 글자들일 가능성이 점쳐진다. 앞으로 이 글자들의 생성 시기나 과정에 대한 연구도 이어져야 할 것이다.

참고로 우리 국자들의 일람표를 소개하면 다음과 같다.

부수	글자
丨部	수(마)
乙部	乫(갈) 夏(갈) 틽(걸) 乬(걸) 乥(골) 廤(곳) 乫(굴) 乭(굴) 㐠(글) 乻(길) 老(놀) 㐦(놀) 艺(늘) 㐪(둘) 乭(둘) 乧(둘) 㐇(돌) 乭(돌) 㐍(둘) 乺(뜰) 乶(말) 乭(몰) 乮(몰) 㪍(볼) 㐐(불) 乶(빌) 乷(뿔) 乺(살) 乷(살) 乷(살) 㐖(설) 乭(솔) 乺(솔) 乻(솔) 㐘(쌀) 乻(얼) 㐜(올) 乭(올) 㐚(울) 㐙(울) 㐛(율) 乽(율) 乽(잘) 乭(절) 㪍(줄) 乷(잘) 乷(절) 㐊(줄) 㐕(돌) 乧(돌) 乭(털) 㪠(풀) 乭(할) 乤(홀) 乭(홀)
丿部	朶(말)
亅部	亇(마)
亠部	夻(밤)
人部	佲(고) 伲(탁)
力部	㔦(각) 㔊(할)
匚部	틱(걱)
卩部	斛(산) 卨(산) 辱(한) 吧(통)
口部	唟(갓) 叭(갯) 喏(거) 㐓(것) 嗒(고) 唟(곳) 嗃(곳) 厫(곳) 㐞(굿) 吔(굿) 㐗(갯) 㐎(놈) 㐤(놋) 嗙(늦) 㐠(돗) 吡(돈) 㐞(동) 嗊(동) 嚙(람) 㐪(맛) 吡(바) 㐗(봇) 㐞(봇) 㐢(뿔) 㐁(뿐) 㐊(숫) 㐆(숫) 㐞(쇠) 龍(싯) 聪(싯) 㘞(씨) 㐗(엇) 㴇(엿) 吡(윗) 蕊(잇) 喏(자) 㐞(잣) 㳱(줏) 㐗(짓) 㠳(짯) 㕻(화)
土部	坤(갑) 垈(대)
大部	夽(등) 夽(말)
山部	岾(점) 峀(수) 岉(불)
工部	㠰(부) 㠮(부) 㠱(부) 㠬(부)
弓部	㺄(후)
心部	怾(기) 㥯
斗部	㪷(독) 㪶(둥)
方部	㫍(억) 於(엇)
日部	曺(조)
木部	椡(갑) 㰤(귀) 榠(명) 樠(반) 椺(보) 梯(비) 橵(산) 栍(생/승) 㰏(엄) 㰴(자) 欌(장) 橻(추) 柝(택) 樘(탱) 㮿(후) 㮥(칭)
水部	潎(삼) 澇(로) 迷(미) 洌(벌) 潈(선) 泖(승) 澗(안) 泑(우)
火部	燤(돌) 㶱(발) 煸(통) 㷂(후)
犬部	狣(광) 獤(돈) 狋(전)
玉部	琓(완)
田部	畓(답) 畩(릉)

石部	碶(계) 硺(돌) 乭(소) 䃸(적)
禾部	稤(수) 穈(조)
立部	竡(갑)
竹部	箶(골) 簰(배) 篺(배) 篒(식) 箼(오)
米部	糷(연) 糮(증)
糸部	緋(비) 纚(미) 縇(선) 紆(우) 縝(전) 纈(협)
网部	罡(광)
老部	耇(놈) 耉(작)
耳部	聜(도)
舟部	艍(거) 艐(종)
艸部	蒏(길) 藁(고) 蓇(골) 菞(며) 莔(백) 蕯(살)
虫部	蟦(분) 螦(소) 蛘(양)
衣部	襨(대) 裶(비)
言部	諮(자)
豆部	豆(둔) 豍(변)
車部	轠(강)
辵部	迲(겁) 迚(두) 遾(선) 迿(수) 遈(횡)
邑部	亯(곱) 邑(곱) 鲨(삽)
金部	鐗(간) 鐻(거) 鍥(계) 鏫(금) 鐥(선) 鑶(설) 錷(줄) 鏈(줄) 鐵(징) 鑢(헌) 鍭(후)
門部	閪(서) 闏(팽)
革部	靸(앙) 韞(온)
音部	韽(감)
食部	饉(달) 饎(료) 䭏(편)
馬部	騂(안) 騐(엄)
魚部	鰞(마) 魧(망) 鯛(망) 鱏(산) 魟(정)
鳥部	鶿(자)
麥部	麴(교) 麩(표)

※일본의 '國字(和製漢字) 一覽表'는 '漢字辭典online'(http://kanji.jitenon.jp)를 참조하기 바란다. 이 일람표 속에는 여전히 고대한국 기원의 글자들(畓, 畠 등)을 일본 국자로 소개하고 있는 문제점은 발견되지만 200자 이상의 목록을 제공하고 있어 한·일간 국자 비교 논의에 유용할 것으로 생각된다. 앞으로 이 방면의 논의가 이어지기를 기대한다.

이상 고대한국에서의 합자와 국자의 형성과 전개에 관한 고찰을 중심으로 한자문화권 성립의 구체적인 양상을 살펴보았다. 본론의 내용을 요약해보면 다음과 같다.

먼저 합자에 관한 논의에서는 중국의 역대 왕조 상호간, 고대한국 및 일본으로 이어지는 "선택적 수용과 변용"을 기제로 한 합자문화의 전파를 통하여 한자문화권의 성립에 상당 부분 기여하였을 뿐 아니라, 한·일에서는 이를 바탕으로 각기 고유한 국자들을 생성해낼 수 있었던 기반으로 작용하였음을 알 수 있었다.

다음으로 국자에 관한 논의에서는 「椋」, 「畓」·「畠」, 「太」, 「朩」의 사례에 대한 고찰을 통하여 고대한국~고려~조선시대로 이어지는 국자 형성과정을 확인하였을 뿐만 아니라, 「椋」, 「畠」자의 사례를 통하여 고대 한·일간 문자문화의 교류 양상도 파악할 수 있었다. 본론 곳곳에 남겨둔 과제들이 허다한 바, 앞으로 이들에 대한 논의가 이어져서 한국의 문자론 논의가 활성화되기를 기대한다.

참고문헌

1) 자료집

국립경주박물관 편, 2002, 『문자로 본 신라』, 예맥출판사.

국립부여박물관 편, 2008, 『백제 목간』, 학연문화사.

국립부여박물관·국립가야문화재연구소 편, 2009, 『나무 속 암호 목간』, 예맥출판사.

국립중앙박물관·대한불교조계종, 2009, 『불국사 석가탑 유물 02 重修文書』, ㈜시티파트너.

국립창원문화재연구소 편, 2006, 『개정판 한국의 고대목간』, 예맥출판사.

성균관대학교 박물관 편, 2008, 『신라 금석문 탁본전』, 성균관대학교출판부.

高明 編, 1986, 『古文字類編』, 台北:大通書局.

奈良文化財研究所 編, 2013, 『改訂新版 日本古代木簡字典』, 東京:八木書店.

駢宇騫 編, 2001, 『銀雀山漢簡文字編』, 北京:文物出版社.

袁仲一·劉鈺 編, 2009, 『秦陶文新編 下編 圖版』, 北京:文物出版社.

張光裕 主編, 1993, 『郭店楚簡研究 第一卷 文字編』, 台北:藝文印書館.

張守中 撰, 1994, 『睡虎地秦簡文字編』, 北京:文物出版社.

中國社會科學院考古研究所 編, 2001, 『殷周金文集成釋文 1~6』, 香港:中文大學中國文化研究所.

何琳儀, 1998, 『戰國古文字典-戰國文字聲系』, 北京:中華書局.

2) 논저류

권인한, 1993, 「'木花'의 語源論을 위하여」, 『국어사 자료와 국어학의 연구』, 서울대학교 대학원 국어연구회 편, 문학과 지성사.

권인한, 2015, 「古代 東아시아의 合文에 대한 一考察」, 『木簡과 文字』14.

김영욱, 2008, 「西河原森ノ内 遺跡址의 '椋直'木簡에 대한 어학적 고찰」, 『목간과 문자』창간호.

김종훈, 1983, 『韓國 固有漢字 研究(개정증보판)』, 보고사.

남풍현, 1989, 「韓國의 固有漢字」, 『국어생활』17.

무붕우, 2017, 「한국 국자(國字)에 대한 고찰」, 성균관대학교 국어국문학과 석사학위 논문.

박성종, 2005, 「한국한자의 일고찰」, 『口訣研究』14.

사세하라 히로시(笹原宏之), 2014, 」日本製 漢字의 變遷과 形成方法」, 『동아시아 고유한자와 사전편찬』, 단국대학교 동양학연구원.

이건식, 2014, 「한국 고유한자 字形 構成 方法 연구 二題」, 『동아시아 고유한자와 사전편찬』, 단국대학교 동양학연구원.

이병호, 2017, 『내가 사랑한 백제』, 다산북스.

이성시, 2005, 「古代朝鮮の文字文化」, 『古代日本 文字の來た道』, 平川 南 編, 國立歷史民俗博物館.

이승재, 2017, 『木簡에 기록된 古代 韓國語』, 일조각.

측천문자(則天文字)의 발명과 전파

植田喜兵成智

學習院大學 東洋文化研究所

　　어느 해 여름, 한국에서의 용무를 마치고 일본으로 돌아가는 비행기 시간에 여유가 있어 국립중앙박물관을 방문했다. 상설 전시를 선사시대부터 차례로 관람하던 중, 통일신라 전시실에서 특별한 문자를 발견했다. 통일신라 전시실에는 몇 개의 비문 등 문자자료가 있었는데, 그 때 <오대산사 길상탑사(五臺山寺吉祥塔詞)>라는 자료에 눈길이 멈추었다. 이는 9세기 말 진성여왕 시대에 만들어진 것으로, 유명한 해인사 길상탑 속에 매납되어 있었던 것이다. 신라의 비문에 관심이 있던 나는, 그 비문의 문자들을 바라보다가 이상한 모양의 글자가 있음을 알아차렸다. 비문 오른쪽에서 다섯 번째 행에 "護圀三寶"라는 구절이 있는데, 이 가운데 '圀'자는 보통의 글자 모양과 확연히 달랐다(그림 1). 이른바 '이체자(異體字)'의 일종으로, 이 글자는 그 중에서도 역사상 특히 유명한 '측천문자(則天文字)'의 '圀(=國)'자였다.

그림 1. 오대산사 길상탑사(『韓國金石文集成 14』)

측천문자란?

측천문자란 중국 역사상 유일한 여제(女帝)로 잘 알려진 당나라 측천무후(則天武后) 시대에 제정되어 사용된 문자이다. 현재 17종류 18문자의 존재가 확인되었으며, 둔황(敦煌)·투르판(吐魯番)문서 및 당대(唐代) 묘지(墓誌)를 비롯하여, 비문 등에도 측천문자가 기록된 것을 볼 수 있다. 예를 들어, 한국고대사에 관련된 자료로서는 고구려 유민 <천남산묘지(泉男産墓誌)>가 있다(그림 2). 천남산은 연개소문(淵蓋蘇文)의 아들 천남생(泉男生), 천남건(泉男建), 천남산 삼형제 중 한 명으로 잘 알려져 있다. 고구려

그림 2. 천남산 묘지(『隋唐五代墓誌彙編』 洛陽 7)

말기의 내분에서 형인 천남생을 추방하는 편에 섰지만, 668년 고구려 멸망 후 당에 귀순하여 관작(官爵)을 받고, 대족(大足) 원년(701)에 중국에서 사망하였다. 장례는 장안(長安) 2년(702)에 행해져 낙양(洛陽) 망산(邙山)에 매장되었다. 장안 2년은 측천무후의 시대로서, 바로 측천문자가 사용되던 시기였다.

측천문자는 중국에서뿐 아니라 일본 열도나 한반도에서도 사용되었다. 앞에서 서술한 <오대산사 길상탑사>는 이를 보여주는 자료이다. 그러나 측천문자는 측천무후가 세운 왕조인 무주(武周)(690~705년)가 멸망하고 당이 중흥한 이후, 공식적으로는 사용이 폐지되었다. 그럼에도 불구하고 신라 하대 말기, 9세기말의 자료인 <오대산사 길상탑사>에는 왜 사용되고 있었던 것일까? 이 수수께끼를 풀기 위해서는, 측천문자가 중국에서 어떻게 생겨났으며, 어떻게 일본이나 한국으로 전해졌는지를 알아야한다.

측천무후의 생애

측천무후는 중국 역사상 유일한 여제이다. 그 출신은 결코 명문이었다고 할 수 없다. 측천무후가 세상에 드러난 것은 당 태종(太宗) 이세민(李世民)의 후궁으로 들어가면서부터였다. 당 태종 사후, 고종(高宗) 이치(李治)의 총희(寵姬)가 되어, 라이벌 후궁들을 쫓아내고 황후(皇后)의 자리에 올랐다. 나아가 고종 재위 중에 이미 '이성(二聖)'으로 함께 칭해지는 존재가 되었고, 병으로 쇠약해진 고종을 대신해 실권을 장악했다.

683년 고종이 사망하고, 고종과의 사이에서 낳은 아들인 중종(中宗) 이현(李顯)이 즉위했다. 그러나 중종이 자신에게 반항하는 태도를 보이자그를 바로 퇴위시키고 그 동생 예종(睿宗) 이단(李旦)을 즉위시켰다. 예종에게는 실권이 없었고, 실질적으로는 측천무후에 의한 수렴청정(垂簾聽政)이었다. 그리고 690년에는 예종마저 퇴위시키고, 측천무후가 스스로황제로 즉위하였다. 측천무후는 이때 국호도 주(周)로 바꾸었다. 즉 당은일시적으로 멸망하고 새로이 주 왕조, 보통 '무주'라고 부르는 정권이 탄생하게 되었다.

무주정권은 대외적으로 돌궐의 침공이나 거란의 봉기 등이 있어, 정세적으로 결코 안정된 시기라고는 할 수 없으나, 15년에 걸쳐 왕조를 유지했다. 705년, 측천무후가 병상에 있던 중에 중종을 옹립하려는 일파의 쿠데타가 일어나, 측천무후의 측근이 살해되고, 측천무후는 퇴위를 당하게 되었다. 그 결과, 중종이 황제로 복위하였으며, 당도 부활하였다. 그리고 얼마 지나지 않아 측천무후는 그 파란만장한 생애를 마쳤다.

측천무후의 정책과 '문자'의 제정

이렇게 짧은 15년의 무주 시기에, 측천무후는 특징적인 정책 몇 가지를 행하였다. 예컨대 과거(科擧) 출신 관료의 등용, 불교 우선 정책, 봉선(封禪)의 실행, 천추(天樞)의 건설 등을 들 수 있다. 측천무후가 발탁한 과거 출신 관료 중에는, 뒤에 당 현종(玄宗) '개원(開元)의 치(治)'에서 활약한 인물도 있었다. 불교에 대해서는 사원의 건설이나 경전의 번역이 성행하였다. 또 봉선은 진(秦)의 시황제(始皇帝)나 전한(前漢) 무제(武帝) 등도 태산에서 행했던 의례로, 하늘과 땅에 제사를 지내는 의식이다. 그녀는 숭산(崇山)에서 봉선을 함으로써 자신이 역대 황제와 어깨를 나란히 할 만한 군주임을 보여주고자 한 듯하다. 낙양에 천추라는 기둥을 세운 것도 역시 자신의 도읍인 낙양이 세계의 중심임을 보이고자 한 것이다. 측천문자의 창설 역시 이러한 무후의 정책들과 연관되어 있다.

측천문자는 재초(載初) 원년(689)에 종진객(宗秦客)의 상주로 제작했다고 한다(『資治通鑑』 卷204 天授 원년(690) 11월조). 측천문자가 몇 종류가 있었는지에 대해서는 논란이 있지만, 앞에서 서술한 것과 같이 현재 17종류 18문자의 존재는 확인되어 있다. 그 17종류 18문자를 나열하면 <표 1>과 같다. 측천문자는 전서(篆書) 등 고자체(古字體)를 모방한 부분도 있지만,

<표 1> 측천문자 일람(蔵中進, 1997; 田熊清彦, 2006을 기반으로 작성)

	측천문자	본자	제정 시기	글자의 구성요소 등
1	曌	照	제1차 재초원년(689) 정월 1일	日·月·空의 합자(合字). 측천무후의 휘(照) 전용.
2	𠀑	天		전서(篆書)의 부활.
3	埊	地		山·水·土의 합자.
4	𡆠	日		고문(古文)의 부활. 태양 속에 웅크리고 있는 삼족오 형상.
5	(卍)	月		불교의 길상부호 '卍'과 달 모양.
6	〇	星		하늘에 빛나는 별 모양. 4와 5에 대응.
7	𠺞	君		'𠀑(天)'의 생획 '八'과 '大'·'吉'의 합자. '군주'라는 뜻일 때만 사용.
8	𢘑	臣		'一'과 '忠'의 합자.
9	𡕀	載		土·人·車의 합자. 연호 문자.
10	𡔈	初		八(天)·明·人·土의 합자. 연호 문자.
11	𠡦	年		千·万의 합자.
12	𠙺	正		王의 고문(古文)을 부활시켜 '正'으로 사용. '정월 1일'과 같이, 연호 날짜를 표시하는 문자.
13	𥠢	授	제2차 천수원년(690) 9월 9일	禾·久·八(天)·王의 합자. 연호 문자.
14	𨲺	証	제3차 증성원년(694) 정월 1일	永·主·久·王의 합자. 연호 문자.
15	𨲢	聖		長·𠙺(正)·主의 합자. 연호 문자.
16	圀	國	제4차 증성원년(694) 4월 1일?	口(큰입구몸)+八方(모든 방향). 증성원년 4월 1일 천추(天樞) 건설 때 제정?
17	𤯣	人	제5차 성력원년(697) 정월 1일?	一·生의 합자.
5'	𠥱	月		(卍)을 고침. '匚'는 초승달. 초승달의 출현을 의미? 불로장수·도교 신앙과 관련.

매우 독특한 서체를 가진다. 측천무후는 왜 이러한 문자를 제정했던 것일까? 그녀의 의도를 엿보게 해주는 사료가 존재한다.

측천무후가 내린 칙령에 따르면, 주(周)라는 국호 제정에는 옛날의 성스러운 왕조를 이상으로 삼는 입장에서 위진남북조 이래로 혼란스러워진 문자의 통일을 도모한다는 목적이 있었다고 한다(『唐大詔令集』 卷1 改元載初敕制). 이것은 측천무후가 스스로 통치의 정통성을 드러낸 것과 관련된다고 할 수 있다.

또한 『조야첨재(朝野僉載)』라는 무주 시기의 일화를 수집한 사료에 따르면, '국(國)'자에는 '혹(惑)'이라는 글자가 포함되어 있어서 불길하므로, 무(武)에 의해 통치된다는 의미를 담아 '口' 속에 '武'를 넣은 글자를 채용했었는데, 그것은 무씨를 잡아다 감옥에 넣는다는 의미로도 해석할 수 있었기 때문에, 다시 글자를 '圀'으로 고쳤다고 한다. 이는 측천무후가 문자의 주술적 힘, 혹은 마력을 믿었음을 보여준다. 즉, 측천문자에는 그녀의 사상과 통치 이념 자체가 들어 있었던 것이다. 예를 들어, '신(臣)'이라는 글자의 측천문자는 '일(一)'에 '충(忠)'을 쓴다. 이 글자에는 신하란 오직 충의를 다하는 자라고 하는 의미가 들어가 있었다. 또 '초(初)'의 측천무후자는 『시경(詩經)』에 전거를 두고 있어, 주(周)나라 문왕(文王)의 치세를 재현하고자 하는 의도가 담겨졌다고 한다. 이처럼 측천문자는 특정한 의미를 가지고 인위적으로 제작된 문자이기 때문에 그야말로 한 글자 한 글자에 측천무후의 사상이나 이념이 드러난다고 하겠다.

그림 3. 배공부인왕씨 묘지 (『隋唐五代墓誌彙編』 洛陽6)

측천문자의 사용 시기

측천문자의 사용 기간은 기본적으로는 측천무후의 재위 기간, 즉 무주 시기라고 생각해도 좋다. 측천문자는 재초 원년(689) 정월 1일에 제정·포고되었다. 이 때의 황제는 예종이었지만, 이미 실질적으로는 측천무후가 정권을 장악하고 있었고, 몇 개월 뒤 측천무후가 즉위하게 된다. 그리고 신룡(神龍) 원년(705) 1월 25일에 중종이 복위하고, 2월 4일에 당이 부활하면서 측천문자는 폐지되었다(『唐大詔令集』 卷2 中宗卽位敕條 및 『資

그림 4. 복원간 묘지(『隋唐五代墓誌彙編』洛陽8).

治通鑑』卷205 神龍元年 2月條).

　측천문자의 실제 사용 상황에 대한 연구 사례로는 당대 묘지를 수록한 『천당지재장지(千唐志齋藏志)』에 대한 조사를 들 수 있다. 이 연구에 따르면 측천문자의 포고로부터 몇 개월 지난 천수(天授) 원년(690) 10월 6일에 작성된 <주우표위창조참군배공부인왕씨묘지명(周右豹衛倉曹參軍裴公夫人王氏墓誌銘)>에는 천(天), 지(地), 일(日), 월(月), 재(載), 초(初), 년(年), 수(授) 등에 대해서 이미 측천문자가 사용되고 있다고 한다. 이후로 705년에 폐지될 때까지, 원칙적으로 측천문자가 사용되고 있었음을 확인할 수 있

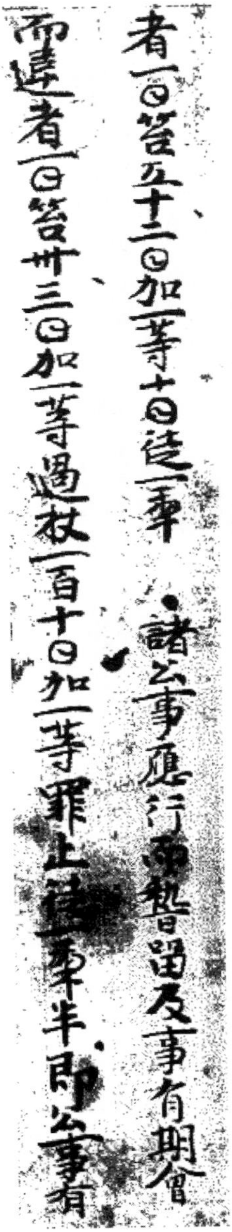
者一日笞五十三日加一等十日徒一年　諸公事應行而稽留及事有期會
而違者一日笞卅三日加一等過杖一百十日加一等罪止徒一年半即公事有

그림 5. 둔황문서 호혼율 단간(P.3608)

다(그림 3).

앞의 묘지명처럼 낙양이나 장안(長安) 등 중앙에서 사용되었을 뿐 아니라, 측천문자는 지방에서도 확실히 사용되었다. 1964년 간쑤성(甘肅省)에서 발견된 <경주대운사사리함명(涇州大雲寺謝舍利函銘)>은 연재(延載) 원년(694)에 작성된 것이다. 이 명문은 22행 1000자에 이르는데, 천(天), 지(地), 일(日), 월(月), 성(星), 재(載), 년(年), 정(正) 등의 측천문자가 확인된다. 또 장쑤성(江蘇省)에서 발견된 <풍락향오송초묘권(豊樂鄉伍松超墓卷)>도 연재 원년에 제작된 것인데, 천(天), 지(地), 일(日), 월(月), 재(載), 년(年)에 측천문자가 사용되고 있다. 한편, 사용이 폐지된 직후인 신룡 원년(705) 2월 20일에 작성된 <복원간묘지(卜元簡墓誌)>를 보면(그림 4), 내용 중에 군(君), 인(人), 지(地), 년(年), 월(月), 일(日), 천(天), 재(載) 등 측천문자로 제정된 글자들이 등장하지만, 여기에서는 측천문자가 전혀 사용되지 않았다.

이처럼 측천문자는 공식적으로는 대략 15년 정도라는 짧은 기간 동안만 사용된 문자이다. 그러나 짧은 기간이라고 해도, 그 사이 측천문자로 제정된 글자를 사용하게 했던 것은 비교적 엄격하게 지켜지고 있었다. 그러므로 새로 출토된 자료에 측천문자가 사용되고 있는지 아닌지 여부는 그 자료의 연대를 특정하는 열쇠가 될 수 있다.

둔황·투르판문서 연구와 측천문자

주의해야 할 것은, 측천문자가 한 번에 모두 제정된 것은 아니라는 점이다. 17종류 18문자의 측천문자는 5단계에 걸쳐 성립되었음이 지금까지의 연구로 밝혀졌다. 이러한 측천문자의 특징에 기반하여 자료의 연대를 특정할 수 있었던 것이 둔황문서 중 호혼율(戶婚律) 단간(斷簡)(P.3608·P.3252)이다(그림 5). 이 단간은 당의 율(律)을 서사한 것인데, 연월일이 기재되지 않아서 그 서사 연대를 확정하기 어려웠다. 그러나 그 단간 중에 천(天), 지(地), 일(日), 월(月), 년(年), 정(正), 재(載) 일곱 글자에 측천문자가 사용되고 있다. 즉 이 단간은 무주 시기에 서사되었을 가능성이 높은 것이다. 더 주목할 점은, 초(初), 수(授), 신(臣), 인(人) 등이 측천문자가 아니라 본자(本字)로 적혀 있다는 사실이다. 이 가운데 '수(授)'는 천수 원년(690)의 제2차 제정 때, '인(人)'은 성력(聖曆) 원년(697)의 제5차 제정 때 측천문자가 만들어진 것이다. 이 점을 고려하면 해당 단간은 천수 원년 이후에 서사된 것이 아니라, 재초 원년의 제1차 제정으로부터 천수 원년의 제2차 제정까지 몇 개월 사이에 서사되었다고 할 수 있겠다.

이와 같이 측천문자는 자료의 연대를 특정하는 데 중요한 단서가 된다. 그런데, 당의 중앙에서 멀리 떨어진 지역에서는, 그 뒷 시기에도 측천문자가 사용되었던 흔적이 있다. 예컨대, 둔황에서 9세기부터 10세기 사이의 사경(寫經)에 측천문자가 사용된 사례가 보고되어 있다. 또 투르판에서 발견된 천자문 문서에는 '년(年)', '월(月)', '일(日)' 등의 측천문자가 보이는데, 그 서사 연대는 서요(西遼)의 천희(天禧) 연호(1178~1211년)가 사용되고 있으므로 13세기경으로 추정된다. 즉, 측천문자는 당 본국에서는 사용되지 않게 되었지만, 전파된 주변 지역에서는 그 뒤에도 사용되고 있었던 것이다. 이러한 전형적인 예로 일본의 사례를 들 수 있다.

측천문자의 일본 전래

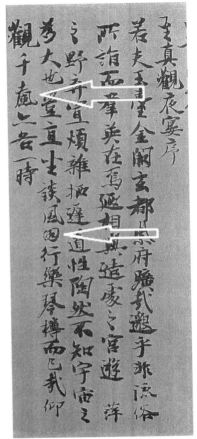

현재 일본에서, 일부 측천문자는 매우 친숙한 글자이다. 측천문자 중 '圀(國)'이라는 글자는 50년 이상 TV에서 방영되고 있는 사극 드라마 <미토 코몬(水戸黃門)>의 주인공 도쿠가와 미쓰쿠니(德川光圀)의 이름에 사용되어—물론 이제까지 측천문자라고는 널리 알려지지 않았지만—해당 글자를 알고 있는 사람들이 많다. 도쿠가와 미쓰쿠니는 일본의 에도(江戸)시대, 17세기 후반의 인물이다. 1945년 이후, 인명용 한자에 제한을 가

그림 6. 王勃詩序(『正倉院の書蹟』)

하기 이전까지는, 인명에 해당 글자를 사용할 수 있었다. 따라서 일본에서 측천문자는 고대를 넘어 현대에 이르기까지 사용되었다고 하겠다. 어째서 이렇게 천 년이 넘도록 계속 사용되었던 것일까?

일본에서 현존 최고(最古)의 측천문자 사용 사례는 쇼소인(正倉院)에 소장된 『왕발시서(王勃詩序)』 잔권(殘卷)이다(그림 6). 해당 자료는 당대 전

기의 시인 왕발(650~676년)의 시집 중 일부이다. 그 제기(題記)에 일본의 연호로 '게이운(慶雲) 4년 7월 26일'이라고 기록되어 있어, 일본에서 경운 4년(707)에 서사된 것임을 알 수 있다. 이 『왕발시서』 잔권을 보면, 측천문자 12종류(天, 地, 日, 月, 星, 年, 人, 授, 國, 載, 初, 臣)의 사용이 확인된다. 따라서 사본의 원본은 무주 시기(690~705)에 중국에서 서사된 것으로 생각된다. 즉, 측천무후 시대 중국에서 제작된 것이 일본에 전해진 것이다.

그림 7. 시모츠미치노 쿠니카츠의 어머니 골장기 명문(『日本古代の墓誌』)

이렇게 생각할 경우, 무주 시기 중국에서 왕발의 시집을 입수한 것이 된다. 일본 조정은 백촌강(白村江) 전투(663년) 이후 오랫동안 당에 사신을 파견하지 않다가, 다이호(大寶) 2년(702)에 아와타노 마히토(粟田眞人)를 대사(大使)로 삼은 견당사(遣唐使)를 파견했다. 아와타노 마히토는 게이운 원년(704) 7월 1일에 귀국했고, 부사(副使) 고세노 오지(巨勢邑治)는 게이운 4년(707) 3월 2일에 귀국했으므로, 둘 중 한 쪽의 귀국편에 가지고 돌아왔던 것으로 보인다.

위의 사례가 사본이라는 형식이었으므로, 측천문자가 사용된 문서를 그대로 모사한 것임에 비해, <시모츠미치노 쿠니카츠의 어머니 골장기 명문(下道國勝母骨藏器銘文)>은 사정이 다르다(그림 7). 그 명문에 따르면 와도(和銅) 원년(708)에 시모츠미치노 쿠니카츠(下道國勝)와 동생 쿠니요리(國依)가 어머니를 화장한 유골을 넣었다고 한다. 여기서 시모츠미치노 쿠니카츠와 쿠니요리의 이름에서 '국(國)'자가 측천문자인 '圀'으로 되어 있다. 시모츠미치노 쿠니카츠 자신은 뒤에 견당사로 활약한 기비노 마키비(吉備眞備)(695~775년)의 아버지로서, 측천문자 제정 이전에 태어나 성인이 된 인물이다. 따라서 원래의 이름은 '國勝'으로서, 본자(本字)를 사용해도 문제가 없었을 것임에도 불구하고, 일부러 측천문자를 사용했던 것으로 보인다.

이 자료에서 왜 측천문자를 사용했는지에 대해서는 여러 설이 있어, 그 이유를 정확히 파악하기는 곤란하지만, 와도 원년(708)이라는 시기에 제작된 점과, 지금의 오카야마(岡山)현 야카게초(矢掛町)라는 지방에서 발견된 점이 주목된다. 즉, 견당사가 왕발의 시집을 가지고 돌아와 측천문자를 전하고 난 뒤 그다지 시차 없이 몇 년 뒤에 사용되었으며, 더욱이 도성 근처에 그치지 않고 지방에까지 전해졌음을 보여주는 것이다.

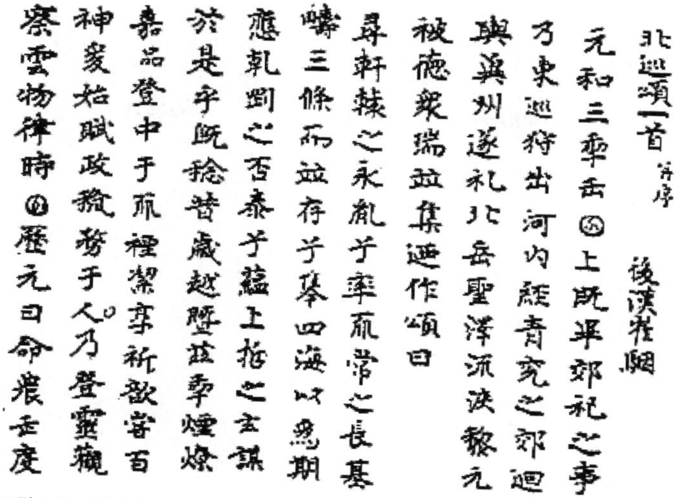
北巡頌一首 并序 後漢崔駰
元和三年正月上既畢郊祀之事
乃東巡狩出河內經青兗之郊迴
輿冀州遂礼北岳聖澤流浹黎元
被德衆瑞並集遂作頌曰
尋軒轅之永亂乎率承常之長基
嚋三條而並存乎奉四海以爲期
應乾則之否泰乎蘊上指之玄謀
於是乎既論昔歲越歷茲年煙燎
嘉品登中于天禋絜亨祈欲富百
神爰始賦政撫務于人乃登靈觀
察雲物律時月歷元日命辰正度

그림 8.『문관사림』(影弘仁本)

중 · 근세 일본에서의 측천문자 계승

이와 같이 무주 말기 내지 당 부활 직후인 705년 전후에 일본에 들어온 측천문자는, 그 뒤에도 오래 전해져 갔다.『문관사림(文館詞林)』은 당 현경(顯慶) 3년(658)에 허경종(許敬宗)이 고종(高宗)의 칙을 받들어 편찬한 한시(漢詩) 문집이다. 중국에서는 일찍 사라져 버렸지만, 그 잔권(殘卷)이 일본의 고야산(高野山)에 남아 있다. 일본에는 언제 전래된 것인지 확실하지 않지만, 현존하는 잔권에는 일본의 연호 고닌(弘仁) 14년(823)에 서사되었음이 기록되어 있다(그림 8). 이 잔권에는 측천문자가 14종류 확인되어, 원본이 무주 시기 중국에서 제작되었음이 분명하다.

또『대방광불화엄경(大方廣佛華嚴經)』의 사본도 주목된다. 원래 이 경전은 무주 성력 2년(699)에 실차난타(實叉難陀)에 의해 새롭게 번역된 화엄경으로, '대주신역(大周新譯)'으로도 칭해진다. 측천무후의 서문이 붙어 있고, 장안 원년(701)에는 장안의 장생전(長生殿)에서 강의도 행해지는 등, 측천무후의 큰 지원과 함께 완성되었다. 따라서 이 경전에는 측천문자가 사용되어 있었을 것으로 여겨진다. 실제로 일본 미야기(宮城)현 나토리(名取)시 구마노진구지(熊野神宮寺)에 남아 있는 『대방광불화엄경』은, 일본 다이지(大治) 4년(1129)에 만들어진 사본인데,

그림 9. 『대방광불화엄경』(宮城縣 名取市 神宮寺 一切經)

천(天), 일(日), 월(月), 초(初)의 측천문자가 확인된다(그림 9). 이와 같이 사본·사경 작업을 통해 측천문자가 전해졌던 것으로 볼 수 있다.

사본을 통해서 그 자형이 전해진 측천문자는, 결국 자전(字典)에 등록되는 데 이르렀다. 『신찬자경(新撰字鏡)』은 승려 쇼주(昌住)가 편찬하여 간페이(寬平) 4년(892)에 완성되고, 쇼타이(昌泰) 연간(898~901년)에 증보된 한자 자전이다. 덴지(天治) 원년(1124)에 서사된 것이 남아 있는데, 천(天), 일(日), 월(月), 국(國), 년(年)의 측천문자가 '고자(古字)'로 집록(集錄)되어 있다. 즉, 측천문자로서가 아

그림 10.
『유취명의초』(觀智院本)

니라, 고대의 '이체자' 중 하나로 인식되고 있었던 것이다. 또 『유취명의 초(類聚名義抄)』라는 11세기 말부터 12세기에 걸쳐 만들어진 한자 자전에도 측천문자가 보인다. '불'·'법'·'승'의 3부로 구성되며, 법상종(法相宗) 승려에 의해 편찬되었다고 한다. 사본에는 몇 가지 계통이 있는데, 조본(祖本)에 가장 가까운 형태라고 여겨지는 즈쇼료(圖書寮)본은 에이호(永保) 원년(1081)부터 고와(康和) 2년(1100)에 서사된 것으로, '법'의 전반부만 남아 있지만, 측천문자로서 '지(地)'가 수록되어 있다. 또, 완본으로 전래되는 간치인(觀智院)본에는 14종류의 측천문자가 수록되어 있다(그림 10). 그 중 천(天)은 '대주작(大周作)', 인(人)·년(年)·지(地)·수(授)는 '측천작(則天作)'과 같이, 측천문자임이 정확히 인식되고 있다.

이렇게 사본을 통해 전해진 측천문자는 한자 자전에 수록되면서, 측천문자로 의식되든 그렇지 않든, 중근세 일본에도 전해져 갔던 것이다. 이러한 사례를 보면, 사본이 불교 사원에 남아 있거나 불교 경전의 사경이었던 것처럼, 측천문자가 불교 관계자의 손에 의해 전해졌다는 점이 흥미롭다. 불교 관계자에게 있어서 측천문자는, 어느 정도 익숙한 이체자였던 것은 아닐까? 다음으로 지방 사회에서의 측천문자 사용 사례와 함께 이 문제에 대해 살펴보고자 한다.

일본 지방 사회로의 측천문자 전파

10세기 이후 측천문자의 용례는 위에서 살핀 사본들뿐 아니라, 지방에서 발견된 묵서토기(墨書土器)에서도 확인할 수 있다. 시마네(島根)현 마쓰에(松江)시 이즈모코쿠후(出雲國府) 유적에서 출토된 묵서토기에는 '지

그림 11. 이즈모코쿠부 유적 출토 묵서토기(『山陰 古代 出土 文字 資料 集成 I』)

그림 12. 미츠코지하바 유적 출토 묵서토기(『墨書土器 の 研究』)

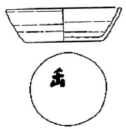

그림 13. 사쿠하타 유적 출토 묵서토기(『作畑遺跡發掘調査報告書』)

(地)'의 측천문자가 기록되어 있다(그림 11). 또 이시카와(石川)현 가나자와(金澤)시 미츠코지하바(三小牛ハバ) 유적은 8세기 중반의 사원 유적으로, '산젠인(三千院)'·'사미(沙彌)' 등의 묵서토기와 함께, '인(人)'의 측천문자가 기록된 묵서토기가 발견되었다(그림 12). 또 이른바 동일본(東日本) 지역에서는 측천문자를 기록한 묵서토기 또는 측천문자와 유사한 자형을 기록한 묵서토기도 발견되고 있어, 상술한 서일본의 사례와 더불어, 일부 측천문자가 지방에까지 보급되어 있었음을 알 수 있다. 동일본의 사례 중에서도 흥미로운 것은 치바(千葉)현 도가네(東金)시 사쿠하타(作畑) 유적에서 출토된 묵서토기이다. 이곳은 고대 동일본의 집락 유적으로서, '정(正)'의 측천문자를 기록한 것으로 보이는 묵서토기도 출토되었다(그림 13). 같은 수혈주거지에서 '사(寺)'라고 씌여진 토기가 나오고, 주변에서 승려의 이름으로 보이는 '홍관(弘貫)'이 기록된 묵서토기도 발견된 것으로 보아, 불교 사원과 관계가 있었던 곳으로 추측된다.

그런데 이러한 문자를 기록한 인물들이 측천문자임을 알고 토기에 묵서한 것이라고는 생각하기 어렵다. 이는 사용된 측천문자가 천(天), 지(地), 인(人), 정(正)의 4종류 및 그와 유사한 이체자이며, 문장이 아니라 단지 한 글자만 기록되어 있어, 일종의 단순한 식별 기호였을 것으로 여겨지기 때문이다. 또 그 사용 목적으로는, 독특한 자체 때문에 길상구로서 또는 주술적 사상에 기반하여 사용되었다고도 한다. 이러한 해석이 맞는지 틀린지는 단정 지을 수 없지만, 앞에서 서술한 것처럼 사본을 통해 측천문자를 전하는 과정에서 자전에도 단순히 고자(古字)로만 기록된 것으로 보아, 측천문자로서 의식되어 사용되었을 가능성은 낮다.

그렇다면 측천문자는 이러한 지방에 어떻게 유입되었던 것일까? 이 점에 대해서는 고쿠후(國府)나 관아(官衙)에서 출토된 사례에 근거하여 지방 행정을 통한 루트를, 그리고 불교 사원과 관련된 시설에서 발견된 사실로부터 불전을 매개로 승려가 전한 루트를 상정할 수 있다. 아마도 어느 쪽 루트를 통해서든 지방에 측천문자가 전파되었음은 충분히 인정 가능한데, 상당히 뒷 시기까지 측천문자가 출토되는 점을 보면, 동시기에 사경을 되풀이하며 측천문자를 전해 간 불교 사원의 역할을 경시할 수는 없지 않을까 생각된다.

이와 같이 일본의 사례를 정리하면, 일본의 경우 측천문자는 무주 시기 최말기에 전해졌고, 그것이 보급된 것은 당이 부활하여 측천문자의 사용을 폐지하면서부터였다. 게다가 측천문자는 측천무후가 제정한 문자라는 사실과 상관없이, 하나의 특징적 이체자로서 기억되면서 10세기 이후의 자전(字典)에도 기재되어, 중근세를 거쳐 천 년 이상 명맥을 이어나갔다. 그처럼 명맥을 이을 수 있었던 배경은 중앙에서의 사경 사례나 지방으로의 전파 과정에서 보이는 것처럼 불교나 사원과 깊은 관련이 있었던 것으로 보인다. 이러한 이해 방식은 신라에서의 측천문자 전래와 계승을 이해할 수 있는 방안을 제시해 준다.

신라의 측천문자 수용

신라의 측천문자 사용이 확인된 사례는 일본의 경우보다 비교적 적어서, 그 수용 양상에 대해서는 별로 검토가 이루어지지 못했다. 그렇다 하더라도 일본보다 앞서 무주·당과 밀접한 관계를 맺고 있었던 신라에서 역시 측천문자를 수용하고 사회에 보급하였을 가능성은 충분히 있다. 일본의 경우 8세기 초에 견당사를 통해서 측천문자를 수용했고, 지방 사회까지 전파되었다고 여겨지는데, 신라의 경우는 어땠을까?

불국사「무구정광대다라니경」

우선 신라에서 측천문자가 기록된 문헌으로, 불국사에서 출토된「무구정광대다라니경(無垢淨光大陀羅尼經)」이 있다. 이 경문은 1960년대에 불국사의 석가탑 사리함에서 발견되었다. 길이 6.65㎝, 지름 4㎝의 권축경문(卷軸經文)으로서, 권말에 경전의 이름이 기록되어,「무구정광대다라니경」임을 알 수 있었다(그림 14). 자형이나 지질(紙質)을 볼 때 신라에서 제작된 것인데, 석가탑이 경덕왕(景德王) 10년(751)에 건립되었으므로, 경문도 그 때 매납된 것으로 추정된다.

이 경문 중에는 증(証), 수(授), 지(地), 초(初) 등 4종류의 측천문자가 확인된다. 한편, 천(天), 일(日), 년(年), 국(國), 인(人)의 글자에 대해서는 해당하는 측천문자가 존재함에도 불구하고 본자(本字)로 기록되어 있다. 게다가 지(地)·수(授)의 경우, 측천문자가 아니라 본자로 씌여진 부분도 있다.

원래「무구정광대다라니경」은 무주 시대인 장안 4년(704)에 한역(漢

그림 14. 불국사 무구정광대다라니경(도록 『문자, 그 이후』)

譯)된 것이다. 위에서 본 것처럼 무주 시기 금석문이나 불교 경전에서는 측천문자가 사용되었으므로, 이 경전에도 측천문자가 사용되었을 것이다. 더 주목할 만한 점은, 이 「무구정광대다라니경」이 706년(성덕왕 5년·당 신룡 2년)에는 신라에 전해져 있었다는 사실이다. 경주 낭산의 황복사 삼층석탑에서 사리함이 발견되었는데, 거기에는 석탑의 유래에 대한 명문이 적혀 있다. 이에 따르면 신룡 2년(706), 성덕왕이 신문왕(神文王)·신목태후(神目大后)·효소왕(孝昭王)의 명복을 빌기 위해 불사리·아미타상 및 「무구정광대다라니경」 1권을 안치했다고 한다. 즉, 706년 시점에 「무구정광대다라니경」이 신라에 전래되어 있었던 것이다.

이렇게 볼 때 「무구정광대다라니경」은 중국에서 704년에 번역·출간된 뒤 706년까지는 신라에 전래되어 있었고, 불국사에서 발견된 「무구정광대다라니경」은 중국에서 만들어진 원본 혹은 그 원본의 사본에 기반하여 다시 베껴진 것으로 보인다. 이 때문에 경문 중에 측천문자가 기록되어 있지만, 서사를 반복하는 과정에서 본자로 고쳐진 것도 있었다고 생각된다.

「신라백지묵서화엄경」

다음으로 현재 삼성미술관 리움에 소장되어 있는 「신라백지묵서화엄경(新羅白紙墨書華嚴經)」이 주목된다. 경문은 2축이 전해지는데, 하나는 권1에서 권10까지이며, 다른 하나는 권44에서 권50까지가 합쳐진 것이다. 원래 80권본 『화엄경』을 하나의 축에 10권씩 엮은 것으로, 모두 8축이었을 것으로 추정된다. 그 형태는 길이 14㎝, 폭 29㎝이다. 다만, 이 경문은 일제강점기에 출토되었다가 누군가의 손을 거쳐 삼성미술관에 수장된 뒤 1970년대에 공개된 것이기 때문에, 출토지 미상(未詳)으로 원래 어떤 사찰에 전해지고 있던 것인지는 알 수 없다.

그러나 경문 중 권10과 권50의 말미에 원문(願文)이 기록되어, 이를 통해 제작 경위나 제작 연대를 알 수 있었다. 이에 따르면, 천보(天寶) 13재(載)에서 14재(754~755 ; 경덕왕 13~14년)에 걸쳐서, 황룡사 승려 연기(緣起) 법사에 의해 사경된 것으로서, '지작인(紙作人)'·'경필사(經筆師)' 등의 단어와 함께 사람의 이름이 열거되어 경문의 제작에 관련된 인물들을 알 수 있다. 당시 신라에서의 사경 사업이나 사회 양상을 알려 준다는 점에서도 귀중한 자료라고 하겠다.

각각의 축을 살펴보면, 권44~55의 축에는 측천문자가 기록되어 있지 않다. 한편 권1에서 10의 축에는 국(國), 군(君), 년(年), 성(星), 월(月), 인(人), 일(日), 정(正), 증(証), 지(地), 천(天), 초(初) 등 12종류의 측천문자가 기록되어 있다(그림 15). 즉, 연대가 확실히 밝혀진, 8세기 중반 신라에서 측천문자가 사용되었음을 보여주는 자료인 것이다.

원래 화엄경에는 동진(東晉) 시대에 한역(漢譯)된 구역(舊譯)과 당대(唐代)에 한역된 신역(新譯)이 있다. 이 중 신역은 무주 시대인 성력 2년(699)

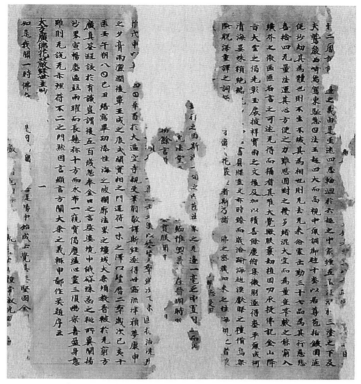

그림 15. 신라백지묵서화엄경(『세 가지 보배: 한국의 불교미술』 도록)

에 완성되었다. 무주 시대에 제작된 경전이므로, 신역에는 측천문자가 사용되었다고 여겨진다. 또, 당시에는 측천무후의 할아버지 무화(武華)의 이름인 '화(華)'자를 피휘(避諱)하여, 경전의 명칭을 '花嚴經'으로 썼다고 한다. 실제로 이 신역 화엄경 사본에는 '花嚴經'이라고 표기된 곳이 있다. 따라서 신라에서 사경된 교문(敎文)의 근원은 무주 시기에 제작된 화엄경이며, 거기에는 측천문자가 사용되고 있었다. 그리고 이것을 사본으로 만들 때, 측천문자를 그대로 모방한 경우도 있고, 모방하지 않고 정자로 고친 경우도 있었다고 생각된다.

두 개의 경전으로 본
측천문자의 신라 전래 시기

이 두 개의 사경 사례로부터 다음과 같은 이해를 도출할 수 있다. 첫째로, 신라에 어떻게 측천문자가 전해졌던 것일까 하는 점이다. 신라와 무주 정권의 외교는 692년, 신문왕이 사망하고 효소왕이 즉위할 때, 무주(당)가 전왕의 조문과 새 왕에 대한 책봉을 위한 사신(使臣)을 파견한 것으로부터 시작된다. 아울러 무주는 중국에서 객사한 김인문(金仁問)의 영구를 신라로 압송하는 사절을 파견한다. 사절 파견의 관점에서 보면, 신라는 699년에 무주로 사신을 파견하여 조공했고, 703년 이후로는 거의 매년 사절을 파견하였으며, 705년 당의 부활 뒤에도 변함없이 파견하고 있다.

또, 『삼국사기』 신라본기에 따르면, 효소왕 4년(695)에 무주의 정삭(正朔)을 받들어 자월(子月 = 11월)을 정월(正月)로 삼기로 결정했다가, 효소왕 9년(700)에는 인월(寅月 = 1월)을 정월로 되돌리기로 하였다고 한다. 인월을 정월로 되돌린 것은 무주에서도 구시(久視) 원년(700) 10월에 결정된 것으로서, 신라측의 신속한 대응이 간취된다. 이와 같은 무주와의 사신 왕래나 정삭 변경에 대한 대응 사실을 고려할 때, 일본보다 이른 단계에 측천문자가 신라에 전래되었을 가능성은 충분하다.

둘째로, 신라에서도 사경에 의해 측천문자가 계속해서 사용되었다는 것이다. 이는 중국의 변방 지역에서 12세기에 이르기까지 사경 등을 통해서 측천문자의 사용이 계속된 사례나, 일본에서 10세기 이후에도 불교 경전 등에 측천문자가 사경되고 있었던 사례와 마찬가지로 여겨진다.

다음으로 의문이 가는 점은 측천문자가 신라에 도래한 뒤 신라 사회에 본격적으로 도입되었는가, 그리고 정착되었는가 하는 문제이다. 앞에서 살펴본 사례는 사경에 의한 것으로, 측천문자를 모사한 것에 지나지 않는다. 이에 신라 중대·하대의 비문을 통해 신라인의 손에 의한 자주적인 측천문자 사용 사례에 대해서 살펴보겠다.

사천신라비

측천문자를 자주적으로 사용한 사례로, 가장 이르다고 생각되는 것은 2004년에 경남 사천에서 발견된 <사천신라비>이다. 이 비문은 고의로 파괴한 흔적이 있으며, 단편만 남은 데 지나지 않아, 비 전체의 내용을 알 수는 없다. 다만, 그 연대에 대해서는 '총관(總管)'이라는 단어가 보이는 점을 통해서, 신라에 총관직이 설치되어 있던 문무왕 원년(661)에서 원성왕(元聖王) 원년(785) 사이의 시기에 세워진 것으로 볼 수 있겠다. 또 총관의 지위에 있었던 것으로 보이는 신술(神述)이라는 인물이 등장하는 것에 주목하여, 원성왕비 김씨의 아버지인 신술 각간과 동일 인물일 가능성이 있으므로, 8세기 중반의 비문으로 보는 견해가 있다.

이 비문의 연대를 추정하는 데 있어 주목할 것은 '국왕이운(國王而雲)'이라는 부분이다(그림 16). 여기서의 '이(而)'를 '천(天)'의 측천문자로 보아, '천운(天雲)'은 혜공왕(惠恭王)의 이름인 건운(乾雲)의 이표기(異表記)로 간주하는 견해도 있다. 이렇게 볼 경우, 역시 중대 말기인 8세기 중반에서

그림 16. 사천신라비(도록 『문자, 그 이후』)

후반에 걸쳐서 만들어진 비문으로 추정된다.

'천운'이 혜공왕의 이름 '건운'과 통한다고 본 해석에는 더 자세한 고찰이 필요하다고 생각하지만, 자형으로 볼 때 그 '而'자가 측천문자일 가능성은 높다. 위에서 서술한 것처럼, 측천문자는 사경을 통해서 8세기 중반까지는 전해져 왔으므로, 이 시기 비문에 측천문자가 사용되었다고 보아도 무리는 없다.

아울러 여기서 주목해야 할 점은, 그 형식이나 내용이 <계유명아미타삼존비상(癸酉銘阿彌陀三尊碑像)>이나 <계유명아미타천불상(癸酉銘阿彌陀千佛像)>에 보이는 비문과 유사하다는 사실이다. 이것들에는 국왕·대신을 위해 절을 건립하는 불사(佛事)를 주도한 향도(香徒)의 인명·관등 및 연월일을 기록한 명문이 기록되어 있다. <사천신라비>에는 국왕·대신·상대등(上大等)이라는 말이 보이는 동시에, 뒷부분에 '향도(香徒)', 그리고 요언(了言)대덕 이하 승려나 관직을 가진 인명이 확인된다. 따라서 <사천신라비> 또한 사천 지역의 어느 향도 조직이 어떠한 불사(佛事)를 기념하기 위해 건립한 비라고 생각된다.

오대산사 길상탑사

다음으로 모두(冒頭)에서 소개한 <오대산사 길상탑사>에 대해서 살펴보겠다. 경상남도 합천군 해인사의 길상탑에서는 몇 점의 탑지가 출토되었다. 그 중 하나가 최치원(崔致遠)이 찬술한 <해인사 묘길상탑기(海印寺妙吉祥塔記)>로서, 명문에 따르면 당 건녕(乾寧) 2년, 곧 진성왕(眞聖王) 9년(895)에 제작되었으며, 탑 건립의 원문(願文)과 관계자 명단이 기록되고, 동시기 전란으로 사망한 사람들을 애도하는 문장이 이어지고 있다.

마찬가지로 <오대산사 길상탑사>도 해인사의 길상탑에서 함께 출토된 것이다. 이 또한 거의 동시기에 작성된 것으로 보이며, 승훈(僧訓)이 찬술하고 석희(釋喜)가 글을 썼다. 본래대로라면 오대산사 길상탑에 넣어졌어야 할 것이지만, 어떤 사정에 의해 해인사 길상탑에 넣어지게 된 듯하다. 그 내용은 긴 전란으로 사원 관계자들이 희생되자, 그 공양을 위해 탑을 건립한다는 것이다.

그리고 이 <오대산사 길상탑사>에는 '호국삼보(護圀三寶)'라는 말이 나타나는데, 이 중 '圀'이 확실히 측천문자의 '圀(=國)'자임은 이미 서술한 바와 같다(그림 1). 이로부터 9세기 말, 신라 말기인 하대의 비문에도 측천문자는 사용되고 있었음을 알 수 있다. 측천문자가 당에서 폐지된 지 약 200년이 경과한 시점이다.

봉암사지증대사비

신라 말기의 측천문자 사용 사례로는 그보다 조금 뒷 시기의 것도 있다. <봉암사지증대사비(鳳巖寺智証大師碑)>는 경상북도 문경의 봉암사에 위치해 있는데, 찬자는 최치원이며, 서자(書者)는 분황사(芬皇寺) 승려 혜강(慧江)이다. 이른바 '사산비명(四山碑銘)' 중 하나로 잘 알려져 있다. 비의 내용은 지증대사를 칭송하는 것이다. 헌강왕(憲康王)의 명을 받은 최치원이 문장을 지은 것은 진성왕 7년(893) 무렵이지만, 비가 건립된 것은 그보다 상당히 늦은 924년이다. 이와 관련하여 비문에서는 그 건립 연대가 '용덕(龍德) 4년'이라고 하는데, 용덕은 중국 후량(後梁)의 마지막 연호로서, 멸망한 3년(923)까지 사용된 것이다. 이 시점에 후량은 멸망해 있었지만, 신라에서는 그 연호의 사용이 계속되었던 것으로 보인다. 즉 용덕 4년은 경애왕(景哀王) 원년(924)이다.

그런데 이 비문에는 측천문자가 3개소 확인된다. 먼저 비 앞부분 '일천년후촉동국(一千年後燭東囻)'의 '囻(=國)'자가 분명히 측천문자이다(그림 17). 다음으로 음기 부분의 2개소, '유국민매유도(有囻民媒儒道)'와 '국중불가 가장승사(囻重佛家 家藏僧史)'의 '囻(國)'자는 모두 측천문자임을 확인할 수 있다(그림 18).

이 사례는 문장을 찬술한 것은 893년이지만, 실제로 문자가 새겨진 것은 신라의 최말기인 924년이다. 현존하는 가장 늦은 시기 신라의 측천문자 사용 사례로서, 신라에서는 10세기에 이르기까지 측천문자가 사용되고 있었음을 보여준다.

문자를 쓰고 비문을 새긴 것이 승려였다는 점 또한 주목된다. 위에서 검토한 <오대산사 길상탑사>의 경우 문자를 서사한 사람뿐 아니라 문장을 지은 사람도 승려였다. 또 <사천신라비>의 경우에는 문장을 찬술하거나 서사에 관여했는지는 불확실하지만, 역시 승려가 입비(立碑)에 주도적 역할을 담당하였음을 고려할 때, 비문이나 문장의 집필에도 관여했을 것

그림 17. 봉암사 지증대사비
(『韓國金石文大系』)

그림 18. 봉암사지증대사비 음기(『韓國金石文大系』)

으로 여겨진다. 이렇게 보면, 위 신라 비문의 세 사례는 모두 불교와 관련된 것임을 알 수 있다. 이러한 사실은 측천문자와 불교 사원의 연관성을 암시한다.

측천문자의 수용을 통해 본 문자의 보급

지금까지 살펴본 바와 같이, 사경에 의해 측천문자가 폐지된 뒤에도 중국의 변경이나 일본에서 측천문자가 계속해서 사용된 것처럼, 신라에서도 측천문자는 계속 사용되었다. 즉, 불교 교단 내에서는 측천문자가 알려져 있었던 것이다.

신라 비문에서의 사용 사례가 사천·합천·문경 등 왕도 경주가 아닌 지방 도시에서 나타난다는 점 또한 주목할 만하다. 일본의 사례에서, 동일본 지역에서 발견된 측천문자를 기록한 묵서토기가 불교 사원과 관련

있는 지역에서 발견된 것으로 보아, 측천문자의 보급에 불교가 무관계하지 않음을 알 수 있다. 즉, 신라의 경우에도 불교 승려를 통해서 지방에 측천문자가 퍼졌을 것으로 추측된다.

요컨대, 신라에서 측천문자의 수용과 보급 과정을 정리하면 다음과 같다. 7세기 말에서 8세기 초, 신라는 무주 시기의 당과 외교관계를 재구축했다. 그 사이 사신의 왕래로 당에서 새롭게 한역된 불교 경전 등을 입수했다. 그 경전에는 측천문자가 사용되고 있었다. 이러한 교류 중에 신라에도 측천문자가 전래된 것으로 보인다.

이후 705년을 경계로 당 본국에서 측천문자가 공식적으로는 사용되지 않게 된 뒤에도, 8세기를 거치며 사경 작업을 통해서 측천문자가 모사되어 계속 전해졌다. 측천문자를 많이 서사한 것은 불교 승려였는데, 그들은 측천문자의 자체(字體)에 익숙해져 있었다. 9세기 이후의 비문에도 그들과 같은 승려가 건립이나 글자의 서사에 관여했기 때문에, 부분적이기는 하지만 측천문자가 사용되었던 것이다. 이처럼 측천문자의 보급이나 전파에는 불교 교단의 역할이 컸을 것으로 생각된다.

결국 측천문자는 신라 사회에서 문자가 어떻게 수용·보급되고 있었는지를 추측하게 해주는 단서가 될 것이다. 당시 신라 사회에서 문자의 운용을 담당한 것은 승려이며, 지방으로의 문자 전파 또한 그들이 담당하였던 것으로 추측된다. 확실히 신라의 자료에 등장하는 측천문자는 그다지 수가 많지 않다. 비문에서는 겨우 한 글자나 두 글자 사용되고 있는 정도이다. 그렇다 하더라도 측천문자 사용의 의미를 파악하기 위해서는, 중국·일본 등의 사용 사례를 참조하면서, 동아시아 차원에서 자료를 구사하지 않을 수 없다. 아마도 이것은 한국고대사의 모든 사료를 해석하는 데 필요한 관점일 것이다. 문자 하나를 다룬 연구라 할지라도, 동아시아라는 넓은 세계와 이어져 있다.

번역 : 이재환(중앙대)

참고문헌

李弘稙, 1987, 『韓国古代史의 研究』(再版版), 新丘文化社.

韓國古代社會研究所 編, 1992, 『譯註 韓國古代金石文 Ⅲ』, 駕洛國史蹟開發研究院.

尹善泰, 2005, 「新羅 中代末~下代初의 地方社會와 佛教信仰結社」, 『新羅文化』26.

任世權·李宇泰 編著, 2012, 『韓国金石文集成 11』, 韓國國學振興院.

施安昌, 2001, 『善本碑帖論集』, 紫禁城出版社.

常盤大定, 1943, 『支那仏教の研究 3』, 春秋社松柏館.

内藤乾吉, 1963, 『中国法制史考証』, 有斐閣.

蔵中進, 1995, 『則天文字の研究』, 翰林書房.

平川南, 2000, 『墨書土器の研究』, 吉川弘文館.

西脇常記, 2002, 『ドイツ将来のトルファン漢語文書』, 京都大学学術出版会.

한국 고대 서예의 수용과 변용

정현숙
원광대학교

중국에서 사물의 모양을 본떠 처음 만들어지기 시작한 한자는 육서(六書)의 과정을 거치면서 점진적으로 형상이 획으로 변했고 마침내 지금의 모습을 갖추게 되었다. 그 결과 한자는 그 자체가 뜻을 지니는 표의문자로서 동양 문화권의 상징적 문자가 되었다. 한자는 한나라 말에 이르러 전·예·해·행·초서의 오체가 다 만들어졌으며, 그즈음 의사를 표현하는 실용적 용도를 넘어 그 자체가 지닌 예술성에 주목하기 시작했다. 그러나 서(書)가 본격적으로 예술의 한 장르로 자리매김한 것은 위진시대에 이르러서였다.

한국 고대에서 '서예의 수용과 변용'은 나라마다 조금씩 다른 양상을 띤다. 각국의 지리적 위치, 교섭 국가 그리고 민족성이 저마다 달라 서예의 시작과 끝도 각각 특색을 지니고 있다. 주로 육로로 북조와 교류하면서 정착한 웅건한 고구려 서예, 해로로 남조와 교섭함으로써 형성된 유려한 백제 서예, 중국에서 가장 멀리 위치한 덕분에 비교적 토속적 분위기를 지닌 신라 서예, 어느 정도 신라적 요소를 지닌 가야 서예, 이렇게 사국의 서예는 각기 다른 민족성만큼이나 다른 모습으로 표현되었다. 그러나 동시에 서로 교류했던 관계로 유사한 면도 부분적으로 있다. 태생적으로 중국에서 근원한 한국 고대의 문자 자료에 나타난 서예의 수용과 변용 과정을 통해 고대 서예의 토착화와 정체성을 살피는 것은 문자문화사적 측면에서도 상당히 의미 있는 일이다. 고대 사국인 고구려, 백제, 신라, 가야 순으로 각국 서예의 수용과 변용 모습을 살펴보자.

고구려 서예의 수용과 변용

고구려의 문자 자료는 크게 묵서명, 석문, 동명으로 나눠진다. 이들 가운데 고구려만 지닌 것이 묘지묵서명이다. 고구려의 묵서명은 금석문보다 그 시기가 일러 고구려 초기 서예의 수용 양상을 보여 주는 귀한 자료다. 특히 주목할 것은 안악3호분, 덕흥리묘, 모두루묘의 묵서인데, 모두 절대년 또는 추정년을 지니고 있어 4, 5세기 고구려 서예의 특징을 살필 수 있다.

가장 이른 <안악3호분묵서명>(357, 그림 1)은 예서의 필의가 조금 남아 있지만 주로 행서의 필의가 있는 해서로 쓰였는데, 서사 솜씨가 뛰어난 편은 아니다. 동시기 동진에서 해서와 행서 중심의 첩의 글씨가 성행한 것을 감안하면, 실시간으로 서풍이 수용된 것으로 보인다. <덕흥리고분묵서명>(408, 그림 2)도 행서의 필의가 많은 해서로 쓰였다. 결구가 안정되고 운필이 자유자재하면서 균형미와 변화미를 지니고 있어 <안악3호분묵서명>보다 서사 수준이 향상되었음을 알 수 있다. <모두루묘지명>(413-450년경, 그림 3)은 행초서의 필의가 많은 해서로 쓰였다. 정간 안에 쓴 글씨는 글자의 크기가 일정하여 안정감이 있으며, 동시에 한 글자에서 획의 굵기가 변화무쌍하여 전체적으로 노련미와 원숙미가 있다. 이처럼 약 100년의 시차를 둔 세 묵서명은 점차적으로 향상되는 고구려인의 육필을 보여주어 해서가 고구려에서 어떤 모습으로 발달되어 가는지 살펴볼 수 있다.

그림 1. 안악3호분묵서명, 357, 고구려, 황해남도 안악군 오국리.

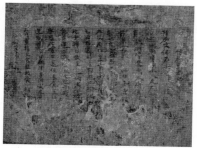

그림 2. 덕흥리고분묵서명, 408, 고구려, 22.8×50.5cm, 평안남도 남포시 강서구역 덕흥리.

한편 고구려의 금석문으로는 5세기에 세워진 <광개토왕비>, <집안고구려비>, <충주고구려비>, 6세기에 새겨진 <농오리산성마애각석>, <평양성고성각

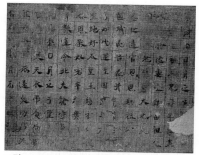

그림 3. 모두루묘지명 부분, 413-450년경, 고구려, 30×214cm, 중국 길림성 집안시 태왕향.

석>이 있다. 전자는 국가적 차원에서 세운 것이고, 후자는 개인이 성 축성 공사에 관한 정보를 적은 것이다. 중국 길림성 집안에 있는 태왕릉 인근

그림 4. 광개토왕비 부분, 414, 고구려, 639x200cm, 탁본, 중국 길림성 집안시.

그림 5. 집안고구려비, 427, 고구려, 173×66.5 ×21cm, 탁본, 중국 길림성 집안박물관.

그림 6. 충주고구려비 좌측·정면(2·1면), 449, 고구려, 203×55cm, 탁본, 충주고구려비전시관.

에서 발견된 <광개토왕비>(414, 그림 4)는 장수왕이 부친 광개토왕의 업적을 기리기 위해 세운 사면비로, 사국의 비 가운데 가장 이른 것이다. 비문은 고구려와 신라의 주종적 관계, 고구려와 백제·왜와의 적대적 관계 등에 관한 내용을 담고 있어 발견 당시부터 현재에 이르기까지 한·중·일의 고대사에 논쟁적 요소를 남긴, 동아시아 고대사의 기념비적 석물이다. 또 서예사적 측면에서도 고구려의 서예를 상징하는 귀한 석비다.

비문의 서체는 고예이지만 전서와 예서의 특징도 동시에 지니고 있다. 전서는 주나라 때 성행한 대전과 진나라 때 유행한 소전으로 나누어지는데, 이 비는 기필(起筆)과 수필(收筆)이 원필(圓筆)이고 전절(轉折)이 둥글고 획의 굵기가 비교적 일정한 소전의 특징을 부분적으로 지니고 있다. 예서는 서한 때 주로 쓰인 파책이 없는 고예와 동한 때 유행한 파책이 있는 예서로 양분되는데, 이 비에는 파책을 지닌 글자들도 다수 등장한다.

다만 파책이 동한의 것만큼 길고 화려하게 강조되지 않고 끝부분만 약간 표현된 점이 다르다. 이로 인해 이 비를 파책이 없는 고예로 간주하는 경향이 있으나, 좀 더 엄밀히 말하면 동한예로의 변화 과정을 보여 주는 서한예로 쓰였다. 건비 시기인 5세기에 중원의 금석문이 예서에서 해서로 변해가는 전환적 특징을 띠고 있는 것을 감안하면 이 글씨는 복고한 것이다. 그러나 그 복고는 서한예 그대로의 복고가 아닌 고예에서 예서로의 변화 과정을 보여 주는 복고다. 높이 6m가 넘는 거대한 방주형 자연석에 변형된 복고풍이 쓰인 것은 당시의 중원 서풍과는 무관한 고구려의 선택이니, 이 서체가 지닌 웅건함이 광개토왕의 진취적 기상과 부합한다고 여긴 고구려의 서예 미감이 반영된 것이다.

결구에서도 일반적 형태보다 상부가 크거나 하부가 큰 것, 좌변이 크거나 우변이 큰 것 등 다양한 변화를 구사했는데, 이런 결구의 결합이 조화미를 보여 준다. 이 비의 이런 서체적 특징은 중국의 금석문에는 보이지 않는 것으로, 고구려 서예의 수용과 변용을 보여 주는 대표적 예라 할 수 있다.

2013년 7월 집안에서 발견되어 비의 진위와 건립 연대 등이 논란거리인 <집안고구려비>(그림 5)는 7행의 간지 '丁卯'로 인해 <광개토왕비>보다 13년 후인 427년에 건립된 것으로 추정한다. 비문의 글씨는 <광개토왕비>와는 달리 당시 중원의 금석문에서 자주 쓰인 예서에서 해서로의 변화 과정을 보여 주는 과도기적 특징을 지니고 있다. 파책이 있는 예서로 쓰인 편방형 글자가 더 많지만, 동시에 기필에서 해서의 필법이 쓰이고 역시 해서의 특징인 정방형 글자도 상당수 있다. 서풍도 웅건한 <광개토왕비>와는 달리 고박하면서 자연스럽고, 550년경 세워진 <단양신라적성비>의 분위기가 있는데, 이는 고구려와 신라 서예의 연관성을 보여 준다.

그림 7. 농오리산성마애
각석, 555, 고구려, 70×
50cm, 평안북도 태천군
용산리 산성산.

그림 8. 평양성고성각석제2석, 589, 고구려, 18.5×37×6cm, 탁본, 이화여자대
학교박물관.

　　한반도에서 발견된 유일한 고구려비인 <충주고구려비>(449년 추정,
그림 6)는 5세기 고구려와 신라의 상황을 담고 있어 양국의 정치적 관계
에 대한 중요한 정보를 제공한다. 삼면에 명문이 있으나 마모가 심해 완
전한 판독은 어렵지만 판독 가능한 부분만으로도 <광개토왕비>에서 나
타난 양국의 주종 관계를 다시 확인할 수 있다. 따라서 이 비는 5세기까지
도 신라는 고구려에 의존적이었다는 것을 말해 준다. 규모는 작지만 방주
형 자연석의 사면비라는 점은 <광개토왕비>와 유사하다. 비문의 서체는
예서의 필법이 많은 해서인데, 이런 과도기적 특징은 6세기 신라비 글씨
와 상통한다. 신라와 가장 인접한 지역에 세워진 이 비의 이런 서체적 특
징으로 신라 서예에 미친 영향을 유추해 볼 수 있다. 서풍은 웅건한 가운
데 자연스러움이 있으며, 결구는 비교적 정연한 가운데 변화미가 있다.
　　마애비인 <농오리산성마애각석>(555, 그림 7)은 평북 태천군 용산리
산성산에 위치한 농오리산성의 남문지 안에서 동북 100m 지점에 있는
큰 현무암 자연암벽에 새겨져 있다. 암벽의 석각면 상부가 비개 역할을

하여 비바람을 가리고, 석각면이 북향이기 때문에 비바람을 적게 받아 지금까지 보존될 수 있었다. 바위 면을 다듬은 후 3행(1, 3행 7자, 2행 8자) 22자를 새겼으며, 한 행의 길이는 57-60cm다. 명문 "乙亥年八月前部」小大使者於九婁治」城六百八十四間"(을해년 8월 전부의 소대사자 어구루가 성 684칸을 쌓았다)"은 축성 책임자와 그의 작업 구간을 기록한 것이다. 각석의 서체는 예서의 파책이 없는 해서다. 원필과 원전(圓轉)이 많아 원만하면서 안정감이 있으며, <충주구고려비>보다 더 발달된 해서의 모습을 보여 준다.

6세기 후반에 새긴 평양성의 각석도 성벽 공사 구간에 관한 내용을 담고 있다. 다섯 기 가운데 1, 3기는 기록으로만 존재하고 2, 4, 5기는 현전한다. 제2석은 이화여자대학교박물관에, 제4석은 조선중앙력사박물관에, 제5석은 평양 인민대학습당 북서쪽 성벽에 있다. <평양성고성각석제2석>(589, 그림 8)의 명문 "己酉年」三月廿一日」自此下向」東二十里」物苟小兄」俳湏百頭」作節矣"(기유년 3월 21일 이곳에서 아래 동쪽으로 12리는 물구소형인 배회라는 백두(물구라는 소형으로 배회백두가 맡아서 공사했다)"도 <농오리산성마애각석>처럼 축성 책임자와 그의 작업 구간을 기록했다. 명문은 행서의 필의를 지닌 자유자재한 해서로 쓰였다. 석공으로 추정되는 서자가 편한 마음으로 썼기에 전체적으로 자연스러운 운치가 있다.

한편 고구려의 동명은 청동명, 은동명, 금동명이 있으며, 명문은 광개토왕 또는 장수왕과 관련된 것, 그리고 불교와 관련된 것이다. 광개토왕과 관련된 첫 번째 것은 태왕릉에서 출토된 <호태왕동령명(好太王銅鈴銘)>(391, 그림 9)이다. 남은 방울 형태를 근거로 이것은 부장용이 아닌, 왕이 실제로 사용했던 방울로 본다. <광개토왕비> 명문에 의거하여 광개토왕이 신묘년(391)에 왜와 백제를 격파하고 신민으로 삼은 공적을 기념하

그림 9. 호태왕동령명, 391, 고구려, 5×3cm, 길림성 집안 시 태왕릉.

그림 10. 광개토왕호우명, 415, 고구려, 합: 8.8×23.5cm, 국립중앙박물관.

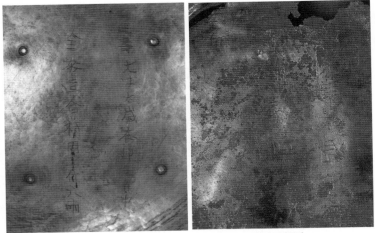

그림 11. 연수원년명합우명(내·외면), 451, 고구려, 합: 7.3×17.9cm, 국립경주박물관.

기 위해 대규모 의식을 진행하고 방울을 만든 것으로 유추한다. 방울의 명문은 해서로 쓰였다. 단단한 청동에 직접 썼기 때문에 서풍은 날카로우면서 딱딱하고, 획의 굵기가 거의 일정하다. 청동의 경도가 높아 한 획에 두 번씩 그은 흔적이 있다. 치졸한 솜씨는 재료가 새기기 어려운 단단하

그림 12. 연가7년명금동여래입상 명문, 539, 고구려, 높이 16.2cm, 국립중앙박물관.

그림 13. 건흥5년명광배 명문, 596, 고구려, 높이 12.4cm, 국립중앙박물관.

면서 둥근 청동이기 때문인데, 이것은 비슷한 여건의 백제 <왕흥사지청동제사리합>(577, 그림 22)으로부터 유추해 볼 수 있다.

광개토왕과 관련된 두 번째 것은 경주시 노서동 140호분인 호우총에서 출토된 <광개토왕호우명(廣開土王壺杅銘)>(415, 그림 10)이다. 광개토왕릉에서 왕의 1주기를 기념하여 큰 제사를 지내고 그것을 기념하기 위해 만든 호우를, 그 제사에 조공국 사절로 참석한 신라 사신을 통해 경주로 보냈고, 그것이 중상급 귀족의 무덤에 매장된 것으로 추정한다. 외면 바닥에 양문으로 주조한 명문의 서체는 <광개토왕비>와 같은 예서인데, 파책이 없는 서한예다. 서풍은 근엄하고 웅건하여 왕의 위엄이 느껴진다. 자형은 장방·정방·편방형이 혼재되어 파책이 있는 동한예와 유사한 부분도 있다.

장수왕과 관련된 것은 <연수원년명은합명(延壽元年銘銀盒銘)>(451, 그림 11)이다. 이것은 1926년 조선총독부박물관 주관으로 고이즈미 아키오(小泉顯夫)를 중심으로 발굴된 경주 노서동 서봉총에서 출토되었다. 은제 뚜껑이 있는 둥근 그릇의 뚜껑 내면에 2행 22자, 합의 바닥 외면에 3행 19자의 음각 명문이 있다. 명문은 고박한 해서로 쓰였다. <호태왕동령명>처럼 획이 가늘고 굵기가 일정하지만 전체적으로 그것보다 절제되어 있다. 청동보다 경도가 약한 은에 새겼기 때문에 모든 획을 한 번에 그었는데, 이는 획을 다시 그은 <호태왕동령명>과 다르다.

금동은 대부분 개인 발원 불상인데 불상 후면의 명문, 즉 조상기를 통해 6세기 민간 글씨의 양상을 살펴볼 수 있다. <연가7년명금동여래입상>(539), <연가7년명금동일광삼존상>(539), <신포시절골터금동판>(546), <영강7년명금동광배>(551), <금동신묘명삼존불상>(571), <건흥5년명광배>(596) 후면에 조상기가 새겨져 있다.

이들 중에서 가장 이른 <연가7년명금동여래입상(延嘉七年銘金銅如來立像)>의 명문(그림 12)은 전체적으로 약간 경직된 분위기의 졸박한 북위풍 해서로 쓰였다. 장법도 가지런하지 않아 아래로 내려오면서 좌측으로 기울어진다. <연가7년명금동일광삼존상> 명문과 비교해 보면 글자의 대소, 장단 등에 일정한 규칙이 없고 규범적 결구가 아닌 이체자로 여겨지는 글자들도 있는 등 여러 면에서 치졸하다.

한편 가장 늦은 <건흥5년명광배(建興五年銘光背)>의 명문(그림 13)은 원필의 북위풍 해서로 쓰였으며, 서풍은 정연하면서 단아하여 서자의 솜씨가 능숙함을 알 수 있다. 자간과 행간도 비교적 일정하여 장법은 전체적으로 가지런하고, 자형은 북위 해서의 특징인 정방형이 주를 이룬다. 부드러우면서 자연스러운 서풍은 <농오리산성마애각석>(555)과 비슷하며,

<황초령신라진흥왕수순비>(568)와도 유사하다.

이상에서 살핀 5, 6세기 고구려 석물 다섯 점의 서체는 공교롭게도 시기순으로 진화하는 서체의 변천 과정을 그대로 보여 준다. 고예에서 예서로의 과정을 표현한 <광개토왕비>, 예서에서 해서로의 변화를 보여 주는 <집안고구려비>, 예서의 필법이 가미된 해서로 쓴 <충주고구려비>, 해서로 쓴 <농오리마애각석>, 행서의 필의가 있는 해서로 쓴 <평양성고성각석>은 비석 서체의 보편적 변천 과정을 그대로 따르고 있다. 이처럼 돌에 글씨를 새긴 고구려인들은 중국의 서체를 수용했지만 용도에 따라 서체의 선택을 달리했고, 결구나 필법에 변화를 주어 서풍을 달리함으로써 고구려 서예의 정체성을 확립해 나갔다. 또 민간에서 새겨진 조상기의 글씨조차도 6세기 전반에서 후반으로 갈수록 점차적으로 결구가 안정적이고 해서가 정연하게 정착하는 과정을 보여 준다.

백제 서예의 수용과 변용

백제는 일찍이 중국 남조의 선진문화를 받아들임으로써 사국 가운데 가장 세련되고 화려한 문화를 형성했다. 백제는 불교가 가장 흥성했던 국가답게 특히 불교 관련 문자 자료가 많은 편이며, 그 종류는 왕족 또는 귀족 그리고 개인 발원 조상기들이 있다. 백제의 문화 전반이 그러하듯 서예문화도 고구려나 신라와는 구별되는 개성적 면모를 창출함으로써 백제만의 창의적 서예술을 형성했다. 그런데 근자에 출토된 불교 관련 명문들에는 이전의 세련됨보다는 편안함과 자연스러움을 보여 주는 것들이 있어, 이들을 통해 백제 글씨의 양면성을 살펴볼 수 있다. 또 고구려에는 없고 백제와 신라에만 있는 목간이라는 독특한 육필 자료도 있다. 목간을 통해서 문서행정의 발달 정도를 짐작할 수 있고 관리들의 글씨 수준도 살펴볼 수 있다.

백제의 문자 자료로 가장 먼저 언급되는 것은 일본 소재 <칠지도(七支刀)>와 <우전팔번화상경(隅田八幡畵像鏡)>이다. 제작 연대에 관한 여러 이설이 있지만 대체적으로 4세기 후반에 만들어 일본에 하사한 것으로 보는 <칠지도>(그림 14)는 금 상감 기법으로 쓴 방필과 원필을 겸하고 결구에 변화가 많은 해서로 쓰였다. 503년에 만든 것으로 보는 <우전팔번화상경>(그림 15)은 예서의 필의가 있는 원필의 해서로 쓰였다. 전절도 원전이며, 폭이 좁아 파책이 절제되어 있다. 몇몇 글자는 반전되는 등 전체적으로 일관성이 부족하고 글씨의 수준이 낮다고 여겨 백제의 동경으로 볼 수 없다는 주장도 있다. 그러나 글씨에 미숙한 공인의 작품으로 생각해 볼 수도 있다.

국내 출토 금석문으로 가장 이른 것은 단실 전축분인 무령왕릉에서 출토된 <무령왕지석>(525, 그림 16)이다. 왕릉 연도 중앙에서 무덤을 지키

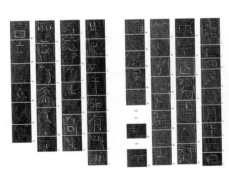

그림 14. 칠지도 명문(후·전면) 모사도, 4세기 후반, 백제, 높이 74.9cm, 일본 나라현 텐리시 이소노카미신궁.

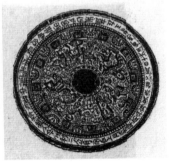

그림 15. 우전팔번화상경, 503, 백제, 지름 20cm, 탁본, 도쿄국립박물관

는 지묘수의 앞에 두 지석이 놓여 있었다. 하나는 전면이 왕지석, 후면이 방위도고, 다른 하나는 전면이 왕매지권, 후면이 왕비지석이다. 세 면은 왕의 장례식 때인 525년 이미 완성시켜 현실 연도 중간에 놓았다가 4년 후인 529년 왕비 합장 시 왕의 매지권 뒷면에 왕비 기사를 추각한 것으로 본다. 왕비지석의 좌측 녹슨 자리에 무령왕이 지신에게 토지 대금으로 지불한 98매 정도의 양나라 화폐인 오수전이 놓여 있었다. 왕의 매지권에 지신(地神)에게 1만 매를 주고 땅을 샀다는 기록으로 미루어 보아 98매의 오수전은 그것을 상징적으로 표현한 것으로 추정한다.

　<무령왕지석>은 남조풍의 해서이지만 예서와 행초서의 필의가 있어 정해진 형식에 얽매이지 않고 유려하면서 세련된 서풍으로 쓰여 백제 글씨의 정수라 할 만하다. 특히 탁본에서는 느낄 수 없는 각의 절묘함을 통해 백제 각장(刻匠)의 특출한 솜씨를 인지할 수 있다. 각은 필법을 그대로 표현했다. 구체적으로 살펴보면 획이 가는 곳은 얕게, 획이 굵은 곳은 깊게 파면서 그 속에서 무궁한 각법의 변화를 추구했다. 특히 깊게 판 부분은 추획사(錐劃沙)의 각의(刻意)가 있어 중봉으로 각했음을 알 수 있는데, 그것은 깊은 계곡의 힘찬 물줄기와도 같다. 장봉과 노봉, 방필과 원필의 구분도 매우 엄격하다. 한 획 한 획이 모두 글씨에 능숙한 사람이 아니면 표현할 수 없는 각법이기 때문에 각자의 서사 솜씨가 서자만큼 출중하다고 말할 수 있다. 지금까지 대부분의 금석문 연구가 탁본을 중심으로 서자에 치중했다면 이 지석은 실물을 통해 각자도 주목할 필요가 있다는 사실을 일깨워 준다. 지석의 각에는 모든 필법과 필세가 들어 있어 그 변화 무쌍함은 견줄 데가 없다. 이 지석의 글씨가 지닌 웅건함과 유려함, 전아함과 세련됨은 서(書)와 각(刻)이 합일될 때 탄생할 수 있는 것으로, 한국 서예사에서 최고의 작품 중 하나로 꼽을 만하다.

그림 16. 무령왕지석, 525, 백제, 35×41.5×5cm,
탁본, 국립공주박물관.

그림 17. 무령왕비지석, 529, 백제, 35×41.5×4.7cm,
탁본, 국립공주박물관.

그림 18. 무령왕비 베개와 묵서, 529, 백제,
길이 40cm, 국립공주박물관.

　　행서의 필의가 있는 해서로 쓴 <무령왕매지권>의 글씨는 <무령왕지
석>과 서풍이 유사하여 동일인의 솜씨라고 볼 수 있으나 각은 그것에 미
치지 못한다. 그것은 내용의 무게가 그것에 미치지 못한 것에서 기인한
것일 수도 있다.

　　한편 <무령왕매지권>의 이면인 <무령왕비지석>(529, 그림 17)은 4년
후에 썼기 때문인지 서풍이 다르며, 따라서 서자도 다름을 알 수 있다. 글
씨는 경직되어 있고 각법도 그것에 훨씬 못 미친다. 서로 다른 서풍의 부
부지석의 해서에는 예서의 파세(波勢)와 구획(鉤劃)이 남아 있어 남북조시

기의 서체 변천과 그 맥을 같이하면서 동시에 다른 필법과 서풍을 구사하여 백제 글씨의 개성적 면모를 보여 준다.

한편 무령왕릉에서 발견된 왕비의 베개에서 <무령왕지석>의 서풍과 유사한 묵서가 발견되었다. 베개 윗부분 좌우에 나무로 만든 봉황 두 마리를 마주보게 붙였는데, 그 나무새 아래에 '甲', '乙'이라는 묵서가 쓰여 있다.(그림 18) 백제에서 목간을 제외하고는 유일한 묵서인 이 두 글자는 대각선상으로 정반대 방향으로 썼다. 글자의 의미는 두 나무새의 암수 성 구별 또는 제의와 관련하여 좌우를 가리키는 방위 개념으로 본다. 비록 약 3cm 크기의 두 글자에 불과하지만 그 행서의 유창함은 백제 글씨 가운데 상중상에 속한다. 왕의 지석과 매지권에 있는 '乙'자와 비교해 보면 그 필의가 일맥상통함을 알 수 있으며, 해서로 쓴 왕의 지석과 매지권의 '甲'자와는 달리 그 부드러운 전절과 세로획의 거침없음은 서자의 능숙한 행초서 솜씨를 보여 준다. 서자는 단 두 자의 묵서에서 유려하면서 세련된 백제의 서예 미감을 유감없이 발휘했다.

2012년 부여 북나성에서 출토된 명문석은 백제 글씨 가운데 유일하게 예서로 쓰였다. 6세기의 것으로 추정되는 <부여북나성명문석>(그림 19)의 글자는 2행, 행 4자로 총 8자인데, 그 중 '上', '此', '立', '辶'만 식별 가능하다. 필자는 실견을 통해서 이 글자들의 가로획에 예서의 파책을 확인했다. 정방형의 자형도 해서로 변해 가는 과도기적 예서의 특징 중 하나다.

불교 관련 석문으로 가장 이른 것은 왕족이 만든 것으로, 1995년 충청남도 부여군 능산리사지 중앙 목탑터에서 출토된 <창왕명사리감(昌王銘舍利龕)>(567, 그림 20)이다. 절은 회랑을 둘러싸고 회랑 안에서 남에서 북으로 차례로 중문-탑-금당-강당이 곧게 자리 잡았다. 오층목탑을 세우고 화려한 금동대향로에 향을 피워 엄숙하게 의식을 거행했다. 성왕의 딸인

그림 19. 부여북나성명문석, 6세기, 백제, 53×26×10cm, 탁본, 국립부여박물관.

그림 20. 창왕명사리감, 567, 백제, 74×49.3cm, 탁본, 국립부여박물관.

매형공주(창왕의 누이)를 중심으로 한 왕실과 귀족이 신라와의 전투에서 전사한 선왕인 성왕(재위 523-554)을 추모하기 위해 절을 짓고 567년(창왕 13) 사리감을 만들고 사리를 봉안했을 것이다. 창왕은 성왕의 아들 위덕왕(威德王, 재위 554-598)이며, 이 사리감은 창왕 치세에 왕의 누이, 즉 성왕의 딸이 부친의 명복을 빌기 위해 조성한 것이다. 상부는 둥글고 하부는 모난 화강암 사리감의 감실 양옆에 각 10자씩 총 20자의 명문이 음각되어 있다.

불감의 명문은 예서의 필의가 있는 단정한 해서로 쓰였다. 그러나 보통 해서의 가로획은 우상향이고 전절이 모난 방절인데 반해, 이 명문의 가로획은 수평에 가깝고 전절에 방각方角이 없어 예서의 필의가 있는데 이런 점은 6세기 신라비의 필법과 유사하다. 예서의 필법이 가미된 해서, 그리고 경직된 필획은 <무령왕비지석>과 유사하여 북조풍을 보여 주는데, 이는 행서의 필의가 있는 남조풍의 유려한 <무령왕지석>과 대비된다. 이것도 <무령왕지석>처럼 탁본에서는 느낄 수 없는 필의의 생생함을 원석에서는 느낄 수 있다. 결구에서 '年'을 '秊'으로 쓴 것은 <울진봉평리신라비>(524)와 같고, '兄'의 이체자는 <단양신라적성비>(550년경), <창녕신라진흥왕척경비>(561)와 같아 인접한 양국 글씨의 연관성을 암시한다.

백제 귀족이 만든 불교 관련 비는 <사택지적비(砂宅智積碑)>(654, 그림 21)다. 백제에서 유일한 석비이자 가장 늦

그림 21. 사택지적비, 654, 백제, 109×36×28㎝, 탁본, 국립부여박물관.

은 이 비는 654년(의자왕 14) 정계에서 은퇴한 귀족 사택지적이 세운 것으로, 1948년 충남 부여읍 관북리 도로변에서 발견되었다. 발견 당시 이미 한쪽 부분이 떨어져 나갔으며, 문자만 새겨진 다른 고대 금석문과는 달리 비의 좌측면 상부에 원을 그리고 그 안에는 봉황문을 음각했다. 명문은 4행, 매행 14자로 총 56자며, 7.5cm 정도의 정간 안에 높이 3.5-6.3cm의 글자를 새겼다.

문체는 남조의 사륙변려문(四六駢儷文)이며, 서체는 수나라풍이 가미된 남북조풍의 해서다. 글자는 정방형 또는 편방형이며, 방필과 원필이 혼용되어 있고 필세는 대부분 평세(平勢)며, 획이 도톰하고 굵기에 변화가 없어 웅강무밀하다. 백제 명문 가운데 가장 규범적이면서 단아하다. 비의 건립 시기는 초당에 해당되는데, 신라에서는 즐겨 사용한 초당풍 해서를 쓰지 않고 이전 시기의 서풍을 고집한 것은 백제인들의 남조문화 애호 때문이거나 당문화에 대한 거부감 때문으로 보인다.

한편 불교와 관련된 대표적 동명이 세 점 있다. 2007년과 2009년 백제의 왕사인 왕흥사와 미륵사 터에서 각각 출토된 두 동명은 외면에 칼로 직접 글자를 새겼기 때문에 노봉으로 초솔(草率)한 분위기를 묘사해 이전의 백제 서풍과는 다른 면을 보여 주는 획기적 자료다. 그리고 1965년 익산 왕궁리 오층석탑에서 출토된 얇은 금강경판의 글씨는 세련되고 전아한 백제 서예의 진수를 보여 준다. 이 세 점을 연대순으로 살펴보자.

첫째는 우리나라에서 가장 이른 사리기인 <왕흥사지청동제사리합(王興寺靑銅製舍利盒)>(577, 그림 22)은 금제사리병-은제사리호-청동사리합의 삼중 구조로 된 청동합이다. 『삼국사기』에는 '왕흥사가 600년(법왕 2)에 착공하여 634년(무왕 35)에 낙성되었다'고 기록되어 있는데, 이 청동합 사리기로 인해 왕흥사가 577년(위덕왕 23)에 창건되었음이 밝혀졌다. 왕흥사

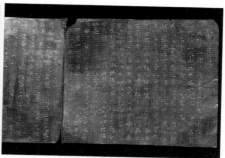

그림 22. 부여 왕흥사지청동제사리합, 577, 백제, 10.3x7.9cm, 국립부여박물관.

그림 23. 익산 왕궁리오층석탑금강경판, 620년경, 백제, 각 14.8×17.4cm, 국립전주박물관.

는 <창왕명사리감>이 발견된 능사와 같은 위덕왕대에, 그러나 그것보다 10년 뒤에 조성되었다.

명문의 상하에 경문 또는 명문을 장엄하게 하는 천지선(天地線)이 둘러져 있다. 왕자의 명복을 비는 의례인 만큼 사경을 쓰는 것과 같은 장엄한 형식을 취한 것이다. 명문은 6행, 행 5자 마지막 행 4자로 총 29자가 음각되어 있는데 '창왕이 597년 일본에 사신으로 보낸 아좌태자(阿佐太子) 외에 또 다른 왕자를 두었다'는 문헌에는 없는 역사적 사실을 알려 준다.

명문의 서체는 예서의 필의가 있는 해서다. 자유자재하면서 변화가 많고 고졸하면서 질박한 서풍은 이전 백제 금석문의 세련되고 유려한 서풍과는 판이하게 달라 백제 글씨의 이색(異色)을 보여 주고, 오히려 고박한 6세기 신라 서풍과 유사한 면이 있다.

둘째는 익산 왕궁리 오층석탑에서 출토된 <왕궁리오층석탑금강경판>(620년경, 그림 23)이다. 1965년 석탑의 해체 과정에서 1층 지붕돌 윗면 사리공에서 사리장엄구가 출토되었는데, 이때 금강경판도 같이 나왔다.

총 19매로 이루어진 금강경판은 경첩으로 서로 연결되어 있는데, 경판의 이탈을 막기 위해 두 줄로 꼰 금대로 고정시켜 놓았다. 직사각형 금강경판은 종이처럼 얇은 은판을 금으로 도금하고 이를 연결하여 상하에는 천지선을, 행간에는 계선을 얕게 그었다. 각 판마다 17행, 행 17자로, 자경 7mm 글자를 후면에서 각필로 눌러 새겼다. 새김 방법을 확인하기 위해 2017년 6월 12일 후면을 실견했을 때 각공의 솜씨가 예사롭지 않음을 알 수 있었다. 압의 정도, 획의 강약, 일필삼절(一筆三折) 등의 새김이 생생하고, 당연히 전면보다 더 날카롭고 힘찼다. 이런 새김 방식 때문에 전면의 글씨가 마치 서사한 것처럼 자연스럽고 부드러우며, 후면에서 힘을 준 부분은 전면에서 약간 더 튀어나오는 굴곡이 드러나 리듬감과 입체감이 있다. 이것으로 보아 그는 단순한 공인이 아니라 출중한 필사 실력까지 지닌 각장이었음이 분명하다. <무령왕지석>(525)이 그러하듯 백제의 각공은 수려한 새김을 위해 필연적으로 서사까지 학습했던 것으로 추정된다.

서체는 남북조풍의 해서다. 자간과 행간이 정연하며, 행간이 자간보다 조금 더 넓다. 글자는 주로 정방형이나 편방형이다. 이 글씨로 본 백제 사경의 수준은 중국 남북조 사경을 뛰어넘는다. 특히 독특한 새김 기법과 그 결과인 글씨의 수려함은 사리장엄구들에 표현된 백제 금속 공예 기법과 흡사할 정도로 출중하며, 골기 있는 유연함과 귀족적 세련됨으로 표현되는 백제 글씨의 우수함을 가장 잘 보여 준다. 이것이 중국에서 수용한 불교문화와 서사문화를 한 단계 더 진전시킨 백제 문화의 독창성이다.

셋째는 익산 미륵사지 석탑에서 출토된 <미륵사지금제사리봉영기(彌勒寺址金製舍利奉迎記)>(639, 그림 24)다. 백제 무왕과 신라 선화공주가 미륵삼존의 출현을 계기로 조성한 왕사라는 『삼국유사』 「무왕조」의 기록과는 달리 사리봉영기에 의하면 미륵사는 사택적덕(沙宅積德)의 딸인 백제 황

그림 24. 익산 미륵사지금제사리봉영기, 639, 백제, 10.3x15.3x0.13cm, 국립익산박물관

후가 조성한 것이다. 미륵사지의 석탑 보수정비 사업의 일환으로 2001년 서탑 6층 옥개석이 먼저 해체되었고, 2005년 석축이 해체되었고, 2007년부터 2008년까지 십자통로의 천장석과 내부의 심주가 해체되었다. 2009년 1월 1층 내부의 적심부와 심주석을 해체하는 과정에서 1층 심주석 상면 중앙의 사리공 개석이 처음 열렸다. 여기에서 문자 유물인 금제사리봉영기, 금제소형판, 청동합을 포함한 금제사리호 등 사리장엄 유물 505점이 출토되었다.

제1층위에서 발견된 금제사리봉영기는 편방형 금판 양면에 칼로 직접 음각하고 각 획을 따라 주묵朱墨을 칠했다. 각 면 11행이며 전면에 99자, 후면에 94자 총 193자를 새겼다. 글씨는 북위의 유풍이 부분적으로 남아 있는 초당풍 해서인데, 구양순(歐陽詢, 557-641)풍보다는 더 부드럽고 유연한 우세남(虞世南, 558-638)풍이나 저수량(褚遂良, 596-658)풍에 가깝다.

백제는 양나라 소자운(蕭子雲, 487-549)의 글씨는 애써 고가에 구했으나 고구려나 신라처럼 당나라 구양순의 글씨를 구한 기록은 없다. 이 기록을 증명하듯 백제는 당풍보다는 남북조풍을 애호했다는 사실을 보여주는 것이 남북조풍으로 쓴 <왕궁리오층석탑금강경판>이나 <사택지적

비>다. 그러나 중국 문화에 개방적인 백제는 당연히 동시대 당나라 서풍을 접하고 수용했을 것이다. 따라서 부득이 당풍을 선택한다면 구양순풍이 아닌, 백제의 미감에 부합되는 우세남풍이나 저수량풍을 선호했음을 <미륵사지금제사리봉영기>가 말해 준다. 공주 공산성에서 출토된 60여 점의 칠찰갑 명문(645, 그림 25)도 유려한 저수량풍으로 쓰여 백제가 저수량풍을 접했음을 보여 준다.

한편 6세기에 만들어진 개인 발원 불상의 조상기 글씨를 통해서는 민간 글씨의 특징을 살펴볼 수 있다. <계미명금동불상>(563, 그림 26), <정지원명금동광배>(6세기 중후반), <갑인명석가상광배>(594) 등의 조상기 글씨는 해서지만, 조금 경직된 고구려 조상기 글씨와는 달리 전체적으로 행서의 필의가 있는 유려한 분위기를 표현하여 백제의 보편적 서예 미감과 부합한다. 지금까지 새기거나 주조한 글씨를 살폈는데, 이제 직접 쓴 묵서를 통해 색다른 느낌의 백제 글씨를 살펴보자.

백제의 목간은 6, 7세기 백제 관리들의 육필을 보여 주기 때문에 매우 귀한 문자 자료다. 백제의 목간은 주로 왕경인 부여 지역에서 출토되었고, 지방의 것으로는 금산 백령산성과 나주 복암리 두 곳뿐이다. 부여 지역에서는 10여 곳에서 목간이 출토되었는데, 능산리사지 목간이 가장 많다. 목간은 대부분 해서와 행서로 쓰였다. 능산리사지 출토 목간으로 식미 기록 장부인 <지약아식미기(支藥兒食米記)>(그림 27)가 있다. 이 사면 문서목간에서 해서와 초서의 필의를 지닌 행서로 쓴 1, 2, 3면은 단아하고 유려하면서 변화미와 노련미를 지니고 있으며, 역방향으로 쓴 4면은 초서의 필의로 같은 글씨가 여러 번 반복된 것으로 보아 습서한 것으로 추정된다.

쌍북리 280-5번지 출토 목간으로 관청의 장부인 <좌관대식기(佐官貸

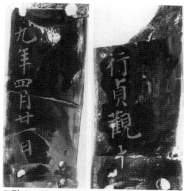

그림 25. 공주 공산성 칠찰갑 명문, 645, 높이
11cm, 10cm, 국립중앙박물관.

그림 26. 계미명금동삼존불입상, 563,
백제, 높이 17.5cm, 간송미술관.

그림 27. 부여 능산리사지 지약아식미기 목간,
6세기, 백제, 43.8×2.1cm, 국립부여박물관.

食記)>(618, 그림 28)가 있다. 이 양면 문서목간은 무인년(618)의 기록으로
춘궁기에 곡식을 빌려주고 추수기에 이자와 함께 원금을 거두는 환곡 장
부다. 세로로 결이 난 양질의 나무 양면에 동일한 서풍으로 쓴 이 해서 목
간은 백제 목간 가운데 매우 수려한 글씨에 속한다. 유려하면서 힘차고,

그림 29. 나주 복암리목간, 7세기 초, 백제, 8.4×4.1×0.6cm, 국립나주문화재연구소.

그림 28. 부여 쌍북리 280-5번지 좌관대식기 목간, 618, 백제, 29×3.2×0.4cm, 국립부여박물관.

유창하면서 멈추는 듯한 분위기가 <무령왕지석>(525)을 연상시킨다. 세련되고 전아하면서 유연한 백제미의 전형을 고스란히 지니고 있어, 7세기에 백제의 서예문화가 절정에 달했음을 알 수 있다.

한편 도성에서 먼 영산강 유역의 나주 복암리에서도 목간이 출토되었다. 나주목간은 7세기 백제의 제철 사업과 관련하여 인부들의 관리가 철저히 이루어졌다는 것을 보여 준다. 서체는 해서와 행서가 주로 사용되었고 전체적으로 정연하면서 절제미가 돋보인다. '3월에 도망간 사람을 다시 잡아 들였다'는 내용을 담고 있는 문서목간(그림 29)은 차분한 가운데 행서 필법의 전형을 그대로 사용했는데, 획의 강약, 획간의 노련한 연결 등 잔잔하면서 분명한 변화를 가미했다. 서체는 다르지만 부여 쌍북리 출토 <좌관대식기> 목간의 글씨와 유사한 세련미와 단아미가 있다. 이것으로 나주 지방 관리의 솜씨가 중앙에 뒤지지 않았음을 알 수 있다. 나주의 습서목간조차 유려하고 단아한 맛이 있어 부여 궁남지 습서목간의 수준을 뛰어넘는다. 이는 당시 백제의 서사교육이 경향(京鄕)의 구분 없이 전국적으로 잘 시행되어 서예가 전국적으로 균일한 수준에 이르렀음을 말해 준다.

백제 목간은 대체적으로 글씨의 중심이 반듯하고 단아한 해서가 주를 이루는데, 일부 행서에도 이런 해서 필의가 있다. 절제미 속에 유려하면서 유창한 서풍을 구사하여 노련하면서 세련된 백제의 보편적 서예미를 목간을 통해서도 확인할 수 있다.

백제가 중국 남조의 문화를 수용했다고 하지만 실제로 위에서 살핀 글씨들에서 정확하게 남조의 어떤 특정한 글씨를 닮은 것을 찾기 어렵다. 또 같은 분위기의 글씨도 거의 없다. 이처럼 백제는 각각 개성이 돋보이는 글씨를 구사하여 자신들만의 독창성을 마음껏 발휘했다.

신라 서예의 수용과 변용

중국에서 가장 멀리 위치한 신라는 고구려나 백제와는 다른 토속적

서예문화를 유지, 계승했다. 다양한 재료의 문자 자료를 가진 양국과는 달리 신라는 주로 석비와 목간 두 종을 중심으로 서사문화가 형성되었다. 물론 부장품용 등으로 만들어진 4, 5세기 동명과 칠기명이 여럿 있으나 거기에는 1-4자가 기록되어 있어 전체 흐름을 읽기에는 부족하다. 그럼에도 불구하고 그 글자들의 수준은 높은 편이다.

신라는 6세기에 20여 점의 금석문을 생산했는데, 대부분이 공적인 기록이었다. 율령과 관련된 것으로는 <포항중성리신라비>, <포항냉수리신라비>, <울진봉평리신라비>가 있고, 여러 차례에 걸친 왕실과 귀족의 행차를 기록한 것으로는 <울주천전리서석>이 있다. 진흥왕대의 영토 확장을 기념하는 순수를 기록한 것으로는 <북한산신라진흥왕순수비>, <마운령신라진흥왕순수비>, <황초령신라진흥왕순수비>가 있고, 저수지 축조나 산성 축성 관련 역역 동원 정보를 기록한 것으로는 <영천청제비>, <대구무술명오작비>, <단양신라적성비>, <명활산성비>, <남산신성비>가 있다. 사적인 사연을 기록한 것으로는 유학이 강조된 진흥왕대의 두 화랑이 유가 경전을 통한 학문에 힘쓰며 충성을 맹세한 <임신서기석>이 있다. 이런 내용들은 모두 일통삼한의 기반을 다지기 위한 6세기 신라의 비약적 발전 모습을 담고 있다.

6세기 신라비의 가장 큰 특징은 최소한의 치석만 하고 자연 그대로의 돌에 문자를 새겼고, 그 자연석의 형태가 다양하다는 것이다. 또 서체는 대부분 예서 필의가 있는 해서로 쓰였으나, 자연석의 형태를 따라 장법과 결구가 다양하다는 것이다. 이처럼 신라는 약 100년간 많은 자연석 금석문을 생산했고 거기에 같은 서체를 사용했다는 일관성과 여러 가지 형태의 돌을 사용했고 거기에 따라 장법과 결구를 달리 구사했다는 다양성을 동시에 지닌 특유의 서예문화를 창조했다. 석비부터 같은 형태끼리 그리

그림 30. 포항중성리신라비, 501, 신라, 105.6
×49.4×14.7cm, 탁본, 국립경주문화재연구소.

그림 31. 임신서기석, 552, 신라, 34×
12.5×2cm, 탁본, 국립경주박물관.

그림 32. 포항냉수리신라비, 503, 신라, 60×70×30cm, 탁본, 경상북도 포항시 신광면사무소 마당.

고 연대순으로 살펴보자.

현재까지 출토된 것 가운데 가장 먼저 세워진 신라비는 <포항중성리신라비>(501, 그림 30)다. 이것과 형태가 유사한 것은 <임신서기석>(552, 그림 31)과 <대구무술명오작비>(578)다. 이들은 각각 6세기 초·중·후반의 것으로, 6세기 전체를 아울러 유사한 형태가 만들어졌다는 사실을 알려 준다. <포항중성리신라비>는 상부가 넓고 하부가 좁은 장형이다. 이 형태를 따라 행의 중심도 아래로 내려갈수록 안쪽으로 향한다. 특히 우측이 그렇다. 글자의 형태도 상부보다 하부가 좁다. <임신서기석>의 장법과 결구도 <포항중성리신라비>와 흡사한데, 작은 돌에 글자 수가 적기 때문에 이런 특징이 더 명확하게 드러난다. <대구무술명오작비>는 상부가 더 둥근, 형태의 차이는 조금 있지만 장법과 결구가 <포항중성리신라비>의 범주에 속한다. 이런 글자의 형태를 그 자체만 보면 치졸한 솜씨로 여겨지겠지만, 비의 형태를 감안하면 당연한 구성이다. 오히려 서자의 미감이 더 돋보이는 장법과 결구다.

<포항냉수리신라비>(503, 그림 32)는 <포항중성리신라비>와 대략 반대되는 형태를 띤다. 상부보다 하부가 넓고 좌측보다 우측이 높은 변형의 사다리꼴이다. 이런 형태를 따라 행의 중심이 시작 부분인 우측에서는 아래로 내려오면서 바깥을 향하고 좌측으로 갈수록 점차 중앙으로 향하여 마지막 행에서는 거의 수직으로 반듯하다. 글자의 형태도 상부보다 하부가 넓고 우측으로 갈수록 위를 향하는 우상향이 심하다. 대부분의 글자가 비의 형태와 같은 변형의 사다리꼴이다. 이런 기형의 글자는 솜씨의 부족에서 기인한 것이 아니라 비의 형태를 감안한 고도의 심미안이 작용한 결과다. 서자는 인위적인 정형 위에 존재하는 무위의 비정형을 택함으로써 비와 글씨를 동체(同體)화시킨 탁월한 서사 기법을 유감없이 발휘했다.

그림 33. 울진봉평리신라비,
524, 신라, 204×54.5cm, 탁
본, 울진봉평신라비전시관.

그림 35. 황초령신라진흥왕순수비, 568,
신라, 151.5×42.7×32cm, 탁본, 북한 함
흥본궁.

그림 34. 단양신라적성비, 550년경, 신라, 93×109cm, 탁본, 충청
북도 단양군 단성면 적성산성.

그림 36. 남산신성비제10비,
591, 신라, 27×16.5×13cm,
탁본, 국립경주박물관.

1-10 한국 고대 서예의 수용과 변용　　**313**

한편 <울진봉평리신라비>(524, 그림 33)는 장형이면서 우측이 돌출된 변형이다. 사면을 살펴보니 돌의 모습이 원래 그랬고, 전면만 편평하게 다듬었다. 돌출 부분을 잘라내지 않고 안정감을 유지하면서 세우기 위해 하부를 묻고, 글씨에서 그 변형을 최대한 활용했다. 시작 부분인 우측에서는 행의 중심이 상부에서는 수직을 유지하다가 하단에서는 돌출 부분을 의식하여 바깥을 향하고 있다. 점차적으로 중앙을 향하다가 마지막 행에서는 거의 수직으로 돌아왔다. 글자의 획은 장형과 어울리는 직선획이 대부분이며, 상술한 비들에서 볼 수 있는 기형의 연출은 없다. 다만 동자이형의 표현으로 결구에서 변화를 추구했다. 행간과 자간의 여백이 없어 단순하고 지겨울 수 있는 요소를 결구의 변화로 해소했다. 이상의 세 비는 자연석의 형태를 감안하다 보니 해서이면서도 행간과 자간이 정연하지 않아 행서의 장법과 결구를 연상시킨다.

<단양신라적성비>(550년경, 그림 34)에 이르러 비로소 행간과 자간이 정연해져 비교적 전아한 서풍의 글씨가 등장한다. 이 비는 주위에 떨어져 나간 비편과 함께 상부가 훼손된 채 발견되었는데 얕게 새겨진 글자는 비교적 완호한 편이다. 가로가 긴 단지를 연상시키는 비의 형태를 따라 대부분의 글자가 향세의 편형이며, 따라서 가로획이 길고 세로획이 짧다. 행간보다는 자간의 여백이 더 많은 편이며, 글자의 크기가 비교적 일정하여 정연한 듯 보인다. 그러나 글자를 면밀히 관찰해 보면 그 안에 결구의 변화가 많으며 동자이형으로 변화를 주어 정중동(靜中動)의 역동감이 있다.

비의 형태가 자연석이 아닌 비개(碑蓋), 비신(碑身), 비부(碑趺) 형식의 정형비로 나타나는 것은 진흥왕순수비에 이르러서다. 진흥왕은 영토 확장을 기념하기 위해 점령 지역의 여러 곳을 순수하고 그 곳에 기념비를

세웠다. 백제령인 한강 유역을 점령하고 <북한산신라진흥왕순수비>를, 고구려령인 함경남도 지역을 점령하고 <마운령신라진흥왕순수비>와 <황초령신라진흥왕순수비>를 각각 세우게 되는데, 모두 568년의 일이다. 비신이 장방형이기 때문에 당연히 행간과 자간이 정연한 장법을 취했고 글자의 결구도 비교적 가지런하다. 모두 해서로 쓴 세 비 가운데 예서의 필의가 가장 많은 것은 양면비인 <마운령신라진흥왕순수비>고, 가장 해서의 전형에 가까운 것은 <황초령신라진흥왕순순비>(그림 35)다. 자연석과 다른 순수비의 양식을 놓고 비의 형태가 점진적으로 발달되었다고 보는 견해가 있지만, 6세기 중반에 신라는 왕의 권위와 위엄을 상징하는 순수비라는 특수성을 감안하여 의도적으로 정형비의 형식을 취했다. 순수비 뒤에 건립된 <대구무술명오작비>, <남산신성비>는 다시 자연석이라는 사실이 이를 증명한다.

지금까지 출토된 열 기의 <남산신성비>(591) 가운데 1, 2, 3, 9비만 완형으로 출토되었는데, 모두 형태가 다른 자연석이다. 이들도 대략적으로 비의 형태를 따른 장법과 결구를 구사했다. 열 기 중에서 가장 주목되는 것은 비편으로 출토된 제10비(그림 36)다. 상술했듯이 6세기의 비문은 다양한 장법과 결구를 구사하면서 예서의 필의에, 전서와 행초서의 필의까지 부분적으로 지닌 원필의 해서로 쓰였다. 세 기의 진흥왕순수비조차도 그런 분위기로 쓰였다. 그런데 10비편에서 마침내 성숙한 북위풍의 해서가 등장한다. 행서 필의가 약간 있는 이 비편 글씨를 통해, 6세기 말에 이르러 예서의 필의가 있는 과도기적 과정을 벗어나 신라의 해서가 성숙되었다는 것을 알 수 있다. 이것은 근자에 출토된 함안 성산산성 '임자년'목간(592)을 통해서 다시 확인되었다.

6세기 신라 금석문을 통해 신라 서예의 참모습을 제대로 감상하는 법은 먼저 큰 틀인 비의 형태를 보고 그 안의 작은 그림인 글자를 살피는 것이다. 숲의 모습을 보지 않고 단순히 그 속에 있는 나무의 여러 형태 그 자체로 생김새의 우열을 논하는 것은 무의미하다는 것을 창의적 서예미감을 지닌 신라인이 말하고 있다.

신라는 정치적으로 5세기에 고구려와 주종 관계를 가졌고, 6세기 들어 북위의 한화정책을 배우기 위해 602년, 608년 두 차례에 걸쳐 북위와 직접 교류하기도 했다. 이런 시대 상황과 글씨의 유사성을 근거로 하여, 6세기 신라비의 글씨가 원필의 북위 해서, <광개토왕비>와 <집안고구려비>의 결구와 닮은 점이 지적되기도 했다. 그것이 분명한 사실임에도 불구하고 신라는 약 100년 동안 그 두 나라에서는 찾아볼 수 없는 지속적인 자연석의 사용, 다양한 자연석의 형태에 부합하는 장법과 결구의 구사라는 일관성과 다양성을 유지하면서 신라 서예의 정체성을 확립해 갔다. 자연스러움이 예술의 최종 지향점이라는 사실은 신라인들은 일찍이 터득하고 있었던 것이다.

한편 관리들의 육필인 6, 7세기 신라의 목간은 금석문과는 다른 신라 글씨의 다양한 모습을 보여 준다. 출토 지역이 왕경에 집중된 백제와는 달리 신라의 목간은 지방 산성과 왕경에서 고르게 출토되었다. 함안 성산산성, 하남 이성산성, 경주 월성해자에서 다량의 묵서목간이 출토되었다. 성산산성목간이 250여 점으로 가장 많고, 월성해자목간이 약 40점, 이성산성목간이 10여 점이다. 묵서의 서체는 행서의 필의가 있는 해서 또는 해서의 필의가 있는 행서다.

6세기 중후반에 작성된 성산산성목간에서 세 점의 문서목간을 제외한 나머지는 낙동강 상류와 중류의 상주 지역 여러 곳에서 낙동강 물길을 따라 세금으로 보낸 곡물류, 철 등 여러 물품에 매단 꼬리표다. 따라서 글씨가 속도감이 있으면서 거친 편이다. 2-3행으로 쓴 '구리벌(仇利伐)'목간(그림 37)들을 제외하고는 대부분 1행으로, 나무 폭이 다 채워질 정도로 글자를 크게 써 여백이 많지 않다. 힘차면서 거친 두 점의 '매약촌(買若村)'목간(그림 38)은 같은 관리가 썼음을 알 수 있다. 각 지역의 목간 글씨는 서풍이 같거나 흡사하여 한두 관리가 서사를 담당한 것으로 보인다. 대체로 단아하고 절제된 백제 목간과 비교해보면, 전체적으로 거칠면서 힘차고 자유자재하고 꾸밈이 없는 것이 마치 6세기의 금석문 글씨를 보는 듯하다. 그런데 최근 출토된 '임자년'목간(592, 그림 39)은 이전의 꼬리표목간과는 달리 행서의 필의가 가미된 북위풍 해서로 쓰였다. <남산신성비제10비>(591)에서 본 방원(方圓)이 혼재된 완연한 북위풍 해서와 유사하며, 시기도 거의 일치한다. 한편 완형 상태로 출토된 문서목간은 자신의 실수를 상위자에게 보고하는 내용인데, 그 용도에 맞게 쓴 해서가 정연하면서 차분하다. 그러나 글자의 대소와 변화가 많은 결구, 원전의 필법 등은 6세기 금석문과 유사한 면이 있다.

이성산성목간에서 주목할 것은 사면 중 삼면에만 묵서가 있는 문서목간인 '무진년'목간(그림 40)이다. 1면의 문장 "戊辰年正月十二日明南漢城道使(무진년 정월 12일 동틀 무렵, 남한성의 도사)"에서 608년 이 성이 주변의 여러 성과 긴하게 군사 연락을 주고받았음을 알 수 있다. 묵흔은 1, 2, 3면에만 있는데, 1면은 행서의 필의가 있는 해서로, 2·3면은 해서의 필의가 있는 행서로 쓰였다. 행서 필의가 있는 원필의 북위풍 해서는 획이 굵고 힘차며 운필에 거침이 없다. 6세기 말의 성산산성의 '임자년'목간을 이어 7세기 초에는 북위풍 해서가 더욱 능숙해졌다. 이런 북위풍을 이은 것이 통일기에 작성된 황남동 양면 문서목간(그림 41)이다. 행서의 필의가 있는 이 황남동목간은 더 정연하고 차분하여 신라 목간에서 북위풍 해서가 정

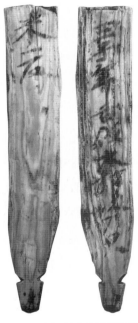

그림 38. 함안 성산산성 '매약촌'목간, 6세기, 신라, 15.5x2.8x0.7cm, 국립가야문화재연구소.

그림 37. 함안 성산산성 '구리벌'목간, 6세기, 신라, 29.6x3.5x0.7cm, 국립가야문화재연구소.

그림 39. 함안 성산산성 '임자년'목간, 592, 신라, 22.7x4x0.9cm, 국립가야문화재연구소.

착되어 가는 모습을 잘 보여 준다.

한편 왕궁인 경주 월성의 해자는 5세기 후반에 조성되어 7세기 후반 (679) 왕경의 대대적 정비 과정에서 폐기되었으므로 거기서 출토된 목간의 연대는 대략 6-7세기로 간주한다. 해자에서 출토된 목간은 대부분 관청의 기록인 문서목간인데, 내용은 통신문, 세금징수 간이장부, 행정명령 기록, 불경 제작, 의약 기록 등에 관한 것이다. 문장에는 한자를 한글식으

그림 40. 하남 이성산성 문서목간, 608, 신라, 15× 1.3×0.9cm, 한양대학교박물관.

그림 41. 경주 황남동 문서목간, 7-9세기, 통일신라, 22×2×0.6cm, 국립경주박물관.

로 표기한 이두문도 보여 당시 신라 왕경의 언어문화를 엿볼 수 있다.

월성해자목간에서 주목할 것은 완전한 신라식 이두문으로 쓴 문서목간(그림 42)이다. 수신인은 서두에 적고 발신인은 없는 이 문서는 '전에 첩으로 내려온 명령에 근거하여 사경 제작에 필요한 종이를 구해 달라'고 요청하고 있다. 이 목간의 기필은 장봉보다 노봉이 많고, 전절은 원전이 많으며 부드러우면서 힘찬 필치가 능수능란하다. 또다른 사면 문서목간(그림 43)에서 1면은 글자가 선명하고 4면은 몇 자만 판독 가능하고 2, 3면은 판독 불능이다. 1면으로 본 묵서의 자유자재한 붓놀림은 신라 전체 목

그림 42. 경주 월성해자 문서목간1, 6-7세기,
신라, 19×1.2×1.2cm, 국립경주문화재연구소.

그림 43. 경주 월성해자 문서목간2, 6-7세기, 신라,
20.4×1.8×1.6cm, 국립경주문화재연구소.

간에서 단연 으뜸이다. 서체는 행서의 필의가 많은 해서고, 결구는 안정
적이다. 기필은 노봉이고 획의 굵기에 변화가 많으며 위의 문서목간보다
훨씬 더 능숙하여 신라 왕경 행정 관리의 서사 수준이 상당히 높다는 것
을 알 수 있다. 신라의 문서목간 중에서 성산산성의 것은 차분하고, 이성
산성의 것은 웅건하고, 월성해자의 것은 능숙하다.

　신라 목간의 서체는 주로 해서와 행서지만, 서풍은 절제됨과 자유분
방함, 세련됨과 거침 등 다양하다. 같은 지역에서는 용도에 따라 서풍이
다르다. 문서목간은 정연한 가운데 변화가 있고 꼬리표목간은 속도감이
있어 힘차지만 거친 편이다. 같은 문서목간이라도 지방보다는 왕경의 글

씨가 더 유창한데, 이것은 중앙 관리와 지방 관리의 서사 수준의 차이를 보여 주는 것이다. 이런 차이에도 불구하고 많은 양과 다양한 서풍의 목간은 신라에서 행정 업무가 활발하게 이루어졌고, 많은 문서를 처리하기 위한 한문 필사 교육을 받은 행정 관리의 수가 그만큼 많았다는 것을 말해 준다.

북위와 고구려에서 볼 수 있는 예서의 필의가 많은 과도기적 해서가 주로 사용된 신라의 초기 해서는 6세기 말부터 7세기 초에 이르러 북위풍이 농후한 정형의 해서로 발전했다는 사실을 금석문과 목간의 글씨를 통해 확인할 수 있었다. 이것이 신라의 해서가 7세기 중반 초당 구양순풍 해서를 수용하기 전에 변화되는 모습이다.

가야 서예의 수용

가야는 약 600년간 낙동강 유역을 중심으로 번성했던 고대국가다. 그러나 삼국처럼 통일국가를 이루지 못하고 6소국으로 존재하다가 전기가야연맹체인 금관가야는 532년에, 후기가야연맹체인 대가야는 562년에 신라에 의해 멸망했다. 대가야와의 접전지였던 창녕에 561년 세운 <창녕신라진흥왕척경비>가 이런 양국의 관계를 증명하고 있다. 대가야는 479년 남제로 사신을 보내 '가라국'의 이름으로 독자적 작위를 받는 등 5세기 후반 적극적 대중국 외교 활동을 펼쳤다. 이렇게 5세기 말 거의 대등했던 대가야와 신라의 관계는 6세기에 이르러 균형이 깨지고 신라의 국력이 더 강성해졌다.

가야는 스스로 남긴 문자 자료가 적은데, 그나마 몇 점은 가야 글씨 여

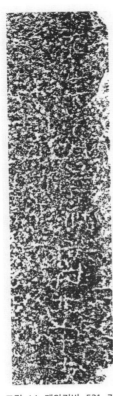

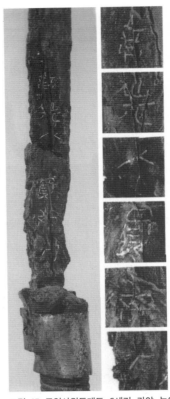

그림 44. 매안리비, 531, 가야, 265×56×
35cm, 탁본, 경상남도 합천군 가야면 매안리.

그림 45. 금입사원두대도, 6세기, 가야, 높이
85cm, 국립김해박물관.

부에 대한 논쟁이 있다. 그들을 가야의 것으로 간주할 때, 현전하는 것으로 석비 1점, 대도 1점, 토기 3점으로 총 5점인데, 모두 6세기 대가야의 것으로 추정한다. 이들을 차례대로 살펴보자.

첫째로 1989년 경남 합천군 가야면 매안리 마을 입구에서 출토된 〈매안리비(梅岸里碑)〉(그림 44)는 서두의 '신해년'으로 인해 531년에 건립된 것으로 추정한다. 판독되는 1행 14자의 명문은 6세기 신라비처럼 예서의 필의가 많은 해서로 쓰였고 고박한 서풍도 유사하다.

그림 46. '하부사리리'명단경호, 6세기 중엽, 가야, 높이 22cm, 부산대학교박물관.

그림 47. '대왕'명장경호, 6세기, 가야, 높이 19.6cm, 충남대학교박물관.

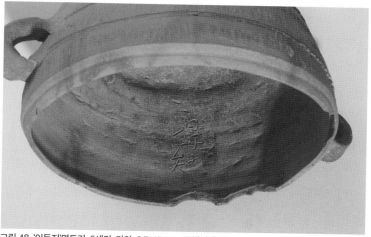

그림 48. '이득지'명토기, 6세기, 가야, 8.7×15.1cm, 국립김해박물관.

둘째로 1919년 창녕 교동 11호분에서 발굴된 〈금입사원두대도〉(그림 45)는 금 상감 기법으로 명문을 썼다. 삼국 중에서 이 기법으로 명문을 만든 것으로 백제의 〈칠지도〉가 있으니, 백제의 영향이라는 것이 중론이다. 명문의 서체는 원필의 해서며, 자형은 정방형에 가깝다. 전절이 둥글고 곡선획이 많은 편이며, 서풍은 〈매안리비〉처럼 질박하다.

셋째로 경남 합천군 봉산면 저포리에서 출토된 〈'하부사리리'명단경호〉(그림 46)는 단경호의 주둥이 가장 안쪽에 "下部思利利" 다섯 자가 음각되어 있다. 명문은 예기가 많은 해서로 쓴 〈포항냉수리신라비〉(503)의 자유분방함과 고박함이 느껴진다. 편방형인 자형, 기필과 수필은 예서의 특징을 지녀 6세기 신라비처럼 예서에서 해서로의 변화 과정을 보여 준다.

넷째로 합천에서 발견된 〈'대왕'명장경호〉(그림 46)는 기형으로 보아 대가야 고분에서 출토된 것으로 여긴다. 뚜껑과 몸통 하부 두 곳에 새겨진 명문 "大王"이 6세기 신라비처럼 파책이 없는 해서로 쓰였다. 그러나 나 가로획의 입필(入筆)이 몸통의 글자에는 예서 필의의 장봉이고, 뚜껑의 글자에는 행서 필의의 노봉이다. 이것은 경남 창녕군 계성고분군에서 출토된 신라 〈'대간(大干)'명고배〉의 명문과 유사하지만 예서와 행서의 필의가 더 강하다.

마지막으로 경남 산청 하촌리에서 출토된 〈'이득지'명토기〉(그림 48)의 몸통 내면에 바닥 쪽에서 주둥이 쪽으로 "二得知"라는 명문이 음각되어 있다. 아마 토기가 넓고 깊어 쓰기 편한 방향을 선택한 것으로 보인다. 원필의 해서로 쓴 글씨는 어눌한 듯 천진해 보이는 분위기에서 자연스러움이 느껴진다. 비록 세 자지만 〈포항냉수리신라비〉의 풍치가 있다.

이 다섯 점의 서물 중에서 원두대도를 제외한 나머지 네 점은 예서의 필의가 있는 해서체, 질박한 서풍, 비정형적 결구 등 여러 면에서 6세기 신라비 글씨와 유사하다. 특히 예서의 필의는 예서에서 해서로의 변화 과정을 보여 주는 것으로 신라의 영향이라 할 수 있다.

이렇게 대가야는 6세기 신라의 서예를 수용했으나 애석하게도 660년 멸망한 백제, 668년 멸망한 고구려보다 100년 정도 먼저 고대사 속으로 사라져 가야 서예의 독창적 모습을 남기지 못했다. 장차 가야풍으로 표현된 서예 자료가 출토되기를 기대해 본다.

참고문헌

(단행본)

고려대학교박물관·서울특별시, 2005, 『한국 고대의 Global Pride, 고구려』, 통천문화사.

국립가야문화재연구소, 2017, 『韓國의 古代木簡 Ⅱ』.

국립경주박물관, 2002, 『文字로 본 新羅』, 예맥출판사.

국립문화재연구소, 2014, 『익산 미륵사지 석탑 사리장엄』.

국립부여박물관·국립가야문화재연구소, 2009, 『나무 속 암호, 목간』, 예맥.

국립중앙박물관, 1990, 『三國時代佛敎彫刻』.

_____, 2006, 『북녘의 문화유산』, 도서출판 심인.

_____, 2011, 『문자, 그 이후』, 통천문화사.

_____, 2015, 『발원, 간절한 바람을 담다』.

_____, 2016, 『세계유산 백제』.

국립창원문화재연구소, 2006, 『한국의 고대목간』 개정판.

국립청주박물관, 2000., 『한국 고대의 문자와 기호유물』, 통천문화사

권오영, 2005, 『고대동아시아 문명교류사의 빛, 무령왕릉』, 돌베개.

권인한·김경호·윤선태 공동편집, 2015, 『한국고대문자자료연구』 2권(백제 상·하), 주류성.

김광욱, 2009, 『한국서예학사』, 계명대학교출판부.

김남형 외, 2017, 『한국서예사』, 미진사.

문화재청·국립부여문화재연구소, 『王興寺址 Ⅲ』 木塔址 金堂址 發掘調査 報告書, 2009.

윤선태, 2007, 『목간이 들려주는 백제 이야기』, 주류성.

이천시립월전미술관, 2010, 『옛 글씨의 아름다움』.

정현숙, 2016, 『신라의 서예』, 다운샘.

_____, 2018, 『삼국시대의 서예』, 일조각.

조수현, 2017, 『한국서예문화사』, 다운샘.

奈良国立博物館, 2004, 『七支刀と石上神宮の神宝』.

村山正雄 編著, 1995, 『石上神宮七支刀銘文図錄』, 吉川弘文館.

(논문)

정현숙, 2007, 「신라·가야 서예 비교 연구」, 『書藝研究』 3, 원광서예학회.

_____, 2008, 「新羅와 北魏·隋·唐의 書藝 比較 研究」, 『書藝學研究』 13, 한국서예
학회.

_____, 2010, 「삼국시대의 서풍」, 『옛 글씨의 아름다움』, 이천시립월전미술관.

_____, 2010, 「6세기 신라금석문의 서풍-서사공간과 章法·結構의 연관성을 중심
으로-」, 『木簡과 文字』 6, 한국목간학회.

_____, 2012, 「百濟 <砂宅智積碑> 書風과 그 形成背景」, 『百濟研究』 56, 충남대학
교백제연구소.

_____, 2013, 「서예학적 관점으로 본 <集安高句麗碑>의 건립 시기」, 『書誌學研究』
56, 한국서지학회.

_____, 2014, 「<집안고구려비>의 서체와 그 영향」, 『書誌學研究』 57, 한국서지학
회.

_____, 2014, 「창녕지역 신라금석문의 서풍」, 『書藝學研究』 24, 한국서예학회.

_____, 2015, 「신라 서예의 다양성과 일관성 고찰」, 『書藝學研究』 27, 한국서예학
회.

_____, 2016, 「서예」, 『신라의 조각과 회화』 신라 천년의 역사와 문화 연구총서 19,
경상북도문화재연구원.

_____, 2017, 「신라의 서예」, 『한국서예사』, 미진사.

_____, 2017, 「가야의 서예」, 『한국서예사』, 미진사.

_____, 2017, 「함안 성산산성 목간의 서체」, 『韓國의 古代木簡 Ⅱ』, 국립가야문화재연구소.

_____, 2018, 「고대 동아시아 서예자료와 월성해자목간」, 『木簡과 文字』 20, 한국목간학회.

서예의 탄생

정현숙(원광대학교)

서예의 도구인 한자는 기원전 25세기경 중국에서 창힐(蒼頡)이 만들었다고 전해진다. 대략 오천 년의 역사를 지닌 한자는 처음에는 사실의 기록이라는 실용적 목적으로만 사용되었다. 문자의 형태로 기록된 최초의 자료는 상나라(기원전 1600년경-기원전 1046년경)의 역사를 기록한 갑골문甲骨文이다. 국가의 길흉을 점치고 그 결과를 짐승의 어깨뼈나 거북의 배딱지에 새기듯 쓴 갑골문은 넓은 의미에서 대전(大篆)에 속한다.

갑골문은 주나라(기원전 1046-기원전 256)에 이르러 서서히 쇠퇴하기 시작하고 그 자리를 청동기 명문이 차지하게 된다. 청동기 명문은 다양한 이름을 가지고 있다. 재료가 청동이므로 금문(金文), 용도가 주로 제기용 종이나 정이므로 종정문(鐘鼎文), 주나라의 사관 주, 즉 사주(史籀)가 그 문자를 만들었다고 하여 주문(籀文)으로 각각 불리는데, 그 서체는 대전이다.

청동기도 쇠락의 길을 걷게 되면서 돌에 문자를 새긴 비갈(碑碣)이 등장한다. 전국시대(기원전 403-기원전 221) 말기의 전국칠웅 가운데 진국(秦國)에서 처음으로 각석 <석고문(石鼓文)>이 만들어진다. 북 모양으로 만들어져 상부가 둥근 갈의 형태를 지닌 10기의 <석고문> 서체도 대전인데, 거기에는 정연한 소전(小篆)의 특징도 혼재되어 있어 문자의 변천 과정을 보여 준다. 진국이 성취취한 중국 최초의 통일제국인 진나라(기원전 221-기원전 206)에 이르러 시황제 영정(嬴政, 기원전

259-기원전 210)의 공덕을 기록한 비가 그의 순행지 일곱 곳에 세워지는데, 그 서체는 소전이다.

비는 한나라(기원전 206-기원후 220) 때 본격적으로 성행한다. 서한(기원전 206-기원후 8) 때는 파책이 없고 소전에 가까운 고예(古隸)가 사용되고, 동한(25-220) 때는 파책으로 한껏 멋을 부린 다양한 서풍의 예서가 유행하게 된다. 동한에 이르러 비로소 서예미가 드러나기 시작하고, 한말에는 전서·예서·해서·행서·초서의 오체가 모두 출현한다. 이처럼 서체는 한말에 모두 출현했고, 이후는 필법이 더 성숙되고 서풍이 다양해질 뿐이다.

이 무렵 문자는 기록이라는 실용적 용도를 넘어 본격적으로 예술적 측면에서 감상되기 시작한다. 그러나 본격적으로 글씨를 예술로 여기고 감상하기 시작한 것은 사적 사연을 적은 첩(帖)이 유행하기 시작한 위진시대에 이르러서다. 명서가들이 등장한 것도 이때부터다. 첩의 전통은 한족(漢族) 왕조인 양진, 남조, 송나라, 명나라에서 주로 계승, 발전되었다.

비와 첩은 접근성과 보급성에서 근본적인 차이가 있다. 비는 널리 알려져 있고 영구적이며, 새겨진 비의 글씨는 탁본의 형태로 복제할 수 있어 원하는 사람은 누구든지 탁본으로 공부할 수 있다. 반면 개인적 사연을 적은 편지인 첩은 일반 보급용으로는 부적절하며, 그것을 배우려는 사람들의 호기심을 만족시키기 위해서는 모본(摹本)으로 만들어야 했다. 첩에 대한 관심이 더욱 많아지자 그 글씨가 돌에 새겨졌고, 마침내 비처럼 탁본의 형태로 보급되었다. 비와 첩의 글씨는 이런 과정을 거치면서 법첩의 형태로 만들어져 감상하거나 학습하면서 후대로 전해졌다. 좋은 첩의 글씨를 모아 새긴 대표 법첩은 북송 태종의 명으로 만든 《순화각첩(淳化閣帖)》과 청나라 건륭제의 명으로 제작된 《삼희당법첩(三希堂法帖)》이다.

비와 첩은 서체의 변천 과정도 다르다. 비의 글씨는 전서, 예서, 해서, 행서 순으로, 첩의 글씨는 전서, 예서, 초서(장초(章草)), 해서, 행서 순으로 발달했다. 또 비와 첩은 중국 역대 왕조별로 서로 경쟁하듯이 발전과 쇠퇴를 거듭했기 때문에 마침내 비학(碑學)과 첩학(帖學)으로 나누어져 별개의 학문으로 연구되었다.

서예의 탄생은 첩의 성행과 밀접한 관련이 있다. 정치적 혼란기에 관직에서 물러나거나 아예 출사하지 않은 귀족층이 여가를 즐기면서 안부를 주고받은 편지를 즐겨 썼고 그 글씨를 감상하면서 서예미가 본격적으로 논의되기 시작한다. 동진에서 시작된 이런 풍습이 남조까지 이어지면서 인물 품평은 물론 작품 품평까지 행해진다.

서예를 논함에 있어서 반드시 언급해야 할 사람은 동진의 이왕, 즉 왕희지·왕헌지 부자다. 왕희지(王羲之, 307-365)는 당 태종(재위 626-649) 이세민(李世民)에 의해 서성書聖의 반열에 오른 전대미문의 명서가며, 왕헌지(王獻之, 344-386)는 남조에서 부친 왕헌지를 능가하는 서예가로 평가되었지만 양나라에 이르러 완전히 부친에게 밀려나게 된다.

왕희지는 해서, 행서, 초서에 능숙했으며, 그의 작품은 대부분 몇 줄과 수십 자로 된 짧은 편지와 쪽지 즉 첩이다. 태종은 왕희지를 지극히 흠모하여 전 왕조 말기에 흩어진 그의 글씨를 모았는데, 7세기 초에는 황궁 소장품이 약 2,300점에 이르렀다. 물론 모두 진적은 아니고 탁본이나 모사본도 상당수였다. 태종은 궁중 모사가들에게 선별된 글씨를 모사하게 했는데, 그 결과 중국, 한국, 일본 등 동아시아에서도 왕희지 글씨가 열병처럼 유행하게 되고 마침내 집자의 형태로까지 영역을 넓히기에 이른다.

서예에 지대한 영향을 끼친 것은 도교다. 한말에 기원하지만 3세기 말부터 4세기 초에 일어난 팔왕(八王)의 난(291-306)과 영가(永嘉)의 난(307-312) 이후 흥성한 도교와 이왕의 서예 사이에는 미적 연관성이 깊다. 사안(謝安, 320-385)을 포함한 사씨 가문, 이왕을 포함한 왕씨 가문은 모두 도교 신봉자로서 청담(淸談)에 빠지고 시서악(詩書樂)의 예술에 힘쓰고 자연을 즐겼다. 왕희지는 353년 음력 3월 3

일 회계(會稽) 산음현(山陰縣) 난정에서의 모임에서 지은 도가들의 시에 대한 서문인 <난정서(蘭亭序)>를 썼고, 그것은 그의 7대손인 승려 지영(智永)에게까지 전해졌다. 태종은 교묘한 속임수로 그 진적을 손에 넣은 후 초당삼대가인 구양순(歐陽詢, 557-641), 우세남(虞世南, 558-638), 저수량(褚遂良, 596-658)에게 임서하게 하고, 그 임서본을 다시 조모(趙模), 한도정(漢道政), 풍승소(馮承素), 제갈정(諸葛貞) 등 궁중의 뛰어난 전업 모사가들에게 모사하게 하여 그 임모본으로 <난정서>를 널리 전파했다. 원본 <난정서>는 태종의 명을 따른 저수량에 의해 태종과 함께 묻혔다고 한다.

태종이 648년 불경을 번역한 승려이자 순례자인 현장법사(602-664)를 찬미하기 위해 서序를 짓고, 후에 아들 고종(재위 649-683) 이치(李治)가 기(記)를 지었다. 고종의 명으로 왕희지의 먼 후손인 장안 홍복사의 승려 회인(懷仁)이 황실 소장 왕희지의 행서 작품들에서 각 글자를 모사하여 1,904자로 구성한 <집자성교서(集字聖敎序)>는 동아시아 집자비의 범본이 되었다. 이것은 진적을 근거로 했기 때문에 전체 모본은 왕희지가 직접 쓴 것처럼 보였다. 태종이 찬문한지 20여 년이 지난 672년 마침내 회인의 글씨가 돌에 새겨졌다. <난정서>와 다른 명작에는 없는 글자들이 많아서 이 집자비는 왕희지를 공부하는 사람에게는 최고의 교재다.

이외에도 행서와 초서로 쓰인 왕희지의 첩들은 오늘날까지 서예의 심미 기준이 되고 있다. 왕희지 이후 1,600여 년이 지난 현재까지 학서자는 누구나 왕희지를 배워 그를 능가하고자 하지만 이를 성취한 이는 없다. 이것이 그가 서성으로 추앙받는 이유일 것이다.

한국목간학회 연구총서 03
주보돈교수 정년기념논총

문자와 고대 한국

|1| 기록과 지배

2부 문자로
다스리다

광개토왕비 다시 읽기

임기환

서울교육대학교

414년 아들 장수왕은 아버지 광개토왕을 산릉에 모시고, 그 훈적을 기리기 위해 거대한 비를 세웠다. 그 비는 내내 그 자리에 서서 장수왕의 뜻대로 광개토왕의 훈적을 오늘 우리에게 전해주고 있다. 다만 고구려 멸망부터 근대 초기까지 오랜 시간 동안 광개토왕비는 잊혀져 있었다. 비석의 거대한 모습은 때때로 그 존재 자체로서 사람들의 눈길을 끌었지만, 비문의 주인공이 광개토왕임은 알리지 못했다.

비는 한국, 중국, 일본에서 한창 근대국가를 만들던 시기에 발견되었고, 새로 눈앞에 나타난 비문의 내용은 그런 근대국가들이 솔깃할 이야기들을 전하고 있었다. 광개토왕의 정벌 기사는 근대국가들의 욕망과 겹쳐지면서 고구려인이 아닌 근대인의 시선으로 재해석되었다. 그 대표적인 예가 이른바 '신묘년(辛卯年)'기사이다. 왜냐하면 그 문장에는 당시 고구려와 백제·신라 및 왜가 맺고 있는 국제적인 관계가 32자(字)란 아주 짧은 문장에 담겨 있는데, 이 문장을 어떻게 해석하느냐에 따라 고대의 한일관계가 달라져버리기 때문이었다. 광개토왕비 재발견 직후부터 일제가 이를 한국 침략을 정당화하는 역사적 근거로 활용하면서, 이후 비문 연구는 근대 한일 관계의 역사를 구성하는 텍스트로 바라보는 결과를 낳게 되었다.

이런 근대적 시선으로부터 비문을 해방시켜야 1500년 전 비문이 만들어진 그 시대, 고구려인의 세계 속으로 들어가는 텍스트가 되지 않을까 생각한다. 당대 고구려인들이 이 비에 담고자 한 것은 무엇이었을까? 그들이 후세에 전하고자 했던 이야기들에 우리는 제대로 귀를 기울이고 있는 것인가? 고구려인들의 이야기보다는 우리가 하고 싶은 이야기를 광개토왕비를 통해 하는 것은 아닐까? 이런 반성에서 그동안 주목하지 않았던, 비를 바라보는 좀 다른 시선을 한두 가지 이야기해볼까 한다.

광개토태왕비는 왜 그렇게 생겼을까?

필자가 광개토왕비를 처음 본 순간 들었던 가장 큰 궁금증은 왜 비(碑)를 저런 모습으로 만들었을까였다. 그 생김새가 워낙 남달랐기 때문이다. 또 비의 규모도 동아시아에서 문자가 새겨진 비로서는 견줄 사례가 없을 정도로 크다. 이렇게 독특한 형태와 크기를 갖추게 된 데에는 당연히 그럴만한 배경이 있을텐데, 그걸 알아내기가 그리 쉽지 않다.

광개토왕비는 받침돌(臺石)과 몸돌(碑身) 두 부분으로 되어 있는데, 받침돌 밑부분은 땅 속에 묻혀 있다. 받침돌은 화강암으로 집안 일대에서 흔한 암석이다. 비의 몸돌을 지탱하고 있는 받침돌은 길이 3.35m 너비 2.7m 크기의 네모진 모양으로, 여기에 비가 자리잡을 위치에 홈을 새겼다. 그런데 잘 들여다보면 애초에 새긴 홈과는 어긋나게 비가 세워져 있다. 무게가 34톤에 이르는 워낙 무거운 몸돌이기 때문에, 처음 계획했던 위치에 제대로 세우는 것이 어려웠던 모양이다. 더욱 받침돌은 남아있는 부분이 세 조각으로 깨져있다. 역시 비를 세우는 과정에서 비의 무게를 감당치 못하여 깨진 것으로 짐작된다. 그런 상태로 지금까지 몸돌을 넉넉하게 지탱해온 게 신통하다.

몸돌은 거대한 사각기둥 모양으로, 높이는 6.39m이며, 너비는 1.3~2.0m로 윗면과 아랫면이 약간 넓고 허리 부분이 약간 좁은 형태이다. 네 면 각각의 형태와 크기도 조금씩 차이가 있다. 일부러 그런 모양으로 만들었다기 보다는, 본래의 원석을 적당히 여기저기 다듬는 수준에서 가공을 하다보니 그런 모양이 되었을 것이다. 그리고 네면 모두에 글자를 새겼다. 이런 모양은 충북 중원군에 있는 충주고구려비 정도만 찾아볼 수 있을 만큼 일반적인 비의 모습에서 크게 벗어나 있다.

고구려인들은 원래부터 비를 이런 생김새로 만들었을까? 그런데 최근에 발견된 집안고구려비는 전형적인 비의 형태를 갖추고 있다. 집안고구려비를 언제 만들었느냐를 두고 논란이 있지만, 많은 학자들이 광개토왕대로 추정하며 필자도 그렇게 본다. 따라서 광개토왕비처럼 생긴 형태가 고구려비의 일반적인 양식이라고 단정하기는 어렵다. 아마도 사각기둥의 4면비 형태로 만들어진 첫 사례가 광개토왕비일 듯하다. 그렇다면 광개토왕비를 건립할 때 이런 거대한 4면비의 형태를 의도적으로 기획한 것인지, 아니면 비 건립과정의 어떠한 상황에서 이러한 형태를 갖게 되었는지가 궁금하지 않을 수 없다.

사실 몸돌의 전체 모습만 독특한 것이 아니다. 글자를 새긴 비면도 판판하고 매끈하게 다듬지 않았다는 점도 의문이다. 울퉁불퉁한 비면은 글씨를 새기기 조차 만만치 않았을 것이란 걱정이 절로 들 정도로 굴곡져 있다. 글자를 새길 비면을 판판하게 다듬는 것은 사실상 비 제작의 상식이라고 할 수 있지 않을까. 하지만 광개토왕비를 세운 고구려인들은 이런 점을 전혀 개의치 않은 듯하다. 왜 그랬을까?

생김새만 남다른 게 아니다. 몸돌의 재질도 다른 사례가 없는 독특한 암석이다. 이를 두고 한동안 각력응회암이니 현무암질 화산암이니 하는 논란이 있었는데, 2005년에 고구려연구재단에서 전문가들과 함께 조사한 결과 연한 녹색의 기공(氣孔)을 가진 안산암질 또는 석영안산암질 용결래필리응회암이라고 최종 결론지었다. 또한 광개토왕비는 인공적으로 채석하여 가공한 흔적이 별로 없는 큰 암괴로서, 이 비석의 원석은 아마도 강이나 계곡에 자연적으로 놓여있었던 암괴를 운반하여 사용한 것으로 판단된다는 의견도 덧붙이고 있다. 실제로 이 비의 넷째 면에는 운반 중에 일부 표면이 긁힌 흔적이 지금도 뚜렷하게 남아있다.

그런데 비가 서있는 집안 지역에는 이런 암석이 없다. 그러면 이 거대한 원석을 가져온 지역이 어느 곳일까? 지질 조사 결과 광개토왕비의 원석과 동일한 암석이 분포하는 지역은 집안의 운봉-양민 일대, 압록강변 북한의 어느 곳, 집안과 환인 중간 일대, 환인의 오녀산성 일대, 백두산 지역 등이었다. 조사팀은 거대한 원석의 운반상 조건 등을 고려하여, 가장 유력한 후보지로 운봉-양민 일대로 추정하였다. 이로써 광개토왕비 원석의 재질과 출토지에 대한 궁금증이 어느 정도 해소되었다고 할 수 있겠다.

하지만 이제 새로운 의문이 생긴다. 고구려인들은 광개토왕비를 만들

때, 기공(氣孔)을 갖고 있어 비면을 다듬기 쉽지 않은 이런 암석을 왜 굳이 선택했을까? 집안의 수많은 고구려 유적 중에서 응회암이란 돌을 사용한 경우는 필자가 아는 한 광개토왕비가 유일하다. 집안의 그 많은 적석총을 축조할 때 사용한 화강암이나 석회암이 집안 주변에 수없이 많은데, 왜 굳이 집안에서 멀리 떨어진 곳에서 그렇게 거대한 응회암 암괴를 선택해서 어렵게 운반해왔는지 궁금하지 않을 수 없다.

한두가지 개연성을 생각해보자. 먼저 화강암의 경우 비를 만들만큼 큰 암괴가 없었기 때문일 가능성을 생각해볼 수 있다. 그런데 장군총의 호석으로 사용된 화강암 암괴석은 광개토왕비 보다는 작지만, 결코 작지 않은 크기를 갖고 있다. 면도 반반하기 때문에 오히려 비신으로 사용하기에 더 적절해 보이기도 하다. 어차피 장군총 석재도 채석해서 사용한 것이기 때문에 비의 크기에 맞는 채석이 불가능하다고 볼 수는 없겠다.

다음 화강암이 단단해서 글자를 새기기 어렵기 때문일 가능성도 생각해 볼 수 있지만, 장군총 석재를 다듬은 기술을 생각하면 그리 적절한 답은 아닐 듯 싶다. 그리고 다듬기가 쉬워서 응회암을 선택한 것이라면 왜 광개토왕비의 비면을 울퉁불퉁하게 거의 다듬지 않은 이유도 설명하기 어렵다.

그렇다면 굳이 응회암을 선택한 점이나, 또 비면을 반반하게 다듬지 않은 점은 애초에 이 원석으로 광개토왕비를 제작하려는 뜻이 아니었을 가능성도 생각해보게 된다. 한 면에 남아있는 운반할 때 긁힌 자국조차도 다듬어내지 않은 점을 고려하면 더욱 그러하다.

광개토왕비의 독특한 형태나 덜 다듬은 비면 상태에서 인위적 가공을 최소화하려는 어떤 의도가 있지 않을까 싶다. 그것은 이 비신석이 갖고 있던 본래의 어떤 특성을 그대로 살리려는 의도는 아닐까? 비신으로는 부적합한 상태, 앞에서 언급한 광개토왕비 몸돌에 대한 여러 궁금증들은 이 몸돌이 애초에는 비(碑)를 목적으로 만들어진 석조물이 아닐 개연성을 크게 한다.

만약 광개토왕비의 몸돌이 비를 목적으로 만들어진 것이 아니라면 과연 어떤 목적으로 이곳으로 옮겨져 세워지게 되었을까? 이 때 광개토왕 비신의 톡특한 생김새가 하나의 단서가 될 수 있겠다. 사실 광개토왕비를 보는 많은 이들은 마치 종교적인 선돌과 같은 이미지를 갖고 있다는 느낌이 든다고 술회한다. 필자 역시 마찬가지 인상을 갖고 있는데, 광개토왕 비와 거의 유사한 모습을 갖고 있는 충주고구려비를 비가 발견된 마을에서는 일찍부터 선돌로서 숭배하였다는 주민들의 전언(傳言)도 귀담아 들을 만하다고 본다.

광개토왕비의 원석도 광개토왕비를 세우기 이전부터 국내성 일대에서 이미 어떤 종교적 성격을 갖거나 신앙과 숭배의 대상물로서 기능하지 않았을까 가정해보고 싶다. 다만 이런 추정이 어느 정도 개연성이 있다면, 왜 이 원석을 다시 광개토왕비의 비신석으로 활용하게 되었는지에 대해서도 의당 생각해 보아야겠다.

비문에 보이는 광개토왕의 정치적 위상은 '태왕(太王)'으로 상징된다. 그 어느 왕보다 태왕권(太王權)의 성장을 시사받을 수 있는 내용이 많다. 게다가 비문에 보이는 고구려 태왕은 단지 현실 세계의 최고 통치자에 그치는 것이 아니다. 비문의 첫머리에서 고구려 왕실 계보가 천제(天帝)와 연결되는 신성한 혈통임을 두드러지게 강조하고 있다. 실제로 시조인 추모왕은 고구려시기 내내 종교적 대상이었다. 따라서 추모왕의 후손인 고구려왕은 천제(天帝)에 대한 종교의례의 주관자이기도 하다.

특히 "은택이 하늘까지 미쳤고 위무는 사해에 떨쳤다.[恩澤洽于皇天

武威振被四海]"라는 업적을 이룬 광개토왕은 바로 그러한 천제의 혈통이 갖는 신성한 역할을 현실 세계에서 구체적으로 실현한 인물로서 시조왕에 못지 않게 숭배될 수 있는 가장 적절한 대상이다. 그래서 기왕의 종교적 대상물을 광개토왕의 훈적을 기록하는 비신석으로 활용함으로써 광개토왕의 위상을 더욱 높이려는 뜻이 아니었을까?

앞에서 여러 궁금증을 갖고 다소 상상력이 많은 추정을 해보았다. 이렇게 독특한 비의 외형에서부터 당대 고구려인이 담고자 했던 어떤 의도를 살펴보는 것이 비문이 전하는 세계로 들어가는 첫걸음이 되리라 믿는다.

광개토왕비문은 본래 두 개의 텍스트였나?

앞에서 비의 겉모습을 갖고 좀 다른 문제 제기를 했다면, 두 번째로 비문의 내용을 갖고 또다른 문제 제기를 하고자 한다. 광개토왕비문은 통상 내용상 3부로 나누어진다고 본다. 제 1부에는 시조 추모왕의 건국설화를 비롯하여, 광개토왕의 약력과 업적, 비의 건립 경위 등에 대해 기술하고 있다. 1면 1행~1면 6행 부분이다. 제 2부는 광개토왕대에 이루어진 정복 활동의 훈적을 연대순으로 기술하고 있다. 1면 7행~3면 8행 부분으로 분량상 가장 많은 비중을 차지하고 있어 비문의 중심이다. 제 3부에는 왕릉을 지키는 수묘인연호(守墓人烟戶) 330가(家)의 출신지와 연호수, 수묘인과 관련된 광개토왕의 개혁 조처 및 관리 법령 등을 기술하고 있다. 3면 8행~4면 9행 부분이다. 물론 2부와 3부를 합쳐서 전체를 2부로 나누는 견해도 최근에 제출되었지만, 필자는 동의하지 않는다. 필자의 생각으로는 내용상 차라리 1,2부를 합치고, 3부를 독립시켜 파악함이 타당하다고 생각한다.

　문장의 분량을 보면 2부가 중심이지만, 3부로 나누어지는 비문 전체에 여러 내용이 담겨 있으므로 비의 건립 목적이 무엇인지, 비의 성격을 어떻게 볼지를 둘러싸고 논란이 계속되고 있다. 2부 내용에 주목하여 광개토왕의 훈적비라는 설, 3부를 중시하여 수묘비라는 설, 여러 요소를 두루 갖춘 종합적인 성격을 갖는 독창적인 비문이라는 설, 또는 묘비나 신도비라는 설 등이 있는데, 그 중 종합적 성격의 비문으로 보는 견해가 현재로서는 가장 설득력이 있다고 본다.

　그렇다고 해서 문제가 해결된 것은 아니다. 왜 비문 내용이 이렇게 독특하게 종합적인 성격을 갖게 되었는가에 대해서는 아직 어떤 답도 제시되고 있지 않다. 비문 1부의 마지막 문장은 "이에 비를 세워 그 공훈을 기록하여 후세에 전한다. 그 말씀(詞)은 이러하다[於是立碑, 銘記勳績, 以示後世焉. 其詞曰]"으로, 광개토왕의 훈적을 새겨 후세에까지 전하고자 함이 목적이었음을 분명히 밝히고 있다. 그래서 비문을 훈적비라고 보는 견해는 일면 타당하다.

　그런데 3부 수묘인연호와 관련된 내용은 1,2부와 여러 면에서 많이 다르다. 3부는 수묘인연호와 관련된 일종의 공문서(公文書)쯤에 해당되는 내용이 많다. 물론 2부와 3부 사이에는 서로 통하는 내용이 있다. 2부에서 광개토왕의 정복기사에 등장하는 성(城) 이름이 3부에서 수묘인이 차출되는 신래한예의 성 이름과 대부분이 중복된다. 이 점에서 수묘인연호비가 비문의 중심이고, 2부는 그런 지역을 어떻게 정복했는가를 설명하는 부분이라는 주장도 나오게 된 것이다. 하지만 2부에는 수묘인과 관련없는 다수의 정복활동이 연대기로 기술되고 있기 때문에 결코 비문 전체를 수묘인연호비로 보기는 어렵다.

　이렇게 2부와 3부 내용의 일부가 서로 연관되어 있지만, 같은 비문 내에서 약간의 차이를 보이기도 한다. 예컨대 2부에 보이는 백제로부터 빼앗은 성의 숫자 및 성이름 표기가 3부에 보이는 신래한예 차출지역과 일부 차이가 나타나고 있다. 또 3부 내용에는 광개토왕대의 사실과 장수왕대의 사실이 혼재되어 있어, 광개토왕대 사실을 기술한 1, 2부와 차이가 있다.

　아래에서 살펴볼 비문의 역사관이라는 측면에서 보아도 그렇다. 요약하자면 1, 2부에서 '과거'는 현재의 광개토왕이 계승해야될 전통이다. 즉 광개토왕의 업적은 과거의 재현과 복원이라는 인식을 갖고 있다. 그런데 3부에 보이는 수묘제 운영에서 잘못이 많이 나타난 '과거'는 개혁해야할 대상이다. 그래서 광개토왕의 훈적으로는 과거와 다른 새롭게 개혁한 수묘제도가 제시되어 있다. 이렇게 1, 2부와 3부에서 역사관의 맥락이 다르게 기술되어 있다.

　이런 차이점들로 보면 비문의 1, 2부와 3부는 본래부터 하나의 텍스트로 작성된 것이 아니라고 보는 것이 합리적이다. 현 광개토왕비문은 훈적비와 수묘인연호비라는 별도로 작성된 2개의 텍스트가 합쳐졌다고 추정하고 싶다.

　다시 말해서 장수왕은 처음에는 부왕의 훈적을 기리기 위해서 훈적비, 그리고 부왕의 왕릉 수묘를 위해서는 수묘인연호비, 즉 2개의 비석을 세우려고 하였는데, "능을 만들고 비를 세우는[遷就山陵. 於是立碑]" 과정에서 훈적비와 수묘인연호비를 하나의 비석에 합쳐 기록하게 된 것이 아닐까 추정해본다. 현재의 광개토왕비문에서 1, 2부와 3부가 자연스럽게 연결되지 않은 점은 바로 그런 결과이리라.

이렇게 현 광개토왕비문이 훈적비문과 수묘인연호비문을 합쳐서 만든 것이라는 추론은 어느 정도 가능하다고 본다. 문제는 왜 두 비문을 합치게 되었을까 하는 점이다. 이 대목에서 좀더 상상력을 발휘해보도록 하자. 이 때 광개토왕비의 거대한 외형과 입지가 하나의 실마리가 될 수 있겠다.

광개토왕비가 왕릉과 관련된 비임은 비문 내에서 "산릉으로 모시었고, 이에 비를 세워 그 공훈을 기록하였다[就山陵 於是立碑 銘記勳績]"라고 밝히고 있음에서 분명히 알 수 있다. 따라서 광개토왕릉 역시 현 광개토왕비가 서 있는 부근에서 찾을 수 있는데, 그 유력한 후보는 태왕릉과 장군총이다. 하지만 둘 중 어느 것이 광태토왕릉이냐를 두고는 학계 의견이 팽팽하게 맞서고 있다.

이렇게 논쟁이 거듭되는 이유는 장군총과 태왕릉 모두 위치상 광개토왕비와 그리 긴밀하게 연관되고 있지 않기 때문이다. 예컨대 태왕릉은 비와의 거리가 가깝지만, 비가 태왕릉의 뒤에 위치하고 있다. 장군총은 방향은 어울리지만 거리가 지나치게 멀다. 따라서 광개토왕비가 애초부터 왕릉비로서 적절한 입지가 선택되어 세워진 것이 아닐 가능성을 생각해보게 한다.

앞 절에서 광개토왕비의 외형을 통해 비의 원석이 어떤 종교적 성격을 갖거나 신앙과 숭배의 대상물로서 기능하지 않았을까 추정해본 바가 있다. 이런 추정과 연결시켜 보면, 장수왕이 광개토왕의 훈적을 좀더 선양하기 위해 왕릉과 가까이 위치한 이 원석을 비신석으로 선택하였고, 본래 훈적비와 수묘인연호비 2개로 세울 비문을 합쳐 하나의 비문으로 기록한 것이 아닐까 상상해본다.

혹 위에서 제기하는 필자의 견해가 상상력이 지나치다고 할는지도 모르겠다. 하지만 사료와 논거가 부족하더라도, 무언가 설명이 필요로 하는 주제에 대해 좀더 상상력을 발휘해보는 것도 고대사를 연구하는 재미의 하나라고 생각한다. 이를 '사실'이라고 주장하고자 하는 것은 아니다. 기존의 시선을 벗어나서 새롭게 비문에 접근해보자는 뜻이다.

고구려인은 어떤 역사관을 가졌을까?

마지막으로 비를 만들게 된 동기, 즉 "이에 비를 세워 그 공훈을 기록하여 후세에 전한다."라는 문장에 담겨 있는 고구려인의 역사관에 대해 살펴보고자 한다. 보통 광개토왕비문에서 정복기사, 전쟁기사에 많이들 주목하지만, 꼼꼼이 읽어보면 당대 고구려인의 의식세계를 들여다 볼 수 있는 소중한 기사도 적지 않다. 역사관도 그런 내용의 하나이다.

광개토왕비문에는 과거-현재-미래에 해당하는 '시제(時制)'들이 문장 곳곳에 사용되고 있다. 비문 문장이 광개토왕의 업적을 부각하기 위해서 정교하게 구성되어 있는 점을 고려하면, 비문의 시제 구성 방식도 마찬가지라고 생각한다. 광개토왕비문의 첫머리는 이렇게 시작한다.

"**옛적** 시조 추모왕(鄒牟王)이 나라를 세웠는데 북부여에서 태어났으며, 천제(天帝)의 아들이었고 어머니는 하백(河伯)의 따님이었다. … 비류곡 홀본 서쪽 산상에 성을 쌓고 도읍을 세웠다. … 추모왕은 홀본 동쪽 언덕에서 용(龍)머리를 딛고 하늘로 올라갔다. 유명을 이어받은 세자 유류왕(儒留王)은 도(道)로서 나라를 잘 다스렸고, 대주류왕(大朱留王)은 왕업(王業)을 계승하여 발전시키셨다. **17세손(世孫)에 이르러** 국강상광개토경평안호태왕이

18세에 왕위에 올라 칭호를 영락태왕이라 하였다. … 나라는 부강하고 백성은 유족해졌으며, 오곡이 풍성하게 익었다. … 이에 비를 세워 그 공훈을 기록하여 **후세에 전한다.**"

비문의 1부에 해당하는 위 문장은 전체가 과거-현재-미래의 시제 구성을 하고 있다. 첫 문장은 시조 추모왕(주몽왕)의 탄생과 건국을 담은 건국신화로 시작하여 2대 유류왕(유리왕)와 3대 대주류왕(대무신왕)으로 이어지는 왕실계보를 기술하고 있는 과거 시제이다. 즉 광개토왕의 혈통적 정통성, 나아가서는 천(天)과의 연결성을 통한 고구려 역사의 정통성을 보여주는 기술이다. 다음은 17세손인 광개토왕의 즉위와 훈적, 사망 기사가 이어지는데 이는 곧 현재 시제이다. 그 뒤를 잇는 문장은 비를 세워 광개토왕의 공훈을 후세에 전한다는 미래 시제를 기술하고 있다.

이렇게 1부의 문장 전체는 시제상으로 볼 때, 고구려의 과거(건국 및 초기 3왕의 훈적) - 현재(광개토왕의 훈적) - 미래("후세에 전한다")라는 시제가 긴밀하게 연결되어 있는 문장구성을 하고 있다. 비문 내에서 현양하려는 주인공인 광개토왕의 치세가 곧 '현재'이다. 이 현재를 중심으로 고구려 역사의 '과거'와 '미래'를 연관짓는 문장 서술 방식이다.

광개토왕의 정복활동을 연대기로 기술하고 있는 2부의 문장은 시제 구성에서 독특한 면을 보여주고 있다. 즉 대부분 기년(紀年) 기사인데, 어떤 기사는 과거, 현재, 미래 중 2개 이상의 시제를 포함하고 있고, 어떤 기사는 현재 시제만을 기술하고 있다. 왜 이렇게 구분하였을까?

이른바 신묘년조 기사를 포함하여 영락 6년조 문장을 살펴보자. "백잔[백제]과 신라는 옛적부터 속민(屬民)으로서 조공을 해왔다"라는 과거 시제가 먼저 등장한다. 그 뒤에 신묘년조 문장이 이어지고, 다시 영락 6년 백제정벌전 기사가 이어진다. 이 부분은 광개토왕 당시의 군사행동을 보여주는 현재 시제이다. 그리고 전쟁의 결과는 백제왕이 "이제부터 앞으로 영구히 고구려왕의 노객(奴客)이 되겠다고 맹세하는" 미래 시제 문장으로 마무리된다.

다음 영락 20년 동부여 정벌 기사도 과거 시제와 현재 시제가 모두 포함되어 있는 문장이다. 이 문장을 요약하면 이렇다. 동부여는 추모왕 때부터 속민이었다. 이는 과거 시제이다. 이어서 언젠가부터 고구려에 조공을 바치지 않아 광개토왕이 정벌하고 은덕을 베풀었으며 5압로(鴨盧)가 왕의 교화를 따라왔다는 현재 시제로 마무리하고 있다.

그러면 위 문장들의 과거 시제 기술처럼 과연 백제와 신라, 동부여가 예부터 고구려의 속민이었을까? 이는 전혀 사실이 아니다. 오히려 백제는 4세기 후반 이후 광개토왕대까지 치열하게 전쟁을 치르면서 서로 승패를 주고받았던 국가였다. 신라의 경우 신라의 외교활동에 다소 영향력을 행사하였다고 볼 수는 있으나, 당시 양국 관계를 속민으로 표현할 수는 없다. 왜냐하면 비문에서도 분명히 드러나듯이 속민은 조공(朝貢)을 전제로 하는 국가 간의 관계이기 때문이다.

따라서 비문에서 백제와 신라가 고구려의 "옛부터 속민'"이라는 표현은 실제 역사가 아니라, 광개토왕의 정벌 명분으로 제시하기 위해 설정된 허구이다. 오히려 광개토왕의 군사활동을 통해 백제와 신라, 동부여는 고구려에 '속민'의 지위와 같은 관계를 맺게 되었다고 볼 수 있다. 현재 상황을 과거 상황으로 소급 적용하여 정벌의 명분으로 삼는 기술 방식이다.

이와는 달리 현재 시제 즉 광개토왕에 의한 정토만 강조되는 문장도 있다. 영락 5년조의 비려(稗麗) 정벌, 영락 10년조와 14년조의 왜(倭) 정토, 영락 17년조의 후연 정토 등에 대한 기사이다. 영락 17년조의 대상을 백제로 보는 견해가 다수이지만, 필자는 후연으로 보는데, 여기서 이에 대해 따로 언급하지는 않겠다.

이처럼 2부 정토 기사에서는 다양한 대상이 등장하는데, 현재 시제만으로 정토 내용을 기술한 대상은 비려, 왜, 후연 등이며, 과거와 현재 시제를 통해 광개토왕의 정토 명분을 부각시키는 대상은 백제, 신라, 동부여 등이다. 이렇게 비문 문장의 시제 구성이 정토 대상의 성격에 따라 차별적으로 구성되어 있음을 알 수 있다. 후자인 백제, 신라, 동부여는 고구려 천하관의 구성 대상이라는 점이 주목된다.

그러면 왜 백제와 신라, 동부여의 경우에만 "옛부터 속민[舊是屬民]" 등 과거 시제를 사용하고 있는 것일까? 이는 고구려의 천하 즉 태왕의 은덕을 베푸는 대상이 단지 광개토왕 당대에 광개토왕의 무력에 의해 형성된 것이 아니라, 그 이전 광개토왕의 조상들에 의해 구축된 천하 질서 속에 이미 형성되어 있었고, 광개토왕은 이를 다시 복원하는 업적을 쌓았다는 식의 서술법으로 이해된다.

즉 광개토왕 자신만이 아니라 광개토왕까지 이어지는 고구려 왕실 전체의 정통성을 드러내려는 서술로 짐작된다. 광개토왕 무훈의 역사적 정통성을 구축하려는 의도를 읽어볼 수 있으며, 이런 문장 구성으로 이전의 역사를 계승하면서 현재의 과제를 해결하고 새로운 시대를 여는 군주로서 광개토왕의 위상이 분명하게 드러나게 되는 것이다.

이렇게 광개토왕비문의 시제 기술은 고구려인의 역사관을 보여주고 있다. 과거는 광개토왕 조상들의 영광과 신성함이며, 현재 시제는 그러한 과거를 계승하여 구현하는 광개토왕의 훈적이다. 광개토왕의 훈적을 후대에 전하려는 미래는 현재의 연장선에 있다고 할 수 있다. 여기서 미래는 새로운 현실의 구현이라기보다는 현재의 연장과 유지라는 인식으로 읽어 볼 수 있겠다. 광개토왕의 훈적을 매개로 하여 '과거'의 신성한 전통이 광개토왕에 의해 계승된 '현재'가 후세에도 이어지는 상황이 고구려인이 전망하는 '미래'이다. 고구려인의 시간관, 역사관에서는 오늘 우리가 생각하는 과거-현재-미래에 흐르는 발전의 관념은 찾아볼 수 없다. 과거의 영광을 재현하는 현재, 현재의 연속인 미래라는 역사관은 의고적인 측면도 있다. 그렇지만 그 거대한 비 자체가 광개토왕에 의해 구축된 '현재'를 후세 즉 '미래'에 전하겠다는 고구려인이 가졌던 의식의 물질적 체현이라는 점은 바로 그런 의식에서 보다 생생하게 드러나게 된다.

시제를 통해 잠시 살펴보았듯이 광개토왕비문은 정교한 설계도에 따라 구성된 매우 짜임새 있는 문장이다. 구석구석 허투루 쓰여진 단어와 문장은 없다. 단어와 단어들이, 문장과 문장들이 서로 의미들을 긴밀하게 연관짓고 있는 명문장이다. 그럼에도 오늘 우리들은 비문을 우리식대로 보고, 보고 싶은 면만 본다. 명문장을 오독하고 있지 않을까 반성하고자 한다.

* 이 글은 필자의 다음 논문의 내용을 축약하여 재구성한 것이다. 보다 구체적인 논증의 내용을 보고자 하면 아래 논문을 참조하기 바란다.

임기환, 2014, 「광개토왕비문에 보이는 時制 서술법과 歷史觀」, 『영남학』26.
임기환, 2014, 「광개토왕비의 건립과정 및 비문 구성에 대한 재검토」, 『한국 고대사 연구의 자료와 해석』, 사계절.

참고문헌

임기환, 1996,「광개토왕릉비문에 보이는 '民'의 성격」,『광개토호태왕비 연구 100
　　년』, 학연문화사.

고구려연구재단, 2005,『환인,집안지역 고구려 유적 지질 조사 보고서』, 고구려연
　　구재단.

임기환, 2009,「고구려의 장지명 왕호가 왕릉비정」『고구려 왕릉 연구』, 동북아역
　　사재단.

임기환, 2011,「울진 봉평리 신라비와 광개토왕비, 중원고구려비」,『울진 봉평리 신
　　라비와 한국고대금석문』,주류성

김현숙, 2013,「광개토왕비의 성격과 건립 목적」『광개토왕비의 재조명』, 동북아역
　　사재단

정호섭, 2012,「廣開土王碑의 성격과 5세기 고구려의 守墓制 改編」,『선사와 고대』
　　37.

이우태, 2013,「금석학적으로 본 광개토왕비」『광개토왕비의 재조명』, 동북아역사
　　재단

여호규, 2014,「광개토왕릉비의 문장구성과 서사구조」『영남학』25

임기환, 2014,「광개토왕비문에 보이는 時制 서술법과 歷史觀」,『영남학』26.

임기환, 2014,「광개토왕비의 건립과정 및 비문 구성에 대한 재검토」,『한국고대사
　　연구의 자료와 해석』, 사계절.

무덤 속 문자에 담긴
고구려인의 정체성

여호규

한국외국어대학교

문자의 정치성

문자는 정보전달의 수단이자 지식축적의 매개물로 인류 역사의 발전에 매우 중요한 역할을 담당했다. 다만 아무리 쉽고 좋은 문자라도 해당 국가의 필요성이나 사회적 수요가 뒷받침되지 않는다면, 널리 보급되기 어렵다. 훈민정음 곧 한글이 조선시기 내도록 한자[한문]에 밀려 널리 보급되지 못한 양상은 이를 잘 보여준다.

고구려도 건국 초기부터 중국왕조와 활발하게 교류하며 일찍부터 한자문화를 받아들였다. 고구려는 서기 2세기에 이미 한나라와 외교문서를 주고받는 등 한자를 활용해 대외교섭을 진행했을 정도이다. 당연히 고구려 사회에는 초기부터 외교문서를 작성하고 해독할 정도로 고급 한문을 구사하는 엘리트층이 형성되었을 것이다.

그런데 고구려 초기 정치체제는 나부체제(那部體制)로 국왕이 각 나부의 대표들과 제가회의에서 국가중대사를 의결하고, 행정실무는 각 나부를 단위로 집행했다. 이로 인해 한자문화 보급의 기반이라 할 문서행정이 거의 발달하지 않았다. 고구려가 한자문화를 일찍 받아들여 고급 한문까지 구사했지만, 국가적 필요성이나 사회적 수요가 뒷받침되지 않아 한자문화가 널리 보급되지 못했던 것이다.

고구려는 3세기 후반부터 중앙집권체제를 정비하면서 국가적 차원에서 문서행정을 시행할 토대를 마련했다. 더욱이 4세기 전반 낙랑·대방군 점령과 중국계 망명인의 내투로 식자층(識字層)을 대거 확보했다. 4세기 후반에는 교육기관인 태학을 설립하고, 불교를 공인해 관인과 식자층을 양성하는 제도적 기반도 마련했다.

고구려는 이러한 제도적 기반과 식자층을 바탕으로 문서행정을 본격적으로 시행했는데, 이 과정에서 한자문화가 널리 보급되었다. 4세기 이후 급속하게 증가하는 문자자료는 이러한 양상을 잘 보여준다. 이에 국가권력과 지배세력들도 한자를 사용해 지배이념이나 정치의식을 대내외에 선언하거나 표출하기 시작했다.

광개토왕릉비(414년)는 한자를 사용해 국가의 지배이념을 선언한 대표적인 사례이다. 광개토왕릉비는 성스러운 시조 추모왕의 건국설화로 시작해 광개토왕의 위대한 훈적과 대왕의 무덤을 만세토록 지킬 묘지기 명단을 차례로 기술했는데, 고구려가 천하 사방의 중심국가임을 대내외에 선언한 국가적 기념비라 할 수 있다.

이 무렵 지배세력들도 한자를 사용해 자신의 정치적 지향점이나 정체성을 표출했다. 다만 광개토왕릉비처럼 지상의 기념비로 남아 있는 경우는 거의 없고, 주로 무덤 속의 묵서(墨書)라는 형태로 전한다. 안악3호분 묵서(357년, 고국원왕 27년), 덕흥리벽화고분 묵서(408년, 광개토왕 18년), 모두루묘지(장수왕대) 등이 대표적인 사례이다. 이들 묵서 명문에 담긴 지배세력의 정치적 지향점이나 정체성은 다양한 양상을 보인다.

가령 두 번째 도성인 국내성 지역의 모두루묘지에는 고구려 왕실과 관련한 내용이 묘지를 가득 채운 반면, 황해도의 안악3호분 묵서에는 고구려 왕실과 관련한 내용을 찾기 힘들다. 평양 부근의 덕흥리벽화고분 묵서에는 고구려 왕실과 관련한 내용이 나오지만, 벽면을 가득 메운 것은 역시 중국왕조와 관련한 내용이다.

무덤이 위치한 지역이나 묵서의 작성 주체에 따라 서술내용이 다른 양상을 보이는 것이다. 이에 이 글에서는 무덤 속의 묵서 명문을 통해 4-5세기 고구려인들의 다양한 정치의식과 정체성을 살펴보고자 한다. 특히 무덤 속의 묵서라는 점에 주목해 주인공이 살아생전에 가졌던 정치의식 뿐 아니라 사후세계에 대한 관념에도 유의하고자 한다.

모두루묘지의 단락구성과 서술내용

먼저 살펴볼 모두루 무덤은 국내성지가 위치한 지안(集安) 시가지에서 압록강을 조금 거슬러 올라간 하해방(下解放) 들판에 자리잡고 있다. 일제시기에 조사했는데, 무덤 형식은 돌방흙무덤[封土石室墓]으로 둘레 70m, 높이 4m이다. 내부구조는 감실이나 측실이 딸리지 않은 두 칸 무덤[二室墓]인데, 벽면에 백회를 두껍게 입히고 매끈하게 미장했다. 들인 정성으로 보아 벽화를 그렸을 법도 한데 그런 흔적은 없다.

그림 1. 모두루묘지의 묵서(通溝 下)

묵서는 널방으로 통하는 앞방의 정면 상단의 벽면에 두루마리처럼 기다랗게 펼쳐져 있다. 첫머리 2행은 괘선이 없고, 글자 간격도 좁아 12자씩 적었다. 그 다음부터 79행이 이어지는데, 괘선을 네모반듯하게 긋고 행마다 10자씩 써내려갔다. 무덤 벽면에 적었지만 마치 야외 비석을 옮겨놓은 듯하다. 글자 수도 800자가 넘는 방대한 분량으로 1,775자인 광개토왕릉비를 제외하면 삼국시대 금석문 가운데 단연 으뜸이다.

묵서가 널방 입구에 위치한 사실에서 묘지(墓誌)임을 쉽게 짐작할 수 있다. 다만 묵서 가운데 지워지거나 희미해진 부분이 많아 전체 내용을 파악하기 쉽지 않다. 이로 인해 지금도 무덤의 주인공을 둘러싼 논란이 완전히 끝나지 않았을 정도이다. 한국학계나 일본학계에서는 대사자(大

<표 1> 모두루묘지의 판독문과 해석문

구분	행	판 독 문	해 석 문
제기 (題記)	1 2	大使者 牟頭婁 ———— △	大使者 牟頭婁
모두루가 시조의 내력	3 4 5 6 7 8 9	河泊之孫日月之子鄒牟 聖王元出北夫餘天下四 方知此國△最聖△△△ 治此△之嗣治△△△聖 王奴客祖先□□□北夫 餘隨聖王來奴客△△□ 之故△□□□□□□	河泊의 손자이고 해와 달의 아들이신 鄒牟聖王은 본래 北扶餘로부터 나왔다. 天下 사방이 이 나라의 △가 가장 성스럽다는 것을 알고 있다. 奴客의 시조[祖先] …은 북부여에서 聖王을 따라 왔다.
중시조 염모의 사적	10 11 12 13 14 15	世遭官恩□□□△冏上 聖太王之世△□□□△ 祀仉△□□□□□ 非△枝□□□ 叛逆△□之△□□△ 冉牟□△□□△△□△	대대로 官恩을 입었다. △冏上聖太王이 다스리던 때에는 반역 冉牟
		(16-20행 생략)	(16-20행 생략)
	21 22 23 24 25 26	官客之□□□□□冉 牟令氵靈□□□□□ 慕容鮮卑□△使人□知 河泊之孫日月之子所生 之地來□北夫餘大兄冉 牟△△□公△氵□□□	冉牟가 氵靈으로 하여금 慕容 鮮卑가 … 하백의 손자이고 해달의 아들이 태어나신 땅임을 알고 북부여로 와서 …. 이에 大兄 冉牟가
		(27-36행 생략)	(27-36행 생략)
	37 38 39 40	□夫△□□□□□ □河泊日月之△□□□ □□△祖大兄冉牟壽盡 □□於彼喪亡△	하백과 해달의 祖인 大兄 冉牟가 목숨을 다하니 … 장사를 치렀다.
선대 2명 의 사적	40 41 42 43 44	由祖父 □□大兄慈△大兄□□ □世遭官恩恩△祖之北 道城民谷民幷領前王□ 育如此	祖父의 □□로 말미암아 … 大兄 慈□와 大兄 □□가 대대로 官恩을 입고, 祖의 北道 城民과 谷民을 은혜롭게 (내려받고) 아울러 다스려 (前王) 이와 같이 撫育했다.
모두루의 사적	44 45 46 47 48 49 50 51 52 53 54 55 56 57 58 59 60	遝至國冏上大開 土地好太聖王緣祖父△ △恩敎奴客牟頭婁 牟敎遣△奴客守事河 泊之孫日月之子聖王 □□△昊天不弔奄便 △奴客在遠哀切如若 日不□□月不□明△△ △□□□□□□□□□ □□□□□□國□□□ 知△△△在遠之□□□ 遝□□敎之△□□□□ □潤太隊踊躍□□□□ △令敎老奴客□□□□ 官恩緣□道□□□□□ 使△□西□□□□□□ 勉極言敎△心□□□□	국강상대개토지호태성왕대에 이르러 祖父의 △△로 말미암아 奴客 牟頭婁와 □□牟에게 은혜롭게 敎를 내려 令北 扶餘守事로 보내셨다. 하백의 손자이고 해달의 아들이신 聖王이 … 하늘이 어여삐 여기지 않았는데[왕이 돌아가셨는데] … 奴客은 먼 곳에 있어 애통한 마음이 해가 … 못하고 달이 밝히지 못하는 것 같았다. 먼 곳의 □□에 있어 …에 이르러 … 敎를 내려 太隊[큰 무리]가 踊躍 나이든 奴客에게 교를 내리시어 (대대로) 官恩을 (입어) … □道로 말미암아
		(61-81행 생략)	(61-81행 생략)

使者) 모두루(牟頭婁)를 주인공으로 보는 반면, 중국학계에서는 대형(大兄) 염모(冉牟)가 주인공이고 모두루는 그의 노객이라 파악한다.

그렇지만 묘지의 전체 내용을 검토하면 모두루가 주인공이고, 염모는 그의 조부임을 쉽게 알 수 있다. 이를 잘 보여주는 부분이 1-2행이다. 묘지 첫머리인 1-2행에는 다른 행과 달리 괘선을 긋지 않고 12자씩 적었는데, 무덤 주인공이 누구인지를 표기한 제기(題記)에 해당한다. 가장 첫머리에 등장하는 '대사자 모두루'가 묘지의 주인공인 것이다. 제기[1-2행]를 제외한 묘지의 나머지 부분은 크게 네 단락으로 나뉜다.

첫째 단락은 3~9행으로 모두루가(牟頭婁家)의 시조[奴客祖先]에 대한 이야기이다. 그런데 단락의 첫머리에는 "하백(河泊)의 손자이고 일월(日月)의 아들인 추모성왕(鄒牟聖王)은 본래 북부여(北扶餘)로부터 나왔다"라고 하여 모두루가의 전승에 앞서 고구려 건국설화를 기술했다. 그 다음 구절도 "천하 사방이 이 나라의 △가 가장 성스러움을 알고 있을지니"라고 하여 고구려가 천하 사방의 중심국가라고 표방하고 있다.

그런 다음에야 "노객(奴客)의 조선(祖先) □□□이 북부여로부터 성왕을 따라 왔다"라고 하여 모두루가 시조의 내력을 간략히 덧붙였다. 일개 귀족의 묘지가 아니라 광개토왕릉비처럼 고구려 왕실의 역사를 장엄하게 노래한 서사시를 보는 듯하다. 마치 모두루가의 내력은 그 서사시를 풍부하게 장식하기 위한 양념에 불과하고, 모두루 가문은 고구려 왕실에 헌신하기 위해 탄생한 존재처럼 그려지고 있다.

둘째 단락은 10-39행으로 모두루의 조부인 염모의 사적을 기술한 부분이다. 39행의 "할아버지 대형(大兄) 염모가 돌아가셨다[壽盡]"라는 구절에서 보듯이 그의 최종 관등은 중급 정도인 대형이었다. 염모가 활동한 '△강상성태왕(△岡上聖太王)'은 331~371년에 재위한 고국원왕에 해당한다. 고국원왕을 '국강상태왕'으로 부른 사실은 2012년에 발견된 지안고구려비에서도 확인할 수 있다.

고구려는 고국원왕대에 선비 모용부(慕容部)가 세운 전연(前燕)과 부여 지역을 둘러싸고 치열하게 각축전을 벌였다. 부여는 3세기 중반까지 외침을 한 번도 받지 않을 정도로 부강했지만, 285년 모용부의 침략을 받고 크게 쇠약해졌다. 그 뒤 330년대에는 지린[吉林] 일대의 원중심지를 고구려에게 빼앗기고 서쪽의 능안[農安] 일대로 옮겼다가, 346년에 다시 전연의 침공을 받아 왕과 5만여 명이 노획당했다.

이로 보아 23-26행의 "모용선비가 … 하백의 손자이고 일월의 아들이 태어나신 땅임을 알고 북부여로 와서 … . 이에 대형 염모가 … "라는 구절은 부여지역을 둘러싼 고구려와 전연의 각축전을 기술한 것으로 짐작된다. 지워진 명문에 상상을 조금 보태면, 346년 모용선비[전연]이 능안 지역의 후부여를 공략한 다음 지린 방면의 북부여=원부여로 진격하자, 염모가 이를 물리쳤다는 내용으로 여겨진다.

염모는 대내적으로도 큰 공훈을 세웠다. 14행의 '반역(叛逆)'이라는 명문은 염모가 모종의 반역을 평정했음을 알려준다. 이처럼 염모는 안팎으로 혁혁한 공훈을 세웠기 때문에 묘지 81행 중 30여 행을 차지할 정도로 모두루가의 중시조로 떠받들어졌다. 국가적으로도 숭앙받았을 텐데, 그의 공훈과 영화는 당대로 끝나지 않았다.

셋째 단락은 40-44행인데, 대형 관등을 지닌 인물 2명이 등장한다. 이들은 "조부(祖父)의 □□로 말미암아 대대로 관은(官恩)을 입고, 조(祖)의 북도(北道) 성민(城民)과 곡민(谷民)을 은혜롭게 (내려받아) 다스리고 전왕(前王) … 이와 같이 무육(撫育)했다"고 한다. 여기서 조부나 '조(祖)'는 모두루의 할아버지인 염모를 지칭하며, '북도(北道)'는 국내성에서 북쪽 방면에 위치한 북부여에 이르는 교통로를 지칭한다. '조(祖)의 북도'는 염모가 전연의 침공을 격퇴했던 북부여 방면의 교통로를 가리키는 것이다.

모두루 선대의 인물들은 염모의 공훈을 이어받아 북부여 방면 교통로 주변의 백성을 다스렸던 것이다. '대대로 관은을 입었다(世遭官恩)'는 문구는 단순한 수식이 아니라, 모두루가 중시조 염모의 공훈 및 그에 따른 영화를 계승하던 양상을 농축한 표현이다. 권력과 부가 혈연관계를 통해 세습되던 고대적 신분질서를 잘 보여주는 대목이다.

넷째 단락은 44행부터 시작되는데, 주인공인 모두루의 사적을 기술했다. 45행의 '조부로 말미암아[緣祖父]'라는 표현에서 보듯이 모두루도 할아버지 염모의 공훈에 힘입어 광개토왕대에 □□牟라는 인물과 함께 북부여 지역을 관장하는 '영북부여수사(令北扶餘守事)'로 파견되었다. 이때 광개토왕이 사망했는데, 모두루는 '먼 곳에 머물러 있어서' 직접 조문하지 못함을 몹시 애통해했다(44-51행). 또한 57행의 '노노객(老奴客)'이라는 표현은 모두루가 광개토왕을 이은 장수왕대에도 계속 활동했음을 보여준다.

모두루묘지에 담긴 전통 귀족의 정치의식

이상과 같이 모두루묘지는 네 단락으로 나뉜다. 이 중 전반부인 셋째 단락까지가 모두루 조상의 이야기라면, 후반부인 넷째 단락에는 모두루의 사적을 기술했다. 이러한 모두루묘지의 서사구조는 추모왕의 건국설화, 제2대 유리명왕[儒留王]과 제3대 대무신왕[大朱留王]의 사적, 광개토왕의 훈적을 차례로 적은 광개토왕릉비와 유사하다.

이러한 서사구조는 다음 장에서 검토할 중국계 망명객의 묘지와 명확히 구별되는데, 당시 고구려 사회에서 장송의례를 거행하며 죽은 이의 공적과 함께 조상의 사적을 낭송하던 뇌사(誄辭, 弔文) 전통에서 유래한 것으로 보인다. 모두루묘지와 광개토왕릉비는 한자로 기술되어 있지만, 서사구조는 전통적인 장례문화에 바탕을 두고 있는 것이다.

　더욱이 모두루묘지에서는 자기 가문의 내력보다 고구려 왕실이나 역대 국왕의 신성성을 더 부각했다. 각 단락에는 모두루가의 인물이 고구려 왕과 짝을 이루며 등장한다. 첫째 단락의 시조인 노객 조선(祖先)은 시조 추모성왕, 둘째 단락의 중시조인 대형 염모는 △강상성태왕[고국원왕], 셋째 단락의 대형 2명은 전왕(前王), 모두루 자신은 광개토왕[國岡上大開土地好太聖王](44-45행) 등과 각기 짝을 이루고 있는 것이다.

　그런데 모두루가의 인물은 '노객(奴客)'이라는 비칭(卑稱)으로 표현한 반면, 고구려왕에 대해서는 '성왕(聖王)'이나 '성태왕(聖太王)' 등의 극존칭을 사용했다. 고구려 왕실과 역대 국왕은 성스러운 존재인 반면, 모두루가의 인물들은 왕에 예속된 '노객(奴客)'에 불과하며 "대대로 왕의 은혜를 입었다[世遭官恩]"는 것이다. 다시 말하면 모두루가가 시조 이래 고구려 왕실과 성왕-노객이라는 주종관계를 맺었다는 것이다.

　이러한 표현은 언뜻 보면 모두루가를 비하하는 것처럼 보이지만, 실제로는 그 위상을 격상시키려는 역설적인 필법이다. 5세기 당시 고구려는 국왕 중심의 정치체제가 확립되어 있었기 때문에 각 귀족가문은 국왕과의 관계를 통해 권력기반을 확보해 나갔다. 그러므로 모두루가가 고구려 왕실과 군건한 주종관계를 맺었다는 사실을 강조하면 할수록 오히려 고구려 조정 내에서 모두루가의 위상은 더욱 높아진다.

　이러한 점에서 모두루 묘지는 고구려의 전통적인 귀족가문이 왕실에 바치는 맹세문으로 국왕과의 관계를 통해 권력기반을 마련하고 또 확장하던 정치의식을 잘 보여준다고 할 수 있다. 그런데 묘지를 유심히 들여다보면 또 다른 특징도 발견할 수 있다. 하나는 각 단락마다 반드시 북부여(북도)가 등장한다는 점이고, 다른 하나는 북부여가 시조 추모성왕의 신성한 출자지로 끊임없이 되풀이해 찬양된다는 사실이다.

모두루가는 이러한 북부여를 매개로 왕실과 관계를 맺었다. 모두루가의 시조는 추모성왕을 따라 북부여에서 남하했고, 중시조인 염모는 북부여를 침공한 전연을 격퇴했다. 이러한 조상의 공훈 덕분에 모두루나 그의 선대는 북부여 방면 지방관에 임명될 수 있었다. 북부여는 왕실의 출자지인 동시에 모두루가의 존립 근거였던 것이다.

모두루가는 왕실과 함께 북부여에서 유래했을 뿐 아니라, 대대로 그 신성한 땅을 외침으로부터 구하고 다스렸다는 자부심이 묘지 전체를 꽉 채우고 있다. 그러면 북부여가 어떤 곳이기에 묘지를 꽉 채웠던 것일까? 이곳이 단순히 시조의 출자지이고, 그곳을 모두루가가 방어하고 다스렸기 때문인가? 아니면 또 다른 곡절이 있는 것인가?

앞서 말했듯이 부여의 원중심지는 지린 일대로 모두루묘지에 나오는 북부여 지역이다. 부여는 285년 모용부의 침공을 받은 이후 급격히 쇠약해졌지만, 그 이전에는 외침을 한 번도 받지 않았을 정도로 강성했다. 서기 2-3세기에 부여는 고구려와 대립하기도 했지만, 3세기 말경까지 고구려가 부여지역으로 진출했다고 보기는 힘들다.

그런데 『삼국사기』에는 이와 사뭇 다른 내용이 전한다. 대무신왕 5년(22년)에 고구려가 부여 도성의 남쪽까지 진격해 부여 왕을 죽이는 등 심대한 타격을 주었고, 그로 인해 부여 왕족이 대거 투항했다는 것이다. 또한 435년 고구려를 방문했던 북위 사신 이오(李敖)가 탐문한 내용을 바탕으로 편찬된 『위서(魏書)』고구려전에는 시조 주몽[추모왕]의 증손 막래(莫來)가 부여를 정벌했다고 했는데, 광개토왕릉비의 "대주류왕[대무신왕]이 기틀을 이어받아 발전시켰다"는 기사도 이와 연관된다.

이로 보아 5세기 고구려인들은 부여를 특별한 땅으로 여기며, 실제 역사적 상황과 달리 기원 전후에 이미 고구려가 이곳으로 진출한 것처럼 인식한 것으로 짐작된다. 5세기 고구려인들은 왜 실제 상황과 다른 왜곡된 역사인식을 갖게 되었던 것일까?

고구려는 4세기 초 중국대륙의 분열을 틈타 낙랑·대방군을 점령한 다음 요동진출을 도모했다. 이때 고구려는 전연과의 각축전에 패배해 요동진출에 실패했지만, 330년대 전연의 내분을 틈타 원부여의 중심지인 지린 일대를 장악했다. 이로써 고구려는 예맥족이 세웠던 고조선과 부여의 중심지를 모두 확보하게 되었다. 더욱이 지린 일대는 서요하를 거쳐 전연의 배후를 급습할 수 있는 전략적 요충지였다.

전연으로서는 가만히 있을 수 없었다. 내분을 수습한 전연은 342년 고구려 정벌에 나섰다. 이때 고구려는 부여로 나아가는 북도 방면의 방어에 치중하다가, 전연의 기습 공격을 받아 도성을 함락당하는 국가적 위기를 겪었다. 다만 고구려는 북도 방면에 투입했던 5만의 정예 병력을 보전함으로써 후일을 기약할 수 있게 되었다.

전연이 346년 눙안 일대의 후부여를 공략한 다음 지린방면의 원부여로 진격해 왔다. 이때 모두루의 조부인 염모가 전연군을 물리침으로써 고구려는 국력을 온전히 보전하고 전략적 요충지인 북부여 지역도 계속 확보할 수 있었다. 전연이 352년 북중국으로 진출한 다음에도 고구려의 움직임을 예의 주시한 것은 이 때문이었다.

북중국으로 진출한 전연은 이제 동진이나 전진과 패권을 다투어야 했는데, 고구려라는 배후의 위험요소가 늘 마음에 걸렸다. 고구려도 전연이 군사력을 총동원해 침공해온다면 생존을 장담할 수 없었다. 이에 양국은 355년 황제국이라는 전연의 위상과 고구려의 지배력을 서로 인정하는 형태로 조공-책봉관계를 맺었다. 고구려가 북부여 지배권을 지렛대로 삼아 전연과 우호관계를 맺은 것이다.

고구려는 전연을 이어 전진과도 이러한 외교관계를 유지했다. 고구려는 국경을 접한 중국왕조와 장기간 우호관계를 유지함으로써 중흥의 기틀을 다질 수 있었다. 광개토왕과 장수왕은 이를 바탕으로 활발한 정복활동을 벌여 만주와 한반도 일대에 독자세력권을 구축했다. 모두루묘지의 "천하 사방이 이 나라의 △가 가장 성스러움을 알고 있을지니"라는 명문은 독자세력권을 구축한 고구려인의 자부심을 잘 보여준다.

결국 346년 전연의 북부여 침공을 물리친 염모의 전공, 그리고 그가 지킨 북부여 땅은 고구려를 중흥시킨 디딤돌이 되었다. 북부여 땅이 제2 건국의 원천이었던 것이다. 묘지에서 시종일관 북부여를 거명한 것은 이 때문이다. 여기에 시조의 출자지라는 상징성이 겹쳐지면서 북부여 땅은 더욱 신성한 땅으로 각인되었을 것이다.

'북부여'가 "河泊의 손자이고 日月의 아들인 추모성왕이 탄생하신 곳"이라며 신성성을 찬양한 이유는 이 때문일 것이다. 이에 모두루묘지의 찬자는 각 단락마다 역대 국왕과 함께 북부여의 신성성을 되풀이하여 강조했다. 이러한 필법을 통해 모두루묘지의 찬자는 북부여의 신성성과 함께 자기 가문의 위상을 더욱 높일 수 있었다.

이처럼 북부여는 시조의 출자지일 뿐 아니라 제2건국의 원천이었기 때문에 당시 고구려인들은 영원히 신성한 땅으로 간직하고 싶었을 것이다. 이에 5세기 고구려인들은 실제 역사적 상황과 달리 기원 전후에 부여로 진출했다는 왜곡된 역사인식을 창출했다. 고구려인들은 이러한 왜곡된 역사인식을 통해 전연과의 각축전에서 겪었던 국가적 수모를 말끔히 걷어내고 '한 점 오점 없는 천하 사방의 중심국가'를 자부할 수 있었다.

이처럼 모두루묘지는 귀족 개인의 묘지를 넘어 고구려 왕실을 중심으로 정립된 국가적 지배이념과 역사인식까지 고스란히 담고 있다. 이러한 점에서 모두루묘지는 광개토왕릉비의 서사구조와 서술내용을 귀족의 무덤에 재현한 지하의 국가적 기념비라 할 수 있다. 아마 모두루와 그의 후손들은 이 묘지를 작성하며 사후세계에서도 성스러운 왕실과 함께 영생을 누릴 수 있기를 간절하게 소망했을 것이다.

안악3호분 묵서에 나타난
동수(冬壽)의 이중정체성

그럼 4-5세기경 고구려 귀족들은 모두 모두루가와 같이 이승뿐 아니라 저승에서까지 왕실과 더불어 영생을 누리기를 간절히 소망했을까? 국내성 지역의 경우, 모두루묘지 이외에 다른 묘지가 발견된 사례는 없다. 무덤 속 문자를 통해 국내성 지역에 거주하던 귀족들의 정치의식을 더 이상 살펴보기는 힘든 상황이다.

무덤 속의 묵서는 중국군현이 설치되었던 서북한 지역에서 다수 발견되었다. 그 중 357년에 작성된 안악3호분 묵서와 408년에 작성된 덕흥리 벽화고분 묵서가 가장 대표적이다. 모두루묘지와 달리 이들 묵서는 비교적 선명하게 잘 남아 있어 명문 판독과 내용 파악에는 별다른 어려움이 없다.

다만 고구려가 낙랑·대방지역을 점령한 313-314년 이후에 작성되었음에도 불구하고, 고구려와 관련한 내용이 전혀 없거나 극히 일부만 적혀 있을 뿐이다. 이로 인해 이들 묵서 명문의 내용이나 무덤 주인공의 성격을 둘러싸고 다양한 논란이 전개되었다. 짤막한 이 글에서 무수한 논란을 모두 다루기는 힘들므로 대표적인 견해를 간략히 소개하면서 무덤 주인공의 정치적 지향점과 정체성을 살펴보고자 한다.

안악3호분은 1949년에 조사했는데, 재령강 유역인 황해도 안악군 오국리에 위치했다. 무덤 형식은 모두루무덤처럼 돌방흙무덤인데, 외형은 방대형(方臺形)으로 남북길이 33m, 동서길이 30m, 높이 11m이다. 내부구조는 측실이 딸린 앞방, 회랑, 널방 등으로 이루어진 여러 칸 무덤이다. 각 벽면에는 대행렬도를 비롯해 생활풍속계 벽화가 가득 그려져 있고, 벽화마다 묵서로 설명문을 간략히 적어 놓았다.

이글에서 살펴보려는 묵서 명문은 앞방에서 오른쪽[서벽] 측실로 들어가는 입구에 있다. 측실 입구의 좌우 벽면에는 검을 짚고 서 있는 장하독(帳下督)을 한명씩 그렸는데, 좌측[남쪽] 장하독 위에 7행 68자의 묵서가 있다. 측실 안쪽의 정면 벽면에는 주인공의 초상화, 좌측[남벽] 벽면에

<표 2> 안악3호분 묵서 명문의 판독문과 해석문

행	판 독 문	해 석 문
1	永和十三年十月戊子朔廿六日	영화 13년(357년) 초하루가 무자일인 10월 26월
2	癸丑使持節都督諸軍事	계축일에 사지절 도독제군사
3	平東將軍護撫夷校尉樂浪	평동장군 호무이교위 낙랑상
4	[相]昌黎玄菟帶方太守都	창려·현도·대방태수 도향후를 지낸
5	鄕侯幽州遼東平郭	유주 요동군 평곽현의 소재지 향[都鄕]에
6	都鄕敬上里冬壽字	위치한 경상리 출신의 동수가
7	△安年六十九薨官	字는 △安인데 69세로 돌아가셨다.

그림 2. 안악3호분 묵서명문

는 부인의 초상화가 그려져 있다.

<표 2>의 묵서에 따르면, 357년 10월 26일에 동수(冬壽)라는 인물이 69세를 일기로 사망했다고 한다. 그는 사지절(使持節) 도독제군사(都督諸軍事) 평동장군(平東將軍) 호무이교위(護撫夷校尉) 낙랑상(樂浪相) 창려·현도·대방태수(昌黎·玄菟·帶方太守) 도향후(都鄕侯)라는 관작을 지냈고, 유주(幽州) 요동군(遼東郡) 평곽현(平郭縣)의 소재지가 있는 경상리(敬上里) 출신이라고 한다.

동수(佟壽)라는 인물은 문헌사료에도 등장한다. 333년 모용외가 사망한 다음 전연에 내분이 일어났을 때, 그는 모용인(慕容仁) 측에 가담했다가 패배하고 336년 고구려에 내투(來投)했다고 한다. '동[冬/佟]'자가 약간 다르지만, 양자는 동일 인물로 짐작된다. 묵서에 나오는 동수의 출신지인 '요동군 평곽현[요녕성 개주]'가 당시 전연의 관할 지역이라는 사실

은 이를 반영한다. 동수는 전연 출신으로 전통 귀족인 모두루와 달리 중국계 망명객의 신분으로 21년간 고구려에서 살다가 사망했던 것이다.

이에 북한학계는 동수라는 일개 망명객이 안악3호분과 같은 거대한 무덤을 조영하지 못했을 것이라며, 무덤 주인공을 미천왕이나 고국원왕 등 고구려왕으로 추정한다. 그러면서 측실 안쪽의 초상화는 각각 왕과 왕비이고, 측실 입구 좌측 벽면의 장하독이 동수라고 보았다. 그래서 장하독의 머리 위에 동수의 묵서를 적었다는 것이다.

그렇지만 광개토왕릉비가 압록강가의 지안지역에 위치한 것에서 보듯이 당시 고구려 왕릉은 도성인 국내성 일대에 조영되었다. 실제 342년 전연이 국내성을 함락한 다음, 미천왕의 무덤을 도굴한 사실이 확인된다. 또한 고국원왕의 '고국(故國)'은 평양천도 이후 종전 도성을 지칭하던 명칭으로 고국원왕의 무덤이 국내성 지역에 있었음을 보여준다. 고구려 왕릉이 변경인 황해도에 조영되었을 가능성은 거의 없다고 짐작된다.

상기 묵서는 내용이나 형식면에서 당시 중국대륙에서 유행하던 묘지(墓誌)와 거의 같다. 상기 묵서가 묘지라면 안악3호분의 주인공은 당연히 묵서에 나오는 동수로 보아야 한다. 필자는 2005년에 안악3호분 내부를 직접 조사했는데, 벽면이 낮아 측실 입구의 위쪽에는 묵서를 적을만한 공간이 없다는 사실을 확인했다. 묘지를 쓴다면 측실 입구의 좌우 벽면을 활용할 수밖에 없는 상황이었다. 동수의 묘지를 측실 입구 좌측 벽면의 상단에 쓴 것은 바로 이 때문이다.

이렇게 본다면 안악3호분의 주인공이 336년 전연에서 내투한 동수인 것은 거의 명확하다고 하겠다. 그런데 동수가 역임했다는 관작은 모두 진대(晉代)의 관직과 작위로 이루어져 있는데, 4세기 중반에 고구려가 이러한 관작체계를 수용해 시행한 흔적은 없다. 당시 고구려는 형계(兄系)와 사자계(使者系) 중심의 관등제를 정비하는 등 중국왕조와 명확히 구별되는 관제(官制)를 마련해 나갔던 것이다. 동수가 336년 내투 이후 고구려로부터 상기 관작을 받았을 가능성은 매우 희박하다고 생각된다.

이에 동수가 상기 관작을 본래 전연에서 받았거나, 망명 이후 다른 중국왕조로부터 받거나 자칭(自稱)했다고 보는 등 다양한 견해가 제기되었다. 먼저 전연에서 받았을 가능성이다. 333년 전연에 내분이 발발했을 당시 동수의 관직은 사마(司馬)였으므로, 그 이후 모용인으로부터 사마보다 높은 관작을 수여받았을 가능성은 충분히 있다. 특히 동수는 336년 고구려에 내투한 여러 인물 가운데 가장 앞에 나오는데, 뒤에 기술된 동이교위(東夷校尉)나 요동상(遼東相)을 지닌 인물보다 상위 관직을 역임했을 수 있다.

그렇지만 동수가 고구려로 망명할 무렵, 그의 주군이었던 모용인도 '표기장군 평주자사 요동공'을 자칭했다. 전연의 내분에서 승리한 모용황도 334년 동진으로부터 '진군대장군 평주자사 대선우 요동공 지절'이라는 책봉호를 받았을 뿐이다. 이로 보아 동수가 전연에서 상기 묵서의 일부 관작을 수여받았을 수는 있지만, 최상위 군사지휘권을 나타내는 사지절호와 도독제군사호 등을 수여받았을 가능성은 희박하다. 또한 전연은 352년까지 신료에게 잡호장군호(雜號將軍號)를 수여했으므로 평동장군(平東將軍)이라는 고위 장군호를 수여받았을 가능성도 희박하다.

결국 동수가 상기 관작 가운데 일부를 전연으로부터 수여받았다 하더라도, 사지절 도독제군사 평동장군 등은 동진으로부터 받았거나 자칭했을 가능성만 남는다. 그렇지만 동진은 341년에야 비로소 전연의 모용황에게 사지절호를 수여했는데, 이때 세자인 모용준에게는 가절호(假節號)를 수여했다. 더욱이 당시 고구려가 두 차례나 동진에 사신을 파견했지만, 고국원왕에게 책봉호를 수여하지 않았다. 이러한 상황에서 일개 망명객인 동수에게 최상위의 사지절호와 도독제군사호를 수여했을 가능성은 없다고 하겠다.

결국 자칭했을 가능성만 남는다. 이에 일부 일본학자나 서구학자들은 동수가 상기 관작을 자칭하며 낙랑-대방군이 있었던 서북한 일대에 반독립적 왕국이나 막강한 독자세력을 구축했다고 보기도 한다. 그런데 도독제군사호의 경우 관할구역을 명기해야 비로소 현실성을 갖는다. 관할구역을 명기하지 않은 동수의 도독제군사호는 허구적 자칭에 불과한 것이다. 이러한 점에서 관작을 자칭했다는 것만을 근거로 동수가 독자세력권을 구축했다고 파악해서는 곤란하다.

더욱이 고구려는 334년 평양성을 축조하며 서북한 일대에 대한 통치력을 강화했다. 이러한 상황에서 동수가 고구려의 통제에서 벗어난 반독립적 왕국이나 막강한 독자세력을 이루었다고 보기는 어렵다. 또한 전연에서 내투한 망명객 중 한 명인 송황의 경우, 349년에 고구려가 고국원왕의 어머니를 돌려받기 위해 전연으로 송환했다. 고구려가 외교적 필요에 따라 송황을 본국으로 송환했다는 것인데, 이는 다른 망명객들도 고구려의 통제를 받았을 가능성을 시사한다.

그러므로 동수가 상당한 세력을 구축했다 하더라도 이는 고구려의 통제와 보호 아래 이루어졌다고 보아야한다. 이에 최근에는 고구려가 중국계 이주민집단을 활용해 낙랑-대방지역을 경영했다고 상정한 다음, 동수가 고구려의 용인 아래 중국계 교민집단을 이끌며 상기 관작을 자칭했다고 보기도 한다. 창려태수나 현도태수 등은 창려군이나 현도군 출신의 교민집단을 이끌며 자칭한 관작이라는 것이다. 동수가 고구려의 용인 아래 교민자치구를 다스리며 상기 관작을 자칭했다는 것인데, 종전에 비해 상당히 설득력을 갖춘 견해라고 생각한다.

다만 고구려의 고국원왕이 355년에 전연으로부터 '사지절 도독영주제군사' 등의 책봉호를 받은 사실을 감안하면, 과연 고구려가 동수에게 "고국원왕과 동급인 사지절호와 도독제군사호를 자칭하도록 용인했을까?"라는 의문이 든다. 또한 당시 전연도 중국계 이주민집단을 출신지역별로 안치해 농업개발 등에 활용했지만, 최고위 지배자와 이주민집단을 분리시켜 통제했다. 고구려도 중국계 이주민집단을 출신지역이나 혈연관계를 고려해 집단별로 안치해 교민자치구를 설치했을 가능성은 높지만, 사지절호와 도독제군사호 등의 최상위 관작을 자칭하도록 용인했을 가능성은 낮다고 생각된다.

결국 상기 관작 가운데 일부는 전연에서 수여받고, 또 일부는 고구려에 내투한 다음 고구려의 용인 아래 자칭했을 수도 있지만, 상기 관작 전체를 전연에서 수여받거나 고구려의 용인 아래 자칭했을 가능성은 낮다고 생각된다. 그렇다면 상기 관작을 어떻게 이해해야할까? 지금까지의 논의는 동수가 상기 관작을 누군가로부터 수여받았든 스스로 자칭했든 모두 생전에 역임하며 모종의 기능을 수행했다는 전제 아래 이루어졌다.

이와 관련해 국내성 지역에서 발견된 우산하 3319호분이 주목된다. 이 무덤은 고구려의 전통 묘제인 적석묘라는 외형을 띠고 있지만, 내부는 중국식 벽돌무덤[전실묘]으로 벽면에는 벽화 흔적도 남아 있다. 무덤에서 출토된 와당 명문을 통해 '중랑(中郞)'이라는 관직을 역임한 중국계 망명인이 주인공으로 확인되었는데, 무덤 외형과 내부구조의 차이는 주인공의 정체성과 관련해 많은 시사를 준다.

우산하 3319호분의 주인공인 중국계 망명인도 생시에는 고구려의 통제를 받았을 것이다. 특히 도성에 거주한 만큼 동수보다 더 강력한 통제를 받았을 것이다. 대신 고구려 정권에 협력한 대가로 상당한 세력기반을 부여받았을 텐데, 4천여 명을 동원해 무덤을 조영했다는 사실은 이를 잘 보여준다. 이에 그는 고구려인으로 살았던 생전의 모습을 표출하기 위해 무덤 외형을 적석묘로 조영했다. 그렇지만 그는 고구려인이라는 정체성을 저승까지 가져가고 싶지는 않았던 것 같다. 내부구조를 중국식 전실묘로 꾸민 것은 이를 잘 보여준다. 현실세계에서는 어쩔 수 없이 고구려인으로 살았지만, 저승에서는 중국인으로서의 정체성에 입각한 이상적인 사후세계를 꿈꾸려 했던 것이다.

동수의 묵서도 이러한 관점에서 재해석할 수 있다. 동수도 생전에는 고구려 정권에 협조하며 고구려인으로 살았지만, 사후에는 중국인으로서의 정체성을 되찾고 싶었을 것이다. 이에 동수는 자신의 출신지를 당시 전연이 관할하던 '유주 요동군 평곽현 경상리'라고 밝혔다. 그런데 동수가 생존했던 288-357년에 요동군은 유주(幽州)에서 분리된 평주(平州)의 소속이었는데, 상기 묵서에서는 '유주 요동군'이라고 적었다. 동수는 자신이 활동했던 5호16국 시기가 아니라, 평주가 유주로부터 분리되기 이전인 후한-서진대를 기준으로 자신의 출신지를 표기하고 묘지를 작성했던 것이다.

동수는 중국왕조의 지배질서가 와해된 5호16국시대가 아니라 그 이전의 통일왕조인 후한-서진대를 이상세계로 여겼던 것이다. 이에 그는 사후세계에서는 후한-서진대와 같은 중국왕조의 지배질서 아래 낙랑군·대방군·창려군·현도군 등의 지방관과 주변 동이사회를 관장하는 호무이교위 등을 꿈꾸었던 것으로 짐작된다. 동수는 생전에는 어쩔 수 없이 고구려인으로 살았지만, 저승에서만큼은 중국인으로서의 정체성에 입각해 동방지역을 관장하는 중국왕조의 지방관으로 영생을 누리고 싶었던 것이다.

결국 안악3호분 묵서는 5호16국이라는 역동적인 시기에 고구려인과 중국인 사이를 오가며 살아야했던 동수라는 중국계 망명객의 이중 정체성을 담고 있는 것이다. 중국계 망명객인 동수는 성스러운 고구려 왕실과 함께 영생을 누리고 싶어 했던 모두루와는 전혀 다른 정치적 지향점과 정체성을 간직했던 것이다. 이러한 중국계 망명객의 이중정체성은 덕흥리 벽화고분의 묵서를 통해 더욱 또렷하게 엿볼 수 있다.

덕흥리벽화고분 묘지에 나타난 진(鎭)의 이중정체성

덕흥리벽화고분은 1976년에 조사했는데, 대동강 하류인 남포시 강서구역 덕흥리에 위치했다. 무덤 외형은 돌칸흙무덤이며, 내부구조는 앞방과 널방으로 이루어진 두 칸 무덤이다. 행렬도를 비롯해 생활풍속계 벽화

<표 3> 덕흥리벽화고분 묘지의 판독문과 해석문

행	판 독 문	해 석 문
1	△△郡信都縣都鄉中甘里	△△군 신도현 소재지 향(鄉)의 중감리 출신이며
2	釋加文佛弟子△△氏鎭仕	석가모니불의 제자인 △△씨 진(鎭)은 벼슬로
3	位建位將軍[國]小大兄左將軍	건위장군, 국소대형([國]小大兄), 좌장군,
4	龍驤將軍遼東太守使持	용양장군, 요동태수, 사지절
5	節東夷校尉幽州刺史鎭	동이교위(東夷校尉), 유주자사 등을 지냈다.
6	年七十七薨焉永樂十八年	진(鎭)은 77세에 사망했다. 408년(영락 18년)
7	太歲在戊申十二月辛酉朔卄五日	무신년 초하루가 신유일인 12월 25일
8	乙酉成遷移玉柩	을유일에 무덤을 완성해 널[玉柩]을 옮겼다.
	(이하 생략)	(이하 생략)

그림 3. 덕흥리벽화고분 주인공 초상화

가 벽면마다 가득 그려져 있고, 56개소에 벽화를 설명하는 묵서가 있다. <표 3>의 묵서는 널방 입구 위쪽에 적혀 있다. 묵서의 위치나 내용으로 보아 묘지임이 분명하다. 덕흥리벽화고분의 주인공은 묵서에 나오는 '△△진(△△鎭)'(이하 鎭으로 생략)인 것이다.

다만 북한학계에서는 "고려의 가주(嘉州, 평북 박천)가 본래 고구려의 신도군(信都郡)이었다"는 『고려사』 지리지 기사를 근거로 진이 고구려 출신이었다며, 묵서의 '유주자사'를 근거로 고구려가 베이징 일대까지 진출했다고 보기도 한다. 그렇지만 『고려사』의 기사를 근거로 진이 활동하던 광개토왕대에 '신도군'이 존재했다고 보기는 어렵다. 더욱이 이때 고구려가 베이징 일대까지 진출했다고 보기도 어렵다. 묵서의 '신도현'은 베이징 서남쪽에 위치한 기주(冀州) 안평군(安平郡, 長樂郡)에 소속된 현으로 동수처럼 진도 중국계 망명객으로 보는 것이 가장 타당하다.

진은 77세로 사망했는데, 무덤을 조성한 연도를 '영락(永樂)'이라는 광개토왕의 연호로 표기했다. 또한 진의 관작 가운데 '국소대형(國小大兄)'은 '(고구려)국의 소대형'이라는 뜻으로 대형(大兄)에 해당하는 고구려 관등이다. 진이 고구려왕으로부터 관등을 수여받은 사실을 명시하기 위해 '국(國)' 자를 표기한 것으로 보인다.

또한 진은 석가모니불의 제자임을 나타내려고 널방 동벽에 칠보행사도를 그렸는데, 벽화를 설명한 묵서에 따르면 중리도독(中裏都督)이 행사를 주재하고, 대묘(大廟)의 요리사가 음식을 장만했다고 한다. 중리도독의 '중리(中裏)'는 '내리(內裏)'와 같은 뜻으로 왕궁 가운데 왕의 거주공간을 뜻한다. 중리도독은 고구려 국왕의 측근 인물일 가능성이 높다. 또한 대묘(大廟)는 왕실의 조상신을 모시는 종묘를 뜻한다.

이처럼 진은 고구려에 내투한 다음 고구려 관등을 수여받았고, 고구려 왕실과도 밀접한 관계를 유지했다. 진은 동수에 비해 더 고구려화되었던 것이다. 그런데 진이 역임했다는 관명 가운데 '국소대형'을 제외하면, 고구려가 사여했다고 볼만한 것이 없다. 물론 고구려가 다른 관직도 사여했다고 보기도 하지만, 당시 고구려가 상기와 같은 중국식 장군호와 지방관명을 사용한 적이 없다는 점에서 논거가 약하다.

결국 '국소대형' 이외의 관직은 중국왕조로부터 수여받거나 자칭했다고 보아야 한다. 진이 역임한 관명은 모두 8개인데, 전반부의 4개 관명 가운데 '국소대형'을 제외한 나머지 3개는 중국식 장군호이고, 후반부의 관명은 '사지절'을 제외하면 모두 지방관명이다. 당시 중국왕조에서 장군호는 고구려 관등처럼 관인의 고하(高下)를 표시하는 관품(官品)으로 기능했는데, 실제 묵서에는 하위에서 고위의 순서로 기술했다. 후반부의 지방관명도 하위에서 고위의 순서로 기술했다. 묵서의 관직은 진이 역임한 순서에 입각해 기술되었을 가능성이 높은 것이다.

그러므로 전반부의 장군호와 후반부의 지방관명을 대비시키면, 진은 ①건위장군-요동태수, ②[국]소대형-사지절, ③좌장군-동이교위, ④용양장군-유주자사 등의 순서로 역임했다고 상정할 수 있다. 이 중 국소대형은 고구려 관등이므로 그 뒤의 좌장군-동이교위, 용양장군-유주자사 등은 고구려에 내투한 다음 역임했다고 보아야 하는데, 고구려가 이러한 관작을 설치한 적은 없다. 그러므로 가장 앞의 ①건위장군-요동태수가 중국왕조에서 수여받은 관작이라면, ②[국]소대형-사지절(또는 국소대형만)은 고구려에 내투한 다음 수여받은 관작, ③좌장군-동이교위와 ④용양장군-유주자사은 진이 고구려에 내투한 다음 자칭한 관작으로 해석할 수밖에 없다.

그렇다면 진이 고구려로부터 [국]소대형을 수여받은 상태에서 ③좌장군-동이교위, ④용양장군-유주자사 등을 자칭하는 것이 가능했을까? 이것이 불가능하다고 본 연구자들은 고구려가 이들 관작을 수여했다고 설정한 다음, 낙랑·대방지역에 대한 지배방식을 추론하거나 고구려가 유주까지 진출했다고 파악했다. 그렇지만 고구려가 설치한 적이 없는 관작을 진에게 수여했다고 설정하는 것은 역시 무리한 해석이다. 진이 고구려 관등을 수여받은 상태에서 또 다른 관작을 자칭했다는 것을 쉽게 납득하기 어렵겠지만, 현재로서는 그렇게 해석할 수밖에 없다.

이에 진도 동수처럼 고구려의 용인 아래 중국계 교민집단을 이끌며 상기 관작을 자칭했다고 보기도 한다. 그렇지만 앞서 언급했듯이 고구려왕이 중국왕조로부터 수여받은 책봉호와 동급인 '사지절 동이교위 유주자사'라는 최상위 관작을 자칭하도록 용인했다고 보기는 어렵다. 더욱이 앞방에는 진이 유주자사를 역임하며 관내의 13군 태수로부터 보고받는 장면이 그려져 있다. 고구려로부터 용인받은 교민자치구가 중국왕조처럼 질서정연한 지방제도를 갖추었다는 것인데, 당시 고구려의 지방제도를 고려한다면 설정하기 어려운 상황이다. 또한 진이 용인받았다는 교민자치구에 유주 관내 13군의 교민이 모두 존재했다고 상정하기도 쉽지 않다.

그렇다면 진이 고구려 관등을 수여받은 상태에서 또 다른 관작을 자칭했다는 사실을 어떻게 해석해야할까? 이와 관련해 진이 가장 마지막에 역임했다는 유주자사가 주목된다. 앞서 언급했듯이 유주는 한대(漢代) 이래 지금의 베이징을 중심으로 중국의 동북방에 설치되었는데, 274년 서진이 창려, 요동, 현토, 낙랑, 대방 등을 분리해 평주(平州)를 설치한 이래, 유주의 동방지역은 줄곧 평주로 편제되었다. 370년에 전진(前秦)이 평주를 유주에 통합하기도 했지만, 380년에 다시 유주를 분할해 평주를 설치했다.

그런데 앞방 서벽에는 유주 관내의 태수들이 자사인 진에게 보고하는 장면을 그린 다음, "이 13군은 유주에 속해 있고, 부(部)와 현(縣)은 75개, 주의 치소(治所)는 본래 광계(廣薊)였는데 지금의 치소는 연국(燕國)으로 낙양에서 2300리 거리이다. 도위(都尉)는 1명으로 13군을 아우른다."라고 현황을 소개했다. 실제 태수의 보고 장면에는 연군, 범양, 어양, 상곡, 광녕, 대군, 북평, 요서, 창려, 요동, 현도, 낙랑, □□(대방?) 등 13개의 군이 나온다. 유주자사 진이 274년 유주에서 분할된 평주지역까지 거느렸다는 것이다. 진은 274년 평주가 분리되기 이전인 후한-서진대 또는 평주를 재

통합한 370-380년 전진 시기의 유주를 모델로 삼아 유주의 관할범위를 설정했던 것이다.

그런데 주 치소의 위치를 후한-서진의 도성이었던 낙양을 기준으로 삼아 표기했다는 점에서 전진의 유주를 모델로 삼았다고 보기는 힘들다. 또한 13군 태수의 보고 장면에는 후한대만 설치했던 광양군을 제외한 반면, 조위-서진대에 신설한 연군, 범양군, 창려군, 대방군, 광녕군 등을 대거 포함시켰다. 이는 서진대의 유주를 모델로 삼았을 가능성을 시사한다. 이 경우 서진의 유주에서 빠졌던 어양군을 포함시킨 것이 문제이지만, 어양군은 서진을 제외하면 계속 유주에 포함되었다는 점에서 오히려 서진 초의 유주에 어양군을 포함시켜 가장 이상적인 유주를 설정했다고 볼 수 있다.

결국 진(鎭)도 자기가 활동했던 5호16국시기가 아니라 중국왕조의 질서가 정상적으로 작동하던 서진 초기를 기준으로 삼아 유주자사를 자칭했던 것이다. 진이 자칭한 유주자사 역시 이상적인 사후세계를 꿈꾸기 위해 설정된 것으로 생시에 실제로 기능했다고 보기는 어렵다. 묵서에 나오는 다른 관직의 경우, 작성 당시 상황으로는 하위직에서 고위직 순서로 기술한 것처럼 보이지만, 서진 초의 상황에 비추어 보면 사지절이나 동이교위는 유주자사와 겸직했다고 보아야 한다. 관직 가운데 가장 앞의 요동태수를 제외하면 사지절, 동이교위, 유주자사 등은 동시에 자칭했던 것이다.

이렇게 본다면 진이 고구려에 내투하기 이전에 역임했을 건위장군-요동태수, 고구려로부터 수여받은 [국]소대형 등을 제외한 나머지 관작은 이상적인 사후세계를 꿈꾸기 위해 동시에 자칭한 것으로 추정된다. 진도 동수처럼 생전에는 어쩔 수 없이 고구려의 통제와 보호 아래 고구려인으로 살았지만, 저승에서만큼은 중국인으로서의 정체성에 입각해 중국대륙의 동북방 일대를 관장하는 중국왕조의 지방관으로 영생을 누리고 싶었던 것이다. 더욱이 동수가 유주에서 분리된 평주지역의 지방관을 꿈꾸었던 반면, 진은 평주가 분리되기 이전의 유주 지역 전체를 관장하는 지방관을 꿈꾸었다. 굳이 비교한다면 진은 동수보다 훨씬 큰 이상적인 사후세계를 꿈꾸었던 것이다.

그런데 동수의 묘지에서는 고구려와 관련한 내용이 전혀 확인되지 않는 반면, 진의 묘지에서는 고구려와 밀착된 요소가 많이 등장한다. 진은 무덤 조성 연대를 광개토왕의 연호를 사용해 표기했을 뿐 아니라, 대형에 해당하는 고구려 관등을 수여받았다. 또한 칠보행사도를 통해 중리도독이나 종묘의 요리사 등과도 관련을 맺은 사실은 확인할 수 있다. 진은 동수에 비해 고구려화가 더 많이 진전되었는데, 이는 서북한 지역 및 중국계 망명객에 대한 고구려의 통치력과 통제가 강화된 사실과 밀접히 관련된다.

그렇지만 중국계 망명객에 대한 고구려의 강력한 통제도 그의 내면 깊숙이 자리한 정체성까지 변화시킬 수는 없었다. 그리해 진은 고구려에 내투한 다음 고구려 관등을 수여받고 왕실과도 밀접한 관계를 유지했지만, 저승만큼은 중국왕조의 질서가 정상적으로 작동하던 서진대로 되돌아가 중국왕조의 지방관을 꿈꾸었던 것이다. 진이나 동수 모두 무수한 나라가 명멸하는 5호16국이라는 변화무쌍한 시대에 여러 차례 국적을 바꾸며 생존을 도모했지만, 저승에서는 내면 깊숙이 간직한 중국인으로서의 정체성에 입각해 이상적인 사후세계를 꿈꾸려 했던 것이다.

고구려의 개방성에 담긴 다양한 정체성

이상과 같이 4세기 이후 고구려 사회에 한자문화가 널리 보급되면서 일반 귀족들도 한자를 사용해 정치적 지향점이나 정체성을 표출했다. 귀족들이 남긴 문자는 주로 무덤 속의 묘지라는 형태로 발견되고 있다. 종전에는 이들 묘지에 적힌 내용을 모두 현실세계와 연결시켜 해석했지만, 이 글에서는 무덤 속의 묘지라는 점에 주목해 사후세계에 대한 관념까지 고려해 다각도로 고찰했다.

고구려 전통 귀족인 모두루의 묘지에서 고구려 왕실과 국왕은 성스러운 존재로 묘사된 반면, 모두루가의 인물들은 그에 예속된 노객으로 지칭되었다. 이러한 표현은 언뜻 보면 모두루가를 비하하는 것처럼 보이지만, 실제로는 그 위상을 격상시키려는 역설적인 필법이다. 묘지 찬자는 모두루가가 고구려 왕실과 굳건한 주종관계를 맺었다는 사실을 통해 고구려 조정 내에서 모두루가의 위상을 더욱 높이려 했던 것이다.

더욱이 모두루묘지에는 건국설화나 북부여에 대한 왜곡된 역사인식 등 고구려 왕실을 중심으로 정립된 국가적 지배이념과 역사인식이 고스란히 담겨 있다. 모두루묘지는 광개토왕릉비의 서사구조와 서술내용을 귀족 개인의 무덤에 재현한 지하의 국가적 기념비라 할 수 있다. 이러한 점에서 모두루와 그의 후손들은 사후세계에서도 성스러운 왕실과 함께 영생을 누릴 수 있기를 간절히 소망했을 것으로 짐작된다.

안악3호분의 주인공인 동수나 덕흥리벽화고분의 주인공인 진은 모두 중국계 망명객이다. 종래의 논의는 동수나 진의 묘지에 나오는 관작은 모두 현실세계에서 실제로 역임했거나 자칭했을 것이라는 전제 아래 이루어졌다. 종전 논의에서는 동수나 진이 중국계 망명객이며, 묘지가 무덤 속의 사후세계와 연관되었을 것이라는 점을 간과했던 것이다. 이로 인해 묘지의 관작을 합리적으로 설명하기가 쉽지 않았다.

이에 동수와 진의 묘지를 이들의 사후세계에 대한 관념과 관련시켜 검토했다. 그 결과 묘지에 나오는 관작 가운데 일부는 동수나 진이 현실 세계에서 실제로 역임했을 수 있지만, 관작 전체를 실제 역임했다고 보기는 어렵다는 사실을 확인했다. 또한 이들은 자신들이 활동했던 5호16국 시기가 아니라 후한-서진대를 기준으로 삼아 행정구역의 통할관계나 관할범위, 주요 지명의 지리위치 등을 표기한 사실을 확인했다.

동수나 진은 중국왕조의 지배질서가 와해된 5호16국시대가 아니라 그 이전의 통일왕조인 후한-서진대를 이상적인 사후세계의 기준으로 설정했던 것이다. 그러므로 묘지에 나오는 관작 가운데 현실세계에서 역임하거나 자칭했다고 보기 힘든 관작은 이상적인 사후세계를 꿈꾸기 위해 상정했던 것으로 파악할 수 있다. 동수나 진은 고구려에 내투한 다음 생전에는 어쩔 수 없이 고구려인으로 살았지만, 저승에서는 중국인으로서의 정체성에 입각해 이상적인 사후세계를 꿈꾸려 했던 것이다.

고구려 전통 귀족인 모두루가 저승에서까지 성스러운 왕실과 영생을 누리기를 간절히 소망했다면, 중국계 망명객인 동수나 진은 고구려인과 중국인 사이를 오가는 이중정체성을 간직했던 것이다. 4-5세기 고구려 지배세력은 다양한 출신의 인물로 이루어져 있었고, 그들의 정체성도 다양했던 것이다. 특히 동수나 진의 이중정체성은 변화무쌍했던 5호16국 시기에 파란만장한 삶을 살았던 중국계 망명객의 고단한 생애와 함께, 이들을 포용해 국가발전을 도모했던 고구려의 개방성과 다양성을 잘 보여준다.

참고문헌

池內宏, 1938, 「牟頭婁塚」, 『通溝』上·下, 日滿文化協會.

사회과학원, 1981, 『덕흥리고구려벽화무덤』, 과학백과사전출판사(1985, 朝鮮畵報 社 일어 번역)

고고학 및 민속학연구소, 1958, 『안악 제3호분 발굴보고』, 과학원출판사.

한국고대사회연구소 편, 1992, 『譯註 韓國古代金石文 (I)』, 가락국사적개발연구원.

耿鐵華, 1987, 「高句麗貴族冉牟墓及墓誌考釋」, 『遼海文物學刊』1987-2.

공석구, 1998, 『고구려 영역확장사 연구』, 서경.

김미경, 1996, 「고구려의 낙랑·대방지역 진출과 그 지배형태」, 『學林』17.

노태돈, 1989, 「부여국의 경역과 그 변천」, 『국사관논총』4 ; 1999, 『고구려사 연구』, 사계절.

武田幸男, 1981, 「牟頭婁一族と高句麗王權」, 『朝鮮學報』99-100합집 ; 1989, 『高句 麗史と東アジア』, 岩波書店.

武田幸男, 1989, 「德興里壁畵古墳被葬者の出自と經歷」, 『朝鮮學報』130.

안정준, 2013, 「高句麗의 樂浪·帶方 故地 영역화 과정과 지배방식」, 『한국고대사연 구』69.

여호규, 2004, 「고구려 건국설화가 모두루무덤에 묻힌 까닭은」, 『고대로부터의 통 신』, 푸른역사.

여호규, 2009, 「4세기 고구려의 낙랑·대방 경영과 중국계 망명인의 정체성 인식」, 『한국고대사연구』53.

이인철, 1998, 「덕흥리벽화고분의 묵서명을 통해서 본 고구려의 유주경영」, 『역사학보』158.

임기환, 1995, 「4세기 고구려의 낙랑·대방지역 경영」, 『역사학보』147 ; 2004, 『고구려 정치사 연구』, 한나래.

백제의 지방행정과 목간

김영심

한성백제박물관

목간자료에서 백제의 지방행정단위의 명칭이 발견된 것은 1983년 부여 관북리 285(833)호 목간의 '중방(中方)'과 283호 목간의 '주도성(舟嶋城)'이었다. 그러나 이때는 백제 최초의 목간 발견이라는 사실이 이슈가 되었을 뿐 별다른 관심을 끌지는 못했다. 커다란 반향을 일으켰던 것은 1999년의 부여 궁남지 목간이었다. 중국측 기록에서만 보였던 왕도의 행정구획 부(部)-항(巷)이 실제로 존재하고, 정(丁)·중구(中口)·소구(小口) 등의 호구 파악 방식이 있었음을 알 수 있었다.

목간을 이용하여 호적이나 지방행정 문제 등을 논할 여지를 제공한 것이 자정(資丁), □성하부(□城下部) 등이 기록된 부여 능산리 목간이었다. 2000~20002년까지 국립부여박물관에 의해 이루어진 부여 능산리 중문지 남쪽과 서쪽에 대한 6~8차 발굴조사에서 40여 점의 목간이 출토되었는데, 그중 30여 점에서 글자가 확인되었다. 폐기 시점이라든가 목간의 성격을 둘러싼 논란이 계속되었음에도 불구하고 연구의 전기(轉機)가 된 것은 분명하다.

그러나 능산리 목간은 매우 다양한 성격의 자료라서 지방행정의 구체적인 모습을 파악하기에는 부족한 면이 있었다. 지방행정의 구체적인 실상을 알기 위해서는 복암리 자료의 발견을 기다려야 했다. 2006~2008년 나주 복암리고분군 동편 지역에 대한 조사에서 삼국시대 고분을 비롯하여 수혈유구, 제철 관련 노지(爐址) 등 다양한 유구가 확인되었다. 그중 집수정(集水井)으로 추정되는 제1호 수혈유구에서 목간과 목간류로 분류되는 목제 유물 65점이 출토되었다. 글자가 확인되는 13점의 목간은 형태별·기능별로 다양한 목간이었고, 공반유물과 3호 목간에 기재된 '경오(庚午)'라는 간지를 통해 610년경 제작되었음을 알 수 있었다. 2009년 비로소 공개된 나주 복암리 목간은 이전의 목간이 모두 수도인 사비(부여)에서 발견된 것이었던 데 비해, 지방사회에서 최초로 발견된 목간이었다. 지방행정치소에서 발견된 목간인 만큼 지방행정과 관련된 다양한 내용이 기록되어 있다. 규격도 사비지역과 거의 유사하고, 서사방식 자체도 중앙과의 관련성이 인정된다.

이러한 목간자료를 이용하여 백제의 지방 행정에 접근하는 방법은 두 가지 차원에서 가능하다. 하나는 목간자료를 통해 백제의 지방 행정조직이 어떤 체계였는지를 파악하는 것이고, 다른 하나는 지방행정의 실상과 그 과정에서 이루어지는 문서행정에 접근하는 것이다. 그러나 목간을 포함한 문자자료는 앞으로도 또 발견될 수 있는 것이어서 현재까지의 출토 상황을 근거로 내린 해석은 언제든지 바뀔 수 있다. 그만큼 유동적이라는 의미이다. 그럼에도 불구하고 이전까지 여러 정황으로 추정을 한 데 불과하던 것이 실제 사실로 확인되는 희열도 맛볼 수 있다. 나주 복암리 목간에 나오는 대사촌(大祀村)이라는 촌(村)의 존재가 그렇다. 현재까지 출토된 백제의 목간자료를 통해 백제의 지방행정조직과 지방행정의 실상을 들여다보도록 하자.

목간자료로 엮어본 백제의 방(方)─군(郡)─성(城) 체제와 부(部)─항(巷)제

백제의 지방제도를 알 수 있는 대표적인 자료는 중국측 문헌이다. 그러나 중국측 문헌자료는 특정 시점의 지방제도를 기술한 정태적인 자료이다. 이와 달리 부여 관북리, 구아리, 능산리 등에서 발견된 목간이나 나주 복암리 목간은 실제로 공문서 역할을 했던 생생한 자료이다. 비록 편린이기는 하지만, 어떤 방식으로 지방지배가 이루어졌는지를 파악하기 위해서는 공문서 역할을 했던 이러한 자료를 활용할 수밖에 없다. 이들 목간자료는 모두 6~7세기의 것으로 백제 지방행정의 전모를 보여주지는 못하지만, 사비시기의 상황을 그려내는 데는 큰 도움이 된다.

『주서(周書)』, 『수서(隋書)』, 『북사(北史)』, 『한원(翰苑)』 등 중국측 기록에 따르면 6~7세기의 백제는 전국을 5방으로 나누었는데, 각 방은 6, 7내지 10개의 군을 관할하였다. 군 아래에는 성이라는 통치단위가 있었다. 문헌기록에서 방, 군, 성이라는 행정단위가 명기되어 있음에도 불구하고 문자자료에서 방이나 군이라는 행정단위의 구체적인 명칭이 나오는 경우는 많지 않다.

부여 관북리 285호 목간(속칭 兵与記 목간, 도-1)에 큰 글씨로 쓰여진 '중

그림 1. 부여 관북리 285호 목간

방(中方)'은 백제의 광역행정단위인 5방의 하나로 볼 수 있다. 목간이 출토된 연지 주변의 관북리유적 일대에 중방 등에 병기(兵器)를 나눠주는 일을 담당했던 중앙관청이 존재하고 있었음을 추정할 수 있다. 병여기(兵与記)가 중앙 관청에서 중방으로 병기를 분여한 내용을 기록한 문서목간의 성격을 가지므로 중앙에서 5방의 각 방에 병기를 분여했음을 알 수 있으며, 중앙에서 5방의 하나인 중방에 병기를 분여했다는 사실은 5방이 군관구(軍管區)적인 성격을 가지고 있음을 보여준다고도 할 수 있다.

한편 부여 능산리 출토 <지약아식미기(支藥兒食米記)> 목간에는 '탄야방(彈耶方)'이라는 구체적인 지명을 가진 방이 등장한다. 방-군-성 체제의 '방'과는 차이가 있을 것으로 보이며, '방'을 다양한 각도에서 생각해볼 수 있는 계기가 되었다. 이는 방의 변용으로서 <진법자묘지명(陳法子墓誌銘)>의 '마련대군장(麻連大郡將)'과도 연결시켜 살펴볼 필요가 있다.

목간에서 '군(郡)'의 고유 명칭이 등장하는 사례는 없었다. 그러나 나주 복암리목간에서 '군좌(郡佐)' '군득분(郡得分)'이라는 표기가 나와 군이라는 행정단위에 대한 관심이 커졌다. <진법자묘지명>에는 지역명을 앞에 붙인 군의 명칭이 기재되어 있고, 마련대군장, 마도군참사군(馬徒郡參司軍), 기모군좌관(旣母郡佐官), 품달군장(稟達郡將) 등 군 단위의 관리가 많이 등장한다. 군 단위 지방관의 명칭이 많이 등장하는 것은 군이 지방통치에 있어 중요한 행정단위였다는 증거이다. 이들 지방관의 명칭은 단지 관제에 대한 논의만이 아니라 6~7세기 단계의 백제의 지방 통치기구를 조직적으로 파악할 수 있는 중요한 정보를 제공한다.

　　나주 복암리 <목간 4>에 나오는 '군좌(郡佐)'라는 표현은 백제의 지방 관사 조직을 좀 더 구체적으로 들여다볼 수 있는 계기를 마련해주었다. <진법자묘지명>에 나오는 '기모군좌관', 부여 쌍북리 출토의 <좌관대식기(佐官貸食記)> 목간에 나오는 '좌관(佐官)' '읍좌(邑佐)'라는 표현을 함께 고려해보면, 정식의 관료로서 중앙만이 아니라 지방의 장관을 보좌하는 관직에 대한 범칭으로 좌관이 사용되었음을 알 수 있다. 그 사람의 이력을 기록할 때는 '○○군 좌관(○○郡 佐官)'으로 표현하겠지만, 군 내부에서의 직명은 '군좌'라고 표기했을 가능성이 크기 때문에 나주 복암리 <목간 4>에 나오는 군좌는 군의 좌관이라고 볼 수 있다.

　　군 단위 아래에는 성과 촌이라는 행정단위가 있었다. 관북리 283호 목간에서 '주도성(舟嶋城)'이라는 성의 구체적인 명칭이 나왔다. 또 여타 문자자료에서 '□(한)성(□(韓)城)' '갈나성(葛那城)' '나지성(奈祗城)' '나로성(那魯城)' 등의 '성(城)'은 등장하지만, 신라와는 달리 촌명이 확인되지 않고, 촌주 명칭도 등장하지 않았다. 그러나 광개토왕비의 기록을 통하여 '촌' 단위가 존재했고, 『삼국사기』 동성왕조에도 '마포촌(馬浦村)'이라는 촌명이 등장해서 '촌'의 존재는 인정되고 있었다. 그런데 실제로 나주 복암리 목간에서 대사촌(大祀村)이 등장하기 때문에 군치(郡治)의 하부 단위 또는 성의 하부에 이러한 지명을 가진 촌이 있었음이 확인된 것이다.

성 단위의 지방관은 '도사(道使)'였다. 백제의 도사의 활동을 구체적으로 보여주는 사례로서 부여 능산리사지 출토 <지약아식미기>라는 사면 목간이 거론되기도 했다. 그러나 이 자료는 동원된 지방민에게 식미를 지급한 기록이 아니라, 약아(藥兒)에게 식미를 지급한 장부를 작성하기 전에 정리해둔 목간으로 보는 것이 자연스럽다. 식미를 수령한 사람은 약아이고, 도사나 탄야방(彈耶方)의 모씨(牟氏)·모대(牟大)는 지방에서 도성으로 상경한 인물로 도성의 출입과 관련하여 이 문서에 기록된 것일 뿐 역역의 동원과는 아무런 상관이 없다. 도사의 활동을 알 수 있는 자료는 아니나, 성 단위의 지방관인 도사가 문자자료에서 확인되었다는 의미는 있다.

이처럼 목간을 비롯한 문자자료에서 백제의 지방행정단위가 확인되었는데, 종래의 방-군-성 체제와 관련해서 시사하는 바가 적지 않다. 특히 탄야방이나 마련대군의 존재가 그렇다. 『일본서기』 흠명 13년(552)조를 보면 백제가 한성(漢城)을 포기함에 따라 신라군이 입성하게 되는데 그 지역을 백제 때 사용하던 명칭을 차용하여 우두방(牛頭方), 나미방(尼彌方)이라고 기록하고 있다. 그런데 흠명 12년(551)조에서는 백제가 고구려로부터 탈환한 지역을 '육군지지(六郡之地)'라 표현하고 있다. 원래 백제 영역이었다가 고구려, 백제를 거쳐 신라로 넘어온 지역이 '군'과 '방'이라는 명칭으로 혼용되고 있는 상황이다. 따라서 여기에서 사용된 우두방이나 니미방은 5방보다 낮은 단계 내지 작은 규모의 지방행정구획임에 틀림없다. 탄야방 또한 이러한 차원으로 생각되며, '방'이라는 통치단위에서 약간의 변화를 준 것이라고 할 수 있다. 마련대군 또한 특별한 곳에 두어진 예외적인 차원의 군으로 볼 여지가 있다. 백제 중앙에서 지방을 통치해가는 과정에서 특별한 목적 때문에 방-군-성제의 틀 속에서 약간의 변용을 한 것이다.

　방-군-성제가 사비시기 전국에 걸친 지방행정 시스템이라고 한다면, 수도 사비의 행정 단위로 거론되는 것이 부-항이다. 백제의 수도 사비가 5개의 부로 나뉘어지고, 그 부는 다시 5개의 항으로 나뉘어졌다는 사실은 『주서』『수서』『북사』등의 중국측 사서에 의해 이미 밝혀졌다. 부여 궁남지 315호 목간(속칭 '서부후항' 목간)은 문헌기록을 뒷받침해주는 중요한 자료였다.

　그런데 수도 사비 이외의 여타 지역에서도 부, 항이라는 행정구역 명칭이 들어간 문자자료가 발견되면서 부-항제가 시기적으로 사비시기, 지역적으로 수도 사비에만 국한된 것인지에 대한 의문이 제기되었다. 먼저 시기와 관련하여 『일본서기』에는 계체 10년(516)에 전부(前部), 안한 원년(534)에 하부(下部)·상부(上部) 출신 인명이 등장하여 사비천도 이전 웅진 도읍기에도 부제가 행해졌을 가능성이 제기된 바 있다. 여기에 중방성으로 비정되는 부안 고부읍성에서 '상부(上部)' '상항(上巷)'명 기와가 발견되어 5방성 정도에서는 부-항제가 실시되었을 가능성이 제기되었다. 이는 부여 능산리 사지 출토 297호 목간에 대한 해석으로도 이어졌다. 부여 능산리 사지 출토 297호 목간의 "□성하부대덕소가로(□城下部對德疏加鹵)"라는 묵서 기록에 보이는 '□城'은 '한성(韓城)'으로 판독되기도 하는데, 사비시기 성 단위에서 부로 편제될 성이라면 단순한 지방성은 아니라고 보았다. 더욱이 『일본서기』에 보이듯이 이미 부제가 실시된 바 있던 이전의 왕도 웅진이 사비시기에는 북방성(北方城)이었기 때문에 '□城'은 웅진성이라고 비정하기도 했다.

　나주 복암리 목간에서 '전항나솔오호류(前巷奈率烏胡留)' 등의 묵서가 기록된 목간이 출토되면서는 부-항제의 시행 범위가 다시 관심을 끌었다. 그러나 나주 복암리의 '전항'이 관칭된 인명은 중앙에서 파견된 인물일 가능성이 높다. 앞에서 살펴본 것처럼 나주는 군 단위의 지방행정구역이 므로 지방도시에서까지 부-항제가 실시되었을 가능성은 없다. 다만 5방 성에 해당하는 곳에서는 부제(部制)가 실시되었을 가능성이 높으나, 부 밑에 항이라는 단위로까지 편제되었는지는 아직 확실히 알 수 없다.

지방행정의 실상 : 나주지역의 사례

나주지역의 지방행정의 실상에 본격적으로 들어가기 전에 나주지역이 백제의 지방행정 체계 속에서 과연 어떤 위치에 있었는지부터 먼저 검토하기로 하자. 나주지역을 남방성(南方城)으로 비정하는 견해도 있으나, 나주지역의 목간이나 여타 문자자료에서 '방'의 흔적은 전혀 찾아볼 수가 없다. 오히려 군 단위의 지방행정을 보여주는 대표적인 사례라고 할 만하다. 방이 가지는 군관구적 성격을 고려하면 성곽 자료가 다수 확인되어야 하나, 회진토성과 자미산성 정도가 확인되고 또 어느 쪽의 방어를 담당하는지 방어의 목적이 뚜렷하지 않으므로 나주가 군사적 성격이 강한 방성으로서의 기능을 수행했다고 보기는 어렵다. 나주는 물산이 풍부한 곳이었기 때문에 군사적 기능보다는 군으로 편제되면서 행정 업무가 많았고, 이것이 목간 자료에도 반영된 것이 아닌가 한다. 나주 복암리 목간의 군좌(郡佐), 군득분(郡得分)이라는 표현은 이러한 맥락에서 이해할 수 있다.

나주지역이 군으로 편제되었다고 한다면 목간이 작성된 7세기 초 나주 일대의 중심지는 어디였을까? 신라통일기의 군현제에서 발라군(發羅

郡)이 두힐현(豆肹縣)을 거느렸기 때문에 발라군, 즉 현재의 나주시 지역에 군이 설치되어 있었다고 보는 견해가 있다. 그러나 고대 일본의 군부(郡符) 목간이 대체로 군가(郡家)나 군의 관아시설에서 발굴되는 사례에서볼 때, 복암리(두힐성)에서 '군나(軍那)'가 기록된 하찰과 '반나인(半那人)'들의 역역 편성 관련 문서가 확인되기 때문에 7세기 초에는 두힐성이 군나(軍那), 반나(半那) 등을 예하에 거느린 군치(郡治)였을 가능성이 있다. 현재의 복암리 지역에 군치가 있었을 가능성이 높은 것이다. 복암리 지역은 목간자료뿐만 아니라 복암리 고분군이라는 대형의 고분이 모여있는 곳이다. 복암리 3호분은 400년간 사용된 복합무덤으로 규두대도, 금제장식 등 다양한 위세품이 발견되고, 정촌고분에서도 용머리 장식을 가진 금동신발이 발견될 정도로 지역의 중심지였을 가능성이 있기 때문이다.

복암리 목간에 기록된 내용은 호구의 집계, 토지 보유 및 생산량의 파악, 군 단위 내의 행정명령의 전달체계 등 6~7세기 지방행정의 생생한 모습을 담고 있다. 호구집계장 성격의 <목간 2>, 그에 기초한 2차 장부 <목간 5> 등을 통해 지방관에 의해 주민들의 호구 실태와 변동 상황이 어떻게 파악되고 표시되었는지, 호등 산정은 어떻게 했는지 등을 살펴볼 것이다.

호구의 파악과 호적의 작성

국가를 운영해나가는 데 있어서 가장 중요한 것 중 하나가 재정의 확보였다. 재정의 확보를 위해서는 세금을 낼 수 있는 인민, 즉 조세원인 호구를 파악해서 세금을 부과해야 했다. 따라서 호구를 파악해서 호적을 작성하는 것이 지방관의 중요한 업무의 하나이자 지방지배의 근간을 이루는 중요한 요소였다.

호구의 파악과 호적의 작성이 어떤 식으로 이루어졌는지를 파악하는데 참고가 되는 자료는 나주 복암리의 <목간 2>와 <목간 5>, 궁남지 315호 목간이다. 세 가지 목간은 모두 호적과 관련이 되어 있지만, 성격에는 차이가 있다. 약간의 논란은 있지만 이들 목간의 판독문을 제시하면 다음과 같다.

① 나주 복암리 <목간 2>
　□□□　兄將除云丁　婦中口二 小口四

　　　　　　　　　　　　　　　　　　　定
× □□□□□ □[兄]定文丁　妹中口一

　　　　　　　　　　　益中□□

② 부여 궁남지 315호 목간
<앞면>　西卩 後巷 巳達巳斯丁 依□(活?)□□□丁
　　　　歸人中口四 小口二 邁羅城法利源水田五形
<뒷면>　西□(卩 ?)丁 卩 夷

③ 나주 복암리 <목간 5>
앞면

　　　　　　丁一　　中[口][一]
大祀◎村□弥首〔上〕[作][中][口]四
　　　　　[偶]丁一　　牛一

뒷면　　　溼水田二形得七十二石　　在月三十 日者

　　　◎白田一形得六十二石

　　　得耕麥田一形半□

　　나주 복암리 <목간 2>(자료 ①/ 그
림 2)에서 가장 논란이 되는 글자는
'현장제운정(兄將除云丁)'의 '운(云)'자
인데 이 글자는 '공(公)' 또는 '정(正)'
으로 판독이 되기도 한다. '公'자로 판
독한 것은 신라 촌락문서의 '제공(除
公)'이라는 연령 등급을 염두에 둔 것
이고, 정정(正丁)으로 본 것은 제2행의
문정(文丁)처럼 인민들이 맡은 업무의
현황을 구체적으로 파악하려는 의도
에서 정(丁)을 세분하여 표기한 것이
라고 판단한 것이다.

　　<목간 2>는 나주 복암리 지역, 즉
백제 때 두힐에 있던 지방 관청의 관
리가 담당 지역 주민들의 호구 실태
와 변동 상황을 호별로 파악하여 집
계한 문서이다. "호주+직계가족+친
족"순으로 복합세대의 실태를 기술
하고 있다. 기술 내용은 호주, 호주의
처, 호주의 자녀 부분과 호주의 형, 호

그림 2. 나주 복암리 <목간 2>

목간 출토 상태

그림 3. 부여 궁남지 315호 목간

주의 누이, 호주의 형제자매의 자녀 부분으로 구성되어 있다. 통상 호주
다음에 제(弟)가 기록되는데 아마도 호주인 형(兄)의 사정에 의해 호주가
동생으로 교체된 경우가 아닐까 추정된다. 비록 하나의 사례에 불과하지
만, 백제의 호구부 내지 호적의 호구 관련 부분은 호주와 호주의 형제 세
대가 차례대로 독립적으로 기술되는데, 각 세대는 세대주에 해당하는 남
성과 그의 처, 자녀가 남녀 구별 없이 나이순으로 기술되는 방식이었음
을 알 수 있다. 연령등급은 정(丁)-중(中)-소(小)의 구분이 이루어지고 있다.
6~7세기 단계 백제의 연령구분의 기준은 정확히 알 수 없으나, 15~17세가
중에 해당하고, 18~20세부터 정의 연령이 시작되는 것으로 보는 경우가
일반적이다. 백제의 호구부가 이처럼 정남(丁男)과 정녀(丁女)의 부부로 구
성된 개별 세대로 작성되는 경우가 일반적이었는지, 친족까지 포함한 복
합세대 단위로 작성되었는지는 하나의 사례만으로는 단정지어 말할 수

없다.

<목간 2>가 호구부라고 한다면 호적의 전형적인 모습은 궁남지 315호 목간(속칭 '西邝 後巷' 목간, 자료 ②/ 그림 3))에서 찾아볼 수 있다. 서부후항의 사달사사(巳達巳斯)라는 이름을 가진 정(丁)이 호주가 되고, 그 호의 인구수와 토지 보유 현황을 기록하고 있다. '依□□□丁' 부분은 호주의 처에 해당한다고 보아 정녀(丁女)일 것으로 추정하는 견해도 있으나, 가호를 구성하는 일원임은 분명하다. 귀인(歸人)은 귀화인으로 보기도 하지만, 복암리 <목간 5>에 나오는 우정(偶丁) 내지 용정(傭丁)과 같이 정(丁)을 호주로 하는 호에 소속된 가속으로서 그들의 연령등급이 기록되어 있다. '매라성(邁羅城) 법리원(法利源) 수전오형(水田五形)'은 해당 호의 소유 혹은 경작 토지이다. 호구수만이 아니라 토지 보유사항까지 기록된, 즉 호구부와 재산(토지)부로 구성된 호적의 한 사례라고 할 수 있을 것이다.

이들 두 자료를 근거로 백제에서 호적이 작성되는 순서를 추정해보면, 가장 먼저 주민이 연령대별 인구수와 같은 호구사항을 신고한다. 다음으로 담당 관리가 이를 접수하여 호별로 목간에 기록하고 앞선 연도의 계장·호적 자료와 대조하여 호구의 손익(損益)을 목간에 기록한다. 다른 관리는 목간 기록에 착오가 없는지 확인 절차를 거쳐 '정(定)' '부정(不定)' '미정(未定)' 여부를 표시한다. <목간 2>는 이 절차까지 진행된 목간으로 추정된다. 대상 지역에 있는 호에 대해서 이러한 목간을 호별로 작성하고, 아울러 토지보유 현황까지 조사하여 이를 군 단위로 보내는 과정을 거쳤을 것이다. 나주지역의 경우 두힐현이 군의 치소에 해당하므로 이것을 모아 호적을 작성하여 보관한 것으로 보인다. 이와 동시에 각 군에서는 관할 지역의 현황을 정리하여 이에 관한 업무를 담당하는 중앙 관서인 점구부(點口部)에 보고했을 것이다. 점구부에서는 각 군에서 보고된 자

그림 4. 나주 복암리 <목간 5>

료를 토대로 전국의 호구상황과 전(田)의 수량을 파악하고 이를 토대로 수취에 관한 업무를 수행하는 것이 일반적인 수순이었을 것으로 보인다.

호적이 작성된 후 수취에 활용하기 위하여 만든 장부가 나주 복암리 <목간 5>(자료 ③/ 그림 4)이다. <목간 5>의 판독은 몇몇 글자에서 차이를 보인다. 앞면의 대사촌(大祀村) 다음 글자는 주(主) 또는 '호(戶)'로 판독된다. '미수상(弥首上)'이냐 '미수산(弥首山)'이냐, '용정(傭丁)'이냐 '우정(偶丁)'이냐로 차이가 있으며, 뒷면의 글자는 '재월삼십(在月三十)'과 '우월삼십(右月三十)', '전(畠)'과 '백전(白田)'으로 보는 것에서 판독의 차이가 있다. 앞면 3행의 첫 글자를 우(偶)로 보든, 용(傭)으로 보든 우정(偶丁)과 용정(傭丁)을 호주에 예속된 존재, 즉 예속인으로 보는 것은 동일하다. 약간의 논란은 있지만, <목간 5>의 판독은 앞에서 제시한 바와 같다.

<목간 5>는 백제의 촌락문서에 해당한다는 평가를 받는 목간이다. 대사촌이라는 백제의 촌명이 확인되고 경작방식과 곡물, 수확량이나 면적까지 기록되어 있어 촌 단위의 사회경제상을 파악하는 데 중요한 정보를 제공한다. 그러나 이 목간의 성격을 정확히 파악하기 위해서는 작성 목적이 무엇일까를 고려해야 할 것이다. <목간 5>에 편철된 일련의 목간을 호별로 농작에 동원된 인원과 가축의 두수(頭數)를 앞면에 적고, 뒷면에 그 노동의 결과를 월별로 보고한 장부라든가 노동의 결과와 사역 시기 및 일수를 기록한 요역 수취 관련 장부로 보는 견해도 있지만, 특정 가호의 노동력을 국가 공유지의 사역에 30일이나 동원했다고 보기는 어렵지 않나 생각한다. 아마도 <목간 5>는 호주 이름과 가족 구성원뿐만 아니라 예속인, 소유하고 있는 우(牛), 전답 소유현황과 수확량까지 기록하고 있어 단순한 호적이 아니라 호등

그림 5. 나주 복암리 <목간 4>

산정을 위해 작성된 기초문서, 즉 호등정부(戶等定簿)로 보는 것이 타당하지 않을까 한다. 나주 복암리 <목간 5>는 앞면에 한 호로 추정되는 사람들에 대한 정보가 궁남지 목간과 유사하게 적혀 있고, 소 1마리가 기재되어 있으며, 후면에는 '형(形)'을 단위로 하는 토지 정보뿐만 아니라 그 수확량까지 적시되어 있다. 수확량까지 적시되어 있다는 것은 <목간 5>가 수취와 연결될 소지가 다분하다는 것을 의미한다.

이상에서 살펴본 호구 집계장과 호적, 호등 산정 기초 문서의 정확한 성격과 작성과정에 대해서는 자료의 축적이 더 이루어진 연후에야 분명하게 말할 수 있을 것이다. 그러나 『삼국유사』에 나오는 '소부리군전정주첩(所夫里郡田丁柱貼)'이라는 자료만 보더라도 군 단위의 호구의 가족 구성원과 소유 토지에 대한 파악은 분명히 행해지고 그것이 문서로 남았음을 알 수 있다.

조세(租稅)의 수취

백제에서 세금의 수취가 어떻게 이루어졌는지를 보여주는 문헌자료는 『주서』와 『구당서』 백제전의 기록이다. 그러나 "부세는 마포·비단·명주실·삼실 및 쌀 등을 그 해의 풍흉에 따라 차등을 두어 거둔다"는 『주서』의 기록을 통해서는 세금으로 내는 물품의 구체적인 종류는 알 수 있으나, 세금의 부과 대상과 방법을 파악하기는 힘들다. 부세 및 풍토의 소산이 대부분 고(구)려와 같다는 『구당서』의 기록을 근거로 고구려의 수취제도를 원용해서 백제의 상황을 추정할 뿐이었다.

고구려의 수취제도는 정남과 정녀의 부부로 이루어진 호 단위의 인세

(人稅)와 3등호제에 의한 부가세인 호조(戶租), 가호 단위로 부과된 조(調)로 구성되었다. 백제에서도 고구려와 마찬가지로 인정(人丁)에 대한 항례적인 파악이 이루어지면서 개별 가호를 대상으로 균액의 조(租)·조(調)가 부과되었을 가능성이 높았다. 4~6세기의 농업생산력의 발달에 따라 토지의 개간도 이루어지고 국가적 차원의 수전(水田) 개발도 이루어질 정도로 토지의 중요성은 인식되었지만, 7세기 단계까지도 조(租)·조(調) 수취의 핵심적인 기준은 인정(人丁)이었다. 고구려를 비롯한 삼국에서 조세 수취의 주요 기준은 인정, 즉 노동력이었다. 나주 복암리 <목간 2>나 <목간 5>, 궁남지 315호 목간에서 호 단위로 연령에 따른 인구수의 파악이 철저히 이루어진 것은 이를 반영한다.

조세 수취의 주요 기준은 인정이었지만, 부가세의 수취에는 호등제가 적용되었을 가능성이 높다. 호등제가 적용된 조세수취의 범위가 어느 정도까지일지는 정확히 알 수 없으나, 호등을 산정할 때는 전체 자산(資産)이 고려되었음을 나주 복암리 <목간 5>를 통해서 알 수 있다. <목간 5>를 보면 인정수는 물론 토지 보유 면적 및 생산량, 우마(牛馬)의 수 같은 세부사항이 기재되고 있기 때문이다. 이는 국가적 차원에서 호적 내지 장적을 만들 때 기재되는 내용이라고 보아도 무방할 것이다.

한편 백제는 『주서』의 기록에서 보듯이 풍흉에 따라 세액을 가감하기도 하였는데 이는 고구려보다 일보 진전된 것이었다. 그런데 그 해의 풍흉에 따라 차등을 두어 수취를 하고, 호등을 결정하기 위한 여러 가지 요소를 파악하는 것은 중앙에서 파견된 정도의 인력으로는 불가능한 일이었다. 개별호의 사정에 소상한 재지유력자의 도움이 필요했을 것이다.

호구의 조사와 호적의 작성이 하급 행정단위에서 상급 행정단위로, 즉 촌(村)-성(城)-군(郡)으로 올라가는 과정을 거친다고 한다면, 국가에서 수취를 부과하는 과정은 군-성-촌의 단계를 거쳐 이루어졌다. 호구수나 경지면적에 차등이 있었을 백제의 각 군에 대해 국가에서 호구수에 따라 정해진 액수를 부과하는 작업이 1차적으로 행해졌을 것이다. 이와 관련하여 나주 복암리 <목간 10>에 나오는 '군득분(郡得分)'이라는 문구를 주목해볼 수 있다. '군득분'이라는 용어는 '군에서 획득한 분량' '군에서 획득할 분량' '군에 할당된 분량' 등 여러 가지 해석이 가능하나, 군에 부과된 분량이라고 보면 될 것이다. 각 군에서는 이를 다시 성 단위로 하달하고, 각 성 단위에서는 촌마다의 사정에 따라 부세 수취량을 할당하고, 촌은 그 할당량을 개별 가호로부터 거두어 납부하는 방식을 취했다. 나주 복암리 <목간 5>에서 대사촌에 거주하는 각 호 단위의 호구와 토지 수확량이 기재된 것은 이를 입증한다. 토지 수확량을 기재한 것은 호등을 산정하기 위한 목적이었지만, 이는 또 부세를 수취하는 자료로도 활용되었던 것이다.

나주 복암리 <목간 4>(그림 5)는 상급관청인 군에서 예하의 행정단위에 쌀의 공진(貢進) 등을 명령한 작업이 어떠한 방식으로 이루어졌는지를 살펴볼 수 있는 자료이다. <목간 4>는 판독이 되지 않는 글자가 많아서 문서의 성격을 정확히 파악하기는 어렵다. 그러나 앞면에 기록된 '군좌(郡佐)'와 뒷면에 나오는 쌀을 거두어들인다는 의미의 '수미(受米)' 및 일시를 가리키는 '8월 8일' '고일(告日)' '8월 6일' 등을 통해 퍼즐을 맞출 수 있다. 같은 군내라서 군의 명칭이 생략되고 군좌로만 표기되었을 가능성이 높으며, 그런 면에서 보면 '군좌'는 문서의 발신자이다. 수신자는 복암리 일대에서 관할하는 범위 내의 관청이었을 것이다. 따라서 상급관청인 군에서 수하의 책임자에게 하달한 행정문서로 볼 수 있다. 문서의 내용은 쌀의 공진을 명령하는 문서, 즉 언제까지 쌀을 거둬들이는 작업을 완료하라는 문서로 보는 것이 자연스럽다.

영산강유역의 나주지역에서 이루어지는 호구 파악과 수취방식이 다른 지역에서도 그대로 적용되고 있었는지는 알 수 없다. 영산강유역은 다른 지역에 비해 상대적으로 늦은 시기에 국가의 권력이 미친 지역이었는데, 수전(水田)을 비롯한 너른 평야지대를 확보할 수 있다는 점에서 이전에 영역으로 편입되었던 지역보다 의미가 있는 곳이었다. 따라서 생산력의 확보 차원에서도 더 확실한 지배체제를 구축했을 가능성이 있다. 그런데 촌 단위별로 호구 및 재산 보유 현황까지 파악하여 문서화하기 위해서는 촌주(村主)와 같이 지방통치기구에는 편제되어 있지 않으나, 향촌사회에서 영향력을 행사하던 재지 유력자의 도움이 불가피했다. 판독이 확실하지는 않지만 <목간 5>에 나오는 '대사촌□'의 마지막 글자를 촌주로 판독하는 이유도 여기에 있다. 국가 권력이 점차 강화됨에 따라 비록 중앙파견의 지방관은 아니지만, 이들이 지방통치기구의 일부로 자리잡게 되지 않았을까 한다.

지방행정에서 목간이 갖는 의미

지방행정의 근간이 된 호구의 파악과 조세의 수취를 뒷받침해 준 것은 문서행정이었다. 목간 등의 문자자료가 다수 발견되면서 문서행정이란 용어가 자주 등장하는 것도 맥락을 같이 한다. 문서행정은 사인(私人)간에 주고받은 문서까지도 포함하는 문자생활과는 달리 국가적 업무의 집행과 관련하여, 대민지배를 위하여, 관청간의 원활한 업무 수행을 위해 주고받은 문서에 한정된다. 공적인 통치와 관련한 분명한 목적이 전제되어야 하며, 또한 수신처, 발신처, 문서작성의 목적이 담긴 내용과 같은 문서의 형식을 갖추고 있어야 한다.

문서행정과 관련된 목간에는 문서목간과 문서표지용 꼬리표 목간이 있다. 문서목간은 앞에서 살펴본 복암리 <목간 2> <목간 5>와 같이 행정문서나 장부로 사용되었던 목간이다. 문서표지용 꼬리표 목간은 물품에 매다는 꼬리표로 사용되었던 목간으로 창고물품의 정리나 각 지방의 세금에 매달아 세금 납부자를 명시하기 위한 용도로 많이 제작되었다. 2000년대 초반 조사된 부여 관북리 285호 목간은 두 가지 성격을 모두 갖춘 목간이다. 중앙에서 중방으로 병기를 분여한 사실을 적어놓은 장부의 표지로 사용된 부찰목간이기 때문이다. 작은 글자로 쓴 병여기 등의 장부는 보고용이나 보존용이라기보다 해당관청에서 그 해 안에 자체적으로 사용하기 위해 정리해두었던 일상용 장부이고, 부찰목간은 바로 이 장부에 매달려 있었던 것으로 보인다.

이밖에도 봉함(封緘) 목간이나 제첨축(題簽軸)이 문서행정의 실태를 보여준다. 나주 복암리 6호 목간은 국내에서 최초로 확인된 봉함목간이다. 봉함목간은 주로 관청에서 문서나 물건을 운송하는 데 사용되는 목간의 한 형태로서, 봉투의 기능 또는 기밀을 요하는 문서 꾸러미나 물건을 운송할 때 쓰인다. 안쪽의 홈 속에 끼워 맞춰져서 짝을 이루는 또 하나의 목간은 발견되지 않았는데, 두 개의 목간을 합하여 묶어서 고정시킨 후 봉인하게 된다. 또한 관청에서 생산되는 방대한 양의 문서를 분류하여 쉽게 찾을 수 있도록 고안된 장치가 제첨축이다. 방대한 양의 문서는 권축(卷軸)에 말아놓는 두루마리 종이 문서의 형태로 정리, 보관되었을 가능성이 높기 때문에 권축의 윗부분을 넓적하게 만들어 그곳에 해당 문서의 제목을 적어 둔 것이 제첨축이라는 목간이었다. 부여 쌍북리 신성전기 창고

그림 6. 나주 복암리 <목간 1>

부지에서 백제의 제첨축이 출토된 바 있다.

　이러한 목간들과 함께 일정한 한문 능력을 갖춰야 했던 백제의 관리들이 글씨를 연습하는 과정에서 제작된 습서목간 또한 백제의 문서행정의 일면을 보여준다. 궁남지 2차 1호 목간과 나주 복암리 <목간 12>는 같은 글자를 반복하여 써 넣은 전형적인 습서목간이다. 궁남지유적에서는 철도자와 벼루가 함께 출토되어 목간이 제작된 장소였다는 것도 알 수 있다.

　목간이나 종이에 관청에서 하고 있는 여러 가지 행정 업무의 내용을 기록했기 때문에 담당 업무의 내용만이 아니라 문서행정의 시스템도 파악할 수 있다. 실제로 지방행정이 이루어지는 과정에서 수반되는 문서행정의 실제에 대해 좀 더 고찰해보도록 하자. 나주 복암리 <목간 1>(그림 6)

<목간 1>
1면 : ×(상부 결실)□(年)三月中監數肆人
　　　　　　　 出背者得捉得安城
2면 : ×(상부 결실) (하부 묵흔 없음)

은 지방과 지방 관청 사이에도 문서행정과 연락체계가 가동되고 있음을 보여주는 사례가 아닐까 한다. <목간 1>은 3월에 감독자 4명이 도망자를 득안성(得安城)에서 잡을 수 있었다는 내용인데, 아마도 두힐사 소관 지역인 복암리에서 노역에 종사하던 인력이 도망가자 이를 감독하던 감독자가 득안성, 즉 논산 은진에서 체포할 수 있었던 상황을 기록한 사건 일지와 같은 목간이다. 도망자를 득안성에서 포착했다는 것을 상급관서에 보고한 문서라고 보는 견해도 있는데, 이에 따르면 감(監) 4인은 성·촌급 지방관서에 속한 관리이고 군치였던 두힐성에 보고한 문서가 된다. 그러나 성·촌급의 지방관서에서 감을 4인이나 두었을 가능성은 없어 보인다. 감은 감독자, 감시자로서 목간이 발견된 복암리 지역에 있던 두힐사(豆肹舍)의 관리이기 때문에 관청명이 표기되지 않았고, 두힐성에는 군치가 두어졌기 때문에 4명의 군감(郡監)을 멀리까지도 보낼 수 있었던 것이다.

도망자가 득안성까지 달아난 것에 대해 복암리에서 사역당하던 노동자들이 득안성과 무엇인가 연고를 맺고 있었던 것으로 추정하기도 하나, 인력 동원 범위가 득안성까지 미치지는 않았을 것이다. 득안성은 목간 출토지에서 100km 이상 떨어진 곳으로, 멀리까지 도망간 도망자를 추포하는 것은 지방 행정기관 사이에 긴밀한 연계가 필요한 일이다. 따라서 이 문서가 기록된 정황을 추정해보면, 나주지역에서 도망자가 발생하자, 군치가 있었던 두힐성에서 여러 곳에 문서를 보내 협조를 요청했을 것이다.

이에 대해 득안성에서 회신이 있자, 그곳으로 감을 보내 체포한 사정을 목간으로 남기게 된 것으로 보는 것이 자연스러울 것이다.

이상에서 백제의 지방행정이 이루어지는 데 있어 목간을 이용한 문서행정이 중요한 역할을 했음을 알 수 있었다. 원활한 문서행정은 중앙의 집권적인 통치체제가 안정적으로 유지·관리되고 있음을 보여주는 증거이기도 하다. 앞으로 중앙 행정관청에서 작성한 목간이 지방 관청에서 발견되거나, 지방관청에서 작성하여 보낸 목간이 중앙 관청에서 발견된다면 지방행정의 실상이 더욱 잘 드러날 것이라고 본다.

참고문헌

권인한·김경호·윤선태 공동편집, 2015, 『한국고대 문자자료연구 백제(상) -지역
　　　별-』, 주류성.

김영심, 2005, 「백제 5방제 하의 수취체제」, 『역사학보』185.

김영심, 2007, 「백제의 지방통치에 관한 몇 가지 재검토-木簡·銘文瓦 등의 문자자
　　　료를 통하여-」, 한국고대사연구 48.

김영심, 2015, 「백제의 지방 통치기구와 지배의 양상 - <陳法子墓誌銘>과 나주 복
　　　암리 목간을 통한 접근」, 『한국고대사탐구』19.

김창석, 2011, 「7세기 초 영산강 유역의 戶口와 農作 -나주 복암리 목간의 분석-」
　　　『백제학보』6.

윤선태, 2012, 「나주 복암리 출토 백제목간의 판독과 용도 분석 -7세기 초 백제의
　　　지방지배와 관련하여-」, 『백제연구』56.

윤선태, 2013, 「신출자료로 본 백제의 方과 郡」, 『한국사연구』163.

이용현, 2013, 「나주 복암리 목간 연구 현황과 전망」, 『목간과 문자』10.

홍승우, 2013, 「부여지역 출토 백제 목간의 연구 현황과 전망」, 『목간과 문자』10.

平川 南, 2010, 「일본고대의 지방목간과 나주목간」, 『6~7세기 영산강유역과 백제』,
　　　국립나주문화재연구소.

신라의 행정 문서

이재환(중앙대학교)

행정은 문서를 통해 이루어진다. 사소해 보이는 일들도 책임 소재를 명확히 하기 위해 문서로 남겨 두는 절차를 강조하는 것은 요즘도 흔히 경험하는 바이다. 지금은 문서라고 하면 일반적으로 종이로 만들어진 것을 떠올린다. 그러나 종이가 만들어져 보편화되기 이전에도 문서 행정은 필요했다. 이 시기 중국에서는 대나무나 나무로 간독(簡牘)을 만들어 문서로 활용하였다.

한반도나 일본에서 나무 조각에 글씨를 쓴 목간(木簡)이 발견되는 시기는 이미 종이가 만들어져 사용되고 있던 때이지만, 종이 문서가 목간으로 된 문서를 완전히 대체하지는 못하였다. 목간으로 만들어진 행정 문서, 문서목간들이 여전히 많이 활용되었음이 확인된다.

일본에서는 문서목간이 상당히 많이 출토되어, 목간의 용도에 따른 분류 범주 중 하나로 문서목간을 설정하고 있다. 문서목간은 여러 관청들에서 작성한 다양한 문서와 기록 및 관인들의 편지 등을 총칭하는데, 그 서식에 따라 '좁은 의미의 문서'와 '기록'으로 다시 구분한다. 여기서 '좁은 의미의 문서'란 문서를 주고받는 관계(授受關係)가 분명한 것을 가리킨다.

일본 목간 중 '좁은 의미의 문서' 형식의 대표적인 것으로서 '전백(前白) 목간'을 들 수 있다. '전백 목간'은 '某前白'의 형식으로 누구 앞에 보낸다는 의미를 표시한 목간이다. 그런데 7세기부터 등장하는 이같은 목간들과 비슷한 형식을 가지는 조금 앞선 시기 신라의 목간들이 발견되면서 '전백 목간'의 기원과 관련하여 주목을 받고 있다.

대표적인 것으로서 경주 안압지(현 동궁과 월지)에서 출토된 <1호 목간>을 들수 있겠다. 1970년대 안압지 발굴 조사 과정에서 해방 후 최초로 목간이 발견되면서 한국의 목간 연구가 시작되었는데, 이를 정리한 보고서에서 '1호 목간'으로 소개한 이 목간에 '白'과 '前'이 확인된다. 해당 목간의 판독문을 소개하면 다음과 같다.

앞 면: × 洗宅白之 二典前四□子頭身沐浴□□木松茵」

좌측면: × □□□迎入日□□　　　　」

뒷 면: ×　　　十一月卄七日典□ 思林　」

'목욕(沐浴)'나 소나무 깔개(茵) 등의 단어가 보여 씻거나 무언가를 씻기는 행위와 관련되며, 세택(洗宅)이라는 관부가 그와 관련된 물품을 다른 두 관부(典)에 요청하는 내용으로 추정된다. 세택은 중사성(中事省)으로 명칭을 바뀐 바 있는 관부로서, 음식물이나 문호(門戶) 관리 등 왕궁과 동궁(東宮)의 자질구레한 일들을 직장(職掌)으로 하였던 듯하다. 목간의 내용은 이 세택이 두 관부(典) '앞(前)'에 사뢰는(白) 형식을 취하고 있다. 일본의 '전백 목간'은 '누구 앞(某前)'이 '白' 앞에 오는 것이 일반적이라는 점에서 차이가 있지만, 형식상 유사함은 부정하기 어렵다.

단, 안압지 출토 목간은 시기적으로 7세기 후반 이후의 것들로서 일본의 목간들보다 앞선다고 보기는 어렵다. 그런데 최근 6세기 후반에서 7세기 전반에 걸친 시기로 추정되는 월성해자 출토 목간들 중에서도 '前'과 '白'이 확인되는 목간들이 여러 점 발견되었다. 그 판독문은 다음과 같다.

<월성해자 목간 신2호>

앞면: × □小舍前敬呼白遣 居生小烏送□□ ∨」

뒷면: × (官)二言之　此二□　官言在　Ｖ」

<월성해자 목간 신3호>

Ⅰ면:「典中大等敬白沙喙及伐漸典前」

Ⅱ면:「阿尺山□舟□至□愼白□□　」

Ⅲ면:「急陘爲在之　　　　　　」

Ⅳ면:「　　文人周公智吉士·　」

<월성해자 목간 신4호>

Ⅰ면:「兮刪(宗)公前別白(作)□□ ×

Ⅱ면:「米卅斗酒作米四斗幷卅四斗瓮□(此)□ ×

Ⅲ면:「公取□開在之 ×

　이들은 각각 소사(小舍)의 관등을 지닌 어떤 인물과 전중대등(典中大等)의 관직을 가진 인물, 혜산종(?)공(兮刪宗(?)公)의 앞(前)에 사뢴다(白)는 형식을 갖추고 있다. '某前'이 '白' 앞에 위치한다는 점에서 일본 '전백 목간'의 형식과 더 유사하다고 하겠다. 아울러 날짜가 표시되지 않은 점 또한 일본의 '전백 목간' 중에도 날짜가 기록되지 않은 경우가 많음을 연상케 한다. <월성해자 목간 신3호>를 제외하면 발신자가 명확하지 않은데, 발신자 정보가 종종 생략되는 것도 일본 '전백 목간'에서 확인되는 현상이라고 한다. '전백 목간' 형식의 직접적 기원이 한반도에 있을 가능성이 더욱 유력해졌다고 하겠다.

　문서를 통한 행정이 왕경 내에서만 이루어졌을 리는 없다. 지방과 왕경 사이에, 그리고 지방과 지방 사이에도 문서 행정은 필요했다. 문서목간은 신라의 왕경이었던 경주뿐 아니라 지방에서도 발견되었다. 함안 성산산성에서 출토된 목간들 다음의 목간들이 주목된다.

<가야2645>

Ⅰ면:「六中□馮城□(看)村主敬日之烏(行)□成令之∨」

Ⅱ면:「□□智大□□也功六□大城從人丁日∨」

Ⅲ면:「□□走(石)日率此□(卅)更□□□∨」

Ⅳ면:「日治之人此人(烏)(馮)城(置)不行遣之白∨」

<가야5598>

Ⅰ면:「三月中　真乃滅村主憹怖白　　　　　　　　」

Ⅱ면:「□(城)在弥即尒智大舍下智前去白之　　　　」

Ⅲ면:「白　先節日代法稚然　　　　　　　　　　　」

Ⅳ면:「伊毛羅及伐尺(寀)言□法卅代告今卅日食去白之」

　　두 목간은 각각 6월과 3월이라는 시점에 □馮城 □看村 및 眞乃滅村의 촌주(村主)가 사뢰는 바를 담은 문서이다. 내용은 역역(力役)에 동원된 해당 촌 소속 백성들의 교대나 식량 보급과 관련된 것으로 추정하고 있다. 함안 성산산성과 촌 사이에도 문서가 오고가며 역역 동원이 행정이 진행되었던 것이다.

　　그런데 <가야5598>에서 '미즉이지(弥即尒智) 대사(大舍)'와 '하지(下智)' 앞(前)이라고 하여 수신자를 명시한 데 반해 <가야2645>에서는 문서의 수신자가 확인되지 않는다. 앞서 살펴본 월성해자 출토 목간이나 일본의 '전백 문서'에서 '某前'이라는 수신자의 표기가 중요하고 발신자는 생략되기도 하였던 양상과도 다르다. 더 중요시되던 수신자가 보이지 않는 까닭은 무엇일까? <가야2645>는 내용상 물품에 붙어 있던 꼬리표라고는 여겨지지 않는데도 아래쪽에 무언가를 묶을 수 있도록 홈이 파여져 있다. 어쩌면 표제(標題)에 해당하는 목간이나 동일한 수신자를 대상으로 하는 다른 목간들이 함께 묶여져 있었을지도 모르겠다. 그랬다면 필수적인 수신자는 표제나 다른 목간에 서사되었기 때문에 이 목간에서는 생략하는 것이 가능했다고 하겠다.

한편, 목간을 통한 신라 문서 행정의 기원은 역시 중국에서 찾아볼 수 있을 것이다. 이와 관련하여 주목되는 것이 월성해자에서 출토된 <목간 2호>이다. 종이 구입과 관련된 문서로서 특정한 문서 형식을 지칭하는 '첩(牒)'이라는 문자가 확인되어 일찍부터 관심의 대상이 되어 왔다. 최근에는 중국에서 출토된 고대 행정 문서 자료들과 본격적으로 비교하면서 이 목간에 대한 새로운 해석을 제기하기도 하였다. 이에 기반한 판독문을 제시하면 다음과 같다.

<월성해자 목간 2호>

Ⅰ면:「　大烏知郎足下再拜白　」

Ⅱ면:「　経中入用思買白不雖紙一二千　」

Ⅲ면:「　牒垂賜教在之後事者命盡　」

Ⅳ면:「　使『서명』　　　　　　　　」

신라의 17관등 중 15번째 해당하는 '대오지(大烏知)' 관등을 소지한 인물에게 보내는 문서이다. 종이 구입과 관련된 내용임은 쉽게 파악 가능하나, 세부적인 부분에 관해서는 이견이 있었다. 중국측 자료와의 비교는 이 목간의 내용 파악에 큰 진전을 가져올 것으로 기대된다. 기존과 다른 '재배(再拜)'의 판독은 중국 목간의 표현과 유사성을 확인시켜주는 동시에 수신자가 대오지임을 명확히 해 주었다. 판독과 의미에 관하여 의견이 분분하던 마지막 글자에 대해서도 투르판 문서 등과의 비교를 통해 작성자의 서명일 가능성이 새롭게 제시되었다.

중국 자료와의 기반한 새로운 해석에 대해서는 앞으로 학계에서 논의가 계속 이어질 것으로 보이나, 중국에서 한반도를 거쳐 일본열도에 이르는 행정 문서 형식의 전파 과정 중 한 단계를 보여주는 자료로서의 중요성은 의심할 나위가 없을 것이다. 신라의 문서목간은 기록된 수신자에게뿐만 아니라 천 년의 시간을 넘어 지금의 우리에게까지 수신되어, 많은 정보를 전달해 주었다. 문서 행정의 중요성이 전혀 의외의 측면에서도 확인되었다고 해도 좋지 않을까?

참고문헌

윤선태, 2018, 「월성 해자 목간의 연구 성과와 신 출토 목간의 판독」, 『목간과 문자』
    제20호.

김병준, 2018, 「월성 해자 2호 목간 다시 읽기 –중국 출토 고대 행정 문서 자료와의
    비교-」, 『목간과 문자』제20호.

이재환, 2019, 「함안 성산산성 출토 문서목간과 力役 동원의 문서 행정」, 『목간과
    문자』제22호.

백제 '좌관대식기'와 이식(利殖)

정동준
성균관대학교

한국고대사는 전반적으로 적은 사료 때문에 연구가 어렵지만, 그 중에서도 백제사는 가장 사료가 적은 분야이다. 이러한 상황에서 가장 주목되는 것이 최근 잇달아 발견되고 있는 목간이다. 그간 목간은 백제 지역에서의 출토 사례도 적었던 데다가 판독이 어렵거나 불가능한 것이 많아서 연구에 적극적으로 이용될 수 있는 것이 적었는데, 최근에는 글자 대부분이 판독 가능하고 내용도 자료적 가치가 높은 것들이 연이어 출토되어 주목되고 있다. 이 글에서 다루고자 하는 '좌관대식기(佐官貸食記)' 목간이 그 대표적인 것이다.

'좌관대식기' 목간은 2008년에 발견되어, 현재는 고유명사 몇 글자 정도를 제외하면 이견이 없다고 할 수 없을 정도로 판독이 진전된 상황이다. 따라서 판독문을 둘러싸고 획기적이고 새로운 견해가 나오기를 기대하기는 어렵다고 할 수 있다. 그 내용을 간단히 말하자면, 백제의 관청에서 10명 정도의 사람들에게 식량을 빌려주고 특정 시기에 그에 대한 상환 상황을 적은 중간장부라고 할 수 있다.

그런 가운데 논쟁이 되고 있는 부분은 목간의 내용, 특히 식량을 빌려주는 제도인 '대식제(貸食制)'에 대한 내용이다. '좌관(佐官)'이 식량을 빌려주는 대식(貸食)의 주체인지 대상인지, 대식의 내용인 '식(食)'이 구체적으로 무엇을 가리키는지, 대식의 시기와 목간의 작성시점이 언제인지, 대식의 이자율은 어느 정도이고 그에 따라 파악되는 '대식제'의 성격은 어떠한 것인지, 대식을 받은 사람들은 어떠한 사회적 처지에 있었는지 등이 그 구체적인 내용이라고 할 수 있다. 그 밖에 일본학계에서는 '대식제'의 기원을 중국왕조에서 찾고 이것이 고대 일본의 출거제(出擧制)에 영향을 주었다고 하여, 고대 동아시아 율령제의 영향관계라는 시각에서 접근한 연구도 제시되었다. 대식제 이외에는 '좌관'에 주목하여 그것이 '장리(長吏)'처럼 일정한 계층의 관인들을 가리키는 용어로서 중국왕조의 영향하에 쓰였음을 지적한 연구나 '반(半)'·'갑(甲)' 등의 단위에 주목하여 백제의 양제(量制) 변화를 추정한 연구 또한 있었다.

출거제(出擧制)
8세기 이후 고대 일본의 율령제 하에서 실시된 제도. 곡물이나 화폐 등을 빌려주고 이자를 더하여 상환받는 것인데 주로 중앙 및 지방의 관아가 재정 운영을 위하여 실시하였다. 빌려주는 대상이 일반 백성에게 국한되지 않고 중·하급 관인까지 포함되었다는 특징이 있다.

장리(長吏)
종래에는 백제의 대표적 중앙관청인 22부사의 장관이라고 하였으나, '황제가 직접 임명하는 관인계층'이라는 한대(漢代) 이래 중국왕조의 용례에 따라 '왕이 직접 임명하는 관인계층'이라고 보아야 할 것이다.

문자와 사회경제라는 측면에서 본다면, 지금까지의 연구 중에서 주목해야할 부분은 대식의 이자율과 그에 따라 파악되는 '대식제'의 성격, 대식을 받은 사람들의 사회적 처지 등일 것이다. 특히 '대식제'의 성격과 관련하여 구휼정책 또는 국가의 재정 운영을 위한 차대(借貸) 즉 이자놀이라는 2가지 견해가 제시되어 대립 중이다. 그에 대한 결론을 내리기 위해서는 현존하는 사료만으로는 검토가 어렵기에, 삼국은 물론 제도적 영향관계와 유사성이 상정되는 고대 동아시아의 중국왕조와 일본, 그리고 제도의 연속선상에 있는 고려와 조선 등과도 비교·검토가 필요하다. 이 글에서도 위와 같은 방법으로 백제 '대식제'의 성격에 대하여 살펴보고자 한다.

구휼정책
자연재해나 흉년 등으로 인하여 굶주리는 백성들이 많아졌을 경우, 국가가 식량을 지원하거나 세금을 면제하는 등의 방법으로 상황을 호전시키기 위하여 시행하는 정책. 고대사에서 대표적인 구휼정책으로 알려진 것이 고구려의 진대법(賑貸法)이다.

'좌관대식기' 목간의 내용과 연구동향

'좌관대식기' 목간은 2008년 백제문화재연구원에서 충청남도 부여군 부여읍 쌍북리 280-5번지에 신성전기 창고를 신축하기 위하여 실시한 발굴조사에서 출토되었다. 쌍북리에는 이 유적 이외에도 현내들 유적 등 여러 유적에서 목간이 발견되었고, 최근에는 구구단 목간 및 논어 목간도 발견되어 앞으로도 목간이 출토될 가능성이 높은 곳으로 주목되고 있다. 쌍북리 280-5번지 유적의 조사지역은 충청문화재연구원에서 조사한 현내들 유적의 동북쪽 약 300m 떨어진 곳으로 조사면적은 750㎡에 불과하다. 조사 결과 이 곳에서는 길이 21m, 너비 2.5m 가량의 동서도로와 도로의 남쪽과 북쪽에 총 5동의 굴립주(堀立柱 : 초석 없이 땅에 구덩이를 파고 기둥을 박아서 세우는 방식. 초석을 사용하기 이전의 단계이다.) 건물지가 확인되었다.

이 중 '좌관대식기' 목간은 제1건물지 동쪽 1.7m 지점에서 출토되었다. 목간은 가로 4.2~3.8㎝, 세로 29.1㎝, 두께 0.4㎝이고, 상단부에서 2.4㎝ 내려온 중앙에 앞면에서 뒷면으로 뚫은 구멍이 있다. 출토지점인 황갈색 모래층은 유수(流水)의 흐름으로 생긴 토층으로서 발굴조사된 유구(遺構 : 옛 건축물의 구조와 양식을 알 수 있는 실마리가 되는 자취. 유적의 일부분을 구성하는 단위이다.)와는 직접적인 관련성이 없는 것으로 추정된다고 한다. 출토지점과 지층상의 층위, 그리고 함께 출토된 유물의 대략적인 시기가 6세기 말 이후인 것을 고려하면, '좌관대식기' 목간의 무인년(戊寅年)은 558년보다는 618년으로 보아야 할 것이다. 또한 함께 출토된 '외경부(外椋部)' 목간은 같은 지점에서 함께 출토된 것은 아니라고 하더라도 크게 보아 같은 경로를 통하여 쌍북리 280-5번지 일원으로 흘러들어온 것으로 간주할 수 있기 때문에, 상호 관련성이 있을 것이라고 한다.

'좌관대식기' 목간의 출토에 대한 보고내용은 대략 위와 같다. 이제 판독된 글자와 그에 대한 연구동향을 살펴볼 차례이다. 먼저 판독문을 제시하면 아래와 같다.

(前面) 戊寅年六月中　　固淳多三石　　佃麻那二石

　　　上夫三石上四石　比至二石上一石未二石

　　　佐官貸食記　　佃目之二石上<二石>未一石　智利一石五斗上一石未一<石>×

(後面) 素麻一石五斗上一石五斗未七斗半　佃首行一石三斗半上石未石甲　幷十九石×

　　　今沽一石三斗半上一石未一石甲　刀刀邑佐三石与　　　　　　　得十一石×

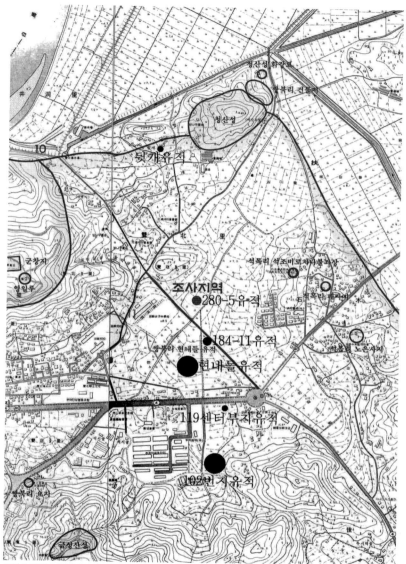

그림 1. 쌍북리 유적분포도

이상의 판독문은 출토 이래 몇 번의 판독을 거쳐 거의 완성된 판독문이라고 볼 수 있고, 이 글에서 일일이 판독 문제를 거론하는 것은 큰 의미가 없을 것이다. 다만 내용에 대한 논의과정을 정리할 필요는 있을 것이다. (목간 사진)

먼저 목간의 내용에 대한 해석에는 큰 이견이 없다. 고순다(固淳多)·상부(上夫)·전목지(佃目之)·전마나(佃麻那)·비지(比至)·습리(習利)·소마(素麻)·금고(今沽)·전수행(佃首行)·도도읍좌(刀刀邑佐)라는 10인에 대하여 '대식(貸食)'한 기록으로 "①대식액(~石) + ②상환액('上'~石) + ③미상환액('未'~石)"의 기본구조로 되어 있다. 또 ①은 빠짐없이 기록되어 있지만, ②와 ③은 해당내용이 없을 경우 생략되기도 하였다. 이 목간 자체가 문장으로 된 서술형의 기록이기보다는 '대식'의 상황을 정리한 중간장부의 성격을 가지기 때문에 일일이 해석하는 것보다는 <표 1>처럼 정리하여 제시하는 것이 내용을 이해하는 데에 보다 효과적일 것이다. 상환액이 없어서 미상환액도 기록되지 않은 3개 사례를 제외하면 이자율은 50%가 5개 사례, 33.3%가 2개 사례이다.

지금까지 서술한 내용은 대체로 모든 연구자가 별다른 이견 없이 동의하는 내용이다. 이제부터는 연구자마다 의견이 엇갈리는 부분을 하나씩 제시하려고 한다. 다만 논의의 집중도를 높이기 위해 논지와 관련 없는 부분을 제외하고, 대식의 이자율과 그에 따라 파악되는 '대식제'의 성격, 대식을 받은 사람들의 사회적 처지 등을 중심으로 정리하겠다.

먼저 목간 첫머리의 '좌관(佐官)'에 대해서는 '관(官)을 보좌한다'는 의미이자 '대식'을 수식하는 말로서 해석하기도 하지만, 관직명으로 보아 '대식'의 주체로 파악하는 연구자가 많다고 할 수 있다. 이에 대하여 '좌

<표 1> '좌관대식기' 목간의 '대식(貸食)' 상황

대식자	대식액	상환액	미상환액	이자 / 이자율
고순다	3석(石)	·	미상	미상
상부	3석	4석	·	1석 / 33.3%
전목지	2석	2석	1석	1석 / 50%
전마나	2석	·	미상	미상
비지	2석	1석	2석	1석 / 50%
습리	1석5두(斗)	1석	1석(?)	5두(?) / 33.3%(?)
소마	1석5두	1석5두	7.5두	7.5두 / 50%
금고	1석3.5두	1석	1석0.25두	6.75두 / 50%
전수행	1석3.5두	1석	1석0.25두	6.75두 / 50%
도도읍좌	3석	·	미상	미상
합계	19석17두*	11석5두	미상	

※실제 목간에서는 '19석(石)'까지만 표기되어 있어서 '17두(斗)'는 추정일 뿐이다. 판독문의 '19석~' 부분을 '19석17두'가 아닌 '19석5.5두'로 추정하여, 대식액의 합계가 아니라 이자율 50%를 기준으로 한 미상환액의 합계로 파악한 견해도 있다.

그림 2. 좌관대식기 목간(보고서 앞·뒷면 / 적외선 앞·뒷면)

관'은 '장리(長吏)'와 함께 중국왕조에서 도입된 용어로서 '왕이 직접 임명하여 각 관사(지방관아 포함)의 장관을 보좌하는 중간층의 관리'이고, 중국 왕조와 고대 일본의 사례를 참고할 때 '대식의 대상'이라는 견해도 제시되었다.

다음으로 이자율에 따라 파악되는 '대식제(貸食制)'의 성격에 대해서는 구황(救荒)을 목적으로 하는 환곡제도 또는 진대(賑貸)와 관련된 것으로 보는 견해가 있는 반면, 그것들과는 성격이 다르다고 하여 관청이 주체되어 이자놀이를 하는 '공채(公債)'와 같은 것 또는 고대 일본의 출거제(出擧制)처럼 각 관사의 재정 운영을 위한 것으로 보는 견해가 있다. 진대나 환곡(還穀)이 백성의 생활 안정을 위한 성격이 강한 반면 차대(借貸)나 출거제는 기본적으로 관사의 재정 운영을 위한 것이기 때문에, 33.3%와 50%라는 비교적 높은 이자율을 고려하면 후자 쪽으로 파악하는 것이 보다 합리적이라고 할 수 있다. 다만 단순히 이자율 한가지만으로 판단할 수는 없는 문제이기에 다른 사항도 좀 더 검토할 필요가 있을 것이다.

다음으로 대식을 받은 사람들은 어떠한 사회적 처지에 있었는지에 대해서는, 대체로 소작인으로 추정되는 '전(佃)'이 앞에 붙은 3인(전목지·전마

환곡제도
조선시대에 춘궁기에 곡물을 빌려주고 수확기에 이자를 붙여 돌려받는 제도. 구휼정책의 일환으로 시작되어 시행 초기에는 이자가 없거나 이자율이 매우 낮았으나, 점차 지방관아의 재정 문제 해결을 위하여 이자율이 상승하는 경향이 있었다. 조선시대 말기에는 지방관들이 백성들을 수탈하는 대표적인 수단의 하나로 거론되었다.

진대(賑貸)
백성들의 생활 안정을 위해 춘궁기에 곡물을 빌려주고 수확기에 돌려받는 제도로서, 이자가 없거나 곡물 보관 등에서 나타나는 손실을 보전하는 차원의 매우 낮은 이자율만 적용하는 것이 특징이다. 고구려의 진대법이 대표적인 것으로 알려져 있고, 고려에서 실시된 의창(義倉)도 진대의 일종으로 볼 수 있다.

나·전수행)을 포함하여 일반농민으로 보는 견해가 우세하지만, 각 관사와 관계가 깊은 최하층의 관청소속자로 파악하는 견해도 있다. 다만 두 견해 모두 마지막의 '도도읍좌'는 앞의 9인과 달리 지방관사 또는 그에 소속된 관인으로 파악하고 있다. 또 일반 농민이건 최하층의 관청소속자건 직역이라는 신분상에서는 차이가 있더라도 사회적 처지라는 계층적 입장은 사실상 동일하다고 생각된다.

이렇게 판독문이 어느 정도 확정되면서 기본적인 내용에 대한 연구도 상당히 진전된 상황이라고 볼 수 있다. 그러나 여전히 '대식제'의 성격에 대한 부분은 밝혀지지 않은 상태이다. 이에 다음으로 '대식제'의 성격 문제를 다루어 보고자 한다.

삼국의 진급(賑給)기사와 고구려의 진대법(賑貸法)

삼국에서 진대나 구황 목적으로 실시한 제도로서 '대식제(貸食制)'와 비교할 수 있는 것이라면, 삼국 모두 등장하는 '진급(賑給)'기사와 고구려의 '진대법(賑貸法)'을 들 수 있다. 먼저 진급기사는 그 수가 매우 많으므로, 삼국 각각을 표로 정리하여 분석해 보고자 한다. 기사의 숫자에 따라 신라-고구려-백제의 순서이다.

먼저 신라의 사례를 정리해 보면 <표 2>와 같다.

<표 2> 신라의 각종 재해와 진급의 관계

	재해	진급	진급 외	가뭄	황(蝗)	수해	전염병	기근
상고기	66	8	20	30(7)	15(2)	19(1)	8	16(8)
중고기	8	2	5	6(1)	0	2(1)	0	2(1)
상대	74	10	25	36(8)	15(2)	21(2)	8	18(9)
중대	19	4	8	9(1)	3	4	2	7(4)
하대	30	7	8	16(3)	6(1)	5	6(2)	14(7)
하고기	49	11	16	25(4)	9(1)	9	8(2)	21(11)
전체	123	21	41	61(12)	24(3)	30(2)	16(2)	39(20)

<표 2>에서 <표 4>의 경우, 여러 재해를 합하여 진급 등의 대응을 하는 경우가 많으므로 합계 부분에서 재해횟수는 재해가 일어난 해를 1로 계산하였고, 여러 재해가 중복된 해는 각각의 재해를 별도로 집계하였으므로 재해 횟수의 합계와 일치하지 않는다. 지면관계상 각 시기별 전체통계만 제시하고 재해가 일어난 시기는 생략하는 대신, 진급과 관련되는 재해횟수는 ( ) 안에 표기하였다. 또 '진급 이외'는 환과고독(鰥寡孤獨)에 대한 사여, 재해지역에 대한 순무(巡撫)·면세(免稅)·사면(赦免) 등이다. 비록 『삼국사기(三國史記)』가 후대 사료에 비해 누락이 많다는 한계가 있기는 하지만, 재해 및 진급기사는 『삼국사기』의 다른 기사에 비해 비교적 표본이 많다. 따라서 이 분석을 통해 정확하고 세밀한 사실관계를 추적할 수는 없어도, 삼국 간의 특징 비교나 시대적 흐름에 따른 전체적인 경향성을 파악하는 데에는 큰 무리가 없을 것이다. 황(蝗)은 메뚜기떼에 의한 곡물의 피해를 의미한다.

<표 2>의 내용을 분석해 보면, 전체기간(123:21+41)에 비추어 상고기 (66:8+20)와 하고기(49:11+16), 상대(74:10+25)-중대(19:4+8)-하대(30:7+8) 등에서는 큰 비율의 차이가 보이지 않는다. 즉 재해에 대한 진급과 진급 이외의 합이 50% 내외를 이루고 있고, 진급보다는 진급 이외가 많다. 유일한 예외는 중고기(8:2+5)인데, 기간이 짧고 표본이 적어서 큰 의미를 부여하기는 어려울 것으로 보인다. 굳이 의미를 부여하자면 신라가 대민지배에 관심을 가지고 대외적으로도 발전하던 시기였기에, 재해에 대한 대처

에도 다른 시기보다 적극적이었다고 할 수 있는 정도이다. 그리고 전체적으로는 후대로 갈수록 진급이건 진급 이외이건 비중이 점차 높아지는 경향을 보이지만, 사료의 한계 등을 고려하면 크게 의미를 부여하기는 어렵다.

또 진급과 재해의 관계를 추적해 보면 기근(饑饉)과의 일치도가 매우 높고, 그 다음으로 가뭄[旱害]이다. 기근의 원인이 대체로 가뭄인 것을 고려하면, 당연한 결과라고도 할 수 있을 것이다. 또 기근에 대한 대책으로서 진급이 실시되었기에, 진급의 내용은 식량이었음을 쉽게 추측할 수 있다.

다음으로는 고구려의 사례를 정리하면 <표 3>과 같다.

<표 3> 고구려의 각종 재해와 진급의 관계

	재해	진급	진급 외	가뭄	황(蝗)	수해	전염병	기근
국내성	21	6	5	7(1)	5	4(1)	2	9(6)
평양성	11	3	2	5(2)	3(1)	1	1	5(3)
전체	32	9	7	12(3)	8(1)	5(1)	3	14(9)

<표 3>의 내용을 분석해 보면, 전체기간(32:9+7)에 비추어 국내성기 (21:6+5)와 평양성기(11:3+2)에 큰 비율의 차이가 보이지 않는다. 즉 재해에 대한 진급과 진급 이외의 합이 50% 내외를 이루고 있고, 진급 이외보다는 진급이 조금 많다. 신라와 비교하면 표본 수가 훨씬 적고 진급의 비중이 더 크다는 점은 다르지만, 진급과 진급 이외의 합이 50% 내외라는 점은 공통된다.

또 진급과 재해의 관계를 추적해 보면 기근과의 일치도가 100%이고, 그 다음으로 가뭄이다. 이것도 신라와 거의 비슷한 양상이다. 다만 가뭄

의 비중이 신라보다 적은데, 이것은 지역적 차이에 따른 기후나 산업의 차이에 의한 것이 아닐까 한다. 구체적으로는 고구려 특히 국내성 지역은 기본적으로 강수량이 백제나 신라보다 적다. 따라서 농업이라 하더라도 적은 강수량에 최적화된 잡곡류를 주로 재배하였을 것이고, 그에 따라 가뭄에 따른 피해는 적었을 것으로 생각된다. 평양 지역 또한 가뭄 피해가 클 수밖에 없는 벼농사 비중이 백제나 신라에 비해 적었을 것으로 추정된다.

마지막으로 백제의 사례를 정리하면 <표 4>와 같다.

<표 4> 백제의 각종 재해와 진급의 관계

	재해	진급	진급 외	가뭄	황(蝗)	수해	전염병	기근
한성	29	2	8	20(2)	4	2	3	13(2)
웅진/사비	16	1	0	11(1)	1	4	3(1)	7(1)
전체	45	3	8	31(3)	5	6	6(1)	20(3)

<표 4>의 내용을 분석해 보면, 전체기간(45:3+8)에 비추어 한성기(29:2+8)와 웅진/사비기(16:1+0)에 상당한 비율의 차이가 보인다. 한성기에는 비교적 적극적이었던 재해에 대한 대응이 웅진/사비기에 굉장히 소극적으로 바뀐 것을 볼 수 있다. 또 전체적으로 보아 재해에 대한 진급과 진급 이외의 합이 50%에 훨씬 미치지 못하고 있어 신라·고구려와 차이가 나지만, 진급보다는 진급 이외가 많다는 점에서 신라와 일치한다. 진급과 재해의 관계를 추적해 보면 기근·가뭄과의 일치도가 100%이지만, 표본 수가 워낙 적어서 큰 의미를 부여하기는 어려울 것으로 보인다.

무엇보다도 고구려보다 표본 수가 많음에도 불구하고, 진급은 물론

진급 이외의 비중까지도 적다는 것은 단순히 사료의 한계로 치부할 수는 없는 현상이라고 생각된다. 특히 동성왕대(479~501)에 재해로 인하여 신하들이 진급을 간언하였으나 왕이 듣지 않아서 백성들이 대거 고구려로 도망간 사례는 웅진/사비기 재해에 소극적으로 대응하는 백제의 모습을 상징적으로 보여주는 사건이 아닌가 한다.

한편, 한국의 학자들은 대식(貸食)을 고대 일본의 이자놀이인 출거(出擧)보다는 고구려에서 실시되었던 진대(賑貸)나 조선시대에 실시되었던 환곡(還穀)과 같은 구황정책과 연결시키는 경향이 강하였다. 따라서 이러한 상황에서 대식의 정확한 성격을 파악하기 위해서는 먼저 진대와의 공통점과 차이점을 파악할 필요가 있다. 진대법을 전하는 사료는 아래와 같다.

> 16년(194) 10월, 왕이 질양(質陽)에 전렵을 나갔다가 길에서 앉아서 우는 자를 보고 물었다. "어째서 우는가?" 대답하였다. "저는 가난하여 항상 힘으로 품을 팔아서 어머니를 봉양하였습니다. 올해는 흉년이 들어 품팔아 경작할 곳이 없어서 적은 양식조차 얻을 수 없기에 울었을 뿐입니다." 왕이 말하였다. "안타깝도다! 내가 백성의 부모가 되어 백성들이 이 지경에 이르게 하였으니, 나의 죄이다." 옷과 식량을 주어 위무하였다. 인하여 내외의 담당자에게 '널리 홀아비, 과부, 고아, 독거노인, 병들고 가난하여 자립할 수 없는 자를 찾아서 그들을 구휼하라'고 명령하였다. 담당자에게 '매년 3월부터 7월까지 관(官)의 곡식을 내어 백성들의 가구 다소에 따라 차등 있게 진대하고 10월에 돌려받는 것을 항식(恒式)으로 삼으라'고 명령하였다. 모두 크게 기뻐하였다.
>
> (『삼국사기』 권16, 고구려본기4 고국천왕)

진대법은 이상의 기록에 따르면 고구려에서 식량이 부족한 3월부터 7월까지 관의 곡식을 빌려주었다가 추수기인 10월에 상환을 받는 제도이다. 이는 재해 등이 일어났을 때 무상으로 지급하는 진급과는 구분되는 것으로, 백성들의 생활 안정을 위한 것이기 때문에 무이자에 가까운 성격을 띠게 된다.

고려시대의 의창(義倉) 또한 진급 또는 진대를 목적으로 하는 것으로서 무이자이며, 조선시대의 환곡(還穀) 또한 보관 및 관리비용을 이자로 수취하는 취모보용(取耗補用) 이전의 단계에는 무이자이고 취모보용 이후에도 손실분의 보전이기 때문에 이자율이 대체로 낮았다. 또 의창과 환곡은 원곡(元穀)을 저장해 두었다가 대여해주는 것이 때문에, 처음에 국가에서 조세와는 별도의 원곡[의창곡(義倉穀) 등]을 창고에 저장해 두었다가 유사시에 진대하는 것이다.

그런데 '좌관대식기' 목간에 나타난 대식제는 33.3% 또는 50%의 이자율로 상환하는 것이고 원곡의 성격도 파악되지 않기 때문에, 조세와 별도로 원곡을 두고 이자가 있더라도 최소한일 수밖에 없는 진대법·의창·환곡 등과 같은 성격의 것이라고 보기 어렵다. 그런 점에서 대식제에 대해서는 차대(借貸)일 가능성을 열어두고 검토할 필요가 있다.

'좌관대식기' 목간과 대식제

'대식(貸食)'이란 문자 그대로 '식(食)'을 빌려주는 것이다. 이 '식'의 실체에 대해서는 주로 벼나 쌀로 파악하는 이외에 보리나 밀 등으로 파악하기도 하지만, 곡물류라는 데에는 이견이 없다. 곡물류를 빌려주는 것이라면 역시 지금까지 이야기되었듯이 식량으로서의 의미가 클 것이다. 다만 고대사회에서 곡물류는 직물류와 유사하게 화폐 대용의 기능이 있다는 점을 고려할 때, 세금 및 화폐 대용의 교환물로서의 의미가 전혀 없다고 하기는 어려울 것이다.

그런데 이 '대식'이라는 용어가 3세기 손오(孫吳: 222~280)의 주마루 (走馬樓) 목간에서 나타나는 것을 근거로 손오에서 기원하여 남조에 계승 된 후 백제로 전래되었다고 추정한 견해가 있었다. 그리고 일본의 학자 들을 중심으로 그러한 '대식'은 고대 일본 관청의 이자놀이인 공출거(公 出擧)에 해당하기 때문에, 백제의 대식제(貸食制)가 고대 일본열도에 전해 져 '대도(貸稻: 벼의 대출)'라는 형태로 실시되었다가 8세기 율령제 실시 후 '공출거'로 바뀌었다고 추정되기도 하였다. 반면 한국의 학자들은 이 '대 식'을 앞서 서술한 대로 고구려에서 실시되었던 '진대(賑貸)'나 조선시대 에 실시되었던 '환곡'과 연결시키는 경향이 강하였다. 따라서 이러한 상 황에서 '대식'의 정확한 성격을 파악하기 위해서는 '진대'·'환곡'에 이어 서 '출거(出擧)'와의 공통점 및 차이점을 파악할 필요가 있다.

> **주마루(走馬樓) 목간**
> 1996년 中國 湖南省 長沙市에서 발견된 손오(孫吳)시대의 목간. 연대는 232~237년 정도로 파악된다. 10여만 점의 목간이 우물 속에서 발견되어, 현재도 정리 중인 관계로 일부만 공개되어 있다. 호적·장부 등 지방관아의 재정 관련 문서가 많아서 사회경제사 연구자들에게 주목받은 자료이다.

'출거'는 일본 고대사회에서 광범하게 행해졌던 벼를 빌려주는 제도 로서, 고대 지방재정의 근간이 되었다. 7세기 후반의 일본 목간에서는 '대 도'라는 표현이 발견되고 있는데, 8세기 이후 율령국가에서는 이 '대도' 관행을 제도화하여 지방재정 운용을 위해서 정세(正稅)를 정월·5월에 벼로 백성에게 대부하여 가을에 5할의 이자와 함께 회수하는 공출거 제도가 확립되었다. 봄·여름의 출거와 가을의 수납 작업은 군사(郡司)나 그 하급 관리인 세장(稅長)이 담당하고, 목간이나 종이 문서로 몇 겹의 장부가 작성되었다. 그런데 '좌관대식기' 목간에 나타난 대식제는 식량으로서의 곡물류의 대여라는 점은 물론이고 목간의 기재양식이나 사용되는 용어('상(上)'·'미(未)'·'반(半)'·'갑(甲)' 등)에서도 일본열도에서 발견되는 초기의 출거 목간과 유사하다. 특히 '대식'이라는 표현이 '대도'와 연결될 수 있기 때문에, 백제의 대식제가 7세기 후반에 일본열도에 전해져 '대도'라는 관행을 거쳐 공출거 제도로 정착되었을 가능성이 지적되었다.

군사(郡司)
8세기 이후 고대 일본의 율령제하에서 군(郡)을 다스리는 지방관의 총칭. 임기를 가지고 중앙에서 군의 상부인 국(國)에 파견되는 국사(國司)와 달리, 지방의 재지수장층이 세습적으로 임명되어 종신직인 것이 특징이다. 대령(大領)·소령(少領)·주정(主政)·주장(主帳)의 4등관으로 구성되어 있다.

세장(稅長)
8세기 이후 고대 일본의 율령제하에서 군(郡)의 세금 관련 업무를 실행하는 서리이다.

물론 백제와 일본이라는 지역적 특성 및 7세기 초반과 7세기 후반부터 8세기 초라는 시기적 차이가 존재하기 때문에, 설사 백제의 대식제가 고대 일본의 출거제에 영향을 준 점을 인정하더라도 출거제 하나에만 의거하여 대식제를 복원하려고 시도하는 것은 온당하지 못하다. 출거제에는 백제 이외에 당령(唐令)의 영향도 있는 데다가, 고대 일본이라는 고유의 상황에 의해 발생한 부분 또한 무시할 수 없기 때문이다. 그러나 앞서 서술했듯이 지금까지 드러난 여러 정황상 양자가 깊은 관련이 있고, 그러한 관련은 백제의 대식제가 고대 일본의 출거제에 영향을 끼친 것이라고

정리할 수 있을 것이다. 그렇기에 둘의 공통점 못지 않게 차이점 또한 고려하면서 비교가 이루어져야 자료가 부족한 대식제의 공백 부분을 보다 정확하게 메울 수 있을 것이다.

다만 이 때 분명히 해야할 것은 '좌관대식기' 목간의 '좌관'이 대식의 주체라는 지금까지의 견해가 과연 타당한가 하는 점이다. 지금까지는 별다른 검토 없이 '좌관'을 대식의 주체라고 파악해 왔으나, 여러 가지 상황으로 보아 오히려 대식의 대상일 가능성이 있기 때문이다. 즉 '좌관대식기'가 지금까지의 해석처럼 '좌관이 대식한 기록'이 아니라 '좌관에게 대식한 기록'일 수도 있다는 것이다. 이 때에 참고가 되는 것이 '대식'이라는 단어를 백제보다 먼저 사용하고 있는 중국왕조의 사례이다.

중국왕조에서 '대식'이라는 용어는 앞서 서술한 대로 3세기 손오의 주마루목간에서도 나타나지만, 다음의 자료처럼 그보다 훨씬 앞선 기원전후의 돈황(敦煌) 한간(漢簡)에서도 보인다.

教　　　　·隧長西貸食 (263B 목간)

이 목간은 1979년 감숙성(甘肅省) 문물고고연구소(文物考古硏究所)에 의해 조사된 마권만(馬圈灣) 유적에서 발견되어, 함께 출토된 목간들과 함께 '돈황 마권만 한간'이라고 불린다. 마권만 한간의 연대는 전한(前漢) 선제(宣帝)의 본시(本始) 3년(B.C.71)부터 신(新) 왕망(王莽)의 시건국지황상무(始建國地皇上戊) 3년(A.D.22)까지로 알려져 있다. 보고자에 따르면 이 목간의 내용은 돈황 옥문관(玉門關) 일대의 지휘관인 옥문후관(玉門候官)이 예하의 '수장서(隧長西)'에게 대식할 것을 명령한 것이라고 한다. 즉 '대식' 앞에 기록된 '수장서'는 대식의 주체가 아니라 대상인 것이다. 같은 유구에서 출토된 다른 목간에도 '대식'과 관련되는 내용이 있는데, 역시 '대식'의 내용은 곡물이다.

이 밖에 손오의 주마루목간에도 일반 백성뿐만 아니라 지방의 서리 또한 대식 대상에 포함되었다. 백제 대식제의 영향을 많이 받았다고 하는 일본열도의 상황을 보더라도, 곡물 출거가 주로 일반 백성을 대상으로 했던 것과 달리, 전화(錢貨) 출거는 주로 중·하급관인을 대상으로 하고 있었다. 즉 관사가 재화를 대여할 때 중·하급관인을 대여대상에 포함하는 것이 동아시아 고대사회에서 일반적이었던 것이다. 이러한 중·하급관인에 대한 재화 대여는 그들의 생활기반 유지라는 '진대'의 측면보다는 관사의 재정 문제를 해소하기 위하여 그들의 불안한 경제기반을 이용하는 착취의 측면이 더욱 강하였다. 특히 위의 마권만 한간처럼 대여대상은 기록하고 대여주체는 생략하는 사례가 있어 '좌관대식기'의 해석에도 참고가 된다.

백제 대식제의 성격과 한계

'좌관대식기(佐官貸食記)'와 같은 장부목간이 일반적으로 편철(編綴)되어 관리된다는 점을 고려하면, 목간을 보관하는 대식(貸食)의 주체를 기록할 필요성이 없거나 편철 전체의 표제에 기록할 것이기 때문에, '좌관대식기' 같은 개별 장부목간에는 대식주체보다 대식대상을 정확하게 드러낼 필요가 있었을 것이다. '좌관(佐官)'이 대식주체가 아니라 대식대상임이 분명하다면, 대식제(貸食制)의 시행범위나 관제와의 관련성을 고찰하기도 용이해질 것이다.

먼저 대식제의 시행범위는 '좌관대식기' 목간의 출토지점이나 내용으로 볼 때 일단 수도인 사비(泗沘) 지역 또는 그 근교일 가능성이 높아 보인다. 다만 목간의 출토지점과 폐기지점이 일치하지 않는 점이 보고자에 의해 제기되어 있기 때문에, '좌관=중앙관'으로 파악하여 대식제의 시행범위를 중앙으로 한정하는 것은 성급할 수도 있다. 또 보고자의 의견과 달리 출토지점과 폐기지점이 같거나 그다지 멀리 떨어지지 않아서 '좌관=중앙관'으로 파악하는 데에 별다른 문제가 없다고 하더라도 여전히 문제는 남는다.

왜냐하면 대식제 또한 출거제(出擧制)처럼 기본성격이 백성 구제를 위한 진대적(賑貸的) 성격보다는 관사의 재정 운영을 위한 재원 마련의 성격이 강하다는 점을 고려하면, 중앙관사에만 한정될 이유가 없기 때문이다. '좌관=중앙관'으로 파악한다 하더라도 그것은 어디까지나 '좌관대식기' 목간에 한정되는 것이지, 지방에서 유사한 목간이 출토된다면 '좌관=지방관'으로 볼 수 있는 여지도 있다고 생각된다. 앞서 서술했듯이 '좌관대식기' 목간에 기재되어 있는 '도도읍좌(刀刀邑佐)'가 이러한 지방관의 사례 중 하나라고 볼 수 있기 때문이다. 특히 지방의 좌관인 '도도읍좌'가 포함되었다는 점은 '좌관'이 대식대상이라는 사실을 뒷받침하는 사례일 것이다.

'좌관대식기' 목간의 '좌관'을 앞서 서술했듯이 '관인의 계층'으로 파악할 경우, 지금까지 드러난 양상으로는 역시 지방관보다는 중앙관일 가능성이 높다고 볼 수 있다. 그리고 '좌관대식기' 목간과 가까운 지점에서 발견된 '외경부(外椋部)' 목간을 고려하면, 그의 소속은 외경부 또는 그 예하의 속사(屬司)라고 파악할 수 있을 것이다.

다음으로는 대식제와 관제의 관련성이다. 일단 앞서 서술했듯이 '좌관'은 '관인의 계층'으로서 중앙관사와 지방관사 중 어느 쪽이라도 소속될 가능성이 있으나, '좌관대식기'의 경우에는 중앙관사에 소속된 관인이라고 파악해야 할 것이다. 이러한 중앙관인에게 시행하는 대식제라면, 대식의 내용인 곡물 또한 단순히 식량으로만 해석하기 어려운 면이 있을 것이다. 단순한 식량의 지급이기보다는 교환수단으로서 재화의 대여라는 의미도 포함할 가능성이 높기 때문에 대식을 '진대(賑貸)'나 '환곡(還穀)'과는 달리 파악할 여지가 커지는 것이다.

대식대상인 10인 모두 '좌관'이고, 그 중 1인인 '도도읍좌'는 다른 9인과 달리 지방관사 소속이기 때문에 특별히 '읍좌(邑佐)'임을 명기하여 기록하였다고 판단된다. 나머지 9인은 대성8족도 아니고 『삼국사기(三國史記)』나 『일본서기(日本書紀)』에 등장하는 여타 귀족들의 성씨도 아니다. 『삼국사기』에는 솔계(率系) 관등 소지자만이, 『일본서기』에는 대다수의 솔계 관등 소지자와 일부 덕계(德系) 관등 소지자만이 등장한다는 점을 고려하면, 9인 중 대부분은 문독(文督) 이하의 하급관등 소지자가 아닐까 한다. 관등을 소지하지 않은 자를 '좌관'이라고 표기하지는 않았을 것이고, 9인 중 대부분은 성씨가 없을 가능성도 높다는 점에서 더욱 그러하다. 다만 고순다(固淳多) 등 일부는 성씨가 있을 것으로 판단되기 때문에 덕계 관등 소지자일 가능성도 여전히 존재한다.

7세기 백제와 유사하거나 훨씬 더 관료조직이 발달한 것으로 추정되는 8~9세기 일본열도의 중·하급관인들도 녹봉만으로는 생활이 어려워 출거 등에 의해 보충하였다는 점을 고려하면, 백제에서 덕계 관등 소지자 또는 문독 이하 중 솔계 관등으로의 진출이 어려운 계층들에게 '대식'이 이루어지는 것이 그리 이해하기 어려운 일은 아닐 것이다. 또 8~9세기 일본열도에서 전화 출거의 주체인 중앙관사 또한 중앙정부에서 지급되는 현물 중심의 예산만으로는 운영이 어려운 점이 많았기에 원활한 재정 운영을 위해 별도의 수입원이 필요하였다는 점 또한 백제의 중앙관사가 관인들을 대상으로 대식제를 운영하였다는 것을 이해하는 데에 도움을 줄 것이다.

대식 대상이 하급관등 소지자일 가능성이 높다는 것 이외에도 '좌관대식기'를 진대·의창·환곡에 관련시킬 수 없는 이유는 또 있다. 비록 백제에서는 관련사료를 찾기 어렵지만, 고구려에는 차대(借貸)의 존재를 보여주는 사료가 있고, 신라에는 빌린 곡물에 대한 이자의 면제 등이 나타나고 있어 차대가 존재할 가능성이 엿보인다.

그 형법은 다음과 같다. 반반(反叛)을 도모한 자는 먼저 불로 태운 후에 참수(斬首)하고 그 가(家)를 적몰(籍沒)한다. 물건을 훔친 자는 10여 배로 장물을 징수하는데, 만약 가난하여 그것을 갖추지 못하거나 공사(公私)의 채무를 지고 있으면, 모두 그 자녀를 노비로 삼아 배상하는 것을 허락한다.

(『주서』 권49, 고려전)

9년(669) 2월21일, 대왕이 군신(群臣)을 모아 교(教)를 내렸다. " … 이 일을 생각건대 자고 먹는 것이 안정되지 않아서 국내에 사면할 만하니, 총장(總章) 2년(669) 2월21일 동이 트기 전에 오역죄(五逆罪)와 사죄(死罪) 이

반반(反叛)

군주를 해하려는 반(反)과 적국과 내통하는 등의 배반행위를 가리키는 반(叛)의 합성어. 국가질서의 유지를 위해 매우 중대한 범죄행위이기 때문에, 실행이 되었을 때 예비·음모보다 무겁게 처벌되는 다른 죄목과 달리, 예비·음모만으로도 최고형에 처해지는 특징이 있다.

적몰(籍沒)

호적에서 제외시켜 관노비로 강등시키고, 재산을 몰수하여 관에 환수하는 처벌. 몰관(沒官)이라고도 한다. 대개 반반(反叛)과 같은 중대범죄에 대하여 가족 등 연좌되는 사람들에게 내리는 처벌이다.

하를 범하여 지금 수감된 자는 죄의 크고 작음을 따지지 말고 모두 방면하라. … 백성이 가난하여 남의 곡식을 취한 경우에 곡식이 익지 않은 땅에 있으면 이자와 원금을 모두 돌려줄 필요가 없고, 익은 곳에 있으면 올해 익은 것을 거두어서 다만 그 원금만 돌려주고 이자는 돌려줄 필요가 없다. □□ 30일을 기한으로 담당자는 받들어 행하라."

(『三國史記』 권6, 新羅本紀6 文武王上)

만약 진대나 환곡의 성격이라면 재원이 중국왕조나 일본의 사례로 보아 전조(田租)나 호조(戶調) 등 조세와 연결되어야 한다. 이와 관련하여 진대법을 실시했던 고구려의 경우 조세 중 곡식은 상대적으로 장기보존에 유리한 조로 받고 있어, 호조가 진대법의 재원으로 활용되었을 가능성이 제기된 바 있다. 그러나 백제의 경우 조세 중 곡식은 상대적으로 장기보존이 어려운 쌀로 받고 있어, 백제에서 조세만을 진급이나 진대의 재원으로 활용했다고 보기 어렵다. 조세를 재원으로 활용하더라도 운영상의 어려움이 컸을 것으로 예상되기 때문에, 조세 이외의 추가재원을 필요로 하거나 그렇지 못할 경우 운영상의 어려움에 의해 제도 자체가 유명무실화되었을 가능성이 컸다고 생각되는 것이다.

> **전조(田租)**
> 토지에서 나오는 수확물에 대하여 거두어들이는 세금. 지금의 소득세에 해당된다. 농업사회에서 주로 나타나는 세금 형태로 곡물을 징수하는 경우가 많다.
>
> **호조(戶調)**
> 집집마다 1인당 일정액을 거두어들이는 인두세(人頭稅). 지금의 주민세에 해당된다. 전근대사회에서는 주로 직물을 징수하는 방식이 많았다.

　마지막으로 앞선 진급기사 분석결과를 토대로 볼 때, 백제는 신라나 고구려와 달리 중앙정부의 자연재해에 대한 적극적 대처가 잘 보이지 않고, '좌관대식기'가 나타나는 웅진/사비기에 더욱 두드러진다. 그러한 상황은 백제에서는 실제의 조세 수취가 진급이나 진대에 쓰일 만큼 충분하지 못하였고, 설령 진대의 형태라 하더라도 재정 부족을 메우기 위해 본래의 취지와 달리 '좌관대식기'처럼 높은 이자율로 운영되었을 가능성이 크다는 것을 보여준다고 할 수 있다. 그것은 의창·환곡 등이 결국엔 운영 주체인 중앙정부의 재정문제로 인하여 군량 등으로 전용되기 쉬웠고, 그에 따라 원곡(元穀)이 감소하는 문제를 막기 위해 고리대(高利貸)로 변질되고 말았다는 사례에서도 쉽게 알 수 있다. 또 6~7세기에 백제에서 빈번하였던 대규모의 전쟁과 토목공사는 이러하였을 가능성을 더욱 높여준다.

　결국 대식제는 진급·진대와는 성격이 다른 제도일 가능성이 높다고 할 수 있다. 진급·진대는 대체로 상시적이기보다는 재해의 발생 때마다 주로 조세를 재원으로 하여 당장의 위기에 응급대처하는 성격이 강한 것이다. 반면 대식제는 상시적인 제도로서 고리대적 성격을 바탕으로 진급·진대가 운용될 수 있도록 조세의 부족분을 보충하는 재정 보조의 역할을 하는 동시에, 회수율이 낮은 것을 감안하더라도 농민층이 붕괴되는 걸 막기 위한 최소한의 '고대적인 배려'로서 실시되었던 것이라고 할 수 있다.

참고문헌

국립부여박물관, 2009, 『백제 "좌관대식기"의 세계』, 2009년 5월21일 학술세미나 자료집.

정해준·윤지희, 2011, 『扶餘 雙北里 280-5 遺蹟』, 百濟文化財研究院.

노중국, 2009, 「백제의 救恤·賑貸 정책과 '佐官貸食記' 목간」, 『白山學報』83.

정동준, 2009 「「佐官貸食記」 목간의 제도사적 의미」, 『木簡과 文字』4.

홍승우, 2009, 「「佐官貸食記」 木簡에 나타난 百濟의 量制와 貸食制」, 『木簡과 文字』4.

정동준, 2014, 「백제 대식제(貸食制)의 실상과 한계」 『역사와 현실』91.

三上喜孝, 2009, 「古代東アジア出挙制度試論」, 『東アジア古代出土文字資料の研究』, 雄山閣.

尹善泰, 2010, 「新出木簡からみた百済の文書行政」, 『朝鮮学報』215.

진흥왕과 순수비

전덕재
단국대학교

진흥왕순수비의 발견

　진흥왕순수비(眞興王巡狩碑)는 진흥왕이 북한산, 창녕, 황초령, 마운령을 각각 순수(巡狩)하고 세운 4개의 석비(石碑)를 말한다. 일반적으로 이들을 통틀어 지칭할 때는 진흥왕순수비라고 하고, 그 가운데 어느 하나를 지칭할 경우에는 북한산비(北漢山碑), 창녕비(昌寧碑), 황초령비(黃草嶺碑), 마운령비(磨雲嶺碑)라고 한다.

　북한산비는 국보 제3호로서 원래 경기도 고양군 은평면 구기리(현재 서울특별시 종로구 구기동) 북한산 비봉에 있었으나, 1972년에 국립중앙박물관으로 옮겨 보존 전시하고 있다. 조선후기까지 무학대사왕심비(無學大師枉尋碑) 또는 몰자비(沒字碑) 등으로 불리어 왔다. 서유구(徐有榘)가 일찍이 『임원십육지(林園十六志)』 권5 이운지(怡雲志)에서 '예완감상'(藝翫鑑賞)이란 표제 아래 문암록(問菴錄: 유득공의 맏아들 유본학<柳本學>의 문집)을 인용하면서 '비봉(碑峯)은 도성 창의문(彰義門) 바깥에 있으니 그곳에 신라진흥왕북순비(新羅眞興王北巡碑)가 있다. 글자는 모두 마멸되고 겨우 10여 글자만 알아볼 수 있을 뿐이다.'고 언급하였다. 이후 추사(秋史) 김정희(金正喜)가 1816년(순조 16) 7월에 친구 김경연(金敬淵)과 더불어 승가사(僧伽寺)에 놀러갔다가 이 비를 발견, 이끼를 뜯어내고 탁출(拓出)하여 '眞'자를 확인하였고, 이듬 해 조인영(趙寅永)과 더불어 이 비를 다시 조사하여 68자를 확인하였으며, 그 후 또 2자를 더 판독하였다. 김정희 등은 탁본을 중국의 금석가 유연정(劉燕庭)에게 주었고, 이것이 그의 『해동금석원(海東金石苑)』에 실리게 되어 세상에 널리 알려졌다.

석비의 재료는 화강암이며, 비신(碑身)의 높이는 약 155.1cm, 폭은 약 71.5cm, 두께는 약 16.6cm이다. 비의 상단에는 비의 옥개석(屋蓋石)을 올려놓을 수 있도록 폭 약 69cm, 높이 약 6.7cm 정도로 자리가 만들어져 있으나, 옥개석은 발견되지 않았다. 비문은 12행으로 각 행 21자 혹은 22자이나, 마멸이 심하여 대부분 판독하기가 어렵다. 서체는 황초령비와 비슷한 구양순체(歐陽詢體)라고 한다.

창녕비는 국보 제33호로서 원래는 경남 창녕군 창녕읍 화왕산(火旺山)에서 뻗어 내린 목마산(牧馬山) 서쪽 언덕에 있었는데, 현재 창녕읍 교상리로 옮겨 비각을 세워 보존하고 있다. 1914년 도리이 류조(鳥居龍藏)가 창녕지역의 고적을 조사할 때, 보통학교장(普通學校長) 하시모토 료조(橋本良藏)가 목마산 서쪽 언덕에 고비석(古碑石)이 있다는 사실을 알리자, 이에 조선총독부(朝鮮總督府)에서 조사, 보고한 것을 계기로 세상에 널리 알려지게 되었다. 석비의 재질은 화강암이며, 편평한 거석(巨石)의 표면을 갈고 글을 새겼다. 높이는 가장 높은 부분이 약 300cm이고, 가장 낮은 부분이 115.1cm이다. 폭은 가장 넓은 부분이 175.7cm이고, 두께는 30.3cm에서 51.5cm에 이른다. 직선으로 글자를 둘러싸는 선을 그었으나 정연하지 않다. 옥개석은 만들지 않았고, 받침돌은 현재 존재하지 않는다. 비의 서체는 예서와 해서의 중간이며, 광개토왕릉비문의 서체와 흡사하다고 한다.

황초령비는 원래 함경남도 함흥군 하기천면(현재 함경남도 영광군) 황초령에 있었다. 현재 황초령(1206m)은 북한의 함경남도 영광군과 장진군을 잇는 고개로서 부전령산맥을 넘나드는 중요 관문으로 기능하고 있다. 흔히 황초령비라고 부르지만, 황초령이 초방원(草坊院) 부근에 있었기 때문에 간혹 초방원비라고 부르기도 하였다. 한백겸(1547~1629)은 1615년(광해군 7) 경에 지은 『동국지리지(東國地理志)』에서 황초령 및 단천(端川)에 진흥왕의 순수비가 있다고 언급하였고, 차천로(車天輅: 1556~1610)가 선조 때에 지은 『오산설림(五山說林)』에는 선조대에 신립(申砬)이 남병사(南兵使)로 있을 때에 황초령비를 탁출(拓出)하여 왔다는 내용이 전한다. 낭선군(郞善君) 이우(李俁 1637~1693: 선조의 12자인 인흥군<仁興君> 영<瑛>의 아들)가 황초령비의 탁본 일부를 『대동금석첩(大同金石帖)』에 수록함으로써 세상에 널리 알려졌다. 그러나 당시까지 알려진 것은 황초령비의 제1석과 제3석 만이었다.

이후 한동안 황초령비의 소재를 알지 못하다가 1790년(정조 14)에 유한돈(兪漢敦)이 다시 제1석을 발견하였으나, 곧바로 다시 매몰되었다가 1835년(헌종 원)에 함경도 관찰사로 나간 권돈인(權敦仁)이 제1석과 제2석을 찾아냈다. 1852년(철종 3)에 함경도 관찰사 윤정현(尹定鉉)이 석비를 황초령 아래의 중령진(中嶺鎭)으로 옮기고, 마을 이름을 진흥리(眞興里: 현재 북한의 함경남도 영광군 수전노동자구)로 고쳤다. 제3석은 윤정현이 진흥리로 옮길 당시 소재 불명 상태로 탁본만이 전하다가, 1931년에 함흥군 하기천면 은봉리(현재 영광군 산창리)의 계곡에서 엄재춘(嚴在春)이 발견하여 제1, 2석과 합쳐 접합하였고, 현재 함흥시 사포구역 소나무동의 함흥본궁(이성계가 왕이 되기 전에 살던 집) 안쪽의 정전에 위치한 함흥역사박물관에 마운령비와 함께 보존, 전시되고 있다.

석비의 재질은 화강암이다. 원석(原石)의 높이는 약 151.5cm 내외이고, 비석의 높이는 전면 130.3cm, 후면 138.2cm, 폭 약 50cm이며, 두께는 상부 32cm, 중앙부 27.6cm, 하부 약 24.5cm이다. 비면(碑面)에 가로 42.7cm, 세로 121.2cm 정도의 경계선을 긋고, 그 안에 13행을 구획한 다음, 행마다 33자 정도의 글을 새겨 넣었다. 서체는 구양순체라고 한다. 석비 상부의 일부와 좌측부가 깨어져 나갔고, 제2석과 제3석을 접합한 부분은 글자가 보이지 않아 판독에 많은 어려움이 있으나, 나머지 부분은 모두 판독할 수 있다. 황초령비는 마운령비의 내용과 동일하기 때문에 마운령비의 판독에 의거하여 추정, 복원이 가능하다.

마운령비는 본래 함경남도 이원군 동면 용산리 사동(현재 함경남도 이원군 청산리) 만덕산 복흥사(福興寺)의 배후에 솟아 있는 운시산(雲施山 또는 운무산<雲霧山>) 꼭대기의 마운령에 세워졌다고 전해지나, 후대에 복흥사 위 부락 모퉁이의 약간 평탄한 곳에 옮겨 별도의 비좌(碑座)를 만들어 세워 두었다고 알려졌다. 현재 함흥시 사포구역 소나무동의 함흥본궁에 위치한 함흥역사박물관에 마운령비와 함께 보존, 전시되고 있으며, 이원비(利原碑)라고 부르기도 한다. 한백겸의 『동국지리지』에 단천에 진흥왕의 순수비가 있었다고 전하지만, 김정희 등은 이를 크게 주목하지 않았다. 최남선이 1929년에 함경남도에서 문헌탐방여행을 하던 중에 이원군 동면에 있는 정조 때 사람 강필동(姜必東) 유택(遺宅)의 장서(藏書)인 『이성고기(利城古記)』에서 마운령비에 대한 단서를 찾아내고, 현지 답사를 통해 예전에 남이장군비(南怡將軍碑)라고 불렀던 고비(古碑)가 마운령비임을 밝혀내면서 세상에 널리 알려지게 되었다.

마운령비의 재질은 화강암이며, 서체는 황초령비와 같다고 한다. 비신(碑身)은 높이가 약 146.9cm, 폭은 약 44.2cm, 두께는 약 30cm이며, 별도로 옥개석과 비부(碑趺)를 갖추었다. 비문은 비신의 상단에 약 9cm, 하단에 약 45.4cm 정도의 여백을 남기고, 양면(陽面)에는 10행, 행당 26자, 음면(陰面)에는 8행, 행당 25자씩 새겼다. 음면의 상단 좌측 일부가 파손되어 판독이 어려울 뿐이고, 나머지는 모두 판독이 가능하다.

순수비의 판독과 해석

진흥왕순수비 가운데 가장 먼저 건립된 것이 창녕비이다. 창녕비 제1행에 신사년(辛巳年)이라는 간지가 보이는데, 이것은 561년(진흥왕 22)을 가리킨다. 비문에서는 세로로 글자를 새겼으나, 여기서는 편의상 가로로 판독문을 제시하였다.

창녕비는 판독이 어려운 부분이 많지만, 내용은 크게 세 단락으로 나눌 수 있다. 첫 번째 단락은 제1행 제1자에서 제8자까지로 제기(題記)에 해당한다. 두 번째 단락은 제1행 11자에서 제11행 제1자까지로 기사(紀事: 사실이나 사적을 기록한 것)에 해당하며, 세 번째 단락은 제11행 제3자에서 제27행 마지막 글자까지로 수가인명(隨駕人名: 진흥왕을 수행한 사람의 명단)을 기록한 부분이다. 기사 단락은 판독이 어려워 전체적인 내용은 파악하

<표 1> 창녕비 판독

	1	2	3	4	5	6	7	8	9	10	11	12	13	14	15	16	17	18	19	20	21	22	23	24	25	26	27
1	辛	巳	年	二	月	一	日	立			寡	人	幼	年	承	基	政	委	輔	弼	俊	○	○	○	○		
2	事	末	○	○	立	○	○	○	○	○		○	○		○	四	方	○	○	○	○	後	地	土	○	陜	也
3	古	○	○	不	○	○	○	○	○	○		○	○		○	○	○	○	○	及	普	捨	山	○	○	○	
4	取	利	除	林	○	○]																		此	子	○	
5	而	巳	土	地	疆	域	山	林	○	○		○	○		○	也	大	等	与	軍	主	幢	主	道			
6	使	与	外	村	主	審	照	故	○	○		○	○		○	海	州	白	田	畓	○	○	与				
7	○	塩	河	川	○	教	以																	道	人		
8	○	○	之	雖	不	○	○	○	○	○								河							之		
9	其	餘	少	小	事	知	古	○	○	○									上	大	等	与	古	奈	末	典	
10	法	○	○	人	与	上	○	○	○	○													看	其	身	受	
11	罰	○	于	時	○	○	○	○	○	○		○	葛	文	王							漢					
12	屈	珎	智	大	一	伐	干	○	喙	○	○	智	一	伐	干	○	○	折	夫	智	一	尺	干				
13	○	智	一	尺	干	喙	○	○	夫	智	迊	干	沙	喙	另	力	智	迊	干	喙	小	里	夫	智	○	○	
14	干	沙	喙	都	設	智	○	○	干	沙	喙	○	○	智	一	吉	干	沙	喙	忽	利	智	一	○	干	喙	
15	珎	利	○	次	公	沙	尺	干	喙	○	○	智	沙	尺	喙	○	述	智	沙	尺	干	喙	○	智	○		
16	沙	尺	干	喙	比	叶	○	智	沙	尺	本	波	末	○	智	及	尺	干	喙	○	智						
17		沙	喙	刀	下	智	及	尺	干	沙	喙	○	○	智	及	尺	干	喙	鳳	安	智	○	力	智	○	干	○
18		等	喙	居	七	夫	智	一	尺	干	○	○	夫	智	一	尺	干	沙	喙	○	力	智	○	干	○		
18			大	等	喙	末	淂	智	○	尺	干	沙	○	喙	七	聰	智	及	尺	干	四	方	軍	主	比	子	伐
20			軍	主	沙	喙	登	○	○	智	沙	尺	干	漢	城	軍	主	喙	竹	夫	智	沙	尺	干	碑	利	
21				城	軍	主	喙	福	登	智	沙	尺	干	甘	文	軍	主	沙	喙	心	麥	夫	智	及	尺	干	
22				上	州	行	使	大	等	沙	喙	宿	欣	智	及	尺	干	喙	次	叱	智	奈	末	下	州	行	
23					使	大	等	沙	喙	春	夫	智	大	奈	末	喙	就	舜	智	大	舍	于	抽	悉	支	何	
24				西	阿	郡	使	大	等	喙	北	尸	智	大	奈	末	沙	喙	須	○	夫	智	奈	末	○		
25					爲	人	喙	德	文	兄	奈	末	比	子	伐	停	助	人	喙	覓	薩	智	大				
26					奈	末	書	人	沙	喙	導	智	大	舍	村	主	奕	聰	智	述	干	麻	叱				
27								智	述	干																	

단국대 사학과

기 어렵지만, 대체로 비의 건립 배경, 토지와 하천, 논과 밭 등에 대한 경제 관련 국가의 정책이나 어떤 범죄에 대한 처벌 규정 등을 기록한 것으로 이해되고 있다. 판독문에 대한 해석문을 제시하면 다음과 같다.

【제기】신사년 2월 1일에 세웠다.

【기사】과인은 어린 나이에 왕위를 계승하여, 보필하는 신하에게 정

사를 위임하였다. ---- 사방--- 후에 영토가 협소하여--- 이익을 취하고자 풀을 제거하였다. --- 토지와 강역과 산림은 ---- 대등과 군주, 당주, 도사와 바깥의 촌주에게 세심하게 살피게 하였다. ---밭과 논, --- 하천은 교시로서 --- 도인 ---- 그 나머지 소소한 일은 옛 ~(관행 또는 법률)에 맡긴다. 상대등과 고나말전 --- 그 몸을 살펴 벌을 받게 한다. ----

【수가인명】이때에 (임금의 수레를 따라 온 자들은) ---- 갈문왕 ---- 굴진지 대일벌간(대각간), (사)훼 ○○지 일벌간(이벌찬), ○○(사훼) 철부지 일척간(이찬), ○(훼) ○○○지 일척간, 훼 ○○부지 잡간(잡찬), 사훼 무력지 잡간, 훼 소리부지 ○○간, 사훼 도설지 ○○간, 사훼 ○○지 일길간(일길찬), 사훼 홀리지 일○(길)간, 훼 진리○공차 사척간(사찬), 훼 ○○지 사척, 훼 ○술지 사척간, 훼 ○○○○ 사척간, 훼 비협○○지 사척간, 본피 말○지 급척간(급찬), 훼 ○○지 ○○○(급척간), 사훼 도하지 급척간, 사훼 ○○지 급척간, 훼 봉안지 ○○○, -- (대)등 훼 거칠부지 일척간(이찬), ○(훼) ○부지 일척간, 사훼 ○력지 ○○干, ○대등 훼 말득지 ○척간, 사훼 칠총지 급척간, 사방군주 비자벌군주 사훼 등○○지 사척간, 한성군주 죽부지 사척간, 비리성군주 훼 복등지 사척간, 감문군주 사훼 심맥부지 급척간, 상주행사대등 사훼 숙흔지 급척간, 훼 차질지 나말(나마), 하주행사대등 사훼 춘부지 대나말(대나마), 훼 취순지 대사, 우추실지하서아군사대등 북시지 대나말, 사훼 수○부지 나말, ○위인(爲人) 훼 덕문형 나말, 비자벌정조인 훼 멱살지 대나말, 서인(글을 쓴 사람) 훼 도지 대사. 촌주 혁총지 술간(외위 제2등), 마질지 술간.

북한산비는 진흥왕순수비 가운데 마멸이 가장 심한 편이어서 전체적인 내용 파악이 용이하지가 않다. 특히 앞부분이 떨어져나가 정확한 건립

연대를 파악하기 어렵지만, 『삼국사기』 신라본기에 진흥왕 29년(568) 10월에 북한산주를 폐하고 남천주를 설치하였다고 전하는 기록과 본 비에 남천군주가 나오는 사실, 북한산비에 전하는 내부지, 무력지 등의 관등이 568년(진흥왕 29)에 건립된 황초령비와 마운령비에 전하는 것과 동일한 점, '欲勞賴如有忠信精誠'이란 표현이 북한산비와 황초령비, 마운령비에 모두 보이는 사항 등을 두루 감안하건대, 북한산비는 568년(진흥왕 29)에 건립되었다고 보는 것이 합리적이라고 판단된다. 현재 판독 가능한 글자 및 이것을 근거로 한 해석문을 제시하면 다음과 같다.

진흥태왕 및 중신들이 순수--- 할 때 기록한 것이다. --- 서로 싸울 때 신라 태왕이 ---크게 인민을 얻어 ---- 이에 (관할하는 경역을) 순수하여 민심을 두루 살피고, 노고를 위로하고자 하였다. 만일 충성과 신의와 정성이 (있는 자에게) 상을 더하여 주고자 한다. ----- 한성을 지나가다가 석굴에 거처하는 도인을 보았다. -- 돌에 새겨 기록한다. (태왕을 따라 순수한 자

<표 2> 북한산비 판독

	1	2	3	4	5	6	7	8	9	10	11	12	13	14	15	16	17	18	19	20	21	22
1	眞	興	太	王	及	衆	臣	等	巡	狩	○	○	○	之	時	記						
2 마	○	言		令	甲	兵	之	○	○	○	○	○	○	○	○	覇	主	設	○	○	○	○
3 모			之	所	用	高	祀	西	○	○	○	○	○	相	戰	之	時	新	羅	○	王	○
4 가			德	不	用	兵	故	○	○	○	○	○	○	建	文	大	得	人	民	○	○	○
5		○	是	巡	狩	○	○	○	○	民	心	○	勞	欲	賚	如	有	忠	信	精	誠	
6 심			○	可	加	賞	○	○	以	○	○	○	○	○	○	○	路	過	漢	城	陟	
7 한				見	道	人	○	居	石	窟	○	○	○	○	○	○	刻	石	誌	辭		
8			尺	干	內	夫	智	一	尺	干	沙	喙	另	力	智	迊	干	南	川	軍	主	沙
9 부			夫	智	及	干	未	智	大	奈	末	○	○	○	○	沙	喙	屈	丁	次	奈	
10 분			○	指	○	空	幽	則	○	○	○	○	○	劫	初	立	○	造	非	○	○	○
11			○	○	巡	狩	見	○	○	○	○	○	○	○	歲	記	○	○	○	○	○	○

들은) ---- 내부지 일척간(이찬), 사훼 무력지 잡간(잡찬), 남천군주 사○(훼), ○부지 급간(급찬), 미지 대나말(대나마), ○○○ 사훼 굴정차 ○(나)말이다. ---- 순수하여 ---- 기록한다.

황초령비는 일부가 깨지거나 마멸되어서 완전한 판독이 어렵지만, 마운령비의 경우는 일부 글자를 제외하고 대부분 판독이 가능하다. 판독 가능한 황초령비와 마운령비의 내용을 비교하건대, 거의 일치하는 것을 발견할 수 있다. 이에 여기서는 편의상 먼저 마운령비의 판독과 해석을 제시하고, 이에 황초령비에 대해 설명하는 순서로 논지를 전개하고자 한다. <표 3>은 마운령비의 판독문을 제시한 것이다.

마운령비는 다른 진흥왕순수비와 달리 양면(陽面: 앞면)과 음면(陰面: 뒷면)으로 구성되었다. 비문 앞부분에 '태창 원년 세차 무자 (8월) 21일 (계미에) (진)흥태왕이 (관할하는 경역을) 순수하여 돌에 새겨 기록하였다.'라

<표 3> 마운령비의 판독
【양면】

	1	2	3	4	5	6	7	8	9	10	11	12	13	14	15	16	17	18	19	20	21	22	23	23	25	26
1	太	昌	元	年	歲	次	戊	子	○	○	卄	一	日	○	○	○	興	太	王	巡	狩	○	○	干	石	銘
2	記	也																								
3	夫	純	風	不	扇	則	世	道	乖	眞	玄	化	不	敷	則	耶	爲	交	競	是	以	帝	王	建	号	莫
4	不	脩	己	以	安	百	姓	然	朕	歷	數	當	躬	仰	紹	太	祖	之	基	纂	承	王	位	競	身	自
5	愼	恐	違	乾	道	又	蒙	天	恩	開	示	運	記	冥	感	神	祇	應	符	合	筭	因	斯	四	方	託
6	境	廣	獲	民	土	隣	國	誓	信	和	使	交	通	府	自	惟	忖	撫	育	新	古	黎	庶	猶	謂	道
7	化	不	周	恩	施	未	有	於	是	歲	次	戊	子	秋	八	月	巡	狩	管	境	訪	採	民	心	以	欲
8	勞	賚	如	有	忠	信	精	誠	才	超	察	厲	勇	敵	强	戰	爲	國	盡	節	有	功	之	徒	可	加
9	賞	爵	○	以	章	勳	效																			
10	引	駕	日	行	至	十	月	二	日	癸	亥	向	涉	是	達	非	里	○	廣	○	因	諭	邊	堺	矣	

	1	2	3	4	5	6	7	8	9	10	11	12	13	14	15	16	17	18	19	20	21	22	23	23	25
1	于	是	隨	駕	沙	門	道	人	法	藏	慧	忍		太	等	喙	部	居	札	夫	智	伊	干	內	夫
2	智	伊	干	沙	喙	部	另	力	智	迊	干	喙	部	服	冬	智	太	阿	干	比	知	夫	智	及	干
3	未	知	大	奈	末	及	珎	夫	智	奈	末	執	駕	人	喙	部	万	兮	大	舍	沙	喙	部	令	知
4	大	舍	裏	內	從	人	喙	部	沒	兮	次	大	舍	沙	喙	部	非	尸	知	大	舍	驆	人	沙	喙
5	部	爲	忠	知	大	舍	占	人	喙	部	与	難	大	舍	藥	師	篤	支	次	小	舍	奈	夫	通	典
6	本	波	部	加	○	知	小	舍	○	○	本	波	部	莫	沙	知	吉	之	及	伐	斬	典	喙	部	夫
7	法	知	吉	之	裏	內	○	○	○	○	○	○	名	吉	之	堂	來	客	裏	內	客	五	十	外	
8	客	○	○	○	○	○	○	○	○	○	○	○	智	沙	干	助	人	沙	喙	部	舜	知	奈	末	

고 전하는데, 태창 원년 무자는 568년(진흥왕 29)을 가리킨다. 황초령비 역시 같은 해에 건립한 것으로 확인된다. 마운령비 양면의 비문은 크게 세 단락으로 나눌 수 있다. 첫 번째 단락은 제1행 제1자에서 제2행 제2자까지로 제기(題記)에 해당한다. 두 번째 단락은 제3행 제1자에서 제9행 제6자까지로 기사(紀事)에 해당하며, 세 번째 단락은 제10행 제1자에서 제25자까지로 회가(廻駕) 사실을 기록한 부분이다. 두 번째 단락은 다시 순수의 당위성과 비의 건립 배경을 기록한 부분(제3행 제1자에서 제7행 제7자까지)과 민심의 채방(採訪)과 포상 약속을 기록한 부분(제7행 제8자에서 제9행 제6자까지)으로 구분할 수 있다. 음면은 수가인명(隨駕人名)을 나열한 것인데, 사문 도인과 대등, 궁중 업무를 담당하는 사람, 글을 쓴 사람과 촌주들의 명단을 기록하였다. 이와 같은 내용을 기록한 마운령비의 해석을 제시하면 다음과 같다.

【양면】

〔제기〕 태창 원년 세차 무자 (8월) 21일 (계미에) (진)흥태왕이 (관할하는 경역을) 순수하여 돌에 새겨 기록하였다.

〔기사〕 무릇 순풍(인자한 바람)이 일지 않으면 세도가 참됨에 어긋나고, 그윽한 덕화(德化)가 널리 퍼지지 않으면 사악한 것들이 서로 경쟁한다. 이러하므로 제왕이 연호를 세움에 스스로 몸을 닦아 백성을 편안하게 하지 않을 수 없다. 그러나 짐은 (하늘의) 역수가 나에게 이름에 위로는 태조의 기틀을 이어 왕위를 계승하여 몸을 삼가고 스스로 조심함으로써 하늘의 도리를 어길까 두려워하였다. 또한 하늘의 은혜를 입어 운수를 기록한 것을 열어 보여주니, 천신(天神)과 지신(地神)이 모두 그윽하게 감응하여 부명(符命)에 응대하고 이치에 부합할 수 있었다. 이로 말미암아 사방에서 지경을 의탁해 와서 널리 백성과 영토를 획득할 수 있었고, 이웃 나라가 신의(信義)를 맹세하고 친화(親和)의 사신이 서로 왕래하였다. 아래로는 신고(新古)의 여서(백성)를 두루 헤아려 어루만져 길러, 가히 덕화가 고로 퍼지지 아니하고, 은혜의 베품이 미치지 않은 곳이 없게 하였다. 이에 세차 무자년 가을 8월에 관할하는 경역을 순수하여 민심을 묻고 살펴 위로하고 포상하려고 하였다. 만약 충성과 신의와 정성이 있거나 재주가 뛰어나고 위태로움을 잘 관찰하고, 적에게 용감하고 싸움에 강하고 국가를 위하여 충절을 다하여 공이 있는 무리들에게는 상과 벼슬을 더하여 주어 그 공훈을 표창할 것이다.

〔회가〕 수레를 타고 날로 행행(行幸)하여 10월 2일 계해에 이르러 계속 나아가 비리(非里)에 이르러 널리 ~하고, 이로 인하여 변방의 경계에 효유(曉諭)하였다.

【음면】

〔수가인명〕 이때 수레를 따르는 사람은 사문 도인 법장과 혜인이다. 태등(대등)은 훼부 거칠부지 이간(이찬), 내부지 이간, 사훼 무력지 잡간(잡

찬), 훼부 복동지 태아간(대아간), 비지부지 급간(급찬), 미지 대나말(대나마), 급진부지 나말(나마)이다. 어가를 잡은 사람은 훼부 만혜 대사, 사훼부 영지 대사이다. 이내종인은 훼부 몰혜차 대사, 사훼부 독지차 소사이다. 나부통전은 본피부 가○지 소사, ○○은 본피부 막사지 길지이다. 급벌참전은 훼부 부법지 길지이고, 이내○○은 ○○ ○○, ○명 길지이다. 당래각과 이내객은 50인이고, 외객은 ○○○이다. ---- 지 사간(사찬)이고, 조인은 사훼부 순지 나말이다.

황초령비는 마운령비와 달리 양면과 음면으로 구성하지 않고, 한 면에 비문을 새겼다. 판독과 해석이 마운령비의 그것과 거의 대동소이하다. 다만 수가인명 가운데 일부가 약간 차이가 나는데, 예를 들면 마운령비에서는 약사가 사훼부 '독지차(篤支次) 대사'라고 기록한 반면, 황초령비에서는 '독형(篤兄) 대사'라고 전하고, 또한 전자에는 조인이 사훼부 '순지(舜知) 나말'이라고 전하나 후자에는 '윤지(尹知) 나말'이라고 전하고 있는 것 등이다. 참고로 현재까지 판독 가능한 황초령비의 판독문을 제시하면 <표 4>와 같다. 해석은 마운령비와 거의 같기 때문에 별도로 제시하지 않았다.

진흥왕의 영토확장과 순수비

진흥왕은 540년 7월에 법흥왕의 뒤를 이어 왕위에 올랐다. 진흥왕의 아버지는 법흥왕의 친동생인 입종갈문왕(立宗葛文王 또는 사부지갈문왕<徙夫智葛文王>)이고, 어머니는 법흥왕의 딸 지소부인(只召夫人)이었다. 법흥

<표 4> 황초령비 판독

	1	2	3	4	5	6	7	8	9	10	11	12	13	14	15	16	17	18	19	20	21	22	23	24	25	26	27	28	29	30	31
1					八	月	廿	一	日	癸	未	眞	興	太	王	○	○	管	境	干	石	銘	記	也							
2			世	道	乖	眞	旨	化	不	敷	則	耶	爲	交	競	○	○	帝	王	建	号	莫	不	脩	己	以	安	百	姓	然	朕
3		紹	太	祖	之	基	纂	承	王	位	競	身	自	愼	恐	違	○	○	蒙	天	恩	開	示	運	記	冥	感	神	祇	應	化
4		四	方	託	境	廣	獲	民	土	隣	國	誓	信	和	使	交	通	府	○	○	○	○	育	新	古	黎	庶	猶	謂	道	化
5	未	有	於	是	歲	次	戊	子	秋	八	月	巡	狩	管	境	訪	採	民	心	以	欲	勞	○	○	○	忠	信	精	誠	才	
6		○	國	盡	節	有	功	之	徒	可	加	賞	爵	物	以	章	勳	効		廻	駕	頤	行	○	○	○	十	四			
7						○	者	矣		于	是	隨	駕	沙	門	道	人	法	藏	慧	忍		大	等	喙	○	○	○			夫
8							○	知	迊	干	喙	部	服	冬	知	大	阿	干	比	知	夫	知	及	干	未	知		○	奈	末	
9											万	兮	大	舍	沙	喙	部	另	知	大	舍	裏	內	從	人	喙	部	○	丁	次	
10											人	喙	部	与	難	大	師	藥	師	沙	喙	部	篤	兄	小	○			奈	夫	
11												典	喙	部	分	知	吉	之	裏	公	欣	平	小	舍	○			未	買		
12												喙	部	非	知	沙	干	助	人	沙	喙	部	尹	知	奈	末					
13																															

왕에게 아들이 없고, 입종갈문왕은 537년 무렵에 사망하였기 때문에 법흥왕 사후에 그의 조카이자 외손자인 진흥왕이 왕위에 올랐던 것이다.

즉위할 때 진흥왕의 나이에 대하여 『삼국사기』 신라본기에는 7세, 『삼국유사』 기이편에는 15세라고 전하여 차이를 보이나, 15세에 즉위하였을 가능성이 높다고 보인다. 진흥왕이 어린 나이에 즉위하였기 때문에 『삼국사기』 신라본기에서는 왕태후(王太后), 즉 법흥왕비 보도부인(保刀夫人 또는 파도부인<巴刀夫人>)이, 『삼국유사』 기이편에서는 태후인 법흥왕의 딸, 즉 지소부인이 섭정(攝政)하였다고 전하는데, 법흥왕의 비 파도부인이 출가하여 법명을 법류(法流 또는 묘법<妙法>)라고 하고, 경주에 위치한 영흥사(永興寺)에 주석하며 일생을 마쳤다고 알려졌으므로, 왕태후의 딸이자 진흥왕의 어머니인 지소부인이 섭정하였다고 봄이 합리적이다.

언제 지소부인의 섭정이 끝나고 진흥왕이 친정(親政)하였는가를 알려주는 기록은 전하지 않는다. 통상 국왕이 20세가 되면 섭정을 물리치고 친정하는 것이 관례였음을 감안하건대, 진흥왕은 545년을 전후한 시기에

2-05 진흥왕과 순수비　　**455**

친정하였을 가능성이 높다고 보인다. 다만 진흥왕이 551년에 연호를 개국(開國)이라고 고쳤는데, 진흥왕이 전면에 나서 정국을 주도한 것은 이 무렵부터였던 것으로 이해된다. 그 이전까지 지소부인의 후원을 받은 몇몇 신료가 진흥왕을 보좌하며 정국을 주도하였을 텐데, 실제로 창녕비에 '과인(寡人)은 어린 나이에 왕위를 계승하여, 보필(輔弼)하는 신하에게 정사를 위임하였다.'라고 전하는 것에서 이러한 사실을 입증할 수 있다. 진흥왕을 보필한 신료 가운데 대표적인 인물이 바로 병부령(兵部令)으로서 545년(진흥왕 6)에『국사』편찬을 건의한 이사부(異斯夫)였다.

「단양신라적성비」를 통해 신라가 540년대 후반에 죽령을 넘어 단양 지역으로 진출하였음을 알 수 있고, 이어 곧바로 국원(國原), 즉 충주로 진출한 것으로 이해된다. 그리고 550년(진흥왕 11)에 고구려의 도살성(道薩城: 충북 증평군 도안면)과 백제의 금현성(金峴城: 세종특별자치시 전의면)을 빼앗았는데, 이때에 신라는 청주지역을 영토로 편입한 것으로 보인다. 진흥왕은 551년에 연호를 개국(開國)으로 바꾸었는데, '개국'은 '나라를 열다.'는 뜻이다. 진흥왕은 개국으로 연호를 바꾸면서 무엇인가 정국의 변화를 꾀하려고 의도하였던 것으로 보이는데, 그것은 구체적으로 강력한 친정 체제를 바탕으로 영토를 널리 확장하는 정책으로 귀결되었다.

진흥왕은 551년 3월에 청주 또는 충주의 어느 곳으로 추정되는 낭성(娘城)에 행차하였는데, 이때 하림궁(河臨宮)에서 대가야에서 망명한 우륵(于勒)과 그의 제자들이 가야금(加耶琴)을 연주하는 것을 관람하였다. 낭성의 행차를 시발로 하여 진흥왕이 영토를 개척한 후에 신료들을 대동(帶同)하고 그곳을 순수(巡狩)하는 것이 관행화되었다.『삼국사기』신라본기에 555년(진흥왕 16) 10월에 진흥왕이 북한산(北漢山)에 순행(巡幸)하여 강역(疆域)을 넓혀 정하고, 11월에 북한산에서 돌아왔다고 전한다. 북한산은 오늘날 한강 이북의 서울에 해당한다. 신라는 551년에 백제와 함께 고구려를 공격하여 한강 상류지역을 차지하였고, 553년에 백제를 급습하여 한강 하류지역을 차지하였다. 그리고 554년에 관산성전투에서 백제의 침략을 물리치고 한강유역을 확고하게 확보하게 되었다. 진흥왕은 555년 10월에 북한산을 순행하여 새로 개척한 한강유역을 영역으로 획정하였음을 대내외에 과시하였다고 볼 수 있다.

신라는 한강유역을 확보한 이후에 562년에 대가야를 정복하고 모든 가야지역을 영토로 편입하였다. 『삼국사기』 신라본기에 556년(진흥왕 17) 7월에 비열홀주를 설치하고, 사찬 성종(成宗)을 군주로 삼았다고 전한다. 이것은 비열홀(북한의 강원도 안변군 안변읍)에 군대를 주둔시키고, 그 사령관, 즉 군주로 사찬 성종을 임명한 사실을 반영한 것이다. 『삼국사기』를 통해 알 수 있는 진흥왕대 영역확장 사실은 여기까지이다.

진흥왕은 561년(진흥왕 22) 2월 1일에 갈문왕과 상대등, 대등, 그리고 사방군주 등을 대동하고 당시의 비사벌(比斯伐 또는 비자벌<比子伐>: 오늘날의 경남 창녕)에 순행하고 창녕비를 세웠다. 비문에 나오는 사방군주는 지방의 주요 전략적 요충지에 주둔한 신라의 핵심군대인 정군단(停軍團)의 사령관이었다. 결국 진흥왕은 561년 정월에 갈문왕과 상대등을 비롯한 핵심 신료와 주요 군단의 지휘관을 대동하고 창녕을 순행한 셈이 된다. 경남 창녕은 561년 이전에 신라가 영역으로 편입한 지역이었기 때문에 진흥왕이 영토를 개척한 지역을 단순하게 순행한 것만은 아니었다고 이해할 수 있다.

창녕비 앞부분의 마멸이 심하기 때문에 진흥왕이 562년 정월에 창녕지역을 순행한 배경을 정확하게 알 수 없다. 다만 562년 9월에 대가야를 정복하였고, 『일본서기』에 562년에 가라국(대가야), 안라국(경남 함안)을 비롯한 이른바 임나(任那) 10국을 쳐서 멸(滅)하였다고 전한다. 신라가 561년과 562년에 걸쳐 가야연맹체를 구성하고 있던 여러 나라를 공격하여 병합하였다고 볼 수 있다. 진흥왕이 주요 신료와 군 지휘관을 대동하고 창녕지역을 순행한 것은 가야연맹체를 구성하고 있었던 여러 나라에 대한 공격과 관련이 깊었을 것으로 짐작된다.

신라가 비열홀(강원도 안변)까지 진출하였음을 『삼국사기』에서 확인할 수 있지만, 거기에 그 이북으로 진출하였다는 기록은 전하지 않는다. 황초령비와 마운령비는 568년(진흥왕 29) 8월 21일에 진흥왕이 황초령과 마운령이 위치한 옛 함경남도 함흥군 하기천면(현재 북한의 함경남도 영광군)과 옛 함경남도 이원군 동면(현재 함경남도 이원군 청산리)을 순행한 사실을 기념하여 세운 것이다. 마운령비에 진흥왕이 어가(御駕)를 돌려 568년 10월 2일에 비리(非里)에 이르러 변방의 경계에 널리 효유(曉諭)하였다고 전한다. 비리는 창녕비에 비리성(碑利城)으로 나오는 비열홀(比列忽)을 가리키는 것으로 보인다. 진흥왕은 8월에 함흥과 이원지역을 순행하고, 10월 2일에 비열홀로 돌아왔다고 볼 수 있다. 『삼국사기』에 전하지 않지만, 황초령비와 마운령비를 통해 신라가 568년 8월 이전에 함경남도 함흥과 이원지역까지 진출하였음을 알 수 있었던 것이다. 만약에 황초령비와 마운령비가 발견되지 않았다면, 신라가 진흥왕대에 함흥과 이원까지 영역을 확장하였던 사실을 영원히 알 수 없을 뻔했으니, 황초령비와 마운령비가 지닌 역사적 가치가 얼마나 지대한 것인가를 새삼 강조할 필요조차 없을 것이다.

북한산비 역시 568년(진흥왕 29)에 건립하였다. 앞부분이 마멸되었기 때문에 황초령비와 마운령비보다 먼저 건립한 것인지, 그것들보다 후에 건립한 것인지 정확하게 알 수 없다. 단언하기 어렵지만, 진흥왕이 경주를 떠나 동해안을 따라 함경도 함흥과 이원까지 이르렀다가 수레를 돌려 비열홀에 이른 다음, 거기에서 서울~원산을 잇는 북북동~남남서 방향의 단층선곡(斷層線谷)인 추가령구조곡을 거쳐 북한산(한강 이북의 서울)에 이르러, 오늘날 북한산 비봉에 북한산비를 건립하였다고 보는 것이 옳지 않을까 한다. 진흥왕은 북한산(오늘날 한강 이북의 서울)을 거쳐 국원(충북 충주)를 지나 경주에 이르렀던 것으로 보인다.

진흥왕대의 통치체제

진흥왕순수비에서 진흥왕을 수행하여 순수(巡狩)에 참여한 인물에 대한 정보를 비교적 소상하게 적어 놓았다. 그런데 단순하게 인명만을 적은 것이 아니라, 그들의 소속 부, 관직, 관등을 모두 밝혔다. 진흥왕순수비에 전하는 관직 가운데 '~주행사대등(州行使大等)' 또는 '~군사대등(郡使大等)', '비자벌정조인(比子伐停助人)'은 『삼국사기』에 전하지 않는다. 그리고 왕을 가까이에서 보좌한 근시직(近侍職)에 대한 정보도 황초령비와 마운령비에서 찾을 수 있다. 지금까지 학계에서 진흥왕순수비에 전하는 다양한 인물에 대한 정보를 기초로 하여 진흥왕대, 나아가 중고기(中古期) 신라 통치체제 전반에 대한 연구를 활발하게 진행한 결과, 통일 이전 신라의 정치체제와 지배체제에 대한 이해가 크게 진전되었다고 평가할 수 있다.

창녕비에 상대등, 갈문왕이 보이지만, 아쉽게도 인명을 기록한 부분이 마멸되어 상대등과 갈문왕이 누구였는가를 알 수 없다. 만약에 인명을 알 수 있었다면, 진흥왕대 정치사 연구에 커다란 도움이 되었을 것으로 짐작된다.

진흥왕순수비에서 가장 눈에 띄는 특이한 사항은 왕경(수도) 6부 가운데 훼부(喙部)와 사훼부(沙喙部) 소속의 관리들이 압도적인 비중을 차지한다는 점이다. 창녕비에 대등 가운데 말○지 급척간(급찬)이, 마운령비에 나부통전(奈夫通典)의 관리 두 사람이 본피부 소속으로 전할 뿐이고, 나머지는 모두 훼부와 사훼부 소속임을 확인할 수 있다. 신라는 530년대에 6부체제를 극복하고 중앙집권적인 영역국가체제를 정비하였음에도 불구하고 진흥왕대에도 여전히 관리의 등용과 승진 등에서 소속 부를 매우 중요하게 고려하였음을 이러한 현상을 통해 추론할 수 있을 것이다.

진흥왕순수비에 대등에 임명된 인물에 대한 정보가 풍부하게 전한다. 대등 가운데 가장 서열이 높은 것이 바로 상대등이었다. 주지하듯이 상대등은 신라의 귀족회의인 화백회의를 주재하였다고 알려졌다. 따라서 대등은 바로 국가의 중대사를 의결하는 화백회의의 구성원이었다고 말할 수 있는데, 흥미로운 사실은 마운령비에서 보듯이 대등에 임명된 관리 가운데 관등이 대나말(대나마), 나말(나마)인 사례를 찾을 수 있다는 점이다. 『삼국사기』 직관지에 전하는 '관직에 대한 관등규정'에 따르면, 대나마와 나마의 관등을 보유한 자는 장관이나 차관에 임명될 수 없고, 겨우 제3등 관직인 대사(大舍)에 취임할 수 있었다. 화백회의는 오늘날 국무회의와 비견된다. 국무회의에는 통상 각 행정부서의 책임자인 장관이 참석하는 것이 관례이다. 신라의 화백회의에 참석한 대등도 장관급에 비유할 수 있는 높은 관직이라고 이해할 수 있겠는데, 그렇다면 진흥왕대에 대나마와 나마 관등을 보유한 인물이 장관급에 견줄 수 있는 관직인 대등에 임명된 상황은 어떻게 이해할 수 있을까? 이와 관련하여 다음의 기록을 주목할 필요가 있다.

신라에서 사람을 등용하는데, 골품을 따지기 때문에 진실로 그 족속이 아니면, 비록 큰 재주와 뛰어난 공로가 있어도 그 한계를 뛰어넘을 수가 없다

(『삼국사기』 열전제7 설계두).

6두품 신분인 설계두(薛罽頭)가 진평왕대에 높은 관직에 주로 진골만을 임명한 현실에 대해 불만을 토로한 기록이다. 진흥왕대에 나마와 대나마를 보유한 인물이 대등에 임명된 것은 그들이 신분적으로 진골이었기 때문이었다고 설명할 수밖에 없다. 결과적으로 진흥왕순수비에 전하는 대등에 임명된 인물들의 분석을 통해, 진흥왕대에 관등의 서열이 낮더라도 그의 신분이 진골이면, 국가의 중요한 관직에 임용되어 국사(國事)에 관여하였음을 알 수 있는 것이다. 중대 신문왕대에 이르러 '관직에 대한 관등규정'을 제정하면서, 신분뿐만 아니라 관등의 서열을 고려하여 관직에 임용하는 제도가 정착된 것으로 확인된다.

진흥왕순수비에 전하는 정보 가운데 가장 획기적인 것은 바로 진흥왕대의 지방통치조직과 관계된 내용이다. 『삼국사기』에 553년(진흥왕 14) 7월에 신주(新州)를 설치하고 아찬 무력(武力)을 군주로 삼았으며, 556년(진흥왕 15) 7월에 비열홀주를 설치하고 사찬 성종을 군주로 삼았다고 전한다. 또한 557년(진흥왕 18)에 사벌주(沙伐州: 경북 상주)를 폐하고 감문주(甘文州: 경북 김천시 개령면)를 설치하고 사찬 기종(起宗)을 군주로 삼았으며, 신주를 폐하고 북한산주(한강 이북의 서울)를 설치하였다고 한다. 그리고 568년(진흥왕 29) 10월에 북한산주를 폐하고 남천주(경기도 이천시)를 설치하였으며, 또 비열홀주를 폐하고 달홀주(강원고 고성)를 설치하였다고 하였다. 『삼국사기』에 따르면, 진흥왕대에 신주, 북한산주, 사벌주, 감문주,

비열홀주, 달홀주가 존재하였고, 거기에 군주(軍主)를 지방관으로 파견하였다고 이해할 수 있다. 그런데 창녕비에 비자벌군주, 한성군주, 감문군주, 비리성군주, 상주행사대등, 하주행사대등이 보인다. 창녕비에서는 '~주군주'가 아니라 단지 '~군주'라고 전하고, 561년 당시에 주(州)로서 상주와 하주가 존재하였다고 언급하였을 뿐이다. 물론 553년에 신주를 설치하였기 때문에 561년 당시에는 상주와 하주, 신주가 존재하였다고 봄이 옳다.

『삼국사기』와 창녕비에 전하는 진흥왕대의 주(州)에 관한 정보가 차이가 있다고 평가할 수 있다. 그런데 창녕비는 신라인이 직접 작성한 것이고, 『삼국사기』는 고려시대에 편찬하였기 때문에 진흥왕대의 역사적 사실을 정확하게 전달한 자료는 창녕비라고 보아야 한다. 따라서 진흥왕대의 주에 관한 연구는 창녕비에 전하는 정보를 기초로 하여 진행하는 것이 바람직하다고 평가할 수 있다. 현재 학계에서는 창녕비를 기초로 하고, 『삼국사기』에 전하는 주에 관한 정보를 비판적으로 검토하여, 진흥왕대에 주는 상주와 하주, 신주가 있었고, 주(州)의 치폐(置廢) 관련 『삼국사기』의 기록은 주치(州治) 및 주치에 주둔한 정군단(停軍團)의 이치(移置) 사실을 반영한다고 이해하고 있다.

한편 창녕비에 사방군주(四方軍主), 상주행사대등, 하주행사대등, 우추실지하서아군사대등이 전하고 있다. 여기서 사방(四方)은 백제에서 지방을 동·서·남·북·중방(方)으로 구분하여 통치하였듯이, 신라에서도 지방을 네 개의 광역단위로 구분하여 통치한 사실을 반영한 것이며, 사방군주는 각각의 광역단위를 다스리는 지방관의 성격을 지녔다고 이해되고 있다. 네 개의 광역단위 가운데 세 개는 상주와 하주, 신주에 대응되고, 나머지 하나는 우추군(경북 울진), 실지군(강원도 삼척), 하서아군(강원도 강릉)과 더불어 군주가 파견된 비리성(비열홀; 강원도 안변) 등을 포괄한 동해안지역을 망라하는 광역단위에 대응된다고 추정되고 있다. 결국 군주는 네 개의 광역단위를 행정적으로 책임지는 지방관이면서도 동시에 각 주의 주치 및 동해안의 전략 요충지에 주둔한 정군단의 사령관이었음을 창녕비및 『삼국사기』에 전하는 군주에 관한 자료들을 통해 밝힐 수 있었던 것이다.

행사대등에서 '행(行)'은 '행동하다' 또는 '움직이다'는 뜻으로 해석할수 있다. 그리고 상대등(上大等)을 상신(上臣)이라고도 불렀듯이, 사대등(使大等)은 사신(使臣)으로도 부를 수 있다. 『삼국사기』 기록에서 지방에 사신(使臣)을 파견한 사례를 다수 발견할 수 있다. 이와 같은 여러 가지 사실을종합하건대, 상주·하주행사대등은 중앙에서 상주·하주에 파견된 대등의하나로서 한 곳에 상주하지 않고 여기저기 이동하면서 행정과 수취업무등을 처리하였던 존재라고 규정할 수 있지 않을까 한다. 우추실지하서아군사대등은 비록 '행(行)'자가 보이지 않지만, 동해안지역을 망라하는 광역단위의 행정업무를 처리하였던 존재라고 볼 수 있을 것이다. 군주가 상주와 하주, 신주 및 동해안지역의 행정을 총괄하는 지방관의 성격을 지녔지만, 진흥왕대에 군주는 주로 정군단의 사령관으로서 군사업무에 집중하였기 때문에 행사대등을 파견하여 군주의 행정과 수취업무 등을 보좌하게 하였던 것으로 이해된다.

창녕비에 군주 이외에 당주와 도사란 지방관이 존재하였다고 전한다. 예전에 군주는 주에, 당주는 군에, 도사는 촌(성)에 파견된 지방관이라고이해한 적이 있었지만, 단양신라적성비에 물사벌성당주(勿思伐城<경북 예천>幢主), 추문촌당주(鄒文村<경북 의성군 금성면>幢主)가 전하면서 이와 같은 이해는 잘못이었음이 증명되었다. 현재 학계에서는 주에 군주를, 군의 중심 촌(성)에 당주와 나두(邏頭)를, 일반 촌(성)에 도사를 지방관으로 파견하였고, 군을 대표하는 지방관은 파견하지 않았다고 이해하는 것이 일반적이다. 여기서 당주와 나두, 도사가 파견된 촌(성)을 지방의 여러 촌(성) 가운데 행정적인 중심지로서의 역할을 수행하였기 때문에 행정촌(성)이라고 부르고 있다. 물론 진흥왕대 군주와 행사대등, 당주 등의 성격에 대해서는 여전히 학자마다 견해 차이가 존재하는 것이 사실이고, 해명해야 할 과제도 적지 않다는 점을 지적하지 않을 수 없다. 따라서 앞으로도 창녕비에 전하는 지방통치 관련 정보를 기초로 하여 진흥왕대 지방통치에 관한 연구가 계속 이루어질 필요가 있다고 말할 수 있고, 많은 연구를 통해서 중고기 지방통치조직에 대한 이해가 크게 진전되리라고 기대된다.

마운령비에 진흥왕을 따라 순수에 참여한 인물 가운데 왕을 가까이서 보좌하는 다양한 직함이 전하고 있다. 왕의 수레를 잡은 인물〔執駕人〕, 이내종인(裏內從人), 거마(車馬)의 시중을 맡은 약인(駹人), 복사(卜師)의 임무를 맡은 점인(占人), 어의(御醫)로 추정되는 약사(藥師) 등이 보이고, 근시업무(近侍業務)를 수행한 관청으로 추정되는 나부통전(奈夫通典), 급벌참전(及伐斬典) 등도 확인된다. 이밖에 당래객(堂來客), 이내객(裏內客), 외객(外客)이라고 불리는 존재도 발견된다. 이내(裏內)는 고구려의 중리(中裏), 고대 일본의 내리(內裏)와 같은 뜻으로 '왕궁 내부'를 지칭한다. 따라서 이내종인은 국왕이 거처하며 일상생활을 하는 침전(寢殿)이나 또는 국왕의 집무실을 가리키는 편전(便殿) 등에서 국왕을 시종하던 사람들이라고 이해할 수 있다. 고구려 모두루묘지에서 '객(客)'이 국왕의 신료나 관원을 지칭하는 용례로 사용되었음을 고려하건대, 이내객은 침전이나 편전에서 국왕을 보좌하는 업무를 수행하는 관원들을, 당래객은 국왕이 신료들과 함께 국사를 처리하던 정전(正殿) 또는 남당(南堂)에 소속된 관원들을 가리키는 표현으로 추정된다. 외객은 지방통치와 관련된 업무를 보던 하급관원을 가리키는 것으로 보기도 하나 확실치 않다.

마운령비에 전하는 다양한 근시직을 통해 현재 신라 왕궁의 내부구조 또는 궁궐 내에 위치한 여러 관청〔闕內各司〕에 대한 이해가 진전되었지만, 그러나 그것들에 대한 이해는 여전히 초보적인 수준을 벗어났다고 말하기 어렵다. 앞으로 월성해자를 비롯한 경주의 여러 곳에서 출토되는 금석문과 목간 등을 기초로 하여 진흥왕순수비에 전하는 다양한 근시직에 대한 연구와 이해를 진전시킬 필요가 있음은 물론이다. 나아가 이를 기초로 하여 진흥왕대 신라 왕궁에 대한 이해가 한 단계 더 진전되었으면 하는 바람이다.

진흥왕대의 정치사상

황초령비와 마운령비에 진흥왕을 따라 순수에 참여한 인물 가운데 가장 앞에 거론된 두 인물이 바로 사문 도인, 즉 승려인 법장과 혜인이다. 한편 북한산비에 한성(漢城)을 지나가다가 석굴에 거처하는 도인(道人)을 보았다는 표현이 보인다. 여기서 말하는 도인 역시 승려를 가리키는 것으로 이해된다. 그렇다면, 진흥왕이 순수에 승려를 대동하거나 또는 순수과정에서 도인을 만났던 이유는 무엇이었을까?

통일 이전에 승려는 최고의 지식인이면서 왕을 수행하며 조언을 하고, 외교문서를 작성하는 등 정치·군사적인 면에서 중요한 역할을 수행하였다고 알려졌다. 따라서 진흥왕을 수행한 승려 법장과 혜인은 국왕의 통치에 중요한 자문과 조언을 해주었을 것으로 추정된다. 물론 승려들이

자문과 조언의 역할에만 머물렀다고 보기 어렵다. 널리 알려져 있듯이, 진흥왕은 두 아들의 이름을 동륜(銅輪), 사륜(舍輪)이라고 지었다. 여기서 사륜은 쇠륜을 한문으로 표기한 것으로서 철륜(鐵輪)과 같은 뜻이다. 첫째 아들 동륜은 태자로 책봉되었지만, 아버지보다 일찍 죽어 왕위에 오르지 못하였는데, 그의 아들이 바로 제26대 진평왕이다. 사륜은 진흥왕에 이어 왕위에 오른 진지왕(眞智王)이며, 즉위 4년 만에 나라를 잘 다스리지 못하여 진골귀족들에 의해 폐위되어 죽임을 당하였다. 동륜과 철륜은 모두 전륜성왕(轉輪聖王) 설화에서 따온 이름이다. 전륜성왕에는 금륜왕(金輪王), 은륜왕(銀輪王), 동륜왕, 철륜왕이 있는데, 진흥왕이 두 아들의 이름을 동륜, 사륜(철륜)이라고 지은 것으로 보아, 그 자신은 금륜왕 또는 은륜왕을 자처하였던 것으로 짐작된다.

전륜성왕은 인도의 불교 중흥에 힘쓴 아소카왕을 모델로 하여 만든 정법(正法), 즉 불법으로 통치하는 속세의 이상적인 제왕을 이르는 말이다. 인도의 전륜성왕 설화에 의하면, 전륜성왕은 자신이 소유한 수레바퀴를 굴려서 천하를 정복하고, 히말라야에서 인도양에 이르는 모든 영토의 왕들을 위엄과 덕으로 복종시킨다는 성스러운 왕이라고 한다. 진흥왕의 본래 이름은 사미(沙彌) 또는 승가(僧伽)를 뜻하는 삼맥종(彡麥宗)이었다. 진흥왕은 말년에 삭발 출가하여 법호를 법운(法雲)이라고 지었다. 불교를 독실하게 믿었던 진흥왕은 즉위 이후에 대규모 영토를 확장하면서 자신의 정복활동을 정당화함과 동시에 백성들을 무력이 아니라 정법, 즉 불법으로 다스리는 이상적인 제왕인 전륜성왕이라고 자처한 것으로 보인다. 아마도 진흥왕을 따라 순수에 참여한 승려 법장과 혜인은 새로운 정복지의 주민들에게 진흥왕이 정법으로 나라를 다스리는 전륜성왕의 신성한 권위를 갖고 있음을 홍포(弘布)하는 종교적 교화의 임무를 맡았을 가능성이 높다고 볼 수 있다. 불교를 신봉하고 전륜성왕을 자처하였던 진흥왕이 북한산을 순수할 때에 석굴에서 수행하는 도인을 만났던 것도 새롭게 영토로 편입된 한강유역의 주민들을 정법으로 다스리겠다는 강력한 의지를 표명한 것으로 이해할 수 있지 않을까 한다.

『삼국사기』 신라본기에 545년(진흥왕 6)에 이찬 이사부는 '국사(國史)라는 것은 군신(君臣)의 선악을 기록하며 포폄(褒貶: 잘잘못을 따지는 것)을 만대(萬代)에 보이는 것이니, 역사를 기록하여 책으로 꾸미지 않으면 후대에 가히 무엇을 보고 알겠습니까?'라고 말하면서 국사(國史)의 편찬을 건의하였고, 진흥왕은 거칠부(居柒夫) 등에 널리 문사(文士)를 모집하여 국사를 편찬하도록 지시하였다는 기록이 전한다. 이사부가 국사라는 것이 군신의 선악을 기록하여 포폄을 만대에 보이는 것이라고 언급한 것으로 보아, 국사는 유교적인 도덕사관에 기초하여 편찬된 것으로 이해할 수 있다. 나아가 진흥왕은 국사의 편찬을 계기로 하여 유교적 정치이념에 입각한 국정 운영을 표방하였을 것으로 짐작되는데, 이와 같은 사실은 황초령비와 마운령비를 통해서 확인할 수 있다.

황초령비와 마운령비의 기사 부분에 '脩己以安百姓'이란 구절이 보인다. 이것은 『논어』 권14 헌문편(憲問篇)에서 인용한 것이다. 한편 기사 부분에 나오는 '朕歷數當躬'이란 구절 역시 『논어』 권20 효왈편(堯曰篇)에서 인용한 것으로 확인된다. 이밖에 '恐違乾道'와 '四方託境'은 『서경(書經)』에 보이는 왕도사상(王道思想)에서 연유한 표현으로 알려졌다. 황초령비와 마운령비에 '하늘의 은혜를 입어 운수를 기록한 것을 열어 보여주니, 천신과 지신이 모두 그윽하게 감응하여 부명(符命)에 응대하고 이치에 부합할 수 있었다.'라는 언급이 보이는 점을 감안하건대, 진흥왕은 자신이 왕도(王道)를 실행할 수 있는 덕을 쌓았기 때문에 천명(天命)을 받아 즉

위하였다고 자부하였고, 나아가 백성을 덕(德)으로 교화하여 왕도를 실현하고자 한다는 점을 진흥왕순수비를 통해 분명하게 밝혔다고 볼 수 있다. 『예기(禮記)』 왕제편(王制篇)에 순수(巡狩)는 제왕이 왕경(수도)을 출발하여 산천에 제사를 지내고, 제후를 불러 모아 민심의 동향을 살피며, 역일(曆日)을 제정하고, 금제(禁制)나 예악(禮樂)의 기준 및 제도와 복색(服色)의 규정을 통일시켜 잘못을 바로 잡는 것이라고 전한다. 이에 따르면, 진흥왕의 순수 자체는 바로 유교적인 정치이념에 입각하여 민심을 수습하고 교화하는 중요한 행위로 규정할 수 있다. 결국 진흥왕은 전륜성왕 설화에 입각한 불교적인 정치이념뿐만 아니라 진흥왕순수비에서 유교적인 정치이념에 기초하여 국가를 통치하겠다는 의지를 적극 표명하였다고 평가할 수 있다.

참고문헌

한국고대사회연구소, 1992, 『역주 한국고대금석문 제2권(신라1·가야편)』.

이우태, 2014, 『한국금석문집성(6) 신라2 비문2(해설편)』, 한국국학진흥원·청명문
    화재단.

노용필, 1996, 『신라진흥왕순수비연구』, 일조각.

이마니시 류(今西龍) 지음·이부오·하시모토 시게루(橋本繁) 옮김, 2008, 「신라 진
    흥왕 순수관경비고」, 『신라사 연구』, 서경문화사.

이문기, 1983, 「신라 중고의 국왕근시집단」, 『역사교육론집』5.

주보돈, 1979, 「신라 중고의 지방통치조직에 대하여」, 『한국사연구』23.

전덕재, 2001, 「신라 중고기 주의 성격 변화와 군주」, 『역사와 현실』40.

강봉룡, 2003, 「순수비에 담긴 진흥왕의 꿈과 야망」, 『고대로부터의 통신』, 푸른역
    사.

여호규, 2014, 「6~8세기 신라 왕궁의 구조와 정무·의례 공간의 분화」『역사와 현실』
    94.

진시황의 순수와 각석

전덕재(단국대학교)

진시황은 기원전 221년에 중국을 통일한 이후, 그 다음 해인 기원전 220년부터 다섯 차례에 걸쳐 지방을 순수(巡狩)하였다. 진시황은 제1차로 기원전 220년에 농서군(隴西郡: 중국의 감숙성 정서시 임도현)과 북지군(北地郡: 감숙성 경양시 영현) 등 중국의 서북지방을 순수하였고, 제2차로 기원전 219년에 동쪽에 위치한 역산(嶧山: 지금의 산동성 추성시 동남 역산)과 태산(泰山: 지금의 산동성 태안시)에 오른 뒤에 산동반도의 성산(成山: 산동성 위해시), 지부(之罘: 산동성 연태시), 낭야(琅邪: 산동성 제성시) 등을 지나 남쪽의 팽성(彭城: 강소성 서주시), 형산(衡山: 호북성 황강시), 남군(南郡: 호북성 황강시 서북쪽)을 거쳐 무관(武關: 섬서성 상낙시 단봉현 동쪽)을 통해 함양(咸陽)으로 돌아왔다. 그리고 이어 제3차로 기원전 218년에 동쪽의 양무현(陽武縣) 박랑사(博狼沙: 하남성 신향시 원양현 동남), 지부, 낭야, 상당군(上黨郡: 산서성 장치시·진청시·임분시·진중시 일대)을 거쳐 함양으로 돌아왔으며, 기원전 215년에 제4차로 동북지방의 갈석(碣石: 하북성 진황도시 창려현)을 거쳐 북변(北邊)을 순수하고 상군(上郡: 섬서성 유림시 남쪽)을 통해 함양으로 돌아왔다. 마지막으로 기원전 210년에 남쪽의 운몽(雲夢: 지금의 호북성 효감시 운몽현), 단양현(丹陽縣: 강소성 단양시), 전당(錢唐: 절강성 항주시)을 거쳐 회계(會稽: 지금의 절강성 소흥시 남쪽)로 갔다 돌아오는 길에 낭야, 지부를 거쳐 평원진(平原津: 산동성 덕주시 평원현 남쪽)에 이르렀다가 병이 들어 이해 7월에 사구(沙

丘)의 평대(平臺: 하북성 평태시 평향현 부근)에서 사망하였다.

　진시황은 5차에 걸쳐 지방을 순수하면서 역산과 태산, 지부산, 지부의 동관(東觀), 낭야대(琅邪臺), 갈석산, 회계산 등에 각석을 세웠다. 『사기』 진시황본기에 태산, 지부산, 동관, 낭야대, 갈석산, 회계산 등에 세운 각석 명문이 소개되어 있고, 역산각석의 명문은 탁본을 통해 확인할 수 있다. 진시황 사후, 진(秦) 2대 황제가 기원전 209년에 지방으로 순수를 나갔는데, 이때 진시황의 각석 옆에 시황제를 수행한 대신(大臣)과 종자(從者)의 이름, 자신이 내린 조서를 그 옆에 새겼다. 이른바 진칠각석(秦七刻石)의 원석(原石)은 대부분이 훼손되어 존재하지 않지만, 고증을 통해 진대의 원각자에 해당하는 태산과 낭야대각석의 잔석(殘石)을 발견하였다. 그 중 태산각석은 겨우 2대 황제 조서의 10글자만이 전하여 '태산십자(泰山十字)'라고 별칭하기도 하며, 그것은 현재 태산 근처의 대묘(岱廟) 안에 있다. 낭야대각석은 대부분 마멸되어 겨우 12행 반, 84자만이 남아 전한다. 이것은 현재 중국역사박물관에 소장되어 있다. 각석의 명문은 대부분 탁본을 통해 세상에 전해졌는데, 현재까지 전하는 일부 탁본의 내용이 『사기』에 전하는 것과 약간 차이가 있다.

　진시황의 순수 각석은 대체로 진시황의 덕과 업적을 칭송하는 내용이 중심이다. 진시황의 각석 가운데 내용이 가장 풍부한 것은 낭야대각석인데, 『사기』 진시황본기에 전하는 원문과 해석을 제시하면 다음과 같다.

【낭야대각석 원문】

　維二十八年 皇帝作始 端平法度 萬物之紀 以明人事 合同父子 聖智仁義 顯白道理 東撫東土 以省卒士 事已大畢 乃臨于海 皇帝之功 勤勞本事 上農除末 黔首是富 普天之下 摶心揖志 器械一量 同書文字 日月所照 舟輿所載 皆終其命 莫不得意 應時動事 是維皇帝 匡飭異俗 陵水經地 憂恤黔首 朝夕不懈 除疑定法 咸知所辟 方伯分職 諸治經易 舉錯必當 莫不如畫 皇帝之明 臨察四方 尊卑貴賤 不踰次行 姦邪不

容 皆務貞良 細大盡力 莫敢怠荒 遠邇辟隱 專務肅莊 端直敦忠 事業有常 皇帝之德
存定四極 誅亂除害 興利致福 節事以時 諸產繁殖 黔首安寧 不用兵革 六親相保 終
無寇賊 驩欣奉教 盡知法式 六合之內 皇帝之土 西涉流沙 南盡北戶 東有東海 北過
大夏 人迹所至 無不臣者 功蓋五帝 澤及牛馬 莫不受德 各安其宇 維秦王兼有天下
立名為皇帝 乃撫東土 至于琅邪 列侯武城侯王離 列侯通武侯王賁 倫侯建成侯趙亥
倫侯昌武侯成 倫侯武信侯馮毋擇 丞相隗狀 丞相王綰 卿李斯 卿王戊 五大夫趙嬰 五
大夫楊樛 從與議於海上 曰古之帝者 地不過千里 諸侯各守其封域 或朝或否 相侵暴
亂 殘伐不止 猶刻金石 以自為紀 古之五帝三王 知教不同 法度不明 假威鬼神 以欺
遠方 實不稱名 故不久長 其身未歿 諸侯倍叛 法令不行 今皇帝幷一海內 以為郡縣
天下和平 昭明宗廟 體道行德 尊號大成 羣臣相與誦皇帝功德 刻于金石 以為表經.

【낭야대각석 해석】

(즉위한 지) 28년에 황제라는 칭호를 처음으로 사용하였다. 법도를 바로잡으니, 만물의 기강이 생겨났다. 인사(人事)를 밝게 하니, 아버지와 아들 사이가 화목해지고, 성스러운 지혜와 인의(仁義)가 그 도리(道理)를 분명하게 드러냈다. 동쪽으로 가서 동쪽 땅(에 사는 사람들)을 위무하고 군사들을 보살폈다. 큰 일을 모두 마무리한 뒤에 곧 바닷가에 이르렀다. 황제의 공은 부지런히 천하의 근본에 힘쓰는 데에 있다. 농업을 숭상하고 말업을 억제하니, 백성들이 부유해졌고, 널리 천하의 백성들이 마음을 하나로 모아 뜻을 받들었다. 기계(器械)의 도량을 통일하고 문자를 같게 하였다. 해와 달이 비추는 곳과 배와 수레가 다니는 곳 모두에서 (황제의) 명을 다해 뜻하는 바를 얻지 않음이 없었다. 사시(四時)에 따라 해야 할 일을 일으키는 것은 오직 황제뿐이었다. 이속(異俗: 오랑캐의 풍속)을 바로잡고자 물을 건너고 땅을 지났다. 백성들을 가엾게 여겨 아침 저녁으로 게으름을 피우지 않았고, 의혹을 제거하고 법령을 제정하니, 모두가 (법으로 금한 일을) 피할 줄 알게 되었다. 지

방 관리들의 직무가 분명하게 나뉘어져서 모든 정무(政務)가 쉽게 다스려졌다. 모든 조치가 반드시 합당하여 계획대로 이루어지지 않음이 없었다. 황제의 명찰함으로 사방에 나아가 두루 살피니, 존귀하고 비천한 사람 모두 자신의 분수를 넘지 않았다. 간사함을 용납하지 않으매, 모두 충정(忠貞)과 선량함을 구하였다. 작은 일이나 큰 일을 막론하고 힘을 다하고, 게으르거나 태만하지 않았다. 가깝고 먼 곳뿐만 아니라 편벽된 곳이라 하더라도 오로지 엄숙하고 장중하게 임하였다. 또한 바르고 정직하며 돈독하고 충성스러워 하는 일을 꾸준하게 유지하게 되었다. 황제의 덕으로 사방의 끝까지 위로하며 안정시켰고, 난을 일으킨 자를 쳐 폐해를 제거하였으며, 이로움을 일으켜 복을 이루게 하였다. 노역을 줄여 때에 맞추어 적절하게 일을 하게 하니, 모든 산업이 번창하였다. 백성들이 평안해지자, 무기를 사용하지 않게 되매, (부모와 형제, 처자 등) 육친(六親)이 서로 의지하고 살며, 마침내 도적이 없어졌다. 백성들이 기쁘게 (황제의) 교화를 받들며, 법령과 제도를 모두 알았다. 육합(六合: 천지사방)이 모두 황제의 영토인데, 서쪽으로는 사막을 넘어 갔고, 남쪽으로 북호(北戶)까지 이르렀으며, 동쪽으로 동해까지 소유하였고, 북쪽으로 대하(大夏)를 지났다. 인적(人迹)이 이르는 곳마다 신하를 칭하지 않는 이가 없었다. (황제의) 공적은 오제(五帝)를 뛰어넘었고, 은택(恩澤)은 소나 말에까지 미쳤다. (황제의) 은덕을 받지 않은 자가 없어 각자 평안한 생활을 누릴 수 있었다. 오직 진나라 왕만이 천하를 소유한 후에 명칭을 황제라고 칭하게 되었다. 이에 동쪽의 땅을 위무하며 낭야에 이르렀다. 열후 무성후 왕리, 열후 통무후 왕분, 윤후 건성후 조해, 윤후 창무후 성, 윤후 무신후 풍무택, 승상 외림, 승상 왕관, 경 이사, 경 왕무, 오대부 조영, 오대부 양규 등이 모시다가 바다 위에서 (황제의 공덕을 논해) 이르기를, '옛날의 제왕들은 영토가 사방 1천리에 불과하였고, 제후들은 각자 자기의 봉토(封土)를 지키면서 혹자는 조회하고, 혹자는 조회하지 않으면서 서로 침략하여 폭란(暴亂)을 일삼았으며, 잔혹한 정벌을 그치지 않았는데도 불구하고 금석(金石)에 스스로 글을

새겨 기념하였다. 또한 옛날에 오제(五帝)와 삼황(三皇)은 아는 것과 가르치는 것
이 달라서 법도가 분명하지 않게 되자, 귀신의 위세를 빌려 먼 곳을 속였다. 그러나
실제가 명분과 일치하지 않았기 때문에 오래가지 못하였다. 몸이 미처 죽기도 전에
제후들이 배반하고 모반하여 법령이 제대로 시행되지 못하였다. 지금 황제께서 천
하를 하나로 통일하여 군현으로 삼으니, 천하가 태평해졌다. 종묘를 밝게 밝히고,
도를 체현하고 덕을 실행하여 존호(尊號)의 취지를 크게 이룰 수 있었다. 여러 신료
들이 서로 함께 황제의 공덕(功德)을 칭송하며 금석에 새겨 본보기로 삼고자 한다.'
라고 하였다.

진시황이 사망한 후에 진의 2대 황제가 진시황 각석 옆에 시황제를 수행한 대
신과 종자(從子)의 이름을 새기고, 다시 그 옆에 추가로 시황제의 공덕을 현창하는
내용의 2대 황제 조서를 다시 새긴 바 있는데, 그 원문과 해석을 제시하면 다음과
같다.

【진 2대 황제 조서 원문】
　　皇帝曰 金石刻盡始皇帝所爲也 今襲號而金石刻辭不稱始皇帝 其於久遠也 如後
嗣爲之者 不稱成功盛德 丞相臣斯 臣去疾 御史大夫臣德昧死言 臣請具刻詔書 刻石
因明白矣 臣昧死請 制曰可.

【진 2대 황제 조서 해석】
　　황제가 말하기를, '금석에 새겨진 것은 모두 시황제가 행하신 것이다. 이제 호
칭을 이어받고 금석에 새긴 글귀에 '시황제(始皇帝)라고 부르지 않는다면, 그 오랜
세월이 지나고 나서 후대에 계승한 자가 행한 것처럼 보일 수 있으니, 시황제가 이
룬 공덕과 성스러운 덕을 밝힐 수가 없을 것이다. 승상 신하 이사(李斯), 신하 풍거
질(馮去疾), 어사대부 신하 덕(德)이 목숨을 걸고 진언하기를, '청하옵건대 신들이

지금 황제께서 내리신 조서를 이 각석에 새겨 (그 연유를) 분명하게 드러내도록 허락하여 주십시오.'라고 하니, 황제가 명을 내려, '허락하노라'라고 하였다.

진시황의 각석에 새겨진 문장은 운문(韻文)이다. 태산으로 대표되듯이, 각석을 세운 곳이 대체로 하늘에 가까운 산이라고 볼 수 있으므로, 진시황은 중국의 통일과 진나라 통치체제의 완성을 하늘에 보고하는 봉선(封禪)의 일환으로 각석을 세운 것으로 이해된다. 한편 낭야대각석뿐만 아니라 회계산각석에서도 만이(蠻夷)의 이속(異俗)을 바로잡고자 하였다는 내용이 보이는데, 진시황은 순수를 통해 전국(戰國) 6국의 문화를 진 문화로 융합시켜 진 제국의 법에 의한 일률적인 지배를 실현하려고 의도하였음도 엿볼 수 있다. 진흥왕순수비 마운령비에서 '신고(新古)의 여서(백성)를 두루 헤아려 어루만져 길러, 가히 덕화가 고로 퍼지지 아니하고, 은혜의 베품이 미치지 않은 곳이 없게 하였다.'고 전하는 것으로 미루어 보아, 진시황의 각석에 전하는 내용과 일맥상통하는 면이 있다고 말할 수 있다. 이러한 측면에서 진시황이 순수하며 각석을 세운 의도는 진흥왕의 순수 목적과 아울러 순수비 건립의 배경을 연구할 때에 비교 자료로서 매우 주목된다고 하겠다.

6세기 신라의 법과 율령

김창석

강원대학교

경상남도 함안군에 있는 성산산성에서 1991년 이래 신라 목간이 300여 점 출토되었다. 2014~2016년에 이뤄진 17차 발굴조사에서 23점이 새로 출토되었는데, 23번 목간은 길이가 34.4㎝인 사면(四面) 목간이다. 진내멸촌의 촌주가 어떤 사태에 관해서 상부에 보고한 문서라고 여겨진다. 그런데 그 내용 중에 '대법(代法)'이라는 법제 관련 용어가 나온다. 어떤 법의 이름이 한국 목간에서 확인된 것은 처음이다.

삼국이 모두 율령을 시행했다고 추정되지만 그 조항의 원문이나 시행의 실태를 구체적으로 전해주는 자료는 전무하다고 할 수 있다. 따라서 비록 단편에 불과하지만 '대법'과 같은 자료의 출현은 고대 법제사를 연구할 때 가뭄 끝의 단비와 같이 반가운 일이다. 이 목간을 실마리 삼아 신라 율령의 내용과 체재, 그리고 그 역사적 성격을 검토해보고자 한다.

'대법'의 출현

성산산성 17차 조사 23번 목간은 다음과 같이 판독된다.

1면 三月中 眞乃滅村主憹怖白
2면 □城在弥卽等智大舍下智前去白之
3면 卽白 先節六十日代法稚然
4면 伊乇罹及伐尺寀言廻法卅代告今卅日食去白之

위의 판독문은 필자의 견해에 따른 것이고 몇 글자에 대해서는 이견
이 있다. 3면의 '六十'을 '本'으로, 4면의 '寀'을 '寀'라고 읽는 따위이다.
문자자료에 관한 연구는 그것이 출토품인 경우에 출토 상황과 유물 자
체에 대한 파악이 우선되어야 한다. 그 다음에는 글자를 판독하는 작업
이 문자자료에 대한 본격 연구의 출발이다. 어떤 글자를 택하느냐에 따라
서 해석이 크게 달라지기도 한다. 이 목간에서 '六十日代法'이라고 읽으
면 "60일의 대(代)에 관한 법"이 되지만, '本日代法'으로 읽으면 "현재 시
행되는 대법"이 될 것이다. '伊乇罹及伐尺寀言'은 "이탁리 급벌척이 살펴
말하기를"이 되나, '寀言'이라고 보면 "(이탁리 급벌척의) 식읍 또는 녹봉으
로 말하자면"이라고 해석될 수 있다.

어느 글자가 맞을지 앞으로 다른 학자들의 의견을 기다려야 한다. 현
재로서는 어떤 판독을 따라야 해석이 더 합리적이고 자연스러울지 따져
봐야 할 것이다. 관건은 이 목간에 기록된 대(代)의 실체이다. 필자는 이것
이 60일 혹은 30일 동안 이루어지는 역역(力役) 징발을 가리킨다고 생각
한다. 이에 비해 대를 토지 면적의 단위로 이해하고 나중에 일본에 전해

져 대제(代制)가 되었다는 견해가 제기된 바 있다.

이처럼 이해가 대립되어 있는 상황이지만 중고기의 신라 사회에서 '대'라는 제도가 시행되었고 이에 관한 규정이 '대법'으로 정해져 있었다는 사실을 23번 목간은 분명히 보여준다. 그렇다면 6세기의 신라에서 대법과 같은 또 다른 '법'이 작동하고 있었을까? 당시의 법률 문화 속에서 이 '법'은 어느 위치에 있었고 어떤 형태로 존재했을까?

1면   2면   3면   4면

그림 1. 함안 성산산성 제17차 발굴조사 출토 23번 목간 (국립가야문화재연구소)

모법(某法)과 율령

『삼국사기』에 따르면 지증왕 5년(504)에 상복법(喪服法)을 제정했고, 같은 왕 15년(514)에는 국왕의 시호를 짓는 시법(諡法)을 시행했다고 한다. 법흥왕 7년(520) 율령을 반포함으로써 관료가 입는 공복(公服)의 등급이 정해졌다고 한다. 당시에 이러한 규정이 실제로 상복'법', 시'법', 공복'법'이라고 불렀는지는 『삼국사기』가 고려 때 편찬된 기록이므로 단정할 수 없다.

동시기 자료인 금석문이 이러한 난점을 해결하는 데 도움을 준다. 진흥왕 11년(550) 무렵 건립된 「단양 적성비」를 보자.

> 四年 소녀, 師文 … 공형인 추문촌 출신의 巴珎婁 하간지 … 전자는 또 赤城烟에서 빼주고, 후자 공형은 … 異葉이더라도 國法에 의거하여 분여한다. 비록 그러하나 伊 … 子, 刀只 소녀, 烏礼兮 찬간지 … 법을 赤城佃舍法으로 삼았다.

신라가 고구려로부터 적성을 빼앗을 때 야이차(也尒次)가 결정적인 전공을 세웠다. 위의 내용은 그의 혈족에게 내린 포상의 일부이다. 비석의 윗부분이 깨져서 정확한 내용을 알 수 없지만 적성 지역에 살던 가호에게 부과된 의무를 면제하거나 국법에 따라 어떤 혜택을 준 듯하다. 국법은 법흥왕대 반포된 율령을 가리킨다. 그런데 뒤에 '적성전사법'이 다시 나온다. 야이차의 혈족에게 율령의 해당 조항을 적용하여 혜택을 베푼 것과 더불어 적성 지역의 특수성을 고려하여 포상이 이루어졌다. 적성전사법은 이때의 사례를 기초로 하여 새로 만들어진 법규로서 오늘날의 특례법과 같은 성격이라고 생각된다. 이후 다른 지역에서 유사한 상황이 벌어지면 적성전사법이 우선 적용되었을 것이다.

신라에서는 율령을 국법이라고 불렀고 거기 속한 여러 법규들을 주제별로 묶어서 '○○法' 즉 모법(某法)의 형식으로 불렀던 듯하다. 이해를 돕기 위해서 현대의 법과 비교해보면, 율령은 전체 법에 해당하고, 율령의 원래 의미인 율(형률), 령(행정령), 격, 식은 현대 법에서는 헌법, 형법, 민법, 상법 등 법의 영역에 해당한다. 그 하위에 모법이 있었던 것이다. 수많은 법규를 주제별로 분류하여 여러 개의 편(篇)으로 나누었고, 거기에 붙인 제목을 편목이라 하는데 신라에서는 이 편목이 전사법처럼 모'법'이라는 형식을 띠었다. 적성전사법은 전사법이라는 편목 속에 다시 들어가 있는 하위 항목이다. 컴퓨터 문서편집기의 상위 폴더 – 하위 폴더의 관계와 비슷하다.

노인법(奴人法) 역시 신라 율령의 한 편목이었다. 법흥왕 11년(524)에 건립된 「울진 봉평비」를 살펴보자.

居伐牟羅 男弥只는 본래 奴人이었다. 비록 이들이 노인이었지만, 前時에 王이 크게 法道를 내려 侠咋케 하여 介□恩城을 지키게 하였다. (그런데) 실화로 城을 태워 大軍을 발동하기에 이르렀다. 만약 이들이 그 일을 성실히 수행하였다면 안전히 국토를 지키고 왕을 받들 수 있었을 것이다. (그렇지 못하였으므로) 大奴村 사람들은 □共值□을(를) 부담케 하고 나머지 이들은 種種 奴人法에 따라 조처하라.

봉평비의 내용 가운데 가장 해석이 까다로운 부분이다. 여러 견해 가운데 다수 의견을 좇아보면, 거벌모라의 남미지촌 주민은 원래 노인(奴人)

신분이었는데, 동원되어 어떤 성을 지키다가 불을 내어 군사가 출동하는 사태를 일으켰다. 이에 대해서 정부는 대노촌의 주민에게 특별한 부담을 지우고, 다른 주민은 '종종 노인법'에 규정된 처벌과 대우를 받도록 했다고 이해할 수 있다.

이 비문에서 노인이란 노비가 아니고 신라가 새로 확보한 영역의 주민 또는 이종족 집단을 가리킨다. 이들을 일정 기간 동안 예민(隷民)으로 삼아 지배함으로써 서서히 신라의 공민으로 순화시키고자 했다. 거벌모라의 남미지촌을 중심으로 형성된 노인 집단은 전에 고구려에 속했거나 또는 예(濊) 계통의 주민으로서 신라에 편입된 사람들이었다. 이들의 지위, 대우, 공민이 되기 위한 조건, 그리고 문제를 일으켰을 때의 처벌 등을 규정한 것이 노인법이었다고 생각된다. 종종 노인법이라고 했듯이 노인법에는 다시 여러 하위 법규가 들어 있었다.

신라 율령의 체계

율령법은 동아시아의 독특한 법체계로서 고대 중국에서 처음 제정·편찬되었다. 근래의 중국 법제사 연구에 의하면, 쉐이후띠(睡虎地) 진간(秦簡), 장쟈산(張家山) 한간(漢簡) 등의 자료를 통해서 진·한 시기에 이미 율령의 초기 형태가 형성되었음이 지적되고 있다. 진·한 대의 '율령'이 과연 어느 정도 체계화된 것이었는지에 대해 논란이 있으나, 일반적인 견해는 3세기 중엽 서진(西晉) 때 편찬된 태시율령에서 비로소 율과 령이 분리되어 각기 형률과 행정령으로서 정립되었다고 본다.

그렇다면 520년에 반포된 신라 율령은 어떤 체계로 이뤄져 있었을지

그림 2. 「단양 적성비」 탁본 (석주선기념박물관)

궁금하다. 과연 율과 령이 구분되었을까? 「울진 봉평비」를 보면, 거벌모라의 유력자와 남미지촌을 비롯한 주변 촌의 사인(使人)을 실화의 책임을물어 장(杖) 60대 혹은 100대를 때리도록 했다. '사인'이 어떤 역할을 하던 존재였는지, 그리고 거벌모라의 유력자를 비롯하여 이들도 노인에 속했는지 여부는 알 수 없으나 이들이 노인법이 아니라 장형에 처해진 점이 주목된다. 이 장형은 노인법과는 다른 별도의 형률 규정일 가능성이높다.

　뒤 시기이긴 하지만 『당률소의』를 참고해 보자. 이 책은 당나라 초기의 형률에 관한 해설서인데, 총칙에 해당하는 명례편(名例編)에 태·장·도·

유·사의 5형과 십악(十惡)·팔의(八議) 등의 죄목, 그리고 판결의 기본 원칙
이 실려 있다. 이어서 각칙에 해당하는 위금(衛禁)·직제(職制)·호혼(戶婚)
등의 율조문을 수록했다. 8세기 초에 반포된 일본의 『양로율령』가운데
율 부분을 보면, 용어와 서술 내용에 차이가 있으나 명례율로부터 단옥
율(斷獄律)까지의 12편목과 서술의 순서 등 기본적인 구성이 『당률소의』
와 혹사하다. 따라서 봉평비에 기록된 장 60대와 100대는 법흥왕이 반포
한 율령 중 율에 속한 형벌 규정에 따라 내려진 처벌일 가능성이 있다. 즉
520년 시점에 신라 율령은 율과 령이 구분되어 있었다고 보인다.

그러나 미심쩍은 부분이 있다. 봉평비를 다시 떠올려보면, "대노촌 사
람들은 □共値□을 부담케 하고 나머지 이들은 종종 노인법에 따라 조
치"토록 한 것은 화재를 일으켜 사단을 만든 거벌모라 주민들을 처벌하
는 내용이다. '□共値□'가 대노촌, 즉 거벌모라의 남미지촌 주민에 대한
벌이라면 '종종 노인법'은 그 밖의 거벌모라 주민에게 적용되었다. 노인
법은 노인이 죄를 지었을 때 처벌하는 규정을 포함하고 있었다고 보인다.
그렇다면 법흥왕 때 반포된 율령은 장형 등의 주요 형벌과 그 대상이 되
는 죄목을 정한 형률이 별도로 있었으나, 노인법과 같은 행정령 성격의
편목에 노인과 관련된 범죄와 처벌 규정이 포함되어 있었다고 여겨진다.
율과 령이 기본적으로는 구분되었지만 7세기의 당제나 8세기의 일본 율
령처럼 명확하게 분리되고 체계화 되지는 못한 상태였다.

이상 검토한 내용을 밑바탕으로 하여 520년 반포된 신라 율령의 내용
체계와 형식을 다음과 같이 상정해 볼 수 있겠다.

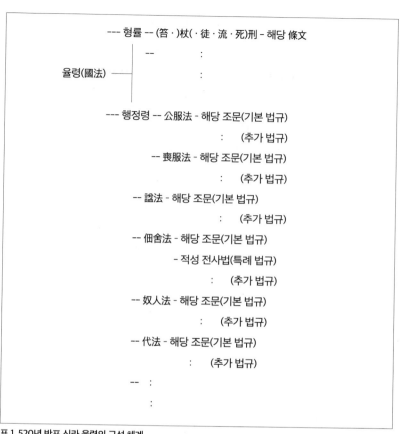

```
          --- 형률 -- (笞 ·)杖( · 徒 · 流 · 死)刑 - 해당 條文
                   --              :
 율령(國法) ┬                        :
          │                        :
          │
          --- 행정령 -- 公服法 - 해당 조문(기본 법규)
                            :      (추가 법규)
                   -- 喪服法 - 해당 조문(기본 법규)
                            :      (추가 법규)
                -- 諡法 - 해당 조문(기본 법규)
                         :      (추가 법규)
              -- 佃舍法 - 해당 조문(기본 법규)
                       - 적성 전사법(특례 법규)
                         :        (추가 법규)
              -- 奴人法 - 해당 조문(기본 법규)
                         :        (추가 법규)
              -- 代法 - 해당 조문(기본 법규)
                       :      (추가 법규)
              --  :
                  :
```

표 1. 520년 반포 신라 율령의 구성 체계

교령법(敎令法)과 그 한계

이제 율령 반포 전의 신라 법문화에 관해 생각해보자. 율령이 시행되기 전 신라 사회는 무법 천지였을까? 앞서 언급했듯이 520년보다 앞서는 지증왕 대에 이미 '상복법'을 제정했다고 한다. 『삼국사기』에는 더 이상의 기록이 없어 상복법의 실체는 알기 어렵다. 율령 반포 전 신라 법제의 모습을 살펴보는 데 실마리를 제공해주는 것은 역시 출토 문자자료이다. 「포항 냉수리비」와 신라 고비(古碑)로서 가장 최근에 발견된 「포항 중성리비」가 그것이다.

냉수리비의 주요 내용은 다음과 같다.

斯羅의 喙部 사부지왕과 내지왕 두 왕의 敎를 珍而麻村의 節居利가 그 재물을 얻게 하는 증거[證]로 삼으라고 하셨다. 계미년 9월 25일, 沙喙部 지도로 갈문왕·사덕지 아간지·자숙지 거벌간지와 喙部의 이부지 일간지·지심지 거벌간지와 本彼部의 두복지 간지와 斯彼部의 모사지 간지, 이 7王들이 共論하여 敎하였으니, 前世의 두 王의 敎를 증거[證]로 삼아 재물을 모두 절거리로 하여금 얻게 하라고 하셨다.

또 敎하셨으니 절거리가 만약 먼저 죽으면 그 집 아이 斯奴로 하여금 그 재물을 얻게 하라고 하셨다. 다시 敎하셨으니 末鄒와 斯申支 이 두 사람은 뒤에 다시는 이 재물에 대하여 말하지 말라고 하셨다. 만약 다시 말썽을 일으키면 중죄를 준다고 하명하셨다.

현재의 포항시 신광면에 있던 진이마촌에서 절거리라는 사람을 한 편으로 하고 말추와 사신지를 한 편으로 하는 분쟁이 일어났다. 어떤 재물을 차지하기 위한 다툼이었다. 이에 대해 중앙의 유력자 7명이 함께 논의하여 판결을 내리고 비석에 그 내용을 새겨 넣었다. 분쟁과 재판, 처벌 등 법의 시행과 관련된 자료이다.

주목되는 점은 냉수리비가 건립된 계미년이 지증왕 4년(503)이라는 사실이다. '7왕'이라 일컬어진 인물 중 가장 상위에 있던 지도로 갈문왕이 바로 지증왕이다. 이때는 신라에서 율령이 반포된 520년 보다 17년 앞선 시기이다. 봉평비(524년)와 적성비(550년 경)가 율령에 의거한 법률이 시행되는 모습을 보여준다면 냉수리비는 율령 반포 전 신라 법제의 양상을 살필 수 있는 절호의 자료인 것이다.

비문의 첫 문장이 판결의 핵심 내용이다. 절거리가 재물을 갖도록 하여 분쟁의 승자를 분명히 밝혔다. 그런데 이 판결의 근거가 된 것은 전세 2왕의 교(敎)였다. 사부지왕은 실성마립간이고 내지왕은 눌지마립간이다. 두 왕의 재위 연대가 5세기 전반이므로 이 판결이 내려지기 약 100년 전에 이미 비슷한 분쟁이 벌어졌었고 실성과 눌지마립간이 주재한 회의에서 판결이 내려졌다. 그리고 지증왕 등 7인은 과거의 판결을 일종의 증거로 삼아 절거리가 재물의 주인이라고 판정했다. 이를 '증(證)'이라고 표현했다.

100년에 가까울 정도로 긴 기간에 걸쳐 판결의 연속성이 이뤄질 수 있었던 이유를 몇 가지 생각할 수 있다. 앞선 판결의 내용은 문자로 기록되어 보존되고 시간이 흐르면서 유사한 사례가 집적되었으며 후대에 전승되었다. 그리고 뒤에 비슷한 사건이 발생하거나, 혹은 냉수리비의 경우처럼 후손의 사건을 다룰 때 조상의 선례를 판결에 활용하여 분쟁을 해결하기도 했다. 재판에서 과거의 판결이 일종의 판례(判例)로서 작용한 것이다.

그렇다면 실성·눌지마립간 때 내려진 판결의 기준과 근거는 무엇이었을까? 그보다 앞서 내려진 유사 사건의 판례 또는 당시의 신라 법문화에 기초한 마립간과 6部 제간(諸干)의 법률적 판단에 따랐을 것이다. 물론 여기에 사로국 이래의 전통적인 법속과 관습이 영향을 미쳤다. 여하튼 비문에서 보듯이 실성과 눌지의 판결은 교의 형태로 내려졌다. 이러한 절차와 형식은 지증왕 때까지 이어져 마립간 – 혹은 유력한 갈문왕 – 과 제간이 모인 회의체에서 주요한 송사를 공론(共論)을 거쳐 처결하고 교로서 포고했다.

그리고 교의 내용을 실현하기 위해서 령(令)이 실행 관부와 관원에게 하달되었다. 냉수리비에 '령'이 나오는데, "(진이마촌의 절거리가) 그 재물을 얻게 하라[令其得財]." "그 집 아이 斯奴로 하여금[令] 그 재물을 얻게 하라."고 하여, 어떤 일을 행하도록 지시하는 사역의 의미로 쓰였을 뿐 명령의 주체가 드러나지 않는다. 아마 뒤에 나오는 전사인(典事人)이 하명했고, 실무를 맡아 령을 집행한 사람은 촌주인 유지 간지와 수지 일금지였을 것이다.

율령이 반포되기 전 령의 의미와 기능을 보다 잘 보여주는 것이 「포항 중성리비」이다.

> 辛巳 … 中折盧 … 훼부의 습지 아간지·사훼의 사덕지 아간지가 教 하셨다.
> "사훼의 이추지 나마 (중략) 이사리가 아뢰기를, '爭人은 훼의 평공사미 (중략) 제지 일벌이다.'고 했다. 使人인 奈蘇毒只의 道使 훼의 염모지와 사훼의 추수지는 세상에서 干居伐의 일사리, (중략) ?伐의 일석에게 명령하여[令] 말하기를, '두지 사간지의 宮과 일부지의 宮이 빼앗았으니 이제 모단벌훼의 作民을 (모단벌훼에게) 고쳐 돌려주어라.'고 했다. (하략)"라고 教하셨다.

신사년은 지증왕 2년(501)이라고 보이지만 60년 앞선 눌지마립간 때로 보는 견해도 있다. 어느 시기이든 율령 반포 전의 상황을 전해준다는 점은 변함이 없다. 문장이 복잡하게 느껴지는 이유는 교의 내용 중에 두 개의 다른 문장이 들어가 있는 복문 구조이기 때문이다. 이추지 나마 등이 올린 보고문과 나소독지라는 곳에 파견된 도사가 내리는 명령문이 그

그림 3. 「포항 중성리비」와 그 탁본 (국립경주문화재연구소, 2009 『浦項 中城里新羅碑』)

것이다. 명령의 내용은 끊어 읽기, 궁(宮)의 의미와 성격 등을 놓고 많은 이견이 있으며 위의 해석은 필자의 의견일 뿐이다.

　여기서 주목하고 싶은 것은 마립간을 포함한 중앙의 간지들이 어떤 분쟁에 관해 공론하여 내린 결정을 교로서 발포했고, 그 내용 중에 결정을 실행하기 위한 령이 들어 있다는 사실이다.　판결이 정해지면 <교 → 령>의 과정을 통해서 집행이 이뤄진 것이다. 따라서 율령 전의 신라 사회에서 '령'은 행정령이 아니라 교를 실행하기 위한 구체화된 지시 혹은 명령이었다. 이에 관해서 령은 국왕의 교 가운데 항구적인 법령의 요건을 갖춘 것으로서 실제 법적 효력을 발휘했다는 반론이 있다. 그러나 신라의 경우 현존하는 자료에서는 실행 명령의 용례만 확인된다. 앞으로 관련 문자자료가 출현하여 령의 기능과 성격, 교와 령의 차이 및 상호 관계가 밝혀지기를 기대한다.

이러한 신라의 법제를 율령법과 대비하여 교령법이라고 부를 수 있겠다. 교령법은 마립간을 포함하여 최상위 지배자들이 내린 교를 법적 효력의 근원으로 하고 령이라는 행정 절차를 통해 시행되는 법이었다. 신라가 고구려와 밀접한 관계를 맺고 있던 내물~실성마립간 대에 고구려의 교·령 제도가 수용됨으로써 그 전에 행해지던 사로국의 법속이 교령법으로 발전했으리라 여겨진다. 이후 대략 부체제가 지속되는 법흥왕 재위 초기까지 교령법이 시행되다가 율령이 반포되면서 여기에 수렴되었다.

처음에 교령법은 훼부와 사훼부에만 적용되었으나 중앙과 지방의 행정체계가 확충되어감에 따라 서서히 6부 모두와 지방의 성·촌까지 법적 효력을 미치게 되었다. 하지만 「포항 냉수리비」에 뚜렷이 나타나듯이, 교령법은 어떤 사건이 일어났을 때 그것을 해결하기 위해 내려진 판결로부터 출발했다. 즉 사건별로 대응하는 단행법(單行法)이었다. 그리고 나중에 비슷한 상황이 생기거나 그와 유관한 사람이 분쟁 당사자가 되었을 때 판결의 근거로 활용되는 판례법이었다. 교령법은 단행법령과 판례가 문자로 기록되고 오랜 기간 수많은 사례가 집적되어진 형태였다. 사건과 범죄의 내용에 따른 체계적인 분류가 이뤄지기 힘든 구조였고, 따라서 판례로 활용하고자 할 때 유사한 전례를 찾아서 적용하기가 쉽지 않았을 것이다. 율과 령(행정령)이 분화되지 못하고 교·령 속에 정책, 제도, 판결, 죄목, 처벌 등이 혼재되어 있었다.

교령법의 이러한 한계와 문제점은 중국식 법체계, 즉 율령법의 영향을 받아 법흥왕 때 율령이 반포됨으로써 어느 정도 극복되었다. 그 작업은 150년 가까이 생산되어 축적되어온 교·령과 판례들을 종합하여 사안별로 분류하고 이를 추상화·일반화시키는 것이었다. 크게 형률과 행정령으로 나누고, 각각을 다시 주제에 따라 몇 개의 편(篇)으로 분류하여 '모법

(某法)'이라는 형식의 편목을 붙였으며, 각 편에 속한 법령을 세부 조항으로 나누고 해당 조문을 작성했을 것이다. 이로써 교령법은 상대적으로 보편성을 가진 '율령'으로서 제정되었으며, 판결을 내릴 때에도 종래의 사건별 대응에서 벗어나 '전사법' '노인법' '대법'과 같은 일반화된 편목의 법률 조항을 근거로 하여 보다 표준화되고 체계적인 대응이 가능해졌다.

연구의 새로운 지평

한국 고대의 법에 관한 그간의 연구는 주로 삼국 율령의 계통성을 추적하는데 집중되었다. 이러한 접근에는 고유법과 계수법(繼受法)을 나누고 계수법의 계통을 따지려는 일본 학계의 문제의식이 영향을 끼쳤다. 그리고 한국 고대의 법체계가 율령의 반포를 기점으로 하여 비로소 성립했다는 인식이 전제로 자리 잡고 있었다. 그간의 연구 경향을 돌이켜볼 때 법제 속에서 외래의 요소를 추출하고 그 기원을 따지거나 삼국 율령의 내용을 복원하는 데 천착해온 것은 이러한 이유가 있었기 때문이다.

이러한 시도는 중국의 법문화인 율령체계가 한반도를 비롯한 동아시아로 확산되어 가는 맥락에서 한국 고대 법의 성립을 이해하려 함으로써 광역의 공간에서 이뤄진 문화 이동의 양상을 포착할 수 있게 한다는 장점이 있다. 하지만 결과적으로 고유법과 계수법 또는 외래법을 수직적 관계로 설정함으로써 고유법 자체의 발전과정을 탐색하는 시야를 갖기 어렵게 만들었다. 이에 따르면, 고유법 – 신라의 경우 교령법 이전의 전통 법제 - 은 이미 존재하는 어떤 것에 불과했고 그 뒤에 선진적인 중국의 법체계, 즉 율령법이 위로부터 전통 법제를 압도하는 형태로 한국의 고대 법제가 성립되었다고 한다. 이렇게 보아서는 고유법과 외래법 사이의 균형 있는 관계 설정이 불가능해진다.

기왕에 고유법과 중국적 율령법을 상하관계로 설정했었는데, 이를 수평관계로 바꾸어 볼 것을 제안한다. 이러한 방향으로 접근하게 되면 고유법 자체의 발전과정을 추적할 수 있는 시야가 열린다. 그리고 전통이 이어져오다가 외래 문물의 수용에 의해서 비약적으로 발전한다는 단절적 인식을 극복할 수 있다. 신라의 경우 교령법 이전부터 전통적인 법제가 성장해오는 과정에서 외부의 법체계와 부단히 상호 작용하는 양상을 파악할 수 있고, 율령법의 영향을 받아 기성의 법체계가 일신되지만 율령의 실제 내용은 교령법에 기초를 두고 있었으므로 교령법과 율령법의 관계를 연속선상에서 유기적으로 이해할 수 있다.

이러한 시각을 가지면 고대 동아시아의 법제사도 새롭게 바라볼 수 있지 않을까 한다. 최근 중국 고대법 연구에서는 태시율령 이전의 법제를 어떻게 이해하고 그 법원(法源)이 무엇이었는가 하는 문제가 핵심 과제의 하나라고 보인다. 예컨대 진·한 시기에 각 관서가 고사(故事), 즉 선례를 축적하여 법규로 활용했으며, 지방관리가 일상 업무에서 불합리한 점을 개선하기 위해 군태수 등에게 청원하면 이것이 중앙 관부의 심사를 거친 후 황제가 재가함으로써 '율령'이 제정된다고 보는 견해가 있다. 이를 한국 고대 법제사의 견지에서 보면, 진·한 당시의 자료에 '율'·'령'이라고 표기되었더라도 그 실체는 황제의 조칙(詔勅)이라고 이해해야 하지 않을까 생각된다. 황제의 명령 중 법률로서의 안정성을 인정받은 것이 나중에 형률, 행정령으로 제정되고, 이들이 다시 법전의 형식으로 편찬된 것을 율령이라고 볼 수 있다는 것이다.

일본의 경우 종래 양로율령과 당 율령의 비교 및 복원 연구, 그리고

8세기의 대보율령이 성립하게 된 배경에 대한 연구가 팽대하게 이뤄졌다. 근래는 시기를 소급하여 7세기의 일본 국제, 즉 관위 12계제, 대화개신, 기요미하라료(淨御原令) 등의 연원이 어디에 있었는가 하는 문제가 부상하는 듯하다. 이에 대해서도 백제·신라 혹은 중국이라는 외부로부터의 영향과 함께 야마토 정권 이래 축적되어 온 법제의 전통을 고려해야 할 것이다.

이처럼 최근 한국 고대 법제사 연구에서 이뤄진 성과는 동아시아의 고대 법문화를 새롭게 이해하고 그 발전의 경로를 파악하는 데 있어서도 하나의 단서가 될 수 있다. 앞으로 동아시아의 법률 문화를 율령이라는 단일한 잣대가 아니라 전통적인 법체계가 성장해나가면서 지속적으로 외부로부터 새로운 체계의 법제를 만나 상호 영향을 주고받고 변용되어가는 계기적 과정으로 이해할 수 있도록 연구가 진전되기를 바란다.

참고문헌

朱甫暾, 1989, 「蔚珍鳳坪新羅碑와 法興王代 律令」, 『韓國古代史研究』2.

金昌錫, 2010, 「新羅 法制의 형성 과정과 律令의 성격 - 포항 중성리신라비의 검토를 중심으로」, 『韓國古代史研究』58.

金昌錫, 2017, 「咸安 城山山城 17차 발굴조사 출토 四面木簡(23번)에 관한 試考」, 『韓國史研究』177.

洪承佑, 2011, 「韓國 古代 律令의 性格」, 서울大學校 國史學科 博士學位論文.

全德在, 2011, 「신라 율령 반포의 배경과 의의」, 『歷史教育』119.

「남산신성비」와 역역동원체제

이수훈
부산대학교

경주 남산과 「남산신성비」

삶의 흔적을 찾아나서는 답사는 언제나 기대와 설렘을 동반한다. 특히 경주일원의 문화유산을 답사하면, 신라인들이 천년의 세월동안 빚어낸 역사의 숨결소리를 실감나게 들을 수 있다. 시간의 늪 속에 잠들어 있는 과거가 아니라 끊임없이 현재와 소통하는 살아있는 무대를 만나게 된다. 그 중에서도 경주 남산은 신라인들이 꿈꾸었던 불국토의 세계를 직접 느껴볼 수 있는 공간이다. 남산은 그 명칭에서 알 수 있듯이 신라 왕경인 경주의 남쪽에 있는 산이다. 해발 500m가 채 되지 않지만, 곳곳에 탑과 불상, 절터 등의 유적·유물이 산재해 있어 가히 노천박물관이라고 할만하다. 골짜기마다 바위와 나무가 조화를 이루어, 그 풍광 또한 수려한 까

그림 1. 경주 남산 용장사지 3층석탑

닭에 사계절 내내 사람들의 발길이 끊이지 않는 친근한 산이다. 남산이라
는 명칭은 신라 당시부터 지금까지 오랜 세월동안 사용되고 있는데, 달리
금오산(金鰲山)으로도 불리고 있다. 우리나라 최초의 한문소설인 『금오신
화(金鰲新話)』의 이름도, 매월당 김시습(金時習)이 이곳 금오산의 용장사(茸
長寺)에 은거하며 지은 것에서 연유하였다는 설이 유력하다. 지난날 선풍
적인 인기를 모으면서 유행한 대중가요, '신라의 달밤'에도 금오산의 이
름이 등장한다.

남산은 경주분지를 전체적으로 조망할 수 있는 곳이다. 뿐만 아니라 신라의 왕성인 월성과 매우 가까운 거리에 있다. 그런 만큼 남산은 신라 당시에 군사적으로도 중요한 장소였다.『삼국사기』신라본기와『삼국유사』기이편(문호왕 법민조)에 따르면, 남산에 유사시를 대비해 성을 쌓았으며, 그 뒤 여기에 창고를 설치하였고, 또한 성 자체의 증축도 이루어졌음을 알 수가 있다. 곧 591년(진평왕 13)에 "남산성(南山城)을 쌓았는데, 둘레가 2854보(『삼국유사』에는 2850보)였다"거나, 663년(문무왕 3)에 "장창(長倉)을 남산신성(南山新城)에 만들었다", "미곡(米穀)과 병기(兵器)를 저장하니 이것이 우창(右倉)이고, 천은사의 서북쪽 산위에 있는 것은 좌창(左倉)이다", 또는 679년(문무왕 19)에 "남산성을 증축하였다"라는 기록이 이를 뒷받침한다.

591년에 남산신성을 처음 쌓았다는『삼국사기』와『삼국유사』의 기록은 20세기에 이르러, 그 정확성과 함께 사료적 가치를 인정받게 되었다. 다름 아니라 신라의 각 지역에서 왕경에 동원된 사람들이 591년에 남산신성을 쌓은 뒤(혹은 쌓을 때)에 세운,「남산신성비」가 연이어 발견되었기 때문이다.「남산신성비」는 1934년부터 2000년까지 모두 10기가 발견되었는데, 축성(築城)과 관련된 역역편성뿐만 아니라 지방행정조직(군·성·촌)의 운용형태, 지방민의 생활상 등을 전해주는 귀중한 자료이다. 당연히 많은 연구자들에게 관심의 대상이 되었으며, 신라 중고기 사회를 해명하는 결정적인 단서로 활용되었다. 당대(當代)의 자료가 절대적으로 부족한 신라사 연구에 큰 활력소가 되고 있음은 물론이다.

다만 아쉽게도 지금까지 발견된「남산신성비」가 모두 온전한 상태는 아니다. 10기의「남산신성비」가운데, 제 1비·2비·3비·9비만 원형을 그대로 유지하고 있을 뿐, 나머지는 깨어진 정도에 차이가 있으나 비편의 형태로 남아 있다. 따라 「남산신성비」가 담고 있는 전반적인 실체는 주로 제 1비·2비·3비·9비를 통해서 파악할 수밖에 없다. 여기서 원형을 잘 간직한 이 4기의 비석을 중심으로 「남산신성비」의 내용을 살펴보면, 크게 세부분으로 나누어 정리할 수가 있다. 곧 제일 앞에 연·월·일(축성공사의 완료일 또는 시작일)과 함께 법에 따라 서약한 내용이, 뒤이어 이런 서약 내용을 토대로 하여 축성공사를 책임지고 진행한 인물들의 구체적인 명칭(직명·출신지명·인명·관등명)과, 축성공사에 참여한 인물들이 실제 담당한 작업거리가 각각 기재되어 있다(단 제 3비·9비에는 할당된 작업거리가 인물들의 명칭보다 앞서 기재됨).

「남산신성비」의 특징과 작업분단

「남산신성비」의 첫머리는 제 1비·2비·3비·9비 모두 '辛亥年二月廿六日南山新城作節如法以作後三年崩破者罪教事爲聞教令誓事之'라는 문장으로 시작하고 있어 흥미롭다. 총 34자로 이루어진 이 문장은, '신해년 2월 26일에 남산신성을 만들었다(만들기 시작한다). (이) 때에 법에 따라 만든 후 3년 만에 무너져 파괴되면, 죄줄 것임을 알리고 이를 서약하게 하였다'로 해석할 수가 있다. 이런 표현방식의 문장은 신라 중고기의 다른 금석문에는 보이지 않고 오로지 「남산신성비」에만 공통적으로 들어가 있는데, 「남산신성비」를 나타내는 중요한 특징이다.

여기서 주목되는 점은 각 작업분단이 성벽을 만든 후 3년 사이에 무너져 파괴되면, 법에 따라 처벌한다는 사실이다. 이는 「울진봉평리신라비」(524년)와 「단양신라적성비」(550년 경)에서, 각각 노인법(奴人法)과 전사법(佃舍法)이라는 구체적인 법조문에 근거하여 해당 사안을 처리한 것과 동일한 형태이다. 비록 「남산신성비」에 적용된 신라 율령의 편목명이 무엇인지 알 수는 없지만 노인법이나 전사법과 같은 '~법'에 따라, 축성공사를 담당한 인물들에게 처벌이 동반된 일정한 책임을 부과하고 이를 서약하게 하였다고 판단된다. 6세기 말 당시 신라의 국가운영이 전 영역에 걸쳐 일원화된 법체계 위에서 유효적절하게 이루어지고 있었음을, 「남산신성비」를 통해서도 엿볼 수 있다.

또한 「남산신성비」에는 남산신성을 축조하는데 참여한 인물들도 상당수 기록되어 있어 관심을 끈다. 각 비석의 인물들은 일정한 기준에 따라 대략 3집단으로 구분·기재되었는데, 이를 토대로 하여 6세기 말 당시 신라의 역역동원체제를 대략적이나마 짐작할 수가 있다. 가장 먼저 해당 성(城)·촌(村)의 축성공사를 전반적으로 지휘·감독한 총책임자(지방관)가 등장하고 있다. 그 다음에 현장에서 개별 성·촌의 축성작업이 효율과 균형을 유지할 수 있도록 군(郡)을 단위로 조율한 인물(군상촌주·군중상인)과 기술자(군 단위로 동원된 인력)가, 마지막으로 다수의 노동인력(잡역부)을 총괄하면서 직접 축성작업을 진행한 현장책임자(작상인) 및 기술자(성·촌 단위로 동원된 인력)가 기재되고 있다. 다만 「남산신성비」 제 9비에는 지방관이 보이지 않아 기왕의 「남산신성비」와 다른 모습인데, 원래 급벌군(伋伐郡) 지역에 지방관은 파견되었으나 어떤 이유로 기재되지 않았다고 판단된다.

물론 비문에 나타난 인력만으로 성벽을 축조할 수는 없다. 비록 비석에 기재되지 않았지만, 다수의 노동인력(잡역부)이 동원되어 축성공사에 수반된 온갖 잡일을 담당하였다고 판단된다. 이 당시 동원된 인력의 출신지는 특정 지역에 국한되지 않고 신라의 전역에 걸쳐있다. 곧 왕경을 비롯하여 오늘날의 경남(고성·의령·함안)과 경북(상주·영주), 충북(옥천) 등이다.

앞에서도 잠시 언급하였듯이 「남산신성비」에는 각 작업분단이 할당받은 축성거리가 자세히 기재되어 있다. 각 작업분단별로 비석이 하나씩 세워졌는데, 제 1비는 11보(步) 3척(尺) 8촌(寸), 2비는 7보 4척, 3비는 21보 1촌, 9비는 6보이다. 이처럼 작업분단마다 축성거리가 다른 이유는, 동원된 인력의 많고 적음보다는 지형에 따른 공사의 난이도에 있었다고 판단된다. 곧 남산신성과 같은 포곡식(包谷式) 산성의 경우, 골짜기에서 산등성이에 걸쳐서 성벽을 축조하는데 골짜기 부분은 낮고 산등성이 부분은 높다. 골짜기와 산등성이에 축조된 성벽의 높이는 경사각도에 따라 다른데, 골짜기(낮은 지형)에 성벽을 축조하는 분단과 산등성이(높은 지형) 부분을 담당한 분단의 작업량은 당연히 달랐다고 여겨진다. 축성거리의 차이는 이런 상황을 고려한 결과로 생각된다.

여기서 「남산신성비」 제 1비·2비·3비·9비의 축성거리를 평균하면 대략 11보 4척 4촌이다. 이 숫자로 남산신성의 전체길이(2854보)를 나누면 200을 훌쩍 넘는 숫자가 나온다. 따라서 남산신성의 축조에 동원된 작업분단의 수는 적어도 200개가 넘었다고 추정된다. 이 작업분단의 수에 비례하여 비석을 세운 만큼, 「남산신성비」 역시 현재 발견된 것보다 훨씬 많은 수가 당시에 작성되었다고 생각된다. 이런 「남산신성비」의 건립위치는 정확한 출토지점을 알 수 있는 제 9비의 사례를 참고할 때, 내성벽(內城壁)의 하단부로 추정된다.

그런데 남산신성의 축조를 위해 200개가 넘는 작업분단이 일시에 동원되었다고 보기는 어렵겠다. 다수의 인원이 왕경에 동원되어 함께 축성작업을 진행할 경우, 그 인원이 생활하는데 필요한 별도의 주거공간과 물

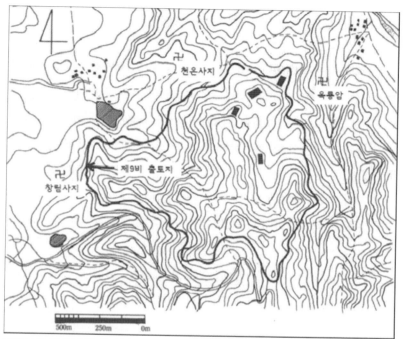

그림 2. 남산신성비 제9비 출토위치도
(박방룡, 1994, 3쪽에서 전재함. 단 한자는 한글로 표기함)

자 등이 공급되어야 마땅하다. 과연 이 당시에 그런 여건이 마련될 수 있었을지 의문이기 때문이다. 뿐만 아니라 축성작업은 측량(測量)과 설계(設計), 석재(石材)의 가공, 터를 닦는 공사, 벽면(壁面)의 구축 등 여러 단계의 공정(工程)을 거쳐야 하는 만큼, 한 번에 많은 인원을 동원한다고 하여 반드시 효율성이 높아진다는 보장도 없다. 따라서 남산신성의 축조를 위한 작업분단은, 일정한 시간의 간격을 두고 교대로 조직·동원되었다고 이해하는 편이 훨씬 설득력이 있다.

「남산신성비」의 역역동원체제

「남산신성비」는 「명활산성작성비」(551년)와 더불어 신라 중고기의 역역동원체제를 파악할 수 있는 귀중한 자료이다. 이미 앞에서 언급한 것처럼 「남산신성비」에는, 왕경을 비롯하여 신라 전역에서 동원된 축성인력이 일정한 순서에 따라 기록되어 있다. 더욱이 남산신성의 축조에 즈음하여 함께 건립된 「남산신성비」가 여럿 발견되어, 이 비석들의 내용을 서로 비교·검토할 수도 있다. 따라서 「남산신성비」는 6세기 말 당시 신라의 역역동원체제가 과연 어떤 모습이었는가를 보여주는 소중한 거울이라고 해도 지나친 말이 아니다.

「남산신성비」에 나타난 역역동원은 왕경과 지방이 서로 다르다. 먼저 왕경인의 역역동원은 「남산신성비」 제3비를 통해서 알 수가 있다. 여기서 특히 '탁부주도리(喙部主刀里)'라는 표기가 주목되는데, 이 표기는 당시 왕경인의 역역동원이 부(部) 바로 밑의 행정구역인 리(里)를 단위로 이루어졌음을 알려준다. 더욱이 작업분단을 그냥 '주도리'가 아닌 '탁부(의) 주도리'라고 분명하게 밝히고 있어 시사하는 바가 크다. 이 사실은 탁부와 주도리가 상호 영속관계(領屬關係)에 있었으며, 주도리의 역역편성에 탁부가 직접적으로 관련되었음을 말해준다. 곧 주도리의 축성작업은 탁부의 전체적인 조율과 감독 속에서 진행되었다는 점이다. 이런 점은 주도리출신의 노동인력이 동원된 축성공사에 탁부 소속의 부감(部監)이 등장한사실에서도 뒷받침된다. 이와 같은 사실을 참고할 때, 「남산신성비」에 나타난 왕경인의 역역동원은 '부—리'라는 상하 구조 속에서 체계적으로 이루어졌다고 생각된다.

다음으로 「남산신성비」에 보이는 지방민의 역역동원은, 6세기 말 당시 신라의 전역에 두루 편제된 성·촌을 기본단위로 하여 이루어졌다. 뿐만 아니라 대략 4~5개 정도의 성·촌을 별도로 묶은 군—하나의 군을 구성한 성·촌의 숫자는 「남산신성비」 제 1비·2비·4비를 참고하여 도출함—도 역역동원의 단위로 활용되었다. 따라서 성·촌의 역역동원은 군과 밀접한 관련 속에서 진행되었는데, 이를 뒷받침하는 근거로 「남산신성비」 제 9비의 내용을 제시할 수가 있다. 비문에 축성공사를 담당한 성·촌의 인력을 표기하면서, 단지 성·촌만이 아닌 해당 군과 함께 '급벌군중이동성도(伋伐郡中伊同城徒)'로 기록하여 주목된다. 여기서 실제 축성공사를 주도한 인력이 '이동성도'라고 분명히 밝히고 있다. 그럼에도 불구하고, 역역편성은 이동성이 독자적으로 수립하지 못하였으며, 어디까지나 '급벌군(중)'과 연계되어 있었다. 곧 '급벌군(중)'이 1차편성, '이동성(도)'이 2차편성이라는 방식을 취하였다. 먼저 군 단위의 역역편성을 거쳐서 군내(郡內)의 성·촌 단위로 좀 더 세분되었다.

말하자면 「남산신성비」 제 9비의 역역편성에서는 전체 작업량이 군을 단위로 할당되고, 이를 다시 군내의 성·촌 단위로 분담하는 방식을 취하였다. 결국 제 9비의 역역편성은 군 단위의 대(大) 구분과 성·촌 단위의 소(小) 구분이 상호 유기적으로 결합된 이중구조였다. 이러한 군과 성·촌의 상호관계는 축성공사에 투입된 성·촌의 노동력(이동성도)을, 군의 명칭을 가진 '군상인(郡上人)'—'성상인(城上人)'이나 '촌상인(村上人)'이 아님—이 동원하였다는 점에서도 확인된다. 곧 서로 다른 몇 개의 성·촌이 하나의 군을 단위로 역역을 편성하였으며, 축성공사에 따른 연대책임도 공동으로 부담하였음을 말한다. 이처럼 몇 개의 성·촌을 군 단위로 묶어 구역화함에 따라 성·촌 단위의 역역동원이 가질 수 있었던 개별·분산적인 한계는 어느 정도 보완되었다.

그림 3. 남산신성비 제9비

하지만 「남산신성비」의 군과 성·촌 사이에는 왕경의 부—리 체계와 같은 상하 영속관계가 없었다. 제9비에서는 급벌군의 이동성이 축성공사를 주도하였음에도 불구하고, 급벌군을 관장한 지방관은 전혀 보이지 않는다. 급벌군과 관련된 인물은 오로지 군상인 뿐이다. 또한 제2비에서는 역역을 담당한 성·촌을 표기하면서, 비문의 첫머리에 군명(郡名)도 없이 단지 '아대혜촌(阿大兮村)'이라고만 밝히고 있다. 이는 '탁부주도리'라는 제3비 (왕경)의 표기방식(부명+리명)이나, '급벌군중이동성도'라는 제9비(지방)의 표기방식(군명+성·촌명)과 차이가 있다. 물론 '아대혜촌'의 역역편성도 출신 성·촌이 서로 다른 2명의 군중상인(郡中上人)이 비문에 확인되므로 해당 군과 연계되었음—단 군의 지방관은 전혀 보이지 않으며 성·촌에 파견된 도사(道使)만 확인됨—은 분명하다. 그렇지만 비문에는 '□□군아대혜촌'(군명+성·촌명)이 아니라 오로지 '아대혜촌'(성·촌명)으로 표기하였을 따름이다. 이처럼 비문에 군의 명칭이 생략되고 축성공사와 직접 관련된 해당 성·촌의 명칭만 기록하였다는 사실은 주목된다.

이 사실은 역역동원에서 군이 차지한 비중이 성·촌에 비해 낮았음을 뒷받침한다. 성·촌의 역역동원이 해당 군과 연계되었지만, 실질적으로 축성공사를 담당한 주체가 군이 아니라 개별 성·촌이었음을 명백하게 보여준다. 또한 군과 성·촌 사이에 상하 영속관계도 없었음—군은 중앙정부와 지방의 성·촌을 연계하는 중간 행정단위로 완전히 정착하지 못하였음—을 말해준다. 따라서 신라국가가 군을 처음부터 역역동원의 단위로 성립시켰다고 보기는 어렵겠다. 오히려 역역동원에 즈음하여 편의상 기존의 감찰구역(광역)인 군을 그대로 이용하였을 가능성이 높다. 이 당시 군의 역할은 어디까지나 개별 성·촌의 역역편성이 효율과 균형을 유지할 수 있도록 사전에 미리 조율하는 수준에 머물렀다고 생각된다.

요컨대 「남산신성비」에 나타난 지방민의 역역동원은 군과 성·촌의 유기적인 관련 속에서 이루어졌지만, 실질적으로 축성공사를 담당한 집단은 어디까지나 개별 성·촌이었다. 신라 국가권력은 이들 성·촌의 노동인력을 효율적으로 관리하기 위하여 기왕의 군을 활용하였을 따름이다. 군이 중앙의 명령에 따라 구역내의 개별 성·촌에 대한 실태를 조사하여 중앙에 보고하는 체계가 갖추어지지는 않았던 셈이다. 중앙에서 군의 어디에, 누구에게 명령을 하달한 것인지 그 실체가 불분명하기 때문이다. 또한 군내의 개별 성·촌에 대한 실태조사를 시행한 주체가 누구인지도 명확하지 않다. 군의 치소(治所)와 지방관의 존재를 인정할 수 없는 상태에서 군과 관련된 실질적인 작업을 상정할 수는 없다. 오히려 중앙에서 지방관을 직접 파견한 성·촌이 역역동원의 주체가 되었다고 이해하는 편이 순리이다. 6세기 말 당시 신라 지방민의 역역동원은 성·촌을 기본단위로

하면서 군을 보조단위로 활용한 형태였다.

마지막으로 신라 중고기·통일기의 역역동원 단위가 시기별로 구분된다는 점도 언급해두고자 한다. 곧 「명활산성작성비」(551년)에서는 역역동원 단위가 '□□도(徒)+□□군(郡)'이었으며, 「남산신성비」(591년)에서는 '□□성·촌+□□군'이었다. 중고기에 군이 역역동원의 보조단위로 등장하였음은 주목되는데, 이는 군이 역역동원의 주도적인 단위로 정착하기 이전에 나타난 과도기적인 양상으로 보인다. 군이 역역편성의 단위로 완전히 자리잡았던 시기는 통일기이다. 「관문성명문성석」(722년)과 「영천청제비(정원명)」(798년)의 사례를 통해서 확인할 수가 있다.

참고문헌

김창호, 2009, 『삼국시대 금석문 연구』, 서경문화사.

박방룡, 1994, 「남산신성비 제9비에 대한 검토」, 『미술자료』53, 국립중앙박물관.

윤선태, 2002, 「신라 중고기의 촌과 도—읍락의 해체와 관련하여—」, 『한국고대사연구』25.

이문기, 1996, 「신라 남산신성 축성역의 '도상인' 분단—제9비로 본 작업분단의 역할 구분에 대한 일시론—」, 『석오윤용진교수정년퇴임기념논총』.

이수훈, 1995, 「신라 중고기 촌락지배 연구」, 부산대학교 박사학위논문.

이종욱, 1974, 「남산신성비를 통하여 본 신라의 지방통치체제」, 『역사학보』64.

주보돈, 2002, 『금석문과 신라사』, 지식산업사.

진홍섭, 1965, 「남산신성비의 종합적고찰」, 『역사학보』26.

하일식, 1993, 「6세기 말 신라의 역역동원체계—남산신성비의 기재양식에 대한 재검토—」, 『역사와 현실』10.

한국고대사회연구소, 1992, 『역주 한국고대금석문 2』, 가락국사적개발연구원.

橋本繁, 2013, 「중고기 신라 축성비의 연구」, 『동국사학』55.

영천 청제비와
대구 무술오작비

김재홍

국민대학교

댐 만들기

수리시설은 농경지가 피해를 입지 않도록 막는 시설과 하천의 물을 농경지로 대는 시설을 말하며, 기능상으로 구별하기 힘든 경우도 있다. 우리나라의 전통적인 수리시설은 농경지로 ① 물을 끌어들이는 보(洑), ② 물을 가두는 제(堤), ③ 물을 막는 언(堰)의 3가지가 대표적이다. 보는 청동기시대부터 나타나는 것으로 처음에는 작은 하천이나 계류를 막아 수위를 높여 물을 끌어들였으나, 16세기 이후에는 큰 하천의 흐름을 막고 관개하는 천방(川防)으로 발전하였다. 이러한 수리시설은 지형과 위치에 따라 구분되며 농경지의 이용도가 발전하면서 발생 시기를 달리하여 이용되었다.

4세기 이후에 본격적 수리시설이 축조되기 시작하였으며, 이는 당시 이루어진 토목공사의 발전과 궤를 같이 하고 있다. 대표적인 토목공사인 토성은 산으로 둘러싸인 평지의 구릉 위에 쌓아 지역을 방어하는 시설로서 3세기 후반 이후 백제지역에는 풍납토성, 신라 지역에는 월성·달성, 가야지역에는 봉황대 등의 토성이 조성되었다. 토성은 목책이나 환호보다 노동력의 동원 규모나 기술면에서 한 단계 진전된 것으로 한층 적극적이면서도 항구적인 방어시설이라 할 수 있다. 토성을 쌓는 데는 층층이 흙을 쌓는 판축법, '증토축성(烝土築城)'과 같이 흙을 쪄서 성을 굳게 쌓는 방식, 흙과 나뭇가지를 교대로 깔면서 쌓아 올라가는 부엽공법(敷葉工法) 등 선진적 기술이 사용되었다. 이 시기부터 등장하는 거대한 봉토분의 흙 쌓는 방법도 토성, 제언의 둑을 쌓는 방식과 유사하다. 토성, 제언, 봉토분은 판축법을 이용하거나 토낭, 흙다지는 도구 등을 이용하는 등 유사한 흙쌓기를 하고 있다.

　이 시기 이후에는 지(池), 제(堤), 언(堰) 등의 기록이 나온다. 벽골제는 사서에 따라 제나 지로 기록되었으나 물을 가두는(池) 둑(堤)이라는 의미에서 동일한 수리시설을 일컫는 것이다. 현재의 벽골제는 구릉과 구릉을 연결하는 둑을 쌓아 계곡 사이를 흐르는 하천을 막음으로써 물을 가둔 수리시설이다. 4세기 무렵에는 기록에 표현된 '지(池)'나 '제(堤)' 형태의 수리시설을 이용해 새로운 토지를 개척하였다고 여겨진다. 그런데 5세기에는 이와 다른 형태의 제방이 존재한 듯하다. 백제 개로왕 때에 한강변을 따라 둑을 쌓아 하천의 물이 농경지로 넘쳐 흐르는 것을 막고 있다. 여기에 보이는 '언(堰)'은 475년경의 사실을 전하는 것으로 강변을 따라 쌓은 형태의 제방일 것이다. 이러한 둑은 계곡 사이를 막아 물을 저장하는 수리시설의 형태에서 더 나아가 하천을 따라 둑을 쌓아 농경지로 물이 넘치지 않게 하는 형태이다. 이것은 대하천의 주변에 둑을 쌓는 형태로서 계곡 사이를 막는 '제'보다도 발전된 형태이다. 이러한 4~5세기대의 '제'와 '언'은 개인이나 지역의 유력자가 조영한 것이 아니라 국가 주도로 이루어진 대규모 수리시설이었다.

4~5세기 '제'와 '언'으로 이루어진 제방은 6세기에 들어 백제와 신라에서 전국적으로 보급이 이루어졌다. 백제 무령왕은 510년(무령왕 10)에 제방을 튼실하게 하라고 명령을 내렸고 신라 법흥왕은 532년(법흥왕 18)에 담당 관리에게 명하여 제방을 수리하게 하였다. 이와 같은 조치는 이전 시기부터 일부 지역에 한해 조성되어 오던 제와 언을 국가 차원에서 전국적 범위로 확대해 만들라는 것으로 이해된다. 백제와 신라 양국에서 비슷한 시기에 국가적 차원에서 제방의 축조와 수리를 적극적으로 추진하고 있었다. 제방의 조성과 수리를 통해 새로운 토지를 개발함으로써 농업 생산력의 증대를 꾀하였던 것이다. 백제와 신라는 수리시설의 확충을 통해 물길을 제어함으로써 기존의 황무지를 농사짓는 땅으로 이용할 수 있게 되었다.

영천 청제비 병진명

6세기 전반에 조성된 제방을 축조하면서 세운 비석이 현재 남아 있으며, 제방도 현존하고 있다. 이 시기에 세운 비석은 영천 청제비(菁堤碑 丙辰銘; 법흥왕 23년, 536)와 대구 무술오작비(戊戌塢作碑; 진지왕 3년, 578)이며, 영천 청제는 현재도 사용하고 있다. 두 비문에는 당시에 수리시설을 '오(塢)'라고 하고 있는데, 오는 중국 남조에서는 마을을 방어하기 위해 둘

X	IX	VIII	VII	VI	V	IV	III	II	I	
衆	使	□	尺	尺	使	七	廣	塢	丙	1
社	作	人	□	次	人	千	卄	□	辰	2
村	人	次	小	鄒	喙	人	二	六	年	3
只	只	□	烏	小	肉	□	淂	十	二	4
尸	珎	介	未	舍	尺	二	高	一	月	5
介	巴	利	第	第	利	百	八	淂	八	6
利	伊	乃	小	述	知	八	淂	鄧	日	7
干	卽	利	烏	利	大	十	上	九	□	8
支	刀	丙	□	大	舍	方	三	十	□	9
徙		丁	支	烏	第		淂	二	□	10
介		平		第			作	淂	大	11
利							人			12

러싼 둑(토성)이었으나 제방의 둑이라는 의미로도 사용되었다. 두 비문의 '오'는 성격상 제와 언으로 나누어 볼 수 있다.

영천 청제비 병진명은 산 계곡을 막는 저수지인 청제를 쌓으면서 건립한 공사기념비이다. 이 비문은 내용상 크게 두 단락으로 나누어 볼 수 있다. 첫째 단락은 Ⅰ-Ⅳ행까지로 비를 세운 연월일, 오의 규모, 동원된 인원수 등을 기록하고 있고 둘째 단락은 Ⅴ-Ⅹ까지 작인을 통솔하는 책임자와 기술자, 재지의 협력자 등을 기술하고 있다.

이 비에 대한 연대는 두 가지 견해가 제시되어 있다. 먼저 병진년을 법흥왕 23년(536)으로 보는 견해이다. 이 견해는 경위에 붙는 존칭어미인 제(第), 법흥왕대의 수리시설의 정비 등을 근거로 제시하고 5세기에는 경위가 성립되어 있지 않으므로 6세기 비문으로 보고 있다. 다음으로 병진년을 자비왕 19년(476)으로 보는 견해이다. 이 견해에서는 병진명에서 촌명과 외위를 확인할 수 없다고 하며, 따라서 외위가 확인되는 냉수비보다

이른 시기에 이 비가 세
위졌다고 보았다. 이 두
견해에서, 전자는 주로
경위를 위주로 분석하
였고 후자는 주로 외위
를 중심으로 해석하여
결론을 유출하고 있다.

그림 1. 영천 청제

여기에서는 이 견
해들을 염두에 두고 앞
의 석문을 토대로 새로
운 방향에서 검토하고
자 한다. 첫째, 글자체가
격조높은 육조풍의 해
서로서 일반적인 신라
중고기 금석문에 보이
는 신라 독자의 둥근감
이 도는 해서체와는 다
르다는 사실이다. 그러
나 신라 독자의 서체가
확립되기 전의 모습인
지 아니면 점차 한화되
어 가는 과정인지는 의

그림 2. 영천 청제 병진명

문이다. 둘째, 비문의 처
음에 '병진(丙辰)'이라는

간지로부터 시작하고 있다는 점이다. 524년에 만든 봉평리비에서는 '갑진(甲辰)'이라는 간지로 시작하고 이후 금석문인 명활산성비(551)에서는 '신미(辛未)', 창녕비(561)에서는 '신사(辛巳)', 무술오작비(578)에서는 '무술(戊戌)'로 시작되고 있다. 반면에 503년으로 비정되는 냉수비에서는 '신라훼(新羅喙)'로 시작하여 다른 면모를 보이고 있다. 이는 곧 병진명이 냉수리비보다는 봉평비 이후의 비문들과 더 가깝다고 할 수 있다.

세째, 경위의 표기문제이다. 경위의 간지군은 어미에 '간지(干支)'를 붙이다가 뒤에 차츰 '지'가 탈락하고 '간'만을 어미로 사용하고 있다. 따라서 '제지(帝智)'를 어미로 사용하는 경위도 '제지'에서 '지'가 탈락하여 '제'가 사용되다가 다시 '제'도 탈락하여 경위명만 남는다고 할 수 있다. 이로 보아 병진명은 '제지'를 어미로 사용하는 봉평비나 울산천전리서석 원명보다는 연대가 늦은 비문이라 할 수 있다. 넷째, 비문 판독상 일반적으로 '중사촌(衆社村)'이라는 촌명과 '간지(干支)'라는 외위명이 확인된다는 사실이다. 곧 촌제와 외위제가 실시된 이후라 할 수 있다. 촌제는 5세기부터 일부 가능한 지역에서 실시되었다가 505년에 전국적으로 시행되었다. 촌의 촌주급에게 수여된 간지라는 외위는 현재 냉수리비에서 처음 보이고 있다.

병진명은 536년이 타당한 연대라고 여겨진다. 병진명은 시기상으로 냉수비(503년)와 봉평비(524년)와 같이 6세기 전반의 비문이고, 성격상으로 무술오작비와 같이 수리관개시설의 수축과 관계가 있는 비문이다. 역역체계와 인원동원의 표기방법도 위의 비문들과 유사한 점이 많다. 병진명의 둘째 단락에 나오는 인명을 정리하면 <표 1>과 같다.

먼저 이 비의 인명표기는 무술오작비와 마찬가지로 4개의 그룹으로 나눌 수 있다. Ⅴ행에서 시작하는 사인(使人), Ⅷ행에서 시작하는 □인(□

<표 1> 청제비 병진명의 인명표기

직명	출신지명	인명	관위명
使人	喙	肉尺利知 尺次鄒 述利 尺□ 未第	大舍第 小舍第 大烏第 小烏 小烏□支
□人	(喙)	次□介利 乃利 丙丁平	
使作人	(喙)	只珎巴 伊卽刀	
	衆社村	只尸介利 徙介利	干支

※ ( )는 추정한 것임.

人), IX행에서 시작하는 사작인(使作人), X행에서 시작하는 중사촌의 재지 세력 등으로 크게 나뉜다. 이중에서 앞의 삼자는 사인의 맨 앞사람만 출신지로 훼부(喙部)를 관칭하고 뒤의 11인은 출신지가 생략된 것으로 보아 중고기 인명표기의 예와 같으므로 모두 훼부 소속의 왕경인이라고 여겨진다. □인과 사작인은 모두 왕경인 기술자로 여겨진다. 네번째 그룹의 인명은 출신지로서 촌명이 나오는 것으로 보아 중사촌이 출신지인 지방민이라 할 수 있다.

사인은 병진명에서는 경위를 가진 왕경인으로 나오지만, 봉평비·적성비·삼국사기에는 지방인으로서 중앙의 명령을 지방인이나 외국인에게 전하는 자로 나온다. 이와 달리 여기에서는 경위를 가지고 중앙에서 파견된 축제 공사책임자를 지칭하고 있다. 병진명에 나오는 사인의 성격을 생각할 때 앞의 사료에 나오는 법흥왕대의 유사(有司)가 유의된다. 이 무렵에는 제방의 수축을 담당하는 부서는 존재하고 있지 않았겠지만, 이를 전문적으로 담당하는 관리는 있었다고 생각된다. 이들이 가진 경위의 어미인 '제'의 존재로 보아 이들 대사, 소사, 대오, 소오는 한 그룹으로 묶을 수 있는 존재들로서 실무를 맡은 관리라고 여겨진다. 사인은 무술오작비의 도유나와 같은 역할을 하였을 것이다. 이와 같이 왕경인 기술자들이 깊이 관여하고 있는 이유는 수리시설의 축제가 단순히 지방사회만의 문제가 아니라 중앙정부의 관리 아래에 속하는 사무이고, 축성과 같이 복속의례적인 사업이 아니라 당시로서는 고도의 기술을 필요로 하고, 많은 인력동원이 요구되었으므로 중앙정부가 직접 관련할 사항이었기 때문이다.

□인은 사인의 지휘를 받는 존재로서 실질적으로 오의 수축을 맡은 기술자의 관리자나 대표자라고 여겨진다. □인은 무술오작비의 대공척에 해당하는 역할을 하였을 것이다. 사작인은 직명에서 알 수 있듯이 7,000인의 작인(作人)을 감독하는 현장의 감시자로 여겨진다. 사작인은 무술오작비의 도척과 비교할 수 있다.

다음으로 네번째 그룹에 속하는 사람들이다. 이 부분의 인명표기는 "중사촌지시이리간지사이리(衆社村只尸尒利干支徒尒利)"이며, 2인의 지방민이 촌명(중사촌)+인명(지시이리)+외위명(간지), 인명(사이리)의 순서로 기재되어 있는 것이다. 지시이리는 촌주라는 직명을 쓰지는 않고 있으나 외위인 간지로 보아 촌주라는 사실을 알 수 있다. 왜냐하면 당시에는 간지만으로도 촌의 간 즉 촌주라는 것을 알 수 있었기 때문이다. 촌의 실무자인 사이리는 촌주인 지시이리를 보좌하고 있었던 것이다. 이러한 인명표기방식은 냉수리비의 말미에 나오는 '촌주+유지+간지, 수지+일금지'나 봉평리비의 말미에 나오는 '거벌모라+이지파+하간지, 신일지+일척'과 비슷하다. 특히 봉평리비의 인명표기인 촌명+인명+외위명, 인명+외위명와 비교하면, 2번째 사람이 외위를 가지지 않은 것만 다르지 나머지는 똑같다. 여기의 인명은 무술오작비의 문작인에 해당하는 역할을 하였을 것이다. 다만 무술오작비의 문작인이 주로 비문의 작성만 담당한 것에 비해 병진명의 촌주와 보좌인은 청제를 축조하던 기술자들을 뒤에서 지원하는 역할을 하고 일의 뒤처리를 담당하였을 것이다. 이들은 중앙정부에서 자신들의 촌에 제방을 축조하자 제반업무를 도와 주던 재지세력으로 제방의 축조에서 가장 이득을 많이 챙기는 부류였다.

축성을 위한 역역편성은 지방관의 지휘 아래 군이나 촌 단위로 인원이 편성되고 작업 후에는 작업한 단위대로 책임이 지워지고 있다. 그러나 청제비 병진명에는 촌 단위로 인원이 동원되고 촌 단위로 작업이 이루어지고 있었다는 모습을 찾기 힘들다. 그러면 작인 7,000인은 어떠한 방식으로 동원되고 어떠한 단위로 작업이 이루어지고 있었을까. 작인은 중사촌을 비롯하여 수리시설의 혜택을 입는 촌들의 촌민들만이 동원된 것이 아니라 수리혜택과 관계없는 촌의 촌민들도 동원되었을 것이다. 이는 청제비 정원명에 청제의 수축을 위해 지금의 경산·영천 2군의 인원을 동원한 것으로 보아 알 수 있다. 이는 당시 수리시설의 수축이 국가적인 중대사이므로 중앙정부의 차원에서 직접 관장하였고 전국적인 규모에서 인원을 동원할 수 있을 정도로 신라국가의 지배력이 성장하였다는 사실을 알 수 있다.

이렇게 촌을 단위로 동원된 작인들은 축성과 같이 촌 단위로 작업한 것이 아니라 작업 시에는 25명씩 280방(方)으로 나뉘어 작업을 하였다. 곧 청제를 축조하면서 촌 단위의 작업이 아니라 새로이 수리시설의 작업에 맞게 280방으로 나누어 작업하였던 것이다. 이들을 현장에서 직접 다루는 현장감독자는 비문에 나오는 명칭으로 보아 사작인일 것으로 여겨진다.

이와 같이 6세기 전반기 제방의 수축은 중앙정부에서 직접 관장하고 있었고 기술자집단도 중앙의 왕경인들이 동원되었다. 물론 작인의 동원은 촌주를 매개로 이루어지고 있었고, 촌주를 포함한 촌내의 재지세력은 수리시설의 혜택으로 자신들의 기득권을 늘려갔을 것이다. 이 점은 6세기 후반 수리관련 기술자의 동원과는 큰 차이가 있는 것이다.

무술오작비

그러면 다음으로 무술오작비의 관계기사를 검토하여 6세기 후반의 수리관개시설의 축조에 대해 알아보기로 한다.

IX	VIII	VII	VI	V	IV	III	II	I	
文	起	伊	塢	居	道	大	人	戊	1
作	數	助	珎	毛	尺	工	者	戌	2
人	者	只	此	村	辱	人	都	年	3
壹	三	彼	只	代	生	仇	唯	十	4
利	百	日	村	丁	之	利	那	一	5
兮	十	此	內	一	□	支	寶	月	6
一	二	塢	□	伐	村	村	藏	朔	7
尺	人	大	利	另	□	壹	阿	十	8
	功	廣	一	冬	上	利	尺	四	9
	夫	卄	尺	里	夫	刀	干	日	10
	如	步	小	村	作	兮	都	另	11
	十	高	工	沙	村	貴	唯	冬	12
	三	五	尺	等	芼	干	那	里	13
	日	步	另	乙	令	支	慧	村	14
	了	四	所	一	一	□	藏	且	15

作事之	尺長五十步此作	兮一伐伊叱等利一尺	伐珎淂所利村也思失利一伐	伐奈生一伐	上□壹尒利干	阿尼	只□塢作記之此成在	
作	尺	兮	伐	伐	上	阿	只	16
事	長	一	珎	奈	□	尼	□	17
之	五	伐	淂	生	壹		塢	18
	十	伊	所	一	尒		作	19
	步	叱	利	伐	利		記	20
	此	等	村		干		之	21
	作	利	也				此	22
		一	思				成	23
		尺	失				在	24
			利					25
			一					26
			伐					27

　　무술오작비는 첫머리의 '무술년'이라는 간지, 서체, 인명표기방식, 승려의 존재 등을 종합적으로 검토할 때에 일반적으로 진지왕 3년(578)으로 비정되고 있다. 이것은 영동리촌에 위치한 제방을 축조하면서 세운 비이다. 여기에 나오는 '오(塢)'는 일반적으로 방어용 시설로 보기보다는 병진명에 나오는 오를 참조하여 계곡을 막아 수량을 조절하는 수리시설인 저수지로 보고 있다. 그러나 대구의 자연지형으로 볼 때에 무술오작비의 오는 병진명의 塢와는 다르다고 여겨진다. 대구의 중심부를 금호강과 지류들이 관통하므로 무술오작비의 오는 큰 하천의 범람을 막아 유량을 조절하고 농경지에 물을 대는 둑의 의미가 강하다고 여겨진다.

　　무술오작비의 塢와 병진명의 塢는 같은 수리시설이지만 환경에 따라 다른 모습을 하고 있다. 병진명의 塢가 계곡을 막아 물을 저장하는 형태의 수리시설이라면 무술오작비의 오는 하천 주변에 둑을 쌓아 도랑으로 물을 농경지에 관개하는 형태의 수리시설이라 할 수 있다. 이는 오가 원래 중국에서 촌락을 방어하는 방어용 시설이나 이에 둘러싸인 촌락에서 연유하였기 때문이다. 결국 6세기에 신라에서 사용한 오도 원래 저수지의 수리시설이라는 의미보다는 수리시설을 위한 '둑'의 의미로 사용되었다가 후에 수리시설을 지칭하였음을 알 수 있다. 무술오작비의 오는 물의 흐름을 조절하면서 대구 분지내의 저습지를 개발하기 위해 쌓은 수리시설이라고 여겨진다. 6세기에는 경주 분지내 하천 주변의 저습지들이 개발되고 있는 시기이므로 충분한 개연성이 있다고 여겨진다.

무술오작비의 오가 청제와 같이 계곡의 물을 가두어두는 저수시설이 아니라 하천의 주변에 흙을 쌓아 둑을 만들어 하천의 유량을 조절하고 농경지에 관개용수를 공급하는 수리시설이라는 사실은 오의 크기를 서술하는 부분에서도 확인된다. 무술오작비에서는 "오대광입보고오보사척장오십보(塢大廣卅步高五步四尺長五十步)"로 표현되어 폭(廣)이 맨 먼저 서술되었을 뿐만 아니라 높이(高)의 3.5배 정도, 길이(長)의 40% 정도로 폭이 넓은 편이다. 이에 비해 병진명에는 폭이 높이의 약 2.75배, 길이의 약 23%에 불과하고, 크기를 나타내는 표현으로 홍(弘), 등(鄧), 광(廣), 고(高), 상(上) 등이 다양하게 나온다. 이와 같이 무술오작비의 오는 청제에 비해 폭이 넓고, 폭을 대광(大廣)이라고 강조하여 표현하고 있다. 이러한 차이에 대하여 무술오작비의 오가 청제에 비해 기술이 뒤떨어지고 지방민이나 도유나가 소속된 사찰에서 주관하였기 때문이라는 견해도 있지만, 이는 수리시설의 차이에서 오는 것이다. 즉 무술오작비의 오는 계곡을 막는 형태의 수리시설과는 달리 하천의 흐름을 제어하는 둑 형태의 수리시설이었으므로 폭이 넓고 튼튼하게 만들었던 것이다. 따라서 비문에도 폭만을 특기하여 '대광'이라고 표현하고 있다.

여기에 나오는 인명을 정리한 것이 다음의 <표 2>이다. 무술오작비의 구성은 병진명과 마찬가지로 중앙에서 파견한 책임자인 도유나, 기술감

<표 2> 무술오작비의 인명표기

職 名	出身地名	人 名	官等名
都唯那 都唯那		寶　　藏 慧　　藏	阿尺干 阿　尼
大工尺	仇利支村 (〃)	壹利刀兮 上 □ 豆尔利	貴干支 干
道尺	辱生之□村 夫 作 村 (〃) 居 毛 村 另 冬 里 村 珎淂所利村 塢珎此只村	□　　　□ 毛　　　令 奈　　　生 代　　　丁 沙 等 乙 也 思 失 利 內 □ 利	…… 一伐 一伐 一伐 一伐 一伐 一尺
小工尺	(〃) (〃) (〃)	另 所 兮 伊 此 木 利 伊 助 只	一伐 一尺 彼日
文作人		壹 利 兮	一尺

※ ( )은 추정한 것임.

독자인 대공척, 기술자로서 작인을 직접 이끌고 공사를 담당하는 도척과 소공척, 비문을 쓴 문작인의 네 그룹으로 구성되어 있다.

　도유나란 승직을 가진 2명의 승려는 경위를 가진 것으로 보아 승려의 신분이면서 중앙의 관리로서 오의 축조에 참여한 것이라 추정된다. 이들은 오를 설계하거나 수리시설에 대한 기술적인 소양을 가지고 있어서 수리시설인 오의 축조를 총지휘한 것으로 여겨진다. 대공척은 도유나의 지휘를 받는 존재로서 실질적으로 오의 수축을 맡은 기술자의 관리자나 지휘자라고 여겨진다. 대공척은 병진명의 □인에 해당하는 역할을 하였을 것이다.

　도척과 소공척은 명칭에서 볼 수 있듯이 현장의 기술자 집단이라고

그림 3. 대구무술오작비

여겨진다. 이들은 수리시설에 관한 전문적인 기술을 가진 기술자집단으로 여겨진다. 그뿐만 아니라 공부 312인을 현장에서 직접 거느리고 오를 축조하였을 것이다. 이로 보아 도척과 소공척은 병진명의 사작인에 해당하는 역할도 하였을 것이다. 문작인은 공사를 마치고 나서 비문을 기록한 사람으로 남산신성비의 문척에 해당한다.

그러면 무술오작비의 역역동원상황을 검출하여 6세기 후반 수리관개시설에 동원된 역역인원의 편성을 알아보기로 한다. 먼저 무술오작비에는 병진명과 달리 경위를 가진 중앙관리인 사인이 보이지 않고 그 대신에 도유나란 승직과 아척간이란 경위를 가진 승려가 역역동원의 총책임자로 보이는 점이다. 종래 오를 축조하면서 지방관이 보이지 않고 승려가 책임자로 파견된 것에 대한 의문이 제기되기도 하였다. 이런 시각은 수리시설의 관리를 지방관의 파견과 연결시키고 있지만, 병진명과 무술오작비의 예로 보아 지방관에 의한 수리시설의 수축보다는 중앙에서 파견한 유사인 사인과 도유나에 의한 관리체계가 중심을 이루었던 것으로 여겨진다. 따라서 이 비에 지방관이 보이지 않는다고 이상하게 여길 필요는 없다고 본다. 특히 승려가 국가의 관등을 띠는 예는 신라에서 이 경우밖에 보이지 않고 있다. 이 경우에는 도유나라는 승직에 있던 2인의 승려가 국가의 수리담당 책임자로 근무하면서 관등을 가진 특이한 경우라고 여겨진다. 이 경우 도유나의 성격을 후대 사찰에 있던 삼강직의 하나로만 파악할 것이 아니라, 세속과 밀접한 관련을 가지는 토목공사나 사원과 관련된 각종 사업에 기술감독의 기능을 수행하는 직으로 보아야 할 것이다.

다음으로 주목되는 것이 축제의 기술자로 보이는 도척과 소공척의 외위가 일벌(一伐)과 일척(一尺)이라는 사실이다. 이들은 대부분 일벌이나 일척의 외위를 가지고 있는 것으로 보아 주로 촌주급이 아닌 실무자인 기술자들로 보인다. 이들은 촌주 아래의 기술자집단으로 출신촌을 단위로 수리시설의 수축에 징발되어 온 것이다. 이들이 꼭 오의 축조로 수리혜택을 입는 촌의 출신이라고 단정할 필요도 없다. 당시 신라국가는 병진명에서 보았듯이 촌을 단위로 역역인원을 동원하였으나 수리혜택과는 관계없이 국가의 수리시설 관리체계에 따라 동원하였다. 그리고 촌마다 대부분이 일벌과 일척이 동원된 것은 이들이 그 자연촌의 수장이 아니라 촌의 기술자 집단을 수리시설이 있는 지역과는 관계없이 동원하였기 때문이다. 따라서 촌마다 동원되는 기술자의 숫자에서 차이가 나고 있는 것이다. 특히 오진차지촌은 촌명의 유래를 정확히 알 수는 없지만 촌명에 오(塢)라는 글자가 나오고 다른 촌과는 달리 3인의 소공척을 가지고 있다. 이는 오진차지촌이 수리시설과 관련된 촌락이라는 사실을 말하는 것이 아닌가 한다.

그리고 청제비 병진명에 비하여 이제 수리시설을 축조하는 공사에 지방의 재지세력들이 관여하는 폭이 넓어지고 있다는 사실이다. 4~5세기 철제 농기구를 가지고 농업생산력을 증대시키면서 성장한 호민층들은 국가가 수리시설을 축조하는 사업에 자신들의 기술을 제공하거나 노동력을 동원하는 데 있어서 큰 역할을 하였다. 이는 기존의 방식으로는 농업생산력의 향상에 한계가 있었기 때문에 호민층이 수리시설의 축조로 인하여 가용토지의 절대 면적을 늘려 농업생산력을 증대시키려는 의도에서이다. 그렇지만 오의 축조에서 가장 많은 이득을 챙기는 것은 촌주였을 것이다. 이 과정에서 국가권력은 촌주를 매개로 호민층들을 통해 노동력을 제공받고 이들에게 반대급부를 주었던 것이다.

신라 제언의 특성

청제비 병진명과 무술오작비의 분석에서 알 수 있는 바와 같이 신라에서 6세기 수리관개시설의 축조·수리는 몇 가지의 특징을 가지고 있다. 첫째, 당시 각 지역의 사정에 따라 두 가지 유형의 수리시설이 존재하였다. 병진명이 세워진 청제와 같이 산곡의 계류지역을 막아 물을 저장하는 형태의 수리시설과 무술오작비에 보이는 오와 같이 큰 하천의 주변에 둑을 쌓아 하천의 흐름을 조절하여 저습지를 개발하는 형태의 수리시설이 있었다. 이 두 가지 유형의 수리시설은 통일신라시대에도 계속 축조되었고 농경지의 입지와 관계가 있었다. 즉 〈개선사 석등기〉에 보이듯이 후자의 수리시설로 조성된 토지는 저답(渚畓)으로, 전자의 수리시설로 조성된 토지는 오답(奧畓)으로 불리어지고 있었다.

둘째, 국가적인 차원에서 수리시설의 축조가 이루어지고 있다는 점이다. 제방의 축조는 촌에 파견된 지방관을 통하여 행해진 것이 아니라 중앙에서 직접 장악하여 운영되고 있었다. 즉 법흥왕대에는 유사(삼국사기)나 사인(청제비 병진명)이, 진지왕대에는 무술오작비에 보이듯이 아척간이라는 경위를 가진 도유나가 수리사업을 행할 때 관리로 파견되어 수리시설을 수축·점검하였다. 6세기에서도 전반기와 후반기에는 약간의 차이가 존재하고 있었다. 6세기 전반 병진명 단계에서는 신라중앙에서 책임자인 사인 뿐만 아니라 기술자집단까지도 왕경 6부인을 파견하였으나, 6세기 후반 무술오작비 단계에 책임자는 중앙에서 파견하였으나 기술자집단은 지방의 촌에서 동원하였다는 사실이다. 6세기 후반에는 지방사회에서도 수리시설의 수축을 담당할 수 있는 기술자 집단이 형성되어 있었다는 사실을 반영하고 있다. 또한 촌주는 지방민의 동원에 어떠한 형태로던 관여하였을 것이고 호민층들은 수리시설의 축조에 기술과 노동력을 제공하여 촌 내에서 자신들의 위치를 확고히 할 수 있었다.

세째, 승려가 수리시설의 축조에 책임자로서 참여하고 있다는 사실이다. 승려가 제방만들기에 참여한 것은 불교의 사회사업과 관련이 있다. 이는 불교의 도입과 더불어 중국의 발달된 토목기술이 승려를 통하여 들어왔기 때문일 것이다. 불교의 사회사업에는 교량과 도로의 건설, 우물의 조성, 관개지의 건립 등의 토목사업이 들어 있다고 한다. 일본에서도 7~8세기의 승려인 행기가 다리와 도로를 건설하고 수리관개시설을 건설하고 있다

그림 4. 울산 약사동 제방

    이와 같이 삼국시대 제방은 2가지 형태로 나눌 수 있다. 제언의 형태
는 논의 입지조건과 짝을 하고 있는데, 제형 제방은 구릉 사이의 골짜기
를 막은 것이고 언형 제방은 하천의 범람원을 따라 조성되었다. 제형(堤
形) 제방은 영천 청제, 울산 약사리 제방, 상주 공검지, 제천 의림지 등이
있으며, 산곡을 흐르는 작은 하천을 막아 물을 가두는 저수지를 조성하
고 있다. 울산 약사리 제방은 제형 제방의 하나로 둑 전체가 발굴 조사되
어 당시 신라의 제방 축조기술을 파악할 수 있는 희귀한 예이다. 이것은
저구릉의 경사부를 흐르는 작은 하천이 형성한 작은 계곡을 막아 쌓은 제
방이다. 남아 있는 제방의 단면을 완전히 절개하여 조사하여 축조 공정을
확 인하였다는 점에서 의의가 있다. 저수지 제방의 축조 공정은 기반의
가공-지반 보강-기초부 조성-제체 조성-방수시설 조성-피복 및 호안 등의
공정으로 구분된다. 현존하는 영천 청제의 형태와 유사하여 신라 제방의

특성을 파악할 수 있다. 언형(堰形) 제방은 밀양 수산제, 김해 봉황동 68호 제방, 함안 가야리 제방 등이 있으며, 큰 하천의 범람을 막아 유량을 조절하고 농경지에 물을 대는 제방이다.

제방의 축조로 인하여 당시 신라에서는 논의 비율이 증가하였을 뿐만 아니라 기존의 수전지대에서도 보다 안정된 관개로 생산물의 수확이 늘어났을 것이다. 현재 논의 구체적인 증거는 몇몇의 예에 불과하지만, 점차 자료가 증가하고 있다. 현재 이 시기에 해당하는 논의 구체적인 증거는 부여 궁남지·서나성, 창원 가음정동·반계동, 울산 무거동, 대구 서변동 등에서 확인되었다.

대개발의 시대

저수기의 축조로 인하여 신라에서는 대규모의 개발이 일어나고 농경지를 확보하였다. 지증왕, 법흥왕대에 소갈이를 실시하고 율령을 반포하여 체제 정비를 이루게 된다. 이어 진흥왕 14년(553)에 월성 동쪽, 용궁 남쪽에 새 궁궐을 지었으나 황룡이 나타나 고쳐서 황룡사를 지었다고 한다. 이는 현재의 월성을 중심으로 편성된 도성에 변화를 주려고 하였던 것이다. 그런데 새로이 왕궁으로 지정된 위치가 당시로서는 버려진 땅인 저습지라는 사실이다. 이곳에 왕궁을 지으려면 먼저 저습지를 메우고 물이 고이는 것을 막아야 하였다. 이는 경주 시내를 흐르는 서천, 알천(북천), 남천 등의 하천의 유량을 조절할 수 있어야 가능하였다.

6세기 전반에 경주 중심부의 저습지가 본격적으로 개발이 되면서 새로운 전기가 마련된다. 저습지가 주거 영역이나 경작지로 이용되기 위해

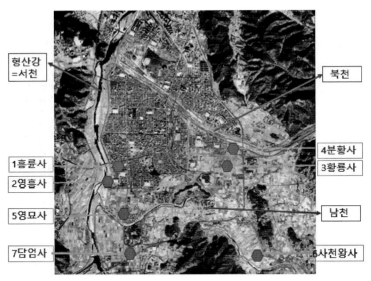

그림 5. 신라 중고기 사찰의 위치

서는 하천의 이동이 빈번한 알천의 흐름을 제어하여야 하였다. 이를 통해 서천·북천·남천에 둘러싸인 경주 시내의 저습지가 개발되어야 가능하였다. 『삼국사기』 사다함전에 의하면, 처음에 진흥왕이 대가야 전공에 대한 상으로 사다함에게 '좋은 땅(良田)'을 주었으나 사다함이 사양하여 다시 알천의 황무지('不毛之地')를 주었다는 것이다. 당시에는 이미 황무지를 개발할 만한 기술에 도달하여 이러한 땅들을 개간하여 농토로 이용하였던 것이다.

6세기 큰 변화는 하천 주변에 사찰이 건립되고 다시 그 주위에 민가가 밀집하고 있다는 사실이다. 신라 왕경에 최초로 건립된 흥륜사는 법흥왕 14년(527)에 초가집의 형태로 시작하여 법흥왕 22년(535)에 공사가 재개되어 진흥왕 15년(554)에 기와집으로 완공되었다. 또한 황룡사는 진흥왕 14년(553)에 시작하여 진흥왕 27년(576)에 완성되었다. 법흥왕과 진흥왕에 걸쳐 조영된 사찰은 왕궁인 월성을 둘러싸고 있는 형상으로 경주 분지에 건립되었다.

이제 경주 중심부의 평탄지는 무덤으로서 뿐만 아니라 삶의 공간인 주거영역으로서의 기능도 하게 되었다. 흥륜사·영흥사·영묘사·삼랑사는 서천을 따라 나란히 있었고, 황룡사·분황사·사천왕사는 북천 이남·월성 동쪽에 위치하였다. 고분이 분포하던 구역을 비켜 나머지 지역에 새로운 사찰이 건립되고 주위에 민가가 밀집하게 되었다.

불교가 도입되면서 사찰이 건립되고 이어 민가가 밀집하게 된다. 6세기에 경주 시내의 저습지를 개발하는 사업은 불교 사원의 조영과 궤를 같이 하고 있는 것이다. 도성인 경주가 도시로서의 모습을 갖추어가는 과정은 불교 사원과 밀접한 관계가 있었다. 당시 승려들이 수리시설과 같은 고도의 토목기술을 가지고 있었다. 대사원의 건축에는 불교의 수입과 더불어 가져온 선진적인 사원을 건축하기 위한 토목기술이 이용되었다. 사원의 착공은 법흥왕대에 시작하고 있으나 본격적인 사찰의 완공은 진흥왕대에 이루어지고 있다.

고분을 만드는 입지도 변화하였다. 경주 시내 중심지에 자리를 잡고 있던 돌무지덧널무덤은 6세기 중엽 이후에는 더 이상 조성되지 않게 되고 새로운 장소에 무덤이 위치하게 된다. 현재의 경주 시내 중심지보다는 경주 시내 외곽에 무덤이 입지하게 된다. 새로이 조성되는 무덤은 선도산이나 낭산 등 주변의 산지로 이동하였다. 신라 중고기의 법흥왕, 진흥왕과 중대의 태종무열왕, 김인문의 무덤이 서악동에 조성되었고, 낭산에는 중대의 왕릉이 만들어졌다. 이제 경주 시내 중심부의 평지에는 더 이상 고분이 조영되지 않게 되었다.

저습지를 개발하여 새로이 이용할 수 있는 토지가 생기면서 주거영역이 확대되었을 뿐만 아니라 농경지도 크게 확대되었다. 늘어난 농경지의 대부분이 하천 부근의 저습지인 것으로 보아 새로운 토지는 논(水田)일 가능성이 있다. 이러한 논을 확대하기 위해 가장 중요한 문제는 제와 언을 축조함으로써 하천의 흐름을 제어하는 일이었다. 이러한 제방의 축조 덕에 당시 신라에서는 논의 비율이 증가하였을 뿐만 아니라 기존의 수전지대도 한층 안정된 관개를 할 수 있게 되어 생산물의 수확이 늘어났을 것이다. 현재 당시 논의 구체적 증거는 부여 궁남지·서라성, 창원 가음정동, 진주 대평리, 울산 무거동, 대구 서변동 등이 있으며, 차츰 자료가 증가하고 있다.

이와 같이 6세기경에 신라국가는 새로운 수리시설의 축조와 관리를 통해 하천이나 계곡의 흐름을 조절할 수 있었고 이로써 새로운 토지를 개발할 수 있는 가능성을 열어가고 있었다. 당시에 저습지와 같이 새로운 토지가 개발될 가능성이 있었다면, 신라국가는 새로이 형성된 토지에 대한 전면 조정을 단행해야 했을 터이다. 이러한 당시의 상황을 알려 주는 것이 <창녕진흥왕척경비>에 보이는 기록이다.

이 비에는 "… 토지가 협소하였으나 … 수풀을 제거하여 … 토지와 강역과 산림은 … 대등과 군주·당주, 도사와 외촌주가 살핀다"는 내용이 나온다. 원래 신라는 땅이 협소해 농경지나 주거지로 활용할 토지가 부족하였으나 '수풀을 제거하여' 새로운 토지를 개발하면서 토지가 산림과 구분될 정도로 늘어나고 있었다. 또 토지와 산림은 중앙관·군지휘관·지방관·재지세력 등의 조사를 통해 국가에서 파악하고 있었다. 이는 기존의 황무지를 국가권력이 앞장서서 토지와 임야로 새로이 개척하고 나서 토지나 임야의 지목을 파악한 상황을 말하는 것이다. 그리고 '산염하천'으로 보

그림 6. 창녕진흥왕신라척경비

아 산지·염지·하천의 구획이 이루어질 정도로 국토 이용이 효율적으로 이루어져가고 있었다.

이와 같이 신라국가는 6세기 이후 수리시설의 건설을 통해 새로운 토지를 형성할 토대를 마련하였고, 이를 기반으로 새로운 토지 및 영역에 대한 편제를 실시할 수 있었을 것이다. 이 중에서 가장 주목되는 발전은 논농사에서 이루어졌는데, 『수서』 신라전에서는 "농경지가 비옥해서 수륙겸종(水陸兼種)한다"고 기록할 정도로 수전 농업이 발전하고 있었다.

'수륙겸종'은 당시 논의 형태와 관련해 해석해 볼 수 있다. 논은 모양이 작은 네모꼴과 길게 계단식으로 형성된 것이 있으며, 작게 구획된 논에서는 보, 수로 등의 물대는 시설이 함께 있는 반면, 계단식 논에서는 관개시설이 확인되지 않아 천수답으로 파악하고 있다. 계단식 논에서 이루어진 논농사 방법은 후대의 건답직파법이고 작게 구획된 논에서 이루어진 논농사 방법은 수경직파법이라 할 수 있다. 이러한 두 가지 농사법을 『수서』에서는 수륙겸종이라 표현한 것이다.

통일신라의 제언

신라 통일기 논농사의 진전은 국가에서 관장하는 수리시설의 보수와 관련을 가지고 있었다. 신라의 수리사업사에서 6세기 만큼 주목을 끄는 또 하나의 시기는 8~9세기이다. 이 시기에 제방의 증축과 보수에 대한 기록이 연이어 나오는데 이는 전국적 규모로 행해지고 있었다.

백제 때 수축한 벽골제는 원성왕 6년(790)에 전주 등 7주의 백성을 모집해 증축하였다. 헌덕왕 2년(810)과 헌안왕 3년(859)에도 전국적 범위로 제방의 수리를 명하고 있다. 또 원성왕 14년(798) 4월에는 영천 청제를 수리하였으며, 그 내용을 기록한 것이 <청제비> 정원명(貞元銘)이다. 이와 같이 신라에서는 9세기 전후에 수리시설의 수리와 보수가 집중적으로 이루어지고 있었다. 수리사업이 활발해지는 것은 농업 생산력의 발달과 관계가 있고 또 이는 녹읍의 부활, 장원의 발달 등 귀족 경제력의 발전과도 궤를 같이 하고 있었다. 이 시기에 진행된 수리사업은 새로운 수리시설의 축조라기보다는 5~6세기에 이루어진 시설을 보수·확대시킨 것이라고

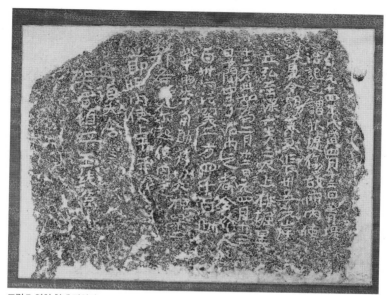

그림 7. 영천 청제 정원명

도 할 수 있다.

이 시기 제방의 세부 시설을 확인할 수 있으니 영천 <청제비>의 정원명을 통해서이다. 영천 청제는 8세기 후반경에 어떤 사유로 일정한 부분이 훼손되어 제방을 수축하고 그 내용을 기록하였다. <청제비> 정원명에는 굴통(水桶)에 해당하는 상배굴리(上俳掘里)라는 시설물이 설치되어 농경지에 물을 대기 용이하였다. 상배굴리의 존재로 보아 하배굴리의 존재도 추정할 수 있는데, 하배굴리는 청제가 처음으로 축조된 536년에 조성한 것으로 추정된다. 8세기말에 상배굴리를 만든 것이 이전부터 존재하던 하배굴리가 사용하기 곤란해서인지 아니면 새로이 설치한 것인지는 확인하기 어렵다. 당시에 상·하배굴리가 모두 사용되었든지 아니면 상배굴리만 사용되었든지와 상관없이 배굴리를 통해 저수지의 물을 농경지로 배출하였던 사실은 분명하다.

　이와 같이 신라 통일기에는 이전 시기의 제방을 증축·수리하여 논농사를 발전시켰고 배굴리 등 다양한 시설을 통해 제방 축조술을 발전시키고 있었다.

참고문헌

이기백, 1970, 「영천 청제비의 병진축제기」, 『고고미술』106·107; 1974, 『신라정치
　　　사회사연구』, 일조각.

이우태, 1992, 「신라의 수리기술」, 『신라산업경제의 신연구』, 신라문화제학술발표
　　　회논문집13.

김재홍, 1995, 「신라 중고기의 저습지 개발과 촌락구조의 재편」, 『한국고대사논총』
　　　7.

계명사학회 편, 2007, 『한·중·일의 고대수리시설 비교연구』, 계명대출판부.

대한문화유산연구센터, 2011, 『고대 동북아시아의 수리와 제사』, 학연문화사.

한국고환경연구소 편, 2010, 『한국고대의 수전농업과 수리시설』, 서경문화사.

전덕재, 2007, 「통일신라의 수리농법과 영천 청제」『한·중·일의 고대 수리시설 비
　　　교연구』, 계명대학교 한국한역구총서 18.

임창순, 1958, 「대구에서 신발견된 무술오작비 소고」, 『사학연구』1.

주보돈, 1992, 「영천 청제비」, 『역주 한국고대금석문Ⅱ』, 한국고대사회연구소.

橋本繁, 2015, 「戊戌塢作碑釋文の再檢討」, 『國立歷史民俗博物館研究報告』194.

「신라촌락문서」의 세계

윤선태
동국대학교

일본의 쇼소인(正倉院)에서 1933년에 발견된 「신라촌락문서」(이하 촌락문서로 약칭함)는 각 촌락의 가호(家戶), 남녀별 인구, 말, 소, 논, 밭, 뽕나무, 잣나무, 가래나무 등의 현황 수치가 상세히 기록되어 있어, 신라의 인민지배방식과 당시 촌락의 사회경제적 상태를 이해할 수 있는 매우 귀중한 자료이다. 그러나 이 문서는 전체 4개 촌락을 기록한 2편(片)의 단간(斷簡)에 불과하고, 문서의 내용파악에 도움을 줄 수 있는 신라의 다른 관련 자료가 거의 남아있지 않아 연구에 많은 어려움이 있다.

이러한 문제점을 극복하기 위해서는 시야를 동아시아로 확대할 필요가 있다. 촌락문서에 보이는 신라의 9등호제(九等戶制)나 연령등급제(年齡等級制)는 중국의 율령(律令)에 연원(淵源)을 두고 있다. 또 고대 일본 역시 신라와 마찬가지로 중국의 제도를 수용하여 국가체제를 정비하였다. 따

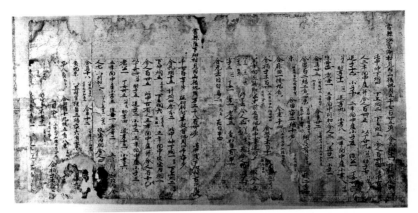

그림 1. 「신라촌락문서」 단편
경질의 표편 안쪽 수리 때 촬영했던 사진이다.

라서 현존하고 있는 상당한 양의 고대 중국과 일본의 호적과 세금수취 관련 고문서들은 촌락문서를 보다 객관적으로 바라볼 수 있는 가장 중요한 기초자료라고 할 수 있다.

촌락문서 연구의 이정표

촌락문서는 발견 직후 일본의 중국침략과 제2차 세계대전이라는 전쟁의 소용돌이 속에서 거의 주목을 받지 못하였다. 일본이 패전한 이후 50년대 초에 들어와서야 비로소 학계에 문서의 내용이 알려지기 시작하였다. 1958년 하타다 타카시(旗田巍)에 의해 촌락문서에 대한 전면적이면서도 상세한 기념비적인 분석이 이루어졌다. 그러나 그를 비롯한 초기 연구자들은 촌락문서의 기재양식을 정확히 이해하지 못하여, 촌락문서에 기록된 수치의 통계처리에 착오가 많았다.

이러한 문제점은 1976년 다케다 유키오(武田幸男)의 연구를 계기로 촌락문서의 기재양식을 완벽하게 파악할 수 있게 되면서 극복되었다. 그에 의하면 촌락문서의 내용은 크게 두 부분으로 나누어진다. 우선 문서 전반부에 문서 작성 당시[式年]의 현황을 고유(古有)분과 삼년 사이의 증가분으로 나누어 기록한 '현세분(現勢分)'이 있고, 뒤이어 문서 작성 삼년 전[前式年]부터 문서 작성 당시[式年]까지의 '감소분(減少分)'이 기록되었다. 또 문서 작성(식년) 이후 다시 가호 및 인구의 감소가 발생하여 그 변동 사실을 문서에 '정정(訂正)' 기록하였는데, 그는 이 정정한 추가 기록 부분을 '추기(追記)'라고 명명하고 현세분과 명확히 구분하였다. 이러한 그의 연구를 통해 촌락문서 작성 삼년 전(전식년)의 상황, 문서 작성 당시(식년)의 상황, 그리고 추기 시의 상황 등 적어도 6년 이상 각 촌락의 현황이 어떻게 변동하였는지 그 추세를 추적할 수 있게 되었다.

한편 촌락문서 각 촌락의 첫머리에는 '공연(孔烟)' 수치와 '계연(計烟)' 수치가 기록되어 있는데, 이 부분의 해석 역시 큰 논란이 되었다. 공연의 수치는 그 아래에 기록된 9등호(等戶)와 등외호(等外戶) 수치들의 합과 일치하여 그것이 촌락의 가호수(家戶數)를 모두 집계한 것이라는 사실을 금방 알 수 있었지만, 계연은 '計烟몇余分몇'의 형식으로 수치가 기록되어 있어, 연구자마다 그 해석이 제각각이었다. 토라오 토시야(虎尾俊哉, 1974), 이태진(1979) 등의 연구를 거치며, 계연이 공연의 9등호 등급에 차등적으로 정해져 있었던 각 공연의 국가 부담액을 전부 합산하여 계산한 수치임을 알 수 있게 되었다. 중상연(仲上烟) 등급의 가호가 국가에 1을 부담하였다고 가정할 때, 9등호의 상하 등급으로 승강(乘降)할 때마다 1/6씩 부담 액수도 차등적으로 증감하였다. 즉 중상연이 1일 때, 그 아래의 중중연은 5/6, 그 위인 상하연은 1과 1/6을 부담하였다.

이처럼 1970년대 후반에 이르러 촌락문서의 판독과 해석에 대해서는 상당 부분 학계의 의견들이 수렴되는 연구상의 큰 진전이 있었다. 그러나 촌락문서를 역사 자료로 다루기 위해 가장 시급히 해결되었어야 할 촌락문서의 작성연대에 대해서는 다양한 이견들이 제기되어 백가쟁명을 이루었다. 또 촌락문서의 판독과 해석에 치중하였던 관계로 문서 작성연대를 분석하는 데 큰 도움을 줄 수 있는 문서의 전래 경위나 문서의 원상태 등 문서에 관한 기초적 검토들이 거의 이루어지지 않았다.

촌락문서의 현황과 원상태

촌락문서는 '화엄경론 제7질(華嚴經論第七帙)'이 묵서(墨書)되어 있는 쇼소인 소장의 '경질(經帙)'을 수리할 때 우연히 발견되었다. 앞서 촌락문서가 낱장의 종이 2장으로 남아있다고 말했지만, 실제로는 현재 그러한 상태로 볼 수 없다. 글씨가 적힌 묵서 부분에 풀칠을 하여 2장의 낱장 종이 문서를 서로 붙여, 문서가 발견되기 전 애초의 '경질' 상태로 보존하고 있다. 촌락문서에 관한 연구는 이 '경질'의 수리 때 서로 붙어있었던 2장의 종이를 떼어낸 뒤, 내부의 묵서를 찍어놓은 별도의 흑백사진을 통해 이루어지고 있다. 한편 경질은 두루마리 불경 여러 권을 한꺼번에 묶어서 보관하기 위해 만든 것인데, 이러한 촌락문서의 현재 모습을 통해 촌락문서의 원상태와 전래 경위 등도 추론할 수 있다.

당시 국가의 공문서는 낱장의 종이 여러 장을 이어 붙여 두루마리 형태로 말아서 사용하였는데, 이 경우 이어붙인 종이의 한 면에만 문서가 기록되고 그 이면은 백지 상태로 남게 된다. 공문서의 용도와 보존기한이

앞
세부

뒤
그림 2. 화엄경론 제7질(촌락문서의 현재 모습)

다해 폐기되면 다른 관청이나 사찰 등에 폐기된 공문서가 불하되었다. 이후 불하받은 관청이나 사찰에서는 폐기된 공문서를 낱장으로 잘라서 묵서가 없는 이면의 백지를 임의로 다시 이어 붙여 또 다른 문서의 작성에 활용하였다.

촌락문서 2장은 문서가 아니라 경질이라는 특별한 물품을 만드는 데 재활용되었다. 촌락문서의 원 두루마리 공문서도 폐기 후 일정한 크기로 잘려졌고, 이 잘려진 촌락문서 조각편 2장을 묵서가 있는 부분을 풀칠해 서로 붙이면, 묵서 부분이 보이지 않는 양면이 모두 백지 상태인 두 겹의 두꺼운 새 종이가 만들어지게 된다. 여기에 '華嚴經論第七帙'이라는 경질의 제목을 적으면 완벽히 새로운 경질로 재탄생하게 된다. 바로 이 경질이 일본 쇼소인에서 오랜 기간 전세(傳世)되어 오다가, 1933년의 경질 수리 때 서로 붙어있었던 조각편 두 장을 떼어내게 되었고, 마침내 그 속의 신라촌락문서가 천년의 잠에서 깨어나 자신의 본 모습이 드러나게 되었던 것이다.

촌락문서는 전체 2편으로, 각 편에 2개 촌씩 모두 4개 촌의 호구, 말, 소, 토지, 경제림 등의 현황이 상세히 집계되어 있다. '화엄경론 제7질'이라는 제목이 적힌 경질의 표편(表片)에는 '당현(當縣) 소속의 사해점촌(沙害漸村)'과 '살하지촌(薩下知村)'이, 경질의 이편(裏片)에는 '촌명을 알 수 없는 촌'과 '서원경(西原京) 소속 촌'의 현황이 기록되어 있다(이하 이를 각각 A, B, C, D촌으로 칭함). 이러한 내용과 서식(書式)의 문서는 중국과 일본의 공문서에는 동일한 사례가 없는 매우 독특한 것이기 때문에, 이 문서의 명칭은 '민정문서(民政文書)', '장적(帳籍)', '촌락문서' 등 연구자들에 의해 다양하게 불리어지고 있다. 그러나 문서가 촌락 별로 집계되어 있고, 이러한 기재양식이 신라의 수취제인 녹읍제(祿邑制)와 관련되어 있다는 점에서, 이 문서를 '촌락문서'라고 명명한 견해가 가장 타당하다고 생각된다.

촌락문서의 원상태는 앞서 살펴본 바와 같이 두루마리 형태의 권자본(卷子本)이며, 발견된 문서 2편은 필체(筆體)가 완전히 똑같아 모두 동일한 두루마리 권(卷)에서 경질을 만들 때 분절된 단간으로 추정된다. 이 두 편은 이어붙인 종이들과 괘선(罫線)의 상태로 볼 때, 원문서에서 서로 직접 연접되어 있지 않았을 가능성이 높다. 따라서 기존에 문서의 4개 촌 모두를 서원경(현 충북 청주) 인근지역으로 이해한 것은 재검토할 필요가 있다고 생각된다.

촌락문서의 작성연대

촌락문서의 작성연대는 문서 이해의 전제(前提)라는 점에서 연구자들 사이에 매우 활발히 논의된 쟁점 중의 하나였다. 문서에 호구를 조사한 해로 기록된 '을미년(乙未年)'을 755年 또는 815年으로 보는 견해가 일찍부터 제기되어 오랫동안 양립해왔다. 그러나 이 견해들은 모두 문서에 기록된 '연수유전(烟受有田)'을 성덕왕(聖德王) 21년에 처음으로 지급된 '정전(丁田)'으로 이해하여, 문서작성의 상한을 722년으로 잡고 있지만, 연수유전이 정전이라는 구체적인 증거를 제시한 것은 아니었다. 또한 이 견해들은 촌락문서와 녹읍제의 관련유무를 통해 서로 다른 결론을 이끌어내었다는 점에서, 주관적 판단이 강한 연대관(年代觀)이라고 생각된다.

촌락문서는 폐기된 후 그 이면의 백지가 '화엄경론 제7질'을 만드는데 이용되었기 때문에, 이 경질의 제작 또는 사용시점만 알 수 있다면 문서작성의 하한은 보다 객관적으로 결정할 수 있다. 다행히도 이 경질의 쇼소인 입고과정을 소상히 담고 있는 자료가 『정창원문서(正倉院文書)』와 『동대사요록(東大寺要錄)』 등에 잘 남아있어 큰 도움이 된다. 이것들과 고대 일본의 『화엄경론(華嚴經論)』 유통상황(流通狀況)을 아울러 고려해볼 때, 이 경질은 신라학승인 심상(審祥)이 소장하였던 것으로 추정된다. 따라서 촌락문서의 작성연대는 서원경이 설치된 685년과 심상의 몰년하한인 751년 사이의 '을미년'인 695년이라고 할 수 있다.

촌락문서의 작성연대가 695년이라는 점은 이 문서에 사용된 특별한 글자들을 통해서도 보완할 수 있다. 신라에서는 당(唐)의 칙령(勅令)에 따라 744년부터 758년까지 '年'이라는 글자 대신에 '載'라는 글자를 엄격히 사용하였다. 그런데 촌락문서에는 '年'으로 기록되어있기 때문에, 755

그림 3. 촌락문서 D촌의 '年'과 '壹月' 기록

년은 문서의 작성연대가 될 수 없다. 한편 측천무후(則天武后)는 국호를 당에서 '주(周)'로 고치고, 영창원년(永昌元年 689) 11월을 재초원년(載初元年) 정월(正月)로 바꾸는 세수변경(歲首變更)을 단행하였다. 이 조치로 기존의 정월(正月)은 '一月(壹月)'로 바뀌었고, 이는 700년까지 지속되었다. 『삼국사기(三國史記)』로 알 수 있듯이, 신라도 이 측천무후의 주력(周曆)을 채택하였다. 그런데 촌락문서의 D촌에는 '갑오년일월(甲午年壹月)'이라고 기록되어 있다. 이 '일월(壹月)' 표기는 촌락문서의 작성연대가 695년임을 무언으로 알려주고 있다.

한편 촌락문서에 '처(妻)'라는 글씨가 <事 아래에 女>를 쓴 █라는 독특한 이체자(異體字)로 기록되어 있는 점도 문서의 작성연대와 관련하여 주목된다. 이 이체자도 처(妻)와 같은 뜻의 글자가 분명하지만, 촌락문서 전후의 고대동아시아 자료 속에서 이 처의 이체자가 출현하고 소멸해 간 추이를 보면 촌락문서의 작성연대가 8세기로 내려갈 수 없음을 확실히 알 수 있다.

이러한 처의 이체자는 중국 남북조시대, 특히 북위(北魏) 등의 북조에서 유행하다가 수(隋)를 끝으로 사라지며, 정연한 해서(楷書)가 널리 유행했던 당대(唐代)의 자료에는 이러한 처의 이체자는 확인되지 않는다. 또

신라의 자료를 검토해보면 6세기에는 하나같이 모두 북위에서 유행했던 <事 아래에 女>로 쓴 처의 이체자가 널리 그리고 지속적으로 사용되었지만, 8세기 이후가 되면 이체의 '처'자는 사라지고, 모두 당대 해서의 정자인 '처'자가 널리 유행하였다는 사실을 확인할 수 있다. 이처럼 신라에서 처(妻)의 서체가 8세기가 하나의 분수령이 되어 변모하였다면, 처의 이체자가 기록된 촌락문서의 작성연대는 8세기로 내려갈 수 없다고 생각된다. 종래 촌락문서의 작성연대에 대해서는 695년설, 755년설, 815년설 등이 제기된 바 있지만, 처의 서체로 볼 때도 695년이 합당한 작성연대라고 생각된다.

촌락문서의 기재양식

촌락문서의 각 촌별 기재가 크게 '현세분'과 '감소분' 두 부문으로 구성되어 있다는 점은 앞서 언급하였다. 현세분에는 문서작성 당시 촌의 현황이 항목별로 집계되어 있다. 집계방식은 전체 합계에 이어 이를 '고유(古有)'분과 '삼년 사이의 증가'분으로 구분(區分)하여 기록하고 있다. 이로인해 문서가 3년을 주기로 하여 작성되었음을 알 수 있다. 이 현세 부문에 이어 감소 부문이 기록되어 있는데, 이는 전식년(前式年) 이후 현 식년(式年) 사이에 각 촌에서 발생한 감소분을 항목별로 집계한 것이다. 이 감소분과 현세(現勢)의 고유분을 합하면, 전식년 당시의 현세 부문도 복원이 가능하다.

현세 부문을 좀더 자세히 살펴보면, 우선 관할 현(소경)과 촌명을 기록한 다음, 촌의 형세를 산지[山檻地] 또는 평지[地]로 구분하고, 촌역(村域)

의 전체 둘레 길이를 보수(步數)로 나타내었다. 이어 가호[烟]·남녀별 인구(人口), 말(馬)·소(牛), 논(畓)·밭(田), 뽕(桑)·잣나무(栢子木)·가래나무(秋子木)의 순으로 각 항목의 현황이 집계되어 있다. 가호를 '연(烟)'으로 표기한 예는 현재로는 고구려의 「광개토왕비(廣開土王碑)」(414년)가 최초이며, 이러한 표기법은 신라의 「단양적성비(丹陽赤城碑)」(550년), 「촌락문서」(695년), 그리고 8세기에 작성된 고대 일본의 호적 및 계장문서(計帳文書)로 이어진다. 이는 신라와 고대 일본의 호적 기재방식이 고구려의 제도에 일정한 영향을 받아 성립하였음을 의미한다.

감소분도 현세분과 마찬가지로 호구(烟人), 관갑(貫甲), 말과 소(馬牛), 잣나무(栢子木)의 순으로 기록되어 있다. 다만 전답 항목만은 현존문서의 감소분에서는 확인되지 않는다. 한편 '관갑'은 A촌 감소분에만 있고, 현세분에는 없는 특이한 항목이다. 이러한 방식으로 기재된 것은 관갑이 문서작성시에 A촌에 하나도 남아있지 않았기 때문으로 추정된다. 따라서 촌락문서의 항목들은 그 현황에 따라 소멸되거나, 새롭게 추가될 수도 있었다고 생각된다.

한편 촌락문서에는 문서작성 이후 새로이 발생한 감소로 인해 문서를 정정한 부분이 있는데, 이를 연구자들이 다케다 유키오의 견해를 받아들여 일반적으로 '추기(追記)'라고 부르고 있다. 추기는 본 문서의 글씨와 필체가 달라, 추기한 자는 본 문서작성자와 다른 사람임을 알 수 있다. 이 추기를 특별한 감소사태에 따른 예외적인 기재로 이해하여, 추기된 후 현존문서는 곧바로 폐기되고 새 문서가 만들어졌다고 보는 견해가 있지만, 추기의 기재양식이나 잘못된 추기를 고치지 않은 점 등으로 볼 때, 추기는 오히려 현존문서를 그대로 이용하면서 필요에 따라 식년 사이의 변화를 반영하기 위해 고안된 정례적(定例的)인 기재양식이었다고 생각된다.

지금까지 살펴본 바와 같이, 촌락문서에는 각 촌의 호구뿐만 아니라 말과 소, 전답, 뽕, 과수 등 다양한 항목들이 기재되어 있다. 이러한 양식의 문서는 현재로는 고대 중국과 일본에서도 동일례를 찾을 수 없는 매우 독특한 문서라고 생각된다. 그러나 각 항목들을 개별적으로 나누어 보면, 호구 항목은 호적(戶籍)과 계장(計帳), 기타 말과 소, 전답, 뽕과 과수 등의 항목들은 고대 일본의 사도공문(四度公文)과 그 지문(枝文)인 우마장(牛馬帳), 수조장(輸租帳), 상칠장(桑漆帳), 식목장(植木帳) 등의 문서들과 서로 상통한다. 결국 촌락문서는 지방 지배에 필요한 다양한 행정문서들이 하나의 문서 내에 복합적으로 기록된 문서라고 할 수 있다.

촌락문서의 호구파악방식

촌락문서에서 가장 비중있는 항목은 '연인(烟人)' 즉 호구 항목이다. 이 항목은 매우 정치(精緻)한 세부항목들로 구분되어 있을 뿐만 아니라, 그 기재의 양도 문서 전체의 70% 정도를 차지하고 있다. 특히 추기는 호구 항목에만 국한되어 있다. 이는 호구 항목이 신라국가의 가장 핵심적인 조사대상이었음을 의미한다.

우선 연(烟) 항목에는 '공연(孔烟)'의 합계, '계연(計烟)'의 수, 그리고 9등호제로 구분된 중하연(仲下烟) 이하 하하연(下下烟)까지 각 등급연(等級烟)의 수, 끝으로 '삼년간중 수좌내연(三年間中收坐內烟)' 즉 '삼년 사이에 전입해온 호'의 수가 기재되어 있다. 등급연과 수좌내연의 수를 합하면, 공연의 합수와 일치한다. 이를 통해 신라가 각 촌의 가호를 공연 단위로 편적(編籍)하였음을 알 수 있다. 공연을 '자연호(自然戶)'로 보는 견해와 국가가 수취를 실현하기 위해 자연호들, 또는 자연호와 개별인들의 결합을 통해 인위적으로 편성한 '편호(編戶)'로 보는 견해가 양립하고 있다.

이 중 편호설(編戶說)은 '수취'라는 호적 작성의 기본적인 목적을 환기시켜주었을 뿐만 아니라, 공연을 자연호로 볼 수 없는 증거를 문서 자체에서 추출해내었다는 점에서 큰 강점이 있다. 더욱이 자연호설(自然戶說)에서는 그 의미가 제대로 파악되지 않았던 '피상연망해거공일(彼上烟亡廻去孔一)'을 '그 상연(上烟)이 도망해간 공연(孔烟)이 하나'로 풀이하여 문서에 사용된 이두(吏讀)를 보다 합리적으로 해석하고 있다.

그러나 편호설이 모든 공연을 국가의 인위적인 편호로 이해한 것은 문제가 있다. 공연의 상층에는 경제적 예속관계에 기초한 '주가(主家)'와 예농인 '가용(家傭)'의 결합형태도 존재하였을 것이며, 추기시에 함께 도망한 D촌의 11구(口)로 구성된 공연은 도망 이전까지 국가수취를 감내했던 '자연호'였을 가능성이 높다.

한편 계연의 수는 공연의 각 등급연이 부담해야 될 세액을 기본수(基本數)로 환산하여 이를 촌단위로 합산해놓은 것이다. 그 동안 이 기본수 산출에 관한 다양한 추론이 이어졌지만, 앞서 언급한 바와 같이 토라오와 이태진의 연구를 통해 중상연(仲上烟)의 국가부담액을 기본수 1로 하여 호등이 한 등급 승강할 때마다 각 등급의 기본수도 1/6씩 증감한다는 점이 밝혀졌다. 신라는 계연에 기초하여 조조(租調)를 수취하였고, 이는 각 공연에 할당되었다고 생각된다.

서위(西魏)나 천보(天寶; 742~756) 이전 당의 호적 및 계장문서에서도 계포(計布), 계마(計麻), 계조(計租)와 같이 국가가 수취할 공과(公課)의 양을 계산하여 놓은 항목들이 있는데, 촌락문서의 계연 항목의 기능을 이해하는데 큰 도움이 된다. 특히 균전제 시행이전(466~485年)의 북위에서는

'율호(率戶)'인 중중호(中中戶)를 기준으로 호등마다 1/6의 비율로 세액이 차감되는 수취제가 실시되었는데, 이는 계연의 산법(算法)과 거의 동일하다는 점에서 신라 통일기 세제의 연원으로서 주목된다.

그러나 이에 대해서는 신라 통일기 세제(稅制)의 중핵은 '전조(田租)'였으며, 이는 촌락문서의 전답 항목에 의거하여 수취되었다는 반론이 있다. 이 견해들은 공연의 호등이 각 공연 소유의 토지를 기준으로 산정(算定)되었다는 견해에 기초하고 있다. 그러나 촌락문서의 전답 항목에는 전조 수취에 가장 중요한 토지의 등급(田品), 황무지 여부(陳田), 개간 여부(墾田), 그리고 기후에 따른 실제 생산량의 손실을 조사하는 답험손실(踏驗損失) 등, 실제의 경작과 생산량과 관련된 사항들이 기재되어 있지 않아, 촌락문서를 전조의 수취에 이용하기는 어렵다고 생각된다. 더욱이 후술하는 촌락문서의 연령등급제(年齡等級制)는 신라가 전조(田租)가 아닌 인신(人身)의 수탈에 기초한 사회였음을 여실히 보여주고 있다.

촌락문서의 남녀별 인구 항목에는 먼저 전체 인구수(合人數)를 기재하고, 이를 다시 고유인(古有人) 및 삼년 사이에 출생한 인구수, 삼년 사이에 전입한 인구수로 구분하여 기록하였다. 그런데 그 각각에는 다시 남자를 정(丁), 조자(助子), 추자(追子), 소자(小子), 삼년 사이에 출생한 소자(三年間中産小子), 제공(除公), 노공(老公)의 순으로 먼저 기록한 다음, 이어 여자를 똑같이 정녀(丁女), 조여자(助女子), 추여자(追女子), 소여자(小女子), 삼년 사이에 출생한 소여자(三年間中産小女子), 제모(除母), 노모(老母)의 순으로 연령등급으로 구분하여 기록하였다.

이러한 촌락문서의 인구 항목 기재양식은 고대 일본의 미노국호적(美濃國戶籍, 702)과 매우 유사하다. 미노국호적도 9등호제로 가호를 편성하였고, 남자와 여자를 구분하고, 남자를 먼저 기록하였다. 특히 연령등급 구분방식은 두 문서가 동아시아 적장문서(籍帳文書) 속에서 차지하는 위치와 계보관계를 명확하게 보여준다.

일본 미노국호적의 연령등급 구분은 중국 진무제(晉武帝)의 율령인 태시령(泰始令)에서 시작된 정정(正丁)·차정제(次丁制)에 기초하고 있다. 이는 정(丁)의 아래·위 연령을 차정(次丁)의 등급으로 구분(區分)하여 정(丁)의 반역(半役)이나 일부 역(役)을 부과(賦課)하였던 제도였다. 이러한 연령등급제는 5호16국시대에 대체로 유지되다가 현존하는 문서상으로는 서위(西魏) 이후 정(丁) 위의 차정(次丁) 제도는 완전히 사라지며, 정(丁)과 정 아래의 중(中)에만 역을 부과하는 정중제(丁中制)로 개편된다.

한편 촌락문서의 연령등급 구분은 정정·차정제로 이해되기도 하지만, 보다 정확하게는 정정·차정제에서 정중제로 나아가는 과도기의 모습을 하고 있다. 일본의 미노국호적에는 正丁, 次丁, 少丁, 小子, 綠兒, 耆老의 순이지만, 촌락문서에는 丁, 助子, 追子, 小子, 三年間中産小子, 除公, 老公의 순으로 기재되어 있다. 즉 일본의 미노국호적에는 次丁이 正丁 다음에 기록되었지만, 촌락문서에는 次丁에 해당되는 除公이 三年間中産小子와 老公 사이에 기록된 큰 차이가 있다. '除公'이라는 어휘로도 직감할 수 있지만, 이러한 기재 순서는 당시 신라에서 한때 정(丁) 위의 次丁이었던 除公에 대한 부과가 사라졌음을 의미한다. 다만 除公(次丁)이라는 유제(遺制)가 아직도 남아있는 점으로 보아, 촌락문서 이전 단계에는 신라에서도 정정(正丁)·차정제(次丁制)가 실시되었을 가능성이 매우 높다고 생각된다.

결국 촌락문서와 일본 미노국호적의 호구기재양식은 당령(唐令)에 영향을 받아 성립한 것이 아님을 분명히 알 수 있다. 신라와 고대 일본이 가호를 '烟'으로 표기하였던 점, 촌락문서의 計烟 산법이 균전제 실시 이전의 북위의 세제(稅制)와 유사하였던 점, 그리고 촌락문서와 일본의 미노국호적의 호구기재양식이 거의 동일하였던 점 등을 아울러 고려할 때, 5호16국→고구려→신라(촌락문서 이전단계)→고대일본(미노국호적 단계)으로 이어지는 동아시아 율령의 계보관계가 상정될 수 있다.

그런데 촌락문서의 연령등급제는 또 다른 역사적 사실을 알려준다. 당(唐)에서는 양세법(兩稅法) 이후 적장문서의 기재에서 연령등급이 완전히 사라진다. 고대 일본에서도 10세기 이후 연령등급이 형해화(形骸化)되며, 신라를 잇는 고려에서도 연령등급은 호적에 기재되지 않았다. 이러한 연령등급제의 소멸은 각국의 수취제가 기존의 인신지배(人身支配)에서 토지지배(土地支配)로 변화하는 과정과 일치한다. 따라서 신라에서 수취를 부담한 공연의 각 호등은 전답보다는 인정수(人丁數)를 핵심으로 한 공연의 '자산' 평가를 통해 결정되었을 가능성이 높다고 생각된다.

촌락문서의 용도와 촌의 성격

촌락문서에는 A촌에 '내시령답(內視令畓)'이, C촌에도 '전내시령(前內視令)'이 잣나무(栢子木)의 식수를 감독한 사실이 기록되어 있다. 결국 촌락문서에 기재된 촌들은 모두 '내시령'과 관련이 있는 촌락이라고 할 수 있다. 그런데 이 내시령은 신라의 일반적인 지방행정체계 내에는 존재하지 않는 관직이라는 점에서, 일찍부터 문서에 기재된 촌락들을 특수한 성격으로 이해하려는 논의가 있었다.

우선 내시령을 내성(內省)의 장관(長官)인 내성사신(內省私臣)으로 보고, D촌의 '□省'을 '內省'으로 판독하여, 촌락문서를 내성의 녹읍대장(祿邑臺帳)으로 이해한 연구가 있다. 이 견해에서는 이들 촌락에 군현제적 지배를 전제로 하여 내성의 지배가 관철되고 있었다고 파악하였다. 이 연구는 촌락문서와 왕실재정(王室財政)을 관할한 내성의 관련성을 최초로 지적한 중요한 연구성과라고 할 수 있다.

이후 이 연구를 기초로 하여, 촌락문서의 촌은 후대 고려의 장(莊)·처(處)와 같은 '왕실직속촌(王室直屬村)'이며, 내시령은 내성에서 각 촌의 수취를 위해 파견한 사령(使令)이라는 보다 진전된 연구결과가 나오게 된다. 이어 촌락문서 각 촌의 마우(馬牛) 보유수나 토지에서 畓(논)이 차지하는 비율이 후대의 일반적인 촌과 비교가 되지 않을 정도로 월등히 많고, 높다는 점에서, 촌락문서의 촌이 왕실에 의해 특별히 선정되고 경영된 지역이라는 주장도 제기되었다.

이러한 연구(硏究)들을 통해, 당시 신라 왕실의 재정원(財政源)이 촌락단위로 설정되어 있었고, 촌락문서는 이들 촌락을 지배하기 위해 작성한 문서라는 사실을 알 수 있게 되었다. 한편 이들 촌락에 대한 내성의 지배가 군현제를 전제로 하여 관철되고 있었던 점에 유념한다면, 신라 국가의 일반촌락에 대한 지배 역시 계연과 공연을 통해 실현되었다고 생각된다. 결국 촌단위로 산출된 계연의 수는 왕실재정 뿐만 아니라 신라 국가재정 일반과 관련된 집계방식으로 이해할 필요가 있다고 생각된다.

참고문헌

野村忠夫, 1953, 「正倉院より發見された新羅の民政文書について」, 『史學雜誌』62-4.

朴時亨, 1957, 「신라장적의 연구」, 『력사과학』1957-6.

旗田巍, 1958·1959, 「新羅の村落-正倉院にある新羅村落文書の研究」, 『歷史學研究』226·227 ; 1972, 『朝鮮中世社會史の研究』, 法政大學出版局.

川副武胤, 1965, 「新羅國官文書の作成年次について」, 『大和文化研究』10-9.

堀池春峰, 1973, 「華嚴經講說よりみた良弁と審祥」, 『南都佛教』31.

虎尾俊哉, 1974, 「正倉院藏新羅國民政文書に見える計烟の算法について」, 『歷史』 45.

武田幸男, 1976, 「新羅の村落支配-正倉院所藏文書の追記をめぐって-」, 『朝鮮學報』 81.

李泰鎭, 1979, 「新羅 統一期의 村落支配와 孔烟-正倉院 所藏의 村落文書 재검토」, 『韓國史硏究』25.

兼若逸之, 1979, 「新羅「均田成冊」硏究-이른바 民政(村落)文書의 分析을 中心으로」, 『韓國史硏究』23.

李宇泰, 1983, 「新羅村落文書의 村域에 대한 一考察」, 『金哲俊博士華甲紀念史學論叢』, 知識産業社.

浜中昇, 1986, 『朝鮮古代의 經濟와 社會-村落·土地制度史研究-』, 法政大學出版局.

李泰鎭, 1990, 「新羅 村落文書의 牛馬」, 『民族史의 展開와 그 文化(上)』碧史李佑成 教授停年退職紀念論叢.

金基興, 1991, 『三國 및 統一新羅 稅制의 研究社會變動과 關聯하여』, 歷史批評社.

尹善泰, 1995, 「正倉院 所藏 新羅村落文書의 作成年代日本의 『華嚴經論』 流通狀況을 中心으로」, 『震檀學報』80.

李仁哲, 1996, 『新羅村落社會史研究』, 一志社.

全德在, 1997, 「統一新羅期 戶等算定基準」, 『역사와 현실』23.

李喜寬, 1999, 『統一新羅土地制度研究』, 一潮閣.

尹善泰, 2000, 『新羅 統一期 王室의 村落支配新羅 古文書와 木簡의 分析을 中心으로』, 서울大學校 大學院 國史學科 博士學位論文.

윤선태, 2017, 「신라촌락문서 중 '妻'의 書體」, 『木簡과 文字』18.

문무왕의 하교(下敎)와 유조(遺詔)

홍승우
경북대학교

기본적으로 국가의 정치와 행정은 문서를 통해 이루어진다. 이는 왕이 권력의 정점에 있으면서 정치와 행정을 주도했던 고대 국가들에서도 마찬가지이다. 신라는 초기 여러 지역 집단이 결합한 연합체적 초기 국가로 출발하여 점차 왕이 주도하는 중앙집권적 정치 형태를 형성하면서 세련된 고대 국가로 발전해 갔다. 국가적 주요 사안에 대한 결정과 행정 조치의 집행들은 주로 왕명이라는 형태로 이루어졌는데, 이 왕명은 단순히 왕의 구두 명령이 아니라 공식적인 왕명 문서를 통해 하달된다.

그리고 왕명은 일시적인 조치나 어떠한 사안에 대한 대응에만 내려지는 것이 아니라, 법제의 제정과 개정, 폐지 등에도 핵심적인 기능을 하였다. 여러 법과 제도들이 왕의 명령으로 만들어지고 공표되는 경우가 많았기 때문이다. 이 글에서는 강력한 왕권 중심의 중앙집권적 고대 국가에서 왕명이 국가 통치에서 어떠한 기능을 했는지, 그리고 그 내용을 통해 당시의 법과 제도의 실상을 밝히는 작업이 어떻게 이루어지는지에 대해, 신라 文武王代 下敎와 遺詔라는 형식으로 내려졌던 왕명을 통해 살펴보려 한다.

사면(赦免) 교서(敎書)를 통해 본 왕명의 형식과 특징

신라에서 왕의 명령은 주로 '敎'라 하였고, 간혹 '詔'라는 용어가 사용되기도 하였다. 이들은 엄격히 말하면 그 용어를 사용하는 주체들에 구분이 있기는 하지만, 기본적으로 모두 국가 최고 통치권자의 명령을 의미한다. 역사서들에 '命'으로 적혀있는 경우도 있지만, 이 '명'는 공식적인 용어가 아니라, '명령하다'라는 일반 동사이다.

넓게 보면 '교'는 왕의 말[王言] 그 자체라 할 수 있지만, 그 중에서 특히 왕이 공식적으로 내리는 정치·행정에 관한 지시·명령이 중요하다. 고대 국가에서 이 왕의 말이자 명령·지시인 '교'가 정치와 행정에서 매우 중요한 역할을 했다. 왕이 강한 권력을 가지는 중앙집권적 고대 국가에서 주요한 정책 결정과 그것의 집행이 왕의 명령으로 공표되기 때문이다. 물론 왕이 모든 것을 독단적으로 결정하는 것은 아니다. 왕 아래에 있는 귀족 관인들과 의논하여 결정하기도 하고, 어떤 것은 신하들이 결정하여 왕에게 건의하기도 한다. 또한 시행을 위한 세부적인 사항들은 중하급 관인들이 간여하기도 한다. 하지만 최종적으로 그 결정과 집행에 대한 명령은 왕의 이름으로 발포된다.

教와 詔에 대하여

教와 詔는 모두 중국에서 사용하던 政令의 이름이다. 전국시대까지는 왕, 곧 최고 통치권자의 명령을 命이나 令으로 표현하였는데, 진시황이 전국을 통일한 이후 왕 보다 상위의 존재라는 것을 강조하기 위해 皇帝 호칭을 만들고, 命과 令도 制와 詔로 바꾸면서 制詔가 황제의 명령을 의미하게 된다. 그리고 황제의 아래에 있었던 제후나 왕은 教라는 용어를 사용하게 된다.

다만 이 교가 처음부터 제후(왕)의 명령을 의미하는 것은 아니었다. 漢에서 남북조시대에 교는 州, 郡, 縣과 같은 지방 장관의 명령·지시로 사용되었던 것이 당시 문서들에서 확인되고 있다. 이후 隋·唐代에 이르러 제후(왕)와 公主 등의 명령(문서)을 교로 통칭하게 된다.

우리나라에서 '교'는 삼국시대 이래로 왕의 명령을 의미하는 용어로 사용되었다. 고대 국가들에서 사용되던 용어들은 한자와 함께 중국에서 건너오는 경우가 일반적이지만, 당시 중국에서 교는 지방관의 명령을 의미했기 때문에, 중국 용어를 도입했다고 보기는 힘들다.

왜 교가 한국 고대 국가들에서는 왕명을 의미하는 것으로 사용되게 되었는지는 분명하지 않다. 단지 교가 중국의 용어를 그대로 도입한 것이 아니라는 것만 확인할 수 있을 뿐이다. 그리고 고구려에서 늦어도 4세기 말에는 왕의 명령을 교라 하는 것을 확인할 수 있기 때문에, 고구려에서 처음 사용하였고 이후 그것이 신라 등 주변에 영향을 주었을 가능성을 상정할 수 있다.

따라서 일반적으로 역사서에 '教'라는 표현이 없어도, 정책 결정과 행정 명령·지시는 거의 왕의 '교'를 통해 내려진 것이라 하겠다. 그리고 이러한 '教'는 단순한 왕의 구두 명령은 아니다. 역사서에는 '왕이 말하다'

신라 '敎'의 변화

신라는 법흥왕대 율령을 반포하면서 본격적으로 중앙집권적 고대 국가로 발돋움하였다. 신라 초기에도 왕이, 정확히는 수장에서 유래한 거서간, 이사금, 마립간 등의 이름을 사용했지만, 존재했으나 기본적으로 6부라는 지역 집단들의 연합체적 국가였다. 따라서 왕의 권한이 후대보다 약했으며, 국가의 주요 정책 결정과 집행은 6부 수장들의 합의에 의해 이루어졌다.

신라가 중앙집권적 고대 국가로 변모해나가는 지증왕~진흥왕대에 만들어진 비석들이 현재 전하고 있어, 당시 국가의 정치와 행정이 이루어지는 과정을 살펴볼 수가 있다.

먼저 지증왕대에 만들어진 <포항냉수리신라비>에는 왕과 6부 수장들, 곧 신하들이 모여 주요 사항을 결정하고 그것을 공표하는 내용이 있는데, 여기에 '교'는 6부 수장들 공동 명의로 내려진다. 이러한 모습은 법흥왕대에 세워진 <울진봉평리신라비>에서도 마찬가지이다. 즉 연합체적 국가 단계에서는 '교'는 왕 단독의 명령이 아니라, 왕을 포함한 신라 6부 수장들, 혹은 신라 6부라는 지배 집단의 명령이라 할 수 있다.

하지만 왕에게 권력이 집중되어 중앙집권적 고대 국가로 변모하면, 교를 내리는 주체가 변화한다. 진흥왕대 세워지는 <단양신라적성비>나 <진흥왕순수비> 단계에 이르면 교를 왕 단독으로 내리고 있는 것을 확인할 수 있다. 신라 6부라는 지배 집단 보다는 왕 개인이 명령권자로서 분명히 부각되는 것이다.

이렇게 볼 때, 신라에서 교는 처음부터 왕의 명령이라는 제한적인 의미였다기보다는, 국가 권력에 의한 명령 자체였을 것이다. 그러다가 강력한 왕권이 구축된 이후에는 왕의 명령만을 지칭하게 변화한 것이다.

나 '명령하다' 등으로만 서술되기도 하지만, 왕의 말 혹은 명령은 기본적으로 문서로 만들어진다. 따라서 '교'는 보통 '教書'라는 왕명 문서를 의미하며, 왕의 명령 자체도 일정한 문서의 형식을 가지게 된다. 중국이나 일본의 사례들을 보면 詔書나 制書 혹은 勅書라 하는 황제의 명령 문서들의 형식은 公式令이라는 법에 정해져 있고, 그 형식에 맞추어 작성한다. 결국 왕명이라는 것은 일정한 형식의 공문서로 내려지는 것이다.

교의 형식과 내용 및 특징을 문무왕의 사면령을 통해 좀 더 자세하게 살펴보자. 663년 3월에 문무왕은 백제 부흥 운동을 진압하고, 그것을 기념하기 위해 죄수들을 풀어주고 공로자 등을 위한 잔치를 벌였다. 이 일을 『삼국사기』에는 단순히 "크게 사면하였다. 왕이 백제가 평정되었기에, 담당 관청에 명하여 큰 잔치를 열었다.[大赦 王以旣平百濟 命所司設大酺]"라만 적고 있다. 잔치를 연 것은 그래도 왕이 관청에 명령하는 과정이 적혀 있지만, 앞의 사면에 대해서는 단순히 '크게 사면하였다'로만 되어 있는 것이다.

따라서 이 사면이 어떤 형식으로 지시되었는지에 대해서 이 사면 기사만으로는 확인할 수 없다. 하지만 문무왕대 또 다른 사면 기사에 실려 있는 '교'가 있어, 사면이 구체적으로 어떤 형식으로 어떤 과정을 거쳐 지시되고 시행되었는지를 알 수 있다. 바로 고구려를 멸망시키고 얼마 지나지 않은 669년 2월 21일에 '교'에 의해 시행된 사면인데, 그 내용은 다음과 같다.

9년(669) 2월 21일 대왕이 여러 신하들을 모아 놓고 교를 내리셨다.[下敎]
(가) 지난날 신라는 고구려, 백제 양국 사이에 끼어서 북쪽은 정벌을 당하고 서쪽은 침략을 당하여, 잠시도 편안한 날이 없었다. 전사들의 해골은 들

판에 쌓였고, 나라의 경계에 머리가 몸에서 떨어져 나뒹굴었다. 선왕께서
백성들이 겪는 끔찍한 피해를 불쌍히 여겨, 千乘의 귀하심을 생각지 않고
바다를 건너가 황제를 뵙고 군사를 청하셨는데, 본래 두 나라를 평정하여
영원히 싸움이 없게 하고, 여러 대에 걸친 깊은 원한을 갚으며, 죽어가는 백
성들의 목숨을 온전히 하시려한 것이다. 그러나 선왕께서는 백제는 비록
평정하셨지만, 고구려는 아직 멸하지 못하셨다. 이제 과인이 평정을 이루
려는 遺業을 이어받아 마침내 선왕의 뜻을 이루었다. 지금 두 적은 평정되
어, 사방이 안정되고 편안해졌다. 전쟁에 나가 공을 세운 사람들은 이미 모
두 상을 받았고, 싸우다 죽은 혼령들에게는 명복을 빌 재물을 추증하였다.
다만 옥에 갇혀있는 사람들은 죄인을 불쌍히 여겨 울어주는 은혜를 받지
못하였고, 칼을 쓰고 쇠사슬에 묶인 이들도 아직 새롭게 시작하는 은택을
입지 못하였다. 이러한 생각들을 말하니 먹고 자는 것이 편안하지 못하다.

(나) 나라 안 죄수들을 사면한다.

①總章 2년 2월 21일 새벽 이전에 五逆을 범하여 사형에 해당하는 죄를 지
은 사람 이하로 지금 감옥에 갇혀 있는 사람들은 죄의 크고 작음에 상관없
이 모두 석방하라.

②이전의 사면 이후 죄를 범하여 '爵'를 박탈당한 사람은 모두 옛 작을 회
복시킨다.

③물건을 훔친 자는 단지 그 몸만 풀어주지만, 재물이 없어 상환할 능력이
없는 자는 상환도 면제한다.

④가난하여 다른 사람의 곡식을 빌려 쓴 백성들 중 흉년이 든 곳의 사람은
이자와 원금을 모두 갚지 않아도 되게 하라. 만약 풍년이 든 곳의 사람이라
면 올해 곡식이 익어 수확할 때를 기다려 단지 원금만 갚고 그 이자는 갚지
않아도 되도록 한다.

⑤(이 달) 30일을 기한으로 하여 담당 관청에서 받들어 시행하라.

二月二十一日 大王會羣臣下敎 (가)往者 新羅隔於兩國 北伐西侵 暫無寧歲

戰士曝骨 積於原野 身首分於庭界 先王愍百姓之殘害 忘千乘之貴重 越海入

朝 請兵絳闕 本欲平定兩國 永無戰鬪 雪累代之深讐 全百姓之殘命 百濟雖

平 高句麗未滅 寡人承克定之遺業 終已成之先志 今兩敵旣平 四隅靜泰 臨

陣立功者 並已酬賞 戰死幽魂者 追以冥資 但囹圄之中 不被泣辜之恩 枷鏁

之苦 未蒙更新之澤 言念此事 寢食未安

(나) 可赦國內 ①自總章二年二月二十一日昧爽已前 犯五逆罪死已下 今見

囚禁者 罪無小大 悉皆放出 ②其前赦已後 犯罪奪爵者 並令依舊 ③盜賊人

但放其身 更無財物可還者 不在徵限 ④其百姓貧寒 取他穀米者 在不熟之

地者 子母俱不須還 若在熟處者 至今年收熟 只還其本 其子不須還 ⑤△△

三十日爲限 所司奉行

(가)는 사면의 내용 자체와는 무관한 것으로 이 사면이 내려지는 배경
및 이 명령이 내려지기까지의 과정을 설명한 것이다. 이와 같이 '교서'는
왕의 지시·명령을 담고 있는 문서이지만 명령·지시 그 자체만 있는 것이
아니라, 왕이 어떠한 의도를 가지고 이 지시·명령을 내리며, 이 명령이 내
려지기까지 어떠한 과정을 거쳤는가도 함께 서술되는 것이 특징이다.

(나)가 실제 사면에 관한 명령 부분이다. 크게 5부분으로 나눌 수 있는
데, ①은 사면에 대한 기본적이고 핵심적인 명령이라고 할 수 있다. 669
년 2월 21일 새벽 이전, 대략 2월 20까지 죄를 지어 수감 중인 사람은 어
떤 죄이든지 석방하라는 내용이다.

보통 사면 명령의 문구는 ㉠사면의 대상이 되는 죄의 성립 시기 ㉡사

면의 대상이 되는 죄의 범위 ⓒ사면에서 제외되는 죄로 구성된다. 이 사면 교서에서는 669년 2월 20일까지가 대상 시기이고, '5역에 해당하는 죄를 범하여 사형에 처해지는 죄' 이하가 사면되는 범위이며, 사면에서 제외되는 죄는 없다. 죄의 범위는 보통 '사형에 처해지는 죄 이하'라는 표현이 많이 쓰이는데, 이는 사형에 처해지는 가장 무거운 죄를 포함한 전체 죄라는 의미이다. 즉 모든 죄를 사면한다는 것을 표현한 사면 명령의 상투적인 표현이다.

이 교에는 그 앞에 5역을 저질렀다는 표현이 추가되는데, 이 5역은 5가지 중대 범죄로, 그 정확한 내용을 알 수는 없지만, 국가에 대한 반역이나 존속 살해와 같은 비윤리적·비인간적 흉악 범죄들로 생각되며, 사형을 받는 죄 중에서도 가장 큰 죄라 할 수 있다. 이와 유사한 용어로 중국에는 十惡이 있고, 일본에는 八虐이 있다. 보통 이러한 최악의 범죄들은 사면의 대상에서 제외된다.

그러니까 통상의 사면이라면 다음과 같이 구성되었을 것이다. "2월 21일 새벽 이전에 사형 이하의 죄를 지어 감옥에 갇힌 사람들을 모두 석방한다. 단 5역에 해당하는 죄를 범한 자는 사면에 포함하지 않는다." 그런데 이번 사면에서는 5역에 해당하는 죄를 지어도 사면된다. 이는 이번 사면이 통상의 사면과는 다르게, 삼국 통일의 위업을 달성한 것을 기념하는 특별한 것이었기 때문일 것이다.

이 문구를 통해서 우리는 왕의 사면 명령 문서의 형식뿐만이 아니라 신라 형법의 구체적 내용에 대한 단서를 찾을 수 있기도 하다. 일반적으로 형법은 어떠한 행위가 죄가 되는지를 규정하고, 그 죄를 지었을 때 어떤 형벌을 받게 되는지를 정하는 것이 가장 기본적이고 핵심 내용이라 할 수 있다. 그런데 현재 신라의 형법은 법전이 전하지 않고 있기 때문에 이 기본적이고 핵심적인 내용을 알 수 없다. 그런데 이 사면 문구를 통해 신라에서 5역이 가장 중죄라는 점을 확인할 수 있는 것이다.

또한 이 사면 명령이 신라의 형법을 염두에 두고 그에 입각하여 만들어졌음도 알 수 있다. ①에서 보듯이 정형화된 사면 명령의 표현을 그대로 사용하면서도, 사면의 대상과 범위에 대하여 신라 형법에 맞게 구체적이고 자세하게 서술하고 있기 때문이다. 이는 이 사면 교서를 왕이 단독으로 만든 것이 아니라, 관련 내용에 대한 전문적인 지식을 가진 사람, 곧 담당 신하들에 의해 검토되고 작성되었음을 짐작하게 해준다. 왕의 명령이라고 해서 왕 자신이 직접 만든 것이 아니라, 신하들도 적극 참여하여 작성하는 공식적인 문서임을 알 수 있다.

②는 수감자들의 석방과는 별도의 조치이다. 이 사면 직전의 사면 이후를 대상 시점으로 하며, 죄를 지어 '爵'을 빼앗긴 사람들에게 이전의 '爵'을 회복시켜 주는 조치를 시행하라는 것이다. '작'은 신라 지배층이라 할 수 있는 귀족 관인들의 신분이자 지위라 할 수 있는 것이다. 신라의 '작'은 아마 17등급으로 구성된 '官等'으로 추정되는데, 이는 국가의 중요한 직책을 맡을 수 있는 신분이라는 의미와 함께, 죄를 지었을 때 이 작을 상실하는 조건으로 형벌을 면제 받는 특권이기도 하다.

즉 신라의 귀족 관인들은 일반 백성들과 달리 죄를 지어도, 그 죄가 5역과 같이 중대한 범죄가 아니라면, 수감되어 형벌을 받지 않고 대신 자신의 관직과 작(관등)을 잃는 면책 특권이 있었던 것이다. 그렇다면 이 두 번째 문장은 이들 귀족 관인들에 대한 사면이라 할 수 있겠다. 범죄로 상실한 '작'을 회복한다는 것은 그 죄 자체를 없는 것으로 하거나 죄에 대한 처벌을 면제시켜준다는, 다시 말해 사면한다는 내용인 것이다. 이 문장을 통해 당시 신라 형법에 귀족 관인들에게는 형벌 면제권이라 할 수 있는 특권이, 보통 이를 '官當'이라 하는데, 법적으로 보장되었던 것을 확인할 수 있다.

한편 지난번 사면 이후에 '탈작'된 것만 원상복구한다는 제한이 붙은 것은, 이 사면이 대대적인 사면이면서도 '탈작'의 원상복구 대상은 그렇지 않다는 의미이다. 일반 범죄자에 대해서는 제한 없이 모두 사면하였지만, 귀족 관인층에 대해서는 지난 번 사면 이후 죄를 지어 '탈작'된 사람만을 사면 대상으로 하였다. 물론 그 이전은 지난번에 다 사면했기에 굳이 필요 없었다고 볼 수도 있지만, 그렇다면 오히려 제한을 걸 필요가 없었을 것이다.

아마 지난번 사면 이후라는 제한은, 지난번 사면에서 제외된 중범죄를 저지른 귀족 관인의 경우 이번에도 사면 대상에 포함시키려고 하지 않았기 때문에 나온 것으로 보인다. 혹은 당과 결탁하여 문무왕에 대항하다 제거된 특정 귀족을 사면하지 않기 위해서일 수도 있겠다. 어쨌든 이 제한은 귀족 관인에 대한 사면에서 그 대상을 세밀하게 조정했음을 보여준다. 이 ②를 통해서도 사면 명령이 여러 측면에서 면밀한 검토를 거친 후 내려졌다는 것을 확인할 수 있으며, 이 사면령이 여러 사람들이 참여하여 만들어낸 조치임을 파악할 수 있다.

③은 또 다른 내용으로 물건을 훔친 범죄에 한정된 내용이다. ①로 모든 범죄자들은 석방되었다. 그런데 그 중 도적, 곧 물건을 훔친 범죄자의 경우 모든 형벌 혹은 책임을 면제받은 것은 아니었다. 일단 몸만 석방만 하고 그 외의 책임은 기본적으로 여전히 남아있었던 것인데, 그것은 도둑질한 물건의 상환 혹은 배상이다. 이때 물건을 훔친 죄인이 돌려주어야 하는 것이 훔친 물건 자체인지, 훔친 것보다 많은 징벌적 배상금인지는 분명하지 않지만, 고구려와 백제가 물건을 훔친 범죄에 대하여 각각 10여

배와 2~3배의 액수를 상환해야 한다는 규정이 있었다는 점을 고려한다면, 신라에서도 도적죄에 대한 징벌적 배상제도가 있었을 가능성이 높다.

이 ③을 통해 신라에서 도적죄에 대한 상환 혹은 배상 제도가 있었고, 일반적인 사면의 경우 배상까지 면제되었던 것은 아니라는 것을 확인할 수 있다. 그런데 이번 사면 명령은 특별했다. 통상의 사면과 달리 배상할 능력이 없는 범죄자의 경우 배상 책임까지 면제시켜 준 것이다. 이 내용에서 신라의 도적죄에 대한 형벌 내용뿐 아니라, 통상적인 사면의 범위와 내용도 확인할 수 있는 것인데, 이 또한 이 사면령이 신라 법제와 사면에 대한 그간의 통례를 염두에 두고 상세하고 치밀하게 만들어졌음을 보여주는 증거이다.

④는 일반적인 범죄에 대한 사면과는 다르다. 가난한 백성이 다른 사람에게, 주로 부유한 지배층인 귀족들에게, 곡식을 빌렸을 경우 그 빚의 상환을 면제해 준다는 조치이다. 물론 무조건적인 빚 탕감은 아니다. 풍년이 들어 여유가 있는 사람은 이자만 면제해주고, 흉년이 들어 더 어려운 사람의 경우만 원곡과 이자 모두를 면제해 준다고 되어있다.

이 조치는 국가가 개인의 빚을 대신 상환해 주는 것은 아니고, 국가 권력이 채권자가 가지는 권리를 무효화시킨 것이라 하겠다. 그런데 개인의 채무를 탕감하는 것은 흔히 생각하는 죄수에 대한 사면이라 볼 수 없을 것이다. 그런데 왜 이 내용이 사면 교서에 들어가 있을까.

이와 관련하여 개인이 빚을 갚지 못하는 경우에 어떻게 되는가를 참고할 수 있는 것이 중국과 일본에 남아있다. 고대 중국과 일본에서는 개인이 다른 사람의 곡식을 빌릴 경우 그 조건은 기본적으로 개인 간의 계약에 의하지만, 1년을 빌리는 기간으로 하고 이자가 원곡의 1배를 넘을 수 없으며, 이자에는 이자가 붙지 않는 등의 제한 규정이 법으로 정해져 있었다. 이를 어길시 공권력이 개입하여 범죄로 처벌하였다. 또한 빌린 곡식을 갚지 못하면 그 대가로 빌린 사람이 마치 노비처럼 빌려준 사람을 위해 일해야만 한다는 법이 존재하여, 채무자가 빚을 상환하지 못하면 노비와 같은 존재가 되어야 했다.

고구려에서도 빌린 것을 갚지 못하거나 도둑질 한 것에 대한 배상을 하지 못할 경우, 그 자식을 노비로 내어 주도록 했다는 기록이 전하고 있어, 우리 삼국도 비슷한 법들이 있었을 것으로 보인다. 신라에서도 知恩이라는 효녀가 어머니를 봉양하기 위해 부자집에 자신을 노비로 파는 사례가 확인되는데, 영구적인 노비가 아니라 곡물을 빌리는 대가로 노동력을 제공하는 것으로, 신라 역시 유사한 법이 있었음을 알 수 있다. 이러한 법 때문에 부유한 귀족들은 많은 노비들을 거느릴 수 있었는데, 신라 말의 사정을 보여주는 중국측 기록에 의하면 당시 유력한 귀족집의 노비는 그 수가 3,000명에 달했다고 한다.

신라에서 곡물을 빌려주고 그것을 갚지 못할시 채무자를 노비로 삼는 것이 일반적이었고, 그것은 법에 규정되어 있었다. 따라서 빚 상환에 대한 것도 공적인 법의 처리 과정을 따라야 되는 것이고, 그 때문에 개인의 빚에 관련한 내용이 사면 명령에 함께 나오는 것이다. 이 역시 사면령이 신라의 법제 내용을 바탕으로 정밀하게 만들어졌음을 다시금 확인시켜 준다.

⑤에서는 사면의 시행 시기를 구체적으로 지정하였다. 이달 30일까지 그러니까 명령이 내려진지 10일 안에 사면을 시행하라는 것이다. 이는 이 사면 교서가 시행 일정까지 정하여 제시한 구체적인 명령 문서라는 것을 보여준다. 그리고 이 교서는 구체적으로 사면에 관한 일을 담당할 관청에게 명령을 내리는 것을 볼 수 있다. 실행할 관청을 특정하여 행정 명령을

내리는 문서라 할 수 있겠다. 다시 말해 사면 교서는 단순히 사면하겠다는 선언을 하는 것이 아니라, 해당 관청에 명령을 하달하는 공문서인 것이다.

이후 사면은 담당 관청에서 교서를 받들어 시행하게 되는데, 주관 관청이 하위 실무직들에게 교서의 내용을 전달하고 추가하여 구체적인 시행을 지시하게 된다. 이 과정에서 추가적인 문서들이 만들어지게 된다. 또 사면이 완료된 후에는 다시 시행 과정과 결과에 대한 보고 문서가 만들어질 것이다.

이상 사면 교서의 형식과 내용 검토를 통해 사면은 왕이 즉흥적이고 독단적으로 결정하는 정치 행위가 아니라, 신라의 법에 바탕을 두고 일정한 절차를 거쳐 체계적으로 작성되고 공표되며, 정해진 행정 절차를 거쳐 시행되었음을 알 수 있다. 교서는 단순히 왕의 말을 적은 글이라기보다, 국가 정치와 행정에 중요한 공문서라 할 수 있는 것이다. 따라서 대부분의 공문서가 남아있지 않는 고대사 연구에서 역사서에 실려 있는 교서의 내용은, 고문서 자체의 내용을 확인할 수 있는 귀중한 자료가 되며, 이를 통해 당시의 정치적 결정 과정과 행정 집행 과정을 확인할 수 있다.

왕명에서 법으로

문무왕 9년의 사면 교서를 통해 왕명 문서라 할 수 있는 교서가 바로 정책의 결정과 집행과 관련한 공문서의 성격을 가진다는 것을 확인했다. 그런데 이 교서에 있는 사면은 일시적인 효과를 가진 것이다. 다시 말해 이 명령은 지속적이거나 반복되는 효력을 가지는 것은 아니다. 그런데 왕의 명령에는 이렇게 단발적인 것만 있었던 것은 아니다.

문무왕대에 왕명으로는 다음과 같은 것들도 확인된다.

(A) 교를 내려 부인들도 중국식 의복을 입게 하였다.[下敎 婦人亦服中朝衣
裳(『三國史記』 文武王 4年(664) 正月條)]

(B) 담당 관청에 명하여 여러 왕릉마다 20집의 백성을 옮겨 살게 하였
다.[命有司 徙民於諸王陵園 各二十戶(『三國史記』 文武王 4年(664) 2月條)]

(A)는 여자들의 복식에 대한 지시인데, 복식과 관련한 제도를 고쳤던
것으로 보인다. (B)는 역대 왕릉 인근에 거주하면서 왕릉을 관리하는 업
무를 맡을 백성을 20집씩 배치하도록 관할 관청에 지시한 것이다.

또 '교'나 왕명이라는 표현이 직접 나오지는 않지만, 다음과 같은 조치
들도 왕명에 의해 내려진 것으로 보아야 한다.

(C) 사람들이 절에 재화와 논밭을 함부로 시주하는 것을 금지하였다. [禁人
擅以財貨田地施佛寺(『三國史記』 文武王 4年 (664) 8月 14日條)]

(D) 명주와 베는 옛날에는 10심을 1필로 했는데, 그것을 고쳐 길이 7보 넓
이 2척을 1필로 하였다.[絹布舊以十尋爲一匹 改以長七步廣二尺爲一匹(『三
國史記』 文武王 5年(665) 冬條)]

(E) 처음으로 좌사록관을 설치하였다.[始置左司禄館(『三國史記』 文武王 17
年(677) 3月條)]

(F) 선부에 장관 令 1인을 두어 배와 수상 운송에 대한 일을 관장하게 하였
고, 좌·우이방부에 차관 卿을 각각 1인 더 두었다.[置船府令一員 掌船楫事
加左右理方府卿各一員(『三國史記』 文武王 18年(678) 正月條)]

(C)는 백성들이 절에 함부로 재화와 논밭을 시주하는 것을 금지하는 조치를 시행한 것인데, 일시적인 조치라기보다 이후 지속적으로 유지되었던 것으로 보인다. (D)는 비단과 삼베를 헤아리는 단위인 匹에 대한 규정을 바꾸도록 한 것이다. 비단과 삼베는 국내는 물론 국제 무역의 주요 거래 품목이기도 하고, 국가가 백성들에게 거두는 세금의 일종이기도 하여, 전국적으로 통일된 단위를 가져야하기에 법으로 그 단위를 정하였는데, 이를 개정한 것이다. (E)(F)는 관부나 관직의 설치 등 행정 기구에 대한 조치들이다. 관부와 관직은 지금도 그렇지만 법전에 기재되어 있는 사항이다.

이러한 지시·명령들은 앞서 살펴본 사면과는 다르게 일시적이고 단발적인 조치가 아니라, 앞으로 지속적으로 계속 유지되어야 하는 행정 제도 혹은 법률의 내용이라 추정된다. 실제로 다른 나라들의 사례를 보면 이러한 조치들은 모두 법으로 정해지는 내용이라 할 수 있다. 왕릉을 관리하는 사람들에 대한 고구려의 사례가 대표적이다.

유명한 <광개토왕비>와 최근에 발견된 <집안고구려비>에는 守墓人이라 부르는 고구려의 왕릉 관리인들에 대한 법제의 내용과 제정 과정이 적혀있다. 그것을 정리하면 다음과 같다.

① (광개토왕 이전) 원래 고구려에서는 守墓人이라 부르는 왕릉을 관리하는 업무를 맡은 백성들을 하나의 왕릉 마다 (20집씩) 두었다.

② 그런데 부유한 사람들이 수묘인들을 노비로 삼거나 데려가 팔아서 다른 곳으로 옮겨버리는 일들이 자주 일어나면서, 왕릉에 배정된 수묘인들이 제대로 없는 상황이 벌어졌다.

③ (광개토왕대) 이에 광개토왕이 왕릉 주변에 해당 무덤의 수묘인

20명의 이름을 새기는 비를 세우는 조치를 취해 배정된 수묘인들을 분명히 하여, 수묘인들이 다른 곳으로 떠나는 일을 막고 문제가 발생했을 때 해결하는 근거로 삼게 했다.

④ 하지만 수묘인 제도에 또 다른 문제가 있었다. 원래 수묘인으로는 고구려의 백성이 차출되었었는데, 기존 백성들만으로는 수묘인 차출에 어려움이 있었던 것 같다. 이를 염려한 광개토왕이 자신이 새로 정복한 땅의 백성들, 곧 새로 고구려인이 된 사람들 중에서 수묘인을 차출하도록 하라는 명령, 곧 교를 내린다.

⑤ (장수왕대) 하지만 이 광개토왕의 명령이 바로 제도로 만들어지지는 못했다. 아마 광개토왕의 명은 유언으로 남았던 것 같다. 이에 광개토왕의 아들 장수왕이 즉위한 직후, 선왕의 명령을 바탕으로 새로 고구려의 영토로 편입한 지역을 중심으로, 각 지역별로 일정한 수의 수묘인을 배정한 후, 그 숫자대로 차출하는 규정을 만들었다.

⑥ 또한 왕릉 수묘인들이 안정적이고 대대로 왕릉 관리 업무를 수행할 수 있게 하기 위해, 부유한 지배층들이 수묘인들을 데려가 자신들의 노비로 삼거나 파는 행위를 범죄로 규정하고 처벌하는 법도 마련하였다.

이상 고구려에서 왕릉 수묘인에 대한 규정, 곧 법제가 만들어지는 과정을 참고해 보면, 광개토왕의 교를 아들 장수왕이 구체화시키는 과정에서 볼 수 있듯이, 일단 왕의 명령, 곧 교가 내려지면 소관 관청이 이를 받들어 시행하게 되는데, 사면과 같이 당장 시행하는 경우도 있지만, 별도로 법제를 만들거나 수정할 필요가 있는 명령의 경우 교를 바탕으로 구체적이고 세부적인 규정을 별도로 만들게 된다. 이때에 법제와 왕릉 관리에 대해 잘 아는 전문가 집단, 곧 신하들이 참여하여 세부 사항을 만들었을 것이다.

문무왕이 역대 왕릉에 백성 20집을 두어 관리하게 한 것 역시 고구려처럼 관련한 법과 제도를 만든 것을 의미한다. 왕의 지시·명령에 의해 새로운 법제가 만들어지는 과정인 것이다. 이렇게 왕의 명령, 곧 교 중 일부는 법제로 만들어진다. 신라를 포함한 고대 국가들에서 법제를 만드는 방식 중 하나가 바로 왕의 명령이었던 것을 확인할 수 있다.

> <기원전 187년경에 시행되고 있었던 漢 津關令 16>
> 相國이 長沙國丞相의 문서를 올렸다. '長沙의 땅은 卑濕하여 말이 다니기에 적합하지 않아, 置는 缺하여 1駟도 갖추어져 있지 않으며 傳馬도 없습니다. (關)中에서 말을 구입하여 置의 傳馬를 수급하고 이를 常制로 삼기를 청합니다.'라고 하였다.
> 相國과 御史가 아뢰어 置의 말을 수급하도록 허락하기를 청하였다.
> (황제가) 制하기를, "그리하라" 하였다.

　　중국 초기 법은 위의 예와 같이 황제(왕)의 명령 문서를 그대로 법조문으로 만들기도 하였기에, 법 자체에 법의 제정 경위나 과정이 들어가기도 하였다. 왕명 자체가 법이 되는 것은 후대까지도 이어졌는데, 당에서는 格이라는 법전이 그러했다. 황제의 명령 勅의 내용이 법조문이 되었기에, 여기에는 황제 명령이 내려진 날짜가 들어가는 특징을 보여준다. 이렇듯 왕명이 법제가 되는 것이 법 제정 방식의 하나였기에 법의 문구 자체가 왕명 문서의 것과 유사한 사례가 특징적으로 나타난다.

　　고구려 수묘인에 대한 규정에도 유사한 모습을 볼 수 있다. <광개토왕비>에 수묘인 매매 금지령이 "수묘인은 지금부터 다시 서로 팔지 못한다. 비록 부유한 자라 하더라도 역시 함부로 사지 못한다. 이 영을 위반하는 자가 있으면, 판 자에게는 형벌을 주고, 산 자는 守墓를 하게 만든다. [守墓人 自今以後 不得更相轉賣 雖有富足之者 亦不得擅買 其有違令 賣者刑之 買人制令守墓之]"라고 나오는데, '지금부터'와 같은 표현을 볼 때 왕명의 표현이 유지되어 법이 되었음을 확인할 수 있다.

물론 법제로 만들 때에 교서 전체가 그대로 법이 되는 것은 아니다. 법전에 실리는 법은 교서에서 핵심적인 부분을 추출하여 추가적인 검토와 수정을 거쳐 만들어지게 된다. 문무왕대에서 훨씬 후대의 일이기는 하지만, 홍덕왕이 834년에 만든 사치 금지령이 좋은 예이다. 『삼국사기』色服·車騎·器用·屋舍志에, 眞骨-6두품-5두품-4두품-일반 백성으로 구성된 각 신분층별로 옷·수레·그릇·집 등에 사용할 수 있는 소재와 장식 등을 규정한 제도가 자세하게 적혀 있는데, 이는 신라의 법조문을 옮긴 것이다.

그런데 이 법조문은 홍덕왕이 내린 교서에 의해 만들어진 것으로, 이미 교서에 들어가 있던 규정들을 정리·수정하여 법조문화한 것이다. 그 과정에서 법전에 실리는 법조문의 형식에 맞게 정리·수정되었다고 여겨진다. 이 정리·수정은 단순한 글자나 표현을 고치는 것도 있지만, 내용의 보완·삭제 등도 있었을 것이다. 왕의 명령, '교'를 받은 신하들이 그 교에 따라 법제를 새로 만들거나 고치면서, 실정에 맞게 세부적인 사항을 정하고 구체적인 내용을 정해야하기 때문이다.

이상의 검토를 토대로 하여 왕의 명령, '교'가 법과 제도로 정착하는 과정은 다음과 같이 정리할 수 있다. 국가 정책이나 행정 사항에 대하여 왕 자신의 의지, 혹은 신하들의 건의, 아니면 왕과 신하들이 회의를 통해 어떠한 결정을 하게 되면, 1차적으로 왕명 문서, 곧 교서의 형태로 공표된다. 이 교서의 내용 중 단발성을 가진 것은 담당 관청에 이관되어 즉시 시행되며, 일시적으로만 효력이 있다. 이후 법제로 만들어 계속 시행해야

하는 것은 명령의 내용을 다듬거나 문구를 수정하여 법조문으로 만들게 된다. 그리고 이후 이 법을 수정하거나 폐지할 필요가 있을 경우는 역시 왕의 명령, '교'를 통해 이루어진다.

왕명에서 진대법으로

널리 알려진 고구려의 빈민 구제책인 진대법은 고국천왕에 의해 만들어졌다. 이 진대법의 시행 과정은 왕명이 법제로 만들어지는 과정을 잘 보여준다.

고국천왕은 194년 10월에 사냥을 나갔다가, 흉년이 들어 어머니를 봉양할 수 없게 된 가난한 백성이 우는 것을 보고, 그 연유를 묻고는 불쌍히 여겨 어려운 백성들 찾아 도우라는 명령을 내리게 된다. 이는 단발적인 효력을 가진 명령이었다.

그리고 이어 담당 관청에 명하여 춘궁기에 어려운 백성에게 곡식을 빌려주고, 추수할 때에 상환하도록 하는 제도를 만들어 영구히 시행하도록 명하였다. 이는 앞의 단발성 구체책과는 달리 빈민을 구제할 제도를 법으로 만들어 계속 시행하게 한 것이다. 즉 왕명을 받아 관리들이 새로운 제도를 만들게 된다. 그리고 이 법은 다시 왕의 허가를 받아 최종적으로 법으로 확정된다.

문무왕의 유조(遺詔)를 통해 본 왕명과 법제

이제 마지막으로 문무왕의 마지막 왕명을 통해 지금까지 살펴보았던 내용들을 다시 한 번 정리해 보자. 문무왕은 681년 7월 1일, 죽음에 임박해서 遺詔를 내렸다. 詔는 원래는 황제의 명령을 가리키지만, 신라에서는 이를 엄격히 구분하지는 않고 최고 통치권자인 왕의 명령으로도 사용한 것이다. 그 내용은 다음과 같다.

(가) 과인은 나라의 運이 어지럽고 전쟁의 때를 맞아, 서쪽을 정벌하고 북쪽을 토벌하여 영토를 안정시켰고, 반란의 무리를 물리치고 협조하는 자들을 불러 모아, 마침내 멀고 가까운 곳을 모두 평안하게 하였다. 위로는 조상들의 남기신 염려를 위로하였고 아래로는 부자의 오랜 원한을 갚았으며, 살아남은 사람과 죽은 사람에게 두루 상을 주었고, 내외의 사람들이 균등하게 官爵에 나아가도록 하였다. ⓐ무기를 녹여 농기구를 만들었고 백성을 어질고 장수하도록 이끌었다. 세금을 가볍게 하고 요역을 줄이니, 집집이 넉넉하고 백성들이 풍족하며 사람들의 삶이 편안해지고 나라 안에 근심이 없어졌다. 곳간에는 곡식이 산처럼 쌓였고, 감옥은 풀이 무성하게 되니, 가히 혼령과 사람에게 부끄럽지 않고 관리와 백성의 뜻을 저버리지 않았다고 할 수 있다. 스스로 여러 어려운 고생을 무릅쓰다가 마침내 고치기 어려운 병에 걸렸는데, 정치와 교화에 근심하고 힘쓰느라고 더욱 심한 병이 되었다. 목숨은 없어지고 이름만 남는 것은 예나 지금이나 마찬가지이니, 갑자기 긴 밤으로 돌아가는 것에 어찌 한스러움이 있겠는가? 태자는 일찍이 밝은 덕을 쌓았고, 오랫동안 태자의 자리에 있었다. 위로는 여러 재상에서부터 아래로는 뭇 관리들에 이르기까지 죽은 사람을 보내는 도리를 어기지

말고, 살아 있는 이를 섬기는 예의를 빠뜨리지 말라. 종묘의 주인 자리는 잠시도 비워서는 안 되니, 태자는 관 앞에서 왕위를 오르도록 하라. 또 산과 골짜기는 변하여 바뀌고 사람의 세대도 바뀌어 움직이니, 吳나라 왕의 北山 무덤에서 어찌 금으로 만든 물오리 모양의 빛나는 향로를 볼 수 있을 것이며, 魏나라 임금의 西陵 망루는 단지 銅雀이라는 이름만을 전할 뿐이다. 지난 날 만사를 처리하던 영웅도 마침내 한 무더기의 흙이 되어, 나무꾼과 목동은 그 위에서 노래를 부르고 여우와 토끼는 그 옆에 굴을 판다. 헛되이 재물을 쓰면 역사책에 꾸짖음만 남길 뿐이요, 헛되이 사람을 수고롭게 하는 것은 죽은 사람의 넋을 구원하는 것이 못된다.

(나) 가만히 생각하면 슬프고 애통함이 그치지 않을 것이지만, 이와 같은 것은 즐겨 할 일이 아니다. 내가 죽고 나서 10일이 지나면 庫門의 바깥의 뜰에서 西國의 의식에 따라 火葬을 하라. 상복을 입는 것은 원래 정해진 등급이 있으니 따르고, 상례를 치르는 제도는 검소하고 간략하게 하는데 힘쓰라.

(다) ①변경의 城·鎭을 지키는 일과 지방[州縣]에 대한 세금 징수는 꼭 필요한 것 이외에는 모두 마땅히 헤아려 없애도록 하라. ②나라의 법[律令格式]에 잘못된 것이 있으면 즉시 고치도록 하라. ③원근에 포고하여 내 뜻을 알려라. 담당 관리는 시행하라.

(가)寡人運屬紛紜 時當爭戰 西征北討 克定疆封 伐叛招携 聿寧遐邇 上慰宗祧之遺顧 下報父子之宿冤 追賞遍於存亡 疏爵均於內外 ⓐ鑄兵戈爲農器 驅黎元於仁壽 薄賦省徭 家給人足 民間安堵 域內無虞 倉廩積於丘山 囹圄成於茂草 可謂無愧於幽顯 無負於士人 自犯冒風霜 遂成痼疾 憂勞政教 更結沈痾 運往名存 古今一揆 奄歸大夜 何有恨焉 太子早蘊離輝 久居震位 上從羣

宰 下至庶寮 送往之義勿違 事居之禮莫闕 宗廟之主 不可暫空 太子卽於柩前

嗣立王位 且山谷遷貿 人代推移 吳王北山之墳 詎見金鳧之彩 魏主西陵之望

唯聞銅雀之名 昔日萬機之英 終成一封之土 樵牧歌其上 狐兔穴其旁 徒費資

財 貽譏簡牘 空勞人力 莫濟幽魂 (나)靜而思之 傷痛無已 如此之類 非所樂焉

屬纊之後十日 便於庫門外庭 依西國之式 以火燒葬 服輕重 自有常科 喪制

度 務從儉約 (다)①其邊城鎭遏及州縣課稅 於事非要者 並宜量療 ②律令格

式 有不便者 卽便改張 ③布告遠近 令知此意 主者施行

이는 문무왕이 죽음에 임하여 남긴 유언이라 할 수 있다. 그 내용 구성
을 보면 사면 교서와 거의 동일함을 알 수 있다. 처음 (가)는 삼국 통일을
달성한 자신의 업적과 시혜 조치들을 적고, 자신이 죽은 후의 왕위 계승
에 대하여 적고 있다. 여기까지는 이 왕명이 내려지는 배경 등을 적은 부
분이다. 여기에서 중국의 고사를 인용하여 화려한 상장례 의식이 불필요
함을 언급하고 있기도 하다. 이어 태자, 곧 신문왕이 바로 즉위할 것을 명
하면서 신하들이 왕을 잘 보필해 달라는 부탁도 잊지 않았다.

다음 (나)는 자신의 喪葬禮를 어떻게 치를 것인가를 적고 있는데, 유
명한 문무왕의 무덤 大王岩을 조성하게 된 이유이다. 상장례를 검소하게
할 것을 주장했는데, 군이 이러한 명령을 한 것은 일반적인 신라 상장례
제도를 따르려고 하지 않았기 때문일 것이다.

좀 더 자세히 살펴보면, 상례를 치를 때 다음 왕과 신하들의 상복에 대
한 것은 기존에 정해 진 상복의 등급이 있으니 지키라고 되어 있다. 이 상
복의 등급이란 죽은 사람과의 혈연관계가 가깝고 먼 정도에 따라 상복의
소재와 종류 및 입는 기간이 달라지는 것을 의미한다. 보통 유교 예제에
서는 5복제라 하여 상복의 종류는 다섯, 기간은 3년·1년·9·7·5·3개월 등

으로 구성되어 있다. 신라에서도 이와 유사한 상복에 대한 규정이 있었다. 502년 4월에 지증왕이 喪服法을 만들어 공포한 것이 바로 그것이다.

상복의 등급은 이미 정해져 있는 제도를 잘 지키라는 것은 이 상복법을 지키라는 것이며, 정해진 규정을 벗어나는 상장례를 하지 말 것을 요구한 것이라 하겠다. 이는 뒤이어 나오는 불교식으로 화장하고 검소하고 간략한 상장례 의식 및 크고 화려한 왕릉을 만들지 말 것을 요구한 것과 이어진다.

이러한 왕의 명령은 신라의 법을 잘 지킬 것을 요구한 것이기도 하지만, 당시 신라는 일반적으로 왕이 죽으면 크고 화려한 상장례 의식과 왕릉 건설을 했었기 때문에, 통상적인 상장례를 치르지 말 것을 명령한 것이라 하겠다. 이것이 이후 왕의 상장례 의식과 무덤 조영에 대한 새로운 규정이 만들어지는 계기가 될 수도 있지만, 지속적으로 시행될 법제의 개편 명령이라고 보기는 힘들고, 사면과 마찬가지로 이번 상장례에 한하여 시행하는 단발성 지시·명령이라 하겠다.

(나)가 자신의 상장례에 대한 명령이었다면, (다)에는 국가 통치와 관련된 내용이 나온다.

① 변경의 성과 진, 곧 요충지에 군사 주둔지를 설치하여 지키는 일과 주와 현이라는 지방 행정 단위에서 거두는 세금 중 불필요한 것은 사정을 고려하여 모두 폐지하라는 명령이다. 이는 문무왕대의 상황과 관련이 있는 조치이다. 이 유조의 앞부분에도 나오는 바와 같이 문무왕은 긴 전쟁을 거쳐 삼국 통일의 위업을 달성하였다. 따라서 주요한 군사적 요충지, 특히 백제와 고구려 영역이었던 곳에 군대를 주둔시켜 그 지역을 관리하는 일이 많았다.

그런데 당의 침략 야욕을 물리치는 것을 마지막으로 통일을 완수한 후, 이런 군사주둔지들의 필요성이 크게 약화되었을 것이다. 또한 여러 지역에 강한 군사력을 가진 세력이 존재한다면 신라왕의 입장에서는 불안 요소라 할 수 있다. 변경의 군사 주둔지를 폐지하는 것은 전시 상황을 끝내고 안정적으로 넓어진 영역을 관리하는 체제로 변화시키고자 하는 의지가 반영된 것이며, 새로 병합한 백제, 고구려 지역의 긴장을 해소하고 안정화시키기 위한 조치였다고 하겠다.

지방에 부과한 세금의 폐지도 비슷한 의미이다. 삼국 통일 전쟁이라는 대규모 장기전을 전쟁을 치루기 위해서는 막대한 자원이 필요하고 그것을 충당하기 위해 많은 수취를 했을 것이다. 이를 폐지한다는 것은 역시 전시 상황을 끝내고 민심을 수습하여 삼국을 통일한 신라 전역을 안정화시키기 위한 조치라 할 수 있다. 또한 조세 제도의 정비를 통해 새로 복속한 지역을 포함한 신라 전역의 통치 제도를 일원화시키는 조치이기도 할 것이다. 그리고 이러한 조치들은 당연히 기존 법제 자체의 개정을 전제로 하였다.

결국 (다)는 자신이 완성시킨 삼국 통일 이후 신라의 국가 운영 방식을 제시하고 관철하기 위한 것이었다고 하겠으며, 이 유조를 내리는 배경과 과정을 서술한 (가)의 내용 중, 문무왕이 ⓐ에서 강조한 자신의 업적·시혜 조치들과 연결되기도 한다. 그리고 이는 단순히 지방 군사 주둔지와 조세 제도에 한정된 것은 아니다. 다음에 나오는 ② "나라의 법에 잘못된 것이 있으면 즉시 고치도록 하라"는 문무왕의 마지막 명령이 국가 통치 제도 전반의 정비를 지향했음을 보여준다. 이 문구를 구체적인 내용이 결여된 선언적인 문구로만 볼 수는 없으며, 여기에 앞의 군사 주둔지와 조세 제도 폐지와 연결되는 문무왕의 의지가 보인다.

'나라의 법[律令格式]'은 국가 통치의 근간이 되는 법률제도 전반, 다시 말해 신라의 법전 자체를 말한다. 상황이 변하여 중요성과 필요성이 약화된 군사 주둔지와 지방 조세의 폐지와 같이, 기존의 법제 중 바꿀 필요가 있는 것을 조사하여 고칠 것을 직접적으로 언급한 것이다. 즉 현재 시행되고 있는 법제를 전면적으로 검토하여 이제 시대적 상황에 맞게 고쳐 나갈 것을 명령한 것이라 하겠다. 그리고 이는 각 제도의 담당 관청을 중심으로 검토하여 신라 법제 전반의 정비로 귀결되었을 것이다.

한편 이 문구를 통해 신라에서는 왕의 명령으로 법제의 수정이 수시로 이루어질 수 있었던 것을 확인할 수 있다. 특히 "즉시 고치도록 하라"는 표현에서 신라의 법제 개편은 수시로 가능하고, 그 개편이 기본적으로 왕명을 통해 이루어졌을 것이라 짐작할 수 있겠다.

③의 "담당 관리는 시행하라"는 문구는 공문서인 왕명 문서에 반드시 들어가는 표현이다. 다시 말하면 공문서의 서식 중 하나라 하겠다. 이를 통해 이 유조가 반드시 시행되어야 하는 정해진 형식을 갖춘 왕의 명령 문서임을 확인할 수 있다.

물론 문무왕이 이후에 이루어질 유조 내용의 시행, 곧 신라 법제 정비를 직접 볼 수는 없었다. 고구려 광개토왕이 각 지역에서 수묘인을 차출하도록 하는 왕명을 내리고 죽자, 그 아들 장수왕이 즉위한 후 이를 법제로 만든 것과 같이, 후계자 신문왕이 이 유조를 바탕으로 신라의 통치 제도를 정비해 나갔을 것이다. 보통 신문왕대를 신라의 중앙 정치 제도와 지방 통치 제도, 그리고 군사 제도가 완성된 시기로 보고 있는데, 신문왕대 통치 제도의 완성은 어떻게 보면 이 문무왕의 유조에서 비롯되었다고 할 수 있을 것이다.

이상과 같이 문무왕 유조의 내용을 검토해 보면, 이는 단순한 유언이나 다음 왕과 신하들에게 남기는 부탁이 아니라는 점이 분명하다. 문무왕의 유조는 그가 남기는 마지막 명령이었고, 이 명령은 공식적인 문서를 통해 신하들과 신라 전역에 포고되고 시행되었던 것이다.

지금까지 문무왕대의 下敎와 遺詔의 형식을 가진 왕명 문서를 통해 고대 국가 신라의 정치와 행정이 이루어지는 과정의 일면을 살펴보았다. 국가의 정치와 행정은 기본적으로 문서를 통해 이루어지기 때문에, 그 구체적인 양상을 알기 위해서는 문헌 사료보다는 문서 자체를 연구할 필요가 있다.

그러나 신라를 포함한 고대 국가의 문서들은 거의 남아있지 않다. 특히 정치적 결정과 행정 절차를 보여주는 공문서들은 더욱 그러하다. 그런데 중앙집권적 국가 체제 하에서 가장 중요한 문서라 할 수 있는 왕명 문서, 곧 '교'의 내용이 그대로 전하는 경우가 있다. 이 왕명 문서는 최고 국가 권력이 발부한 공문서라 할 수 있기 때문에, 이 교의 내용을 통해 당시의 정치와 행정에 대한 정확하고 구체적인 내용을 파악할 수 있다.

특히 국가 통치의 근간이 되는 법과 제도의 내용과 제정 및 정비 과정 등에 접근할 수 있는 중요한 단서가 된다. 왕의 명령인 '교' 혹은 그것을 적은 '교서'는 어떠한 사실이 있었다는 것을 보여주는 사료일 뿐 아니라, 법과 제도 자체를 알 수 있기 때문에 당시 사회의 실상을 파악할 수 있는 귀중한 자료이기도 한 것이다.

참고문헌

金昌錫, 2014, 「5세기 이전 고구려의 王命體系와 집안고구려비의 '敎'·'令'」, 『韓國
古代史研究』75.

朴宰佑, 2003, 「고려전기 王命의 종류와 반포」, 『震檀學報』95.

梁正錫, 1999, 「新羅 公式令의 王命文書樣式 古利」, 『韓國古代史研究』15.

尹善泰, 2003, 「新羅 中代의 刑律 -中國律令 受容의 新羅的 特質과 관련하여-」, 『강
좌 한국고대사3』, 駕洛國史蹟開發研究院.

정병준, 2018, 「新羅 文武王 21년(681) 遺詔에 보이는 律令格式 改定令」, 『韓國古代
史研究』90.

洪承佑, 2011, 「韓國 古代 律令의 性格」, 서울대학교 국사학과 박사학위논문.

홍승우, 2016, 「고구려 율령의 형식과 제정방식 - <광개토왕비>와 <집안고구려비>
의 사례 분석」, 『木簡과 文字』16.

中村裕一, 1991, 『唐代制勅研究』, 汲古書院.

廣瀬薫雄, 2010, 『秦漢律令研究』, 汲古書院.

성덕대왕신종이
들려주는 소리

김수태

충남대학교

우리가 국립경주박물관을 찾아갈 때 그 입구에서 제일 먼저 맞이해주는 유물은 국보 제 29 호인 '성덕대왕신종'이다. 신종은 통일신라의 성전 사원인 봉덕사와 관련이 있다고 해서 또 다른 이름인 '봉덕사종'으로 불린다. 또한 신종의 소리를 더욱 잘 내기 위해서 아기를 넣어서 만들었다는 민간의 설화를 받아들여서 '에밀레종'으로도 알려져 있기도 하다. 지금도 성덕대왕신종은 타종이 가능하지만, 녹음을 통해서라도 얼마나 여운이 길며, 맑고 아름다운 소리를 들려주는가를 쉽게 느낄 수 있다.

성덕대왕신종은 신라 제 35 대 왕인 경덕왕이 돌아간 아버지 성덕왕을 기리고자 12만 근의 구리를 들여 만들기 시작하여, 그의 아들인 혜공왕에 의하여 7년(771)에 완성된 종이다. 종의 꼭대기에는 용의 모양으로 된 고리인 용뉴(龍鈕)와 대나무 모양의 음통(音筒)이, 몸에는 위로부터 보상당초(寶相唐草)를 새긴 문양 띠, 그 아래는 4개의 유곽(乳廓), 무릎을 꿇은 채 하늘에서 날아 내려오는 4구의 비천상, 2곳의 당좌(撞座), 맨 아래에는 보상당초와 연꽃 문양 띠가 양각되어 있다.

이와 같이 성덕대왕신종은 그 규모나, 우아한 형태와 화려한 장식으로 한국의 종들 가운데에서 가장 뛰어난 걸작임을 알려준다. 그만큼 통일신라시대에 범종의 주조 기술이 얼마나 높은 수준이었는가를 보여주는 것이라 할 수 있다. 때문에 경덕왕대는 석굴암의 건립으로 상징되고 있듯이, 중대 사회에서 문화적으로 최전성기라고 규정한다. 그러나 한편으로 경덕왕대가 중대의 전제정치가 내부적으로 붕괴되면서 하대의 귀족연립적 사회로 나아가는 모습을 함께 알려주고 있어 주목된다.

성덕대왕신종에 어떻게 해서, 누구에 의하여 이 종이 만들어졌는가를 알려주는 1,037자의 글이 새겨져 있다는 점에서이다. 「성덕대왕신종명(聖德大王神鍾銘)」에는 경덕왕대부터 혜공왕대에 이르기까지 국왕과 왕비 및 진골귀족이나 6두품과 같은 중요한 정치세력의 움직임을 전해주고 있는 것이다. 따라서 이를 통해서 경덕왕대와 혜공왕대에 전제정치의 극성기를 구가했던 성덕왕대를 다시 꿈꾸었던 세력들이 몰락하면서, 마침내 태종 무열왕계의 왕위계승이 종식되는 과정으로 이어져 가고 있음을 파악할 수 있다고 하겠다.

묘비의 건립과 신종의 주조

성덕왕의 둘째 아들인 경덕왕은 재위 13년(754)에 이르면 자신의 아버지인 성덕왕을 추모하는 사업을 집중적으로 전개하였다. 먼저 성덕왕릉에 「성덕왕비」를 세운 것이다. 묘비의 제작은 통일신라 중대의 정치에서 태종 무열왕계가 그들의 위치를 부각시키기 위해서 추진한 여러 일들 가운데에서 중요한 하나였다. 그들은 종묘제의 운영에서도 그러하였지만, 왕릉의 조성과 함께 묘비 제작에도 깊은 관심을 기울였던 것이다. 이에 중대의 첫 국왕인 김춘추를 위해서 「태종 무열왕비」를 만들었으며, 그 다음 왕인 김법민을 위해서 「문무왕비」도 계속해서 세웠으며, 중대 정권의 확립에 크게 기여한 김유신이나 김인문을 위한 「김유신비」와 「김인문비」도 또한 만들었다. 따라서 「성덕왕비」는 경덕왕이 중대 왕실에서 유행한 묘비 제작의 전통을 계승한 것이라 말할 수 있을 것이다.

현재 「성덕대왕비」는 존재하지 않는다. 일제강점기인 1935년에 성덕왕릉이 있는 곳에 자리를 잡고 있던 「성덕왕비」의 한 부분인 귀부 주위에서 2개의 비편이 수습되었지만 판독을 할 수 없었다. 해방 후인 1966년에도 같은 장소에서 6개의 비편이 발견되었는데, 그 중 2개에서만 '무(武)'와, '정(政)'으로 판독되는 각각 한 글자씩을 판독하였을 뿐이다. 글씨의 크기는 약 3cm이고, 서체는 해서체이다. 이와 함께 연화문 와당과 이수의 작은 조각도 함께 출토되었는데, 모두 국립경주박물관에 소장되어 있다.

때문에 경덕왕이 세운 「성덕왕비」의 내용을 거의 파악할 수 없다. 다만 중대 초에 만들어진 묘비와 관련해서 태종 무열왕계가 그 이전의 중고시대와 확실히 구별하기 위해서 자신의 조상세계를 중국의 신화전설과 연결시키려는 내용을 거기에 담았다고 보았다. 그리고 성덕왕이 세운 묘비의 경우에는 이것과 다른 예외적인 현상일 것으로 이해하였다. 구체적으로 언급하지는 않았지만 당시 나름의 내부 사정과 관련이 있는 것으로 풀이하였다. 그러나 묘비가 제작된 중대의 국왕이나 진골귀족의 경우가 대부분 그러하였듯이, 경덕왕도 성덕왕을 위해서 세운 묘비에 그의 생애와 업적을 자세하게 기록하였을 것임은 분명하다.

경덕왕은 성덕왕을 추모하기 위해서 묘비의 건립으로만 그치지 않았다. 그는 범종의 제작에도 새로운 관심을 가졌기 때문이다.

또 왕은 황동 12만근을 희사하여 부왕인 성덕왕을 위하여 큰 종 하나를 주조하고자 하였으나 완성하지 못하고 세상을 떠났다. 그 아들 혜공대왕 건운이 대력 경술 12월에 유사에게 명하여 공인들을 모아 능히 그것을 완성하여 봉덕사에 안치하였다. 이 절은 곧 효성왕 개원 26년 무인(738년)에 부왕인 성덕대왕의 명복을 빌기 위하여 창건한 것이다. 그러므로 종명(鍾銘)을 '성덕대왕신종지명(聖德大王神鍾之銘)'이라 하였다. 성덕대왕은 곧 경덕왕의 아버지로 전광대왕이다. 종은 본래 경덕대왕이 아버지를 위하여 시주하였으므로 성덕종(聖德鍾)이라 한다. 조산대부 전 태자 사의랑 한림랑 김필월이 임금의 교지를 받들어 종명을 지었는데, 글이 번다하므로 수록하지 않는다.　　　　　　(『삼국유사』 3, 탑상, 황룡사종·분황사약사·봉덕사종)

『삼국유사』는 경덕왕이 「성덕왕비」를 세우고 나서 성덕대왕신종을 계속해서 주조했다는 사실을 전해준다. 그리고 성덕대왕신종이 완성된 시기를 그의 아들인 혜공왕대인 6년(770)으로 알려주고 있다. 또한 일연이 「성덕대왕신종명」을 경주에서 직접 보았으며, 당시에도 그 내용을 읽을 수 있었기 때문에 글이 번다하여 수록하지 않았다고 한다.

그러나 일연은 성덕대왕신종이 중대의 성전사원인 봉덕사에 안치되었다는 새로운 사실을 언급하고 있다. 더 나아가 봉덕사가 경덕왕의 형인 효성왕이 738년에 성덕왕의 명복을 빌기 위해서 창건한 사찰이라고 설명한다. 효성왕이 성덕왕의 명복을 빌기 위하여 봉덕사라는 사원을 창건하였으며, 경덕왕이 형의 뜻을 이어서 봉덕사에 아버지인 성덕왕을 위한 범종을 새롭게 만들어서 안치하려고 했다는 것이다.

『삼국유사』에서 간략하게 서술되고 있는 이러한 내용이 「성덕대왕신종명」과는 어떠한 차이가 나는 것일까를 알아볼 필요가 있을 것이다.

돌아가신지 지금까지 34년이다. 근래에 효성스런 후계자인 경덕대왕께서 세상을 다스리실 때 큰 왕업을 이어 지켜 뭇 정사를 잘 보살폈으나, 일찍이 어머니를 여의어 세월이 흐를수록 그리움이 일어났으며 거듭 아버지를 잃어 텅 빈 대궐을 대할 때마다 슬픔이 더하였으니, 조상을 생각하는 정은 점점 슬퍼지고 명복을 빌려는 마음은 더욱 간절하여졌다. 삼가 구리 12만 근을 희사하여 1장이나 되는 종 1구를 주조하고자 하였으나, 그 뜻이 이루어지기도 전에 문득 세상을 떠나셨다.

지금의 우리 성군(혜공왕)께서는 행실이 조상에 부합하고 그 뜻이 지극한 도리에 부합되어 빼어난 상서로움이 과거보다 기이하며 아름다운 덕은 현재의 으뜸이다. 온 거리의 용이 궁궐의 계단에 음덕의 비를 뿌리고 온 하늘의 천둥이 대궐에 울렸다. 쌀이 열매로 달린 숲이 변방에 축축 늘어지고 연기가 아닌 색이 서울에 환히 빛났다. 이러한 상서는 곧 태어난 날과 정사에 임한 때에 응답한 것이다.

우러러 생각하건대 태후(만월부인)께서는 은혜로움이 땅처럼 평평하여 백성들을 어진 교화로 교화하시고 마음은 하늘처럼 맑아서 부자의 효성을 장려하셨다. 이는 아침에는 왕의 외숙의 어짊과 저녁에는 충신의 보필을 받아 말을 가리지 않음이 없으니 어찌 행동에 허물이 있으리오. 이에 유언(遺言)을 돌아보고 드디어 옛 뜻을 이루고자 하였다. 유사에서 일을 준비하고 기술자들은 밑그림을 그렸다. 때는 신해년(771) 12월이었다.

「성덕대왕신종명」역시 종의 주조를 경덕왕이 시작하였지만, 그가 죽는 바람에 종의 제작이 완성되지 못하여 아들인 혜공왕이 771년에 이루었음을 알려준다. 이때 『삼국유사』의 기록과는 1년의 차이가 나고 있다. 위의 기록에서는 혜공왕이 성덕대왕신종을 어디에 안치했는지를 알려주고 있지는 않다. 성덕대왕신종의 주조 책임자가 검교사라는 사실에서 성전사원인 봉덕사와 관련이 있음을 추측할 수 있게 해줄 뿐이다. 또한 경덕왕과 혜공왕만이 아니라, 성덕대왕신종의 주조를 주도한 또 다른 인물로 경덕왕의 두 번째 왕비이며, 혜공왕의 모후인 태후가 있었으며, 혜공왕의 외삼촌과 충신의 협력이 거기에 있었음을 새겨주고 있다.

그러면 경덕왕은 묘비의 건립과 달리 성덕대왕신종이라는 범종의 제작을 통해서 무엇을 말하려고 했을까. 『삼국유사』는 성덕왕의 명복을 빌기 위한 것이라고 말한다. 「성덕대왕신종명」역시 그 배경에는 역시 경덕왕의 부모에 대한 효성에서 비롯된 것으로, 성덕왕의 명복을 빌기 위한 것이라고 설명한다. 이에 덧붙여서 「성덕대왕신종명」은 성덕왕의 으뜸가는 공적을 새김으로써 그러한 목적을 이루려고 하였다는 내용을 함께 전해주고 있다.

이러한 사실은 성덕대왕신종의 제작이 묘비의 건립과는 어떠한 차이를 보여주는가를 짐작할 수 있게 해준다. 「성덕대왕신종명」의 본문과 사(詞)를 통해서 범종의 주조가 어디에 초점을 맞추고 있는지를 살펴볼 수 있기 때문이다.

엎드려 생각하건대 성덕대왕께서는 덕은 산하처럼 드높았고 명성은 해와 달처럼 높이 걸렸으며, 충성스럽고 어진 사람을 등용하여 풍속을 어루만지고 예절과 음악을 받들어 풍속을 관찰하셨다. 들에서는 근본이 되는 농사에 힘썼으며, 시장에서는 남용되는 물건이 없었다. 당시 사람들은 재물을 싫어하고 문재(文才)를 숭상하였다. 아들의 죽음에 상심하지 않고 나이 많은 이의 훈계에 마음을 두었다. 40여 년 동안 나라에 임하여 정사에 힘써서 한 해라도 전쟁으로 백성을 놀라게 한 적이 없었다. 그래서 사방의 이웃나라와 멀고 먼 나라가 오로지 왕의 교화를 사모하는 마음만 있었지 일찍이 전쟁을 엿보는 일은 없었다. 연(燕)나라와 진(秦)나라에서 사람을 잘 쓰고 제(齊)나라와 진(晉)나라가 교대로 패업을 완수한 일을 가지고 어찌 나란히 말할 수 있으리오.

하늘에 천문이 걸리고 대지에 방위가 열렸으며, 산과 물이 나란히 자리 잡고 천하가 나뉘어 뻗쳤다. 동해 가에 뭇 신선이 숨은 곳, 땅은 복숭아 골짜기에 머물고 경계는 해 뜨는 곳에 닿았다. 이에 우리나라가 있어 합하여 한 고을이 되었다.

크고도 크도다. 성인의 덕이여! 세상에 드물 만큼 더욱 새롭다. 오묘하고도 오묘하도다. 맑은 교화여! 멀고 가까운 곳에서 능히 이르게 하였다. 은혜를 멀리까지 입게 하고 물건을 줌에 고루 젖게 하였다. 무성하도다. 모든 자손이여 안락하도다. 온갖 동포여. 수심어린 구름이 문득 슬퍼지니, 지혜의 태양에 봄이 없구나.

「성덕대왕신종명」은 「성덕왕비」와는 달리 성덕왕의 공적을 압축적으로 전달하고자 했음을 보여주고 있다. 성덕왕대 신라가 태평성대였다는 것이다. 성덕왕이 삼국을 실질적으로 통합하였다고까지 서술하고 있다. 중대의 흐름에서 성덕왕이 매우 중요한 위치를 차지하고 있음을 말하기 위함으로 생각된다. '성인의 덕'이라고까지 표현할 정도로 성덕왕을 높이 평가하고 있다는 점에서도 알 수 있다. 더 나아가서 성덕왕이 신선이 되기를 바라고 있었다. 이는 묘비의 내용과 신종의 명문을 작성할 때 서로 강조하는 부분이 달랐음을 보여주는 것이다.

한편 성덕대왕신종이 봉덕사에 안치되었다는 사실에서 또 다른 측면을 찾아볼 수 있을 것이다. 봉덕사가 누구에 의하여 무엇을 위해서 만들어진 사원인가에 대해서는 논란이 있다. 『삼국유사』에서 봉덕사가 성덕왕에 의하여 태종 무열왕을 추모하기 위해서 만들어졌다는 또 다른 기록을 찾을 수 있기 때문이다. 이에 대해서 봉덕사가 처음에는 태종 무열왕을 위해서, 효성왕대 이후에는 성덕왕을 위한 성전사원으로 그 성격이 변화되었다고 이해하는 설명이 현재 유력하다. 그러나 그와 같이 파악하기보다는 태종 무열왕을 위해서 만든 봉덕사가 태종 무열왕 만이 아니라, 성덕왕을 함께 추모하는 사원으로 바뀌었다고 파악하는 것이 보다 합리적인 것이 아닐까 싶다. 이는 효성왕과 성덕왕이 중대 사회에서 성덕왕을 태종 무열왕에 버금가는 위치로 부각시키기 위한 데에서 나온 것으로 이해된다는 점에서 그러하다.

이러한 점은 경덕왕이 범종을 주조하려고 한 의도에서도 파악할 수 있지 않을까 싶다.

무릇 지극한 도는 형상의 바깥을 포함하므로 보아도 그 근원을 볼 수가 없으며, 큰 소리는 천지 사이에 진동하므로 들어도 그 울림을 들을 수가 없다. 이 때문에 가설(假說)을 열어서 삼승(三乘)의 심오한 가르침을 관찰하게 하고 신령스런 종(神鍾)을 내걸어서 일승(一乘)의 원만한 소리(圓音)를 깨닫게 한다. 대저 종이라고 하는 것은 인도에서 상고해보면 카니시카 왕에게서 증험할 수 있고, 중국에서 찾아보면 고연이 처음 만들었다. 텅 비어서 능히 울리되 그 반향이 다함이 없고, 무거워서 굴리기 어렵되 그 몸체가 주름

잡히지 않는다. 그래서 왕자의 으뜸가는 공적을 그 위에 새기니, 중생들이 괴로움을 떠나는 것도 그 속에 있다.

「성덕대왕신종명」은 그 첫 머리에서 종이 가지고 있는 의미를 서술하고 있다. 불교의 수용 이전 중국에서도 종의 주조가 오랜 기원을 가지고 있음을 지적하고 있다. 불교와 관련해서는 이를 인도와 연결시켜서 설명하고 있다. 그리고 종이 매우 신령스러운 기능을 하는데, 일승(一乘)의 원음을 깨닫게 한다는 것이다. 때문에 종소리는 중생들로 하여금 괴로움을 벗어나게 해준다는 것이다. 국왕의 경우에는 종소리의 울림처럼 온 사방에 그의 공적이 퍼져 나가기를 희망하고 있다. 그것이야말로 종의 중요한 기능이라고 말한다. 이에 성덕왕을 위하여 주조한 종을 신종 혹은 천종(天鍾)라고까지 표현하고 있다.

사실 중대에 들어오면서 신라의 사람들은 범종의 제작에 더욱 깊은 관심을 가지고 있었다. 아마도 성덕왕대의 일로 생각된다. 성덕왕대인 24년(725)에 상원사종이 만들어졌으며, 경덕왕대에 들어오면 4년(745)에 무진사종이 또한 만들어졌다. 그리고 13년(754)에는 황룡사종이, 그리고 그 이후에는 성덕대왕신종이 계속해서 만들어졌던 것이다.

당시 범종의 주조에 관심을 가진 사람들은 대부분 진골귀족이거나 국왕이었던 것으로 보인다. 상원사종의 명문에 의하면 단월에서 택(宅)이 언급된다는 점에서 진골귀족으로 파악된다. 무진사종의 명문 역시 대각간 김사인을 기록하고 있는데, 그는 이후 상대등을 역임한 경덕왕대의 대표적인 진골귀족이었다. 황룡사종 역시 삼모부인은 경덕왕의 첫 번째 왕비였으며, 이찬 효정은 삼모부인과 인척관계가 상정되는 진골귀족이라고 할 수 있다. 그리고 이제 경덕왕이 보여주듯이 국왕이 직접 나서서 범종의 주조를 선언하고 있는 것이다. 따라서 경덕왕대는 범종의 제작이 크게, 더욱 유행한 시기라고 말할 수 있을 것이다. 이에 경덕왕은 묘비의 건립에 이어서, 성덕대왕신종의 주조를 통해서 아버지인 성덕왕의 업적이 오래도록 기념하고자 했던 것이다.

신종의 제작배경

성덕대왕신종이 경덕왕대 어느 시기에 만들어지기 시작한 것인지는 분명하지 않다. 「성덕대왕신종명」에서 그 시기를 정확하게 밝히고 있지 않기 때문이다. 『삼국유사』에서도 그 시기를 구체적으로 밝히고 있지 않다.

> 신라 제 35 대 경덕대왕이 천보 13년 갑오(甲午)에 황룡사종을 주조하였다. 길이는 1장 3촌이요, 두께는 9촌, 무게는 49만 7천 5백 81근이었다. 시주는 효정 이찬과 삼모부인이요, 장인은 이상택(里上宅)의 하전(下典)이었다. 이 듬해 을미에 분황사의 약사여래동상을 주조하였다. 무게가 30만 6천 7백 근이요, 장인은 본피부 강고 나마이었다.

위의 기록에 이어서 성덕대왕신종과 관련된 내용이 서술되고 있다는 점에서 성덕대왕신종의 주조는 황룡사종이 만들어진 다음 해인 755년에 시작되었을 것임을 알려주고 있다.

이러한 까닭에 혜공왕대에 들어와서 3년 만에 만들어졌다고 설명하는 견해도 찾아진다. 그러나 그와 같은 견해에는 따르기가 어려울 것 같다. 「성덕왕비」의 건립을 고려할 때 성덕대왕신종의 주조는 거기에서 그리 멀지 않은 시기에 시작되었을 것으로 보이기 때문이다. 그렇다면 755년이거나, 그 직후의 일로 생각된다.

경덕왕이 성덕대왕신종을 완성하지 못한 사실에 대해서 경덕왕대에는 종의 주조가 실패했다고 하는 설명도 나와 있다. 그러나 그보다 네 배나 더 무거운 황룡사종이 경덕왕대에 만들어진 사실을 고려할 때 그렇게만 이해할 수는 없을 것 같다. 경덕왕대에 성덕대왕신종의 주조를 시작하였지만, 본격적으로 진행되지 못하다가 혜공왕 7년에야 완성된 것으로 보는 것이 설득력이 있을 것으로 생각되기 때문이다. 아마도 거기에 복잡한 정치적 배경이 있었을 것으로 헤아려진다는 점에서이다.

이는 경덕왕이 묘비나 범종의 주조를 통해서 성덕왕을 강조하고자 한 이유에서 찾아볼 수 있을 것이다. 그가 성덕왕대의 정치를 다시 추구하기 위한 목적을 가지고 있었던 것이다. 성덕왕대는 중대에서 정치적으로 가장 극성기를 구가하였던 시기로 이해되고 있기 때문이다. 다시 말해서 성덕왕대는 신라사의 흐름에서 전제정치의 전성기라고 불릴 수 있는 시기였던 것이다. 그렇다면 경덕왕 역시 아버지인 성덕왕이 이룩했던 전제정치를 자신의 시대에도 새롭게 지향해보겠다는 의사를 드러내었던 것이 아닌가 한다.

나아가 왕손들이 금으로 된 가지처럼 영원히 번성하고 나라의 왕업이 철위산처럼 더욱 번창하며, 모든 중생들이 지혜의 바다에서 함께 파도치다가 같이 세속을 벗어나서 아울러 깨달음의 길에 오르소서.
근래에 효성스런 후계자인 경덕대왕께서 세상을 다스리실 때 큰 왕업을 이어 지켜 뭇 정사를 잘 보살폈으나,
공경스럽고 효성스런 후손이 왕업을 이어 기틀을 베풀었다. 풍속을 다스리

되 옛 것에 따르니, 풍속을 옮아감에 어찌 어김이 있으랴. 매일 부친의 가르침을 생각하고 항상 모친의 모습을 그리워하였다. 다시 복을 닦고자 하늘의 종(天鍾)으로서 빌었다.

지금의 우리 성군(혜공왕)께서는 행실이 조상에 부합하고 그 뜻이 지극한 도리에 부합되어 빼어난 상서로움이 과거보다 기이하며 아름다운 덕은 현재의 으뜸이다. 온 거리의 용이 궁궐의 계단에 음덕의 비를 뿌리고 온 하늘의 천둥이 대궐에 울렸다. 쌀이 열매달린 숲이 변방에 축축 늘어지고 연기가 아닌 색이 서울에 환히 빛났다.

위대하도다. 우리 태후시여! 왕성한 덕이 가볍지 아니하도다. 보배로운 상서가 자주 출현하고 영험한 부응이 매양 생겨났다. 임금이 어질매 하늘이 돕고 시절은 태평하고 나라는 평안하였다. 조상을 생각하기를 부지런히 하고 그 마음을 따라 서원을 이루었다. 이에 유명(遺命)을 돌아보고 이에 종을 베꼈다.

「성덕대왕신종명」은 경덕왕대부터 혜공왕대까지의 정치에 대해서도 전해주고 있다. 우선 성덕왕의 후손들이 성덕왕과 같은 정치를 계속해서 추구해 줄 것을 강조하고 있다. 그 결과 경덕왕도, 혜공왕도 그와 같은 정치를 하고 있다고 서술하고 있다. 더욱이 혜공왕을 대신해서 섭정을 한 혜공왕의 모후인 태후 역시 그러한 정치를 하고 있다고 언급하고 있다.

그러나 경덕왕대를 비롯해서 혜공왕대의 정치적 상황은 「성덕대왕신종명」이 표현하고 있는 것과는 크게 다르게 전개되었다. 경덕왕대에 들어오면서 정치적으로 매우 불안정한 상태에 놓이게 되었기 때문이다. 이는 성덕대왕신종이 만들어지기 시작할 무렵인 경덕왕 15년(756)에 있은 상대등 김사인의 움직임을 통해서 곧바로 파악할 수가 있을 것이다. 그가 경덕왕에게 상소를 올려서 그때까지 재이가 계속해서 일어나고 있는 사실을 지적하면서 시정의 득실을 철저하게 논의했기 때문이다. 이에 경덕왕이 김사인의 건의를 기쁘게 받아들였다고 한다. 사실 재이는 경덕왕이 즉위한 이래로 15년까지 계속되었던 것이다. 유교정치와 재이의 상호관계를 고려할 때 김사인은 재이의 빈번한 발생 원인을 결국 국왕의 잘못에서 찾았던 것으로 보인다. 그가 경덕왕이 추진한 정치에서 무엇이 문제가 되고, 잘못이었는가를 심각하게 비판하였을 것으로 생각된다.

경덕왕대의 이와 같은 정치적 상황은 그의 말년까지 계속적으로 이어졌다. 혜공왕대의 경우에도 그것은 마찬가지였다. 『삼국유사』에 실린 혜공왕의 탄생설화가 잘 말해주고 있듯이, 혜공왕대의 정치 역시 순조롭지가 못하였던 것이다. 더욱이 혜공왕대에 재이가 계속 발생하였으며, 이제는 반란까지 일어나는 상황으로 심각하게 전개되었던 것이다. 거기에는 혜공왕이 어린 나이로 즉위했기 때문에 모후인 태후가 섭정을 하였던 점도 크게 작용하였던 것으로 보인다. 「성덕대왕신종명」에서 태후의 활동을 매우 인상 깊게 서술하고 있는 점에서 그러하다. 이 태후가 단순히 섭정의 지위에만 머물지 않고, 어린 혜공왕의 권력기반을 강화하기 위해서 진골귀족세력과 상당한 갈등을 일으켰던 것이다. 즉 혜공왕대에도 정치적으로 매우 혼란한 상태에 놓여 있었다.

이러한 까닭에 경덕왕과, 그의 아들인 혜공왕이나, 혜공왕을 대신해서 섭정한 태후 역시 성덕왕을 계속해서 강조하고자 하였을 것이다. 이러한 노력을 바탕으로 이른바 성덕왕계를 결집시키려는 노력을 기울였을 것이다. 자신들의 세력기반을 더욱 확대시키려 한 목적에서 나온 것이기도 하다. 또한 「성덕대왕신종명」은 혜공왕의 외삼촌이나 충신들의 도움이 혜공왕대의 정치에 작용했다고 기록하고 있다. 이들이 혜공왕대에 태후로 상징되는 일정한 정치세력을 형성하였다는 것이다.

특히 혜공왕의 외삼촌으로 언급되는 인물에 대해서 여러 논란들이 있다. 그러나 신종의 주조 책임자로 기록되고 있는 김옹으로 파악하기는 어려울 것 같다. 그보다는 중시 경력을 가진 만월부인의 아버지인 김의충의 아들로 설명하는 것이 타당할 듯하다. 충신들 역시 구체적인 인물을 상정하기는 어렵다. 그렇다면 경덕왕과, 그의 뒤를 이은 혜공왕은 경덕왕의 두 번째 왕비이며, 모후인 만월부인, 그리고 이들을 지지하는 세력과 함께 성덕왕대의 정치를 다시 강조하면서, 자기들에게 점점 다가오는 정치적 위기를 극복하려고 했던 것으로 여겨진다.

경덕왕대 세력의 교체

그러나 경덕왕과 혜공왕 및 태후의 바람대로 중대말의 정치적 상황을 변화시키지는 못하였다. 오히려 중대정권이 추구했던 전제정치가 서서히 붕괴되어 가고 있는 과정을 보여주었던 것이다. 거기에는 국왕으로 상징되는 정치세력과 이를 반대하는 진골귀족세력과의 치열한 대립이 있었기 때문이다.

「성덕대왕신종명」은 경덕왕으로 상징되는 정치세력의 의도가 제대로 이루어지고 있지 않음을 잘 나타내주고 있다. 본문과 달리 주종에 관여한 인물들에 대한 기록을 통해서 살필 수 있다.

檢校使(검교사) 兵部令(병부령) 兼(겸) 殿中令(전중령) 司馭府令(사박부령)

修城府令(수성부령) 監四天王寺府令(감사천왕사부령) 幷(병) 檢校眞智大

王寺使(검교진지대왕사사) 上相(상상) 大角干(대각간) 臣(신) 金邕(김옹)
檢校使(검교사) 肅政臺令(숙정대령) 兼(겸) 修城府令(수성부령) 檢校感恩
寺使(검교감은사사) 角干(각간) 臣(신) 金良相(김양상)

모두 진골귀족인 김옹과 김양상은 성덕대왕신종의 주조 책임자라고
할 수 있다. 검교사라는 관직이 가장 먼저 나오는데, 김옹과 김양상이 봉
덕사 성전의 장관임을 말해주고 있다.

「성덕대왕신종명」은 신라 중대 관료제도의 중요한 특징인 겸직제의
모습을 생생하게 보여주고 있다. 김옹은 병부령으로서, 내성이었던 전중
령의 장관 등 모두 8개의 관직을 겸직하고 있었다. 상상, 즉 상재상이라고
한 점에서 그가 혜공왕대 최고의 권력자임을 알려주고 있다. 김양상 역시
감찰기관인 숙정부의 장관 등 4개의 관직을 겸직하고 있던 핵심적인 실
력자였다. 한편 두 사람은 검교사만이 아니라, 왕경 성곽의 관리를 책임
지는 수성부의 장관을 함께 역임하고 있어 주목된다. 이는 중대 정치제도
의 또 다른 특징인 관부의 장관 복수제를 보여주고 있는 것이다.

한편 이들은 불교계와도 밀접한 관련을 맺고 있는 것으로 헤아려진
다. 김옹은 봉덕사 성전만이 아니라, 또 다른 성전사원인 사천왕사의 장
관을 맡고 있다. 그는 태종 무열왕계에서 처음으로 나온 국왕인 진지왕을
추모하는 진지대왕사의 책임자까지 맡고 있었다. 김양상 역시 봉덕사 성
전의 장관과, 또 다른 성전사원인 감은사의 장관을 담당하고 있었기 때문
이다. 따라서 김옹과 김양상은 혜공왕대의 정치를 장악하며, 불교계까지
를 주도한 인물들이라고 말할 수 있을 것이다.

김옹과 김양상이 언제부터 이들 관직을 맡게 되었는지에 대해서는 자
세히 살필 수 없다. 현재 금석문을 제외하고서 혜공왕 7년 이전 이들의 관

직으로서는 중시 경력만을 확인할 수 있을 뿐이다. 김옹은 경덕왕 19년(760)에 시중이 되었으며, 21년(763)에 물러났다. 김양상이 그 다음 해인 22년(764)에 시중이 되었으며, 혜공왕 4년(768)까지 머물렀던 것으로 보인다. 한편 이들이 겸직한 관직을 한꺼번에, 아니면 하나씩 그것을 차지하게 되었는지에 대해서도 알 수 없다. 김옹이 역임한 관직 가운데 하나인 진지대왕사가 혜공왕의 즉위이후에야 만들어진 점을 고려할 때 필요가 있다. 이에 김옹이나 김양상은 중시에서 물러난 이후부터 혜공왕대에 들어와서 「성덕대왕신종명」에 기록된 관직들을 차례대로 맡아갔을 것으로 이해된다.

　김옹의 정치적 성격 및 김양상과의 관계에 대해서도 역시 논란이 있다. 김양상이 중대정권을 붕괴시킨 반전제주의 인물이라는 점은 별다른 이의가 없이 받아들여지고 있다. 그가 혜공왕 13년(777)에는 상대등으로서 혜공왕대의 시정을 극론하고, 왕위에 올랐다는 점에서도 알 수 있을 것이다. 김옹과 관련해서는 매우 복잡하게 설명되고 있다. 그것은 김옹을 경덕왕이나 혜공왕과 반대되는 반전제주의 성격을 가진 인물로 볼 수 있느냐의 여부와 관련된 문제라고 할 수 있다.

　김옹을 혜공왕의 외삼촌으로, 즉 그와 만월부인의 인척관계를 설정하는 여러 견해들에는 상당한 무리가 따른다고 하겠다. 무엇보다 현재 남아 있는 기록을 충실하게 받아들여 해석할 필요가 있기 때문이다. 김옹은 성덕왕대 상재를 역임했던 김순정의 아들로서, 경덕왕의 첫째 왕비인 삼모부인과는 남매관계로 나오고 있다. 그렇다면 김옹을 경덕왕이나 혜공왕이나 태후와 같은 정치적 성격을 가진 인물로 파악하기는 어려울 듯하다.

　이와 달리 김옹은 김양상과 매우 밀접한 관계를 보여주고 있다. 김옹의 뒤를 이어 김양상이 시중직을 역임하였다는 사실에서도 그러하다. 이는 같은 세력 내에서의 승계로 이해된다는 점에서이다. 또한 혜공왕 7년만이 아니라 혜공왕 10년(774)에도 이들이 여전히 함께 활동하고 있다는 점에서 더욱 그러하다. 김옹은 여전히 상재에 머물러 있었으며, 김양상은 상대등으로 승진하여 두 사람이 당시의 정치를 계속적으로 주도하고 있었던 것이다. 따라서 김옹의 경우에도 김양상과 같은 정치적 성격을 가진 인물로 보아도 무리가 없을 것이다.

김옹과 김양상에 이어 주종의 부책임자로 나오는 김체신을 통해서 이를 확인할 수 있다.

副使(부사) 執事部侍郎(집사부시랑) 阿飡(아찬) 金體信(김체신)

부사로 나오는 6두품 출신의 김체신은 봉덕사 성전의 차관으로 파악된다. 김옹과 김양상과 함께 봉덕사 성전에서 활동하였다는 사실은 서로의 밀접한 관계를 짐작할 수 있게 해준다. 그리고 성덕대왕신종이 완성되었을 때 김체신은 집사시랑을 역임하고 있었는데, 김옹과 김양상이 모두 집사부의 시중을 역임하였다는 사실에서도 집사부를 통해서 이들의 관계를 상정할 수 있다. 특히 김양상과 김체신의 관계는 김양상이 선덕왕이 된 이후에 가장 역점을 두었던 사업인 패강진 개척과도 연결시켜 이해할 수 있다. 그가 집사시랑을 역임한 김체신을 패강진 장관으로 임명하였다는 점에서이다. 그러므로 성덕대왕신종의 주조 책임자와 부책임자가 모두 반전제주의적 성격을 가진 인물들로 파악된다.

김옹이 경덕왕과 대립하게 된 계기는 경덕왕이 즉위하자마자 첫째 왕비인 삼모부인을 아들이 없다는 이유로 출궁시켰던 데에서 찾아볼 수 있다. 경덕왕이 삼모부인과 결혼한 시기는 즉위 이전으로 보인다. 경덕왕이 삼모부인과 결혼하게 된 배경은 자세히 알 수 없다. 아마도 삼모부인의 아버지인 김순정이 당시 상재의 벼슬에까지 오를 정도의 상당한 정치적 세력을 가진 진골귀족이었기 때문일 것이다. 효성왕대의 태자와 유력 귀족가문의 혼인이라고 말할 수 있다. 그러나 삼모부인은 경덕왕이 왕위에 오른 직후인 2년 이전에 아들이 없다는 이유로 출궁을 당하였다. 아들이 없었기 때문이기도 하였지만, 경덕왕의 왕권강화에서 비롯된 것으로 보인다. 이러한 까닭에 첫째왕비와 관련된 세력은 전제정치의 희생자가 되었으며, 삼모부인과 남매관계인 김옹 역시 경덕왕의 반대파가 되었을 것이다.

김옹으로 상징되는 반전제주의 귀족세력의 움직임은 경덕왕 13년에 가서야 삼모부인과 효정이 황룡사종을 만드는데 다량의 동을 희사하면서 갑자기 찾아진다. 이들 세력이 이제 왕권의 전제화에 대항할 정도의 힘을 가지게 되었음을 나타내주는 것이 아닐까 싶다. 그리고 15년에 들어와서 상대등인 김사인이 상소를 올려 시정의 득실을 극론함으로써 계속적인 움직임을 보여주고 있다. 그가 재이와 관련해서 시정의 잘못을 논의하였다고는 하지만, 첫째왕비의 출궁에 대해서도 문제를 제기하였을 것이다. 무진사의 위치가 강릉으로 비정된다면 강릉지역에 무진사종을 만든 김사인은 김순정이 한때 강릉지역에서 활동하였다는 점에서 같은 세력으로 연결될 가능성이 높다는 점에서이다.

첫째왕비인 삼모부인으로 상징되는 김옹과 관련된 세력의 움직임이 일어나자 경덕왕 역시 여기에 대응을 하였다. 경덕왕 13년에 성덕왕릉에 묘비를 세웠으며, 이어서 성덕대왕신종을 주조하였던 점이 이를 잘 말해주고 있다. 또한 시정의 득실을 비판한 김사인을 상대등에서 물러나게 하고, 적극적인 왕당파의 인물인 신충을 상대등에 임명하였다. 경덕왕은 그와 함께 16년(757)부터 18년(759)까지 계속해서 대규모로 한화정책을 실시해 나갔다. 이는 경덕왕이 왕권전제화 정책을 더욱 확실하게 추진해나가 겠다는 의사표시라고 말할 수 있다.

그러한 시도는 왕권의 전제화에 반대하는 진골귀족세력에 의하여 실패로 돌아가고 말았다. 효성왕대 이래 더욱 전제정치에 반발하고 있던 박씨 세력의 움직임이 나타나고 있는 것이다. 선덕왕에 이어 원성왕으로 즉위하는 김경신의 모후세력인 박씨들이 김천의 갈항사에 동서 3층 석탑을 조성하고 있기 때문이다. 그리고 한화정책이 끝난 바로 다음 해인 경덕왕 19년에 경덕왕과 대립되는 성격을 가진 김옹이 중시에 임명되고 있는 것이다. 22년에는 김옹과 같은 정치적 성격을 지닌 김양상이 중시에 계속적으로 임명되었다. 그것은 같은 세력 안에서의 교체였다. 더 이상 경덕왕이 원하는 대로의 정책을 마음대로 수행해 나갈 수가 없으며, 나아가 경덕왕이 행한 여러 정책이 부정된다는 것을 의미한다. 동시에 진골귀족세력의 정권장악이라고 말할 수 있을 것이다. 따라서 김옹이 중시에 임명된 경덕왕 19년은 신라사에서 하나의 중요한 전환기로 생각된다. 중대 전제정치가 부정되고, 신라 하대의 성립을 예고해주는 것이기 때문이다.

중대정권의 붕괴

경덕왕의 사후 새로운 정치적 변화가 다시 일어났다. 혜공왕이 즉위할 때 8살의 어린 나이어서 친정을 할 수 없었기 때문이다. 「성덕대왕신종명」에서 크게 부각시키고 있는 혜공왕의 모후인 만월부인이 태후로서 섭정을 하였기 때문이다. 이에 만월부인은 자신의 섭정을 통해서 혜공왕이 친정을 할 때까지 권력을 강화시키면서 중대정권을 유지시키려는 의도를 갖고 있었다. 비록 경덕왕대 이후 왕당파의 세력이 크게 약화되었다고는 하지만, 그들의 세력은 여전히 상당한 것이었다. 따라서 만월부인의 등장과, 그와 관련된 정치세력의 활동 목표는 바로 경덕왕으로 상징되는 전제정치를 혜공왕대에도 회복하려는 복고정치였다고 할 수 있다.

그러나 경덕왕 19년 이후 세력을 구축한 김옹과 김양상 등 반전제주의 진골귀족세력은, 비록 혜공왕의 즉위와 만월부인의 섭정에 동의를 할 수 밖에 없었지만, 만월부인과 왕당파의 이러한 활동을 그대로 받아들이지 않았다. 그 결과 이들은 권력투쟁을 새롭게 벌여나가야만 했다. 무엇보다도 만월부인의 섭정을 종식시키려고 노력하였다. 이러한 사정은 「성덕대왕신종명」이 구체적으로 알려주고 있다.

이러한 상서는 곧 태어난 날과 정사에 임한 때에 응답한 것이다.

혜공왕이 성덕대왕신종이 완성되는 7년, 즉 그의 나이 14살에 친정을 하게 되었다는 것이다. 혜공왕의 친정 시기에 대해서 8년(772) 혹은 11년(775)으로 파악한 견해와는 일정한 차이가 난다. 그것은 「성덕대왕신종명」에 제대로 주목하지 않았던 것과 관련이 있다. 이는 혜공왕의 즉위 이후 섭정을 통해서 경덕왕으로 상징되는 왕당파의 세력회복을 도모하던 만월부인의 움직임이 좌절된다는 것을 의미한다. 「성덕대왕신종명」이 보여주고 있듯이, 반전제주의 진골귀족인 김옹과 김양상이 겸직하고 있는 관직들은 당시 이들의 정치적 위치를 잘 알려주고 있는 것이다. 이들의 정치적 위치가 더욱 확고하게 되었음을 보여주고 있기 때문이다. 따라서 혜공왕 7년에 성덕대왕신종의 주조가 완성된 사실은 그동안 만월부인의 섭정으로 그녀와 정치적 대립 갈등을 벌이던 반전제주의 진골귀족세력의 승리를 상징적으로 표현해준다고 하겠다. 이후 김옹과 김양상은 혜공왕 10년에도 상재와 상대등으로서 계속적으로 활동하면서 당시 정국의 주도권을 장악해나갔다.

만월부인과 관련된 세력은 혜공왕 11년에 두 차례에 걸친 반란을 일으켜서 자신의 세력을 회복하려고 하였던 듯하다. 그러나 만월부인의 기대와는 달리 모두 실패로 끝나고 말았다. 이에 반전제주의 진골귀족세력은 혜공왕을 살해하고 김양상을 선덕왕으로 즉위시켰다. 왜냐하면 만월부인과 혜공왕은 분리되는 것이 아니라 서로 밀접하게 연결되어 있으며, 정치적 운명을 함께 하는 세력이었기 때문이다. 그 결과 중대정권이 완전히 붕괴되고, 하대의 새로운 정권이 시작되었다.

따라서 「성덕대왕신종명」은 통일신라시대 중대말의 정치사를 생생하게 보여주는 매우 중요한 1차 사료라고 말할 수 있을 것이다. 성덕왕으로 상징되는 정치세력이 성덕대왕신종의 주조를 통해서 전제왕권에 의한 통합의 정치를 추구하였지만, 반전제주의 진골귀족세력은 그것을 받아들이지 않고 연립의 시대를 지향하고자 하였던 것이다. 이제 신라는 현실적으로 하대라는 새로운 분열의 시대를 맞이하게 되었다고 하겠다. 이것이야말로 성덕대왕신종이 오늘의 우리에게 들려주는 소리의 내용들이라고 말할 수 있을 것이다.

참고문헌

이호영, 1975, 「성덕대왕신종명의 해석에 관한 몇 가지 문제」, 『고고미술』 125.

김수태, 1983, 「통일신라기 전제왕권의 붕괴와 김옹」, 『역사학보』 99·100합집.

이기동, 1999, 「성덕대왕신종 조성의 역사적 배경」, 『성덕대왕신종』.

김수태, 2011, 「신라 혜공왕대 만월부인의 섭정」, 『신라사학보』 22.

주보돈, 2012, 「통일신라의 (능)묘비에 대한 몇 가지 논의」, 『목간과 문자』 9.

전덕재, 2015, 「봉덕사의 위치와 그 성격」, 『신라문화제 학술발표논문집』 36.

'시각목간(視覺木簡)'의 정치성

橋本繁

경북대학교

문자자료는 쓰여 있는 문자 내용이 중요하다는 것은 당연한 일이다. 하지만 그 문자가 어떤 서자재료에, 어떻게 쓰여 있는지도 그에 못지않게 중요하다. 예를 들어 똑같은 문자라고 해도 나무에 쓴 경우와 돌에 쓴 경우에 의미하는 바가 다를 수 있다. 나무에 문자를 적는 것은 일상적인 일이며 단순히 연습을 위해 썼을 수도 있다. 한편, 돌에 문자를 적는 것, 더 정확하게는 새기는 것은 실패하면 안 되기 때문에 어떤 내용을 쓰는지 문자를 어떻게 배치하는지를 미리 준비한 후에 쓴다. 그래서 나무에 쓴 문자보다 돌에 쓴 문자가 당시 사람들이 공적으로 말하고자 한 내용일 가능성이 높다. 하지만 그렇다고 해서 석비가 목간보다 사료적 가치가 높다고 말할 수도 없다. 석비는 내용을 편집하는 과정에서 표현이 과장되거나 반대로 생략될 가능성이 있다. 목간은 일상적인 것이기 때문에 당시 사람들의 생각을 그대로 반영하는 장점이 있다.

서사재료의 차이만이 아니다. 같은 목간이라고 해도 형태나 크기에 따라 쓰인 내용이 가지는 의미에 차이가 나서, 형태나 크기가 쓰인 내용을 해석하는 데 더 중요할 수도 있다. 고대 중국을 예로 들면 목간의 크기에 일정한 규정이 있었다. 보통 간독(簡牘)이 1척임에 대해 황제 명령은 1척1촌으로 규정되어 '척일조(尺一詔)'라고 불렸다. 즉 보통 간독보다 길게 만드는 것으로 읽는 사람들에게 황제의 권위를 시각적으로 보여주려고 하였다. 이와 관련해 한(漢) 문제(文帝)와 흉노(匈奴) 선우(單于) 사이에 오간 서간(書簡)에 관한 이야기가 유명하다. 문제가 흉노 선우한테 1척1촌의 서간을 보내자 당시 군사적 외교적으로 우위에 있던 흉노는 1척2촌의 서간으로 답신을 보냈다고 한다.

한편 유교 경전이나 율은 2척4촌, 『논어』는 8촌, 『효경』은 1척2촌 등으로 정해져 있었는데, 실제로 경전을 2척4촌의 간독에 쓴 실례가 출토되었다. 감숙성 무위현 마취자 6호 한묘(甘肅省 武威縣 磨嘴子 6号漢墓)에서 출토된 『의례(儀禮)』는 길이 55~56cm 목간에 쓰여 있다. 이러한 규정은 목간의 크기로 경전의 권위를 나타내기 위한 것이었다.

한국 목간의 경우 대부분은 길이가 20cm 정도이다. 한대 간독의 길이가 1척을 기본으로 하고 있었던 것과 같이 고대한국에서도 그러한 단위를 의식했을 가능성이 있다. 하지만 더 단순하게 일상적으로 쓰기 위해서는 이 정도 길이가 편하기 때문이었을 것이다.

그런데 한국 고대 목간에도 60cm 혹은 복원하면 1m가 넘는 매우 큰 목간이 몇 점 발굴되었다. 이들 목간은 그 크기로 보아 권위를 나타내기 위한 것이거나, 시각적으로 두드러지게 만든 '시각목간(視覺木簡)'으로서의 기능을 가지고 있었다고 생각된다. 일반적으로 내용을 읽고 이해하는 것을 목적으로 하는 목간을 '지각목간(知覺木簡)'이라 규정한다면, '시각목간'이란 읽고 이해하는 것 뿐만이 아니라 목간의 크기를 통해 또 다른 상징적인 효과를 느끼도록 한 목간을 의미한다(冨谷至, 2010). 이 글에서는 이러한 장대한 목간에 주목해서 그 용도를 살펴보려고 한다.

나주 복암리 출토 시각목간과 일본의 '군부목간(郡符木簡)'

전남 나주 복암리 유적에서 백제 목간이 13점 출토되었다. 연대는 7세기 초로 추정된다. 이 중 복암리 4호목간은 다음과 같다.

앞 「郡佐□□□   □文」
뒤 「受米之及八月八日高嵯支□記遺□之好□□□又及告日□□
　　賣之　　　　　□□□□　八月六日　　」

이 목간은 결실된 부분이 없는 완형으로 발굴되었는데, 그 길이가 60cm나 되는 큰 목간이다. 완전한 형태로 출토된 목간으로는 현재 한국에서 제일 크다. 첫머리에 나오는 '郡佐'는 군의 우두머리인 군장(郡將)의 부관으로 추측된다. 『수서(隋書)』 백제전에 "오방에는 각각 방령이 한 명 있고 방좌가 이를 보좌한다. 방에는 10군이 있고 군에는 장이 있다."고 하고, 『주서(周書)』 백제전에는 "오방에 각각 방령이 한 명 있고 달솔을 임명한다. 군장이 3명 있고 덕솔을 임명한다."고 되어 있어 군장에 관한 기록만 있고 군좌에 대한 언급은 현재 문헌자료에는 전하지 않는다. 하지만 이 목간을 통해 방에 방령과 방좌가 있었듯이 군에도 군장을 보좌하는 군

그림 1. 나주 복암리 4호 목간 (60.8×5.2× 1.0cm)

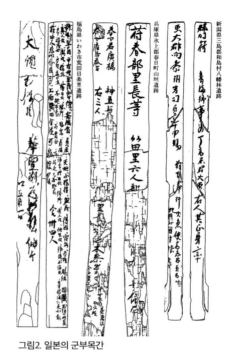

그림2. 일본의 군부목간

좌가 있었음을 알 수 있게 되었다.

이 목간의 구체적 내용에 관해서는 판독하기 어려운 글자가 많아서 해석이 어렵지만, 마지막의 8월 6일이 이 문서목간을 발급한 날짜이며, '받은 쌀(受米)'을 8월 8일까지 '가져와라(賷之)'는 명령을 전달하는 내용인 것 같다. 이 목간은 그 크기나 내용으로 볼 때, 일본에서 출토된 '군부목간(郡符木簡)'과 매우 유사하다. 군부목간이란 군의 장인 군사(郡司)가 관할하는 사람에게 명령을 내릴 때 사용했던 목간인데, 그 크기가 복암리 4호 목간처럼 60cm 정도의 매우 긴 목간을 사

용하였다(平川南, 2003). 이러한 군부목간을 참고할 때, 복암리 4호 목간의
앞면에 쓴 '군좌'는 이 목간을 발급한 주체라고 생각된다. 또 이 목간의
명령을 받은 사람은 군에서 요구했던 쌀과 함께 소환장(召喚狀)인 이 목간
도 들고 8월 8일까지 군에 갔을 것으로 추측된다. 참고로 대표적인 일본
의 군부목간 3점을 소개한다.

　① 兵庫県 氷上郡 春日町 山垣遺跡　(61.9×5.2×0.7cm)
　앞「符春部里長等　竹田里六人部　□□　□依而□」
　뒤「春部君廣橋　神直与□　　　　　　　　　　　　四月廿五日　碁万侶
　　　　　　　　　　□〔部?〕里長□□木参出来　　　　　　少領
　春部鷹麻呂右三人　　　　　　　　　　　今日莫不過急々○□」

　히카미군(氷上郡) 군사(郡司)가 春部里 竹田里 六人部(里)의 이장(里長)
한테 내린 명령이며 春部君廣橋를 비롯한 3명을 소환하는 목간이다. 8세
기 전반의 것이다.

　② 新潟県 三島郡 和島村 八幡林遺跡　(58.5×3.4×0.5cm)
　앞「郡司符　青海郷事少丁高志君大虫　右人其正身率」
　뒤「虫大郡向参朔告司□率申賜　符到奉行　火急使高志君五百嶋
　　　　　　　　　　　　　　九月廿八日主帳丈部」

　간바라군(蒲原郡)의 군사가 青海郷의 일에 관해서 少丁 高志君大虫을
소환한 목간이다. 10월 1일에 에치고국(越後國) 국부(國府)에서 열리는 고
삭(告朔. 매달 월초에 행정 보고하는 의식)에 출석할 것을 요구한 것이다. 8세

기 전반의 것이다.

③ 福島県 いわき市 荒田目条里遺跡 (59.2×4.5×0.6cm)

앞 「郡符 里刀自 手古丸 黒成 宮沢 安継家 貞馬 天地 子福積 奥成 得内
　＝宮公 吉惟 勝法 円隠 百済部於用丸
　真人丸 奥丸 福丸 蘇日丸 勝野 勝宗 貞継 浄人部於日丸 浄野 舎人丸 佐里丸 浄継子
　＝浄継 丸子部福継「不」足小家
　壬部福成女 於保五百継 子槻本家 太青女 真名足「不」子於足「合卅四人」
　右田人為以今月三日上面職田令殖可扈発如件

뒤 「大領於保臣 奉宣別為如任件□[宣?]
　　　　　以五月一日」

이와키군(磐城郡)의 군사가 관할하의 이두자(里刀自. 이장의 아내)한테 보낸 것이며 군사의 직전(職田)을 경작하기 위해 농민을 데리고 오라고 명령하고 있는데 앞면 1～3행에 36명의 농민 이름이 적혀 있다. 이름 오른쪽에는 참가한 것을 확인한 기호가 있고, 不자가 있는 것은 참가하지 않던 것을 뜻한다. 2명이 참가하지 않았고 합하여 34명으로 되어 있다. 9세기 중반경의 것이다.

　이들 군부목간은 모두 누군가를 소환하기 위해 사용된 것이며 군에서 이장 등 책임자한테 보냈고 소환하는 사람 이름을 따로 적었다. 이들 목간이 군사 즉 소환처에서 발굴되고 있다는 점에서 이장은 소환된 사람을 인솔하여 갈 때 이 군부목간도 가지고 소환자에게 제시한 것으로 추정된다. 이 목간은 일종의 통행증으로서 여러 시설을 통과할 때 유효하게 기능했을 것이다.

　이러한 군부목간이 60cm의 큰 것이라는 점은 지역 사회에서의 군사의 권위를 나타내기 위한 것으로 생각된다. 이와 관련하여 『일본영이기

(日本靈異記)』 중권 제10 「항상 새의 알을 끓여 먹어 현세에서 고약하게 죽은 應報를 받은 인연」 편에도 큰 목간에 대한 이야기가 있어 주목된다.

이즈미국 이즈미군 시모아나시촌에 한 젊은 남자가 있었다. 성과 이름은 자세히 알지 못한다. 태어나면서부터 사악한 생각을 지녔고, 인과응보를 믿지 않았다. 항상 새 알을 구해서 끓여먹는 것을 일삼았다. 천평승보 6년 (754) 봄 3월에 모르는 병사가 와서는 이 남자한테 말하길, "국사(國司)가 부르신다."고 했다. 병사의 허리를 보니 4척의 목간을 끼고 있었다."

당시 실제로 4척의 찰(札: 목간)을 사용했는지는 알 수 없지만, 이 설화에서는 군부가 2척임을 전제로 하고 그 상위 기관인 국이 내린 부를 4척으로 설정한 것으로 보인다. 이 설화는 이처럼 큰 목간이 재지사회에서 권위의 상징으로 인식되고 있었음을 잘 보여준다. 나주 복암리 백제 목간이 60cm나 되는 큰 목간이라는 것도 군좌 혹은 군 자체의 권위를 재지사회에 보여주기 위한 목적이 있었다고 생각된다.

한국 출토 『논어』목간

경상남도 김해 봉황동지구 발굴에서 『논어』의 구절을 사면에 쓴 막대기 모양의 목간이 출토되었다. 김해에는 가야 제국(諸國)의 하나인 금관가야국이 있었는데 532년에 신라에 항복하여 금관군이 설치되었다. 삼국통일 후 680년에 금관소경으로 되었고 경덕왕대에 김해소경으로 개칭된 후 신라말기에 이르기까지 소경이었다. 출토지인 봉황동은 금관가야국의 중심지였다고 생각되는 지역이다. 출토지점 동남쪽에 있는 봉황대에는 대규모 생활유구가 있고 금관가야의 지배층이 살고 있었다고 생각된다. 왕족의 분묘로 생각되는 대성동고분군도 가깝다. 신라에 항복하여 군이나 소경이 되었던 시기에도 중요한 지역이었을 것이다. 목간의 내용은 다음과 같다.

I	×不欲人之加諸我吾亦欲无加諸人子×	(앞면)
II	〔文也?〕 ×□□子謂子産有君子道四焉其×	(좌측면)
III	×已□□□色舊令尹之政必以告新×	(뒷면)
IV	×違之何如子曰淸矣□仁□□曰未知×	(우측면)

목간은 단면이 정방형에 가까운 각재 모양이며 상하 양단이 다 결실되었다. 현존하는 길이는 20cm 정도인데 각 면에 쓰여 있는 『논어』의 구절을 염두에 두고 복원하면 원래는 125~140cm 되는 장대한 목간이었다고 생각된다.

한편 인천시 북구 계산동과 김포군 계양면 방축리 경계에 있는 계양산(해발 394.9m)의 중턱에 있는 계양산성에서도 『논어』를 쓴 목간이 출토되었다. 이 목간은 집수정에서 출토되었는데, 집수정 호안석축 상부에서 출토된 기와에는 '주부토(主夫吐)'라는 명문이 있었다. 주부토는 『삼국사기』 지리지에 의하면 고구려와 신라시대에 군명(475~757년)이며 계양산성은 고구려나 신라의 군과 깊은 관련이 있는 시설로 추측된다. 목간의 내용은 다음과 같다.

I	×賤君子□若人□×

Ⅱ ×吾斯之未能信子□×

Ⅲ ×□不知其仁也求也×

Ⅳ ×[   ]×

Ⅴ ×[   ]子曰吾×

　이 목간 역시 단면이 5각형인 막대모양이며, 각 면의 폭은 1.19~
1.87cm로 일정하지 않다. 현존길이는 13.8cm밖에 안 되는데 목간에 쓰
인『논어』구절을 통해 원래 길이를 복원하면 글자가 있는 부분만으로도
120~130cm 정도 되는 장대한 목간으로 추정된다(그림 5).

　이렇듯 한국에서 출토된『논어』목간의 특징은, 첫째 형태가 판자 모
양이 아니라 글자를 쓰는 면이 4, 5면인 각재 모양이라는 것, 둘째 1m를
넘는 장대한 목간이라는 것, 셋
째 글자를 반복하지 않고 본문
만을 그대로 썼다는 점이다.

문헌사료에 보이는
신라의『논어』학습

　『논어』목간과 관련하여 우
선 문헌사료에 보이는 『논어』
에 관한 신라 기록을 살펴보면,
『논어』의 학습과 관련된『삼국
사기』권38 직관지 국학의 규정

그림3. 김해 봉황동 출토『논어』목간 (20.9)×1.5~1.9cm

이 보인다.

> 국학은 예부에 속하는데 신문왕 2년에 설치하였다. (중략) 교수하는 법은
> 주역·상서·모시·예기·춘추좌씨전·문선으로 나누어 이를 업으로 삼도록
> 하였다. 박사 또는 조교 1명이 혹은 예기·주역·논어·효경으로, 혹은 춘추좌
> 씨전·모시·논어·효경으로, 혹은 상서·논어·효경·문선으로 가르쳤다. 여러
> 학생들은 글을 읽어 세 등급으로 벼슬길에 나갔는데 춘추좌씨전 혹은 예기
> 혹은 문선을 읽어 능히 그 뜻을 통달하고 아울러 논어와 효경에도 밝은 자
> 를 상으로 하였고, 곡례·논어·효경을 읽은 자를 중으로 하였고 곡례·효경
> 을 읽은 자를 하로 하였다. 만약 오경과 삼사와 제자백가의 책을 아울러 통
> 달한 자는 등급을 넘어 발탁하였다.

국학은 신문왕 2년(682)에 설치되었다. 『주역』, 『상서』 등 유교 경전을
가르쳤는데 그 중에서 『논어』는 『효경』과 함께 필수이었음을 알 수 있다.

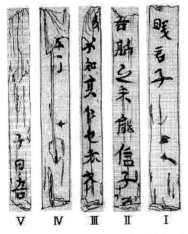

그림4. 인천 계양산성 출토 『논어』 목간 (13.8)×
1.19~1.87cm

국학 규정의 후반부에는 학생을
평가하는 방법을 서술하고 있는
데 논어·효경과 함께, 춘추좌씨전
혹은 예기 혹은 문선을 잘 이해하
면 상(上)이었고, 곡례·논어·효경
을 읽었으면 중(中), 곡례·효경만
수득하면 하(下)로 평가 받았다고
한다. 이 부분은 실은 원성왕 4년
(788) 봄에 정해진 독서삼품과의
규정이다.

처음으로 독서삼품과를 제정하여 벼슬길에 나아가게 하였다. 춘추 좌씨전 혹은 예기 혹은 문선을 읽어서 그 뜻에 능통하고 아울러 논어와 효경에 밝은 사람을 상품으로 하고, 곡례·논어·효경을 읽은 사람을 중품으로 하였으며, 곡례와 효경을 읽은 사람을 하품으로 하였다. 만약 오경과 삼사 그리고 제자백가의 책에 두루 능통한 사람은 등급을 뛰어 넘어 이를 등용하였다. 전에는 단지 활쏘는 것으로 인물을 선발하였는데 이때 이르러 고쳤다.

독서삼품과는 국학 학생을 대상으로 한 제도이며 신라 역사상 유일하게 보이는 관리등용에 관한 규정이자 국학 졸업 때의 성적 평가법이기도 한다. 국학은 중간 관리층의 양성을 목적으로 하며, 육~사두품 사람들이 입학했다고 생각되고 있다. 그들이 『논어』를 배우고 있었던 것

봉황동목간

違之一邦則又曰猶吾大夫崔子也

焉得仁季文子三思而後行子聞之曰再斯可矣子曰甯武子邦有道則知邦無道則愚其知可及也其愚不可及也子 — IV

子張問曰令尹子文三仕爲令尹無喜色三

令尹何如子曰忠矣曰仁矣乎曰未知焉得仁崔子弑齊君陳文子有馬十乘棄而違之至於他邦則曰猶吾大夫崔子也 — III

以謂之文也子曰敏而好學不恥下問是以謂

行己也恭其事上也敬其養民也惠其使民也義子曰晏平仲善與人交久而敬之子曰臧文仲居蔡山節藻梲何如其知也 — II

者或對曰申棖也慾焉得剛子貢曰我

日賜也非爾所及也子貢曰夫子之文章可得而聞也夫子之言性與天道不可得而聞也子路有聞未之能行唯恐有聞子貢問曰孔子何 — I

계양산성목간

公冶長第五子謂公冶長可妻也雖在縲絏之中非其罪也以其子妻之子謂南容邦有道不廢邦無道免於刑戮以其兄之子妻之子謂子

君子者斯焉取斯子貢問曰賜也 — I

何如子曰女器也曰何器也曰瑚璉也或曰雍也仁而不佞子曰焉用佞禦人以口給屢憎於人不知其仁也焉用佞子使漆雕開仕對曰

子曰道不行乘桴浮于海從我者 — II

其由與子路聞之喜子曰由也好勇過我無所取材孟武伯問子路仁乎子曰不知也又問子曰由也千乘之國可使治其賦也

何如子曰求也千室之邑百乘之 — III

家可使爲之宰也不知其仁也赤也束帶立於朝可使與賓客言也不知其仁也子謂子貢曰女與回也孰愈對曰賜也何

知十賜也聞一以知二子曰弗如 — IV

與女弗如也宰予晝寢子曰朽木不可雕也糞土之牆不可杇也於予與何誅子曰始吾於人也聽其言而信其行今吾於人也聽其言而觀其

未見剛者或對曰申棖棖也慾焉得 — V

그림5. 『논어』 목간의 복원

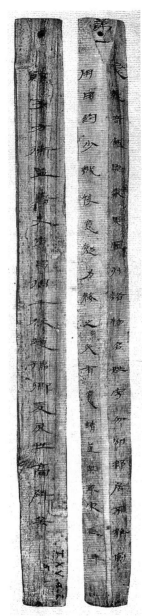

그림6. 돈황 출토 『급취편』목간

이다. 그러면 이러한 국학의 학습과 『논어』
목간에는 어떤 관계가 있고 구체적으로 어
떻게 사용한 것일까.

고(觚) 형태의 『논어』목간은 '습서'(習書) 또는 '학습용'이라는 견해

『논어』목간처럼 서사하는 면이 3면 이
상 있는 봉상(棒狀) 형태의 목간을 고대 중
국에서는 '고(觚)'라고 불렀다. 중국, 한국,
일본 모두 판자 모양 목간이 일반적인데
이런 판자 목간에 다 쓸 수 없는 긴 내용의
글을 쓸 경우에 '고'를 사용했다. 중국에서
는 '고'를 격서(檄書)로 제일 많이 사용했으
며 교유(教諭)하는 문서나 군서(軍書)로 이
용되는 경우가 많다. 그러면 한국의 『논어』
목간이 '고'에 쓰여 있는 것은 어떤 목적이
있었을까.

최초로 제시된 설은 습서(習書)설이다
(東野治之, 2005). 습서는 글자나 문장을 습
득하기 위해 쓴 것을 뜻한다. '고'를 습서할
때 사용했던 사례가 중국에도 일본에도 많

이 있는데 깎아서 재이용할 경우 판자 모양 목간보다 편했기 때문이었다. 그리고 『논어』목간을 습서로 추정하는 근거로 이런 형태 목간에 전편을 썼을 리 없다는 것과 4면에 글자가 있어 편철(編綴)할 수도 없다는 것 등도 지적되었다.

그러나 습서로 사용되었다면 『논어』목간의 둘째 특징인 장대함이 잘 설명되지 않는다. 습서로 사용하기 위해서는 더 짧은 목간이 쓰기에 편할 것이기 때문에, 굳이 1m가 넘는 목간을 사용했다고 생각하기 힘들다. 그리고 습서 목간은 같은 글자를 반복해서 쓰는 경우가 많은데 셋째 특징으로 지적했듯이 『논어』본문은 논어 구절도 차이가 난다. 그리고 이런 형태의 목간에 『논어』 전체를 쓰는 것이 무리라고 하는 것도 설득력이 없다. 봉황동 목간에는 한 자루에 약330자, 계양산성 목간에는 약370자를 쓸 수 있다. 『논어』 전체 자수는 약16,000자이기 때문에 단순히 계산하면 50 자루 정도로 전체를 쓸 수 있다. 결코 무리한 상정이 아니라고 생각된다.

'고'는 습서 이외에도 많은 용도에 사용되었다. 중국 돈황(敦煌)에서 출토된 3면의 '고'에는 아이가 문자를 외우기 위한 교과서인 『급취편(急就篇)』을 쓴 것이 있다. 이 '고'는 상부를 삼각형으로 자르고 구멍을 뚫었다. 이는 끈을 매고 어딘가에 매달아서 돌리면서 글자를 외우기 위한 것이었다고 생각된다.

일본에서도 『천자문』을 쓴 4면의 '고'가 출토되었다. 말할 것도 없이 『천자문』도 글자를 외우기 위한 교과서이다.

앞면   〔薑海鹹河淡?〕
　　　□□□□□

　　　　　　〔讓〕
좌측면 推位□国

뒷면 　□□□□[　] 　　　(15.6)×(1.0)×2.4cm

아스카이케(飛鳥池) 유적에서 출토된 목간이며 연대는 7세기 후반이
다. 상하 양단을 2차적으로 잘랐고 오른쪽 면도 2차적으로 깎여 있다. 앞
면은 『천자문』 제16, 17구이며 좌측면은 제23구이다. 따라서 이 목간의 원
형은 다음과 같이 4면에 6구씩 적은 목간이었을 가능성이 있다(밑줄 친 부
분이 출토된 목간에 기록된 부분임).

天地玄黃　宇宙洪荒　日月盈昃　辰宿列張　寒来暑往　秋収冬蔵　(제1면)

閏余成歳　律呂調陽　雲騰致雨　露結為霜　金生麗水　玉出崑崗　(제2면)

剣号巨闕　珠称夜光　菓珍李奈　菜重芥薑　海鹹河淡　鱗潜羽翔　(제3면)

竜師火帝　鳥官人皇　始制文字　乃服衣装　推位讓国　有虞陶唐　(제4면)

이 추정이 맞는다면 출토된 목간은 15cm에 한 구를 적었으니 원형은
적어도 90cm 되는 장대한 '고'로 복원된다. 한국에서 출토된 『논어』목간
도 이처럼 학습에 사용된 것일 가능성이 있다. 내용은 다르지만 중국, 한
국, 일본에서 장대한 '고'를 이용하는 학습법이 공통적으로 있었던 것이다.
　그리고 신라 국학에서의 학습은 일본이나 당과 같이 먼저 경전을 암
송하는 것이 필요했다. 고대일본의 학령(學令) 규정에는 학생들은 먼저 경
전을 그대로 암송하는 것을 배우고 그 다음에 문장 내용에 관한 강의를
듣는 것으로 되어 있었다. 그리고 10일에 하루씩 휴일이 있고 휴일 앞날
에 박사가 시험을 했다. 그 시험에서는 천자마다 3자를 가려서 그 글자를
대답하게 하고, 2천자에 한 조의 뜻을 대답하게 하였다.
　신라 국학에서도 이와 같이 먼저 『논어』 등 경전을 암송해야 했을 것

이며『논어』목간은 바로 이러한 학습에 사용되었을 가능성이 있다. 이와 같이 '고'라는 목간의 형태적 특징에서 학습을 목적으로 만들었을 가능성이 상정된다. 하지만 학습용으로 사용했다고 해도 일부러 1m가 넘는 목간을 사용한 것을 완전히 설명하기는 곤란하다.

『논어』목간은 시각목간이라는 견해

『논어』목간의 용도와 관련하여 그 장대함에 착목해서 더 생각해보려 한다. 1m가 넘는 장대한 목간을 제작한 목적을 살피기 위해 먼저 일본에서 출토된 장대한 목간인 고시찰(告示札)과 물기찰(物忌札)을 검토해보자.

告知　往還諸人　走失黒鹿毛牡馬一匹　在験片目白

額少白

件馬以今月六日申時山階寺南花薗池辺而走失也

九月八日

若有見捉者可告来山階寺中室自南端第三房之

'고시찰'은 고시하는 사람이 자기 유실물에 관해 적어, 길을 오가는 불특정다수한테 알리는 것이다. 위 목간은 금월(9월) 6일에 도망간 말을 찾고 있는 것으로 말의 특징(片目白 額少白. 한 눈이 하얗고 이마가 조금 하얗다)과 도망간 장소(山階寺 남쪽 花薗池 주변), 그리고 자기 연락처(山階寺 中室의 남쪽에서 세 번째 방)가 적혀 있다. 지금까지 발견된 고시찰은 모두 다 매우 장대하다는 공통점이 있다. 위 목간은 99.3cm인데 같은 평성경 동3방에

서 출토된 것들은 길이 113.4cm와 87.6cm이다. 모두 다 하단을 뾰족하게 만들고, 하부에 글자가 없고, 한 면에만 글자를 쓴다는 공통점이 있다. 어딘가에 꽂아서 불특정 다수한테 게시하는 것을 목적으로 했다고 추정된다.

「今日物忌　此処不有預入而他人輒不得出入」

이 목간 역시 하단이 뾰족하다. '물기'(物忌)는 나쁜 꿈을 꾸었거나 괴이한 일이 생겼을 때 점을 보고 그 결과에 따라 문을 닫고 집 안에 틀어박히는 것을 말한다. 물기를 할 때는 그 기간이라는 것을 나타내는 찰을 제시하는데 저택 출입구에 세웠던 것으로 추측된다. 이들 일본에서 출토된 장대한 목간은 다 하단을 뾰족하게 만들고 어딘가에 게시해서 불특정다수가 보는 것을 목적으로 한 것이다.

중국 간독에도 이렇게 장대한 목간이 있는데 일본에서처럼 구체적인 용도로 사용되었던 것이 아니라 상징적인 뜻으로 사용된 「시각목간」으로 지적되고 있다.

거연갑거관유지(居延甲渠官遺址)에서 출토된 후사광덕좌죄행벌격(候史広德座罪行罰檄)은 길이가 83cm 되는 봉상목간으로 2면에 글자를 적었다. 내용은 거연갑거후관(居延甲渠候官)이 후사광덕(候史広德)에 대해 실직의 처벌

그림7. 고시찰(평성경(平城京) 동3방에서 출토) 99.3×7.3×0.9cm

을 결정한 문서이며 앞면에 처벌 공문, 측면에 그 근
거가 적혀 있다. 이 목간은 사람들이 보는 일종의 고
시찰과 같은 것으로 불특정다수가 보는 것을 상정하
여 눈에 띄는 곳에 게시했다. 후사(候史)의 직무 태만
과 그에 관한 처벌을 고시하는 것을 통해 사람들에
게 경각심을 주는 효과가 생기고 그를 통해 강기숙
정(綱紀肅正)한 것으로 추정된다.

　다음으로 옥문화해(玉門花海)에서 출토된 황제유
조(皇帝遺詔)는 길이 37cm이다. 7면 목간에 212자가
적혀 있는데 내용은 황제 유조와 사적인 편지이다.
지금까지 습서설(習書說), 식자교본설(識字敎本說) 등
이 제시되었다. 그런데 사적인 편지가 교본이 되었
을 리가 없고 유조도 이체자가 많아서 교본으로는
좀 이상하다. 그래서 이것도 사람들한테 보이려고
게시한 것으로 생각된다.

　앞에서 제시한 돈황 출토『급취편』목간도 어딘
가에 매달아 썼다고 하면 항상 사람들이 보게 해서
식자교육의 표시, 학습을 장려 고무하고 그것을 보
는 사람이 자각 자성하는 상징적 의미를 가진 시각
목간이었다고 추정한다. 그리고 한국이나 일본에서
출토된 장대한 '고'에 쓴『논어』목간도 읽기 위한 것
이 아니라 시각에 호소하는 것, 상징적 의미를 가진
목간으로 추정된다(冨谷至, 2010).

参考26

그림8. 물기찰(나가오카경 좌경3조 3방 1정에서 출토) 110.4×4.3×0.7cm

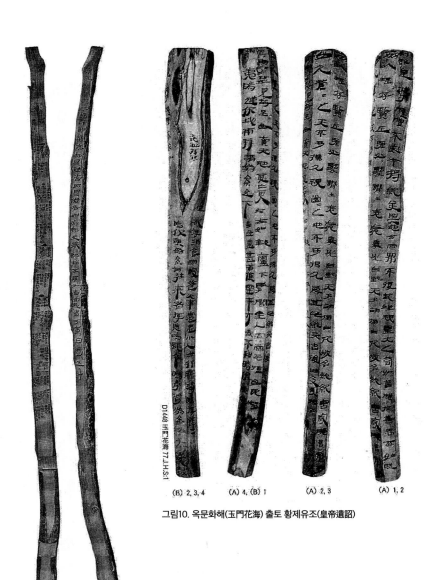

D1448 玉門花海 77.J.H.S:1

(B) 2, 3, 4   (A) 4, (B) 1   (A) 2, 3   (A) 1, 2

그림10. 옥문화해(玉門花海) 출토 황제유조(皇帝遺詔)

그림9. 후사광덕좌죄행벌격(候
史広德座罪行罰檄) EPT57.108

『논어』목간과 ‘석전(釋奠)’ 의례

1m가 넘는 장대한 ‘고’가 어떤 상징적 의미를 가지는 시각목간이라는 지적은 매우 중요하다고 생각한다. 그래서 다음에는 이 지적을 바탕으로 『논어』목간이 이러한 상징적 의미를 가지는 가능성을 검토해보려고 한다. 먼저 ‘고’에 적은 일본의 『논어』목간과 비교해보자.

앞　면 □□依□□乎□□止□所中□□□
뒷　면 □□□□乎
좌측면 子曰 学而習時不孤□乎□自朋遠方来亦時楽乎人不知亦不慍
우측면 　　] 用作必□□□□□人 [　　] □□□　　　(65.3)×2.9×1.9

도쿠시마현(德島縣) 간논지(観音寺) 유적에서 출토된 이 목간은 ‘고’에 『논어』를 쓴 점은 한국 것과 공통된다. 하지만 한국의 『논어』목간과는 큰 차이점이 있다. 이 목간은 『논어』를 4면 중 한 면에만 적었고 자구도 『논어』 원문과 이동(異同)이 있다. 지금까지 검토해왔듯이 한국의 『논어』목간은 모든 면에 『논어』를 충실히 서사하고 있다. 그래서 성격이 같다고 할 수 없다.

한편 한국의 『논어』목간이 학습을 고무하기 위한 것이었다면 한국의 『논어』목간이 둘 다 공야장편(公冶長篇)이라는 점이 문제가 된다. 학습을 고무하기 위해서라면 첫머리의 학이편(學而篇)을 적었을 것으로 생각되기 때문이다. 일본에서는 『논어』를 쓴 목간이 20점 가량 출토되었는데 그 중 어느 부분을 쓴 것인지를 알 수 있는 것이 17점 있다. 이 가운데 학이편이 10점, 위정편(爲政篇)이 2점으로 이 2편만으로 70%를 차지하며, 학이편

제1장을 쓴 것은 9점이나 된다. 결국 한국의 『논어』목간이 학습을 고무하기 위한 것이었다면 학이편을 썼을 것이며 공야장편을 쓴 이유를 설명하기 어렵다.

두 점이 다 공야장편이라는 것을 중시하여 한국의 『논어』목간이 신라의 '경계의식'을 뜻한다는 주장이 있다. 이 설은 『논어』목간이 출토된 지점이 신라의 변경이라는 점에 주목한다. 인천 계양산성은 한강 하구와 바다가 가까운 곳이며 산꼭대기에서는 서해 섬들을 일망할 수 있다. 그리고 김해 봉황동 유적은 과거에는 바로 앞까지 바닷물이 들어오는 해안이었다. 둘 다 신라 국토의 서북과 남동에서 바다를 건너 이웃나라인 당이나 일본으로 가는 국경 요충지였다는 공통점이 있다.

그런데 공야장편에는, 「공자께서 말씀하셨다. "도가 행해지지 않으면, 나는 뗏목을 타고 바다를 건너가려 한다. 나를 따를 자는 아마도 由일 것이다." 자로가 이 말씀을 듣고 기뻐하자, 공자께서 말씀하셨다. "유가 용맹함은 나보다 낫지만, 사리를 헤아려 분별하는 바는 없구나."(子曰、道不行、乘桴浮于海、從我者其由與、子路聞之喜、子曰、由也好勇過我、無所取材)」라는 문장이 있다. 공자가 이상으로 삼는 도(道)가 행해지지 않는 것을 한탄하여 바다를 건너가려고 하는데 그 때 따라오는 자는 자로밖에 없을 것이라고 말하는 내용이다. 이 장구는 기자동래 전설(箕子東來傳說)과 연결되어 조선이 기자가 교화한 유교적 이상향이었다는 해석이 생기게 된다. 즉 공야장편을 쓴 『논어』목간은 신라의 유교 수용과 그 사상에 바탕을 둔 왕토관(王土觀)을 나타내기 위해 상징적으로 서북과 남동 변경 관청에 게시한 것이라는 견해이다(이성시, 2014).

다만, 『논어』목간은 겨우 2점밖에 발견되지 않았으므로, 모두 다 공야장편이었다는 것도 우연에 불과하다는 점을 부정할 수 없다. 또한 목간이 출토된 인천과 김해가 당시 국토의 경계로 인식되었다는 증거가 없는 것도 문제점이다.

　필자는 한국의 『논어』목간이 어떤 의식에 사용되었을 가능성을 상정해 보고 싶다. 이와 관련하여 참고할 수 있는 자료는 최근에 일본 목간 연구에서 주목되고 있는 '가목간'(歌木簡. 우타목간)이다(栄原永遠男, 2011; 犬飼隆, 2008). 가목간이란 하나의 와카(和歌)를 쓴 목간이다. 가목간은 A, B 두 유형이 있는데, A형은 길이 2척(60cm) 이상의 장대한 나무 한 면에 1행으로 쓴 것이며, B형은 그와는 달리 2행으로 쓰거나 뒷면에 이어 쓰는 것을 말한다. 지금까지 A형이 9점, B형이 7점 출토되었다.

　『논어』목간의 용도를 추정하기 위해 참고되는 것은 A형이다. 실례로 甲賀市宮町遺跡에서 출토된 목간을 제시한다.

　a·奈迩波ッ尓······□夜己能波□□由己□×
　b·阿佐可夜　······[　　　　　　]流夜真×　　　(7.9+14.0)×(2.2)×0.1cm

　이 목간은 상하좌우가 모두 파손되어 있고 두 편으로 나눠져 있다. 원래는 a면에 31자, b면에 32자가 있었고 문자가 있는 부분만 50cm 이상, 여백을 생각하면 약2척의 목간이었다고 추정된다. 처음에는 a면에 문자를 써서 사용하고, 그 후에 뒷면(b면)도 사용한 것이다. 이 A형 가목간에 관해서는 습서라는 견해도 있지만, 2척이라는 특별한 길이로 봐서 단순한 연습으로 사용된 것이 아니라 의식이나 잔치 때 사용해서 와카를 읊은 것으로 추정된다. 일부러 장대한 목간을 사용한 이유는 장대한 목간이 가지는 모습 자체나 그것을 가지고 행하는 동작도 중시되었기 때문이라고 추측된다.

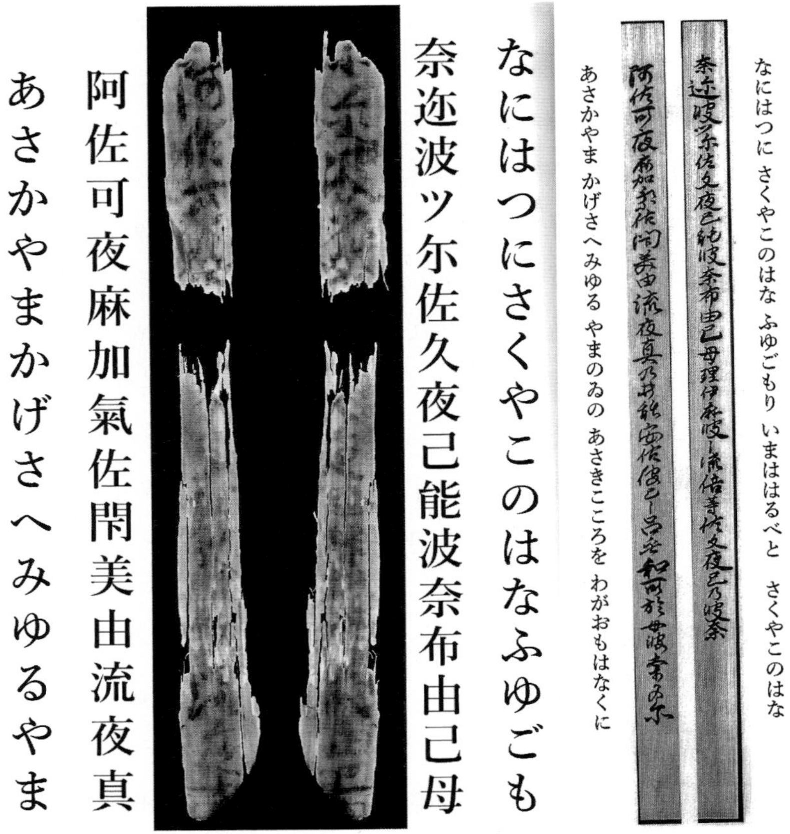

그림 11. 甲賀市宮町遺跡 출토 가목간

なにはつにさくやこのはなふゆごもりいまははるべとさくやこのはな

あさかやまかげさへみゆるやまのゐのあさきこころをわがおもはなくに

なにはつにさくやこのはなふゆごも

奈迩波ツ尓佐久夜己能波奈布由己母

あさかやまかげさへみゆるやま

阿佐可夜麻加氣佐閇美由流夜真

또한 불교 의례로 사용되었을 가능성이 있는 목간도 있다. 나라현 서대사(西大寺)에서 발견된 다음 목간이다.

大德一心念今日衆僧自恣[　]恣若有見聞疑罪大

德怠愍故語□□□[　]如法懺悔第二第三亦如是　　(30.1)×3.3×0.5cm

목간의 내용은 수계(受戒) 참회(懺悔) 등 계율 행사를 할 때의 소작 갈마(羯磨)이다. 이 목간은 법회에서 갈마를 읊는 역할을 맡은 승려가 가진 위의구(威儀具)였다는 견해가 있다(遠藤慶太, 2013). 참렬하는 승려들은 물론 행사에서 갈마를 읊는 승려도 그 내용을 잘 알고 있으며 가지고 있는 목간을 볼 필요는 없다. 그러면 왜 굳이 목간에 썼을까? 그것은 목간을 가지고 있는 것으로 그 승려가 갈마를 읊는 역할을 맡은 것을 다른 사람들이 알기 쉽게 하기 위해서였다. 이 목간은 상징적인 것으로 법회에서 사용된 것으로 추정된다.

이러한 사례들을 참고하여 한국의 『논어』목간도 어떤 의례에서 사용되었을 가능성을 상정해보고 싶다. 구체적인 의례로 유학의 선성선사(先聖先師)를 봉하는 석전(釋奠)을 후보로 들고 싶다. 석전의 구체적인 의례내용에 관해서『대당개원례』(大唐開元禮) 권53 황태자석전우공선부(皇太子釈奠于孔宣父)에는 재계(斎戒)·진설(陳設)·출궁(出宮)·궤형(饋亨)·강학(講学)·환궁(還宮)이 있었다고 한다. 이 가운데 강학은 집경자(執経者)가 석의(釈義)를 하고, 시강자(侍講者)가 이에 대해 의문점을 질문하고, 집경자나 다른 시강자와 의논하는 의식이었다. 이 때 경전으로 사용된 것이 오경과『효경』그리고『논어』였다. 강하는 경전의 순서는 정해져 있지 않고 둘이상을 강의한 경우도 있었다.

고대일본의 석전도 기본적으로는 『대당개원례』에 준한 방식으로 행해졌다. 다만 경을 읊을 때 먼저 음박사(音博士)가 음독한 다음에 이를 좌주(座主)가 새겨서 읊는 방식으로 진행되었다. 그리고 9세기 전반에는 강설하는 경전의 순서가 『효경』, 『예기』, 『모시』, 『상서』, 『논어』, 『주역』, 『좌전』의 순으로 정해지는 등 독자적인 발전도 있었다(彌永貞三, 1972).

이처럼 당이나 일본에서는 석전의 일환으로 『논어』를 비롯한 유교 경전을 읊는 의식이 있었다. 한국의 『논어』목간은 이런 의식에서 사용되었다고 생각하면 목간의 장대함을 설명할 수 있다. 물론 당이나 일본의 석전에서 장대한 목간을 사용했다는 기록은 없지만 '가목간'이나 '갈마목간'의 사례를 참조하면 그럴 가능성을 상정할 수 있다.

다만, 고대한국에서 석전을 하고 있었다는 직접적인 증거는 없다. 그래도 여러 방증에서 하고 있었다고 생각할 수 있다. 먼저 석전이라는 말이 나오는 사료로는 『삼국사기』 권5 진덕왕 2년(648) 3월조에 「춘추가 국학에 가서 석전과 강론을 참관하기를 청하니 당태종이 이를 허락했다」(春秋請詣國學、觀釋奠及講論、太宗許之)고 한다. 김춘추가 당에 가서 석전과 강론을 스스로 시찰했다는 기록이다. 이 시찰은 국학 설치와도 관련이 있었다. 국학의 설치는 전술했듯이 682년으로 되어 있는데 국학의 관원인 대사(大舍)는 진덕왕 5년(651)에 뒀으므로 이 김춘추 시찰의 결과일 것이다. 그리고 국학설치와 동시에 석전이 실시되기 시작되었을 가능성이 충분히 있다.

『삼국사기』 권40 직관지에는 기록은 있지만 그 임무를 알 수 없는 관직들이 열거되어 있는데, 그 중의 하나로 '공자묘당대사'(孔子廟堂大舍)가 보인다. 신라에는 공자를 제사하는 묘당이 있었고 거기서는 당연히 석전이 실시되었을 것이다. 또한 같은 책의 아래 기록들도 석전과 관련되는 가능성이 높다.

혜공왕 12년(776) 2월「국학에 거둥하여 강의를 들었다(幸國學, 聽講)」
경문왕 3년(863) 2월「왕이 국학에 거둥하여 박사이하에게 경전의 뜻을 강론케 하고 물건을 차등있게 내려 주었다(王幸國學, 令博士已下講論經義, 賜物有差)」

헌강왕 5년(879) 2월「국학에 거둥하여 박사 이하에게 명하여 강론케 하였다(幸國學, 命博士已下講論)」

　신라 왕이 몸소 국학에 갔다는 사료인데 이들도 석전과 관련된다고 생각된다. 즉 기사가 다 2월로 되어 있는데 이는 석전이 있는 시기며, 강론은 전술했듯이 석전 의례의 일부이기 때문이다. 보통 때는 국학의 장관 등이 집행했는데 특별히 왕이 직접 참가했을 때만 기록에 남았을 것이다.
　한국의 『논어』목간이 출토된 소경(小京)이나 군(郡)에서 석전을 했다는 사료는 물론 없다. 하지만 당에서는 주학(州學)이나 현학(縣學)에서도 석전을 했고 일본에서도 국마다 있는 국학(國學)에서 석전을 했다. 신라에서 왕경 국학 이외에 지방에 학교가 있었다는 사료도 없지만 있었을 가능성은 있고 있었으면 당연히 거기서 석전을 했을 것이다. 필자는 한국 출토 『논어』목간이 신라 소경이나 군에서 열린 석전 의례에서 사용되었을 가능성을 상정하고자 한다.
　목간은 문자 내용뿐만이 아니라 형태나 크기도 중요한 의미가 있다. 장대한 목간은 어떤 상징적 의미가 있었을 가능성이 높다. 자료집이나 데이터 베이스로 문자 정보를 쉽게 검색할 수 있지만 그 자료를 해석하기 위해서는 어떤 것에 사용되었는가라는 정보도 필수불가결이다. 다만 본고에서 보았듯이 형태나 크기만으로 용도를 확정하는 것도 역시 한계가 있다. 어떤 유적과 유구에서 출토되었는지도 큰 의미를 가진다. 목간을 비롯한 출토문자자료를 연구할 때는 문자내용만이 아니라 어떤 유적에서 어떻게 사용되었는지를 항상 생각하면서 총합적으로 검토하는 것이 중요하다.

참고문헌

犬飼隆, 2008, 『木簡から探る和歌の起源』, 笠間書院.

橋本繁, 2014, 『韓国古代木簡の研究』, 吉川弘文館.

東野治之, 2005, 「近年出土の飛鳥京と韓国の木簡—上代語上代文学との関わりか
　　　ら」, 『日本古代史料学』, 岩波書店.

彌永貞三, 1972, 「古代の釈奠について」, 『続日本古代論集』下, 吉川弘文館.

冨谷至, 2010, 『文書行政の漢帝国—木簡・竹簡の時代』, 名古屋大学出版会.

榮原永遠男, 2011, 『万葉歌木簡を追う』, 和泉書院.

遠藤慶太, 2013, 「木簡の歌と歌語り—歌の儀礼を視野に入れて」, 『万葉古代学研究
　　　年報』11.

李成市, 2014, 「韓国出土木簡と東アジア世界論—『論語』木簡を中心に」, 『東アジア
　　　木簡学のために』, 汲古書院.

平川南, 2003, 『古代地方木簡の研究』, 吉川弘文館.

'시각 석비', 석비의 시각적 의미

김병준(서울대학교)

석비란 비문을 담고 있는 서사매체라고 할 수 있으므로, 그 서사매체의 형태는 그 비문의 내용에 따라 달라질 가능성이 충분하다. 진한대 주요 서사매체인 목간의 내용과 목간에 따라 그 형태가 달라지는 것과 동일하다. 목간의 용도를 외형으로 판별할 수 있도록 특정한 형태로 제작하여 목간을 보고 읽는 사람들에게 시각적 효과를 극대화하려고 했던 것인데, 이를 '시각 목간'이라고 부르기도 한다. 마찬가지로 석비가 목간처럼 '글자가 쓰인 서사매체'라는 점에 주목한다면, 석비의 형태 또한 목간처럼 석비의 내용과 대응하였다고 볼 수 있다. 더욱이 석비가 유행하기 시작하였던 시기가 바로 목간이 가장 중요한 서사재료로서 사용되던 漢代였다는 사실, 또 실제 석비에 새겨진 비문의 서사형식이 넓은 면을 갖고 있는 木牘의 형식을 빌려 쓰고 있다는 사실은 석비의 외관을 목간의 형태와 연결시켜보아야 할 필연성을 시사하고 있다. 석비를 보고 읽는 사람에게도 그 형태가 갖고 있는 의미를 전달하려는 효과가 있었다는 것이며, 이러한 의미에서 석비도 '시각 석비'로 부를 수 있을 것이다.

원형(圓形) 비수(碑首)와 비천(碑穿)

석비의 비문은 일반적으로 기념해야 할 대상과 그 공덕을 가장 간략하게 표현한 것이라고 할 수 있다. 묘비라면 그 무덤이 누구의 것인지를 알려주는 墓表 역할

이 가장 핵심적인 것이며, 여기에 더해 貫籍, 가족관계, 관직 등을 기록하여 그가 누구인지를 축약적으로 기술했으며, 후손과 故吏들이 그를 애도하고 그리워하는지도 운율이 담긴 함축적 銘辭의 형식으로 추기하였던 것이다. 이러한 내용에 적합한 문서형태는 무엇이었을까?

한대에는 기본적으로 길고 좁은 목간에 내용을 적고 이를 끈으로 묶는 방법이 있는가 하

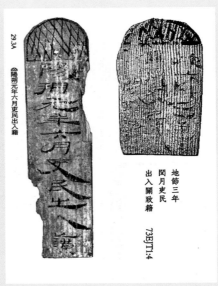

그림 1. 목간 표찰

면, 넓은 목판에 많은 내용을 적는 방법이 있었다. 하지만 양자 모두 그것을 어디론가 전달해야 할 필요가 있을 때에는 개별 간을 모두 모아 묶고 맨 앞에 이 문서의 표찰을 붙였다. 가령 문서의 양이 많지 않으면 개별 간을 표찰과 같이 직접 묶기도 했지만, 많은 경우 문서를 바구니나 포대에 넣은 뒤에 묶은 뒤 거기에 표찰을 매달았다. 이 문서의 표찰에는 문서의 명칭, 장부의 명칭, 혹은 첨부된 물품의 품명과 수량 등을 기록하였다. 다시 말해 문서의 내용을 가장 집약적으로 표현했던 것이다 (그림 1).

그런데 이 표찰의 형태가 특이하다. 보통의 목간이 긴 장방형의 형태인 것과 달리, 표찰은 (1) 머리 부분에 둥그스름한 모양을 붙이고, (2) 그 둥그런 부분을 그물망과 같은 사선의 격자문양을 그리거나 혹은 검게 칠하고, (3) 끈을 넣어 문서나 바구니 등에 묶도록 만든 구멍이 있다.

그런데 이 3가지 표찰 형태가 바로 석비의 특징적 모습과 그대로 부합한다. 석

그림 2. 석비 비수

비에도 (1)′ 많은 경우 圓形 비수가 붙어 있다. 그리고 (2)′ 목간과 똑같은 그물모양
은 아니지만 暈紋이나 蟠龍 등으로 비수 부분을 장식하고 있다. (3) 목간의 구멍과
같은 곳에 비천이 뚫려져 있다. 누구라도 한 눈에 석비의 형태가 목간 표찰의 형태
를 본땄음을 알아챌 수 있을 정도로 유사하다. 목간의 표찰을 일컫는 楬과 석비를
일컫는 碣이 모두 '曷'의 글자를 공유한다는 것도 양자의 기능이 동일하다는 것을
말해준다.

　요컨대 석비의 비문이 목간의 표찰과 동일한 기능을 갖고 있다고 생각했기 때
문에 목간 표찰이 갖는 형태적 특징을 석비에 그대로 옮겨 놓았던 것이다. 석비의
형태에서 둥근 부분과 그물모양은 비수와, 끈을 묶는 구멍은 비천에 해당되며, 그
표찰에 적힌 내용은 題額에 해당된다는 것이다. 초기의 석비인 <麃孝禹碑>의 윗부
분에는 목간 표찰과 동일한 그물모양이 표시되어 있다. 그 뒤 점차 돌에 그물모양

을 새기는 대신 <韓勅碑>에 보이듯이 별도로 비수를 마련해 석비의 윗부분에 덧붙이게 되었고, 다시 그 비수에 그물모양을 대신하는 여러 가지 장식이 추가되었던 것이다. <孔謙碑>의 경우 둥그런 형태의 비수가 마련되고 그곳에 三線暈紋을 장식했는데, 이것이 목간의 그물모양을 대신한 것이라고 판단된다(그림 2).

규형(圭形) 비수(碑首)

다음은 석비의 圭首 형태에 주목해 보자. 끝이 뾰족한 규형에는 어떤 의미가 있었던 것일까? 우선 『白虎通義』와 『禮記』, 『說文』와 같은 고문헌에서는 '圭'라는 기물의 뜻을 '信' '潔' '瑞'라고 풀이하였다. 『儀禮』에는 使者가 본국에서 출발할 때부터 귀국할 때까지의 과정이 자세하게 설명되어 있다. 여기서는 珪를 교환하는 위치나 자세가 중요시 되었는데, 聘問할 때 들고 온 珪가 本國의 宗廟에 보관하였던 寶器이자 해당국의 正體를 상징하는 물건이었기 때문이다. 다시 말해 珪는 조상의 신령이 강림한 물건으로 받아들여졌던 것이다.

전국시기 이후에도 신령의 강림을 통해 의례의 권위를 제고할 필요가 있을 때 圭의 형태, 즉 끝이 뾰족한 형태의 기물을 제작하여 사용하였다. 그 대표적인 경우가 맹서 의식이었다. 『시경』, 『좌전』, 『국어』 등에서는 서주시기 이래 이러한 맹서 의식이 자주 등장한다. 군주에게 충성을 다짐하는 맹서 의식이 있는가 하면, 군주의 명령을 집행하기 위한 법적 효력을 갖추기 위한 맹서 의식도 있었다. 또 獄訟이 이루어질 때 자기의 진술이 거짓이 아니라는 것을 증명하기 위해 맹서를 하는 경우도 적지 않았다.

이러한 맹서 의식 때에 사용되었던 문서 실물이 전국시기 侯馬盟誓와 溫縣盟誓이다(그림 3). 이 맹서 기록은 붉은 색 문자로 쓰였으며, 그 주요 내용은 기원전 5세기 초 晉國의 내란과 관련하여 맹서 의례에 참여한 자들이 趙氏 군주에 복종하고 그 적대세력과 절대로 교류하지 않을 것을 맹서한다는 것이다. 그런데 바로 이 옥

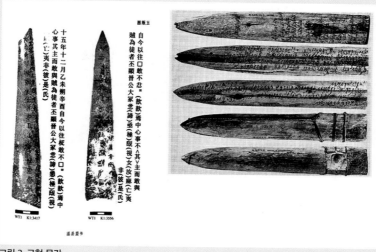

그림 3. 규형 목간

석편이 모두 끝이 뾰족한 규형을 하고 있다. 이렇게 끝이 뾰족한 규형의 맹서문을 만들었던 까닭은 자신의 뜻을 신령 앞에서 맹서하기 위해 맹서가 담긴 옥편에 신령이 강림하여 깃들 수 있도록 하기 위해서였다. 또 하나의 사례는 신강성 樓蘭과 尼雅지역에서 발견된 카로슈티 문자로 적힌 圭形 목간이다. 이 목간은 왕의 명령, 정책결정을 간결하고 지급하게 전달하기 위한 내용인데, 왕에 의한 명령과 教示를 통지하는 내용인 이 목간에 '맹서'와 '증인'이라는 단어가 반복적으로 빈번하게 나타난다. 이 목간이 규형을 띤 것은 규형이라는 형태에 신령이 강림해 온다는 것을 전제로 했기 때문일 것이다.

이처럼 목간에서 규형을 서사재료의 형태로 선택했던 것은 규형의 형태에 신령이 강림해 와서 그 서사재료에 쓰인 내용을 신령의 권위에 의해 보증한다는 의미를 담고 있다. 바꾸어 말하면 그러한 신령이 깃든 것이었기 때문에 감히 맹서의 내용을 위반할 수 없도록 하겠다는 의미를 담고 있는 것이다.

그림 4. 규형 석비

　석비의 규형 비수도 이러한 목적에서 선택된 외관이었다고 생각한다(그림 4).
묘비에는 일반적으로 묘주의 이름과 사망 일자 등 묘주와 관련된 신원이 소개되고,
묘주의 공덕에 대한 頌辭가 기록되는 것과 함께, 후손들의 간절한 애도 그리고 영
원히 묘주를 잊지 않겠다는 약속이 표현된다. 이렇게 작성된 비문은 석비를 건립하
는 시점 혹은 능묘제사가 지속적으로 거행되는 시점에, 묘주를 추도하는 후손 혹
은 문생고리 등이 모여 일정한 의례를 행하면서 낭송되었을 것이다. 이러한 엄숙한
의례 과정에서 비문을 낭송하는 것은 곧 참석한 모든 자들이 함께 동의하고 약속
하는 것을 의미한다. 바꿔 말하면 이때의 비문은 반드시 지켜야 할 엄숙한 맹서라
고도 할 수 있다. 특히 비문의 내용 중 頌辭에 "혼에 신령이 있다면 이 곳에 강림하
소서", "혼에 신령이 있다면, 이곳에 강림해 내려와 아낌없이 후손에게 드리워주소
서", "신이여 알고 계시는가, 이 제단에 강림하소서"라는 문구가 자주 등장하는 것
은 바로 이러한 참석자의 맹서를 보증하는 것이었다. 이 맹서를 보증하기 위해 신

령의 강림이 필요하였다면 조상의 신령이 강림하는 의미를 갖는 규형의 외관이 선택되는 것은 당연한 일이다. 요컨대 석비에 쓰인 텍스트에 신령이 강림하도록 함으로써 석비를 세우는 작업에 동참한 후손이나 故吏들이 이곳에 깃든 신령 앞에 맹서를 하는 효과를 갖도록 했던 것이다.

참고문헌

김병준, 2017, 「'시각 문서'에서 '시각 석비'로 -집안고구려비와 광개토왕비의 형태적 연원」, 『목간과 문자』 18.

한국목간학회 연구총서 03
주보돈교수 정년기념논총

문자와 고대 한국 |1|

기록과 지배

엮은이 | 한국목간학회
펴낸이 | 최병식
펴낸날 | 2019년 10월 21일
펴낸곳 | 주류성출판사
주소 | 서울특별시 서초구 강남대로 435(서초동 1305-5) 주류성빌딩 15층
전화 | 02-3481-1024(대표전화) 팩스 | 02-3482-0656
홈페이지 | www.juluesung.co.kr

값 30,000원

잘못된 책은 교환해 드립니다.

ISBN 978-89-6246-404-7 94910
ISBN 978-89-6246-254-8 94910(세트)